U0556948

喻园新闻传播学者论丛

IMAGINATION OF PUBLIC RELATIONS

公共关系学的想象

视域、理论与方法
VISION, THEORY AND METHODS

陈先红 著

社会科学文献出版社
SOCIAL SCIENCES ACADEMIC PRESS (CHINA)

喻园新闻传播学者论丛
编辑委员会

顾　问：吴廷俊
主　任：张　昆
主　编：张明新　唐海江

编　委：（以姓氏笔画为序）
王　溥　石长顺　申　凡　刘　洁　吴廷俊　何志武
余　红　张　昆　张明新　陈先红　赵振宇　钟　瑛
郭小平　唐海江　舒咏平　詹　健

总　序

置身于全球化、媒介化的当下，我们深刻感受与体验着时时刻刻被潮水般的信息所包围、裹挟和影响的日常。这是一个新兴的信息技术快速变革和全面应用的时代，媒介技术持续地、全方位地形塑着人类社会信息传播实践的样貌。可以说，新闻传播的形态、业态和生态，在相当程度上被信息技术所决定和塑造。"物换星移几度秋"，信息技术的迭代如此之快，我们甚至已经难以想象，明天的媒体将呈现什么样的面貌，未来的人们将如何进行相互交流。

华中科技大学的新闻传播学科，就是在全球科技革命浪潮高涨的背景下开设的，也是在学校所拥有的以信息科学为代表的众多理工类优势学科的滋养下发展和繁荣起来的。诚然，华中科技大学新闻与信息传播学院还是一个相对年轻的学院。1983年3月，在学院的前身新闻系筹建之时，学校派秘书长姚启和教授参加全国新闻教育工作座谈会。会上，姚启和教授提出，时代的发展，尤其是科学技术的日新月异，将对新闻从业者的媒介技术思维、素养和技能提出比以往任何时代都高的要求。当年9月，我们的新闻系成立并开始招生。成立后，即确立了"文工交叉，应用见长"的发展思路，强调培养学生的动手能力和应用能力，强调在科学研究和人才培养中，充分与学校的优势理工类专业交叉渗透。

1998年4月，新闻系升格为学院。和其他新闻传播学院的命名有所不同，我们的院名定为"新闻与信息传播学院"，增添了"信息"二字。这是由当时华中科技大学的前身华中理工大学的在任校长，也是教育部原部长周济院士所加的。他认为，要从更为广阔的视域来审视新闻与传播活动的过程和规律，尤其要注重从信息科学和技术的角度来透视人类传播现象，考察传播过程中信息技术与人和社会的关系。"日拱一卒，功不唐捐"。长期以来，这种思路被充分贯彻和落实到我院的学科规划、科学研究、人才培养、社会服务等各项工作中。

因此，华中科技大学新闻与信息传播学院的最大特色，就是我们自创立以来，一直秉承文工交叉融合发展的思路，在传统的人文学科和"人文学科+社会科学"新闻传播学科发展模式之外，倡导、创新和践行了一种全新的范式。在这种学科范式下，我们以"多研究些问题"的学术追求，开拓了以信息技术为起点来观察人类新闻传播现象的视界，建构了以媒介技术为坐标的新闻传播学科建设框架，确立了以"全能型""高素质""复合型""创新型"为指向的人才培养目标，建立了跨越人文社会科学、科学技术和新闻传播学的课程体系和师资队伍，营造了适合提升学生实践技能和科技素质的教学环境。

就学科方向而论，30多年来，学院在长期的学科凝练和规划实践中，形成了相对稳定的三大支柱性学科方向：新闻传播史论、新媒体和战略传播。在本学科于1983年创办之时，新闻传播史论即是明确的战略方向。该方向下的教学和研究工作主要包括：马克思主义新闻观与思想体系、新闻基础理论、新闻事业改革、中外新闻史、传播思想史、传播理论、新闻传播学研究方法等领域；在建制上则包括新闻学系和新闻学专业（2001年增设新闻评论方向），此后又设立了广播电视学系和广播电视学专业（另有播音与主持艺术专业）、新闻评论研究中心、马克思主义新闻观教研平台等系所平台。30多年来，在新闻传播史论方向下，学院尤为重视新闻事业和思想史的研究，特别是吴廷俊教授关于中国新闻事业史、张昆教授关于外国新闻事业史的研究，以及刘洁教授和唐海江教授关于新闻传播思想史、观念史和媒介史的研究，各成一家，卓然而立。

如果说新闻传播史论方向是本学科的立足之本，那么积极规划新媒体方向，则是本学科凸显自身特色的战略行动。20世纪90年代中期，互联网进入中国，"新媒体时代"正式开启。"不畏浮云遮望眼"，我们积极回应这一趋势，成功申报并获批国家社科基金重点项目"多媒体技术与新闻传播"（主持人系吴廷俊教授），在新闻学专业下开设网络新闻传播特色方向班，建立传播科技教研室和电子出版研究所，成立新闻与信息传播学院并聘请电子与信息工程系主任朱光喜教授为副院长。此后，学院不断推进和电子与信息工程系、计算机学院等工科院系的深度合作，并逐步向业界拓展。学院先后成立了传播学系，建设了广播电视与新媒体研究院、媒介技术与传播发展研究中心、华彩新媒体联合实验室、智能媒体与传播科学研究中心等面向未来的研究平台，以钟瑛教授、郭小平教授、余红教授和笔者为代表的学者，不断推进信息传播新技术、新媒体内容生产与文化、新媒体管理、现代传播体系建设、广播电视与数字媒体、新媒体广告与品牌传播等领域的研究和教学工作，引领我国新媒体教育教学和科学研究风气之先。

2005年前后，依托于品牌传播研究所、广告学系、公共传播研究所等系所平台，学院逐步凝练和培育了一个新的战略性方向：战略传播。围绕这个方向，我们开始在政治传播、对外传播与公共外交、国家公共关系、国家传播战略、中国特色网络文化建设等诸领域发力，陆续获批系列国家课题，发表系列高水平论文，出版系列学术专著，对人才培养起到了积极支撑作用，促进了学院的社会服务工作，提升了本学科的影响力。可以说，战略传播方向是基于新媒体方向而成形和建设的。无论是关于政治传播、现代传播体系、对外传播与公共外交、国家传播战略方面的教学工作还是研究工作，皆立足于新媒体发展和广泛应用的现实背景和演变趋势。在具体工作中，对于战略传播方向的深入推进，则是充分融入了学校在公共管理、外国语言文学、社会学、中国语言文学、哲学等学科领域的学科资源，尤其注重与政府管理部门和业界机构的联合，最大限度整合资源，发挥协同优势。"既滋兰之九畹兮，又树蕙之百亩"。近年来，学院先后组建成立了国家传播战略研究院和中国故事创意传播研究院，张昆教授、陈先红教授等领衔的研究团队在提升本学科的社会影响力方面，起到了非常积极的作用。

"却顾所来径，苍苍横翠微。"本学科诞生于20世纪80年代初信息科技革命高涨的时代背景之下，其成长则依托于华中科技大学（1988~2000年为华中理工大学）信息科学和人文社会科学的优势学科资源，规划了新闻传播史论、新媒体和战略传播三大支柱性学科方向，发展的基本思路是学科交叉融合。30多年来，本学科的学者们前赴后继、薪火相传，从历史的、技术的、人文的、政策与应用的角度，观察、思考、研究和解读人类的新闻与传播实践活动，丰富了中外学界关于媒介传播的理论阐释，启发了转型中的中国新闻传播业关于媒介改革的思路，留下了极为丰厚和充满洞见的思想资源。

现在，摆在读者诸君面前的"喻园新闻传播学者论丛"，即是近十多年来，我院学者群体在这三大学科版图中留下的知识贡献。这套论丛，包括二十余位教授的自选集及相关著述。其中，有吴廷俊、张昆、申凡、赵振宇、石长顺、舒咏平、钟瑛、陈先红、刘洁、何志武、孙发友、欧阳明、余红、王溥、唐海江、郭小平、袁艳、李卫东、邓秀军、牛静等诸位教授的著述，共计30余部，涉及新闻传播史、媒介思想史、新闻理论、传播理论、新闻传播教育、政治传播、新媒体传播、品牌研究、公共关系理论、风险传播、媒体伦理与法规等诸多方向。可以说，这套丛书是华中科技大学新闻传播学者最近十年来，为新闻传播学术研究所做的知识贡献的集中展示。我们希望以这套丛书为媒介，在更广的学科领域和更大知识范畴的学者、学人之间进行交流探讨，为当代中国的新闻传播学术研究提供华中科技大学学者的智慧结晶和思想。

当今是一个新闻业和传播业大变革、大转折的时代，新闻传播业正在经历人类历史上"百年未有之大变局"。首先是信息科技革命的决定性影响。对当前和未来的新闻传播业来说，技术无疑是第一推动力。大数据、云计算、区块链、物联网、人工智能等技术，持续带来翻天覆地的变革，不断颠覆、刷新和重构人们的生活与想象。其次是国际化浪潮。当前的中国越来越走近世界舞台中央，"讲好中国故事""传播好中国声音"，中国文化"走出去"和提升文化软实力，是国家层面的重大战略，这些理应是新闻传播学者需要面对和研究的关键课题。最后是媒体业跨界发展。在当前"万物皆媒"的时代，媒体的概念在放大，越来越体现出网络化、数据化、移动化、智能化趋势。媒体行业的边界得到了极大拓展，正在进一步与金融、服务、政务、娱乐、财经、电商等行业建立更紧密的联系。在这个泛传播、泛媒体、泛内容的时代，新闻传播研究本身也需要加速蝶变、持续迭代，以介入和影响行业实践的能力彰显学术研究的价值。

由是观之，新闻传播学的理论预设、核心知识可能需要重新思考和建构。在此背景下，华中科技大学新闻传播学科正在深化"文工交叉，应用见长"的学科建设思路，倡导"面向未来、学科融合、主流意识、国际视野"的发展理念，积极推进多学科融合。所谓"多学科融合"，是紧密依托华中科技大学强大的信息学科、医科和人文社科优势，在新的时代条件下，以面向未来、多元包容和开放创新的姿态，通过内在逻辑和行动路径的重构，全方位、深度有机融合多学科的思维、理论和技术，促进学科建设和科学研究的效能提升和知识创新。

为学，如水上撑船，不可须臾放缓。展望未来，我们力图在传统的新闻传播史论、新媒体和战略传播三大支柱性学科方向架构的学术版图中，在积极回应信息科技革命、全球化发展和媒体行业跨界融合的过程中，进一步凝练、丰富、充实、拓展既有的学科优势与学术方向。具体来说，有如下三方面的思考。

其一，在新闻传播史论和新媒体两大方向之间，以更为宏大和开阔的思路，跨越学科壁垒，贯通科技与人文，在新闻传播的基础理论、历史和方法研究中融入政治学、社会学、语言学、公共管理学、经济学等学科的思维方式和理论资源，在更广阔的学科视域中观照人类新闻传播活动，丰富学科内涵。特别的，在"媒介与文明"的理论想象和阐释空间中，赋予这两大学术方向更大的活力和可能性，以推进基础研究的理论创新。

其二，在新媒体方向之下，及时敏锐地关注5G、人工智能、云计算、区块链等新兴技术日新月异的发展演变，以学校支持的重大学科平台建设计划"智能媒体与传播科学研究中心"为基础，聚焦当今和未来的信息传播新技术对人类传播实践和媒体行业的冲击、影响和塑造。在此过程中，一方面，充分发挥学校的计算机科学与技术、电子信息与通信、人工智能与自动化、光学与电子信息、网络空间安全等优势学科的力量，大力推进学科深度融合发展，拓展本学科的研究领域，充实科研力量，提高学术产能；另一方面，持续关注和追踪技术进步，积极保持与业界的对话和互动，通过学术研究的系列成果不断影响业界的思维与实践。

其三，在新媒体与战略传播两大方向之间，对接健康中国、生态保护、科技创新等重大战略，以健康传播、环境传播和科技传播等系列关联领域为纽带，充分借助学校在基础医学、临床医学、公共卫生、医药卫生管理、生命科学与技术、环境科学与工程、能源与动力工程等学科领域的优势，在多学科知识的有机融合中突破既有的学科边界，发掘培育新的学术增长点，产出标志性的学术成果，彰显成果的社会影响力和政策影响力。

1983~2019年，本学科已走过36年艰辛探索和开拓奋进的峥嵘岁月，为人类的知识创造和中国新闻事业的改革发展贡献了难能可贵的思想与智慧。在人类的历史长河中，36年的时间只是短短一瞬，但对于以学术为志业的学者们而言，则已然是毕生心智与心血的凝聚。对此，学院谨以这套丛书的出版为契机，向前辈学人们致以最崇高的敬意！同时，也以此来激励年轻的后辈学者与学生，要不忘初心，继续发扬先辈们优良的学术传统，在当今和未来的时代奋力书写更为辉煌的历史篇章！

"潮平两岸阔，风正一帆悬。"在技术进步、全球化发展和行业变革的当前，人类的新闻传播实践正处于革命性的转折点上，对于从事新闻传播学术研究的我们而言，这是令人激动的时代机遇。华中科技大学新闻传播学科将秉持"面向未来、学科融合、主流意识、国际视野"的思路，勇立科技革命和传播变革潮头，积极推进多学科融合，以融合思维促进学术研究和知识创新，彰显特色，矢志一流，为建设中国特色、世界一流的新闻传播学科，为我国新闻传播事业的改革发展，为人类社会的知识创造，为传承和创新中华文化做出应有的贡献！

张明新

华中科技大学新闻与信息传播学院教授、博士生导师、院长
2019年12月于武昌喻园

目 录
CONTENTS

基础理论

公共关系学的想象：视域、理论与方法 …………………………… 003

新媒体推动下公共关系理论范式的创新 …………………………… 022

量化研究对公共关系理论发展的贡献
——对 *Public Relations Review* 和 *Journal of Public Relations Research*
的内容分析 …………………………………………………………… 031

公共关系学学源的传播学分析 ……………………………………… 042

对话公共关系理论溯源与发展进路 ………………………………… 051

"关系生态说"的提出及其对公关理论的创新 …………………… 062

以生态学范式建构公共关系学理论 ………………………………… 072

阳光公关：中国公共关系的未来展望 ……………………………… 089

积极公共关系：中国公共关系研究的本土化探索 ………………… 107

中国组织—公众对话情境下的积极公共关系理论建构 …………… 123

中国公共关系污名化的思想行为根源与形成机制研究 …………… 140

2017年西方公共关系研究述评 ……………………………………… 154

公众的公共关系认知

"公关的公关":中国公共关系从业者的职业认知研究 …………… 177
正在形成的"认知共同体":中国大陆与台湾地区公共关系从业者
　职业认知比较 ………………………………………………………… 196
中国公众公共关系认知现状的调查与分析…………………………… 222

公共关系与战略传播

大数据时代中国公共关系领域的战略转向
　——基于扎根理论的探索性分析 ………………………………… 241
战略传播的世界观:一个多案例的实证研究………………………… 263
中外品牌危机处理的战略传播模式比较……………………………… 280

公共关系与危机处理

理论、框架与议题:中西方危机传播研究差异分析………………… 301
公共危机管理中的政府声誉指数测量………………………………… 309
危机传播控制模型的建构……………………………………………… 325
食品安全危机公关的十大关键点……………………………………… 333

公共关系与新闻

公关如何影响新闻报道:2001~2010年报纸消息来源卷入度分析
　——以《人民日报》《广州日报》等为例 ……………………… 339
专业主义的同构:生态学视野下新闻与公关的职业关系分析……… 353

公共关系与新媒体

论新媒介即关系……………………………………………………… 365

微传播即公关 ……………………………………………………………… 379

基于社会网理论的博客影响力测量 …………………………………… 382

政府微博中的对话传播研究

　　——以中国 10 个政务机构微博为例 ……………………………… 398

媒介近用权及消息来源对政府调控新媒体的影响

　　——以汶川大地震为例 ……………………………………………… 407

互联网新技术背景下的舆论传播策略 ………………………………… 423

公共关系与社会责任

公共关系与社会责任 ……………………………………………………… 437

中国公共关系伦理的理论流派与实践类型 …………………………… 442

中立的多数民意：公共关系在双重话语空间的第三方立场及社会

　　责任 …………………………………………………………………… 451

国际著名品牌的中国公关策略：一个社会责任的视角 ……………… 468

公共关系与国家形象

论国家公共关系的多重属性 …………………………………………… 483

核心价值观传播的国家公共关系战略构想 …………………………… 490

运用公众外交塑造"文化中国"国家形象

　　——以"过春节、吃饺子、庆团圆"为例 …………………………… 504

公关生态论视角下的"一带一路"朋友圈建设 ………………………… 513

春节故事对外传播研究 ………………………………………………… 525

中国春节故事对外传播的 USP 理念与策略分析 ……………………… 534

讲好湖北故事　提升文化软实力 ……………………………………… 542

新媒体统战公共关系理念和策略 ……………………………………… 547

公共关系案例

三鹿毒奶粉事件的危机公关理念……………………………… 553

郭美美事件：微博江湖"真""假"困局……………………… 555

如何转危为机？
　　——星巴克的危机公关智慧………………………………… 559

刘强东事件启示：把"引导舆论"当成危机公关是本末倒置 ……… 564

基础理论

公共关系学的想象：视域、理论与方法

作为一门新兴的应用社会科学，现代公共关系学历经百年的理性思考与实践，终于发展为一门经世致用的"显学"。现代公共关系学之父爱德华·伯纳斯提出，公共关系的本质是"搞好关系，为了公共利益"。但时至今日，这一共识也未能达成，公共关系学科的正当性遭受质疑，学科边界始终模糊不清。公共关系真的如哈贝马斯所说，是导致媒体丧失公共领域的一股封建势力吗？[1] 还是如格鲁尼格所说，公共关系帮助组织创造并维持了权力与宰制的结构[2]，抑或如其他公关学者所说，公共关系是基于公共利益的社会倡导者[3]。公共关系不是当前盛行的宣传、说服与操作，而是帮助创造社群感的互动合作与公共传播技术[4]；公共关系是协商民主的一个规范模型，促进了公民社会的形成，提升了社会资本[5]。公关学者们殚精竭虑地提出各种具有创见性的公共关系定义，企图规范公共关系知识体系，划出清晰的学科边界，但是，公共关系定义的多样性和竞争性，又使其达成共识的目标难以实现，这虽然充分证明了公共关系学术研究的

---

[1] 〔德〕哈贝马斯：《公共领域的结构转型》，曹卫东、王晓珏、刘北城等译，学林出版社，1999，第230页。
[2] E. Grunig James, "Image and Substance: From Symbolic to Behavioral Relationships", *Public Relations Review* 19 (1993): 121-139.
[3] Edwards Bernays, *The Engineering of Consent*. University of Oklahoma Press, 1955, pp.3-25.
[4] Starck Kruckeberg, *Public Relations and Community: A Reconstruced Theory*. New York: Praeger, 1988, p.12.
[5] Maureen Taylar, "Cultural Variance as a Challenge to Global Public Relations: A Case Study of the Coca-Cola Scare in Europe," *Public Relations Review* 26 (2000): 277-293.

活跃程度，但也带来了公共关系学科发展的集体焦虑：公共关系有"学"吗？公共关系学是什么？公共关系学可以如何想象？如何超越公共关系学为企业服务的主流论述，突破应用传播学的藩篱，回归公共关系的社会关怀和"公共性"诉求？公共关系领域的主要理论和学术共识是什么？哪些现实问题值得关注？哪些文化视角具有解释力？要系统回答这些问题，实在是一项很不简单的工作。

迄今为止，中国大陆还没有一本像美国《公共关系理论》[①]《公共关系手册》[②] 这样的理论集大成之作，这反映了中国公共关系学界迄今未能针对公共关系学的本体论、认识论、价值论和方法论形成一套具有本土特色的论述，也未能通过日常生活实践养成独具中国特色又有全球视野的问题意识，这也难怪中国公共关系学界充斥着"美国腔的学术声音"。

著名社会学家米尔斯在其名著《社会学的想象力》一书中指出：研究社会学不只是分析社会现况，还应该指出社会发展的可能方向，以供世人遵循[③]。值此中国公共关系学会（PRSC）成立之际，也是中国公共关系学术社群形成之时，本文拟效法米尔斯指引社会学方向的精神，试图提出"公共关系学的想象"，旨在推动大家对公共关系学科展开深入讨论和系统思考，提升大家对公共关系"智识品质"的洞察力。

一 公共关系学科的"阈限性"想象

无论在国外还是国内，公共关系学自始至终都没有获得应有的学术尊严和地位，公共关系学科的"正当性危机"，如同其与生俱来的"污名化"和"妖魔化"一样，远远超过任何一门人文社会科学。2011 年，中国公共关系学科被迫从新闻传播学科转入公共管理学科，其背后的深层原因非常复杂，虽然离不开知识和权力的共谋，离不开新闻传播学科的

---

① Carl Botan and Vincent Hazelton, *Public Relations Theory*. Hillsdale, NJ: Lawrence Erlbaum Associates, 1989, pp. 12-14.
② Robert L. Heath, *Handbook of Public Relations*. CA: Sage, Thousand Oaks, 2001.
③ 〔美〕米尔斯：《社会学的想象力》，陈强、张永强译，生活·读书·新知三联书店，2008，第 23 页。

"忽视",但是,公共关系学科自身的本质阙如——放弃学科主权、开放学科边界、专业精神缺失、知识领域混乱等,也是导致其被"驱逐"的根本原因。黄懿慧曾提出网络公共关系的新概念①,并梳理了中国公关学科正当性的五大危机,主要是身份正当性危机、道德正当性危机、共同体分化之危机、学科设置危机、学术力滞后危机②。她认为,学术力滞后危机是阻碍公共关系在中国进一步发展的深层因素,本文深以为然。

在20世纪60年代,施拉姆曾用"许多人穿过,很少人逗留"来形容传播学学科基础的认同危机,如果说传播学是一门"十字路口上的学科",那么公共关系学则是处于"之间的空间"的阈限学科。在这里本文想引入"阈限性"(liminality)概念,帮助我们重新理解公共关系学科的独特本质,重新思考组织与利益相关者及其环境的互构关系,重新想象公共关系过程中的主体性和公共性命题。

"阈限性"是一个文化人类学概念,主要来自法国人类学家阿诺尔德·范根纳普(Arnold Van Gennep)的"通过仪式"(rite of passage)研究,以及英国人类学家特纳(Turner)的《仪式过程:结构与反结构》和《象征之林》等著作。所谓阈限性,主要是指"非此非彼、既此又彼的之间性状态(between states)"③,主要体现在一个仪式的中间阶段,具有模糊性和不确定性,比如教堂、婚礼、旅游、城市广场等,都是具有仪式感的阈限空间。阈限的"之间"和"模糊"特性是文化意义上的,并且具有在不同结构性状态之间转换的功能,这些特征可以很好地说明公共关系学科的"之间"本质。

根据"分离—阈限—重合"的阈限阶段理论,一个组织机构首先必须从自身的私领域中分离出来,进入一个叫作"公领域"的"之间的空间",通过与利益相关者进行平等的互动与分享,才能产生"社会凝聚"

---

① 黄懿慧:《网络科技其于公共关系之使用:挑战、契机与展望》,《武汉理工大学学报》(社会科学版)2010年第2期,第235~240页。
② 黄懿慧:《公共关系学科在中国的正当性危机》,《中国社会科学报》2015年10月22日。
③ 〔英〕特纳:《仪式过程:结构与反结构》,黄剑波、柳博赟译,中国人民大学出版社,2006,第11页。

和"社会团结"的融合效果,最终实现多重意义的"象征之林",这样的阈限时刻或持久或短暂,但无论多么短暂,阈限时刻呈现的是一种人与人之间普遍的社会联结,它在结构的间隙和边缘出现,却充满了生成的潜能。用特纳的话说,即"阈限性充满了力量和潜能,也充满了实验和游戏"①。也就是说,经由阈限,人们获取了共融的体验,这是一个主体性及其公共性得以建设并经历的过程。

由此本文提出,公共关系学是一门典型的阈限学科,从历史起源来看,公共关系这一新职业最初是新闻人创造出来为广告主服务的,它是居于新闻实践与广告实践之间的一种独特的业务方式,一方面秉持着"讲真话"和"公众必须被告知"的新闻立场,另一方面又有着强烈的"说服"企图心和"不对称性"的广告表达方式,通过私人领域的公共化以及"基于事实的巧传播",寻求受雇主体与相关公众及其环境"之间地带"的共通与平衡。

公共关系实践就是在这种"之间的空间"(in-between spaces)里进行的,它强调公共性的社会交往,这种社会交往既是在汤普森所谓的"公共视野之下"展开的,也是在特纳所强调的"共同体的趋向"(community orientation)中展开的。公共性体现在社会组织通过各种中介手段展开的交往和互动,以此形成体现这个共同体趋向的主体之间的关系,在这个阈限空间,作为共同体一员的主体性身份得以彰显。阈限空间是动态地构成的,是在情境变动中的。换句话说,空间(场所)阈限性的获得经由了人们对这一空间潜能(capacity)的挖掘和开发,体现了空间使用者和消费者的主观能动性。这种空间性不是一个固定的、存在论意义上的地理属性,而是一种形成中的、正在出现的社会关系的特质,具有"通过仪式"感,属于"非此非彼又即此即彼"的阈限性建构②。

从身份正当性来看,公共关系人员扮演着"谏臣"的角色,是"一

---

① V. W. Turner, *The Ritual Process: Structure and Anti-structure.* Chicago: Adline, 1969, pp. 131-140.
② 潘忠党、於红梅:《阈限性与城市空间的潜能——一个重新想象传播的维度》,《开放时代》2015年第3期。

仆三主，吃里扒外"的关系居间者①，也就是说，公共关系人员为组织所雇佣，但基于公众利益和公共利益建言献策，公关从业者所扮演的角色是对客户长远利益负责的倡导者。倡导是在以"观点的自由流通"为依据的"观点市场空间"里进行的，公共关系的传播策略是嵌入社会倡导者的意义空间之中的，组织通过挑战话语权、社会责任以及公平的政策制定来帮助信息的自由流通②。当这些多样化的特殊利益的声音被听到时，才会更好地服务于公共利益。公共关系学科可以对构建"全能社会"做出更大的贡献。

公共关系学科的阈限性是一把双刃剑：一方面，阈限性勾勒了宏观的经纬，它既有空间维度的结构，又有时间维度的流变性，两相交织的阈限空间是文化杂糅的空间，是意识形态运作的空间，也是公共关系实践的想象空间，阈限性概念给公共关系实践的合法性和学科的正当性提供了一个强有力的理论解释，这更有利于挖掘公共关系研究的潜力，实现公共关系研究的"空间转向"和"生态学"回归；另一方面，阈限的"之间"和"模糊"特性使公共关系学进入了一个更加难以界定的研究领域，给本来就备受争议的公共关系学的学科地位带来了威胁，使公共关系研究受到了更为基础的怀疑，这样也可能会削弱学科的力量。

总体来说，本文倾向于认为，公共关系学是一门典型的阈限学科，它可能居于新闻学与广告学之间，也可能居于传播学与管理学之间，更可能居于人文科学和社会科学之间。公共关系学科边界的模糊性和不确定性，是与生俱来的本质特征，公共关系学科拥有一个"可移动的边界"和"可沟通的空间"，这也许正是其魅力所在。

二 公共关系的三种研究视域

作为一个学术概念和研究领域，Public Relations 一词同时具有三重含义：

---

① 陈先红：《现代公共关系学》，高等教育出版社，2009，第3页。
② K. Fitzpatrick & C. Bronstein, *Ethics in Public Relations: Responsible Advocacy*. Los Angeles: Sage Publications, 2006, pp.33-36.

公共关系学的想象：视域、理论与方法

Public Communication、Public Relationships、Ecological Network，即"公共传播、公众关系、生态网络"。我们可以把这三者看成公共关系概念的操作化定义，是构成公共关系本质内涵的三个维度。"公共传播维度"视公共关系为"组织与公众之间的传播管理"①，是一种公共性的社会交往，所有公关实践都必须在公共视野之下展开，在公共空间里运作，需要维护公共利益，并形塑出组织和公众理性对话的公共领域。"公众关系维度"视公共关系为"组织—公众之间的关系管理"②或一种公众性的社会交往，其目的是实现相互理解和信任。"生态网络维度"视公共关系为"组织—公众—环境系统的关系生态管理"③，其目的是不断扩大组织在生态网络中的自我认同边界，促进组织—公众—环境系统的和谐。

纵观公关学术史，这三层含义构成了当前国际公共关系研究的三个取向，并逐渐形成了三种研究视域。本文把它称为公共关系的"关系观"、"传播观"和"生态观"。

"关系观"关注的基本问题是公关主体如何与利益相关者建立关系。换言之，就是在具体情境下，一方试图理解信任另一方，还是试图操纵利用另一方。"关系观"强调"公众性"本质和"对话世界观"，主要以OPRs等为概念系统，重点研究组织—公众关系的维度、构成、类型，以及主体间性、信任等。公共关系学的核心关怀就是帮助公关主体建立和利益相关者之间的最好关系。公关的目的就是建立相互理解的信任关系，承担社会责任才是公关行为的属性。所以，真正意义上的公关行为应该是指公关主体不是以自我为中心的，而是基于相互理解达成协调一致的行为。以操纵他人为目的的传播行为被认为是非公关行动，也即"策略行动"。

"传播观"试图回答的主要问题是"组织应该如何进行传播"。"传播观"强调公共关系的"公共性"本质和"对称世界观"，把"独白"和"对话"看作意义的两极，公共关系传播的过程就是不断从独白走向对话

---

① J. E. Grunig & T. Hunt, *Managing Public Relations*. New York：Holt, Rinehart and Winston, 1984，p.173.
② S. Cutlip, *Public Relations：The Unseen Power*. Hillsdale：Lawrence Erbaulm, 1994，p.156.
③ 陈先红：《公共关系生态论》，华中科技大学出版社，2006，第206页。

的沟通过程。主要将语言、叙述、符号、修辞、话题、议题话语权等作为概念系统，逐渐形成了传播管理学派和语艺修辞学派。公共传播目前已逐渐成为新闻传播学关注和认可的主流叙述话语。

"生态观"则为公共关系学提供了一个宏观的研究取向，强调了公共关系的"网络性"本质和"生态学世界观"[1]。它关注的主要问题是组织的生态网络是如何被公共关系策略所形塑的，公共关系战略和战术是如何影响组织—公众—环境所构成的生态网络的。生态观研究的问题不是以组织为中心的简单二元关系，也不是组织及其公众的关系，而是组织及其公众和所处环境的关系，这是一种复杂的多元关系。它是以"社区感[2]、社群主义[3]、关系网、传播流、生态位[4]"为核心概念来展开公共关系的论述和想象的。公共关系构建的过程是"织网、造流、占位"的生态演化过程，强关系、弱关系、结构洞、社会资本等来自社会学的概念成为其理论基石。

从历史层面来看，这三个研究视角并不是同时出现的，而是经历了从传播范式向关系范式、生态范式的理论转移，尤其是生态范式的回归，弥补了主流理论对"组织—环境关系"忽视的不足，使公共关系学科更具有战略性和人文关怀。从社会实践来看，这三个维度都是同时在场的；从本体论意义来看，公共关系的建构过程是运用公共传播技术使利益相关者建立信任的过程。在这个过程中，一方面，关系裁剪着信息的内容、影响着信息的流动；另一方面，关系和信息都是嵌入组织所处的更大的生态网络中的。据此，本文综合这三种研究和实践维度，提出了"公共关系战略轮模型"，如图1所示：

在图1中，公共关系被视为组织—公众—环境之间的关系生态管理，

---

[1] A. Yang, M. Taylor, "Looking Over, Looking Out, and Moving Forward: Positioning Public Relations in Theorizing Organizational Network Ecologies," *Communication Theory* 25 (2015): 91-115.

[2] D. Kruckeberg, K. Starck & M. Vujnovic, "The Role and Ethics of Community-building for Consumer Products and Services," *Journal of Promotion Management* 10 (2004): 485-497.

[3] 赖祥蔚:《社群主义：公共关系学的想象》，台湾政治大学广告暨公关学术研讨会会议论文，台北，2003。

[4] 陈先红:《公共关系生态论》，华中科技大学出版社，2006，第219~244页。

公共关系学的想象：视域、理论与方法

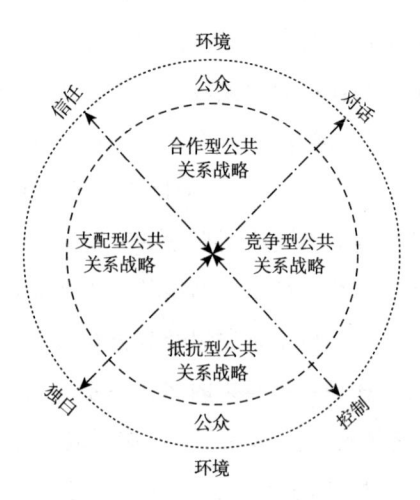

图1　公共关系战略轮模型

两个圆圈分别代表了两个生态场：组织—公众关系场域（OPRs）和组织—环境关系场域（OERs）。它们是开放的、多元的、动态的、可穿越的，两条交叉的线分别代表传播链和关系链，它们是有方向的、连续变化的、可渗透的、可逆的；传播链条和关系链条代表着有方向感的、连续变化的"意义两极"①，一个代表从"独白"到"对话"的双向的、可逆的传播连续体②，一个代表从"控制"到"信任"的双向的、可逆的关系连续体③。传播链和关系链相互交叉渗透、变动不居，不仅影响了组织和公众，而且影响了组织在运作中更广阔的社会网络，并由此形成了四个不同的生态网络界面：合作型、竞争性、抵抗型、支配型。公共关系战略行动亦随之变换，逐渐清晰。在这个三维理论空间中，包含着以下公共关系

---

① 英国文化人类学家维克多·特纳在《象征之林》一书中指出，文化是人们所编织的意义之网，是体现在符号中的意义传承模式，一个支配型的象征符号具有清晰可辨的意义两极，一为理念极，一为感觉极，前者透过秩序与价值导引和控制人，后者则唤起人最底层的、自然的欲望和感受，意义的两极将不同的甚至相互对立的含义聚集在一起。
② 皮尔森在《对话：公共关系的一个伦理方法》一文中提出，"公共关系最好被定义为对人际对话的管理"。对话不是一个过程或者一系列的步骤，相反，对话是持续传播和关系的产物，公共关系是一个从独白走向对话的传播连续体。
③ T. Maureen & M. Kent, "Dialogic Engagement: Clarifying Foundational Concepts," *Journals of Public Relations Research* 26 (2014): 384-298.

理论命题和公关战略类型。

命题1：公共关系行为越倾向于用对话手段来建立信任关系，就越有利于形成合作型的生态网络和公共关系战略。换言之，合作型公共关系战略更倾向于在对话—信任两个维度区间采取行动，其组织生态网络更具伦理性。

命题2：公共关系行为越趋向于以对话手段来实现相互控制，就越容易形成竞争性的生态网络和公共关系战略。换言之，竞争型公共关系战略更倾向于在对话—控制两个维度区间采取行动，其组织生态网络更具策略性。

命题3：公共关系行为越趋向于用独白（宣传）来建立信任关系，就越有利于形成支配型的生态网络和公共关系战略。换言之，支配型公共关系战略更倾向于在独白—信任两个维度区间采取行动，其组织生态网络更具中心性。

命题4：公共关系行动越倾向于用独白（宣传）来实现控制，就越有利于形成抵抗型的生态网络和公共关系战略。换言之，抵抗型的公共关系战略更倾向于在独白（宣传）—控制两个维度区间采取行动，其组织生态网络更具离散性。

命题5：在组织—公众—环境构成的生态网络中，如果公共关系战略行动适用于组织，那么它也同样适用于公众，反之亦然。

命题6："独白vs对话"的传播链和"控制vs信任"的关系链的互动方式和效果，受其嵌入的生态网络类型的影响，反之亦然，生态网络类型会影响传播链和关系链的互动方式和效果（见表1）：

表1 公共关系战略分类

	控制	信任
独白	抵抗型公共关系战略（独白vs控制）	支配型公共关系战略（独白vs信任）
对话	竞争型公共关系战略（对话vs控制）	合作型公共关系战略（对话vs信任）

以上理论模型有效整合了公共关系研究的三个视域层次——关系、传播和网络，一方面丰富和发展了公共关系理论和方法，另一方面丰富和发展了基础传播理论，尤其是改变了"传播和元传播（关系）"的传播二分法，实现了传播学研究的"空间转向"，这可以看作公共关系学对传播学理论研究的一次创新。未来的传播学和公共关系学研究皆可围绕以上概念体系和理论模型展开。对此模型的深入思考将专文论述，在此不再赘述。

三　公共关系研究的理论版图

研究的目的在于发展和创新理论。在科学研究中，研究者强调对所在领域的知识贡献或知识增量。一个成熟的学科往往有原创性理论，学者们也会自觉地使用这些理论开展研究，因为学科的进步是通过理论的发展来实现的，没有理论的研究是孤立的[①]。理论是现实的版图，理论刻画出的真实可能是"就在那里"的客观事实，或是我们头脑中的主观意义，不管是哪种方式，都需要有理论引导我们穿越陌生的地方。理论是一张地图，我们每一个人都是寻找地图的旅人，理论可以从总体上帮助研究者把握公共关系的概念和本质，进行深入的思考，并展开创造性行动。

国际公关学界使用和发展了哪些公关理论？中国公共关系研究的理论版图是怎样的？公共关系领域有没有形成自己的大型理论、中层理论？近年来，笔者和同事一起对国内外的公共关系理论发展现状进行了系统的梳理和研究。

第一，通过分析最能代表国际公共关系理论发展水平的两本学术期刊——《公共关系评论》（*Public Relations Review*）（1998~2011年，共1952篇）和《公共关系研究》（*Journal of Public Relations Research*）（1992~2011年，共310篇，创刊于1992年）中的207个量化研究样本

---

① P. J. Shoemaker, J. S. Tankard, and D. L. Lasorsa, *How to Build Social Science Theories*. Thousand Oaks, CA: Sage, 2004, p.158.

发现，这些论文共涉及 20 多个概念或理论。按出现频率的高低依次为关系理论、声誉理论、角色理论、卓越理论/双向传播模型等①。如图 2 所示：

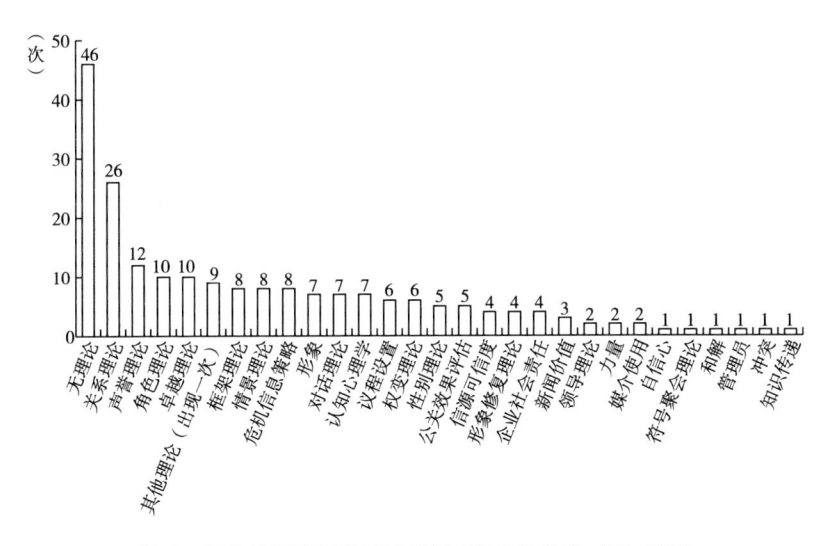

图 2 公共关系定量研究中理论/概念的分布（N = 207）

第二，通过分析最能代表中国公共关系理论发展水平的五种国内新闻传播学术期刊（1992~2012）的相关论文，并运用社会网络分析方法，考察近二十年来我国公共关系研究知识积累的内在结构，如研究议题、理论和引文结构等发现，1992~2012 年我国公关研究议题的整体网结构包括 23 个议题（网络密度 = 1.77，标准差 = 1.40），如图 3 所示。其中，中心度居于前三的议题分别为公关策略、危机管理、公关内涵和新媒体（中心度分别为 40、36、24、24）。

图 4 显示的是 1992~2012 年我国公关研究理论的整体网结构。从中可以看出，我国公共关系研究所涉及理论之间的联系较为松散（网络密度 = 1.17，标准差 = 0.38）。中心度居于前三的理论分别为对话理论、新闻理论、修辞和话语理论（中心度分别为 10、8、8）。

---

① 李贞芳、陈先红、江丛珍：《公共关系定量研究中的理论贡献的方式——对〈PR Review〉、〈PR Research〉中定量研究论文的内容分析》，《国际新闻界》2012 年第 5 期。

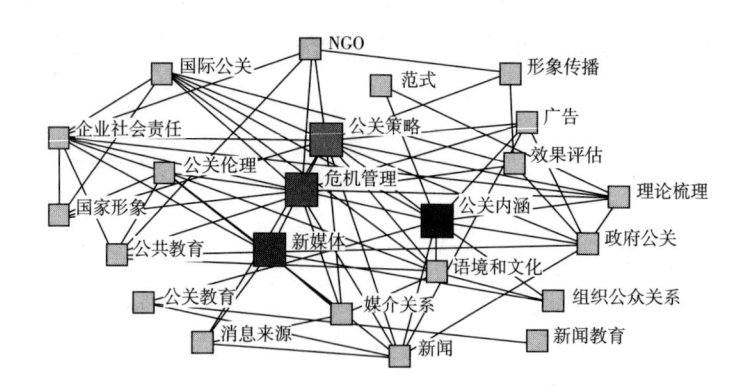

图 3　1992~2012 年我国公关研究议题的整体网结构

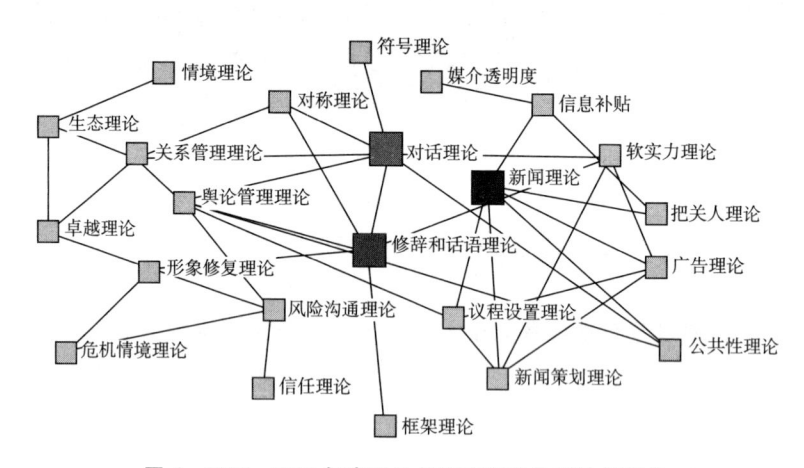

图 4　1992~2012 年我国公关研究理论的整体网结构

在图 5 所示的三个自我中心网中，皆未形成围绕着"对话理论"建立密切关系的理论群。特别值得关注的是，以新闻理论为中心的网络，还出现了与另外两个理论网络的断裂。这反映出目前公关研究者的来源结构中有一部分是新闻学者，他们更有可能在原有的知识结构中从事公关研究，在理论话语的表述方面，与公关学者还存在鸿沟。

第三，对美国公关领域的第一本理论著作《公共关系理论》（1989 年版、2006 年版）进行梳理与学习。这本书的很多章节都是由国际公关领域的著名学者写的，如佛格森、克拉布尔、维伯特（1985）、希斯、尼尔森（1986）、皮尔森（1989）、格鲁尼格（1992）、布鲁姆、凯西、里奇

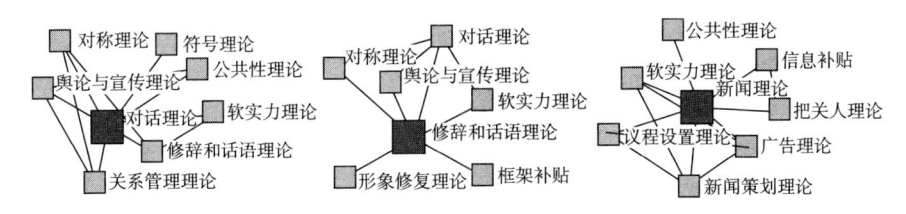

图 5　对话理论、修辞和话语理论、新闻理论的自我中心网

(1997)、卡尔·波顿(1997)、肯特、泰勒(1998)、来丁汉姆、布鲁宁(1998)、格鲁尼格和黄懿慧,书中提及了近30种公关理论。该书的主编卡尔·波顿认为,与20年前相比,公共关系理论日益发展完善,呈现出多样性和竞争性的局面;对称理论/卓越理论逐渐发展成一种潜在的理论范式,并以此为中心形成了一大批研究成果,对称/卓越理论的创建人格鲁尼格是最具认知度的公共关系学者[①]。在过去的20年里,公共关系领域最显著的发展趋势是从功能主义视角向共创视角的转变。功能主义视角关注传播技巧,将社会公众和交流传播仅仅看作谋求企业利益的工具,尤为看重新闻媒介策略。与之不同的是,共创视角把社会公众当成有意义的创造合作伙伴,强调同社会公众共建关系。卡尔·波顿和墨林·泰勒(Maureen Taylor)预测,联合共创视角(co-creative perspective)会持续发展并成为公共关系理论未来的基础。

总之,通过对国内外公共关系理论使用情况的系统梳理发现,公共关系已不仅仅局限于为企业传播服务,而是真正成为一个跨学科、多领域、综合性的热门研究领域,成为应用传播学的一个代表性学科,而且有望成为传播学领域最热门的研究方向之一,这一观察与卡尔·波顿和墨林·泰勒的观点不谋而合。

目前,公共关系领域的知识就像一张浮点图:孤零零的知识点漂浮在各个位置上,缺乏一个将其有序串联起来的理论网络。本文根据公共关系学术研究的三个理论层次"操作研究"(Research in Public Relations)、"本体研究"(Research on Public Relations)、"建构研究"(Research for

---

[①] C. Botan & V. Hazleton, *Public Relations Theory*. London: Routledge, 2012, pp. 12-16.

Public Relations），描绘出当前的公共关系理论图谱（见表2）：

表2 公共关系理论图谱（N=45）

本体理论 （公关宏观理论）		1. 说服理论 2. 对称/卓越理论 3. 对话理论 4. 社群主义理论 5. 文化生态学理论 6. 战略传播理论
建构理论 （公关中层理论）	多学科相关理论	7. 人际传播理论 8. 组织交流理论 9. 认知心理学理论 10. 社会建构理论 11. 社会资本理论 12. 社会网理论 13. 复杂理论 14. 风险理论 15. 社会责任理论 16. 框架理论 17. 消息来源理论 18. 信任理论 19. 国际化理论 20. 公共外交理论
	公共关系基本理论	21. 关系管理理论 22. 语艺修辞理论 23. 整合传播理论 24. 议题管理理论 25. 声誉管理理论 26. 危机传播理论 27. 政府公共事务理论 28. 媒介事件理论 29. 国家形象 30. 权力理论 31. 新媒体公关 32. 共创理论
操作理论 （公关微型理论）		33. 公关实践模型 34. 公关角色理论 35. 女性主义 36. 社区理论 37. 新闻价值理论 38. 媒介使用理论 39. 符号聚合理论 40. 情境理论 41. 信源可信度 42. 形象修复理论 43. 自信心理论 44. 冲突协调理论 45. 品牌传播理论

四 公共关系研究的方法应用

研究方法是衡量一门学科是否进入科学性、系统性研究之列，是否被引述转载的一个重要标准，更是实现其理论发展和创新的主要手段。公共关系研究的方法取向主要有社会科学的、修辞学的以及批判/女性主义、文化方法四大类，社会科学研究方法是适合公共关系理论建构的方法[①]。在格鲁尼格早期出版的著作中，他应用了系统论、经济决策论、量化和质化研究方法。在后期的卓越理论研究中，他主要运用的是量化研究方法。格鲁尼格认为，公共关系理论发展可以看作一个概念化的过程，主要有四个步骤：（1）确定自变量、因变量；（2）对自变量和因变量进行操作定义，确定变量的测量方案；（3）提出自变量和因变量的关系假设；

---

① V. Hazleton & C. H. Botan, "The Role of Theory in Public Relations," *Public Relations Theory* (1989): 3-15.

(4) 检验自变量和因变量的关系。[1]

一项关于公共关系论文的研究方法是否影响该论文被其他论文引述的研究表明，量化与质化的研究方法的确在"是否被引述"的变项上呈现显著差异，量化研究被引述的概率显著高于质化研究（Morton and Lin, 1995）[2]。在过去的几十年间，量化研究方法是美国公共关系学术研究的主要方法之一，美国三种公关学术期刊所使用的定量研究方法占68%[3]。其中，抽样调查法、内容分析法和实验法是最主要的定量研究方法。

通过对《公共关系评论》《公共关系研究》中采用抽样调查法、内容分析法和实验法的论文进行内容分析（N=214），笔者探讨了定量方法对公共关系理论发展的贡献，如表3所示：

表3 三种定量方法在《公共关系评论》和《公共关系研究》中的使用情况（N=214）

	《公共关系评论》（1998~2011）	《公共关系研究》（1992~2011）	合计
实验法	12（8.4%）	16（22.5%）	28
内容分析法	60（42.0%）	8（11.3%）	68
抽样调查法	71（49.6%）	47（66.2%）	118
合计	143（100%）	71（100%）	214

卡方检验表明，两种期刊在定量方法的使用上有显著差异（p<.001）。发表在《公共关系评论》上的论文较多采用抽样调查法（49.6%）和内容分析法（42.0%），发表在《公共关系研究》上的论文较多采用抽样调查法（66.2%）和实验法（22.5%）。

---

[1] R. H. Grunig, Hickson, "An Evaluation of Academic Research in Public Relations," *Public Relations Review* 2 (1976): 31-43.

[2] L. P. Morton, L. Y. Lin, "Content and Citation Analyses of Public Relations Review," *Public Relations Review* 21 (1995): 337-349.

[3] Y. Pasadeos, M. Lamme, and K. Gower, "A Methodological Evaluation of Public Relations Research," *Public Relations Review* 37 (2011): 163-165.

表 4　三种定量方法在五类公共关系理论发展论文中的使用状况　（N = 207）

理论贡献	定量方法			合计
	抽样调查法	内容分析法	实验法	
概念测量	9	1	0	10（4.8%）
检验原有理论假设	9	4	8	21（10.1%）
提出新的影响因素或适用范围	36	4	12	52（25.1%）
相关分析	15	10	8	33（16.0%）
描述性研究	49	42	0	91（44.0%）
合计	118	61	28	207（100%）

注：Pearson 卡方检验，$p<.001$。

由表 4 可以看出，抽样调查法是公共关系理论发展论文中使用的主要方法，占总样本的 57%，被广泛用于描述性研究、提出新的影响因素或适用范围、相关分析以及检验原有理论假设和概念测量；内容分析法主要被用于描述性研究以及相关分析，占总样本的 29.5%；实验法主要用于提出新的影响因素或适用范围、相关分析和检验原有理论假设，占总样本的 13.5%，不适用于概念测量和描述性研究。

总之，美国公共关系研究成果的一大特点是反对质化研究并支持对称性理论所提倡的量化研究。相比较而言，欧洲学者和中国学者更加强调质化研究的必要性，欧洲学者如人种志学者、语义修辞学者、批判主义学者、女权主义学者等使用了更多的研究方法；而中国学者主要采取描述性研究、案例性研究等方法。除了传统的质化和量化研究、案例研究之外，一些新的公共关系研究方法——社会网络分析法、网络生态法等——也日益受到关注，网络生态法可以将多种关系整合在一起，更精确地描述公共关系结构的演变与互动，这种关系结构在提高组织—公众关系的学术水平以及在传播领域中的整体定位是很重要的[1]。社会网络分析法、网络生态法具有理论性、方法性和基于实践的价值观，加深了我们对组织—公众关

---

[1] 陈先红、潘飞：《基于社会网理论的博客影响力测量》，《现代传播》2009 年第 1 期。陈先红、张凌：《草根组织的虚拟动员结构："中国艾滋病病毒携带者联盟"新浪微博个案研究》，《国际新闻界》2015 年第 4 期。

系和组织—环境关系的理解，尤其适用于研究微信、微博等社会化媒体的公关实践。

五　公共关系学的未来展望：本土化探索

中国公共关系学的发展趋势是什么？华人的公共关系学术视野在哪里？如何建构中国公共关系的主体性？这是中国公共关系学科在发展过程中必须要回答的问题。

20世纪中期以来，新媒体技术与全球化潮流的结合从根本上改变了人类社会的整体景观，新媒体的数字化、融合性、互动性、超文本性、虚拟性五大功能，建立在全球潮流化的辩证动态性、寰宇渗透性、整体连接性、文化混合性以及个体强化性五大特色基础之上，这两股相互依存的动力改变了社会科学以"时间消灭空间"的研究偏向，重新定义了人类社区的内涵，带来了社会科学的"空间转向"，它是继"语言学转向"之后社会科学研究经历的又一次重大范式革命①。

传播学者们展开传播学的空间想象力，开始了重构传播学之旅，除了主流的媒介融合、数据新闻、大数据传播、计算传播等焦点叙事之外，媒介地理学、传播生态学、媒介环境学等更是一种本体论层面的世界观重构。在这种背景之下，公共关系学也经历过几次大的研究重心的转移，比如从20世纪初期的"宣传学"转向"传播学"，从70年代后期的"语言学"转向，到80年代新媒体时期的"关系学"转向。随着移动互联和大数据时代的来临，社交媒体如博客、社交网站将组织置于一种更加复杂的虚拟社会关系中，公共关系领域已被改变。李·爱德华（Lee Edwards）认为，公共关系应该被重新定义为"代表个人有目的的沟通所产生的流动，正式组成和非正式组成，通过连续的与其他社会实体的反行动。它对地方、国家乃至全球都会产生社会、文化、政治和经济影响"②。

---

① 洪浚浩编《传播学新趋势》，清华大学出版社，2014，第297页。
② Lee Edwards & Producing, "Trust, Knowledge and Expertise in Financial Markets: The Global Hedge Fund Industry," *Culture & Organization* 8 (2012): 107-122.

公共关系学的想象：视域、理论与方法

罗伯特·西斯认为，新兴的网络社会的复杂性可能会使卓越公共关系理论、公众的情境理论和组织—公众关系二元方法的研究因跟不上动态复杂的社会关系而过时[1]。因此有必要对公共关系进行重新思考和"空间"转向，或者说是"生态学"的回归。生态学不仅是一种科学，同时还是一种研究取向，在哲学和方法论方面有独特贡献。生态学所倡导的整体和谐世界观和系统方法论奠定了对组织及其环境展开研究的哲学基础。其实，陈先红早在2006年出版的《公共关系生态论》一书中就明确提出，生态论的面貌、内容和方法将超越以往对公共关系主体、公共关系客体和公共关系手段如传播技巧、传播媒体、传播手段等微观的技术层面的研究范围，而尝试引用生态学中类似森林、土壤、空气、阳光、水或者狼、鼠、栖息地等相关分子共时态循环式互动的因果消长关系，来重新思考公共关系的整体现象，以及公共关系中各要素之间双向甚至多向的依存与因果状态。这对于提升公共关系的学科地位，完善公共关系学的理论体系，增强其对公共关系现象的解释力和预测力，具有极大的理论意义和现实意义[2]。

在这种背景之下，中国公共关系学科的发展要学会用"三条腿"走路：一是立足国际学术前沿，保持交流与对话；二是扎根中国本土，拓展中国公关的学术视野，建构主体性；三是参与社会变革，指导公关实践。

公共关系学归根结底是一门人学，宏观上属于文化人类学的研究领域。就关系而言，它是一个具有浓厚文化色彩的词，在不同的语境下，相同的概念可能生发出特殊的意义，因此我们必须树立所谓中国公关的学术视野，努力与国际学术界保持交流与对话。学术交流需要对话而不是独白，没有对话的学术交流就是喃喃自语，就是自娱自乐。唯有具备国际视野和比较眼光，才能知己知彼，成其大成其远，而不致故步自封、自欺欺人[3]。

---

[1] R. L. Heath, *Encyclopedia of Public Relations*. Los Angeles: Sage Publications, 2013, pp. 230-242.
[2] 陈先红：《公共关系生态论》，华中科技大学出版社，2006，第215~216页。
[3] 李金铨：《关于传播学研究的新思考》，载洪浚浩主编《传播学新趋势》，清华大学出版社，2014，第3~18页。

祝建华教授主张先从本土实际出发，再从国际学术界"严格选择直接相关又能够操作化的概念、命题或者框架，在此基础上发展出整合性的中层理论"[①]。李金铨教授则认为，国际理论为体、本土经验为用的迷信不破，主体性的建立就将遥遥无期，建立学术主体性的原则和顺序应该是西经注我，而不是我注西经。在方法论上，他主张采用韦伯式的方法，出入于实证论和现象学之间，以兼顾实证的因果和现象学意义[②]。

目前，中国公共关系陷入了一个非常尴尬的困境中：一方面其市场规模发展空前，社会需要日益深入；另一方面却遭遇了极大的社会伦理挑战。本文认为，我们必须要从根深蒂固的传统关系观念中走出来，重新思考现代公共关系的"公共性"和"关系性"，重新思考公共关系在中国社会和文化土壤中落地生根的基本理论和原则问题。在学术研究中，应避免宏大叙事，聚焦微小实践，通过微观和实证研究，来实现公共关系学科知识的积累和主体性的建立。当然，公共关系学科更需要具有原创性的学术思想，没有思想的学术生产，只能是一种"寻章摘句老雕虫"的顾影自怜或者自怨自艾的书斋游戏。如果公共关系学研究在理论上无法把握中国现实，在实践中无力干预公关市场进程，只是软弱无力地自证清白或者"口水多过茶"的自娱自乐，那么中国公共关系学科建设的振兴与发展必将遥遥无期。

既然公共关系学是一门社会科学，那么它的意义就体现在与社会实践的对话当中。要提升公共关系的学术品质和学科地位，就必须站在"理解公关就是理解我们所在的社会和时代"的高度重塑我们的公共关系观念。公共关系研究要突破"以术御道止于术"的狭窄格局，达到"以道御术术可求"的高远境界，在社会这个更大的价值共同体中，实现"追求真善美，传播正能量"的学术抱负。

（该文发表于《现代传播》2006年第5期，陈先红独著）

[①] 李金铨：《关于传播学研究的新思考》，载洪浚浩主编《传播学新趋势》，清华大学出版社，2014，第3~18页。

[②] 李金铨：《关于传播学研究的新思考》，载洪浚浩主编《传播学新趋势》，清华大学出版社，2014，第3~18页。

新媒体推动下公共关系理论范式的创新

1980年代的新媒体时期,是公共关系理论创新的一个重要分水岭。这一时期,一个新词"Public Relationship"取代"Public Relations"进入公共关系学者的研究视野,人们开始提出这样的疑问和倡议:"个体从哪里结束?关系从哪里开始?""把关系还给公共关系""关系应该成为公共关系理论研究的焦点领域"。在此之前,传统公共关系理论如管理学派、语艺(修辞)学派和整合营销学派都忽视了"关系"的核心概念作用,始终是以传播为中心,将研究重点放在public,即对公众传播策略的制定及传播效果的评估上。在此之后,研究重点开始从"传播"转向"关系",即开始研究如何提高组织—公众关系的质量。关系观点的倡导者玛丽·佛格森指出,"以关系为研究单位的组织公众关系为范式的集中提供最多的机会,它将会加速公共关系领域的理论发展"。莱丁汉姆指出,关系管理的观点是一种"在众多的观点中,能够孕育出一个新的关于公共关系形式和功能的有吸引力的观点之一"。另一公共关系学者艾林也认为,关系管理观点的出现标志着公共关系开始从对民意的操纵转向关系的建立,这是公共关系根本使命的重大变化。

公共关系理论创新与传播技术的革新是息息相关的,因为"理论和实践总是相互影响相互提高的",新媒体的出现极大地改变了公共关系运行的生态环境,改变了公共关系从业者传递信息、与关键公众互动、处理危机、管理议题等的方式,也从根本上改变了公共关系理论的哲学基础,下面本文就从传播学者史密斯所说的构成理论典范的四个哲学维度——认识论、本体论、方法论和价值论，来探讨新媒介环境下公共关系理论范式的创新表现。

一

从认识论角度看，新媒体建构了一个"熟悉的陌生人全球社区"，网络传播开始从以信息为主的数量传播时代，转向以关系为主的质量传播时代，网络传播的实质是对话性的关系传播，而非技术性的信息传播，建立社会信任关系成为公共关系的主要目标。

关系传播理论的创立者雷格里·贝特森认为，信息具有双重性，每一条人际交流信息都具有两层内涵——"报告"信息和"指令"信息，报告信息是指传播的内容，指令信息是指传播的关系，这两个要素也被称为"内容信息"和"关系信息"或"传播"和"元传播"。本文认为，如果说大众传播时代是一个信息传播的时代，那么网络传播时代则是一个关系传播时代或者元传播时代。虽然从表面上看，网络传播是海量信息传播，其背后是冷冰冰的数字和硬邦邦的技术，但究其实质，关系价值要高于技术价值，也高于信息价值，原因在于以下几点。

在网络社会，人们处在一个具有讽刺意味的囚徒困境当中。一方面，新型全球化社区通过传播传输技术正在或者已经形成，一个跨国性组织可以像18世纪的英国农庄一样，没有任何秘密可言，人们的关系从来没有像今天这样紧密和多样化。另一方面，整个社会可能变成一个"熟悉的陌生人"社区，技术可以超越空间，却不能超越情感，技术可以促进沟通，但不能保证建立信任。由于语言、文化、习俗等障碍，前所未有的社会混乱和文化破碎也随之产生，社会关系以一种无法完全理解的方式发生着急遽的变化，传统范式受到挑战并失去作用，而新的价值观尚未填补这种空白，整个世界处于"严重的道德困惑和无政府状态"，人们生活在一个紧密联系的陌生人的社会中，彼此合作却又互相猜忌。可以说，网络技术从根本上改变了人际关系和社会关系的质、量、度，削弱了社会作为一个共同体的内在和谐关系。关系频度虽然提高了，但关系信度降低了；关系长度虽然增加了，但关系效度却减少了，当技术不仅代替了人力，而且代替了知识、技巧和责任范围的时候,社会信任关系就变成了一种对程序、机器的信任,而不是对人与人关系的信任。

日裔社会学家弗朗西斯·福山指出,一个社会性经济组织的成长离不开社会信任关系的发展和延伸,一个国家的经济发展是由社会文化所形成的信任关系带来的。相对于社会发展中的物质资源、人力资源,社会信任是一种社会资源,属于一种价值道德要求,广泛存在于政治、经济、文化的各个领域,并发挥着"社会资本"的重要作用。

因此,新媒体所带来的传播性质的变化直接推动了公共关系理论界对既有理论范式和概念的反思,公共关系理论创新就是在这种大背景下产生的。

二

从本体论角度看,公共关系理论研究的逻辑起点从以传播为中心转向了以关系为中心,传播、关系和管理三个核心概念的功能地位发生了根本变化。

公共关系学科在定义和描述公共关系上一直存在分歧:到底是以传播为发展公共关系理论的取景机制还是以关系为取景机制?公共关系理论到底应该以关系为研究起点还是以传播为研究起点?选择不同,所建立的公共关系理论范式也不同。

从历史上看,公共关系理论是以传播为中心发展起来的,早期的公共关系人员都是记者出身,公共关系实践也强调媒体关系,因此学者们在回答"公共关系从哪里来,要到哪里去"这类元理论的哲学问题时,是把新闻和大众传播作为这个领域的理论基础和逻辑起点。比如,格鲁尼格和亨特在1984年把公共关系定义为"组织和公众之间的传播管理",这就把公共关系等同于传播管理和组织传播,格鲁尼格说:"我们交替使用公共关系、传播管理和组织传播这三个词,我们是故意这样做的,尽管一些从业者不同意。"他们把公共关系等同于组织传播,把公共关系看作被组织管理的传播,特别是被组织的传播专家管理的传播。这种观点一直是20世纪占据统治地位的公共关系理论,在其引导下,公共关系理论建构是围绕着传播手段、传播结果展开的。本文把由此形成的理论称为"传播范式"的公共关系理论。

在1984年佛格森提出"关系应该成为公共关系研究的核心"之后，关系观点被广泛接受，公共关系被看作对组织—公众关系的管理。公共关系的成功在于组织—公众关系的质量，公共关系理论的核心是互惠互利。格鲁尼格也开始将研究兴趣转向关系范式，并在这个领域将组织和公众之间的关系管理观念化。"关系管理"是对一个组织及其内外环境之间的关系进行管理。莱丁汉姆把组织—环境关系定义为"存在于组织及其重要环境之间的状态，在这种状态下，两者的活动可以互相影响对方的经济、社会、文化或是政治上的安定"。这个定义承认了关系是公共关系的核心。关系观点被运用于各种公共关系功能研究中，比如议题管理、危机管理、社区关系、媒体关系、政府—市民关系等。

关系管理理论使公共关系研究的核心从传播转向关系，由此导致"关系""传播""管理"三个核心概念在公共关系理论体系中的地位和功能发生了变化。

首先，就关系概念而言，一方面，关系观点作为一种研究范式为各个层次的公共关系理论研究提供支撑，它既能为公共关系元理论提供一种合理且能够被广泛认可的基本假设，又可以为公共关系中层理论提供有力的理论支撑。一个有效的证明就是关系管理的理论观点与格鲁尼格和亨特提出的系统理论、双向对称等主要概念是协调一致、互相包容的，由此解决了长期以来争论不休的对称预想等元理论问题。同时，它也为莱丁汉姆和布鲁宁提出的公众忠诚理论奠定了基础。另一方面，关系观点澄清了公共关系在组织结构中的功能，由此为衡量和评估公共关系效果提供了一个框架。关系管理理论认为，公共关系的主要功能在于管理组织—公众关系以使组织和公众同时获益。也就是说，公共关系的结果不仅有利于所服务的组织，而且有利于组织所服务的公众和所在社区及社会。因此，组织—公众关系的质量成为评估公共关系效果的主要指标。

其次，就传播概念而言，传播从公共关系的目的变为组织—公众关系的战略工具。传播在关系管理中成为培育和维持组织—公众关系的工具和手段,在这个框架中,传播的价值取决于它对组织—公众关系质量的贡献。也就是说,在现实社会中,公共关系活动的成功与否取决于组织—公众关系质量的好坏,而不在于制造或是发布在公共媒体上消息的数量。这使公共关系的效果测量从传统上注重短期的传播效果,比如测量发布在大众媒体上的信息或故事的传播质量,转变为注重长期的关系质量。

最后,从管理概念来看,关系管理理论使公共关系的管理功能进一步明确和强化。关系视角的出现,使公共关系快速从传统上注重信息制造和传达变为一种以目标为导向的更宽广的管理功能视域。将管理概念视为关系管理过程的一部分,将公共关系从技术驱动的战术努力提升到战略计划的核心地位,由此使公共关系的管理角色更加名正言顺,并增加了公共关系专家参与高层管理的机会。

总之,关系范式可以成为公共关系的一般理论,为公共关系研究和实践提供纲领性的解释框架。一方面,它为学术研究提供了范式,为公共关系教育提供了理论参照,也为从业者提供了计算项目成本的以结果为导向的工具;另一方面使公共关系经理的工作更加具有管理性,如目标设置、战略规划和评估等。

三

从方法论角度看,公共关系理论的建构从策略方法转向了伦理方法。

公共关系理论建构是建立在"相互依赖与相互关联"的生态学世界观基础上的,对这一世界观的理解有两个方向:一是强调系统的道德价值,正如哲学家埃博提出的"系统的相互依赖与相互联系具有深远的道德意义";二是强调系统的策略价值。这两种价值代表了两种不同的思维方法,能够引导公共关系学转向两个不同的方向,究竟哪一个方向更适合公共关系学呢?这是公共关系所面临的具有深远意义的选择,这个选择将会影响公共关系理论的自我理解力及未来命运。

笔者曾在《基于关系生态管理的公共关系理论研究》一文中,提出了一个公共关系理论建构模型。如图1所示:

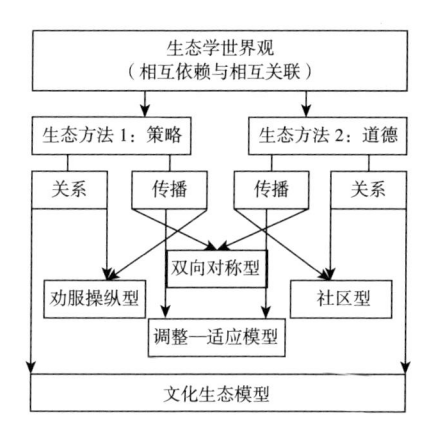

图 1　公共关系理论建构模型

在图 1 的最上方是处于世界观地位的生态思维，生态思维所提倡的相互依赖与相互关联理念是公共关系理论应遵循的指导原则。在这一世界观的指导下，公共关系学者可以采取两种生态方法建构公共关系理论，即策略方法和道德方法。

在图 1 的最左侧，是纯粹以传播为中心的劝服操纵型公共关系，早期的公共关系实践都是此列，可称之为理性主义的策略型公共关系，其特征是以传播为中心、以劝服为手段，最终达成利己单赢的关系状态。在这里，关系只是一种被利用的工具，代表观点为米勒的"劝服说"。

在图 1 的最右侧，是纯粹以关系为中心的社区型公共关系，这是一种最新的观点，可称之为社群主义的伦理型公共关系，其特征是以"建立社区感"为己任，通过积极承担社区责任来减少社会冲突，改善社会关系。它强调关系质量和承诺，强调社会认同感、核心价值和信仰的重要性，强调权力和责任的平衡以及市民的知情权。代表观点为克鲁克伯格、斯达克的"社区感假设"和罗伊·利普（Roy Leeper）的"社群主义假设"。

在图 1 的中间，是以传播为核心的双向对称型公共关系，其中，组织—环境关系主要是一种研究背景，作为传播的外部变量或者干扰变量出现，在这种情况下，传播既是目的也是手段，既是伦理的也是策略的。格鲁尼格把它称为理想主义的伦理型公共关系，该模型奠定了公共关系的世界观基础,同时也受到了攻击,代表观点是格鲁尼格的"传播管理说"。

在图1的中下方,是调整—适应模型,此模型强调了传播与关系的相关性。在组织—环境关系的适应与协调中,传播的协调作用加强了组织对关系变化的适应性。该模型仍然是以传播策略为重点,以组织—环境关系为调节变量的。代表观点是卡特利普、布鲁姆的关系管理说。

在图1底部,是文化生态模型。该模型以关系为中心,把原来处于背景地位的组织—环境关系纳入由组织—公众—环境构成的复合关系生态中,从组织的社会文化角色出发,通过对话和研究,构建伦理和谐的关系生态。代表观点是笔者提出的"关系生态说"。

无论是策略型公共关系还是伦理型公共关系所建构的都属于微观公共关系学的理论范畴。这些理论在公共关系主体的目标达成和目标选择等方面具有一定的解释力和预测力,但在建构公共关系理论体系、体现公共关系整体价值追求和关怀方面显得力不从心。主要原因是宏观公共关系理论的缺位,笔者提出的"关系生态管理"试图建构一个宏观公共关系理论体系。"关系生态说"紧紧围绕"公共关系是组织—公众—环境系统的关系生态管理"这一中心观点,力图建立一个以关系为逻辑起点,以和谐理性为基本假设,以组织—公众—环境关系为基本概念,以系统论的道德取向为研究方法,以生态学为元理论基础,以人际传播和社会资本理论为依据,以社会文化系统组织扮演社会好公民为主体定位,以对话和研究为传播模式,以多赢为价值追求,以关系资源网、关系传播流和关系生态位为三大范畴的公共关系理论体系。

四

从价值论角度看,公共关系理论范式从降低成本范式转变为增加收入范式,公共关系成为一种与物质资本、人力资本同等重要的社会资本。

在过去的20年里,公共关系对组织效果的贡献方式成为研究的核心。例如,公共关系在21世纪的价值是相关杂志上最新的研究主题,学者们从批判的、管理的、修辞的、女性主义的和后现代的观点出发讨论公共关系的价值。同样,西斯在2001年的新作《公共关系手册》中,将"基础的转移：作为关系建立的公共关系"作为标题，来总结公共关系理论的研究现状，认为公共关系学者倾向于降低成本范式，而从业者倾向于收入增加范式。在网络时代，公共关系价值的基本原理，开始从降低成本范式转向收入增加范式。

从概念上讲，公共关系通过与公众建立长期关系，以及减少组织和公众之间的冲突来改善组织效果。从实证上讲，对美国、加拿大、英国等国家 10 年来的卓越公共关系的研究结果表明，公共关系对组织效果的贡献表现在以下两个方面：第一，有助于建立稳定的、高质量的长期关系；第二，有助于缓解冲突，同时减少制度、压力和诉讼所带来的冲突成本。

"关系生态说"认为，关系生态管理的价值追求是对期待有回报的社会关系进行投资，以此获得社会资本。社会资本是一种特殊的资本形态，具有不同于物质资本的一系列特征：生产性、不完全替代性、部分公共物品性、无形性、个人特征依赖性、受益不确定性和不可转让性。社会资本主要存在于人际关系和社会结构中，并为结构内部的个人或集体行动提供便利。社会资本是一种无形的集体财产，有利于增强组织的竞争优势，获得有利的市场地位，其中关系网络的紧密性和信任程度是维护集团财产的主要工具。而这种工具的使用者除了权利联盟，剩下的主要是公共关系人员。

在一个组织的关系资源网中，某些成员之间没有直接联系，只有公共关系人员与他们有联系，有的是强关系，有的是弱关系，无论哪种关系，公共关系人员都处于关系资源网的中心位置，具有明显的信息优势和控制优势，这个中心位置，就是博特所说的"结构洞"。博特指出，开放的关系网络比封闭网络具有更多的结构洞，占据结构洞的成员可以得到更多的回报，或者说，开放的社会网络比封闭的社会网络具有更多的社会资本。基于结构洞位置所传达的信息、影响力、社会信任和身份认同，公共关系人员在社会资本的生产、维持和改变过程中，可以为组织带来巨大的经济效益和社会效益，是社会资本的经营者和管理者，也是具体的生产者、携带者和使用者，这正是公共关系的价值体现。

（该文发表于《国际关系学院学报》2006 年第 4 期，陈先红独著）

参考文献

陈先红:《公共关系生态论》,华中科技大学出版社,2006。

陈先红:《关系生态说与公关理论的创新》,《国际关系学院学报》2004年第3期。

Stephen W. Littlejohn, *Theories of Human Communication*. Belmont, CA: Wadsworth Publishers, 1995.

Glen Broom, Shawna Casey, and James Ritchey, "Toward a Concept and Theory of Organization-public Relationships," *Journal of Public Relations Research* 2 (1997).

量化研究对公共关系理论发展的贡献
——对 *Public Relations Review* 和 *Journal of Public Relations Research* 的内容分析

一 问题的提出

研究方法是衡量一门学科是否进入科学性、系统性研究之列，是否被引述转载的重要标准，更是实现其理论发展和创新的主要手段。公共关系研究方法主要有社会科学的、修辞学的、批判/女性主义和文化方法四大类，因而社会科学研究方法是适合公共关系理论建构的方法。一项关于公共关系论文的研究方法是否影响其被引述的研究表明，量化与质化研究方法的确在"是否被引述"的变项上呈现显著差异，量化研究被引述的概率显著高于质化研究（Morton and Lin，1995）。量化研究方法是美国公共关系研究的主要方法之一，在1975~1985年，美国研究公共关系的论文采用量化研究方法的约占44%（Huang，1992）；1989~2007年，美国三种公关学术期刊上使用定量研究方法的论文占68%（Pasadeos，2011）。其中，抽样调查法、内容分析法和实验法是最主要的定量研究方法。

对公共关系理论发展进行学术反思的量化研究有很多（Pavlik，1987；Ferguson，1984；Botan & Hazleton，1989；Pasadeos，Renfro & Hanily，1992，2000；Vasquez & Taylor，2001；Sallot，Lyon，Acosta & Jones，2003；Sisco，Collins & Xoch，2011；Pasadeos，2011），但是，这些量化研究的公关论文倾

向于考察公共关系有哪些研究领域和研究发现、提出了哪些理论假设，以及以何种方式使用理论。通常情况下，只是进行了数量分析，如引用最多的理论、主要的公关理论研究者、各种理论出现的频次和被引用的频次等，而没有进一步考察定量研究方法是如何建构和发展公共关系理论的。

就社会科学而言，理论是一个逻辑性命题，或是针对现象之间的关系所提出的一组命题，换言之，理论是以变量语言来建构的，所描述的是不同变量的属性之间在逻辑上可能有的关联性。理论发展的要素包括概念、概念的操作定义（测量）、概念之间的关系等，它应该具有检验的结果。美国公关学者格鲁尼格（Gmmg）认为，公共关系理论发展可以看作一个概念化的过程，它有四个步骤：（1）确定自变量、因变量；（2）对自变量和因变量进行操作定义，确定变量的测量方案；（3）提出自变量和因变量的关系假设；（4）检验自变量和因变量的关系。因此，本文试图遵循这一研究思路，深入探讨量化研究对公共关系理论的建构和贡献，提出并回答以下问题：

1. 公共关系量化研究方法的使用情况如何？两本期刊有何不同？
2. 公共关系定量研究中的理论分布如何？测量了哪些核心概念？
3. 公共关系定量研究中的理论假设情况如何？主要研究哪些公关议题？
4. 对公共关系理论影响因素或适用范围的研究现状如何？

二 研究方法

1. 样本选择

Public Relations Review（以下简称 *PRR*）和 *Journal of Public Relations Research*（以下简称 *JPRR*）是当前最能代表国际公共关系理论发展水平的两本学术期刊，本文截取前者在 1998~2011 年的所有论文（共 1952 篇）和后者（创刊于 1992 年）在 1992~2011 年的所有论文（共 310 篇），分别在摘要中以"实验法""抽样调查法""内容分析法"为关键词进行搜索，得到有效样本共 214 篇。《科学研究论文的写作方法》以及《美国心理学会写作手册》（第 6 版）都强调对研究方法的说明是摘要的必备要

素，所以分析论文时所采用的这种研究方法的搜索方式是合理的。样本构成见表1：

表1 三种定量方法在 *PRR* 和 *JPRR* 中的使用情况（N=214）

	PRR（1998~2011）	*JPRR*（1992~2011）	合计
实验法	12（8.4%）	16（22.5%）	28
内容分析法	60（42.0%）	8（11.3%）	68
抽样调查法	71（49.6%）	47（66.2%）	118
合计	143（100%）	71（100%）	214

卡方检验表明，两种期刊在定量方法的使用上有显著差异（$p<0.001$）。*PRR* 的论文较多采用抽样调查法（49.6%）和内容分析法（42%）；*JPRR* 的论文较多采用抽样调查法（66.2%）和实验法（22.5%）。

在214个总样本中，有7篇论文属于研究之研究，由于它们不直接针对公共关系领域的现象，故将这7篇剔除，有效样本数为207篇。

2. 分类与编码

根据格鲁尼格的研究思路，将每篇论文的因变量、自变量、所使用的理论模型或理论概念、核心观点等提取出来，得出的理论发展方式主要有以下五种情形：（1）提出对某个概念的有信度和有效度的测量方案；（2）检验原有的理论假设；（3）提出新的影响因素和方式，或者验证理论在新背景下的适用性；（4）变量之间的相关分析；（5）对某个现象的描述性研究。随后，由5位经过培训的广告系研究生进行初步编码，再分别由几位主要作者审核认定，对有分歧的论文进行阅读和确定，最终的编码员信度达到96.6%。

3. 样本分布情况

由表2可以看出，抽样调查法是公共关系理论发展论文使用的主要方法，占总样本的57%，被广泛用于描述性研究、提出新的影响因素或适用范围、相关分析以及检验原有理论/假设和概念测量；内容分析法主要用于描述性研究以及相关分析，占总样本的29.5%；实验法主要用于提出新的影响因素或适用范围、相关分析和检验原有理论/假设，占总样本的 13.5%，不适用于概念测量和描述性研究。

此外，从理论发展方式来看，提出新的影响因素或适用范围的论文比例高达 25.1%，远高于检验原有理论/假设的论文比例（10.1%），这表明多数研究者对理论创新有较高的追求。

表 2　三种定量方法在五类公关理论发展论文中的使用状况（N = 207）

理论贡献	定量方法			合计
	抽样调查法	内容分析法	实验法	
概念测量	9	1	0	10（4.8%）
检验原有理论/假设	9	4	8	21（10.1%）
提出新的影响因素或适用范围	36	4	12	52（25.1%）
相关分析	15	10	8	33（15.9%）
描述性研究	49	42	0	91（44.0%）
合计	118	61	28	207（100%）

注：Pearson 卡方检验，$p<0.001$。

三　研究结果

1. 公共关系理论使用情况

在 207 个样本中，涉及 20 多个概念或理论，其中 78% 的论文（共有 161 篇）以某种方式使用了某个理论或者概念：12.5% 的论文采用了关系理论；近 6% 的论文采用了声誉理论；约 5% 的论文采用了角色理论和卓越理论；约 4% 的论文采用了框架理论、情境理论、形象理论、对话理论、认知心理学理论；约 3% 的论文采用了议程设置和权变理论；约 2% 的论文采用了性别理论、效果评估理论、形象修复理论和企业社会责任理论；约 1% 的论文采用了新闻价值理论；另外还有领导理论、权力理论、媒介使用、自信心、符号聚合理论、和解、管家制度、冲突和知识传递等。

2. 提出新的概念或者原有概念的新测量方案

概念是建构理论的基本单位，是代表各类元素的抽象元素（Jonathan Turner, 1986）。对概念的操作化便于研究者共同将理论向前推进。公共关系理论发展的首要任务就是明确公共关系研究的核心概念和基本概念，并对概念的操作化进行测量。

本文对"卓越、权变、管家制度、冲突、声誉、组织—公众关系"这六个概念重新进行了测量，如专门针对社区活动分子眼中的企业声誉的测量方案。确定企业活动分子对企业形象的感知由三个因素组成：企业社会责任、内部文化、开放程度。这个测量方案可以作为学术共同体讨论"企业声誉"时的基本依据。此外，有研究对和解、伦理知识传递这两个新概念进行了操作定义（见表3）。

表3 概念测量（N=10）

概念	文献
管家制度（stewardship）	Waters, Richard D., 2011, *PRR*
卓越	Yun, 2007, *PRR*; Yun, 2006, *JPRR*
组织—公众关系	Huang, 2001, *PRR*
和解（accommodation）	Jin & Cameron, 2006, *PRR*
冲突	Shina & Cameron, 2004, *PRR*
声誉	Jo, 2011, *PRR*
伦理知识传递	Lee, 2011, *PRR*
权变	Li, Cropp & Jin, 2010, *PRR*; Shin, Cameron & Cropp, 2006, *PRR*

3. 检验已有的理论或假设

在207篇论文中，有20篇论文检验了已有的11个理论或假设（见表4），它们是：声誉（4）、认知心理学（3）、情境理论（3）、卓越理论（2）、公共关系效果评估（2）、关系理论（1）、框架理论（1）、信源可信度（1）、形象修复理论（1）、议程设置（1）、自信心（1）。

表 4　验证已有的理论或假设（N = 20）

理论或假设	文献	因变量	自变量	核心观点
声誉理论	Meijer & Kleinnijenhuis, 2006, PRR	企业声誉	新闻报道	新闻报道影响企业声誉
	Wang, 2006, PRR	国家声誉	外交活动	外交活动影响国家声誉
	Choi & Lin, 2009, PRR	企业声誉	卷入度	消费者的卷入度影响对企业的声誉感知
	Choi & Lin, 2009, JPRR	组织声誉	消费者情绪	警觉/愤怒和组织声誉之间显著负相关
认知心理学	Cameron, 1994, JPRR	再认/记忆	信息类型	未支持文字评论比文字广告更有利于受众记忆
	Reese & Cameron, 1992, JPRR	记忆	标题类型	视频新闻的标题影响记忆效果
	Fischer, 1998, JPRR	错误率	公关训练	公关训练提升解决问题的能力
情境理论	Hamilton, 1992, JPRR	传播活动	情境变量/媒介变量	选举传播活动受情境变量/媒介变量影响
	Aldoory, Kim & Tindall, 2010, PRR	认知/卷入度/信息获取行为	媒体报道	媒体报道形成的公众对风险的认知影响公众的问题认知/对卷入度的认知/信息获取行为
	Lee & Rodriguez, 2008, PRR	信息搜索与处理	问题认知/卷入度	公众对事件的认知与其传播行为之间的关系
卓越理论	Deatherage & Hazleton, 1998, JPRR	公关模型的选择	非对称或对称的世界观	组织的世界观影响公关模型的选择和公关的有效性
	Gordon & Kelly, 1999, JPRR	组织有效性	公关模式	公关部践行双向对称模型/充当经理角色/参与战备计划与组织有效性之间显著相关

续表

理论或假设	文献	因变量	自变量	核心观点
公共关系效果评估	Leong & Sriramesh, 2006, PRR	态度/行为	公关战役	浪漫新加坡公关运动的效果评估
	Jo, Shim & Jung, 2008, PRR	舆论	公关战役	美国伊战宣传的国际传播效果评估
关系理论	Cutler, 2004, PRR	关系	公关策略	公关策略影响关系建构
框架理论	Danowski, 2008, PRR	新闻报道	公关活动	公关活动对报纸报道的框架效果
信源可信度	Callison, 2001, JPRR	信息可信度	信源	信源影响公众对信息可信度的判断
形象修复理论	Holtzhausen & Roberts, 2009, JPRR	媒体报道	策略	正面的形象修复策略更有利于产生积极的媒体报道
议程设置	Zhang & Cameron, 2003, PRR	媒介报道	公关活动	中国政府在美公关活动影响美国报纸的报道
自信心	Anderson, 1995, JPRR	自信心/行为倾向	信息类型	符号模型/说服模型对行为倾向的影响不同

检验"声誉理论"的论文有4篇，它们以"企业声誉、组织声誉、国家声誉"为因变量，以"新闻报道、卷入度、外交活动、消费者情绪"为自变量，验证了如下假设：新闻报道/卷入度/消费者情绪影响企业或组织声誉；外交活动影响国家声誉。这些假设都是此前被提出并验证过的，新的研究表明这些假设仍然得到了支持。

检验"认知心理学"的论文有3篇，以再认/记忆、错误率为因变量，以信息类型、标题类型、公关训练为自变量，验证了信息特点影响记忆效果的基本假设。

检验"情境理论"的论文有3篇，其基本假设是：传播者对事件或问题的认知、卷入度、约束认知（觉得该事件或问题无法处理的程度）三类因素可以预测传播行为。样本中有三项研究，分别验证情境变量预测传播行为、媒体报道预测受众的认知、卷入与信息获取行为。

总之，这些研究论文都验证了某一理论的核心假设，如公关活动影响媒介报道的议程设置、公关活动影响报纸报道的框架效果、信息类型影响自信心/行为倾向等。

4. 提出新的影响因素或适用范围

一般而言，提出某个现象的新的影响因素，指假设某个因变量有了新的自变量或者原有的自变量以新的方式影响因变量，如成为中介变量（mediator）或调节变量（moderator），即发现现象之间新的关系。比如，在最近的一项研究中，Kang（2010）尝试将组织—公众关系作为自变量，考察关系对知晓度、态度和支持的行为倾向等因变量的影响，并将组织—公众关系作为中介变量来考察知晓度对支持的行为倾向的影响，其理论贡献在于检验了变量之间的关系，探讨了关系理论在新的背景下的适用性，从而增强了理论的解释力。

特别值得关注的是，自1984年佛格森提出"以关系为研究单位的组织—公众关系，为范式的集中提供最多的机会，它将会加速公共关系领域的理论发展"之后，有大量研究对"关系概念"进行操作化定义，即确定组织—公众关系的测量方案，并保证该测量方案的信度和效度，如提出关系测量的维度，或者确定不同文化背景下关系的测量方案，如针对中国文化背景设计的关系的测量量表。

在所有有效样本中，有49篇论文采用的是这类理论创新方式，占总样本的23.7%，占所有做出理论贡献的样本数（79篇）的62%。具体分布情况及其理论贡献如下。

涉及"关系理论"的论文有11篇，理论贡献包括：组织—公众关系作为自变量影响公众对组织的支持、危机冲突的解决、捐赠、危机中公众的态度与行为等因变量；组织—公众关系的质量或发展作为因变量，受危机反应形式/危机传播策略、危机事件中公众的居住距离、管理传播行为、员工授权（empower）、对话沟通、企业不合伦理的行为、多媒体的使用等自变量的影响。

涉及"情境理论"的论文有5篇，理论贡献包括：对公众特点的认知影响公关策略的采用及效果；文化认同影响问题认知、卷入度、信息处理和信息搜寻；认知与传播的关系强过情感与传播的关系；经济得失的感知影响议题卷入、使用信息源和采取行动的动机；行为加语言更能增强自信心和行为倾向。

涉及"卓越理论"的论文有 4 篇，卓越沟通文化能预测企业应对危机的状态以及公关人员是否归属于危机管理团队；文化背景影响公共外交的卓越；公关人员的理论知识解释了侵蚀现象 19% 的方差；采纳双向对称传播模型（或者专业模型）的公关人员工作满意度更高。

涉及"性别差异"的论文有 4 篇，理论贡献包括：在公共关系高等教育背景下，对研究的使用风格无性别差异；公关行业存在性别差异；公关行业中权力岗位的性别比例影响对下属工作评价的性别差异；同性上下级有更积极的关系监控。

涉及"认知心理学"的论文有 4 篇，理论贡献包括：捐赠人比非捐赠人更可能经历认知失谐，捐赠能恢复认知协调；公众的情绪影响其对危机策略的偏好和对组织危机应对策略的接受度；训练有助于降低出错率，提高问题解决的能力；认知评价影响危机应对的行为。

涉及"形象修复理论"的论文有 4 篇，理论贡献包括：大学形象影响学生的支持态度以及报考；大学对社区的贡献能使社区公众形成好的感知和支持行为，形成大学的正面形象；符号法、危机类型、组织的历史、对危机的应对策略影响组织的形象；危机传播策略、执政历史、政治家的特点影响对政治家（失言危机后）的评价。

涉及"角色理论"的论文有 3 篇，理论贡献包括：不同的公关角色会有不同的媒介选择——经理更多的为口头传播，而技术人员更多的为文字传播；角色定位/研究定位影响公关研究障碍认知；公关自主性、优势地位、战略导向、组织因素等影响公司采纳一致、及时、积极的应对策略。

涉及"声誉理论"的论文有 2 篇，理论贡献包括：对公司的熟悉程度/企业声誉影响企业的品牌资产；企业面临危机时对事件的反应方式、企业的声誉影响公众的态度、行为倾向以及对公司信源可信度的评估。

涉及"权变"的论文有 2 篇，理论贡献包括：随着冲突时间的变化，组织的公关策略和立场也随之发生变化；威胁的类型、时间长度影响公关人员对威胁的评估、情绪唤起及和解程度。

涉及"信源可信度"的论文有 2 篇，理论贡献包括：信息源本身成为可信度和评价标准的调节变量，影响可信性；受众的身份、对信息中涉及特定风险的已有态度影响其对信息可信度的感知。

涉及权力的论文有 2 篇，理论贡献包括：网络使用与决策能力的感知成正比；使用社会化媒体与（结构性、专业性和声誉性）权力感知成正比。

此外，涉及"框架理论、企业社会责任、社会中介的危机传播模型、公关效果评估、领导理论、符号聚合理论"的论文各有 1 篇，其理论贡献依次为：框架策略能促进群体间的有效对话；企业的社会贡献影响消费者的购买意向，而企业对环境保护的贡献对消费者没有购买意向的影响；信息的形式和来源影响公众的接受；电视广告是最优化的知晓度传播方法；变通型的领导和同情能够赢得员工信任、调节员工的悲观情绪；风险传播的内容影响公众对风险的感知。

四　结论与讨论

本文主要关注量化研究中公共关系理论是如何发展的，从概念的测量、概念之间关系的角度来定义理论发展和贡献，可将其分为三种：对概念的测量；验证已有的理论/假设；提出新的影响因素或适用范围。研究显示，有 78% 的量化研究（共 161 篇）以某种方式使用了某个理论或概念，其中 38% 的研究（共 79 篇）以上述三种方式做出了理论贡献。

按照理论贡献方式的不同，可分为以下几种：（1）测量了以下八种公共关系理论的概念——卓越、权变、管家制度、冲突、声誉、组织—公众关系、和解、伦理知识传递；（2）检验了一系列已有的理论或假设——声誉理论、认知心理学、情境理论、卓越理论、公共关系效果评估等；（3）对一些已有的理论提出新的影响因素或适用范围——关系理论、情境理论、认知心理学、卓越理论等。

研究公共关系的理论发展方式，就是总结迄今为止有哪些有价值的理论概念被提出和验证，成为公共关系领域的知识体系，被用于公共关系专业教育以及指导行业发展。同时，对于试图在公共关系领域进行理论创新的研究者来说，本文提供了一个应用定量研究推动理论发展的图谱。需要说明的是，本文未囊括发表在其他传播学期刊上有关公共关系定量研究的论文，评价研究结论的可推广效度时需要谨慎。

（该文发表于《现代传播》2017年第1期，
作者为陈先红、胡建斌、贺剑棋）

参考文献

C. Botan & V. Hazleton, *Public Relations Theory*. New Jersey: Erlbaum, 1989, pp. 34–35.

P. J. Shoemaker, J. W. Tankard & D. Lasoras, *How to Build Social Science Theories*. California: Sage Publications, 2004, pp. 107–122.

J. E. Grunig, *Conceptualizing Quantitative Research in Puhlic Relations*. London: Routledge, 2008, pp. 88–119.

J. Swales & C. B. Feak, *Academic Writing for Graduate Students*. Ann Arbor: University of Michigan Press, 1994, p. 210.

American Psychological Association, *Publication Manual of the American Psychological Association* (6ed), 2009, pp. 1–18.

M. A. Ferguson, "Building Theory in Public Relations: Inter-organizational Relationships as Public Relations Paradig Gainesville," the Annual Conference of the Association for Education in Joumalism and Mass Communication, 1984.

公共关系学学源的传播学分析

本文拟以传播学为视角,梳理并总结公共关系理论的由来和发展,以便建立公共关系的传播学科知识体系。

一 公共关系的起源：大众传播

公共关系的起源可以追溯到 18 世纪后期,然而,公共关系真正成为一种强有力的企业工具,则始于 20 世纪初期。当时,一些产业巨子和商业领袖,由于受到新闻界"扒粪运动"的攻击,逐渐意识到应该通过雇佣一些"新闻代理人"(以后发展为"驻地记者")来形成民意和摆脱政府的干预,其核心实践是处理媒体关系,争取舆论支持。一个早期的从业者说："我主要从事宣传业务,我是一个新闻代理。简单地说,我的工作就是让客户的名字见诸报端。"从历史上看,第一批公共关系从业者大部分都是新闻记者出身,这一现状一直延续到今天。大众媒体的兴起、记者出身的公关人员和处理媒体关系的公关业务,使大众传播的理论和方法顺理成章地成为公共关系研究的主要理论基础。

大众传播的基本原理是把公共关系学科视野限制在信息设计、信息传递、尽可能地宣传和促销,以及尽可能地告知、说服甚至操纵上。概括地说,大众传播范式的公共关系研究主要有以下三个特点：第一,以"说服和操纵"为目标,强调单向控制;第二,以"策略和效果研究"为重点,强调"如何说";第三,以"不对称"为基本世界观,强调私益性。

大众传播范式的公共关系深受说服理论的影响。米勒（Miller）认为，传播和说服即使不是同义词，也是一对解不开的结，传播是人类竭力控制符号环境的一种方式："从生到死，人们寻求温暖而不是寒冷，丰足而不是匮乏，尊敬、喜欢和爱而不是轻视、社会隔离和仇恨，因此，寻求环境控制是我们生活挂毯的一个至关重要的结构，人类活动就好像呼吸一样自然和普遍。再广泛地说，寻求控制的功能与道德无关，或者说是超道德的，就好像互动和吃饭是超道德的一样，它是人们生活不可避免的一个方面。"据此，米勒把公共关系定义为"竭尽全力用符号控制某些环境的过程"。在这种传播理念下，公共关系即运用传播来操纵公众以有利于组织，公共关系的本质就是不对称，公共关系和说服是"一个豆荚里的两个豆瓣"，劝说只不过是操纵公众的一种委婉说法而已。大众传播观点把公共关系视为一项实用性活动，是一种达到组织目标的手段，组织无须改变其行为或妥协，因为它们可能干扰客户实现目标。组织所要做的就是雇佣一个公共关系人员，他可以使组织看起来"有竞争力，有效果，值得尊敬——总之更加有影响力"。

这种世界观体现了一种狭隘的功利主义以及追求功能化结果的工具理性，格鲁尼格称之为"不对称世界观"。在这种世界观的指导下，所谓互惠互利的公共关系实际上是一种自欺欺人。德国思想大师哈贝马斯对以操纵为目的的不对称公共关系行为进行了深刻而尖锐的批判。他认为，公共关系技巧越成熟，操纵民意就越彻底。公共关系诉求的大众是"公众"而非"消费者"，信息的传达表面上是以"公共福利"为由，实际上刻意隐瞒了其商业本质，也就是运用合法化的公共领域范畴来获取有组织的私人利益。公共关系因此成为"民意的经营者"和"共识制造引擎"，借由创造新闻和引发公共事件，如宗教、儿童、健康、动物、运动等来引起社会关注。

就目前的情况而言，不对称世界观不仅在理论上而且在实践中都占有优势地位，说服操纵的公共关系活动很普遍，比如在四种常见的公共关系实践模式中，新闻代理、公共信息和双向不对称三种模式都属于不对称模型。也就是说，他们试图改变公众的行为而不是组织自身的行为。在新闻代理模型中，公共关系采取任何可能的方法在媒体上进行宣传；在公共信息模型中，公共关系依靠驻地记者来传播信息，但仅仅是组织的好消息；在双向不对称模型中，组织通过提供最可能说服公众的信息，使其像组织希望的那样去付诸行动。

大众传播为公共关系贡献了许多实用的概念、模型和理论，主要有施拉姆的反馈理论、宣传分析理论、说服矩阵理论、海德的平衡理论、纽科姆的对称理论、奥斯古德的调和理论、议程设置理论、冲突理论、信息处理理论和哈贝马斯的交往理论等。

二 公共关系的定位：组织传播

尽管在公共关系的各个发展阶段，公共关系人员的大部分实践都是宣传、说服和操纵等，但是，他们一直没有放弃对双向对称观点的思考，直到1952年，卡特里普和森特在《有效公共关系》一书中，用非常清晰的对称术语对公共关系进行了定义：公共关系就是向公众传播和解释组织的思想和信息，同时又将公众对这些信息的观点和看法反馈给组织，以努力使二者处于和谐的适应状态。随后，格鲁尼格在1984年出版的《公共关系管理》教科书中首次提出了"传播管理"的概念，并把公共关系定位在组织传播之上。

格鲁尼格和亨特把公共关系定义为"组织和公众之间的传播管理"，"我们交替使用公共关系、传播管理和组织传播这三个词，我们是故意这样做的"。他们认为，公共关系/传播管理比传播技术的概念更广泛，也比专门的公共关系活动如媒体关系、宣传等更广泛。公共关系和传播管理涵盖了所有向组织内外部的公众进行传播的计划、执行、评估，从这个意义上讲，公共关系/传播管理也是组织传播。一般而言，组织传播主要指组织内部的个体传播，也就是说，组织传播是描述高级主管、下属、中层管理者以及其他雇员之间在组织内部的传播。虽然组织也会关注外部传播，但他们的主要兴趣是组织个体成员之间的内部传播。因此，格鲁尼格把公共关系等同于组织传播，是为了强调组织传播可以是内部的，也可以是外部的，都是被组织的传播专家管理的传播。另外，语艺学派也把公共关系看作组织的"修辞者"。查尔斯·康拉德提出,"本质上,组织传播就是修辞传播,具体地说,组织修辞被定义为一种符号行为,这种符号行为创造了组织的现实环境及其行为动机"。

组织修辞观认为,组织是组织成员与外部成员使用不同语言战略的符号情景,语言战略主要用于管理组织的价值观、议题、形象和识别。语艺学派的代表人物罗伯特·西斯认为,公共关系通过使用修辞来创造形象和提高声望,公共关系修辞可以"使组织好事更好"或"化危机为转机"。这些典型的公共关系行为都以事实为依据,由组织和代表组织的个人执行,都属于组织传播范畴。

在组织传播视角的观照下,公共关系研究有以下特点:第一,以"理解和认同"为目标,强调双向传播;第二,以"内容和功能研究"为重点,强调说什么;第三,以"对称性"为基本世界观,强调互益性。

格鲁尼格认为,公共关系是通过双向双轨的传播活动,以达成组织与公众的互相认识与了解,通过系统化、科学化研究而获得有关公众的资料,以研究公众的态度、行为、需求和兴趣为主要内容,促使组织管理阶层在认识到公众的需求之后,制定其服务策略、改善其服务品质,目的是相互理解,使双方共同获益。这种双向对称传播的基本假设在于:组织利益与公众利益是一致的,越能满足公众的利益,就越可能获得他们的认同,也越有利于组织的发展壮大。

许多学者以公共关系传播为前提,探讨了传播学和社会科学理论对公共关系理论的建构。比如,美国爱荷华州立大学的玛西亚·普赖尔教授认为,符号互动理论、交换理论、冲突理论、结构功能理论为建构新的公共关系理论提供了一些有价值的假设和命题,而美国科罗拉多大学的詹姆斯·K. 万纽文教授认为,劝服/学习效果理论、社会学习理论、低介入理论、认知一致性理论、价值改变理论等公认的理论模式提供了理解公共关系活动效果的概念体系。可以说,这些理论及其运用构成了组织传播视角下的公共关系知识体系。

但是,将公共关系定位在组织传播层面也存在很大的局限性。一方面,组织传播无法全面涵盖公共关系的研究范畴和知识体系。公共关系比组织传播甚至比传播更加广泛,传播主要是用来生产传播产品如新闻发布、宣传或视听材料等的技术,而公共关系除了具有传播管理功能外,还具有组织的战略管理、咨询参谋、政策制定等功能。在制定或宣布政策时,公共关系并不总是使用传播技术,所以一些从业者常常使用"公共事务"来丰富公共关系的内涵。另一方面,对传播的过度强调导致公共关系研究仅仅停留在过程层面的线性研究和手段层面的策略研究上,而无法进入更深的结果层面的关系研究,当人们过分专注公共关系传播手段的应用时,就忘记了公共关系最终要实现的目标——建立信任和谐的关系,正如德国哲学家西美尔所言:"复杂的生活技术迫使我们在手段之上建筑手段,直至手段应该服务的真正目标不断地退到意识的地平线上,并最终沉入地平线下。在这个过程中,手段攀升至价值与目的的高度,一跃而成为目的。"

三 公共关系的转向:人际传播

20世纪80年代的新媒体时期,是公共关系理论创新的一个重要分水岭。这一时期,一个新词"Public Relationship"取代"Public Relations"进入公共关系学者的研究视野,人们开始提出这样的问题或建议:"个体从哪里结束,关系从哪里开始?""把关系还给公共关系""关系应该成为公共关系理论研究的焦点领域"。在此之前,传统的公共关系理论如管理学派、语艺(修辞)学派和整合营销学派都忽视了"关系"的核心概念作用,始终以传播为中心,将研究重点放在对公众的传播策略的制定、传播效果的评估上。在此之后,研究重点开始从"传播"转向"关系",即开始研究如何维持和提高组织—公众关系的质量。

西方关系范式的产生是对公共关系传播范式的批判,莱丁汉姆和布鲁宁指出,关系管理的出现开始质疑"公共关系的实质——它到底是什么?做什么或者应该做什么?其功能和价值是什么?它给组织、公众和所生存的社会带来的利益是什么?"艾林认为,关系概念的出现代表了公共关系从操纵向建立、培养和维持关系的转变,而且是"公共关系主要使命的一个重要改变"。多兹则认为,在关系范式中,传播的功能从主要活动转向了"一个战略管理的功能,帮助管理那些影响组织使命、目标的关键公众之间的关系"。

关系管理的出现是公共关系理论范式的创新，它必然涉及公共关系传播学理论基础的改变。如前所述，大众传播理论和组织传播理论作为早期公共关系的理论支撑是比较合适的。然而，在公共关系理论转向关系管理之后，大众传播理论便不再具有唯一的影响力，"它只适合于不太复杂的公共关系从业者努力通过大众媒体与活跃公众进行沟通"；面对错综复杂的"关系"，它已经不再具有足够的解释力，人际传播转而成为公共关系的理论来源。从理论上看，人际传播思想与关系思想密不可分，人际传播的定义就是关系的定义。就公共关系而言，它和人际传播具有一种共通的核心关系，"关系"被定义为基于相互影响模式下对双方彼此行为的期望，相互的感知、影响、利益和行为是成功关系的构成要素。由此而论，公共关系背景下的关系管理便意味着对组织及公众之间共赢关系的培育、维持以及发展。

一般而言，人际传播为公共关系研究提供了许多有用的变量、模型和理论。从人际变量来看，"涉入"变量是公共关系研究中使用最广泛的，常常用来讨论一些公共关系话题，比如公众分类、议题管理、危机传播。格鲁尼格的公众情境理论、西斯的政策议题和危机传播、莱丁汉姆以及布鲁宁的组织—公众关系维度，都使用了"涉入"概念。

从人际传播模型及其理论来看，传送模型、反馈模型、变量模型和互动模型、关系发展四阶段模型、互动阶梯模型、稳定/变化模型、双向性模型、间接感知模型、传播行为多维模型等，都对理解、培育、保持、发展组织—公众关系，进行了深入系统的理性思辨，为关系管理者构建了一套对话式的传播体系。比如，互动模型指出，关系中参与者的相互依赖和角色同时性，可以成为组织及其关键公众潜在互动的基础；关系发展阶梯模型可以为组织—公众关系的相关分类奠定基础；围绕"关系期待"概念发展起来的平衡/均衡模型，可以用来确定或者监控组织与其关键公众之间相互期待的框架；人际感知方法或者间接感知模型能够提供一种"关系—感知"视角，可以进一步协调、理解和领会公共关系情境下的关系；传播行为多维模型可以将各种公共关系传播方式之间的关系视觉化，也可以使包含性、控制性和暂时性的相互关系可视化，进而对关系管理做出必要的调整。总之，这一系列人际传播模型和理论，经过修正以后可以适用于公共关系情境，尤其是当公众被作为目标而不是手段时，人际关系传播理论和模型对公共关系理论研究具有深远而广泛的影响。

四　公共关系的归属：关系传播

相比较而言，公共关系理论研究基本上遵循的是主流传播学的线性研究模式。大众传播视角重在强调"信息层面"的策略和效果研究，组织传播视角强调"文化层面"的策略和效果研究，人际传播视角则强调"情感层面"的关系维持与发展。它们基本上是将"传播"和"关系"分离开来，要么以"传播"为研究单元，传播既是目的又是手段；要么以"关系"为基本单元，传播从目的退回到战略工具的地位，人际关系研究被强调，而人与环境关系的研究又被忽略。在人际传播视野下，公共关系研究始终无法得出一个统一的理论。

笔者认为，公共关系学只有建立在"关系传播理论"基础上，才能够形成一个相对统一的知识体系，正所谓："我们不能真正分开传播手段和传播关系，它们在一起组成传播模式。"小约翰认为，关系传播理论的基本假设主要体现在以下四个方面。第一，关系总是与传播有关，不能与传播分离；第二，关系的本质由关系成员的传播行为决定；第三，关系通常是含蓄模糊、不清晰的；第四，关系总是随着卷入关系方的传播过程而发展，总之，关系是动态的、网状的。关系传播理论的代表巴罗阿多学派反对根据线性单向模式展开效果研究，他们认为，对说服、宣传和研究大众传播效果来说，单向模式可能是非常适用的，但是这种假定的线性因果关系并不适合作为相互联系与相互影响的以"关系"为中心的传播。

关系传播研究抛弃了线性传播模式，并对传播学理论进行了本体论表述。第一，"人们不能不传播"，任何行为都是一种潜在传播，在其他人在场的情况下，你与其他人的关系总是在传播之中，即使不想与对方建立关系，你所表现出来的"无传播"关系本身也是一种信息。第二，任何一个会谈，无论多么简短，都包括两个信息："内容信息"和"关系信息"。它们分别被称为"传播"和"元传播"。第三，互动总是被加上

"标点符号",也就是说,互动总是被传播者转化为一种意义方式。传播不是一个简单的链条,任何一个既定的行为链都可能以不同的方式被"标点"。第四,人们同时使用"数字代码"和"类推/类似代码"进行传播。第五,互动中的信息必须匹配和融合。相对于传统主流的传播理论,关系传播理论是一种创新,是以系统论、控制论、生态学为基础的,由于它不适合传播学占统治地位的认识论,因而没有对传播学(包括公共关系学)产生更大的影响。

但是,网络时代的到来彻底改变了人类社会的传播环境。从认识论角度看,新媒体建构了一个"熟悉的陌生人全球社区",组织的内外部边界日趋消失,虚拟社区、太空企业、全球市场不断出现,"公共领域"和"私人领域"的界限日益模糊和消失,全球—地方涡场开始形成,网络传播开始从以信息为主的数量传播转向以关系为主的质量传播,网络传播的实质是对话性的关系传播,而非技术性的信息传播,将建立社会信任关系作为传播的主要目标。

笔者在《公共关系生态论》一书中,从公共关系的"关系居间者"立场出发,把阿诺德的"全球—地方涡场"概念与哈贝马斯的"公共领域"概念以及笔者提出的"关系生态场"概念相结合,建构了如下模型(见图1):

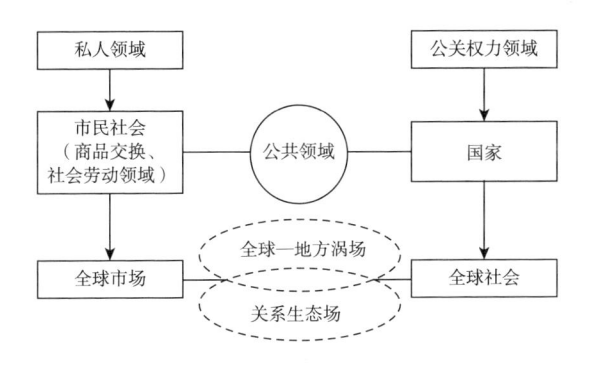

图 1 关系生态场模型

图1表明,公共关系人员将从传统意义上的单纯以信息传递为主的"边界扫描者",转变为处于"结构洞"位置的公共领域的代言人,通过

"织网"、"造流"和"占位"来建立一个"关系生态场"。

在关系传播视角下,公共关系研究具有跨学科特征,网络经济学的"梅特卡夫法则"、新制度经济学的"关系合同"理论、管理学的"和谐管理"理论、营销学的"关系营销"思想、社会学的"社会资本"理论,以及人际传播理论、弱关系理论、强关系理论、结构洞理论等,都将成为公共关系的理论基础。总之,从传播学角度来看,公共关系不再只是传统意义上的源于大众传播、定位于组织传播,并开始转向人际传播的应用传播学,恰恰相反,在关系传播的定位下,公共关系将有可能以"元传播"的身份,反过来为传播学提供理论支撑,这预示着公共关系学科地位的巨大转变和提升。

(该文发表于《湖北大学学报》2007年第3期,陈先红独著)

参考文献

西美尔:《货币哲学》,陈戎女译,华夏出版社,2002。

张锦华:《传播批判理论》,台北:黎明文化事业股份有限公司,1994。

斯蒂芬·李特约翰:《人类传播理论》,史安斌译,清华大学出版社,2004。

ElizabethL Toth, Robert L. Heath, *Rhetorical and Critical Approaches to Public Relations*. Hillsdale, NJ: Lawrence Erlbaum Associates, 1999.

William P. Ehling, "Estimating the Value of Public Relations and Communication to an Organization", in *Excellence in Public Relations and Communication Management*. Hillsdale, NJ: Lawrence Erlbaum Associates, 1992.

J. E. Gruning & T. Hunt, *Managing Public Relations*. New York: Holt, Rinehart Winston, 1984.

Miller, "Persuasion and Public Relations: Two 'Ps' in a Pod Gerald R," in *Public Relations Theory*. Hillsdale, NJ: Lawrence Erlbaum Associates, 1989.

对话公共关系理论溯源与发展进路

20世纪80年代，以格鲁尼格为代表的公共关系管理学派所提出的卓越理论成为公共关系实践和研究中被广泛认同和应用的理论。格鲁尼格所提出的双向对称模型，也成为公共关系研究的中心框架，很多研究对这一理论进行了支持性验证或者提出了疑问。直到2001年，格鲁尼格在其论文《公共关系的双向对称模式：理论、现在和未来》中指出，公共关系已经到了跳出公共关系实践的四个模型，发展出一种综合性理论的时候了。他认为，现在的实践和研究已经越过了卓越理论的双向模型，而发展为对话的公共关系（Health, 2001）。[①] 事实上，当时对话的公共关系理论已经历了30年的发展，充分地吸收了哲学、心理学、传播学中的人际传播、发展传播理论，形成了较为成熟的概念化体系。同时公共关系学者将对话的理论与新媒体的使用结合在一起，为对话理论的发展提供了更加广阔的研究视域。

因为人们对公共关系的狭隘认识，对话的公共关系可能被误认为仅仅是实践层面上促使组织和公众交流的手段，但事实上，对话的公共关系是宏观理论，根植于哲学理念，是从伦理角度对公共关系的思考。它是一种战略理论，是引导和改善公共关系实践和研究的理论框架，也是一种策

---

① Heath, *Handbook of Public Relations*. Thousand Oaks, CA: Sage Publications, 2001, pp. 11-30.

略。基于这一框架,可以为关系的维持、改善以及信任的建立设计具体手段。本文首先要厘清的是对话的公共关系理论的哲学根源。

一 对话理论的哲学溯源

对话的公共关系理论与双向对称模型有相通的地方,其理论根源最早可追溯至柏拉图的古典对话概念(Karberg,1996)[①],这是一种书面的或口头的谈话式的交流,一般发生在两个以上的人之间。

到近代,对话原则开始得到更多的学术关注,并被运用到教育学、心理学、传播学等多个学科之中。其中对传播学领域对话研究范式的发展产生重要影响的两位哲学家应该是马丁·布伯(Martin Buber)和尤尔根·哈贝马斯(J. Habermas)。前者的研究使另一位学者保罗·弗雷勒(Paulo Freire)在《被压迫者的教育》中提出了对话教育理念,这一理念对于发展传播学中的对话和参与原则影响深远。后者是法兰克福学派的杰出代表,他所提出的交往理论和公共领域的理论,影响了传播学批判学派的发展。

犹太哲学家马丁·布伯对笛卡尔以来的西方传统哲学进行了批判,并提出了"关系本体论"。西方哲学自笛卡尔以来一直以主客二分为前提,而布伯认为决定一个人存在的东西在于他自己同世界上各种存在物和事件发生关系的方式;同时认为西方传统哲学中的"我—它"关系并不是真正的关系,因为它只是"我"认识和利用的对象,而只有"我—你"关系才是真正的基本关系。关系居于我—你之间,不能仅仅存在于"我"或"你"之中,而体现这一居间关系的最好载体就是对话。我—你相互平等,相互沟通,相互认识[②]。布伯的对话哲学或关系哲学虽然根植于神学或宗教,但其作为宏观的研究范式影响了包括公共关系学在内的社会科学领域。

[①] M. Karberg, "Remembering the Public in Public Relation Research: From Theoretical to Operational Symmetry," *Journal of Public Relations Research* 8 (1996): 263-278.

[②] 孙向晨:《马丁·布伯的"关系本体论"》,《复旦学报》(社会科学版)1998年第4期,第91~97页。

马丁·布伯理解世界的着眼点是语言，通过语言来进一步认识"我—你"之间的关系。这也体现了西方哲学自胡塞尔开始的转向，而这一转向对哈贝马斯产生了深刻影响。哈贝马斯在波普尔的"三个世界"的基础上，认为行动者行为的合理性取决于行为与所处世界的关联，并总结了四个行为理念。

第一是目的行为，核心在于为了达到一定目的或进入理想状态，在各种可能性行为中做出决定，这一行为的着眼点是功效期待的最大化。第二是规范调节行为，行动者具有共同的价值取向，彼此相互期待，满足普遍的行为期待。第三是戏剧行为，参与者通过控制主体性的相互渗透而左右互动，核心在于互动中的自我修饰行为。第四是交往行为，是主体间通过符号协调互动，以语言为媒介，通过对话达到人与自然之间的相互理解和一致。①

对话是哈贝马斯著作的基石。哈贝马斯基于对话框架探讨了传播的伦理。对哈贝马斯而言，只有在各个团体同意以良好的意愿对其行动计划进行协作时，对话才能发生。哈贝马斯对话观念的本质在于他认为伦理上的传播不应该被一个团体所垄断，因此对话涉及协作的传播关系。哲学层面对话范式的研究并非仅限于以上两位学者，只是以传播学和公共关系学的视角来看，这两位学者的思想在中层理论的发展和具体实践中最为清晰。

二 传播学中的对话理论

公共关系学根植于传播学理论和实践，关系视角是现代公共关系学的重要理论范式。当学者把视线聚焦于建立、维持、增强主体和其关键公众的关系时，传播学中大量关于关系的理论便被借用过来。因此，本文想要阐明的是公共关系学视域下的对话理论，但传播学层面的一些中层理论和实践却不能略去不谈，这样我们才能更加清晰地看到其在公关理论中的发

---

① 哈贝马斯：《交往行为理论：行为合理性与社会合理化》，曹卫东译，上海人民出版社，2004，第83~90页。

展脉络。

早期的传播学模式和理论,如 5W 模式、两级传播以及 20 世纪 60 年代罗杰斯所提出的创新扩散理论,是符合当时的理论思潮且有着精英主义倾向的理论,在这些理论的指引下,信息垂直和自上而下扩散的趋势越发明显。而随着世界的发展、理论思潮的变迁,以及传播技术的进步,学者开始质疑这些单向的,甚至带有霸权主义色彩的传播范式的合理性。马丁·布伯、哈贝马斯的理论被更多的传播学者所接受,并发展出一种更为平等的传播关系。传播不仅仅是双向的,传播者也不应该只考虑受众的需求或想法,认识到这一点才能更好地确定和调整自己的传播内容或策略。基于对话的哲学理论,关系是本体,传播不是手段,而是终极。传播主体并非利用传播来达成自己的目的或说服、改变对象,因为这一行为本质上是一种"主客体关系",不符合布伯的关系本体论,故不能从根本上解决问题。传播主体的目的应该是传播,只有传播、互动,不断地与"你"相互认识,才能达到较为和谐的状态。

这一理论转向在发展传播学中被逐渐完善。发展传播学中对话理念的重要来源之一是保罗·弗雷勒的观点,他认为传播是每个人的权利,而不是少数人的特权,没有人能够用夺走他人话语权的规定性方式来说出对己或对人的正确话语。[1] 对话的传播理论强调过程和语境,强调信息的交换而非扩散模式所倡导的说服。越来越多的发展传播学者和实践者开始致力于推动对话和参与传播的发展,然而要促使人们认识到原有文化中的压迫性话语,就必须使他们从自身文化的旁观者的角度出发。只有旁观才能更富有洞见地参与。在这个过程中,传播即目的,传播的发起者旨在促进受传者的参与。在互动和对话过程中,作为"你"的受传者能够实现自我的认识和发展,作为"我"的传播者能够与发展保持和谐的关系。

对话理论在实证方法盛行的美国传播学研究中并不是最受欢迎的研究趋向,它的主要倡导者是以瑟韦斯为代表的欧洲传播学学者。但是在公共关系学研究中,对话理论无论是作为中观的研究范式,还是作为微观的策略,都已经显现出较为强大的生命力。学者们不但对其进行理

---

[1] P. Freire, *Pedagogy of the Oppressed*. New York: Continuum, 1983.

论的梳理和概念化,也尝试对这一概念进行操作化,展开一系列定量研究,为其成长为一个流派奠定了较为坚实的理论基础。因此格鲁尼格也认为,对话范式可能成为取代卓越理论的主导性范式。美国学者泰勒和肯特是这一领域的领军人物。

三 作为公共关系研究范式的对话理论

对话理论的发展得益于关系逐渐成为公共关系理论的中心,同时又与双向对称模式在理论和实践中所显现出来的问题有关。管理学派的双向对称模型更多地关注公共关系的管理功能,认为能够通过管理去解决组织和公众之间的问题。事实上这也反映了"主体—客体"关系的哲学根源,它没有把对象放在平等的位置上来考虑。对称传播是实用主义的,对关系传播的强调明显不够。

对话在公共关系中已经有40多年的历史,可以追溯至沙利文和公共关系实践者的价值。[①] 而学者在探讨有效的公共关系时所用到的对话概念则来自皮尔森的论述,他参照哈贝马斯的观点提出了公共关系的伦理理论。他认为,最好将公共关系概念化为对人际对话的管理,对有道德的公共关系实践而言,最重要的是建立对话的系统,而不是发展独白的策略。[②] 之后,在对对称模式的反思和质疑中,对话理论的轮廓逐渐显现。皮尔森奠定了公共关系对话理论的伦理学趋向后,伯顿在其基础上进一步指出,对话本身呈现的是一种立场,它孕育于传播之中,不能将之误认为是一种特定的方法、技巧或形式。[③] 双向对称模式类似于一种系统理论,它只是作为一套程序性方法来获取反馈,实现倾听。传统的公共关系方法往往把公众视为客体或关系中的次要角色,只是适应和实现组织公关策略

[①] Maureen Taylor, Michael L. Kent, and William J. White, "How Activist Organizations Are Using the Internet to Build Relationships," *Public Relations Review* 27 (2001): 263-284.

[②] R. Pearson, "A Theory of Public Relations Ethics," Doctoral Dissertation, Ohio University, 1989, p. 329.

[③] C. Botan, "Ethics in Strategic Communication Campaigns: The Case for a New Approach to Public Relations," *Journal of Business Communication* 34 (1997): 188-202.

和目标的工具；而对话理论承接其哲学根源，将公众视为与组织平等的对象，在互动与接触中，两者共同建构关系。

对话理论在公共关系研究中完成了理论合理性的论述，在此基础上，肯特和泰勒提出了对话的公共关系理论的五个原则，为研究者在这一领域的探索做了铺垫。

对话的五个特点分别是交互性、接近关系、移情、风险和承诺。

交互性指承认组织和公众之间不可分割的联系，意指"包容或协作的趋向"和"平等交互"的理念。对话框架中的协作，不是行为的成败或妥协。它的前提是主体间性，对话中的个人都有自己的立场，且试图理解他人的立场及背后的原因，对话中的任何一方都不具有绝对的真实，现实在对话的过程中得到建构。"平等交互"的理念根植于"我—你"关系，而非"我—它"的主客关系，即将对话的参与者视为人，而非对象。权力、权威都应尽量避免，人们可以自由地探讨任何问题。在公共关系领域，这已经是一个被广泛接受的原则，消息补贴（information subsidy）就是基于这一理念来促进媒介人员和公关人员展开对话。

接近关系（propinquity）是关系趋向的，指的是组织就相关议题与公众协商，而公众自由表达自己的需求。这种关系的建立主要来自对话的三个特征：各个团体应该在决策前实现对话；对话的关系应该跨越时间，从过去到现在直到将来；对话的参与者应该愿意且毫无保留地与对手交流。这一原则对构建组织—社区关系很有帮助，尤其是在跨文化语境中。

移情指的是对话如果要成功，则必须在一种支持和信任的氛围中进行，更通俗地说，即站在公众立场上的交流有利于对话的成功。移情可以具体分为三个维度，其一是支持，它不仅要营造参与的氛围，也要创造参与的途径和条件，它不意味着参与者都要进行争论和怀疑，而更类似于情人的对话，彼此具有交往的意愿，去寻找对方的长处。其二是公共趋向，这在公共理论中并不是一个新的观点。随着整个世界被越来越紧密地联系在一起，公关已不能区别化地处理本地公众和国际公众的关系。其三是确认，即对他人价值的确认。这是与他人建立信任关系和对话的先决条件。它的表现可以是微笑、握手或具有共鸣性的行为。

风险指的是对话所带来的不可预知的结果。对话可能危及关系，也可能惠及关系。风险的假设来自对话的三个特征。其一是易损性，对话涉及信息、理念、愿望与他人的分享，这可能使参与者被操纵；但通过对话，关系可能得以建构，参与者在某些方面也可能得到提升。其二是不可预知的结果，对话是自发的和未经预演的，对话交流未经设计，即使能最小化威压的影响，其结果也难以预测。其三是对陌生人的承认，对话不仅发生在有一定了解的参与者之中，也发生在他者之间，前提是必须承认他人与自己的差异，以及差异的必然性。

最后一个原则是承诺，主要指对话参与者的特征。其一为真诚，对话应该直率地揭示自己的立场；其二，对话的目标不是从他人的弱点中获利，而是要建立互惠和互相理解的关系；其三，所有参与团体之间应互相理解。对话只有在参与者放下彼此的差异并为对方考虑时才能发生，对话不等于同意，而是一种主体间性的表现，各个团体都试图理解和欣赏彼此的价值和兴趣。[①]

对话的原则和理念在公共关系的理论和实践中并不是新的东西，对利益相关者立场的关切、社区感的建构以及信任的建立和维持等都反映了对话的理念在实践和研究中日益上升的地位。随着研究和实践的推进，这一研究范式在这个学科中清晰地显现出来，而当新技术将世界紧密地联系在一起时，对话的理论成为基于新的沟通技术进行传播的有效框架，它可以结合社会网络的理论和方法，对关系、社区、互动、对话进行更为清晰地描述、评估。

四 对话理论与微观的公共关系研究

肯特和泰勒所提出的公共关系对话理论的五个原则可以作为公共关系研究的中层理论，为之后的公共关系实践和研究提供了视角和背景。从理论出发，微观上可以探讨已具有 30 年研究历史的组织—公众关系，继而可以研究组织与不同类型的公众的关系、组织与社区的关系、组织与所处

---

① Michael L. Kent & Maureen Taylor, "Toward a Dialogic Theory of Public Relations," *Public Relations Review* 28 (2002): 21-37.

社会生态环境的关系；社会科学领域的不同理论和方法，如社会网络方法、生态方法都可以用于具体的公共关系问题的探索。另外，经济的发展加强了世界各地的联系，新媒体在促进对话上的作用受到了追捧。基于对话理论，定量的方法可以用来检验对话原则的实践程度和效果，而访谈、案例分析等定性的方法可以用来探索公关人员、传媒人员的对话理念。

随着 Web2.0 时代的到来，新媒体传播已经从以技术为导向的独白式的传统线性传播模式，转变为以关系为导向的对话式的全息传播模式。[①] 因为对话理论很适合研究基于新媒体所建立的关系，很多学者在这一理论背景下就公共关系的具体实践，提出了具体的维度和操作化指标。在公共关系研究中，学者不约而同地将研究目标对准了行动主义者的网站，原因在于按照传统的利益相关人理论，他们一般被归于最没有权力的类别，但随着网络的普及，这种情况出现了改变的契机。根据资源依附理论，行动主义者群体是具有高度依附性的群体，资金和支持的获得更多地依靠其成员和利益相关人的动员，因此这类组织的对话需求较其他类型的组织更多。研究者们借助内容分析方法并根据网站的设计来研究对话功能的效果。肯特和泰勒提出了研究网站实现对话原则的操作化指标，共有 5 项指标 32 个类目。第一，界面的简易性：是否有网站地图，是否有跳转其他页面的链接、站内搜索引擎，首页图片较少。第二，对媒介公众的信息有效性，包括是否有新闻稿、演说、可下载的图片、对政策议题的清晰立场、视频/音频能力、确认成员的原则；对志愿者公众的信息有效性，包括理念/任务的传达、联盟的细节、如何捐钱、与政治领导人的链接、醒目的组织标志。第三，留住浏览者：重要信息在首页可获得，较短的登录时间（少于 4 秒），标注上次信息升级的时间。第四，促使公众再次访问：邀请用户回访，新闻论坛（日常更新），常见问题和回答，标签页，与其他网站建立链接，大事日程，可下载的信息，可以通过电子邮件获取信息，在 30 天以内浏览新的新闻。第五，对话圈：用户响应的机会，针

---

① 陈先红：《论新媒介即关系》，《现代传播》2006 年第 3 期，第 54~56 页。

对议题发表意见的机会，对议题不同意见的调查，通过邮件提供日常信息。[1] 按照这一操作性概念，学者对行动主义者网站如何使用网络建构关系，网站设计与其利益相关人响应程度的关系等展开了研究。

学者西斯提出完全功能社会（Fully Functioning Society）的实现是基于组织和公众的关系（OPRs）。[2] 20世纪80年代，玛丽·弗格森将关系确立为公共关系的重要功能后，关系管理便成了公共关系研究的重要领域，而组织—公众关系一直是研究的热点。20世纪90年代对组织公众关系的研究呈现井喷之势，大量研究集中在OPRs管理结果的测量上，并就这一问题提出了不同的测量维度。随着世界各地联系的加强，对关系的研究逐渐被放在一个更加广阔的环境中来考虑，社会网络、社会资本的概念和方法被引入公关研究。泰勒认为对话在这个过程中是建立完全功能社会的最基本的要求。它是形成社会资本的基础，因为通过对社区的适应和调整，它给组织提供了开始的趋向和后续的内在能力。[3] 围绕着组织的社会资本，用修辞的方法研究组织与公众之间的对话，探索组织在社区网络中所处的位置，测量社会网络中结构洞、中心性、小团体等多个概念，成为公共关系研究的另一重要空间。社会网络方法常常被用来研究NGO在不同的文化圈中开展传播活动时的公共关系。NGO进入不同的文化社区之后，与当地社区的对话及所处的社会网络的位置，是影响项目实施和推动社区发展的决定性因素。泰勒等学者针对冷战之后，USAID等组织的援助项目在克罗地亚、波黑等国所进行的对话和沟通，从社会资本和社会网络的角度对结果进行了测量。[4] 真正的参与和对话的实现，从宏观上看需要一个发展的市民社会；从微观上看，则需要对话的各方对公民身份的认

---

[1] L. Mhichael, Maureen Taylor, "Building Dialogic Relationships Through the World Wide Web," *Public Relations Review* 24: 321-334.

[2] R. L. Health, "Onward into More Fog: Thoughts on Ppublic Relations' Research Directions," *Journal of Public Relations Research* 18 (2006): 93-114.

[3] Maureen Taylor, "Building Social Capital Through Rhetoric and Public Relations," *Management Communication Quarterly* 25 (2011): 436-454.

[4] Maureen Taylor, Marya. L. Doerfl, "Evolving Network Roles in International Aid Efforts: Evidence from Croatia's Post War Transition," *Voluntas: International Journal of Voluntary & Nonprofit Organization* 22 (2011): 311.

同和参与意识的培养。这也把公共关系研究引向了媒介和公共关系在公民社会构建中的角色研究。①

最后，作为发展传播的重要行动者，行动主义群体在不同的文化圈层中所开展的各类项目的成败及能否有效对话和当地人是否参与息息相关。在发展传播学已经积累了半个多世纪的研究成果的基础上，日益强调关系、对话、社会责任的公关实践似乎成了改善项目效果、促进地区发展的最优方案。尤其对处于剧烈变动中的社会而言，专业公关活动的介入已经得到了认同。公共关系学是与实践紧密联系的学科，在发展传播领域，公共关系已经在实践中迈出了坚实的一步；而在研究领域，泰勒等学者也将对话理论运用于 NGO 在不同文化圈层中的公关实践。套用发展传播的概念，即公共关系在将来的国际公关、全球公关的研究中或许会成为焦点。

（该文发表于《公共关系研究》2016 年第 4 期，作者为陈先红、张凌）

参考文献

陈先红：《论新媒介即关系》，《现代传播》2006 年第 3 期。

孙向晨：《马丁·布伯的"关系本体论"》，《复旦学报》（社会科学版）1998 年第 4 期。

哈贝马斯：《交往行为理论：行为合理性与社会合理化》，曹卫东译，上海人民出版社，2004。

Heath, *Handbook of Public Relations*. Thousand Oaks, CA: Sage Publications, 2001.

M. Karberg, "Remembering the Public in Public Relation Research: From Theoretical to Operational Symmetry," *Journal of Public Relations Research* 8 (1996): 263-278.

P. Freire, *Pedagogy of the Oppressed*. New York: Continuum, 1983.

Maureen Taylor, Michael L. Kent, and William J. White, "How Activist Organizations are Using the Internet to Build Relationships," *Public Relations Review* 27 (2001): 263-284.

R. Pearson, "A Theory of Public Relations Ethics," Doctoral Dissertation, Ohio University, 1989, p.329.

---

① Maureen Taylor, "Media Relations in Bosnia: A Role for Public Relations in Building Civil Society," *Public Relations Review* 26: 1-14.

C. Botan, "Ethics in Strategic Communication Campaigns: The Case for a New Approach to Public Relations," *Journal of Business Communication* 34 (1997): 188-202.

Michael L. Kent, Maureen Taylor, "Toward a dialogic theory of public relations," *Public Relations Review* 28 (2002): 21-37.

L. Mhichael, Maureen Taylor, "Building Dialogic Relationships Through the World Wide Web," *Public Relations Review* 24 (3): 321-334

R. L. Health, "Onward into More Fog: Thoughts on Public Relations' Research Directions," *Journal of Public Relations Research* 18 (2006): 93-114.

Maureen Taylor, "Building Social Capital Through Rhetoric and Public Relations," *Management Communication Quarterly* 25 (2011): 436-454.

Maureen Taylor, Marya L. Doerfl, "Evolving Network Roles in International Aid Efforts: Evidence from Croatia's Post War Transition," *Voluntas: International Journal of Voluntary & Nonprofit Organizations* 22 (2011): 311.

Maureen Taylor, "Media Relations in Bosnia: A Role for Public Relations in Building Civil Society," *Public Relations Review* 26: 1-14.

"关系生态说"的提出及其对公关理论的创新

前　言

对公共关系而言，2003年是特别值得纪念的一年：第一，这一年是现代公共关系职业诞生一百周年（1903年，美国新闻记者 Ivy Lee 创办了世界上第一个公共关系事务所——派克和李公司）；第二，这一年是开展现代公共关系研究80周年［1923年，现代公共关系学之父爱德华·伯奈斯（Bernays）的经典著作《舆论明鉴》（*Crystallizing Public*）揭开了现代公共关系理论研究的序幕］。

一个世纪以来，公共关系研究逐渐形成了四大理论流派：以格鲁尼格为代表的管理学派，以西斯和休斯为代表的语艺修辞学派，以舒尔茨为代表的整合营销学派，以卡特里普、森特、布鲁姆以及莱丁汉姆、布鲁宁等为代表的关系管理学派。其中，20世纪80年代中期是一个重要的分水岭，在此之前，管理学派、语艺修辞学派和整合营销学派都忽视了"关系"的核心概念作用，始终是以传播沟通为中心来研究公共关系的。在此之后，关系管理学派开始以关系为中心来研究公共关系。公关领域开始了主流典范的转移，在90年代末期，有关"关系"主题的研究在美国公关学界已经成为显学，"关系管理"（relationship management）也已经成为公关领域新兴理论的典范。

在国内的公关研究中，也有一些学者对关系概念有所关注，但是出于对庸俗关系的回避，都未展开深入研究。通过十多年的公关教学和实践，笔者认为，公共关系属于中观的社会关系学，与宏观的国际关系学和微观的人际关系学共同构成了三大人类关系学。因此，在2002年度研究生公关教学中，笔者提出了"关系生态管理"的概念。下文将以国际公关"关系管理"典范和国内公关"关系协调"说为理论背景，具体阐述"关系生态说"的主要观点及其对公关理论体系的创新。

一 "关系生态说"提出的理论背景

1. 国际"关系管理"理论的出现

对"关系"概念的关注，最早可以追溯到1984年，玛丽·佛格森在《公共关系的理论建设：跨组织关系》一文中提出"关系应该成为公关研究的焦点领域"。她的"关系观点"很快被其他公关学者所采纳，卡特里普、森特和布鲁姆在1994年的新版《有效公共关系》一书中，将"关系"概念加入公关定义，由此推动了一大批学者对关系观点的应用性、合理性和有用性展开研究。尤其是Broom等人在《公共关系研究》杂志上发表了《论组织—公众关系的概念和理论》一文后，美国公关界即兴起了一系列与"关系"有关的研究。"国际传播学会"在2000年的年会中，仅公关组就有十几篇以"关系"为主题的论文发表，研究内容涵盖概念、测量、管理、文化等面向。莱丁汉姆和布鲁宁甚至称"关系管理"（relationship management）已经成为公关领域的新兴理论典范。

组织—公众关系被特别关注的主要原因在于二者之间积极关系的被证明是公关对组织效率的主要贡献之一。例如，格鲁尼格和拉丽萨根据近十年的卓越公关研究结果，提出"当公共关系建立了一种相互理解和信任的长期关系时，公关提高了组织效率"，"组织—公众关系和解决冲突是公关效果的两个新变量"。

"组织—公众关系"（简称为OPRs）在"关系管理"的研究文献中，已经成为一个相对固定的核心概念并被广泛使用，台湾学者黄懿慧把OPRs定义为"组织和它的公众之间相互信任，互相影响，互相满意，互相认同的程度"。莱丁汉姆和布鲁宁从关系影响（relationship impact）的角度来定义 OPRs："组织—公众关系是指在组织和它的关键公众之间存在的一种状态，在这种状态中，他们的行为或者会影响经济、社会、政治和文化或者被其他实体的健康文化所影响。"当公共关系被看作一种组织公众关系的管理时，就关系建设而言，管理的效果是可以被测量的。关系频率能够预测公众行为。格鲁尼格和黄懿慧又从关系特征的角度提出了OPRs 的五大特征：信任（trust）、相互控制（control mutuality）、关系满意（relationship satisfaction）、关系承诺（relationship commitment）、达到目标（goal achieved）。

公关学者们从 OPRs 的评估战略、构成和类型，以及对公众态度、认知、知识和行为的结合等角度展开研究，提出了许多新的理论，如两步历时模型（职业关系的一般模型，解释了医生和病人相互影响的前期和后期）、三步模型［酝酿期（situational antecedents）、保持期（mantainence strategies）、效果期（relationship outcomes）］和最新的 SMART 五步模型（Scan-Map-Act-Rollout-Track）。

尽管国际公关学者们对 OPRs 的研究角度和方法不同，研究结论也有差异，但是有以下几点是相同的：在公共关系研究和实践中，"关系"作为一个核心概念获得认可，"关系管理"作为一个有用的概念，能够扩大公共关系管理功能的视野；OPRs 能够提供一个纲领性的解释框架。

2. 国内"关系协调说"的论争

在近 20 年的中国公关研究中，先后出现了"形象说""传播说""管理说""协调说""劝服说""利益说"等观点，也先后出现过两次较有影响的讨论，一是郭惠民、廖为建等与格鲁尼格的一次国际对话，他们就"形象""关系""传播管理"等概念交换了看法，并就"传播管理"的观点达成共识；二是以李道平为代表的"协调说"所引发的一场国内辩论。李道平力主将"社会组织与公众协调"作为公共关系理论的核心概念，并在 1996 年出版的《公共关系协调原理与实务》一书中围绕"协调"这一核心概念，提出如下定义："公共关系是社会组织为了寻求良好合作与和谐发展，通过形象塑造、传播管理、利益协调等方式，同相关公众结成的一种社会关系。它包括政府与社会各界的关系、企业与消费者及有关客户的关系、领导与员工的关系等等。"从中可以看出,李道平似乎想把形象说、传播管理说、利益说一网打尽,统统纳入"关系协调"的框架内。就实际情况而言,他的抗争是有益的,但其声音是非常微弱的。主要原因有三:其一,国内以余明阳为代表的"形象说"自《公共关系学》出版以来,流传甚广,影响很大;其二,在国际上,郭惠民等对格鲁尼格的"传播管理"理论介绍甚多;其三,在中国的传统观念中,"关系"从来只与"私情"有染,而与"公共""公益"无关,为了避免庸俗化倾向,无论是学界还是业界,都对"关系"概念避而不谈。笔者认为,"关系"概念本来就是公共关系学的题中应有之义,我们不能因噎废食,忽视或回避对"关系"的探讨。基于国内外的公关研究现状,笔者提出了"关系生态说"的观点。

二 "关系生态说"的主要观点

笔者提出的"关系生态说"概念如下:"公共关系是指组织—公众—环境系统的关系生态管理。具体说,就是社会组织通过调查研究和双向传播建立具有公众性、公开性、公共性和公益性的关系生态,以确保社会组织的良性运行和协调发展。"这个定义至少包括以下几个主要观点。

第一,公共关系是一门关系生态学(Relationship Ecology),它是以关系为研究对象,以系统论为研究方法,以文化生态学为研究视角,通过对显性的关系资源、隐性的组织文化和潜性的生存环境三大层面进行系统管理,为组织建立一种和谐、持续的关系生态。

第二,公共关系的性质具有4p特征。"4p"并不是指营销学上的"4p"概念,而是指公众性(public)、公开性(publicity)、公共性(public opinion)和公益性(public serve)。公众性反映了公关的对象属性;公开性反映了公关的手段属性;公共性反映了公关的内容属性;公益性反映了公关的伦理属性。这些性质都具有哈贝马斯所说的某种程度上的"公共领域性"。

第三,公共关系的对象包括生命系统的OPRs和非生命系统的OERs,即组织—公众系统(Organization-Public System,简称OPRs)和组织—环境系统（Organization-Envirement System，简称 OERs）。其中，OERs 主要指组织和社会环境系统之间的关系。

第四，公共关系的手段是 SR + TC，即调查研究（Survey and Research）和双向传播（Two-Way Communication）

第五，公共关系的五要素包括组织、公众、环境、调查研究、双向传播。其中，双向传播是组织—公众系统的公关手段，调查研究是组织—环境系统的公关手段。

第六，公共关系的四大价值是指道德价值、资本价值、战略价值和策略价值。其中，道德价值是公共关系的首要价值。

第七，公共关系的目的是通过建立和谐、持久的关系生态，以保证组织的良性运行和协调发展。

三 "关系生态说"对公共关系理论的创新表现

从理论创新的角度来看，主要有三种形式：外延的创新、内涵的创新，以及理论的飞跃即科学革命。相对而言，"关系生态说"可以说是一次"内涵的创新"，它既是对国际"关系管理"典范的有效补充，又是对中国公关理论本土化的有益探索。其理论创新表现在以下几个方面。

1. "关系生态说"强调将系统论的研究方法和文化生态学的研究视角纳入公关定义

其实早在 1952 年，卡特里普、森特和布鲁姆就最先把系统论和生态学引入了公共关系学，1985 年他们正式对这种研究进行定义，建立了一个描述组织角色和公关功能意义的主流模型，这就是"调整—适应模型"。在"调整—适应模型"中，他们提出，"生态研究把公共关系看作组织适应它的环境的一个路径"，"生态学被用来说明组织和它们的社会环境的相互作用"。卡特里普宣称，组织必须不断地调整与公众之间的关系，才能对变化异常的社会局势做出回应。因为组织—公众系统存在于变化的环境当中，它们必须有能力调整其目标和关系，以便在复杂多变的背景中减轻变化的压力。

在另一个相似的生态模型中，朗格和哈泽尔腾提出公关是这样一种功能：为了达成组织的目标，组织对环境的调整、改变或者维持。另外，格鲁尼格和亨特的"双向对称模型"也强调相互变动的潜力以及组织与公众的效果。Crable 和 Vibbert 提出公共关系的过程是一方面调整组织对环境的适应，一方面调整环境对组织的适应。他们认为对任何一个既定的组织而言，公共关系传播的价值最终都取决于公关调整关系的能力。相关研究文献表明，当代公关理论和实践模型都是以公关在组织—环境关系中的意义和角色为基础的，因而具有生态学特征。但是，从历史的角度来看，这些公共关系的生态模型都是一些零星观点（contingency perspective），按照 Duncan、Weiss 的说法，这些零星观点占组织理论和管理研究的绝大多数。

在公共关系理论中，组织的系统概念也是很普遍的，正如 Grunig 所说：系统理论似乎对于管理公关部门的双向不对称传播或者双向对称传播特别有用，这两种传播的设计策划都有助于组织处理与其环境的关系。把组织看作系统的一个代表人物就是 Weick，他认为组织是社会文化系统最好的注释。

以上公共关系的生态模型和系统观点都建立在以"传播"为中心的理论框架中。鉴于此，"关系生态说"提出以"关系"为研究中心，把原来建立在生态学基础上的公关模型与组织是一个进化的社会文化系统的观点联系起来，就会产生不同的公关理论和实践活动。笔者把"关系生态"划分为三个层面：显性的关系对象、隐性的组织文化和潜性的生存环境。借助 SR+TC 公关手段，对象产生关系，关系形成文化，文化构成生态，生态又反过来建构对象。正如社会资本理论家所说的，关系是一种重要的生态资源，通过对其有效整合和合理利用，可以构建独特的关系文化系统，最终建成一种具有"社会资本"性质的、维持组织可持续发展的关系生态。

当公关将其组织角色和重要性限定在一个生态学的观点之内，并且把组织看作一个关系文化系统时，就为公关理论和实践提供了一种非常明晰的研究方法和理论视角，这有助于系统、完善的公共关系理论框架的建立。

2. "关系生态说"全面揭示了公关学的研究对象

公关学的研究对象是公关学理论体系的灵魂与骨架,建立理论体系最先碰到的问题就是研究对象问题。透过目前的公关理论,笔者发现,公关学研究对象存在以下误区。一是模糊性,笼统地将公众作为自己的研究对象,实际上与社会学有较大程度的重合,结果是丧失了独特的研究对象而难以获得独立存在和发展的合理依据。二是片面性,将公关研究范围中的某一方面或几个方面作为研究对象,比如前文提到的国际上对"关系管理"的研究主要集中在组织—公众关系即OPRs的研究上,缺乏或者忽视对OERs的研究,这导致了公关学研究对象的缺失,即无法囊括公关理论与实践已有的发展成就,同时又难以体现其更高层面如战略咨询者的发展潜力。三是单一性,孤立地从主体层面、客体层面或者目的层面揭示公关学的研究对象。事实上,科学研究的发展与学科间的互相渗透正在日益填补纯客体意义上的学科研究对象的鸿沟,如信息、网络曾是通信工程的研究对象,而今天正在被传播学、新闻学、经济学等学科蚕食,这使我们从纯客体的角度对公关学的研究对象与其他学科进行区分已不可能;同时,完全从目的论角度来确定公关学的研究对象也是不可取的。四是公关学的研究对象未能体现独特的学科功能,公关学不仅具有一般社会科学所共有的描述解释性功能,而且具有预测功能和建设功能。

"关系生态说"认为,公关学的研究对象既不是单一的组织,也不是孤立的公众,而是由组织、公众和环境共同构成的组织—公众—环境系统,即生命系统的组织—公众系统和非生命系统的组织—环境系统。组织—生命系统是指组织与员工、股东、顾客、社区、供应者、竞争者、金融界、新闻界、政府等相关生命体组织构成的系统(组织—公众系统);组织—环境系统是指政治形势、经济状况、科技发展、文化背景、自然资源等环境因素与组织构成的系统。笔者认为,"关系生态说"提出的"组织—公众—环境系统"从主客体两个层面把握了公关学的研究对象。

3. "关系生态说"进一步明确了公关学的主体定位

一般意义上的组织研究可以分为三个层次:社会心理层次、结构层次和生态层次。社会心理层次强调组织内个体与群体的互动并考察在此过程中组织的影响,它把组织视为寻求特定目标的、高度形式化的集合体。结构层次力图考察和描述组织结构特性的差异,把组织视为由一致目标或冲突利益而产生的、结构中寻求生存的社会体系。生态层次把组织作为集体行动者或者更宽泛的关系体系的组成部分,把组织视为在环境的巨大影响之下,有着不同利益关系的参与者的联合。前两个层次是把组织视为一个封闭的体系,将组织与所处环境割裂开来,并认为其具有稳定的、容易认同的参与者。生态层次则把组织视为一个开放的系统,将其视为与参与者相互联系、相互依赖的活动体系;该体系根植于其运作的环境之中,既依赖于与环境之间的交换,同时又被环境所建构。

所以,"关系生态"的概念明确了公关主体的研究取向,运用生态层次的组织理论来研究作为开放系统的组织,并且从关系文化的角度对公关主体定位:在公关视野中,组织是一个生命体,而非一个经济体。生命体与经济体的本质区别之一就是前者追求生命的延续,后者追逐利润。公关强调组织的目的在于成长,即永续经营,而非利润最大化。作为一个生命体,组织的理论视角是"家庭隐喻"的,其目的是要建成一个"关系和睦的""充满信任的""家庭般联系紧密"的组织。组织只有以公众的利益为出发点,才能赢得公众的信任,保证生命的延续。在这里,公共关系扮演着"组织的良心"和"社会的道德卫士"的角色。其任务就是促使组织以公众利益为导向,善尽社会责任,履行"社会好公民"的义务。这种明确的主体定位有利于发展自己的理论,既与组织理论、组织传播理论有所区别,又与"关系营销"理论有所区别。

4."关系生态说"提出了建构本土化公关理论的基本假设

通过跨文化的公关理论比较可以看出,国际公关的主流典范理论(管理学派、语艺学派、批判学派和整合营销学派)是建立在黑格尔等提出的"工具理性"的理论假设基础上的,西方新兴的"关系管理"理论典范是建立在哈贝马斯提出的"沟通理性"(亦称"交往理性")基础上的。而"关系生态"说是建立在东方文化倡导的"和谐理性"基础上的。

笔者认为,西方文化对"关系"的理解不同于东方文化,因此在建构公共关系理论的哲学基础时会与东方不同。在西方文化中,人是自然人，人与人之间是契约关系，关系被视为一种工具，发生关系只是为了履行契约，可以说管理学派、语艺学派、批判学派和整合营销学派的公关理论都建立在这种"工具理性或称目的理性"的基础之上。当代思想大师哈贝马斯提出，人类理性不仅具有工具理性，同时具有交往理性。交往者在不受强制的前提下具有达成共识的愿望。这一观点为西方关系管理学派提供了基本假设。在东方文化中，人是社会人，人与人之间是伦理关系，关系是一种资源，发生关系是为了增进感情、追求人和，所以东方人对"关系"的认知是建立在"和谐理性"基础上的。"关系生态说"的提出就是以"和谐理性"为基本世界观和理论假设，试图将"关系"概念从中国传统的"私人的""血缘自然的""伦理的"狭隘状态中解放出来，赋予它"公开的""陌生人的""社会伦理的"等兼具东西方文化特征的现代内涵，使之更接近公共关系的本质。从某种意义上说，"关系生态说"不仅意味着公共关系理论典范从"传播"向"关系"的转移，而且是东方古老的关系文化与西方现代的传播文化的一次"构连"（借用贺尔构连理论的说法），是东方哲学思想在现代公共关系中的价值体现和具体运用，也是现代公共关系的一种本质回归和理论重构。

另外，"关系生态说"也提出了一些关于公关基本理论的新见解。比如，笔者将"调查研究"作为公关手段，并与传播沟通相提并论，其意义不仅仅在于完善了人们对公关手段的认识，更重要的是从系统理论的角度完善了公关的战略功能，使公关的战略咨询角色有了保障。如果仅仅以传播沟通为手段，或者仅仅将"调查研究"作为公关程序的一个步骤，势必将公关功能局限在传播技术、策略执行层面，而无法进入预测趋势、检测环境、提供咨询的战略层面。其他诸如公共关系的对象 OERs、p4 性质、四大价值、五个要素等都是一种观点创新，限于篇幅，笔者将另行论述。

格鲁尼格认为，公共关系理论学者从传播学和其他社会科学中引进了很多理论，但是这些理论很少演变成公共关系自己的理论，"关系生态说"即是一次大胆尝试。不成熟、不完善之处在所难免，欢迎讨论交流！

（该文发表于《当代传播》2004 年第 3 期，陈先红独著）

参考文献

李道平：《社会组织与公众协调在公共关系中的核心地位》，中国公关网，www.chinapr.com.cn。

Mary A. Ferguson, "Building Theory in Public Relations: Interorganizational Relationships," paper presented at the Annual Meeting of the Association for Education in Journalism and Mass Communication, Gainesville, Florida, 1984.

Carl Botan, "Introduction to the Paradigm Struggle in Public Relations," *Public Relations Review* 19 (1993): 107-110.

John A. Ledingham and Stephen D. Bruning, "Relationship Management and Public Relations: Dimensions of an Organization-public Relationship," *Public Relations Review* 24 (1998).

John A. Ledingham, "Government-community Relationships: Extending the Relational Theory of Public Relations", *Public Relations Review* 27 (2001): 285-295.

Scott M. Cutlip, Allen H. Center and Glen M. Broom, *Effective Public Relations*. Englewood Cliffs, NJ: Prentice-Hall, Inc., 1994.

Huang Yi-Hui, "OPRA: A Cross-Cultural, Multiple-Item Scale for Measuring Organization-Public Relationships," *Public Relations Research* 13 (2001): 61-90.

以生态学范式建构公共关系学理论

本文是在新媒体背景下对公共关系学本体论的一种创新思考。在社会科学中,本体论在很大程度上探讨的是人类存在的本质;在传播学领域,本体论聚焦的是人类社会交往中的本质问题;在公共关系学中,本体论探讨的是世界观、研究对象和基本范畴等一般性的本质问题。本文选择此研究视角是基于对新媒体的互动性、关系性特征的本体论思考。

一 研究问题的提出

从历史上看,每一种新媒介技术的出现都激发了人们对传播学研究的乐观想象。从早期的印刷术、无线电、电视、录影机,到现在的物联网和移动通信,新媒体给传播学术研究带来的种种挑战,似乎成为传播学研究领域的标准叙事。而在笔者看来,新媒体对传播学研究的挑战和颠覆首先是发生在本体论层次的,这种本体论的转换可能发生在信息传播和关系传播之间。长期以来,传播作为"信息传导"的主流想象,导致了传播学对嵌入传播之中的"关系信息"的忽视。而多年之后,同样的问题又出现在对新媒介的研究上。比如,影响人们对新媒介的社会作用展开想象的仍然是一些"传导"和"运输"的比喻,如信息高速公路、电子通道等,这些比喻虽然为人们理解新兴的互联网及其社会功能提供了形象的进路,但是具象的比喻限制了新媒介研究的视野,使关系传播又一次在新媒体的研究中被边缘化。

Web2.0技术的实现，使新媒体的关系特征更加明显，与麦克卢汉的"媒介即信息"相比，另一个科技哲学家伊德从存在主义的现象学出发，将科技视为人类存在的延伸，人与科技之间的关系成为一种"体现"的关系，这种关系延伸并转换了人身体的与知觉的意向性。以此科技的"体现观点"观之，"新媒体是一种关系媒体，新媒介作为'关系居间者'①，分别对人们的社会角色关系、文化关系和情感关系产生深刻而全面的影响"。从关系传播的观点来看待新媒介系统对人与人之间沟通行为、关系方式的影响，可以把新媒介的研究从传播技术层面提升到传播关系层面；把新媒介传播研究从以技术性的信息传播，导向以对话性的关系传播为主；把以网站为中心的"信息传播学"，导向以人为中心的"关系传播学"。正如莫伊所说的，新媒体传播提供的技术沃土已经为我们培育出各种新颖的叙事方式，公共关系理论范式的转移和创新正是在这种背景下产生的。

1980年代的新媒体时期，是公共关系理论创新的一个重要分水岭。这一时期，一个新的名词"Public Relationships"取代了"Public Relations"并进入公共关系学者的研究视野，人们开始表达这样的观点："个体从哪里结束，关系从哪里开始？""把关系还给公共关系""关系应该成为公共关系理论研究的焦点领域"。在此之前，传统公共关系理论如管理学派、语艺（修辞）学派和整合营销学派都忽视了"关系"的核心概念作用，始终以传播为中心，将研究重点放在public，即对公众的传播策略的制定、传播效果的评估上。在此之后，研究重点开始从"传播"转向"关系"，即开始研究如何提高组织—公众关系的质量。关系观点的倡导者玛丽·佛格森指出，"以关系为研究单位的组织—公众关系为范式的集中提供最多的机会，它将会加速公共关系领域的理论发展"。关系观点的出现标志着公共关系开始从对民意的操纵转向关系的建立，这是公共关系根本使命的重大变化，也是公共关系理论范式的重要创新。

但是通过文献回顾发现，西方的关系管理范式多以人际传播理论为

---

① "关系居间者"的概念来自马丁·布伯的关系哲学，他认为人是关系的居间者。

基础，重点研究组织—公众关系的维度要素、发展过程、功能作用等，基本上局限在比较微观的关系研究层面，以至于到目前为止，学者们一致认为，虽然公共关系理论主流研究典范正在向关系范式转移，但是仍然没有出现权威范式。本文认为，这种权威范式的缺失正反映了公共关系学理论框架的缺失，更确切地说，是生态学范式在公共关系学理论建构中的缺失。

当代的公共关系理论和实践模型都是以公关在组织—环境关系中的意义和角色为基础的，都具有生态学的特征：从1952年卡特里普和森特提出的调整与适应模型，到格鲁尼格1984年提出、1992年修改的公共关系实践的对称模型，都属于生态学观点。另外，在公共关系领域先后出现的系统论管理学派、语艺修辞学派、整合营销学派和关系管理学派，都或多或少地反映了公共关系研究的生态学意蕴，毫无疑问，借鉴生态学思想和方法的理论基石已经奠定。

但事实上，公共关系领域的生态研究成果是比较分散零乱、不成体系的，或者说是比较微观的，这些研究都从单个组织出发，利用个体生态分析方法，研究微观公共关系活动中各利益主体的决定及其变化，试图解释组织公关行为与利益相关者行为的互动规律。尽管上述公关研究都从不同侧面涉及生态学思想，但只有很少的研究以公共关系活动为考察对象，采用生态系统分析法，研究公共关系活动中各利益主体的相互调整与适应，解释一般公共关系原理、概念、范畴、方法等问题。公共关系学一直缺乏一个能够"一以贯之"的理论或典范，缺乏一个完整的理论架构。

对此，本文提出"运用生态学范式建构公共关系理论"这一命题。也就是说，运用生态学范式的世界观与方法论，来建构公共关系学的理论体系、基本观点和研究方法，提供共同的理论模型和概念框架，形成该学科的理论传统，并规定其发展方向，这不仅是公共关系学理论创新的需要，也是公共关系学科成熟的标志，对厘清时下混乱的公共关系学研究，无疑具有非常重要的指导意义。下文主要从公共关系学的基本假设、研究对象和基本范畴展开论述。

二 公共关系学的基本假设

在公共关系学研究领域，对生态思想的运用非常普遍，生态学由于其主张的"相互联系和相互依赖"的思想，理所当然地成为我们建构公共关系学的基本假设，这一点已经被广泛证明和认可，但是运用不同的生态学范式来建构不同的公共关系学理论体系，似乎尚未被人们广泛关注和重视。

对公共关系理论建设有重要影响的学者皮尔森曾经提出："生态思想为公共关系理论建构提供了两种方法——伦理方法和策略方法，这是两种不同的系统思维方法，他们能够引导公共关系学进入两个不同的方向，究竟哪一个方向更适合公共关系学？这是公共关系所面对的具有深远意义的选择，这个选择会影响公共关系理论的自我理解力及其未来的命运。"遗憾的是，这一重大研究因为皮尔森的英年早逝而中断。在此基础上，格鲁尼格进一步把公共关系世界观分为对称和不对称两种，不对称世界观以劝说操纵为目的，对称世界观则以解决冲突和促进理解为目的。

笔者认为，可以运用挪威哲学家阿伦·奈斯的深层生态学观点，来解释和建构公共关系。他认为，生态学范式可以分为形而下的浅层生态学（shallow ecology）和形而上的深层生态学（deep ecology）两种范式，二者分别提倡两种截然不同的生态价值观。浅层生态学的思想基础是"人类中心主义"，主张在不损害人类利益的前提下改善人与自然的关系，把人类的利益作为出发点和归宿，认为保护资源和环境本质上是为了人类更好地生存；而深层生态学的思想基础是"生态中心主义"，它是从整体论立场出发，把整个生物圈乃至宇宙看成一个生态系统，认为生态系统中一切事物都是相互联系、相互作用的，人类只是这个系统中的一部分，人既不在自然之上，也不在自然之外，而是在自然之中。后者主张走中间道路，对自然过程做出谦卑的默认，更倾向于人性化的、对环境有利的技术，把生态危机归结于制度危机和文化危机，而不是技术危机。因此深层生态学强调个体意识的转变，要求每一个个体改变态度、价值和生活方式，尊重自然，与自然和平相处。举例来说，在解决污染问题上，浅层生态学通常的做法是用技术来净化空气和水，降低污染程度；或者用法律把污染限制在许可范围内或干脆把污染工业完全输出到发展中国家。与此截然相反，深层生态学则从生物圈的角度来评价污染，它关注的是每个物种和生态系统的生存条件，而不是把注意力完全集中在它对人类健康的作用方面。

通过以上分析可以看出，虽然二者同为生态学范式，并且都以"相互联系和相互依赖"的生态思想为基本假设，但是其生态学世界观却有着明显的差异，如果运用格鲁尼格的对称和不对称世界观来分析的话，不对称假设对应的是形而下的浅层生态学范式，它强调功利型伦理观，遵循功利主义，强调策略方法，侧重对公众的说服、民意的操纵，偏向于微观层面的公共关系；而对称假设对应的是形而上的深层生态学范式，它强调义务型伦理观和伦理方法，注重对责任和义务的承担和履行，强调关系的质量以及社会整体的和谐，偏向于宏观层面的公共关系。不同的偏向对公共关系学具有不同的解释力和预测力，其理论差异如表1所示：

表1　宏观公共关系学与微观公共关系学之公关思想比较

公关思想	生态世界观	本体论	认识论	方法论	价值论
宏观公共关系学	生态中心主义（双向对称）	居间者本质	关系和谐	伦理方法	多赢
微观公共关系学	人类中心主义（双向不对称）	主体本质	传播有效	策略方法	双赢

宏观而言，公共关系学强调"社会组织"这一研究对象的关系论、系统整体论和有机论，组织存在是一个由组织—公众—环境构成的"无缝之网"，组织和公众、环境都是"生物圈网上或内在关系场中的结"，是一个系统整体，不存在严格意义上的主体和客体之分，所有的整体都是由其关系所组成的；公共关系的本质是一种"关系居间者"，用哈贝马斯的话说就是一种"主体间性"，公共关系坚持第三方立场的中间道路，通过伦理方法、文化影响和制度改造，追求组织利益、公众利益和公共利益的平衡统一，最终建立信任和谐的关系生态。总之，公共关系的目的是让

组织"拥抱世界而非征服世界",是让组织不断扩大自我认同的范围,从个体自我逐渐转化为社会自我,最终成为"生态自我"①,从而促成"最大化的(长远的、普遍的)自我实现",实现组织—公众—环境关系的真善美。

公共关系的本质属性是"公共性",通俗地说就是"第三方立场"。简单地说,公共关系是一种"组织—公众—环境"关系,一种组织与相关公众的沟通对话关系以及与所处环境的研究监测关系。在这种复合性的关系中,公共关系是一只脚站在组织里,一只脚站在公众关系和社会环境中,既要对组织负责,又要对公众负责,还要对社会负责,属于典型的"一仆三主""吃里爬外"型的"关系居间者"。

三 公共关系学的研究对象：组织—公众—环境关系

公共关系学的对象问题是一个十分重要的问题,因为这个问题的正确解决,规定了公共关系学的理论框架,规定了这门学科的特有角度以及与其他社会学科的区别与联系,也规定了其开展公共关系实践的方向和主要途径,从而规定了其存在的必要性。正如黑格尔所说："就对象来说,每门科学一开始就要研究两个问题：首先,这个对象是存在的；其次,这个对象究竟是什么。"

从目前的公共关系理论来看,公共关系学研究对象主要存在以下误区。第一,模糊性,笼统地将"公众"作为研究对象,实际上与社会学有较大程度的重合,结果是丧失了自己的研究对象而难以获得独立存在和发展的合理依据。第二,片面性,将公共关系研究范围中的某一方面或几个方面作为自己的研究对象,如国际上对"关系管理"的研究主要集中在组织—公众关系上,缺乏或者忽视对组织—环境关系的研究,这导致了公共关系学研究对象的缺失。第三,单一性,孤立地从主体层面、客体层

---

① "生态自我"的概念来自奈斯,他用生态自我来表达形而上的大写的我,来表明自我是在与人类共同体、与大地共同体的关系中实现的。当我们达到生态自我时,便能"在所有存在物中看到自我,并在自我中看到所有的存在物"。

面或者目的层面揭示公共关系学的研究对象，如仅仅把"单一的组织""孤立的公众""有效的传播"作为研究对象，而没有把"组织、公众、环境"作为一个关系整体来研究。

从生态学的观点来看，传统公共关系理论只是研究组织与顾客、竞争者、消费者等生命系统的公众变量，而忽视了对政治、经济、科技和文化等非生命系统的环境变量的研究，环境只是作为一种背景出现的，这就使公共关系理论限于一种战术层面的微观研究，而无法涵盖宏观层面的战略研究。

最近有研究表明，虽然"环境变量"和公共关系之间的关系很难测量，但是其作为一种战略公众的观点已经被广泛认可。比如，格鲁尼格等人认为，环境对于公共关系确实具有非常重要的意义，但他的研究对象主要是文化变量，对其他环境变量关注较少；而 Culbertson 和 Jeffers 认为 SPE（社会、政治和经济环境）这三个环境变量对公共关系实践极其重要；Dejan Vercic 则进一步提出了五个影响公共关系实践的环境变量：政治意识形态（主要指民主化程度）、经济体系（经济体制和发达程度）、激进性水平（组织面对压力集团活动的程度）、文化属性和媒体系统（媒介体制和舆论环境）。他认为，"环境变量是建立一个综合性的国际公共关系知识体系的非常重要的开端，只有当研究超越了对一个国家中公共关系如何实践的描述，把公共关系和其他变量如文化、政治体制、媒介环境等联系起来，真正的理论建构才能够实现"。

识别环境变量有助于提高公共关系研究者的预测能力，也能够帮助从业者制定正确的公共关系战略。但是，如何把环境变量纳入公共关系学的知识体系呢？这又是一个引发争议的问题，一些学者认为，可以将两个研究对象合二为一：或者把组织—环境关系囊括在组织—公众关系的概念里，或者把组织—公众关系放在组织—环境关系的框架内。笔者认为，无论哪一种表达都是不妥当的，因为从深层生态学的观点来看，组织、公众、环境之间不是"人与自然""自我—他人""主体—客体"的二元对立关系，不应该被分成"作为主体的组织"和"作为客体的公众或环境"，而应该是由组织—公众—环境之间的内在关系构成的社会存在物，是组织—公众—环境之间的生态关系。这种关系不是外在的、偶然性的、派生的,而是"内在的、本质的和构成性的",因为社会组织并非生来就是具有各种属性的自足的实体,它与较为广阔的社会环境的关系、与各类公众的关系、与文化的关系等,都是组织身份的构成因素。社会组织既不在组织—公众—环境系统之外,也不在组织—公众—环境系统之上,而是在组织—公众—环境系统的场景中做出公共关系行为的,这种行为是一种生态的评价和选择。

因此,本文提出"组织—公众—环境关系"这一概念,作为公共关系学的研究对象,并不是主观杜撰的,而是符合深层生态学基本假设的,它具有以下特点:第一,强调了关系而不是公众是最基本的分析单元,是公共关系研究的出发点和归宿;第二,强调了组织—公众关系是最核心的构成要素,是最重要、最具活力的一部分;第三,强调了组织—环境关系是最广泛的存在,是最具影响力的部分。根据"组织—公众—环境关系"来理解公共关系学的研究对象,有利于纠正一些模糊的、不确切的、片面的说法,既能够较好地体现公共关系学总的精神和宗旨,又能够贯串其全部内容。总而言之,公共关系学是以组织—公众—环境系统的关系生态管理为研究对象;具体地说,公共关系学是以组织—公众之间的信任关系、组织—环境之间的适应关系为研究对象的综合性学科。

四 公共关系学的基本范畴:织网、造流、占位

公共关系学面临的一个理论难题,就是如何将零散的研究主题和兴趣,整合成为系统完整的知识体系和研究框架。当今国内外的公共关系教材就像"社会科学的大百科全书",几乎无所不包,从伦理到法律,从政治到环保,从历史到文化,从媒体到广告,从品牌到礼仪,从策划到演讲,说得学术一点,就是"泛传播""大文科",说得通俗一点,就是"大杂烩""大拼盘",这些问题的症结在于缺乏对公共关系学基本范畴的界定。

笔者认为,应该在生态学范式和关系过程理论的基础上,确定公共关系学的基本范畴。首先,生态学不仅为我们提供了世界观和方法论,而且提供了一些基本概念,如调整与适应、和谐与均衡、生态网、生态流和生

态位等，这些概念可以直接为我们所用。其次，就关系过程理论而言，布鲁姆和格鲁尼格提出的"关系形成模型"与"关系策略模型"，为我们提供了宏观公共关系学范畴的雏形。如图1、表2所示：

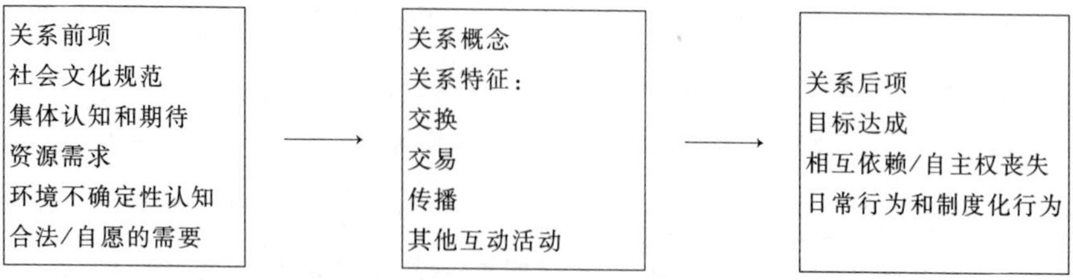

```
┌─────────────────┐     ┌─────────────────┐     ┌─────────────────┐
│ 关系前项        │     │ 关系概念        │     │ 关系后项        │
│ 社会文化规范    │     │ 关系特征：      │     │ 目标达成        │
│ 集体认知和期待  │ ──→ │ 交换            │ ──→ │ 相互依赖/自主权丧失│
│ 资源需求        │     │ 交易            │     │ 日常行为和制度化行为│
│ 环境不确定性认知│     │ 传播            │     │                 │
│ 合法/自愿的需要 │     │ 其他互动活动    │     │                 │
└─────────────────┘     └─────────────────┘     └─────────────────┘
```

图 1 布鲁姆的关系形成模型

资料来源：Broom Glen, Casey Shawna, and Ritchey James, "Toward a Concept and Theory of Organization-public Relationships," *Journal of Public Relations Research* 9 (1997): 83-98。

表 2 格鲁尼格的关系策略模型

情境前项（互相渗透的行为后项）	保持战略	关系结果
组织影响公众 O1-P1	对称披露（相互开放）	相互控制（连接认可的对称程度）
公众影响组织 P1-O1	合法保证（进入关系网）	承诺（相互依赖，某些自主权的丧失）
组织—公众联盟影响另一组织 O1P1-O2	共同任务（有助于解决另一方的利益问题）	满意 喜欢 信任 目标达成（互补行为）
组织—公众联盟影响另一公众 O1P1-P2	整体协商 合作协商	
组织影响组织—公众联盟 O1-O2P2	无条件建设性 双赢或无交易 不对称的 分配的协作 回避 竞争 妥协 适应	
多样组织影响多样公众 O1-P1		

续表

情境前项（互相渗透的行为后项）	保持战略	关系结果
概念的测量 环境扫描	对组织和公众的不断观察（如检测组织和公众的曝光量，表达的合法性，与活动主义团体建立关系网）	对组织和公众的双向定位测量： 关于任何一方或双方的认知 第三方的观察 （与双向定位模型重合） 对另一方做出预测 （双向定位模型的准确性和适用性）

资料来源：J. E. Grunig, *Excellence in Public Relations and Communication Management*. Hillsdale, NJ: Lawrence Erlbaum Associates, 1992。

在以上两个模型中，布鲁姆用"关系前项""关系概念""关系后项"来描述组织—公众关系的形成。格鲁尼格则进一步修正为"情境前项""保持战略""关系结果"，并强调了关系维持的策略，这两种模型的共同特点都是讨论组织—公众关系结构化的过程及其分布的影响，以及关系资源的特殊结构和在网络中流动的方式。它类似于生态链中供应原点的前向关系，通过组织活动流向消费终点的后向关系，这两个理论模型只是强调了一维的"流"的概念，缺乏一种整体观照，不能涵盖所有的关系管理层面，正如生物学家阿伯瑞希特·梵·哈勒所说的："自然以网络而不是链条方式联结万物，然而，由于人类的语言不能同时处理几件事情，所以，人类只能以链条的方式跟随。"

因此，笔者对关系发展三阶段模型进行横向分解，提出"关系资源网、关系传播流和关系生态位"，作为宏观公共关系学的三个基本范畴，从而使关系管理的结构体系更加完整。

在组织—公众关系的第一阶段，布鲁姆用"关系前项"定义了关系资源的构成要素，它们是社会文化规范、集体认知和期待、资源需求、环境不确定性认知、合法/自愿的需要。格鲁尼格则用"情境前项"强调了组织—公众关系的六种类型：组织影响公众、公众影响组织、组织—公众联盟影响另一组织、组织—公众联盟影响另一公众、组织影响组织—公众联盟、多样组织影响多样公众等。

从生态学的观点来看，他们所讨论的问题都是"网"的问题，具体地说就是关于生态系统的成员要素和关系结构问题。笔者把它称为"关系资源网"。

关系资源网就是"由组织—公众—环境系统所构成的具有资源配置功能的关系网络",具体而言,它包括两大子网络——组织—公众关系网和组织—环境关系网,其中,组织—公众关系网主要包括组织—员工关系、组织—持股者关系、组织—消费者关系、组织—社区关系、组织—媒体关系、组织—政府关系、组织—竞争者关系、组织—金融关系等。组织—环境关系网主要指组织与政治、经济、文化和媒体技术之间的关系。按照生态关系的性质,这两大子系统又可以分为合作者关系网、联盟者关系网、威胁者关系网和制约者关系网。在这一领域,公共关系主要研究如何有效地建立与管理关系网络,让各种资源畅其所流,流于其必需之处,止于其当止之地。

在组织—公众关系的第二阶段,布鲁姆认为关系代表了一种信息、能量或资源的交换和转移,具有交换、交易或转移等属性,这些关系属性既描述了系统中的关系,也体现了系统中的结构。格鲁尼格从关系维持的角度提出了对称性整合战略和不对称性分配战略。

按照生态学的观点,这一关系阶段的主要问题是"流"的问题,是能量流动、物质循环在信息传递的引导下流通变化的过程,笔者称之为"关系传播流"。

关系传播流指传播在组织—公众—环境的关系发展中是一个永不间断的过程,它在组织内外不断产生、流通,就像一种有源头的"流"。任何一个组织中的关系传播都不是一维流动的,而是多维流通的。因此,笔者借鉴人际传播和社会网络的相关理论,提出了关系传播流的三维框架:目的维度、性质维度和内容维度。目的维度包括由战略性关系和日常性关系构成的连续统一体,性质维度包括由强关系到弱关系的连续体;内容维度包括从信息流向文化、从文化流向情感的连续统一体。目的维度和性质维度构成了四个象限,而内容维度以三个同心圆置于其中,形成了一个立体多维的传播分析框架(见图2)。从目的维度来看,关系传播流是一个从完全无意识、无计划的日常性传播到完全有意识、有计划的战略性传播的变化连续体;从强弱维度来看,关系传播流就是一个从强关系到弱关系

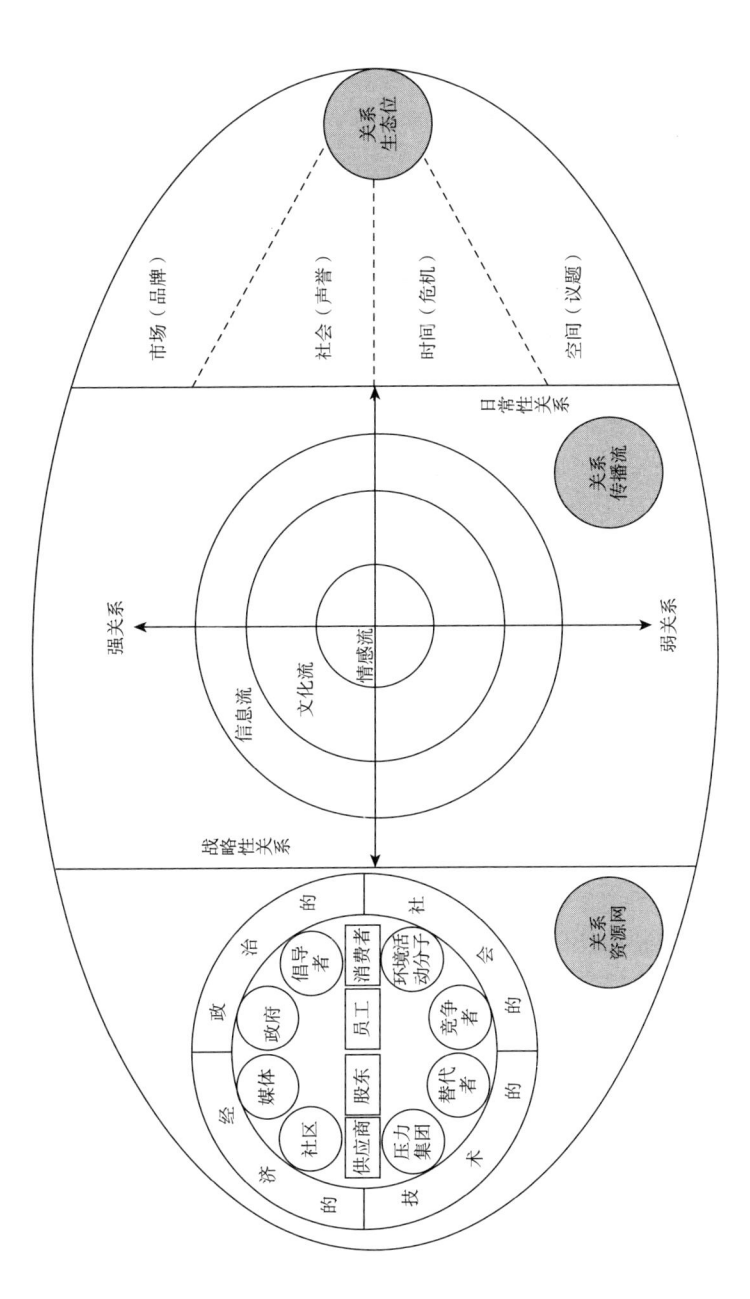

图2 公共关系学三大范畴

的传播变化连续体；从内容维度来看，关系传播流包括信息流、文化流和情感流，具体地说就是由"社会层面"的关系、"文化层面"的关系和"人际层面"的关系所构成的传播连续统一体。其中，社会层面的关系体现了一种以社会分工信息为主的角色关系，文化层面的关系体现了一种以文化信息为主的价值观关系，人际层面的关系体现了一种情感关系。在这一范畴，公共关系主要从信息、文化和情感三个层面来研究维持强弱关系的日常性传播策略和战略性传播策略，主要研究议题包括：各种关系类型的强弱测量和变化规律；战略性关系和日常性关系的实现和转化策略；战略性信息和日常性信息对关系强弱的影响；内向性信息和外向性信息对关系强弱的影响；强关系与弱关系的信息传播模型；强弱关系的文化传播研究；日常性关系传播中的情感投资模型；战略性关系传播中的情感表达；情感维度与关系结果评估等。

在组织—公众关系的最后阶段，布鲁姆的"关系后项"包括目标达成、依赖、丧失自主性以及日常的制度化行为四个结果。格鲁尼格的"关系结果"主要指所建立的符号关系（如品牌的形成）和行动关系（如相互控制、信任、满意、承诺等）。

从生态学的角度来看，这些结果都是关于"生态位"的问题，即关系主体在时间和空间上的相对位置及其机能，笔者把它称为"关系生态位"。

关系生态位是指一个组织的关系要素及其性质的集合，是组织—公众—环境之间关系的某种定性或定量的表述。它不仅包括空间概念，而且包括时间概念，反映了一个组织对关系管理的适宜程度和对公众的吸引程度，有两层含义。一是反映组织—公众—环境关系管理的价值，这是一种抽象的性状描述。比如，关系管理是一种花费还是一种投资？关系管理的结果是建立了信任还是促进了合作？关系管理是否增强了组织魅力？增加了社会资本？关系管理在形成、维持和改变社会资本方面扮演何种角色？二是反映组织—公众—环境关系管理的结果，即组织在所处的生态系统中的时空位置。每一种组织在多维生态空间中都有理想生态位，而每一种环境因素都给组织提供了现实生态位，理想生态位与现实生态位之差就产生了生态位势。关系管理的任务就是一方面帮助组织寻求、占领良好的生态位，建立声誉，塑造品牌，能动地改造环境，另一方面迫使组织不断地适应环境，调节自己的理想生态位，通过议题管理、危机处理，促进组织和环境关系的和谐，使现实生态位与理想生态位之差达到最小。所以，从公共关系来看，可以把声誉、品牌、议题、危机看作某种生态位的具体体现；从功能性质来看，品牌体现了组织的市场生态位，声誉反映了组织的社会生态位；从时空角度看，危机体现了组织在某一时间点的特殊生态位，议题反映了组织在某一时间段的空间生态位。可以说，对关系生态位的管理就是对声誉、品牌、议题、危机的管理。

因此，本文提出，关系资源网、关系传播流和关系生态位共同构成了公共关系学的基本范畴，公共关系学的主要任务就是"结网""造流""占位"。

五 公共关系学的理论建构模型

根据社会科学的性质，公共关系理论模型共分为四层：最高层是世界观层，第二层是方法层，第三层是核心概念层，第四层是理论观点层。世界观体现了理论建构的基本假设，生态思维所提倡的"相互联系和相互依赖"世界观是公共关系理论建构的基础。在这一世界观的指导下，公共关系学者可以采取策略方法和道德方法两种生态方法建构公共关系理论。迄今为止，围绕"传播"和"关系"两个核心概念，主要理论成果有劝服操纵模型、双向对称模型、调整—适应模型、社区模型和文化生态模型等，如图3所示。

在此模型中，最左侧是纯粹以传播为中心的劝服操纵型公共关系，即理性主义的策略型公共关系，其特征是以传播为中心、以劝服为手段，最终达成利己单赢的关系状态，关系只是一种被利用的工具，代表观点为米勒的"劝服说"[①]。

---

① 米勒把公共关系定义为"竭尽全力用符号控制某些环境的过程"，参见 Miller, "Persuasion and Public Relations: Two 'Ps' in a Pod", in Gerald R. Miller, Carl Botan, and Vincent Hazelton, eds., *Public Relations Theory*. Hillsdale, NJ: Lawrence Erlbaum Associates。

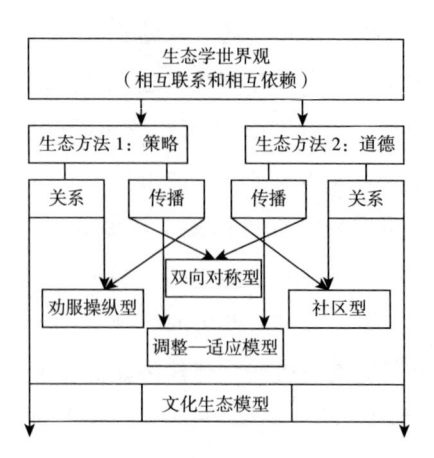

图 3　公共关系理论建构模型

在图 3 最右侧，是纯粹以关系为中心的社区型公共关系，即社群主义的伦理型公共关系，其特征是以"建立社区感"为己任，通过积极主动地承担社区责任，来减少社会冲突，改善社会关系。它强调关系质量和承诺，强调社会认同感、核心价值和信仰的重要性，强调权力和责任的平衡及市民知情权。代表观点为克鲁克伯格和斯达克的"社区感假设"[①]。

在图 3 的中上方，是以传播为核心的双向对称公共关系，即理想主义的对称型公关，在双向对称模型中，组织—环境关系主要是一种研究背景，作为传播的外部变量或者干扰变量出现，在这种情况下，传播既是目的也是手段，既是伦理的也是策略的。该模型奠定了公共关系的世界观基础，同时也受到争议和攻击，代表观点是格鲁尼格的"传播管理说"和"卓越公共关系"。

在图 3 的中下方，是调整—适应模型，此模型强调了传播与关系的相关性，在组织—环境关系的适应与协调中，传播的协调作用强化了组织对关系变化的适应性。该模型仍然是以传播策略为重点、以组织—环境关系

---

① 克鲁克博格认为，公共关系是一种建立社区感的努力。参见 D. Kruckberg & K. Starck, *Public Relations and Community: A Reconstruccted Theory*. New York: Praeger, 1988。

为调节变量的，代表观点是卡特里普、布鲁姆的"关系管理说"。

在图3的底部，是文化生态模型。该模型以关系为中心，把原来处于背景地位的组织—环境关系纳入由组织—公众—环境构成的复合关系生态中，从组织的社会文化角色出发，通过对话和研究营造伦理和谐的关系生态，代表观点是陈先红提出的"关系生态说"[①]。

从以上理论模型可以看出，公共关系学将公共关系理论的建构从策略方法导向伦理方法，从强调外在的公共关系技术、手段和策略到强调内在的公共关系理念、文化和哲学，目的就是要重新建构公共关系理论体系，建立社会信任，追求真善美这一本来价值。

最后需要说明的是，科学发展具有历史阶段性，库恩所说的"范式"是指某一历史时期为大部分共同体成员所广泛认可的科学共同体，它表示科学发展阶段的一种模式，然而没有一门学科是完全不变的，正如皮亚杰所说："所有学科，包括高度发展了的学科，都是以不断发展为其特征的……任何一门学科都还总是不完善的，经常处于建构的过程之中。"对于正在快速发展的新兴学科公共关系学来说，新媒体时代是公共关系理论范式转换的开端，而不是终结，所以，笔者提出"以生态学范式建构公共关系学理论"，主要是为了引发人们的思考和深刻的讨论并建立更科学的知识体系与理论框架，谨以此文抛砖引玉，欢迎批评指正！

[该文发表于《新闻大学》2009年第4期，陈先红独著，系2008年国家社科基金规划项目"政府调控新媒体的公共关系策略研究"（08BXW026）、华中科技大学985三期课题"人文精神与科技发展"之子课题"公共关系与和谐社会"的阶段性成果]

---

① 陈先红把公共关系定义为"组织—公众—环境系统的关系生态管理，具体说来就是社会组织运用调查研究和对话传播等手段，营造具有公众性、公开性、公益性和公共舆论性的关系生态，以确保组织利益、公众利益和公共利益的和谐"。参见《公共关系生态论》，华中科技大学出版社，2006。

参考文献

陈先红:《论新媒介即关系》,《现代传播》2006 年第 3 期。

斯蒂芬·李特约翰:《人类传播理论》(第 7 版),史安斌译,清华大学出版社,2004。

邱志勇:《数位媒体与科技文化》,台湾达流出版事业股份有限公司,2006。

雷毅:《深层生态学思想研究》,清华大学出版社,2001。

陈先红:《新媒介推动下公共关系理论范式的创新》,《国际关系学院学报》2006 年第 4 期。

陈先红:《公共关系生态论》,华中科技大学出版社,2006。

孟建:《中国公共关系发展报告 (2005-2006)》,山西教育出版社,2006。

M. A. Ferguson, " Building Theory in Public Relations: Interorganizational Relationships", paper presented to the Association for Education in Journalism and Mass Communication, Gainesville, FL, 1984.

R. Pearson, "Ethical Values or Strategic Values? the Two Faces of Systems Theory in Public Relations," in L. A. Grunig & L. E. Grunig, eds., *Public Relations Annual* 2 (1990): 219-234.

Dejan Vercic & E. James, " Grunig: The Origins of Public Relations Theory in Economics and Strategic Management," in Danny Moss, Dejan Vercic & G. Warnaby, eds., *Perspectives on Public Relations Research*. London: Routledge, 2000, pp. 9-58.

阳光公关：中国公共关系的未来展望

中国公共关系正处在尴尬的"囚徒困境"之中。一方面，中国公关市场得到了空前发展，2000年营业额为15亿元，2005年达到60亿元，2010年约为210亿元。人们对公共关系的接受度日益提高，公共关系越来越被视为完善组织形象、宣传产品和营销传播活动的重要手段。另一方面，中国公共关系行业一直面临着"伦理性的挑战"和"公关的公关"，即公共关系作为一个新兴领域，正面临着建立身份认同的挑战——究竟什么是公关。[①] 比如，2010年的蒙牛陷害门事件、2011年的达芬奇家具门事件、2012年的360举报黑公关事件、2013年的口碑互动非法删帖等，这些"伪公关""黑公关"事件，采用买通媒体、黑箱操纵、网络水军和谣言等种种不道德乃至非法手段，使中国公共关系的职业伦理和社会声誉受到质疑和批判。在这种背景下，中国公关研究者必须要为公共关系行业的健康发展，为公关的正名做出自己的努力，必须要回答格鲁尼格在卓越研究中面临的相同的问题：最好的公共关系实践应该是怎样的？卓越公共关系的标准是什么？公共关系怎样、为什么以及在何种程度上影响组织目标的达成？对这些根本问题的正确解答，是当前中国公共关系行业健康发展和可持续发展的重要保障。

---

① D. Vercic, "The European Body of Knowledge," *Journal of Communication Management* 6 (2000): 166-175.

如果说"卓越理论"是美国公关的文化方法,那么,本文中提出的"阳光公关"则是中国公关的文化方法。它将秉持卓越理论理想主义的公关认知框架,但会以不同的公共关系理念和文化视角,来探讨和回答以上问题。

一 中国阳光公关的理论和实践背景

卓越公关理论在公共关系史上影响深远,是以美国著名公关学者格鲁尼格为代表的公共关系管理学派的主要观点。卓越理论基于理想型社会角色的公关认知框架,提出了"卓越和高效公共关系"的理论构想。卓越理论认为,基于对称理念的组织内外沟通是卓越公共关系部门的特征,在哲学意义上,对称公共关系运作更合乎职业规范和社会责任的要求,因为它倾向于积极地缓解冲突,而非引发对抗;同时,从实践层面来看,对称公共关系运作更为成功,也更有利于彰显组织的有效性。格鲁尼格和他的研究团队①在卓越研究中,明确提出了卓越公共关系的十大原则:公关人员参与组织战略管理;公关人员在组织中拥有一定的权力或向高层管理者直接报告的权力;整合的公共关系功能;公共关系作为一种管理功能独立于组织的其他管理功能;公共关系部门由一位管理人员而不是技术人员来担任领导;公关工作采用双向平衡的模式;内部传播沟通有一种平衡体制;担任管理职能和从事双向平衡公关工作的人员需要有足够的知识背景;公共关系工作有多样性;职业道德和社会责任感。

卓越理论被认为是公共关系的一般性理论,为公共关系实践在全球范围内走向成熟奠定了理论基础,但是正如格鲁尼格与中国学者对话时所说的:"不要受西方国家公共关系经验的影响,而要独立地提出中国自己的卓越公共关系标准。"郭惠民教授也认为,有着深厚的历史文化背景的中国公关界,应该以自己的思想力和原创力,独立地归纳总结和提炼出一些具有中国特色的卓越公共关系标准,这不仅是可能的,也是可行的。

---

① 格鲁尼格等:《卓越公共关系与传播管理》,卫五名等译,北京大学出版社,2008。

事实上，中国公共关系在理念和实践上与美国和其他国家有着很大差异。陈先红在《现代公共关系学》[①]一书中指出，美国强调公共关系的"公众性"，注重传播策略和效果，其英语是 Public Relations 和 Public Relationships；德国强调公共关系的"公共性"，注重对公共事务的参与，德语中的公共关系词语是"Öffentlichkeitsarbeit"[②]；日本强调公共关系的"新闻性"，注重与广告的差异性，公关的日文翻译是"広報"，即广而报之；韩国强调公共关系的"人际性"，注重个人影响的发挥，公共关系的韩语是"홍보활동"。他们也常常使用"Hong Bo"来表示"Public Relations"，二者具有相同的意思[③]；而中国强调公共关系的"关系性"和"文化性"，其中文拼音是"gonggong guanxi"（公共关系），简称"gongguan"（公关）。

在中国的文化情境里，公共关系的全称或简称，都容易遭到误解。因为在中国人的词典里，关系从来与"私情"有染，而与"公共"无关，因此中国人很容易想当然地把"公共关系"与"私人关系""拉关系""庸俗关系"等个人关系及不正当关系混为一谈。此外，简称"公关"也很容易和"攻关"（攻克难关）混淆，容易让人联想到"权力出租""钱权交易""请客送礼"等传统上惯用的社交手段。这样的认知有可能是根深蒂固的，但是在最近开展的"海峡两岸暨香港公关从业者的公共关系认知"调查（N = 558）的结果却令人欣喜和振奋，其考察了中国大陆、香港、台湾的公关从业者如何理解公共关系的本质、功能和社会价值，以及如何看待公共关系的职业伦理和声望。研究结果如表1、表2所示：

---

① 陈先红：《现代公共关系学》，高等教育出版社，2009。
② Gunter Bentele and Grazyna M. Peter, "Public Relations in the German Democratic Republic and the New Federal German States,"in Hugh M. Culbertson and Ni Chen, eds., *International Public Relations: A Comparative Analysis*. Mahwah, NJ: Lawrence Erlbaum Associates, 1996, pp. 349–366.
③ Jongmin Park, "Images of 'Hong Bo（public relations）' and PR in Korean Newspapers," *Public Relations Research*（1997）: 235.

表 1　海峡两岸暨香港从业者对公关本质的理解

	传播与管理观	科学与民主观
通过表述观点和事实说服公众	.660	.257
组织和公众之间的传播管理	.847	.147
组织和公众之间的关系管理是互惠的	.661	.273
采用策略来进行形象/声誉管理	.841	-.062
组织—公众—环境系统的关系生态管理	.533	.389
努力恢复和保持一种共同社区的感觉	.230	.755
说真话、做善事、塑美形的科学和艺术	.096	.839
社会群体之间的民主沟通	.156	.821
因子特征值	3.50	1.43
累计方差解释（%）	33.35	61.65
测量信度（α）	0.78	0.77
因子得分	4.03	3.34

资料来源：参见张明新、陈先红、赖正能、陈霓《两岸四地公关从业者的公关认知研究》，《新闻与传播研究》2014 年第 1 期。

表 2　海峡两岸暨香港从业者对公关功能的认知

	积极功能认知	消极功能认知
有助于推进组织议程	.617	.238
公共关系提供了有价值的信息	.733	.039
有助于组织事务的成功	.823	.067
公共关系促使组织进步	.832	-.155
公共关系是为了减少损害而进行控制	.179	.661
负面信息往往被掩盖与遮蔽	-.122	.812
公共关系就是宣传	.054	.674
因子特征值	2.37	1.60
累计方差解释（%）	33.38	56.77
测量信度（α）	0.75	0.55
因子得分	3.85	3.31

资料来源：参见张明新、陈先红、赖正能、陈霓《两岸四地公关从业者的公关认知研究》，《新闻与传播研究》2014 年第 1 期。

我们采用6个项目衡量从业者眼中公关的社会价值（α=0.88）：促进公益性文化传播、引导和谐舆论、有利于战略层面顶层设计、产生友好互动的公众情感体验、建立和维持关系信任、生成和积累社会支持。探索性因子分析显示，在这6个项目中，仅有一个公共因子存在，可解释总方差的62.33%。将量表加总后显示，被访者对公共关系社会价值的认知明显趋向于积极的一面（M=3.95，Sd=0.63），被访者对公关伦理的评价趋向于正面（M=3.89，Sd=0.71）。中国的公共关系从业者对公关职业声望的自我评价相对积极（M=3.49，Sd=0.86）。

基于以上理论和实践，本文提出"阳光公关"概念，倡导"追求真善美、传播正能量"的公共关系理念和实践，希望通过提出阳光公关的一些基本原则，来推动公共关系实践更加透明化和专业化，同时希望阳光公关的基本原则能够为目前成功的公共关系实践提供学术注脚。

二 阳光公关与卓越公关理论的异同

阳光公关与卓越公关都是以理想型公共关系实践为基础的认知框架和理论范式，都认为公共关系追求的是一种"公共的善"，视公共关系为说真话、做善事、塑美形的一门科学和艺术[①]及一种组织机制，它使组织与公众在多元化的系统中通过互动来处理彼此之间的关系和冲突[②]。

卓越理论坚持"传播管理"的公共关系理念，紧紧围绕着"优秀公共关系部门的特点""优秀公共关系部门对组织绩效的贡献"来展开研究，局限性在于只是把公共关系放在一个组织的管理环境中去考察，并没有在更广阔的环境中考察组织公众关系在社区、行业、国家范围内的影响，长期以来忽略了用生态的方法来考察组织公众关系，也就是研究和预测网络对一个系统的形成、维护和发展（也许包括消亡）的影响。

但是，"阳光公关"正好弥补了这方面的缺陷，它不再局限于某一组

[①] 陈先红：《公共关系生态论》，华中科技大学出版社，2006。
[②] 格鲁尼格等：《卓越公共关系与传播管理》，卫五名等译，北京大学出版社，2009。

公共关系学的想象：视域、理论与方法

织与某一公众之间 OPR 层面的研究，而是提倡一种更加宏观的关系生态网层面的公关理念与范式，因此在世界观、研究视角和理论范式三个方面与"卓越公关"有很大的不同。

1. "阳光公关"强调从哲学的高度研究公共关系的价值观

在这里，"阳光"不仅是一个借喻，也是一个隐喻，它借用了阿尔里斯在《公关潮起，广告潮落》中关于"广告是风，公关是太阳"的说法，因为"太阳"是最具有普遍哲学意味的自然概念。太阳"从仅仅是个发光的天体变成世界的创造者、保护者、统治者和奖赏者——实际上变成一个神，一个至高无上的神"。自然神话派代表人物 Max Muller 认为，太阳崇拜是人类最早的崇拜形式，太阳神是人类最早的神，太阳神话是一切神话的核心，一切神话都是由太阳神话派生出来的。太阳发出的光芒是温暖的、光明的、健康的、充满生命力的，这样的文化意涵与理想型的公关目标是非常吻合的，与关系管理范式下的公共关系研究旨趣是高度契合的。"太阳""阳光"代表了一种原始的真善美，代表了一种永恒的信仰崇拜，也代表了一种完美的关系哲学。关系哲学认为，万物都是真善美的统一，和谐的物物关系为真，和谐的人人关系为善，和谐的人物关系为美，在中国的传统哲学中，求真是对终极价值的关切，求善是对道德价值的关切，求美是对艺术价值的关切。真、善、美的正确关系是真不包含善，善不包含美，但真是善的基础，真与善是美的基础。真善美三大关系统一于宇宙关系，决定了认识论、伦理学、美学统一于广义的哲学。陈先红认为，必须从哲学的高度来研究公共关系这门学科，这是关系管理范式下最为理想的研究视角[①]。《公共关系的哲学倾向》一文指出，公共关系哲学是对该领域及其目的的洞察——这种洞察包含领域的核心价值及其以推测而不是观察为基础的现实[②]。从广义上说，它代表了公共关系领域所激发的信念、观点和推测的学识的综合。根据 Bottomore、Harris、Kiernan 和

[①] 陈先红：《公共关系生态论》，华中科技大学出版社，2006。
[②] Larissa A. Grunig, "Toward the Philosophy of Public Relations", in E. L. Toth & R. L. Heath, eds., *Rhetorical and Critical Approaches to Public Relations*. Hillsdale, NJ: Lawerence Erlbaum Associates, 1992.

Milibrand 的观点，公共关系是一种对世界的展望①。在跨学科的公共关系定义中，White 把哲学看作社会整合的重要手段，认为公共关系部门是"人类社会的特殊连接组织"，其功能具有批判性和建设性。因此，我们认为，公共关系是一门说真话、做善事、塑美形的科学和艺术。公共关系本质上是关系哲学、传播哲学和管理哲学，真善美应该成为关系研究视角下公共关系的世界观和方法论。阳光公关提倡真善美的世界观，这将使公共关系从工具理性走向沟通理性、和谐理性。

2. 阳光公关强调从宏观层面考察公共关系的社会功能与角色

通过从原来的组织—公众关系发展到组织—公众—环境关系，从关系网络的视角来研究组织，公关从业者和学者可以进行更精确的观察，还能鸟瞰整个组织环境，对组织生态有宏观上的把握。Maureen Taylor 也同意这种观点，她认为网络视角对于公共关系研究的贡献之一是将注意力从双边关系转移到关系网络上来。这个方法使公关学者和从业者通过对组织与众多利益相关者的互动关系模型的分析，来考察组织环境的不确定性以及资源和压力的精确来源。

Larissa A. Grunig 认为，公关学的研究对象，概而述之，就是"一个主要矛盾，两个基本问题"。所谓"一个主要矛盾"，就是公关主体与公关客体的矛盾。公关学所研究的一切问题都是围绕这个主要矛盾展开的，都是这一矛盾的各个层次、各个侧面的不同表现。所谓"两个基本问题"，就是组织与个人、组织与环境的问题。这两个基本问题是公关主体和客体这一主要矛盾的集中表现和进一步展开②。

陈先红在《公共关系生态论》一书中，提出了"公共关系是组织—公众—环境系统的关系生态管理"的观点③。她认为公共关系是一种"组织—公众—环境"关系，是组织与相关公众的沟通对话关系，也是组织

---

① T. Bottomore, L. Harris, V. G. Kiernan, and R. Miliband, "A Dictionary of Marxist Thought," *Contemporary Sociology* 15 (1986).
② Larissa A. Grunig, "Toward the Philosophy of Public Relations," in E. L. Toth & R. L. Heath, eds., *Rhetorical and Critical Approaches to Public Relations*. Hillsdale, NJ: Lawerence Erlbaum Associates, 1992.
③ 陈先红：《公共关系生态论》，华中科技大学出版社，2006年。

与所处环境的研究监测关系。在这种复合性的关系中，公共关系是一只脚站在组织里，一只脚站在公众关系和社会环境中，既要对组织负责，又要对公众负责，还要对社会负责，属于典型的"关系居间者"。

公共关系生态论强调"社会组织"这一研究对象的关系论、系统整体论和有机论，组织存在是一个由组织—公众—环境构成的"无缝之网"，组织、公众、环境都是"生物圈网上或内在关系场中的结"，它们是一个系统整体，不存在严格意义上的主体和客体之分，所有的整体都是由其关系组成的。公共关系的本质就是一种"关系居间者"，或者用哈贝马斯的话来说就是一种"主体间性"。公共关系坚持第三方立场的中间道路，通过伦理方法、文化影响和制度改造，追求组织利益、公众利益和公共利益的平衡统一，最终建立和谐的关系生态。总之，公共关系的目的是要组织"拥抱世界而非征服世界"，是让组织不断扩大自我认同的范围，从个体自我逐渐转化为社会自我，最终成为"生态自我"①，从而推进"最大化的（长远的、普遍的）自我实现"，达成组织—公众—环境关系的真善美。

在《公共关系生态论》的理论体系中，组织—公众—环境关系这一概念作为公共关系学的研究对象被正式提出，它强调公共关系学是以组织—公众之间的信任关系、以组织—环境之间的适应关系为研究对象的综合性学科。具体来说，第一，组织—公众—环境关系强调了关系是最基本的分析单元，是公共关系研究的出发点和归宿；第二，强调了组织—公众关系是最核心的构成要素，是最重要、最具活力的一部分；第三，强调了组织—环境关系是最广泛的存在，是最具影响力的部分。

3. 阳光公关强调通过对话范式考察公共关系实践

对话概念在公共关系研究中已经有40多年的历史，最早可以追溯至对公共关系理论建设颇有影响的美国学者皮尔森的论述②。他参照哈贝马

---

① "生态自我"的概念来自奈斯，他用生态自我来表示形而上的大写的我，来表明这种自我是在与人类共同体、大地共同体的关系中实现的。当我们达到生态自我时，便能"在所有存在物中看到自我，并在自我中看到所有的存在物"。

② R. Pearson, "A Theory of Public Relations Ethics," master's thesis, Ohio University, 1989, p. 329.

斯的理论提出了公共关系的伦理问题，认为"公共关系理论建构有两种方法：伦理方法和策略方法，这是两种不同的系统思维方法，它们能够引导公共关系学进入两个不同的方向，究竟哪一个方向更适合公共关系学？这是公共关系所面对的具有深远意义的选择，这个选择会影响公共关系理论的自我理解力及其未来的命运"。皮尔森认为，对有道德的公共关系实践而言，最重要的是建立对话系统，而不是发展独白的策略，公共关系应该被定义为"对人际对话的管理"。皮尔森奠定了公共关系对话理论的伦理学基础后，伯顿进一步指出，对话本身呈现出来的是一种立场和趋向，它孕育于传播之中，不能将之误认为是一种特定的方法、技巧或形式。之后，在对对称模式的反思和质疑中，对话理论的轮廓逐渐显现。

2001年，格鲁尼格在其论文《公共关系的双向对称模式：理论、现在和未来》中也认为，现在的实践和研究已经越过了卓越理论的双向对称模型，而发展为对话的公共关系。传统的对称公共关系往往把公众视为客体和关系中的次要角色，以及实施组织公关策略的工具，双向对称模式更类似于一种系统理论，作为一套程序性方法来获取反馈，进行倾听；而对话理论承接其哲学根源，将公众视为与组织平等的对象，在互动与接触中，两者共同建构关系。由于人们对公共关系的狭隘认识，对话的公共关系可能被认为仅仅是实践层面上促使组织和其公众交流的手段，但事实上，对话是一种根植于哲学理念的宏观理论，是源于伦理角度的公共关系思考，是一种战略理论，是引导和改善公共关系实践和研究的理论框架，也是一种建立、维持和改善信任关系的策略手段。美国学者泰勒和肯特是对话范式的倡导者和推动者，他们提出了对话的公共关系理论的五个原则，即交互性、接近关系、移情、风险和承诺。这些原则为对话范式的公关研究铺平了理论进路。

时至今日，对话理论成为取代卓越理论的另一个主导性范式。它充分地吸收了哲学、心理学、传播学中的人际传播、发展传播理论，形成了较为成熟的概念化体系。同时，公共关系学者将对话理论与新媒体的使用结合在一起，为对话理论提供了更加广阔的发展空间。

总而言之，与美国的"卓越公关"相同的是，中国的"阳光公关"

理念，也基于理想型的公共关系社会角色认知框架，都属于规范性理论研究。不同的是，卓越公关提倡和强调的是对称范式下的工具理性世界观，重点研究组织—公众之间的传播管理和关系管理；阳光公关则是建立在对话范式下、和谐理性世界观的基础上，重点研究"组织—公众—环境"系统的关系生态管理和传播策略。

三　研究问题与方法

本文在理想主义的公共关系认知框架下，解答关于公共关系的三个根本性问题：第一，阳光公关的本质特征是什么？第二，阳光公关的社会功能角色是什么？第三，阳光公关的世界观是什么？通过对这些问题的回答，我们要明确最好的公共关系实践应该是怎样的，阳光公共关系的特征是什么，公共关系怎样、为什么以及在何种程度上影响组织—公众—环境关系。

为回答上述问题，我们主要采用改良之后的"德尔菲法"（Adapted Delphi Method）来收集、分析和整理数据，以得出最后的结论。"德尔菲法"也称专家调查法，是由O.赫尔姆和N.达尔克在20世纪40年代首创的一种结构化的决策支持技术，目的是在信息收集过程中，通过多位专家的主观判断，并对其意见进行多次汇总和反馈，从而逐步获得相对客观、一致的信息、意见[1]。"德尔菲法"的实施步骤可以概括为四步。第一步：筹划工作，包括确定课题及讨论的项目，并选择若干名熟悉该课题的专家。第二步：专家预测。调查者把要讨论的课题及相关背景材料发送给各位专家，使其充分独立地做出自己的判断、表达自己的见解。第三步：统计反馈。专家意见经过汇总后，研究者进行统计分析和提炼，提出新的方案再分别寄送给各位专家。如此反复几轮，直至专家的意见基本趋于一致。第四步：描述结果。研究者把专家讨论的结果用文字或图表进行直观

---

[1] J. Landeta, "Current Validity of the Delphi Method in Social Sciences," *Technological Forecasting and Social Change* 73 (2006): 467-482.

呈现①。

基于上述研究方法与本文的研究目的，我们根据实际情况和以下程序来收集、整理和分析数据。

第一，研究者陈先红首先提出阳光公关 15 条基本原则（第 1 稿），同时发给另外两位作者陈霓、赖正能提出修改意见，形成第 2 稿。然后发给 30 位来自学界、业界和中国公共关系协会、中国国际公共关系协会的专家学者征集意见，根据反馈结果修改成第 3 稿。

第二，在 2013 年 10 月 5 日，第六届公关与广告国际学术论坛圆桌会议上，先邀请来自行业协会、专业媒体的记者以及全国各地的业界、学界代表 15 人集体宣读了阳光公关 15 条基本原则的主要内容。然后邀请 15 人参加现场圆桌论坛，对此展开讨论。接着邀请美国著名学者 Maureen Taylor 进行点评。最后，所有参会代表一致表决通过作为本次会议的共识阳光公关 15 条基本原则（第 4 稿）

第三，研究者再次根据圆桌论坛意见，召开焦点小组访谈，参加者包括本文三位作者、Taylor、澳大利亚的学者等，形成第 5 稿，提交行业协会进行修改，最后形成第 6 稿。

第四，再次将阳光公关 15 条（第 6 稿）通过群邮件发给 200 多位参会者征集意见，最后修改形成第 7 稿也即《公关正能量武汉共识》，并通过媒体公开发布。

四　研究发现与结果

2013 年 10 月 5 日，第六届公关与广告国际学术论坛在华中科技大学隆重召开，来自华中科技大学、香港城市大学、世新大学、中国人民大学、复旦大学、清华大学、中国传媒大学、中山大学、香港浸会大学、台湾政治大学、澳门科技大学、美国俄克拉荷马大学、美国南卡罗来纳大学、澳大利亚昆士兰大学、新加坡南洋理工大学、上海交通大学、浙江大

---

① M. Turoff & H. A. Linstone, "The Delphi Method: Techniques and Applications," *Journal of Marketing Research* 18（1975）.

学、武汉大学、南京大学、兰州大学、厦门大学、暨南大学、华东师范大学、东华大学、国家行政学院、重庆大学、天津师范大学、广西大学、石河子大学、西北大学、湖北理工学院、湖北商贸学院、西南大学、浙江工业大学、上海外国语学院、浙江大学城市学院、安徽师范大学、中国传媒大学南广学院、四川外国语大学、武汉纺织大学、湖北大学、南京师范大学、赣南师范大学、合肥财经职业学院、南昌航空大学、马鞍山师范高等专科学校、上海第二工业大学、东北财经大学、武汉科技大学、武汉体育学院、中国地质大学等50多所高校与会代表，以及关键点传媒集团、北京伟达公关、互动通控股集团、广州方圆公关、庄凌公关顾问有限公司、中国策划研究院、台湾精英公关、台湾先势集团、台湾双向明思力公关、荆楚网、《襄阳日报》、《公关世界》杂志、《国际公关》杂志、中国公共关系协会和中国国际公共关系协会的专家、领导参加了本次论坛。

来自各地的公共关系学者和业界精英，经过集体宣言、圆桌讨论，一致表决通过了"公关正能量武汉共识草案"，经过再次征集意见和修改，最终形成了《公关正能量武汉共识》，具体内容如下。

1. 阳光公关是公众性的，它处理的是公众关系，而不是私人关系，我们要以公众为导向，做公众利益代言人

公众性是公共关系的对象属性。所有的公共关系活动都必须按照"公众必须被告知""投公众所好"的原则展开，这在东西方文化中可能存在一定的差异，从中国的"熟人社会"到西方的"陌生人社会"，从"私人攻关"到"公众公关"，从"组织利益的代言人"到"公众利益的代言人"，这些都是现代公共关系带给我们的新观念。公共关系在任何时候都应该保持"同理心"，想公众之所想，急公众之所急，投公众之所好，努力构建组织与公众之间的"意义地带"，做好公众利益的代言人。

2. 阳光公关是公开性的，它强调信息公开、手段透明、沟通双向

公开性是公共关系的手段属性。公共关系诞生于"信息公开"。企业主面对劳工阶层的罢工运动，不得不与工会组织进行谈判，在不断博弈中逐渐公开信息，透明管理，从单向的不对称传播走向双向的对称传播，最终使企业声誉得以恢复和重建，现代公关也由此诞生。公共关系应本着

"好事要出门，坏事要讲清"的原则，采取一切公开合法的创造性手段，进行公共宣传，努力提高组织信息的透明度，积极获取利益相关者的信任。

3. 阳光公关是公共舆论性的，它强调重视民意，善待舆论，建立共识，谋求认同

公共舆论性是公共关系的目标属性。从公众和环境角度来看，公共舆论是公共关系的生态环境。公共关系不仅是公众之间的关系，还是一个公共机构与另一个公共机构的关系，一个公众圈与另一个公众圈的关系。公共关系以"公共福利"为由，运用合法化的公共领域范畴来实现组织目标，因此成为"民意的经营者"和"共识制造引擎"。公共关系通过话题引导、议题设置和议程管理，可以"让理性之光更加澄明"，可以为"民意""官意""商意"等不同主体提供平等对话的沟通机制，进而促使多元利益主体达成共识，最终实现各个主体在"现实与理想"层面的彼此认同。

4. 阳光公关是伦理性的，它是组织的良心，它强调利人利己，心怀天下

伦理性是公共关系的职业属性。评价公共关系职业者的标准只有一个：道德表现。道德与责任都是一种公共关系。长期以来，公共关系一直被比喻为"组织的良心"，并将此作为公共关系职业正当性的基本依据。当组织主体迷失在追逐经济利益最大化的"物质丛林"中时，公共关系要成为组织内部主流文化的"一面镜子"，要时刻提醒组织以伦理行为为基调，以"承担社会责任"为己任，以"诚实守信"为基本原则，在实践中坚持利人利己、心怀天下。我们更期待中国公共关系行业能够成为中国人的"良心"，并努力担负起公关人自身的社会责任。

5. 阳光公关是居间性的，它居于组织—公众—环境系统之间，秉持第三方立场，因而具有公信力

居间性是公共关系的本质属性。从空间上看，公共关系是一种"组织—公众—环境"关系，一种组织与公众的沟通对话关系，一种组织与所处环境的共融互生关系。在这种复合性的关系中，公共关系是一只脚站在组织里，一只脚站在公众关系和社会环境中，既要对组织负责，又要对公众负责，还要对社会负责。公共关系所扮演的是组织—公众的传播中介者，是组织—环境的环境扫描者和公共对话者，是一个秉持第三方立场的"居间者"。因此，公共关系具有公信力，能够兼容与整合不同的意见和观点，帮助组织适应环境或者让公众顺应组织，从而促进彼此的了解和信任。

6. 阳光公关是情感性的，它强调建立长期信任，提高关系质量，积累社会资本

情感性是公共关系的特征属性。从时间上看，公共关系是一种长期的情感关系，而不是单一的、一次性的关系，或完全工具化的理性关系。公共关系强调在组织经营管理中融入爱、尊重、公平交换、满意、信任和归属等，从而提高组织—公众的关系质量，积累社会资本。公共关系实践的结果，不仅仅是在熟人之间建立特殊信任，更要在陌生人之间建立普遍信任，还要在社会生态环境中建立一般信任和系统信任，公共关系通过建立信任关系来创造和积累社会资本。

7. 阳光公关是对话性的，它强调关系平等和传播对称

对话性是公共关系的内容属性。公共关系经历了从"不对称"到"对称"再到"对话"的理念转变。格鲁尼格的"对称世界观"认为，组织利益与公众利益是一致的，越能满足公众的利益，就越容易获得他们的认同，也越有利于组织的发展壮大。Pearson、Michael L. Kent、Maureen Taylor 等又在对称理论的基础上提出了对话思想，从而将公共关系纳入了一个更具社会责任感的"伦理框架"[①] 之中。Pearson 曾指出，公关最好的定义是人际对话管理。Michael L. Kent、Maureen Taylor 则提出了公关对话理论的五个基本主张：相互性、接近性、移情、风险和承诺。他们认为，组织自身只有投入对话交流及对公众的理解中，才能促进组织与公众之间形成多元价值诉求的"共振点"从而实现互惠多赢。

8. 阳光公关是策略性的，它是"阳谋"而非阴谋，它强调思想与谋略，它追求软实力与巧传播

策略性是公共关系的技术属性。这种策略是"阳光公开"的，而不

---

① T. Maureen, L. K. Michael, "Dialogical Engagement: Clarifying Foundational Concepts," *Journal of Public Relations Research* 26 (2014): 384-398.

是"厚脸黑心"的。阳光公关的思想和谋略，一方面来自对新闻立场和价值观的坚持，其提供的消息来源真实可靠，具有权威性，另一方面来自有针对性的创意策略和说服传播，因而可以有效提升组织声誉、形象等软实力。

9. 阳光公关是社会性的，它强调善尽社会责任，争做社会好公民

从社会学属性看，公共关系促使组织成为社会好公民。任何组织机构都是以自身利益最大化为原则的，它们之所以能够善尽社会责任，并不一定完全出于自愿，而是在公共关系的倡导和推动下完成的。公共关系就像一只看不见的手，引导组织重视社会责任和公共利益，营造一种和谐的生态氛围，以谋求组织机构的竞争优势。社会公益性反映了公关的伦理属性。

10. 阳光公关是民主性的，它代表了民主社会的多元化"声音"，是不同利益主体的公开表达机制

从政治学属性看，公共关系是民主的沟通。公共关系代表了民主社会的多元化"声音"，是不同利益主体的公开表达机制。公关可以作为国家和社会之间的调解者，对国家活动进行民主引导；可以将政治权力转化为"理性的"权力，使治理遵从"理性"标准和"法律"形式。公共关系可以促使政府在公民社会内部对传播资源进行重新分配，还可以通过打造公共领域使公共意见得到更充分的表达，从而达成共识和通向真理，为民主进程化解险情和危机。公共关系的建构对公众注意力的吸引，要远超过销售商品本身，它不仅可以建立某一商品的声誉，还可以建构公共权威，成为一种能够动员社会的重要力量。

11. 阳光公关是管理性的，它是对关系、传播、形象、声誉等组织无形资源的系统管理

从管理学属性看，公共关系是"组织与公众之间的传播管理"。这种管理不是对组织有形资产的传统管理，而是对关系、传播、形象、声誉等无形资源的系统管理，是基于组织文化建设的"软管理"。

12. 阳光公关是战略性的，它强调监测环境，预测趋势，促使决策与社会变动同步

从战略学属性看，公共关系的业务是为顶级的管理层提供咨询服

务。做公关就是做决策,基于科学调研,公共关系人员不仅要发现一般问题,还要审时度势,预测趋势。他们是重要的"环境监测者""问题诊断者""趋势预测者",不仅要提供策划文本和应对策略,还要在战略全局层面做出全面规划和顶层设计,真正使组织决策与社会变动保持同步。

13. 阳光公关是求真的,它强调以事实为基础,与媒体共建社会真实,决不可对媒体与公众说谎

从历史起源来看,现代公共关系肇始于美国的"报刊宣传"运动,这场运动提出了"凡宣传皆好事"的主张。所谓"公众要被愚弄、让公众见鬼去吧"的宣传论调大行其道,各种愚弄和欺骗的宣传手段被用到极致,引起了公众的愤怒和抵制,并引发了著名的"清除垃圾运动"。正是在这种背景之下,"公共关系之父"李艾维倡导"说真话",公众应被告知,从而使现代公共关系职业正式诞生。作为"求真"的公共关系,就是要做到信息真实、态度真诚,要以事实为基础,与媒体共建社会真实,决不能对媒体与公众说谎。"真实"作为公共关系的生命,是公共关系与生俱来的专业特质和不懈追求。

14. 阳光公关是向善的,它强调做得好、说得好,只做好事

公共关系在精神上的最高指导原则就是追求"公共的善",利己利人。李艾维曾提出,凡有益于公共事业的,必将有利于组织。公共关系并非仅仅停留在"主观为自己,客观为别人"的"小善"层面,而是倡导"兼济天下"的"大善"思想,有着"先天下之忧而忧,后天下之乐而乐"的家国情怀。公共关系的"善"不仅强调做得好和说得好,而且强调只做好事。事实上,每一个公共关系决策都必须建立在正确的、富有社会责任感的原则基础之上。

15. 阳光公关是尚美的,它强调守望美好,塑造美形,美美与共

公共关系是一门"塑美形"的科学和艺术,追求"内在美的外在化,外在美的内在化",核心是塑造良好的品牌形象。历史上,正是由于现代公共关系的产生,"形象"才逐渐从审美概念演变成经济学概念,并在20世纪40年代发展为一种企业经营战略即CI战略。公共关系作为塑造形象的科学艺术,让全世界明白了"形象也是生产力"的论断。从业务层面

看，公共关系对美的塑造表现在三个方面——理念美、行为美、视觉美，它们共同塑造了组织的"品牌之美"、"声誉之美"和"关系之美"。从伦理层面看，公共关系对美的塑造追求的是"大美"思想，它既强调"守望美好，塑造美形"，又强调"美人之美，各美其美，美美与共"，进而从"具体美"中走出来，共同塑造健康的社会和谐之美。

我们正进入一个全球化、媒介化和关系化的时代，小至个人与企业，大至社会和国家，都迫切需要改善关系、维护声誉、赢得信任、建立品牌、谋求认同。公共关系，无论作为一种社会职业还是一种社会活动，都处在前所未有的发展阶段。面对人们对公共关系的期待、迷惑、误解与滥用，我们认为，公共关系是"术"更是"道"；我们相信，追求真善美，传播正能量，才是阳光公关之道；而公关正能量，会让公共关系更有力量。

五 研究贡献与理论意义

如前所述，公共关系是组织—公众—环境系统的关系生态管理。生态管理的最高境界是"说真话，做善事，塑美形"。从以上15条公关正能量宣言中可以看出，阳光公关的构成维度主要包括本质内涵（公众性、公开性、伦理性、公共舆论性）、性质特征（居间性、对话性、策略性、民主性）、社会功能（情感性、社会性、管理性、战略性）和世界观（求真、向善、尚美）。

秉承着发展中国特色公共关系理论的学术追求，"阳光公关"既是对近年来中国公共关系职业乱象的纠偏，又是贯通中西公共关系理论研究的学术创新，其主要贡献在于突破了主流的聚焦于组织层面的公关研究，并将其推向更宏观更具有包容性的生态层面，与西方经典理论"卓越公关"形成文化呼应，创新性地提出了"组织—公众—环境"的生态关系概念，以及中国文化背景下的"阳光公关"的理论倡导。在宏观视角下考察公共关系的社会功能和角色，我们可以把公共关系对民主政治的影响、对公民社会的建设、对社会资本的积累、对文化软实力的提高、对社会冲突的调解等战略层面的功能，合理地纳入对公共关系有效性的考察中来。这一点弥补了卓越理论对"组织—环境关系"的忽视，使公共关系学科的研究对象更加系统完整和具有战略性。同时，"阳光公关"理想范式的提出也将成为在重重迷雾中摸索前进的公共关系实践的指路明灯。

（该文发表于《今传媒》2015 年第 1 期，陈先红独著）

积极公共关系：
中国公共关系研究的本土化探索

"公共关系"这一学术概念的历史不总是也不全是公共关系概念逐步完善的历史以及其合理性不断增强、抽象化逐渐明显的历史。根据法国哲学家冈奎莱姆的"概念的位移和转换"观点，公共关系概念的多样构成和有效范围的历史，是其不断位移和转变的历史，也是其逐渐演变为使用规律的历史，换句话说，即这个概念不断本土化的历史。

在中国，"公共关系"这一概念的本土化不仅存在表面层次（话语层次）的位移与转换，而且存在规范性和现实性使用范围的双重位移和转换。人们对这一概念的偏见，使公共关系本土化呈现出异质性和多样性。事实上，公共关系学作为西学东渐的产物，其学术研究从一开始就陷入了"本土化"的集体焦虑之中。早在1984年，本土化研究就被作为一个重要问题提了出来：《经济日报》在12月26日发表了长篇通讯《如虎添翼——记广州白云山制药厂的公共关系工作》，时任《经济日报》总编辑、中国公共关系协会首任会长安岗发表社论《认真研究社会主义公共关系》，提出了"社会主义公共关系学"的概念，强调要从中国国情出发，大力发展中国特色公共关系学。

在这之后，传统文化取向的"复兴派"和贴近意识形态的"特色派"，以及致力于培养公关市场的"市场派"轮番登场、百花齐放，但是仍然走不出"学科正当性与合法性"的危机。三十年间，中国公共关系学科几经停招。1995年，深圳大学创办的第一个公共关系专科专业开办十年后因在教育部专业目录中被撤销而被迫中止招生；2013年，公共关系专业重回教育部专业目录，但被迫从新闻传播学科转到公共管理学科。2016年，媒介融合和创建国际"双一流大学"的大潮汹涌而至，由985高校发起大规模的学科整理和专业调整，处在边缘的公共关系专业首当其冲，再次面临危机：1994年国内最先开办公共关系本科专业的中山大学撤销了公关本科和硕士专业。由此可见，公共关系学引进中国三十年来，虽然行业发展和社会应用获得了长足发展，并已经成为一门显学，但其危机与出路，仍然是中国公共关系学者的焦虑所在。

中国公共关系研究有自己独特的问题，如何聚焦这些问题点，寻找公共关系学的知识路径，着力解决西方公共关系理论和中国公共关系文化意涵的本土性之间的矛盾，是中国公共关系研究本土化的关键所在。一般而言，公关研究本土化主要有四种路径：第一种是拿来主义的"套用性研究"，第二种是本土情境中的"验证性研究"，第三种是回归传统的"诠释性研究"，第四种是原创性的"发现性研究"。这四种路径可以概括为两种类型：外部本土化和内部本土化。前两种属于"外部本土化"，即从世界看中国，追求理论的普适性，欲解决的问题是"西方理论方法的适用性"；后两种属于"内部本土化"，即从中国看世界，追求理论的特殊性。无论哪一种类型，其最终的研究目的都是追求理论普适性和特殊性的辩证统一。本文追求第四种类型，即扎根中国本土，直面中国公共关系研究的独特问题，寻找既具有中华文化特色又具有普遍意义的华人公关学术视野，发展出中国本土化的一般性理论，建构中国公共关系学术研究的主体性。

一 本土化的问题起点：中国公关的污名化困境

本土化的问题就是在中国特定的文化情境中，从若干年来的公关实践中提炼出的问题。中国公关的本土化问题既有中国社会各界对公关认知度低或存在认知偏差的问题，也有制度性安排和结构性歧视的问题，更有学科合法性和自主性的问题，概括起来就是"污名化"问题。根据欧文·戈夫曼的观点，污名化就是"社会给某些个体或群体贴上的贬低性、侮辱性的标签",进而导致社会不公正对待被贴标签的人。戈夫曼还提出污名化的对象,也就是被贴标签者,拥有了一个"受损身份"——其社会地位被贬低,在他人眼中丧失了原有的社会信誉和价值,并遭受社会的排斥。当前中国公共关系的"身份受损"正是这种污名化的结果。

其实,公关的污名化是一个"世界现象",并非中国独有。在"二元对立"的现代性话语体系中,现代公共关系形象经历了一个全面"污名化"的过程,只不过在不同国家,公共关系污名化的内容、范围、层次、程度、动机皆有差异。

中国社会想象中的"公共关系"形象,总体上呈现出"污名化"的负面特征,存在多重污名化、多级污名化、反复污名化的泛污名化趋势。这反映了三个问题:一是如何"污名化"?二是为何"污名化"?三是如何"去污名化"?第一个问题是现象的、历史的,"污名化"公共关系的话语谱系始于西方的"宣传"概念和中国的"关系"概念,并一直延续到今天。在一个世纪的时间里,"公共关系"这一新名词在赋予、连接、指定和派生等普通语法的理论建构之后,被污名化的势头似乎有所减缓,但从未停歇。许多研究都注意到这一持续发生的现象,并不断提出了"正名""别名""改名"的去污名化策略建议。第二个问题是反思的、批判的,社会各界为何持续不断地"污名化"公共关系?其历史与文化症结何在?深究起来,公共关系的"污名化"成因似乎与"原罪说"有关。在公关的发源地美国,最初的公共关系是以"哗众取宠的宣传术"身份进入西方主导的现代文明的,而"宣传术"又注定成为公共关系现代性身份中的"原罪"。同时,这种具有"原罪"的公共关系身份在中国又被庸俗的关系主义进一步固化。在中国的文化情境里,公共关系的全称或简称,都容易遭到误解。公共关系形象无论如何都难以获得肯定性价值,因为在中国人的词典里,关系从来与"私情"有染,而与"公益"无关,中国人很容易把"公共关系"和"私人关系""拉关系""庸俗关系"等混为一谈。此外,简称"公关"也很容易和"攻关"(攻克难关)相混淆,容易让人联想到"权力出租""钱权交易""请客送礼"等传统上惯用的社交手段。

中国公共关系的"污名化"一方面承载着西方现代性世界观赋予现

代公共关系的负面结果,另一方面是关系本位的负效应在公共关系学科实践中的映射。而如何去除公共关系污名化是中国公共关系本土化研究无法逃避的重要课题,也是本文讨论的核心命题。

二 视角的转向:卓越公关与积极心理学的启示

公关研究本土化,要消除的是西方公关理论与中国社会的隔阂,把"西方理论"作为本土化的源头,是公关研究本土化无法逃避的宿命,也是这个学术概念自身包含的线索。在公共关系最发达的美国,公关业也经历过一段"晦暗"的岁月,长期被社会各界所误解,甚至产生了"严重的形象问题"。美国著名公关专家格鲁尼格等人怀着追求公共关系专业主义的坚定信念,基于理想型社会角色的公关认知框架,提出了"卓越和高效公共关系"的理论构想,促使美国公共关系实践不断从"说服传播"走向"对称""伦理""卓越"。卓越公关其实是卓越研究的理论成果,包含了一系列中层理论,如公众情境理论、公共关系实践模式理论、对称传播理论、战略管理理论、关系传播理论、公关世界观理论、全球公共关系理论等。

卓越公关理论是公共关系历史上影响最深远的理论成果,也是当代国际公共关系的一个主导性理论范式。正如格鲁尼格与中国学者对话时所说的,"不要受西方国家公共关系经验的影响,而要独立地提出中国自己的卓越公共关系标准"。中国人心中的关系来自传统,兼具正向功能和负面效应,这是一个不可更改的事实,因此我们必须思考的问题是:这样的文化传统是公共关系学的负重还是资源?如何在这样的文化土壤中通过公关研究的本土化破解这一难题?

面对这个问题,本文欲引进一个跨学科的理论视角"积极心理学"来进行融合研究。在过去的一百年里,传统主流心理学都属于消极心理学,主要研究人类心理问题、心理疾病诊断与治疗,如病态、自卑、嫉妒、仇恨、焦虑、狂躁等,很少涉及健康、勇气和爱,就如同传统的公共关系实践主要集中在风险管理和危机应对层面一样,是消极公共关系的表现。而积极心理学从关注人类的疾病和弱点转向关注人类的优秀品质和美好心灵，这是心理学史上具有革命意义的转向。积极心理学主张以人的积极力量、善端和美德为研究对象，强调心理学不仅要帮助处于某种"逆境条件下的人们知道如何求得生存和发展，更要帮助那些处于正常境况下的人们学会怎样建立起高质量的个人生活与社会生活"。

上述两个观察视角的转向对公共关系学的启示在于：第一，要从中国文化传统与理想的公共关系机能的契合处确定话语的衍射点，发现能够促使公共关系事业良好发展的中国文化基因，并将之运用到公共关系学的本土化研究中来；第二，要从危机事件、媒介事件、大型活动等非常态的公共关系研究，转向日常关系维护、组织形象塑造、社会资本提升等常态的积极主动型公共关系研究，这种转变不仅会让"公共关系污名化"消弭于无形之中，而且能极大提升公共关系行业的声誉，促进组织与社会的良性发展。所以我们认为，要大力开展积极的公共关系研究，用积极心理学的理论视角看待中国的关系文化，用卓越公关的理论方法挖掘中国关系文化的特质，这将是彰显中国公共关系文化"底色"的理论发展方向。

三 中国化的诉求：积极公共关系的文化契合性

探索中国公共关系的文化契合性，需要把它放在时空坐标中，去考察"公共关系"这一学术概念的文化传统和变迁。即在中国语境中，公共关系究竟是什么意思，以及这个词到底是怎样被使用的。德国哲学家伽达默尔认为，文化传统是理解的"先结构"，会让人陷入主观成见中，并形成循环。如果当初"public relations"被译为"公众关系"，而不是"公共关系"，或可在某种程度上规避理解上的"先入为主"，但是 public relations 里的"关系"概念无论如何也摆脱不了"先结构循环"的影响，因为从文化传统来看，中国与美国在对"公""共""公共性""关系性"这些概念的认识上大相径庭，即使同在中国，古代和现代的人们对这些词的认识也差异甚大。因此，我们需要找出具有文化契合性的公关意涵，发展具有中国文化特色的公共关系理论。

(一)"公共关系"一词的文化传统

1. "公"、"共"与"公共性"

在中国文化传统中,"公"是比较直接地反映公共性的词语。从词源角度看,"公"是象形文字,反映的是古代共同体祭祀的画面,具有神圣性、权威性和公共空间的意涵。"公"的下半部分表示的是共同体祭祀的广场,"公"的上半部分表示的是参加祭祀的队列。根据东汉许慎编撰的《说文解字》,"公"可拆分为"八"和"厶"两个部分,"厶"即私,"八"即背、相反,具有韩非子所说的"背厶为公"之意。中国历史上的"公"主要有以下五种内涵。

(1)"公"主要指朝廷、政府或政府事务,与它相对的"私"指民间、个人。(2)"公"有"普遍、全体"之意,常被表达为"无私",与之相对的"私"常具有负面色彩。(3)"公"代表天理道义,常被表达为"公心""公德",与之相对的是负面色彩更加强烈的"私欲"。这一观念源于宋明理学,对近现代中国产生了重要影响。(4)"公"乃是"普遍整体"之义,但主张"公"之境界是所有个别之"私"得到满足后达成的。此观念始于明末清初,清代盛世后逐渐沉寂。(5)"公"主要是"共同、众人"之意,指涉政治、宗教、社会生活等场域的集体实务与行动。

在中国历史上,公的含义主要以前三种为主,而第五种意指"公众"的"公"不占主流。"公"的价值主要体现为对"私"的否定,"公"与"私"常常联袂而至,"公"即"无私","私"即"背公",并在价值—道德、范围—领域两个层面发挥规范作用。

20世纪初,中国虽然也有"公域""私域",但由于对私的极度漠视,而没有真正形成西方公共领域之"集私成公"的观念。中国传统的"公私之辩"指向的是"公私不分""大公无私""以公灭私"。"公"与"共"是双字语言形态,二者意义相近但各不相同。"公,平分也","共,同也"。"共"不是"公",而是"共同""一起"的意思,常被表述为"共有"。它并不排斥"私",甚至包含和包容着"私"。所以"公有"和"共有"具有明显不同的含义。

2. 关系、人情、面子

"关系、人情、面子是理解中国社会结构的关键性的社会—文化概念","关系"是中文里内涵最复杂的的词之一。关系的概念包含了许许多多的主题、类型、意义甚至冲突。关系作为一个现代性的学术概念,既涉及费孝通的差序格局、徐烺光的情境中心、梁漱溟的伦理本位、杨国枢的社会取向等理论,也涉及林南的"关系资本"、边燕杰的"亲熟信"强关系、翟学伟的"人情与面子"等理论。在公共关系视域下,有学者把"人情""面子"纳入西方关系管理的理论体系中,成为关系管理的中国文化维度。

"人情"概念经历了从儒家早期的"人的自然情感""天理人情",到后期的"情理交融""人情交换"的发展演变。《礼记·礼运》曰:"何谓人情?喜怒哀惧爱恶欲,七者,弗学而能。"这里的人情指人天然和自发的感情。但是随着儒家对伦理的重视,后来人情不再指人的本能情感,而演化为与"天理"相对的"人情"概念,天理偏重秩序,具有普遍主义色彩,而"人情"偏重个人情绪,存在个人差异,具有特殊性。之后在礼的调节作用下,又逐渐简化为"情理合一"的概念,这意味着中国文化对普遍主义和特殊主义不做二元对立的划分,而是期待人们两者兼顾,即合情合理,通情达理,情理交融。所以中国人讲的人情,更多的是一种私交状态下的感情,即所谓"交情如何"或"私交如何"。人情关系作为一种交换行为,具有普遍性。"因亲及亲,因友及友",遇事总喜欢托人情、讲面子,人情和面子成为中国人际关系的基本模式。

"面子"被认为是中国人性格的第一特征,林语堂认为"面子是统治中国人的三位女神之一,中国人正是为它而活着的"。鲁迅称面子为中国人的精神纲领。"面子"是指由社会成就而获得的声誉,包括道德面和社会面两方面,集中反映了人的自身形象,大体上与西方的"个人声誉"内涵相近。面子也是可以用来交换的。中国人的交换资源可以分为先赋性和获得性两大类,前者包括血缘、地缘、性别(辈分)、家世等,后者包括联姻、财产、身份、地位、权力、名望、金钱、关系、信息、品质等。这些资源可以共同发挥作用,促进面子的交换。

"关系""人情""面子"是理解中国社会结构的关键性文化概念。

公关行业在这样一个充斥着"人情"与"面子"的关系社会中成长，难免会受到影响，甚至部分从业者认为兼顾好"人情"与"面子"就做好了公关。有专家认为，关系主义社会的一些文化本土性概念如关系、人情、面子以及相关的行为互动过程都可以用现成的社会网络概念进行改造，使研究的问题具有更强的可测性和文化之间的可比性，从而进入更广泛的学科话语体系之中。

（二）积极公共关系的文化契合性分析

以上分析表明，中国文化语境中的公共关系是一个由"公"和"共"两大体系和机制组成、混合和互动的共同体。简单地说就是由"公关系"+"共关系"组合而成的。通过对这些词语概念的考察，笔者梳理并挖掘出"去污名化"的独特文化资源，可以进行本土契合性的理论建构与叙事，如表1所示：

表1 文化传统的本土契合性分析框架

核心概念	文化传统	行为模式	西方差异性	本土契合性
公	大公无私 全体性 公私相悖	先公后私	集私成公 先私后公	公德、公心 公共的善
共	共同性 集体性 共个相悖	共同参与	集个成公 先个后公	共同体关系
公共	天下为公 公天下	公共传播	公众性 公开性 公益性	公共领域 公共参与
关系	熟亲信关系 强关系	礼与仁 人情交换 面子交换	利益关系人 弱关系	关系情感 关系信任 关系网络 关系资本

相比较而言，中国文化传统中的"公共性""关系性"理念，与西方公共关系倡导的理念契合度不高，差异性很大。其一，着眼点不同。

中国文化传统的"公共性"意味着先公后私、公而忘私、重公轻共，不承认私的价值，也不重视共的利益；而公共关系的"公共性"意味着集私成公、先私后公，意味着私人利益的合法性和私人领域的公共化。其二，主体不同。中国文化传统的"公共性"主体是国家政府、公共事务，而公共关系的"公共性"主体是"集私成公"的各类社会组织，包括个体和集体、政府和国家。其三，关系类型不同。中国文化传统是基于亲熟信的强关系，公共关系是基于利益相关者的弱关系。其四，交往模式不同。中国文化传统是人情交换、面子交换的人际交往，公共关系则是基于双向沟通的组织交往。但是，公共关系与中国文化传统也有很多契合点，如价值道德层面的公德、公心和公共的善，天人合一的共同体意识、天下为公的世界观，以及对关系背后的资源、情感、信任、网络和权力运作的理解和重视，这些都是发展积极公共关系的文化再生产资源。根据文化再生产理论，文化本身就具有流变的意义；文化作为过程，本身就是新生的、即将到来的，因为不断地再生产得以延续。总之，文化传统对公共关系的"濡化"，以及人在公共关系实践中的主体性是本土化研究的主要叙事。

下文将这些具有普适性的文化资产作为中国公关研究的基础和发展脉络，进行公共关系的文化再生产，以推动中国公共关系实践走出"污名化"的泥潭。

四 理论化的建构：积极公共关系的理性思考

本文首先提出"积极公共关系"这一新概念："积极公共关系是致力于研究公关实践的积极特质、正向功能和理想角色的科学。"不同于以往消极、被动、负向的危机公共关系研究，积极公共关系充分挖掘其固有的潜在的具有建设性的力量，促进公共关系实践的健康发展。积极公共关系的矛头直指过去被污名化、庸俗化的伪公关现象和消极被动的危机公关现象，是研究公共关系的正向功能与角色等积极方面的一个公关学思潮。

表 2 消极公共关系与积极公共关系比较

	消极公共关系	积极公共关系
社会心理基础	传统心理学（消极心理学）	积极心理学
公共关系目标	被动满足利益相关者的期待；注重国家、组织及个人的印象修复、合法性挽回等	主动将自己融入周围的利益相关者中，营造良好的关系生态和发展环境，引领价值导向，实现价值共创
公共关系策略	适应、迎合、谄媚；单向沟通；印象修复策略；情境危机沟通策略等	控制、创新；双向互动；社区参与；慈善捐赠；对话沟通；价值共创；生态构建等
常见案例	跨国公司在华危机公关；慈善组织声誉危机公关；明星代言危机处理等	中国政府"讲好中国故事"；企业互联网社区品牌故事构建等

在心理学领域，传统心理学的研究信念来自治疗心理疾病的理论预设，认为克服消极的情绪体验，有助于人的身体健康。而积极心理学的研究信念则是，积极的情绪体验可以让人类生活更美好、更有意义。研究视角不同，研究内容也大不相同。前者研究病理性的消极情绪如自卑、愤怒、嫉妒、仇恨等，而后者主要关注爱、宽容、勇气、快乐、幸福、美德等。例如，积极心理学对"主观幸福感"这一积极情绪进行了重点研究，强调人要满意地对待过去、幸福地感受现在和乐观地面对将来。积极公共关系要求公关学者和从业者用一种更加正面积极的、欣赏性的眼光去看待公共关系实践的潜能、动机等。与积极心理学一样，积极公共关系实际上是正向公共关系，通俗地说就是一种阳光公共关系。

具体而言，积极公共关系理论主要包括研究领域、核心理念和方法论三大板块。积极公共关系的研究领域主要有四大层面：理想层面上的积极公共关系认知和实践研究、个体层面上的积极公共关系人格特质研究、群体层面上的积极型公关组织研究、社会层面上的积极型公众研究。

第一，积极公共关系认知和实践研究主要包括四项内容：（1）积极公共关系主观认知研究；（2）积极公共关系实践规范研究；（3）积极公共关系实践成功案例研究；（4）积极公共关系实践失败案例研究。第二，积极公共关系人格特质研究主要包括公关从业者的积极人格特质研究、公关从业者与他人的积极关系研究。第三，积极型公关组织研究包括积极型公关公司特征研究、积极型公关部门功能研究。第四，积极型公众研究主要包括公众社会责任感研究、公众职业道德研究、公众信任度研究、公众公关素养研究、个体社会资本研究、群体社会资本研究。

积极公共关系的主要理念包括积极人性观、生态网络世界观、真善美价值观、正能量传播观、社会责任行动观。

第一，积极人性观。强调积极公共关系归根结底是一门人学，属于文化人类学的范畴。作为"人类社会特殊连接组织"的公共关系必须克服"见物不见人"的研究弊端，重新回到以人为本的研究重心上来，从积极人性观的角度研究人心、人性、人情、人伦、人缘等，建立积极公共关系的行动哲学，探讨公共关系对世界的展望和社会的贡献。积极人性观致力于研究人的积极品质，这既是对人性的尊重和赞扬，也是对人类社会的一种理解。如果公共关系能充分利用人积极的本性来使人更像人，而人又能在个人和集体的解放中表现得更加积极，那么，公共关系学在使组织和社会更具有人性方面就能做出巨大的贡献。

第二，生态网络世界观。"生态网络观"为公共关系学提供了一个宏观的研究取向，强调了公共关系的"网络性"本质和"生态学世界观"。它关注的主要问题是组织的生态网络是如何被公共关系策略所形塑的，公共关系战略和战术是如何影响组织—公众—环境所构成的生态网络的。生态观研究的问题不是以组织为中心的简单二元关系，也不是组织及其公众的关系，而是组织及其公众和所处环境的关系，这是一种复杂的多元关系。换句话说，生态网络观研究的问题是公共关系与社会的关系，它是以社区感、社群主义、关系网、传播流、生态位为核心概念体系来展开公共关系的论述和想象的。公共关系建立的过程就是"织网、造流、占位"的生态演化过程。

第三，真善美价值观。公共关系是一门说真话、做善事、塑美形的科学和艺术。公共关系的真善美价值观强调：公共关系具有求真性，强调以事实为基础，与媒体共建社会真实，决不可对媒体与公众说谎；公共关系具有向善性，强调公共的善与公共利益，这是公关的最高价值。任何组织都要做得好、说得好，还要做好事即善尽社会责任；公共关系具有尚美性,强调守望美好,塑造美形,美美与共。"求真""向善""塑美"作为积极公共关系的三个重要价值维度,构成了公共关系的核心价值观,也是公共关系从业人员的基本道德标准。

第四,正能量传播观。"正能量"是指隐藏在人身体内部的潜在能量,包括同情、勇气、谅解和忠诚等,以及来自身体之外的力量,如朋友的默默支持、具有创造性的工作和开怀大笑的能力等。正能量传播观强调:公关从业者要用一种健康乐观、积极向上的态度,开展公共关系传播活动;公共关系实践要要致力于使社会更加温暖而美好,要有助于释放正能量、创造正能量、提升正能量、吸引正能量和培养正能量。

第五,社会责任行动观。社会责任行动观强调,公共关系是一项对公众负责任的社会实践活动,而不仅仅是作为权宜之计的沟通之术。所有的公关行动都要在对自己负责任的同时来保持组织利益、公众利益和公共利益的平衡。公关的最终目的是要用实际行动拥抱世界,而不是用修辞叙事去征服世界,社会责任是公共关系的伦理基础。

学术群体在研究方法上的一致性和系统性,往往被看作一个"研究领域"转向"学术领域"的重要标志。研究领域的凝聚力来自一群研究者相似或相关的研究兴趣和选题,而学术领域的形成则需要整个研究群体在世界观与认识论层面达成共识。据此,积极公共关系研究的方法论强调三个方面:积极研究范式的选择、案例研究方法的运用和跨学科方法的融合。

第一,积极研究范式的选择。研究范式是一个学术群体在理论和方法上的共同信念,这些信念决定了研究者的思考模式是其世界观的直接体现。积极公共关系理论选择卓越公关的理论前提和积极心理学的思考模式,是国际公关的主导型理论范式,具有普适性的实践意义。

第二,案例研究方法的运用。案例研究方法是公共关系研究最常用的方法,主要用于回答"how"和"why",追求"在场景中解读",重视洞见、发现和解释,而非假设、检验。案例研究方法有很多种类型:单案例、多案例研究法,探索性、描述性和解释性案例研究法,理论建构型、理论验证型和实践导向型案例研究法,传播视角、管理视角案例研究法。案例研究法运用十分普遍,对积极公共关系具有特殊而重大的意义，该方法特别适合提出新颖的见解和独特的理论。通过该方法，研究者可以全新的视角审视广为流传的卓越公关理论，更有利于学者们基于中国语境构建和探讨积极公共关系理论，为全球公关学术研究做出贡献。

第三，跨学科方法的融合。公共关系学术研究的方法取向主要有社会科学的、修辞学的、批判/女性主义、文化方法四大类。目前社会科学研究方法是公共关系理论建构的主要方法，今后应充分利用跨学科、融学科的优势，借鉴和引进新兴学科的研究方法，如文化人类学的民族志方法、社会学的社会网络分析法、计算机的大数据方法，以及管理学的多案例研究法、理论建构式案例研究方法等。在方法论层面，著名传播学者李金铨教授主张，要采用韦伯式的方法，出入于实证论和现象学之间，以兼顾实证的因果和现象学的意义。

中国公共关系学科的发展要学会"三条腿"走路：一是立足国际学术前沿，保持交流与对话；二是扎根中国本土，开阔华人公关的学术视野，建构主体性；三是参与社会变革，指导公关实践。"积极公共关系"是中国公关的一种文化方法，它整合了积极心理学和卓越公关的相关理论，重点研究积极公共关系对组织和社会的意义和价值，偏向于以人为中心的建构主义研究。可以说，积极公共关系是对卓越公关的发展和补充，也是积极心理学在公共关系领域的具体应用。

五 未来研究建议

本文充其量只是一份研究提纲，因为这样一项艰难的研究不可能在短期内完成，更不可能在一篇论文中说清楚。虽然"积极公共关系"（前身是"阳光公关"）的概念已提出六年多了，我们也做了一些前期调研，但是真正的理论建构才刚刚开始。对"积极公共关系"的系统深入研究，还需要华人公关学术群的通力协作，一起研究真问题、具体问题、现实问题。我们需要不断地厘清公共关系与中国文化传统"剪不断理还乱"的复杂关系，增强并促进公共关系学科的创新成长性和可持续发展。应综合运用世界观、历史观、情境观的研究视野，对积极公共关系展开"应然"

和"实然"研究。一方面，要大力开展应然性的规范研究，深入探讨积极公共关系实践的伦理准则、公关从业者的积极人格和职业伦理、公关组织的积极评估指数、社会大众的公关素养教育等；另一方面，要主动开展实然层面的案例和实证研究，加强历时性和共时性的成功案例研究、阴阳案例比较研究、积极公共关系社会环境研究、国家重大战略应用研究（如积极公共关系在"一带一路"倡议、国家形象与文化软实力提升中的应用）等。

全球化为中国公共关系化茧成蝶提供了机会，为积极公共关系研究提供了发展空间。在"去污名化"的公关本土化研究道路上，积极公共关系究竟能够成为一个像卓越公关那样的"研究领域"，还是像积极心理学那样的"学术领域"，主要取决于学术社群的凝聚力和学术力。从实践有效性来看，积极公共关系行动究竟是一种空想而无用的屠龙术，还是一把能够解决污名问题的"手术刀"则取决于公关学者和从业者自身的积极人格特质和专业实践，也取决于中国社会环境的民主化进程。但至少在最低程度上，积极公共关系的理念和实践具有扩展—建构功能，可以作为一种有效的自愈治疗机制和心理动员策略，激发整个社会的想象力。

[该文发表于《新闻大学》2019年第4期，作者为陈先红、侯全平，系国家社科基金项目"讲好中国故事的元叙事传播战略"（16BXW046）阶段性成果]

参考文献

陈先红：《公共关系生态论》，华中科技大学出版社，2006。
陈先红：《阳光公关：中国公共关系的未来展望》，《今传媒》2015年第1期。
陈先红主编《中国公共关系学》（下），中国传媒大学出版社，2018。
戴鑫等：《危机管理案例研究》，科学出版社，2017。
李金铨：《超越西方霸权》，牛津大学出版社，2004。
赖祥蔚：《社群主义：公共关系学的想象》，台湾政治大学广告暨公关学术会议论文，台北，2003。
福柯：《知识考古学》，谢强、马月译，生活·读书·新知三联书店，1998。

余明阳主编《中国公共关系史（1978~2007）》，上海交通大学出版社，2007。

胡百精：《中国公共关系史》，中国传媒大学出版社，2014。

陈先红：《公共关系学科的阈限性想象》，《中国社会科学报》2015年第3期。

刘海龙：《传播研究本土化：问题、标准及行动路径》，《新华文摘》2012年第1期。

欧文·戈夫曼：《污名：受损身份管理札记》，宋立宏译，商务印书馆，2009。

陈先红、江薇薇：《中国公共关系污名化的思想行为根源与形成机制研究》，《新闻界》2018年第5期。

邹利斌、孙江波：《在"本土化"与"自主性"之间——从"传播研究本土化"到"传播理论的本土贡献"的若干思考》，《国际新闻界》2011年第12期。

张明新、陈先红：《中国公众公共关系认知现状的调查与分析》，《国际新闻界》2014年第2期。

郭惠民：《卓越公共关系在中国》，《国际公关》2006年第8期。

任俊：《积极心理学》，开明出版社，2012。

金耀基：《中国现代化的终极愿景》，上海人民出版社，2013。

许慎：《说文解字》，中华书局，1963。

陈弱水：《公共意识与中国文化》，新星出版社，2006。

姜红：《"公天下"与"公共性"——20世纪初中国新闻观念中的"公"》，载《"传播与中国·复旦论坛"——信息全球化时代的新闻报道：中国媒体的理念、制度与技术论文集》，2010。

翟学伟：《人情、面子与权力的再生产——情理社会中的社会交换方式》，《社会学研究》2004年第5期。

鲁迅：《且介亭杂文》，人民文学出版社，1973。

李艳、李树、苗韦艳、蒋丹妮：《农村男性的婚姻状况与社会支持网络》，《西安交通大学学报》（社会科学版）2010年第5期。

〔美〕格鲁尼格等：《卓越公共关系与传播管理》，卫五名等译，北京大学出版社，2008。

Lin Yutang, *My Country and My People*. New York: John Day Press, 1935.

P. E. William, "Estimating the Value of Public Relations and Communication to An Organization," in E. GJames, M. D. David, P. E. William, A. G. Larissa, C. R. Fred, and Jon Whits, eds., *Excellence in Public Relations and Communication Management*. NJ: Lawrence Erlbaum Associates, 1992, pp. 617-638.

I. S. White, "The Functions of Advertising in Our Culture," *Journal of Marketing* 24 (1959): 8-14.

A. Yang and M. Taylor, "Looking Over, Looking Out, and Moving Forward: Positioning Public Relations in Theorizing Organizational Network Ecologies," *Communication Theory* 25 (2015): 91-115.

D. Kruckeberg and K. Starck, "The Role and Ethics of Community Building for

Consumer Products and Services," *Journal of Promotion Management* 10 (2004): 133-146.

J. Orloff, *Positive Energy: 10 Extraordinary Prescriptions for Transforming Fatigue, Stress and Fear into Vibrance, Strength and Love*. New York: Three Rivers Press, 2004.

N. Chen and X. H. Chen, "From Excellence to Sunshine Public Relations: A Modified General Theory for Chinese Public Relations Practice," *Humanities and Social Sciences Review* 7 (2017): 337-348.

中国组织—公众对话情境下的积极公共关系理论建构

对公共关系学来说，福柯式的问题化（Problematization）方法为质疑与审视公共关系在社会中扮演的角色提供了技术支持。问题化是一种以反映和解释特定的思想制度与实践是如何被以特定方式来进行构想的技能，从而突出矛盾、困难以及"人们质疑他们是谁、在做什么，还有他们生活的世界是什么的情况"。从福柯的观点来看，理解公共关系学起源与发展的一个关键问题就是"为什么公共关系总是被污名化"。换句话说，公共关系研究者必须要回答这样一个问题：为什么积极的公共关系努力被排除在公共关系的常见概念化之外，而消极的概念化却如此普遍？如何开始以积极正面的方式思考公共关系？如何将人们的注意力转移到公共关系的积极贡献上来，重新找回公共关系作为民主协商机制的积极地位？

近十年来，对话公共关系正逐渐成为一种新的公关范式。公共关系学者强调，对话关注的是组织—公众关系的维持和发展，而不是把对话看作组织获取自身利益的战略武器。在对话中的组织—公众关系被尊重、倾听、参与和欣赏，正如 Taylor & Kent（2002）所说：对话本身并不重要，重要的是对话的姿态和倾向性，对话不仅仅是一种传播沟通的结果和产品，更是一种积极情绪和认知体验，一种持续交流的意愿。总体而言，对话体现和决定了公共关系的积极品质，对话公共关系是回答福柯式问题的一个富有解释力的理论视角。因此，本文欲在中国组织—公众对话的情境中，从福柯式的问题化方法和墨林-肯特式的对话公共关系理论出发，提出"积极公共关系"这一理论命题。所谓积极公共关系是指有关公共关系的积极认知和情感体验、积极人格特质、积极制度化建设的一种伦理型学术追求。它致力于研究公共关系实践的积极特质、正向功能和理想角色,充分挖掘公共关系固有的潜在的建设性力量,促进公共关系学科和实践的健康发展。积极公共关系研究的矛头直指过去一百年来"污名化公关"的世界现象或者"去公关化"的中国窘境,并倡导开展积极公共关系研究与实践。

一 中国组织—公众对话的公关语境

公共关系是一门帮助组织建立声誉、塑造形象的科学,但在世界各地,公共关系教育、研究和职业却一直饱受"烂名声"之痛,在引入中国的30年里,污名化公共关系的势头似乎有所减缓,但从未停歇,虽然公共关系学者们提出了"正名""别名""改名"的去污名化策略建议,但似乎都没有从根本上解决公共关系学的"不名誉"身份问题(陈先红、江薇薇,2018)。在中国,公共关系形象无论如何都难以获得制度化认可。究其原因,中国公共关系在核心概念、公众认知、职业实践等方面,都存在负面认知大于正面认知的消极特征。

(一)中国公共关系核心概念的消极意涵

陈先红在《现代公共关系学》一书中指出:美国强调公共关系的"公众性",注重传播策略和效果,其英语是"Public Relations"和"Public Relationships";德国强调公共关系的"公共性",注重对公共事务的参与,其德语是"Öffentlichkeitsarbeit";日本强调公共关系的"新闻性",注重与广告的差异性,公关的日文翻译是"広報",即广而报之;韩国强调公共关系的"人际性",注重个人影响的发挥,其对应的韩语是"홍보활동",他们也常常使用"Hong Bo"来表示"Public Relations",二者具有相同的意思;而中国则强调公共关系的"关系性"和"文化性"。其中文拼音是"Gonggongguanxi"(公共关系),简称"Gongguan"(公关)。在中国的文化情境里,公共关系的全称或简称,都容易遭到误解、

歪曲和滥用。因为在中国人的词典里，关系从来与"私情"有染，而与"公共"无关，因此中国人很容易想当然地把"公共关系"和"私人关系""拉关系""庸俗关系"等个人关系和不正当关系混为一谈。此外，简称"公关"也很容易和"攻关"（攻克难关）相混淆，容易让人联想到"权力出租""钱权交易""请客送礼"等惯用的社交手段。由此可见，中国人心中的关系来自传统，兼具正向功能和负面效应，这是一个不可更改的事实，因此公关研究者要回答的问题是：这样的文化传统是公共关系学的负重还是资源？如何在这样的文化土壤中，发展出具有积极认知和积极实践的中国公共关系学？

（二）中国公众对公共关系的消极认知

公共关系的中国实践形成了"独一无二的经验"（Ovaitt，2011），在这种现象背后，本土公众如何看待公共关系这一问题便具有特别的意义。中国公众对公共关系的认知，是否还如20世纪80年代一样消极和负面？一项全国性调查数据显示（张明新、张凌、陈先红，2014），当前我国五大类公众对公共关系的认知开始从消极的刻板印象向正面、积极的印象转变，这五类公众是公务人员、商业和企业从业者、媒体工作者和高校教师、大学生和公关/广告从业者，他们是当今影响中国公共关系社会舆论的主要群体。主要研究结论如下。

第一，社会上仍然存在普遍的错误认知：公共关系不是一种真正的专业化的智力咨询，而是一种非实质性的"搞社会关系"的活动。四类被访者（除了公关/广告从业者外）中有超过一半（52.9%）的人认为公共关系是"搞社会关系"，五类不同的公众群体在认知上存在一定差异。第二，关于公共关系是一项负责任的伦理型的白公关，还是欺骗操纵的黑公关。公众更倾向于认为公共关系是"白色的"而不是"黑色的"，但认同白公关的比例却不算高（不足40%），且认知差异比较大，媒体工作者和高校教师对公关的认知最为负面。第三，在公共关系的公私利益指向上，绝大多数公众认为公共关系应该"倡导公共的善和公共利益"，只有少部分公众认为公共关系是为了谋取私人利益。第四，在"阴谋公关"和"阳谋公关"两者间，约一半被访者认为公共关系是"阴谋",但超过八成的公关从业者认同公共关系的"阳谋"理念和实践。同时,一半的被访者认为公关形象是"美好的",只有少数被访者持有反面观点,即认为公关形象是"丑陋的"。第五,在遭遇危机情境时,绝大多数被访者认为真正好的危机公关理念,应该兼顾组织利益和公共利益,而且要立即采取行动。然而,当前企业组织对危机公关策略的运用,与公众所期待的有效策略相比,还存在相当距离。第六,多数被访者都认同公关对新闻的正面功能,仅有少数认同公关对新闻的负面功能;同时,他们也基本否定了公关和新闻之间的对立关系,认为公共关系和新闻工作存在统一性。

研究结果显示,公共关系是一把双刃剑,同时具有积极功能和消极功能,公众对公共关系的认知也具有"负阴抱阳"的两面性。虽然中国公众的公关认知正从消极刻板印象向正面、积极形象转变,但是总体认知还是比较混乱、模糊和不确定的(陈先红,2014)。

(三)中国公共关系实践中的消极现象

中国公共关系实践一直面临着比较尴尬的"囚徒困境"。一方面,中国公关市场得到了空前发展,2000年总营业额为15亿元,2005年达到60亿元,2010年约为210亿元,2015年为430亿元,年增长率为13.2%,2016年为500亿元(中国国际公共关系协会,2017)。社会大众对公共关系的接受度日益提高,公共关系越来越被视为改善组织形象、宣传产品和营销传播活动的重要手段。另一方面,中国公共关系行业也一直面临着"伦理性的挑战"和"去公关化"的大数据冲击。比如,2010年的蒙牛陷害门事件、2011年的达芬奇家具门事件、2012年的360举报黑公关事件、2013年的口碑互动非法删帖等"伪公关""黑公关"事件,采用买通媒体、搞定政府、黑箱操纵、网络水军和散布谣言等不道德乃至非法手段,使公共关系的职业伦理和社会声誉受到了严重质疑。进入大数据时代以后,"计算代替思考""云脑代替人脑"的趋势日益显著,中国公共关系职业领域正面临着"去公关化"和"公关化"的博弈,并产生了有趣的"围城现象":公关公司努力去公关化,广告公司则努力公关化。例如,一些公关上市公司(如蓝色光标公司),通过数字化转型来实现"去公关化"目的；一些广告、数字营销、文化传媒类上市公司（如华扬联众），则通过战略咨询化转型来实现"公关化"目的，而更多的公共关系公司呈现混业和泛化的趋势，公共关系行业的存在感和识别度越来越低，虽然有一些公关活动也可以创造价值，却不值得成立一个机构来创造价值，公共关系已经有落到科斯地板（Coasean Floor）以下之趋势（陈先红、张凌，2017）。

在这种背景下，中国公关研究者必须为公共关系行业的健康发展，乃至为公关去污名化做出自己的努力，必须回答以下问题：公共关系的"存在理由"是什么？积极的公共关系实践应该是怎样的？积极的公共关系认知标准是什么？积极公共关系与消极公共关系的区别在哪里？公共关系怎样、为什么以及在何种程度上能够更加积极地建立起应有的社会地位？

二 中国组织—公众对话的理论基础

对话在公共关系中已经有40多年的历史。在公共关系中，对话可以追溯至沙利文（Sullivan）和公共关系实践者的价值（Taylor, Kent & White, 2001）。有学者在探讨有效的公共关系时所用到的对话概念则来自皮尔森的论述，他参照哈贝马斯的观点提出了公共关系的伦理理论（Ethical Theory），认为最好将公共关系概念化为对"人际对话"的管理，对有道德的公共关系实践而言，最重要的是建立对话的系统，而不是发展独白的策略（Pearson, 1989）。之后，在对对称模式（Symmetrical Model）的反思和质疑中，对话理论的轮廓逐渐浮现。皮尔森奠定了公共关系的对话理论的伦理学趋向后，伯顿在其基础上进一步指出，对话本身呈现出来的是一种立场和趋向，它孕育于传播之中，不能将之误认为是一种特定的方法、技巧或形式（Botan, 1997）。双向对称模式更类似于一种系统理论，它只是作为一套程序性的方法来获取反馈，实现倾听。传统的公共关系方法往往把公众视为客体和关系中的次要角色，只是实现目标的工具；而对话理论承接其哲学根源，将公众视为与组织平等的对象，在互动与接触中，两者共同建构关系。

公共关系学的想象：视域、理论与方法

对话理论在公共关系研究中完成了其理论合理性的论述后，Kent & Taylor（2002）提出了对话的公共关系理论的五个原则，这些原则为学者继续在这一领域的探索铺平了道路。对话的五个特点分别是：交互性、接近性、移情、风险和承诺。

交互性（Mutuality）指的是承认组织和公众之间不可分割的联系，意指"包容或协作的趋向"和"平等交互"的理念。对话框架下的协作指向不是行为的成败或妥协。它的前提是主体间性，对话中的个人都有自己的立场，且试图理解他人所处之立场及背后的原因，对话中的任何一方都不拥有绝对的真实，现实在对话的过程中得到建构。"平等交互"的理念根植于"我—你"关系，而非"我—它"的主客关系，换句话说，即将对话的参与者视为人，而非对象。权力、权威都应被尽量避免，人们可以自由地探讨任何问题。

接近性（Propinquity）是关系趋向的，指的是组织就相关议题与公众协商，而公众自由表达自己的需求。这种关系的建立主要来自对话的三个特征：各个团体应该在决策前实现对话；对话的关系应该跨越时间，从过去到现在直到将来；对话的参与者应该愿意且毫无保留地与对手交流。这一原则对构建组织—社区关系很有帮助，尤其是在跨文化语境之下。

移情（Empathy）指的是对话如果要成功，就必须在一种支持和信任的氛围中进行，更通俗地说，即站在公众的立场上进行交流从而促进对话。移情具体分为三个维度，其一是支持，不仅要营造参与的氛围，也要创造参与的途径和条件，并不是要求参与者都要加入争论，进行质疑，而更类似于情人的对话，彼此带着交往的意愿，去寻找对方的长处。其二是公共趋向，这在公共理论中并不是一个新的观点。随着世界各地被越来越不可分割地联系在一起，公关也越发不能区别化地处理本地和国际公众的关系。其三是确认，指对他人价值的确认。这是与他人建立信任关系并促使对话发生的先决条件。它的表现可以是微笑、握手或共鸣性行为。

风险（Risk）指的是对话所带来的不可预知的结果。对话可能危及关系，也可能惠及关系。风险的假设来自对话的三个特征。其一是易损性，对话涉及信息、理念、愿望与他人的分享，这可能使参与者被操纵，但通过对话，关系可能得到建构，参与者在某些方面也可能得到提升。其二是

不可预知的结果，对话是自发的和未经预演的，对话交流未经设计，这既能够最小化结果的影响，也使结果难以预测。其三是对陌生人的承认，对话不仅发生在有一定了解的参与者之中，也发生在他者之间，前提是必须承认他人与自己的差异，且承认差异的必然性。

最后一个原则是承诺（Commitment），主要指对话参与者的特征。其一，对话应该是诚实和直率地揭示自己的立场；其二，对话的目标不是从他人的弱点中获利，而是要建立互惠和互相理解的关系；其三，所有参与团体之间应互相理解。对话只有在参与者放下彼此差异时才能发生，对话不等于同意，而是一种主体间性的表现，各个团体都试图理解和欣赏彼此的价值和兴趣（Kent & Taylor，2002）。

Taylor & Kent（2014a）提出以下观点。

人们可以将对话视为一个连续体，其中一端是宣传和独白，另一端则是对话……宣传人员想限制个体的自由和选择，设计信息是为了产生黏度和让人们服从。宣传是一种单向的传播模式……然而，处于连续体另一端的对话，注重人际交互，强调意义的产生、理解、现实的再创造，以及同情的或移情的交互。对话模式更接近于正在发生的现实。在独白和对话这两个端点之间是其他因素（意图、社会和文化语境、交谈的目的等），这些因素影响了传播的结果。对话的原则有助于将人际传播往对话方向推近。一般来说，专业的传播者常常更接近于对话而不是独白（见图1）。

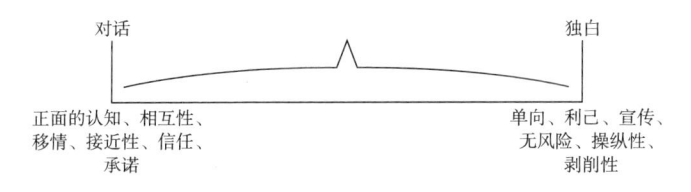

对话　　　　　　　　　　　　　　　　独白
正面的认知、相互性、　　　　　单向、利己、宣传、
移情、接近性、信任、　　　　　无风险、操纵性、
承诺　　　　　　　　　　　　　剥削性

图1　对话的连续体

对话的组织—公众关系（Organization-Public Relationships, OPRs）的核心并不在于说服或者影响其他人按照组织的意图来行动，而是构建关系（在真正的、沟通的、人际的层面，不是操纵性的或利己的，而是满足彼此）。对话范式（Conversational Paradigm）强调的一些核心概念如"对话

趋向""积极认知""信任""移情"等为我们提出积极公共关系这一命题奠定了坚实的理论基础。

三 中国组织—公众对话情境下的积极公共关系理论命题

积极公共关系这一研究命题最早可以追溯到 2013 年在"第六届公关与广告国际学术论坛（PRAD）"上达成的《阳光公关 15 条基本原则》。当时陈先红教授用"阳光公关"（Sunshine Public Relations）这一概念来表示公共关系理论和实践的积极品质，以期建构与卓越理论一样的理想主义公共关系认知框架，实现"去公关污名化"的目的（陈先红、陈霓、赖正能，2014；陈霓、陈先红，2018）。来自海内外 100 多所高校的与会者包括美国著名学者 Maureen Taylor、Michael Kent、Carl Botan 等在内，都参与了"阳光公关"研究项目的专家访谈、集体宣言、圆桌讨论和问卷调查。在之后的研究中，由于受到中国传统文化和积极心理学学术思潮的影响，笔者遂将"阳光公关"概念修改为"积极公共关系"。对于积极公共关系这一理论命题，本文将从中国文化传统的优秀遗产与理想的公共关系机能的契合之处进行共创性的整合研究，努力发现能够促使公共关系事业良好发展的中国文化基因，并运用到中国公共关系学的本土化研究中来，以更好地建构和探索积极公共关系的理论框架和实践路径。

笔者在中国首部具有奠基性的理论工具书《中国公共关系学》中提出："作为一个学术概念和研究领域，'Public Relations'一词同时包含了三重含义：'Public Communication''Public Relationships''Ecological Network'，即'公共传播、公众关系、生态网络'，这三者是构成公共关系本质内涵的三个维度，也由此形成了公共关系研究的公共传播观、公众关系观和生态网络观。"

公共传播维度视公共关系为"组织与公众之间的传播管理"（Grunig & Hunt，1984：173），是一种公共性的社会交往，组织的所有公关实践都必须在公共视野中展开，在公共空间里运作，还要观照到公共利益，能够形塑一个使组织和公众进行理性对话的公共领域；公众关系维度视公共关系为"组织—公众之间的关系管理"（Cutlip，1994：156）和公众性的社会交往，目的是促进相互理解和信任；生态网络维度视公共关系为"组织—公众—环境系统的关系生态管理"（陈先红，2006：206），目的是不断扩展组织在生态网络中的自我认同边界，实现组织—公众—环境系统的和谐。

纵观公关学术史，这三层含义构成了当前国际公共关系研究的三个取向，并逐渐形成了三种研究视域。本文称之为公共关系的"关系观"、"传播观"和"生态观"。

"关系观"关注的最基本问题是公关主体如何与利益相关者建立关系。换言之，即在具体情境下，是一方试图理解信任另一方，还是一方试图操纵利用另一方。"关系观"强调"公众性"本质和"对话世界观"，主要以OPRs等为概念系统，重点研究组织—公众关系的维度、构成、类型，以及主体间性、信任等。公共关系学的核心关怀就是如何帮助公关主体建立起和利益相关者之间的最好关系。公关的目的就是建立相互理解的信任关系，善尽社会责任，这才是公关行为的属性。所以，真正意义上的公关行为应该指公关主体不是以自我为中心，而是基于相互理解达成协调一致。以操纵他人为目的的传播行为被认为是非公关行动，是"策略行动"。

"传播观"试图回答的主要问题是组织应该如何进行传播。传播观强调公共关系的"公共性"本质和"对称世界观"，把"独白"和"对话"看作意义的两极，公共关系传播的过程就是不断从独白走向对话的沟通过程，主要将语言、叙述、符号、修辞、话题、议题话语权等作为概念系统，并逐渐形成了传播管理学派和语艺修辞学派。公共传播目前逐渐成为新闻传播学关注和认可的主流叙述话语。

"生态观"则为公共关系学提供了一个宏观的研究取向，强调公共关系的"网络性"本质和"生态学世界观"（Yang & Taylor，2015）。它关注的主要问题是组织的生态网络是如何被公共关系策略所形塑的，以及公共关系战略和战术是如何影响组织—公众—环境所构成的生态网络的。生态观研究的问题不是以组织为中心的简单二元关系，也不是组织及其公众的关系，而是组织及其公众和所处环境的关系，这是一种复杂的多元关系。它是以"社区感（Kruckeberg, Starck & Vujnovic, 2006: 485-497)、社群主义（赖祥蔚，2004）、关系网、传播流、生态位（陈先红，2006: 219-244)"为核心概念体系来展开公共关系的论述和想象的。公共关系的过程就是"织网、造流、占位"的生态演化过程。强关系、弱关系、结构洞、社会资本等来自社会学的概念成为它的理论基石（陈先红，2006: 208）。

从学术史来看，这三个研究视角并不是同时出现的，而是经历了从传播范式向关系范式、生态范式的理论转移，尤其是生态范式的回归，弥补了主流卓越理论忽视"组织—环境关系"的不足，使公共关系学科更具有战略性和人文关怀。但是，从社会实践或本体论意义来看，公共传播、公众关系、生态网络这三者都是同时在场的，一方面，公众关系裁剪着公共传播的内容、影响着公共传播的方式；另一方面，公众关系和公共传播都是嵌入在组织所处的更大的生态网络中的。一言以蔽之，公共关系的过程就是公共传播与公众交叉互动，嵌入生态网络的对话过程。公共关系是一个三维传播的关系生态场，在这个三维空间中，主要有三方面的内容：社会分工层面的信息流、价值观层面的文化流和人际层面的情感流。美国人际传播学者斯图尔特认为，这三者是在对话互动中得以保持的、从社会分工关系向文化价值观关系滑动，最终到达人际情感关系的传播过程，它们构成了一个逐层深入的真正有传播质量的内容连续体（Stewart, 2005）。以上公关研究的三视域思想是本文提出积极公共关系的理论基础。

在中国传统文化中，太极文化具有"群经之首，六艺之源"的国学地位，意为派生万物的本源。《易经》曰："易有太极，是生两仪。两仪生四象，四象生八卦。"太极的字面含义是"太有至，极有限"，即"大极了，小极了"，大到无穷大，小到无限小，大到无边，小到无内。用"太极"二字来形容公共关系应用领域的无远弗届和学术领域的"无脚跟"，也是非常贴切的。太极就是万物初生前的混沌之象，太极一分为二时，清气上升为天，浊气下沉为地。天即为"阳"，具有积极、进取、刚健、向上的特征；地即为"阴"，具有消极、退守、柔顺、向下等特征。太极文化的核心思想就是"阴阳之道"，用《周易》里的一句话来概括就是"一阴一阳之谓道"。意思是说世间万物都是一会儿好，一会儿坏，正面是积极，反面是消极，阴中有阳，阳中有阴，阴阳和合，生生不息。北宋程颐认为，太极即是道，两仪者，阴阳也。万物无不包含阴阳两仪，在太极图式的交感下亲和交融，日月更新。所以在中国传统文化中，太极图是以黑白两个鱼形纹组成的圆形图案，俗称阴阳鱼。太极图形象地表达了世间万物阴阳轮转、相反相成的哲学思想。

鉴于此，本文运用中国太极文化的阴阳思想，提出了积极公关与消极公关动态转化的辩证模型，即"公共关系太极模型"（见图2）：

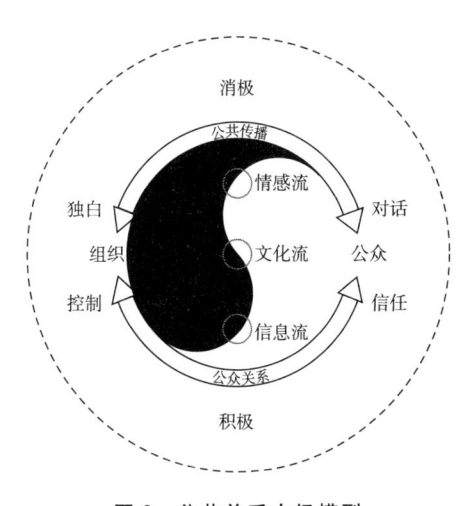

图 2　公共关系太极模型

在这个公共关系太极模型中，最外围的虚线圆圈代表"组织—公众"对话所处的生态网络环境，三个线条分别代表组织—公众之间的传播连续体、关系连续体和内容连续体，它们是有方向的、连续变化的、逐步深入的公共关系过程；积极公共关系将组织—公众之间的沟通看作一个不断从独白走向对话的传播连续体，将组织—公众之间的关系看作一个不断从相互控制走向相互信任的关系连续体，将组织—公众之间的沟通内容看作一个不断从工作信息流向文化价值观和情感认同的内容连续体。三个连续体在组织—公众—环境构成的关系生态系统中，时断时续，时好时坏，时而积极，时而消极，互相影响，不断变化，形成了积极公共关系（阳鱼，即白鱼）和消极公共关系（阴鱼，即黑鱼）两种形态。根据公共关系太极模型，本文提出了积极公共关系的八个理论命题。

命题1：积极公共关系视组织与公众之间的沟通过程是一个从独白到对话的传播连续体，组织—公众之间的沟通越趋向于对话，公共关系行为越积极、越趋向于独白，则公共关系行为越消极。

命题2：积极公共关系视组织—公众之间的关系状态是一个从相互控制到相互信任的关系连续体。组织—公众之间的关系越趋向于相互信任，则公共关系行为越积极；如果越趋向于相互控制，则公共关系行为越消极。

命题3：积极公共关系视组织—公众之间的沟通内容是一个从信息流到文化流再到情感流的逐层深入的内容连续体，组织—公众之间的沟通内容越趋向于情感层次，则公共关系行为越积极；组织—公众之间的沟通内容越趋向于文化层次，则公共关系行为越中立；组织—公众之间的沟通内容越趋向于信息层次，则公共关系行为越消极。

命题4：积极公共关系的实践特征受"独白 vs 对话"的传播链和"控制 vs 信任"的关系链的互动方式和效果的影响，同时受其嵌入的信息流、文化流、情感流等沟通内容的影响。

命题5：积极公共关系的正向功能取决于传播方式的对话程度、关系状态的信任程度以及传播内容的人格化程度。

命题6：积极公共关系的伦理特征受组织—公众对话者的文化价值观的影响，组织—公众对话者的文化价值观越具有共享性，公共关系行为就越具有伦理性；组织—公众对话者的文化价值观越具有霸权性，则公共关系行为越具有非伦理性。

命题7：积极公共关系的积极品质受组织—公众对话者积极人格特质的影响，同时亦受所处生态网络系统的影响。

命题8：积极公共关系与消极公共关系并不是非此即彼、二元对立的，而是积极和消极并存，并不断从消极走向积极的对话实践。

综上，作为一个理论命题，积极公共关系就是用传统的阴阳思维和西方对话方法来理解并增进公共关系的积极方面，具体包括：理解并增进公共传播的对话意愿和行动；理解并增进公共沟通的内容深度和质量；理解并增进公众关系的积极认知和情感体验;理解并增进公共关系从业者的积极人格特质;理解并增进积极公共关系的制度化建设;理解并增进积极公共关系的生态网络环境。积极公共关系要求努力改变传统公共关系实践中的消极认知、被动策略和应急技巧,用一种更加正面积极的、欣赏性的心态、眼光去发掘公共关系实践的积极潜能等。

四 公共关系太极模型的基本原理

公共关系太极模型和八大基本假设描述了积极公关和消极公关之间动态转化的辩证关系。该理论模型遵循简易性、变易性、不易性三大基本原理。

(一) 公共关系太极模型的简易性

在博大精深的太极文化中,只有两个简单的象征符号"阳爻—"和"阴爻--",相当于计算机里面的0和1,其计算方法只有两种,即加法和减法,因为万物的变化,不是增加就是减少。这两个简单的符号可以推演出无穷的信息数据,越是简易越有变化的功能,越是复杂,其变化法则越是简易。

公共关系太极模型吸纳了"阴阳是万物的普遍属性"的哲学观点,用阴阳来区分公共关系这个混沌的实践,把毁誉参半的公共关系化分为积极公共关系和消极公共关系两大类。积极公共关系是太极图中的"阳鱼"部分,具有肯定的、主动的、正向的、预防性的、建设性的、无条件的爱等基本属性,它在思维方式、价值取向、人生态度、行动策略等方面都是一种伦理取向的公关实践,可用太极文化中的"阳爻—"来表示,又被称为"阳谋公关"。消极公共关系是太极图中的"阴鱼"部分,具有否定的、被动的、反向的、应急性的、有条件的爱等基本属性,它在思维方式、价值取向、人生态度、行动策略等方面都是一种非伦理取向的公关实践,可用太极文化中的"阴爻--"来表示,又被称为"阴谋公关"。二者之间不是简单的阴阳分离关系,而是亦阴亦阳、相反相成的对立统一关系,这与西方的黑白观是完全不同的。

公共关系太极模型从理论上明确了公共关系的阴阳属性，可以帮助我们更清楚地认识公共关系的基本内涵，更深入地了解公共关系的本质特征，更有利于抓住公共关系的独特气质，更有效地处理复杂多变的污名化问题。

（二）公共关系太极模型的变易性

公共关系的变异性体现在对立统一的变化观、双向选择的过程观、求同存异的谋略观三个方面。

对立统一的变化观是指公共关系不是被绝对地划分为积极和消极两种类型，公共关系实践也不是绝对积极或者绝对消极的传播过程，而是时而积极、时而消极的变化过程。公共关系的变化过程是错综复杂的，正如太极中的64卦显示了64种自然静态现象、384爻推演出384种动态变化一样，公共关系实践的变化具有错卦和综卦的错综复杂性，有些错误是在所难免的。积极公共关系实践就是在这个阴阳互转的矛盾运动中采取积极的策略行动，不断促使组织—公众的对话实践趋阳避阴，表现出一种健康向上的、充满阳光的、具有建设性的公共关系姿态、倾向和趋势。

双向选择的过程观是指积极公共关系不是固定结果和最后结局，而是一种双向选择的行动过程，比如，公共关系不是简单地杜绝独白宣传，一味要求完全的对话，而是不断地表现出对话的意愿、拿出对话的诚意，并采取对话的行动。积极公共关系行动是不断从消极走向积极的处于共创共享意义地带的"两仪太极体"或"调适连续体"。在本文提出的公共关系太极模型中，判断积极公共关系属性的标准是公众性、对话性、情感性、互信性和文化共享；判断消极公共关系属性的标准是组织性、宣传性、信息性、控制性和文化霸权，如图3所示。

求同存异的谋略观，指积极公共关系行动是不断在"组织性 vs 公众性""宣传性 vs 对话性""信息性 vs 情感性""控制性 vs 互信性""文化霸权 vs 文化共享"等对立统一的关系中寻找事物的生长点，在积极公关与消极公关的对立统一中寻找求同存异的策略，推动实现充满爱的"动态相遇"。公共关系人员在其中充当"善易者"的角色，帮助组织和公众择善、择吉、择交和择邻。

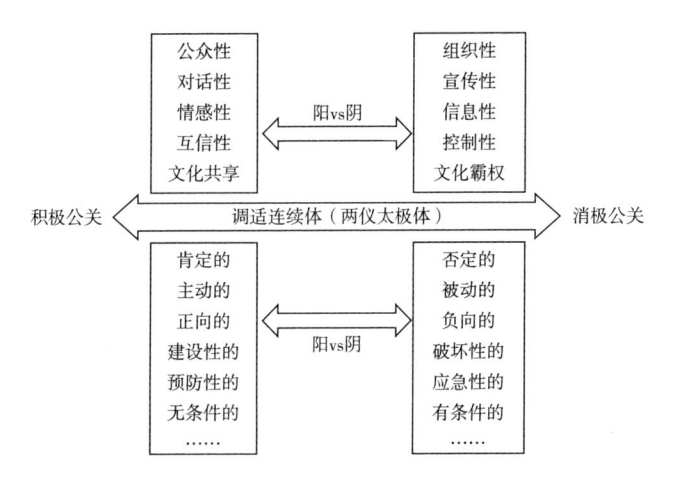

中国组织—公众对话情境下的积极公共关系理论建构

```
┌─────────┐           ┌─────────┐
│ 公众性  │           │ 组织性  │
│ 对话性  │           │ 宣传性  │
│ 情感性  │  阳vs阴   │ 信息性  │
│ 互信性  │ ←──────→  │ 控制性  │
│ 文化共享│           │ 文化霸权│
└─────────┘           └─────────┘
积极公关 ←──── 调适连续体（两仪太极体）────→ 消极公关
┌─────────┐           ┌─────────┐
│ 肯定的  │           │ 否定的  │
│ 主动的  │           │ 被动的  │
│ 正向的  │  阳vs阴   │ 负向的  │
│建设性的 │ ←──────→  │破坏性的 │
│预防性的 │           │应急性的 │
│无条件的 │           │有条件的 │
│ ……     │           │ ……     │
└─────────┘           └─────────┘
```

图3 积极公关与消极公关的两仪太极体

（三）公共关系太极模型的不易性

不易性是指变化中不变的部分，即"阴阳之道"。正所谓"天地之帅，吾其性"，人性是"天地之帅"，是指导天地和谐的本源。太极文化蕴含着中华民族天人合一、以善为上、以和为贵的价值观，这样的道德理念可以促进人际和谐、社会和谐，这就是公共关系太极模型中永远不变的部分。

公共关系归根结底是一门人学，属于文化人类学的范畴。作为"人类社会特殊连接组织"（White，1959：264）的公共关系必须克服"见物不见人"的研究弊端，重新回到以人为本的研究重心上来，从积极人性观的角度去研究人心、人性、人情、人伦、人缘等，建立积极公共关系的行动哲学，探讨公共关系对世界的展望和社会的贡献。积极人性观致力于挖掘人的积极品质，这既是对美好人性的尊重和赞扬，也是对人类社会的一种理智的理解。如果公共关系能集中力量挖掘人积极的本性使人更像个人，而人又能在个人和集体的解放中表现出充分的积极，那么，公共关系学在使组织和社会更具有人性方面就能做出更大的贡献。

现代公共关系自诞生之日起，就是一个毁誉参半的职业和学科，其污名化程度如同希腊神话中的九头蛇怪物海德拉（Hydra）一样，斩断一个头又会再生出两个头,对公共关系的"污名化"表现出强大的再生能力,这导致公共关系学科和职业的面貌一直是"不清不楚""不伦不类"的,公共关系学术研究也一直处于自证清白的喃喃自语之中,缺乏一个具有统摄力的理论知识体系。而公共关系太极模型综合运用太极阴阳思想和西方对话公关理论很好地解决了这一难题。公共关系太极模型的提出,彰显了"去公关污名化"的中国智慧和学科主体性,不仅让"公共关系污名化"消弭于无形之中,而且极大增强了中国公共关系研究的文化契合性,并为全球化的公共关系研究指明了全新的发展方向。

(该文发表于《新闻界》2020年第6期,陈先红独著,系教育部哲学社会科学研究重大课题攻关项目"讲好中国故事与提升我国国际话语权与文化软实力研究"阶段性成果)

参考文献

陈先红:《公共关系生态论》,华中科技大学出版社,2006。

陈先红:《中国公共关系年度报告2014》,华中科技大学出版社,2014。

陈先红:《现代公共关系学》(第2版),高等教育出版社,2017。

陈先红、张凌:《大数据时代中国公共关系领域的战略转向——基于扎根理论的探索性分析》,《国际新闻界》2017年第6期。

陈先红、江薇薇:《中国公共关系污名化的思想行为根源与形成机制研究》,《新闻界》2018年第5期,第22~29页。

陈先红:《中国公共关系学》,中国传媒大学出版社,2018。

刘建华主编《周易》,中国商务出版社,2018。

赖祥蔚:《社群主义:公共关系学的想象》,台湾政治大学广告暨公关学术会议论文,台北,2003,第127~158页。

南怀瑾:《易经系别讲》,复旦大学出版社,2016。

张明新、张凌、陈先红:《Web2.0环境下政府机构的对话沟通与社会资本——基于对公安微博的实证考察》,《现代传播》2014年第10期,第55~60页。

郑红峰:《周易全书》,光明日报出版社,2016。

C. Botan, "Ethics in Strategic Communication Campaigns: The Case for A New Approach to Public Relations," *Journal of Business Communication* 34: 188-202.

S. Cutlip, *Public Relations: The Unseen Power*. Hillsdale: Lawrence Erbaulm, 1994.

J. E. Grunig & T. Hunt, *Managing Public Relations*. New York: Holt, Rinehart and Winston, 1984.

D. Kruckeberg, K. Starck & M. Vujnovic, "The Role and Ethics of Community-building for Consumer Products and Services," *Public Relations Theory* Ⅱ.

S. Leitch, J. Motion, "Retooling the Corporate Brand: A Foucauldian Perspective on Normalization and Differentiation," *Journal of Brand Management* 15 (2007): 71-80.

T. Maureen, L. K. Michael, and J. W. William, "How Activist Organizations are Using the Internet to Build Relationships," *Public Relations Review* 2 (2001): 263-284.

L. K. Michael, T. Maureen, "Toward A Dialogic Theory of Public Relations," *Public Relations Review* 28 (2002): 21-37.

T. Maureen, L. K. Michael, "Dialogical Engagement: Clarifying Foundational Concepts," *Journal of Public Relations Research* 26 (2014): 384-398.

D. McKie, J. Motion, and D. Munshi, "Envisioning Communication from the Edge," *Australian Journal of Communication* 31 (2004): 1-11.

F. Ovaitt, "Learning Made Easy: Find the Right Research," *Public Relations Tactics* 18 (2011): 10.

R. Pearson, "A Theory of Public Relations Ethics," master's thesis, Ohio University, 1989.

A. Yang & M. Taylor, "Looking Over, Looking Out, and Moving Forward: Positioning Public Relations in Theorizing Organizational Network Ecologies," *Communication Theory* 25 (2015): 91-115.

中国公共关系污名化的思想行为根源与形成机制研究

公共关系学自20世纪80年代引入我国以来，在行业发展和社会应用方面获得了长足发展，尤其是进入风险社会和媒介化社会之后，公共关系实践正日益成为解决种种社会问题的有效武器。但在当下，中国公共关系却陷入两难境地：一方面，公共关系行业发展前景良好，具有巨大的市场需求和成长空间，同时又面临着"去公关化"的行业危机和社会伦理挑战[1]；另一方面，中国公共关系学科再度回归教育部专业目录，但仍然面临着"学科正当性与合法性"的危机[2]。这些危机和挑战，概括起来就是"污名化"问题。

20世纪60年代，加拿大社会学家欧文·戈夫曼（Erring Goffman）对污名（stigma）概念进行阐释，进而提出"污名化理论"，自此西方学界对污名化及其理论模型展开了长期和富有成效的研究，形成了一系列学术流派和研究成果，如以Jones为代表，主张从个体主义和社会认知论角度认识污名产生背景的社会心理学派；以Gussow、Watts为代表，主张以社会史为研究背景的历史学派；以Alonzo、Reynolds和Parker、Aggletn为代表，强调宏观政治、经济、历史因素对污名产生影响的社会学派；以Link、Phelan和Dovido为代表，倡导社会学和社会心理学整合尝试的整合学派，等等。[3]根据戈夫曼的污名化理论，污名化就是"社会给某些个体或群体贴上的贬低性、侮辱性的标签"，进而导致社会对被贴标签人予以不公正对待。[4]这种单向"命名"的权力关系在被污名的一方和另一方的互动中不断发展，以致最后成为现实。当前中国公共关系面临的危机正是这种污名化的结果。

由此我们必须厘清这样几个问题：中外公共关系污名化的典型差异在哪里？中国公共关系的核心污名是什么？其思想和行为根源是什么？其污名化的形成机制是什么？只有解决了这些问题，才能找到消除中国公关污名化的正确路径，重建中国公共关系的身份认同。

一 中外公共关系污名化的典型差异

公共关系的污名化是一个"世界现象"，并非中国独有。在"二元对立"的现代性话语体系中，现代公共关系形象，从媒体到社会，从美国到中国，经历了一个全面"污名化"的过程，只不过在不同国家，公共关系污名化的内容、范围、层次、程度、动机皆有差异。在西方，公共关系同样遭遇了污名化的困扰。在经济最为发达的美国，公关业也经历过一段"晦暗"的岁月，长期遭遇社会各界的误解，甚至产生了"严重的形象问题"[5]。

就我国而言，公关污名化的内容、范围、层次、程度较西方有着明显差异。从内容上看，西方主要集中于对商业道德和公关运作手段的负面评价。在美国，最初的公共关系被认定为"哗众取巧的宣传术"和"一种不光彩的活动"，针对的即是商业营销中的公关行为；我国则主要聚焦于公关者的个人名誉，尤其是建立于性别基础上的女性公关从业者的人格损毁，进而扩展到公关群体和组织。从污名化的方式来看，西方更趋向于对公关实践行为的评判和分析；我国则更多地表现为"人云亦云"式的语言暴力化和"众声喧哗"式的娱乐化。从造成的后果来看，污名使西方公关行业产生了严重的形象问题，但其主要限于公关实践层面和实务界；我国则几乎造成了公众对公共关系的扭曲认知，使公共关系面临着前所未有的"伦理性挑战"。陈先红、张明新开展的中国公众对于公共关系认知的大型调查结果显示，超过一半（60.6%）的被访者认为，公共关系就是"搞社会关系"。对于"阴谋公关"和"阳谋公关"，约一半被访者认为公共关系是"阴谋"。[6]从污名化的长远影响来看，西方的公关污名化引起了学界对公共关系发展本身的批评和反思，促使公关实践和理论不断走向成熟。美国著名公关学者格鲁尼格等人正是基于对公共关系专业主义的不懈追求和对制约公共关系健康发展的负面因素的反思，才提出了著名的"卓越和高效公共关系"理论，构建了当代国际公共关系的主导理论范式。中国公关污名化则在一定程度上引发了公关学科"正当性与合法性"的危机，使公关学者陷入了"公共关系学的危机与出路"的核心焦虑之中。[7]

二 中国公共关系"核心污名"的讨论

中国公关污名化始于对公共关系群体的"贴标签"，这种污名化的标签层出不穷，说法各异，大体上有以下表述：从公关实务的社会应用角度将之归结为"黄色公关"和"黑色公关"；从伦理学角度加以诠释，认为公关就是拉关系、走后门的"人情公关""面子公关""关系公关"，甚至干脆直接贴上"色情公关"或"暴力公关"的标签。这些污名化标签具有三个特点。第一，总体上呈现负面特征，主要表现为"庸俗污名"和"社会污名"的交叉污名化。第二，污名化的主体和客体不对称。在实施污名化过程中，与承受污名者（stigmatized person）[8]处于显性位置形成鲜明对比的是，施加污名者（stigmatizer）不动声色地处于隐性位置，这种不对称性使施加污名者始终占据着话语、道德和权力高地，从而可以肆意实施对公共关系的污名化。第三，污名化沿着个体—群体—组织的路径从个体化向群际化转换，从某个本来不确定的个案波及整个公共关系领域，从个体污名向组织污名逐渐延伸，最终成为社会互动过程中的泛污名化现象。

祛除公关污名化的首要任务就是认清污名化标签的实质和本来面目，找准"核心污名"。本文认为，"性别公关"和"关系公关"是当前我国公共关系的二大核心污名。首先，这两大污名"具有不可恢复性"，"难以通过成功的认同转变来消除，也难以通过某一特定部分的积极去除来预防"，符合污名化理论对"核心污名"的定位。[9]其次，它基本涵盖了目前我国公共关系污名化的主要表征，强调了污名化主体和客体存在的场域均等性，有利于从污名化主体和客体双方展开探讨。再次，它准确反映了当前中国公共关系的"痛点"，剔除了公关污名化中一些"无关痛痒"的概念说法，有利于我们抓主要矛盾。最后，从"隐藏策略"[10]（Hudson，2008）来看，这一较为"中性"的概念，最大限度地降低了目前以感性、简单、粗暴损毁为特征的污名化标签词的出现频率，有助于公众对公共关系的理性看待和对污名化标签的淡忘、稀释和消解。

（一）社会性别建构——公关污名化的思想根源

公关污名化的过程实质上是公关概念位移和转移的过程。公关污名形成的标志是污名话语的形成。由于公关话语单位、话语对象的选择错位以及公关话语讲述者和公关实践者的不一致性，公共关系的表象概念和词语表达虽然没有发生变化，但其内涵却由西方传统学术意义上的"沟通""交流"转变为"暧昧的""色情的""不光彩的""女性从属的"等刻板印象。在"认知范式"作用的影响下，污名化的话语概念被固化并在惯性轨道上得到了拓展和延伸。男权主义盛行的公关行业精英阶层持续通过强化女性的从属地位以实现管理目标，女性占大多数的底层公关实践者不自觉地接受并适应这一现实，内心被"观念吞噬"时，公共关系行业施加污名者、承受污名者就共同完成了公关的污名化，从内部和外部两个方面促进了公共关系污名身份的认同。

1. 隐蔽又无所不在的性别歧视

父权制社会建立以来，男性始终是言语、权力以及社会规则的制定者和实践者，女性受到男权社会的各种教导，臣服于父权统治之下，从而导致其自我表达和话语理论建构从一开始就缺乏自主性，丧失了自我主体意识，成为父权制社会中顺从、沉默的他者。这样的社会性别逻辑成为女性在正常社会运转中被歧视的直接原因。

据调查，迄今为止，中国公关行业有61.5%的从业者是女性，女性在公关从业者人数上依然占绝对优势。从工作分工来看，她们大多处于一线实践岗位，在公关行业中扮演传播服务商（communication technician）和传播活动专家（communication facilitator）而非智库型咨询专家的角色。反观男性，他们在公关行业的管理领导层中占据着主要位置，对行业活动和整体思维走向拥有绝对的领导权。这种社会性别建构的固有模式和传统性别文化认知使公共关系污名化成为短时间内无法消除的思想根源。

性别歧视是社会历史发展中妇女的作用、地位、形象在人们心理意识上的反映。在中国公共关系的发展历程中，对女性隐蔽又无所不在的性别歧视体现了社会建构中女性整体的社会地位。公关行业中出现的性别歧视往往更加隐蔽，甚至女性自身都不易察觉其歧视意味。《公关小姐》《美女公关》《我当公关那几年》等影视和文学作品，均反映了人们在性别认知方面的价值取向和意识形态。这些作品无不体现了女性只是物化的对象和依附于男性的价值观。公共关系初入中国时，由于受到此类作品的影响，再加上男尊女卑的传统性别观念的助推，普通受众在日常生活的互相交流中，也不知不觉地认同和接受了女性在男权社会结构中的从属地位。男性在男权文化的影响下，对自身的性别认知逐渐上升为一种超出男性的特别性。在男性指挥起重要作用的场域（如公关策划、公关活动现场），男性自动将"客观=男性"这一等式作为人类历史发展进程中超越行为的标准体系。[11]这种性别压制论不仅强化了性别的刻板成见，也使公共关系自身变得单一化、专门化。

女性话语和视角在社会活动中的缺失，导致社会期望女性变成"贤妻良母""回归家庭"。私人领域成为社会公认的女性活动领域，但社会对发展的衡量只计算公领域的成就。这种降低私人领域价值的划分方法，无疑贬低了女性自身的价值。[12]虽然在中国现阶段从事公共关系行业的女性偏多，但传统文化中的男性至上思想在公共行业中的充分展现使女性公关从业者的潜力和品质都未被充分挖掘和重视。另外，光顾诸如北京"天上人间"、郑州"皇家一号"等场合的几乎全为男性，他们称呼坐台小姐为公关女的行为在很大程度上影响了女性的自我认知，对女性形象塑造本身也产生了影响。[13]随着此类事件的曝光，社会受众便主动将女性公关和出卖身体的女性画上等号。在此类场合中，男性拥有高于女性的权力。出场的女性由于职业需要或是拟态环境的要求，往往注重迎合男主女从、男强女弱等男尊女卑的传统社会观念。光顾此类场合的一些男性会对在场的女性做出诸如"你们的公关做得真不错，没有你们，我们简直活不下去"的评价。他们对所谓的"公共关系"能力和作用的肆意歪曲和夸大，使普通民众在潜意识里将公关和情色行为画上等号。这种话语表面上是对女性的赞扬，实质暗含了对女性的反向歧视，更是对公共关系一词的贬损。

2. 男权文化引导下被凝视的女性

波伏娃在《第二性》中提出"女人不是天生的，而是后天形成的"[14]。虽然公关小姐、酒店公关不能代表公关行业的真实面貌，但它使群体偏向负面的特征刻板化，并掩盖了其他特征。这些所谓的公关人员的外形、举止、婚姻、年龄等都成为评价公共关系执行的重要指标。女性形象的自我意识与身体被男性形象强制分离，男性通过凝视使女性转化为物，使之失去人的身份。他们将女性公共关系从业者与从事色情服务的女性画上等号，在女性形象不可避免地被扭曲的同时，公共关系行业也遭到扭曲和误读。由性别关系导致的男性主体叙事的文化特征，使女性始终处于"被看"的状态和被支配地位，从而成为男性观赏和评价的客体。男权文化习惯"携带权力观看女性，同时女性看着自己被观看"[15]的社会角色运作模式无形中规定了两性关系以及女性和自身的关系。

如果我们将公共关系行业视为一种"拟态环境"，那么男权文化对女性的评价标准如"肤白貌美"等则是"物化的现实"。它们集中表现了女性在被凝视的过程中顺从于社会不断向她们灌输的屈从于男性并以男性思想为导向的心理，也成功占据了社会性别建构舞台的中心位置。[16]一些公司将身高、外貌、声音、举止等与实践能力无直接关系的条件视为招聘女性的重要门槛，导致女性公关从业人员无意识地依附于男性，不能正确认识自己的欲望与追求，甚至不敢承认自己的需求。凝视者（男性角色）的想象在"看"的文化消费过程中得到释放，凝视的快感得到了满足。[17]凝视成为一种工具，女性公关从业人员作为传播服务商和传播专家，不断强化畸变以后的自我意识和自我评价，甚至出现了自我贬损、自尊下降、效能降低、个人情绪低落等消极影响。[18]劳瑞提斯（Teresa de Lauretis）在"社会性别机制"学说中提出，性别不仅是性差异，而且是各种社会工艺、体制化话语、哲学上的认识论以及日常生活实践的产物。将场域置换到公共关系行业中，就可以理解许多女性为何在"被凝视"的过程中被贬低为一个可凭借男性意识塑造的"物体"。

3. "她"符号的社会意义与商业运作

前文已经提及,女性在中国传统文化中,常被视为一个可凭借男性意识塑造的"物体"。在市场化浪潮中,无论是公共关系从业人员还是公关策划活动中的女性角色,都不可避免地变成了社会消费的对象。之前被视为"女人经验"的行为——消费——在当今人类生活中占有重要地位。随着商业元素在公共关系行业中的不断成熟,为了获取商业利益,一些公关策划活动明显传递出一种迎合男权文化的社会观念,从而牺牲了性别公正立场。"标签化"无疑阻碍了中国公共关系的发展,色情服务对于公共关系的发展更是产生了严重的非正向影响。而当公共关系行业也开始盲目吹捧商业运作的作用,与"性别公关"的社会观念不谋而合时,中国公共关系的职业伦理和社会声誉必然面临着更大的质疑和挑战。

在反思"性别公关"这一对公共关系健康发展具有强大杀伤力的污名为何唯独在中国表现得尤为突出时,我们不仅可以从上述论述中得到启迪,还可以从西方人文主义历史发展的线索中得到答案的另一面——在以美国为代表的西方,公共关系作为一个学科和行业出现以前,女性主义和女权主义运动早已席卷遍地,这与中国数千年亘古不变的男尊女卑和女性处于从属地位的性别价值观形成鲜明对比。女性主义和女权主义运动遏制了西方社会对公共关系的性别污名化,在中国则恰好相反。

(二) 社会责任放弃——公关污名化的行为根源

有效的公共关系同时也应是负责任的公共关系,否则无法实现组织的公关目标。公关从业人员是公共关系的主体,无论是艾维·李主张的"说真话"的工作信条,格鲁尼格倡导的"开放、平等、对称"的卓越公关理念,还是陈先红教授提出的"阳光公关""公共关系生态论"[19],胡百精教授提出的"对话公关"[20],无不重视和强调公关从业人员的职业操守和社会责任。媒介作为资讯性传播工具和新闻框架的构建者,在公共关系的"说服性传播"中扮演着"把关人"的角色,掌握着公共关系形象传播的框架基础。公关学科建设关乎公共关系学的学科本质和理论建构,是公共关系理论的基础。公关从业人员、媒体、公共关系学科建设的责任放弃是公关污名化的行为根源。

1. 公关从业人员的消极意识与恶意公关

在公关实践中，公共关系人员的素质和自律很大程度上决定了公关活动的成效。现阶段，我国尚未正式出台与公共关系有关的法律法规以规范行业内部行为。我国公共关系从业人员素质差别很大，一些不具备开放心态和多维意识的公关从业人员在活动策划和执行过程中，缺乏职业伦理认知，作为专业人士甚至无法对公共关系做出明确的定义和职能划分。他们对自己的专业领域缺乏认知，对自己的专业不够自信，极易随着公关污名的产生而进行自我贬损，具有明显的"自我低评价"和"自我低效能"倾向。许多专业的公共关系从业人员甚至羞于在公开场合谈论自己所从事的职业。

还有一些公关从业人员受利益驱使，给需要进行公关活动的企业提供决策方案时，只顾及企业的短期利益，而公然背离社会伦理道德和社会整体需求，并放弃对终极价值的关怀，最终导致社会舆论走向负面消极。公共关系从业人员自身素养的缺乏使公共关系始终无法成为"尚美的、向善的、民主性的、求真的、对话性的"社会活动[21]，致使公众在情感和态度上对公关职业怀有消极印象。无疑，以上所阐述的恶性影响进一步固化了公共关系的污名化标签。

2. 媒体专业主义缺失下的话语议程设置

媒体在话语议程设置上具有无可争辩的优先权。目前，公共关系作为新兴行业，大部分公众对其职责和作用还不明确，以至于需要借助媒体介绍和报道才能了解。"传媒资源分配的不平衡，使公关行业成为'弱势群体'和媒体的'缺席者'和'失语者'。"[22]作为为公共关系正名的有力主体，媒体为了快速有效地发展"眼球经济"，在设置公关话语的过程中往往偏离报道的路径，优先安排与公共关系"污名化"相关的议题进行报道，选择性收集信息，或随意取舍新闻素材，违背了新闻的专业性，以迎合社会对公共关系业已贴上的污名标签，使公关污名化现象进一步恶化。

斯图亚特·霍尔在《文化、传媒与意识形态效果》一书中指出，"大众是通过传媒来建构的这类知识和影像来认知世界，体会他们经历的现实生活"。新媒体时代，信息爆炸使公众在传播关系中已不是被动的客体，而是作为权利主体存在的社会公民,是传播关系中的共生主体。[23]媒体、受众互相影响,使报道对象——公共关系的社会形象受到双重影响。

在2009年发生的"蒙牛诽谤门"中,所谓的"网络公关公司"通过删发帖、微博"洗白"、推送微信软文等方式引导企业舆论,通过控制网络舆论牟利,其歪曲事实、美化丑行甚至强奸民意的行径曝光后[24],更多的民众倾向于对公共关系行业进行负面评价。这些污名事件发生之后,又发生了多起类似的社会事件,促使人们将正规的公关行为与此类网络暴力混为一谈,开始主动利用现代科技搜索相关信息并大范围地复制转发。社会创造、允许并维持了这种态度和行为,普通公众个体出于自我保护和社会规则允许两方面的因素,也对公共关系行业产生了抵触情绪。

媒体主动放弃对事件真相的深度调查,根据社会对公共关系的固有印象主观臆测事态走向,将强调生动想象的文学写作方法运用到以客观真实为原则的新闻报道中。公共关系作为承受污名者成为"他们"而不是"我们"中的一员,一旦这种区分被主流文化所接受、利用,公众就无法对其进行客观公正的评价,公共关系的社会形象也必然走向负面。

3. 公共关系学科建设滞后

公共关系学是一门集生态学、管理学与传播学于一体的综合交叉学科。[25]我国高校公共关系专业教育始于20世纪80年代。三十余年来,中国公共关系学虽然取得了显著进步,但公关学科长期处于边缘地位,与主流学术机制之间冲突不断的情形始终没有得到改观。目前,中国公关学科建设面临的教育和发展困境,主要体现在公关专业学科归属不明确、公共关系师资队伍与学科专业建设不完善、巨大市场需求与公关人才奇缺等问题上。自1985年深圳大学设立公共关系专业课程、1994年中山大学创办我国第一个公共关系本科专业以来,教育部先后做出撤销公关专业目录和学科归属调整的决定。2013年,公共关系有幸重回教育部专业目录,但被归为公共管理学科。这种对公关学科设置和专业目录摇摆不定的态度,也助长了公众长期以来对公共关系身份合法性和学科正当性的质疑。面对学科危机,公关学界不得不耗费大量精力进行公共关系"地位保卫战",而无法致力于学科的系统性研究。尽管如此,公关专业依旧面临着大学校长不重视、中学教师和家长不鼓励、考生第一志愿率低及报到率低的困境。公共关系学科不受社会各界待见的后果,直接造成了公共关系的社会隔离。公关教育质量的普遍低下也是当前学科建设存在的一大问题。目前,我国公关教育不能充分适应和满足社会经济以及学生主体发展的需要,公关人才培养目标和方案缺乏外适性和个适性的协调发展,教授内容单一、实践案例陈旧甚至传授一些错误的公共关系知识和技巧等,导致了公关专业一方面人才奇缺,一方面专业水平参差不齐,使非专业主义的伪公关、黑公关乘虚而入,大行其道,公关污名自然也随之产生。

三 中国公共关系污名化的形成机制

中国社会想象中的"公共关系"形象,总体上呈现出"污名化"的负面特征,存在多重污名化、多级污名化、反复污名化的泛污名化趋势,这意味着我们需要深入思考三个问题:一是如何"污名化",二是为何"污名化",三是如何"去污名化"。第一个问题是现象的、历史的,"污名化"公共关系的话语谱系始于西方的"宣传"概念和中国的"关系"概念,在一个世纪的时间里,"污名化"公共关系的势头似乎有所减缓,但从未停歇,许多研究都注意到这一持续发展的"污名化"现象,并提出了"正名""别名""改名"的去污名化策略建议。第二个问题是反思的、批判的,社会各界为何持续不断地"污名化"公共关系?其历史与文化症结何在?中国公共关系的"污名化"一方面承载着西方现代性观念赋予公共关系的负面结果,另一方面是关系本位负效应在公共关系学科实践中的映射。"关系文化"的负面影响迫使处于现代性自我认同焦虑中的中国人不断从肯定西方形象、否定中国形象的"文化势利"选择中确认自身。

中国公共关系经历了"庸俗污名""媒体污名""社会污名""自我污名"的交叉污名化后,最终成为中国社会互动中的一种常态化现象,呈现出泛污名化趋势。结合林克和费伦的定义,中国公共关系污名化的形成机制体现为以下六个污名要素。

1. 贴标签

污名开始于对公共关系群体的"贴标签"。"贴标签"是污名化的核心手段,一定程度上可以减少社会的认知成本,比如"公关"为公共关系的简称,"公关小姐""公关先生"为公共关系从业者的简称。当"公共关系"这个原本代表新型关系形态、开明民主观念的称谓被戏称为"公关""攻关",当"公共关系从业者"这个原本充满智慧的、文明儒雅的、令人尊敬的职业角色或被滥用成"男公关""女公关"时,这些简称就置换了"公共关系"一词本来所具有的伦理道德的、负责任的意涵,从而成了一个具有反讽意味的"标签"。

2. 认知成见

当公共关系的标签被贴在代表"消极、负面、黑暗"的类型学特征上,并在文化和心理上形成一种社会成见和思维定式后,污名也随之产生。比如,当中国人对庸俗关系学深恶痛绝却又深陷"关系主义"的泥潭时,公共关系这个从国外传入的术语就顺理成章地承袭了"糟粕的"文化,成为一个装满"庸俗、黑暗、欺骗、说谎、厚黑"等所有负面词语的垃圾集装箱。

3. 社会隔离

当公共关系的这些负面特质和功能,被主流文化所接受、强调、利用、放大时,通常会导致社会的隔离,即公共关系学科不受各界的待见。社会隔离的典型现象就是大学停招公共关系专业的"罪名":考生的第一志愿率低、报到率低等。中学老师和学生家长都不鼓励学生报考公关专业。大学校长也不重视公共关系专业,市民甚至谈公关而色变;在市场上,公共关系成为许多负面事件肇事者的"背锅侠"或"替罪羊"。"都是公关惹的祸",似乎顺理成章。相关研究表明:贬低公共关系是一种整合营销策略,具有撇清功能,可以有效激发社会的想象力。

4. 地位丧失

作为这一过程的结果,带有污名的公共关系会"名誉受损"。公共关系是一门用来维护声誉、塑造形象的科学,但是它自身却一直深受"烂名声"的困扰,并面临着身份合法性和学科正当性的危机,从而丧失了许多发展机会,如行业和学科发展、专业设置、学术平台的建立、学术资源的获得,在许多方面均会遭受歧视和区别对待。

5. 结构性歧视

中国公共关系被污名化的程度完全由社会、经济和政治权力的可得性决定，也就是说，除非中国的公共关系群体具有足够的能力来影响教育部学科建设、专业设置等公共政策的制定，影响政府公共关系部门的设置、国家级媒体资源的运用、行业性公关资源的分配，才有可能使社会各界改变对公共关系行动的态度，否则污名很难消除。

6. 自我放弃

承受污名的公关人往往在污名形成过程中，不断强化自我意识和自我评价，从而带来更多的自我贬损，导致自尊受挫、情绪低落、安于社会控制和命运的安排。中国公共关系学人一直生存在"双重边缘"的特殊困境中，一是在知识体系中的边缘处境，二是在新闻传播学界的外群体意识，双重边缘地位使中国公关学者陷入深刻的焦虑中。学术社群的主体性和学术研究的自主性都在不自觉地放弃或者丧失渴望与激情。

综上，中国公共关系的污名化是以上六大污名要素同时出现和发生的集合。"贴标签、认知成见、社会隔离、地位丧失、结构性歧视、自我放弃"揭示了中国公共关系污名化现象的社会根源、形成机制和主要问题。

最后要特别指出的是，中国的关系文化传统对公共关系的负面溢出效应是根深蒂固、无法消除的。德国哲学家伽达默尔认为，文化传统是理解的"先结构"，会让人陷入主观成见，并形成循环。[26]中国公共关系的"污名化"在背负着西方公共关系由来已久的负面沉疴的同时，也直接反映了中国文化传统对公关实践的"濡化"和"先结构"理解。在中国传统文化情境的关系想象中，公共关系始终是一个容易遭到误解并难以获得正向性评价的名词。"关系、人情、面子是理解中国社会结构的关键性的社会—文化概念。"[27]在传统的熟人社会的文化机制下，人情和面子成为中国人际关系的基本模式。以人情交换和面子交换为主要内容的社会强关系的恰当运用，可以有效克服人们的交往障碍，解决现实中的许多问题。但也是这一点，为关系的钻营和滥用提供了温床。公关行业在这样一个充斥着"人情与面子"的关系社会中成长，其基于利益相关者的弱关系和双向沟通的组织交往属性必然会受到影响。当社会和公众自身饱受庸俗关系学的损害却又深陷"关系主义"的泥潭不能自拔时，公共关系的污名化就很难彻底消除或不再产生。

[该文发表于《新闻界》2018年第5期，作者为陈先红、江薇薇，系国家社会科学基金项目"讲好中国故事的'元叙事'战略研究"（16BXW046）阶段性成果]

参考文献

[1] 陈先红：《阳光公关：中国公共关系的未来展望》，《今传媒》2015年第1期。

[2] 胡百精：《中国公共关系史》，中国传媒大学出版社，2014。

[3] 郭金华：《污名研究概念理论和模型的演进》，《学海》2015年第2期。

[4] 欧文·戈夫曼：《污名：受损身份管理札记》（第1版），宋立宏译，商务印书馆，2009。

[5] 陈先红：《阳光公关：中国公共关系的未来展望》，《今传媒》2015年第1期，第5页。

[6] 张明新、陈先红：《中国公众公共关系认知现状的调查与分析》，《国际新闻界》2014年第2期。

[7] 陈先红：《公共关系学的阈限性想象》，《中国社会科学报》2015年10月22日，第3版。

[8] B. G. Link, J. C. Phelan, "Conceptualizing Stigma," *Annual Review of Sociology* 27 (2001): 363–385.

[9] B. A. Hudson and G. A. Okhuysen, "Elusive Legitimacy: An Ex-panded View of Strategic Responses to Institutional Processes," Working Paper, 2004.

[10] B. A. Hudson, "Against All Odds: A Consideration of Core-stigmatized Organizations," *Academy of Management Review* 33 (2008): 252–266.

张斌：《组织污名研究述评与展望》，《外国经济与管理》2013年第3期。

[11] 西美尔著、刘小枫编《金钱、性别、现代生活风格》，顾仁明译，学林出版社，2000。

[12] 李银河：《女性权利的崛起》，文化艺术出版社，2003。

[13] 王一、王蕾：《媒介暴力与集体无意识：春晚小品〈喜乐街〉的性别歧视争议》，《中华女子学院学报》2015年第3期。

[14] 西蒙娜·德·波伏瓦：《第二性》（第2卷），郑克鲁译，上海译文出版社，2011，第9页。

[15] John Berger, *Ways of Seeing*. London: Penguin Books, 1972, p. 47.

[16] 徐锐：《不做"房间里的天使"——浅析〈爱玛〉中蕴含的女性主义意

识》,《湖北经济学院学报》2010年第9期,第103~105页。

［17］孔繁星、武术:《被凝视的女性化"他者"——20世纪西方影片中的中国形象解读》,《电影文学》2012年第3期。

［18］Jacques Lacan, *The Seminar of Jacques Lacan*, *Book XI*: *The Four Fundamental Concepts of Psycho-analysis*. London: Hogarth Press and the Institute of Psychoanalysis.

［19］陈先红:《阳光公关:中国公共关系的未来展望》,《今传媒》2015年第1期。

［20］胡百精:《公共关系的话语形态与社会责任》,《国际新闻界》2009年第11期。

［21］陈先红:《阳光公关:中国公共关系的未来展望》,《今传媒》2015年第1期,第4~12页。

［22］石月平、张健琪:《试析"传媒歧视"对构建和谐社会的负面影响》,《视听纵横》2007年第3期,第16~18页。

［23］尤尔根·哈贝马斯:《公共领域的结构转型》,曹卫东等译,学林出版社,1999,第229页。

［24］文武赵:《黄与黑:中国公关的污名化之痛》,《中国市场》2010年第3期,第18~19页。

［25］陈先红:《现代公共关系学》(第2版),高等教育出版社,2017。

［26］洪汉鼎:《伽达默尔的前理解学说》(下),《河北学刊》2008年第2期。

［27］金耀基:《中国现代化的终极愿景》,上海人民出版社,2013,第126页。

2017 年西方公共关系研究述评

作为一门新兴的应用社会科学，现代公共关系学历经百年的理性思考与实践，逐渐发展为一门经世致用的"显学"。随着公共关系实践领域的日益扩大，公共关系学科地位的日益提升，公共关系学术研究的维度也在日益扩展，学者们开始从宏观的社会学角度、中观的组织学角度和微观的个体角度，来理解公共关系实践的高级管理职能，也开始从思想史、实践史、理论史的角度，来进一步丰富和完善公共关系学科的理论体系。通过对两大国际著名期刊 *Public Relations Review* 和 *Journal of Public Relations Research* 2017 年度的 121 篇公关学术论文的研究发现：公共关系历史实践遭受着批判与质疑；公共关系理论研究更具建构意义，众多跨学科理论视角被纳入公关研究；公共关系应用研究关注公关与媒体的共生、共建关系，公关职业发展的伦理问题，以及公关教育的专业化进程。

一 公共关系史研究：思想多元与实践延伸

美国著名传播学者罗杰斯曾说："任何涉入一条新的河流的人，都想知道这里的水来自何方，它为什么这样流淌。"研究公共关系的历史能够帮助我们更好地了解公关的功能、优势与不足，以及那些常常不易觉察的对社会的深远影响。[1]公共关系的学术研究从 20 世纪 70 年代开始，迄今已有 50 多年的历史，研究成果丰富，如卡特里普的著作《公共关系史（17-20 世纪）》及其姐妹篇《看不见的力量：公共关系》，记录了殖民时代到 20

世纪早期公关实践的发展历史。2010年首届国际公关史会议的召开,使公关学术史研究进入新的阶段。根据国际公关学者沃森的观点,可以将公关史研究分为三种类型:名人公关思想史研究、国际公关史研究和案例或运动史研究。[2]这三类议题在2017年的公关史研究中都有呈现。

(一)名人公关思想研究

黑格尔在《历史哲学》中说:"要想了解历史和理解历史,最为重要的事情就是取得并且认识这种过渡里所包含的思想。"历史的精髓是思想,历史阶段之间的连接物就是来自各个阶段的名人思想。在公共关系领域,无论我们喜欢与否,大部分"传播管理"的历史,都是关于少数人如何操纵多数人以获得或维持权力的历史。马基雅维利的《君主论》被看作"原公关"研究文献,他在其中提出统治者可以通过信息传播控制来扩大权力,如果需要可以使用武力,并进一步提出了双重道德标准:公民必须道德地创建更有凝聚力的社会,统治者要超越公民的道德来巩固权力。李普曼提出公共关系存在的合理方式是驯服和塑造大众心灵;爱德华·伯纳斯的宣传活动被认为极大地影响了普通大众。然而,随着经济、文化和技术的发展,领导者、组织和公众逐渐相对平等地展开了对称性沟通。研究者寻求传播历史中不同于马基雅维利之流的道德实践者,将葛拉西安的作品 *The Art of Wordly Wisdom*:*The Pocket Oracle*①看作公关原始历史的一部分。葛拉西安虽然被认为本质上是"马基雅维利式"的人物,但他提出:"统治者要通过对民众持善意、行善举进行统治。"他的主张至少更偏重道德的一致性,更契合当下沟通管理和声誉建构的发展进程[3]。

同一时期的英国政治哲学家托马斯·霍布斯,是第一位以冲突视角处理社会关系,并看到声誉风险的思想家。源于古希腊语"kléos"的"荣耀"一词是指在公共空间引起共鸣以得到社会认同,荣耀的获得源自他人给予的荣誉,个体寻求荣誉的目的是获得更优越的地位,是对其卓越性

---

① 该书是关于企业经理和组织声誉的书籍,于1992年出版时售出20万册,被列入《纽约时报》畅销书排行榜。

的外部认可,即声誉。因为荣耀的获得取决于他人不确定的态度和行为,荣耀所代表的认同思想总是具有相对性和冲突性,没有谁可以规定衡量的标准。所以,管理声誉就是管理不确定性,声誉就是风险。与马基雅维利式的思想家们不同,霍布斯从人类学和政治学角度分析战争,批判作为工具性力量的声誉,它被用以创造和规定权力,从而形成霸权。至此,霍布斯开始了他对声誉和霸权的探讨,更进一步地说,是对认同问题与权力之间关系的建构,这也是今天的公关批判思想诞生的标志[4]。

(二) 国际公关发展史研究

从国际公关发展史来看,公关被看作一种民主的沟通方式,是民主国家利益集团多元化的"声音的竞争",也被看作民主协商机制的产物。但最近的研究表明,自20世纪四五十年代开始,公关不再只存在于民主国家,以强政治控制为特征的国家,如当时处于军事独裁统治中的西班牙和葡萄牙,处于军政府领导下的希腊、苏联以及东欧等,也成为公关成长的土壤[5]。公关的历史可以追溯到许多王室、政治和宗教领导者采用多种手段进行公共传播的历史,对小说中历史的批判性重读,为研究公关如何被殖民操纵提供了依据。Gosh 的小说三部曲①记录了大英帝国如何使用复杂而具有操纵性的传播策略,在亚洲建立殖民地,进行政治、军事和商业的霸权统治:其在印度开展的以"文明使命"为名的侵略,实质上是为了追求经济利益和获取政治权力;而在尼日利亚的煽动性宣传,又引发了一场本可以预防但剥夺了数百万人性命的内战。在历史制度主义②的理论框架下,研究发现 IS 组织和纳粹组织的传播实践有十大异同,如双方的领导者拥有权力和金钱,但各自基于种族优越性和世界末日的不同神话开展活动;前者使用电影和广播媒介,后者力图建立网络帝国等。研究者试图将

---

① Amitav Ghosh, *Sea of Poppies* (2008), *River of Smoke* (2011), and *Flood of Fire* (2015).
② 历史制度主义 (Historical Institutionalism) 的分析范式主要体现在它的结构观和历史观上:在结构观中,强调政治制度对公共政策和政治后果的重要作用,也极为重视变量之间的排列方式;在历史观上,通过追寻事件发生的历史轨迹来找出过去对现在的重要影响,强调政治生活中路径依赖和制度变迁的特殊性,并通过放大历史视角来找出影响事件进程的结构性因果关系和历史性因果关系。

这些发现用于探索如何减少极端主义宣传及其网络公关的有害影响[6]。

（三）经典公关案例与运动史研究

公关案例与公关运动史的研究主题集中在企业公关、宗教公关、健康公关和 NGO 公关的案例研究等方面，比如探讨西班牙女性领导者 Teresa Dorn 如何将自己的咨询公司发展为享誉欧洲的跨国企业[7]；宗教公关研究了教会创立者 L. Ron Hubbard 采取名人代言、形象管理等公关策略创建宗教品牌的过程[8]；健康公关则以 20 世纪初美国社会卫生协会的健康运动为例，再现受众细分、活动举办、视觉媒体使用和创建家庭组织等健康公关策略的使用[9]；NGO 公关研究以一战期间的非政府组织 ASHA 开展的性健康传播活动为研究对象，发现其通过发放小册子、开办讲座、播放电影等，推进了社会范围内的性健康教育[10]。

公关究竟是建设性实践还是摧毁性实践？这是一个值得深思的问题。纵观历史可以发现，具有操纵性、缺乏道德性的公关实践与思想活跃在不同的历史阶段与地域范围内，留下了侵略与操控的痕迹；同时，公关以更丰富的理论和实践资源在推动社会发展与人类进步方面做出了独特贡献；批判的声音从认同与权力关系的探讨中走来，更具积极意义的企业公关、宗教公关、健康公关和 NGO 公关扩大了公关的应用范围，使之成为更具建设性、更符合人类生存与发展需求的实践与思想。

二 公共关系理论研究

理论是现实的版图，理论刻画出的真实可能是"就在那里"的客观事实，或是人们头脑中的主观意义，不管是哪种方式，我们需要理论引导以穿越陌生地带。研究表明，进入 21 世纪的前 15 年，西方公关学术研究主要涉及关系理论、声誉理论、角色理论、卓越理论/双向传播理论、情境理论等 26 个概念或理论。到 2017 年，西方公关理论研究除了继续聚焦关系理论、情境危机传播理论、文化循环模型等传统理论模型外，还提出了媒介化公共外交理论、公共意义建构模型、复合型危机等新的理论模型和概念。

（一）全球公关：文化要素与公共外交

国际公关（international PR）与全球公关（global PR）这两个概念通常被交叉使用，但新版牛津英语词典将"国际"（international）定义为"两个或多个国家之间存在的、出现的或发生的"，将"全球"（global）定义为"与整个世界相关的"，显然后者意义更完整、范围更广泛，也更具包容性[11]。本文采取"全球公共关系"这一术语概括2017年所涉及的世界各地的公共关系研究。通过对2001~2014年的全球公关文献进行内容分析发现，这一领域的研究数量呈上升趋势，研究方法多样，涉及的话题主要有国家或地区的公关实践、教育、方法论等，被研究最多的国家是美国、中国、英国和韩国[12]。2017年的全球公关研究主要以全球公关职业探索（global PR professionals）、国家/地区公关实践研究（PR practice in one country/region）、媒介化公共外交（mediated public diplomacy）三大话题为主。

全球公关职业研究打开了公关—经济社会学研究的大门：学者从经济社会学理论和组织传播结构理论（Communicative Constitution of Organizations，CCO）出发，讨论"共享经济"（sharing economy）中的公共关系，将其概念化为一种在后传统经济中不断制造"传播循环"（circuits of communication）的"有意识的非居间化"的功能。如何理解这一定义？公关的核心功能在于寻找存在对话机会的组织或商业循环（circuits of commerce），以形成具有经济潜力的传播循环。如果存在"可行性匹配"（viable match），就可以建构社区；如果存在不和谐的情况，则可以采取传统方式来解决冲突以达成一致。这种角色的转换意味着公关成为传播的传播，即承担着一种"元传播"（meta-communication）的职能。如此，它不仅具有"有意识的非居间化"功能，还能实现长期目标：成为嵌入组织内部的"元能力"（meta-competence）[13]。在这一宏大研究之外，也有研究者关注了数字传播时代的公关，尤其是社交媒体改变了传播的速度与跨文化运动的传统地理界限，迫使公关从业者改变了自己的文化中介定位，成为"文化监护人"（culture curator），推动参与环境的建构[14]。跨文化视角下的另一项研究关注了 Day 等人提出的"领导力发展"(leadership development)概念:加强个人领导能力和提升组织集体能力的互助过程。研究者提出专业技能、自我能动、道德、团队合作、关系建构、战略决策是公关领导者必备的六种能力[15]。

对国家/地区公关实践的研究丰富多彩,政治上的成功往往离不开巧妙的沟通策略。挪威工党与德国纳粹在20世纪30年代使用了极其相似的宣传策略:将选民看作高度同质化的群体,单向地使用口号、小笑话等内容工具进行宣传[16]。针对2016年美国大选的两项研究则分别探讨了人口变量、文化适应、政治意识形态和媒体使用对拉丁美洲移民在美国的政治参与的重要影响,以及选民的"参与"对选民与政党、政党候选人之间关系的影响。麦当劳和肯德基2012年在中国的社交媒体危机反映了文化情境对于跨国组织应对危机的重要性。"文化循环模型"(circuit of culture)① 被广泛应用于公关研究中,它不以西方理论视角为先,促进了对权力、文化、认同和意义建构的流动性本质的认识。同时,文化循环模型认为:公关以处于话语实践核心位置的认同、差异和权力要素为先,是一种在文化经济中生产意义的象征性实践。有研究者用该模型探索年轻人作为文化中介(cultural intermediaries)的意义,突出了文化培训的重要性[17];国际知名公关学者Curtin与Gaither以该模型为基础,结合实证主义和新自由主义经济学,发展出侧重关系建构的"文化经济模型"(cultural economic model),用以探索LGBT平权运动的生产者与消费者所建构的认同[18]。最后,研究者观照了全球公关实践中的价值观和道德伦理问题。

"媒介化公共外交"(mediated public diplomacy)是公共关系与公共外交理论结合的产物,其作为政治公关和公共外交的交叉部分,深受公关修辞传统的影响,聚焦于如何通过全球化媒体调节管理政府—公民之间的关系。[19]有研究者从这一概念出发,探究其中的跨文化变量与国际关系变量的作用。另有研究者将"关系"概念与公共外交相联结,研究中国在西

---

① 文化循环模型,由英国开放大学的研究团队于20世纪末提出,被认为是对"传播编码—解码模型"的扩展,其将意义创造延伸到五个"时刻"——监管、生产、消费、表现和认同,这五个时刻动态地连接,共同"创造一个共享的文化空间,并在其中创造、塑造、调整和再创意义"。

非的公共外交对利益相关者关系的细分[20]；而中东欧国家在公共外交战略方面主张文化外交，主要采用以"信息分享"为目的的信息策略，缺乏战略性[21]。通过对中美在全球气候管理网络中参与情况的探索，研究者发现两国的管理网络有不同的中心结构，其背后的推手从政府转向了商业/非营利机构[22]。Kirsten Mogensen 提出了"企业公共外交"概念，即通过与公民社会直接谈判来与东道国的普通大众展开合作[23]。

在全球公关研究中，文化的影响力贯穿始终，"文化循环模型"成为主要的理论应用模型。公共外交的两个重要路径——文化交流与媒体战略[24]，落实于媒介化公共外交、文化外交、企业公共外交等外交策略上，既契合了全球化浪潮下国际公关的发展特征，又推动了政治公关、国际关系等研究领域的理论实践创新。

（二）危机公关：理论生长与策略实践

危机公关研究就是要寻求更有效的危机管理的方法和路径，危机管理议题通常包含对危机公关理论与危机应对策略的研究，即存在危机应对的"道"与"术"的分野。

2017 年的危机公关研究理论成果丰硕。库姆斯的"情境危机传播理论"（situational crisis communication theory）吸纳了企业道歉、形象修复理论和归因理论中的部分观点，为危机传播创建了社会科学方法，本年度大部分危机公关研究仍以之为理论基础或框架，研究应对危机的战略与策略。Wouter Jong 则聚焦于公共领导者的危机传播和意义制造（meaning making）研究，提出"公共意义建构模型"（public meaning making model）。该模型以责任（responsibility）和整体性影响（collective impact）为交叉变量，划分出公共领导者的四种角色，包括"悲伤领导者"（mourner-in-chief）、"演奏家"（orchestrator）、"倡导者"（advocate）和"亲密伙伴"（buddy），并讨论了这四种角色所引发的集体性情感，及其对公共领导人承担政治责任的影响。[25]同时，Aimei Yang 等人使用"结构平衡理论"（structural balance theory）和"利益相关者网络管理理论"（stakeholder network management theory）建构了以利益相关者为中心的危机应对模型，探究组织如何有效道歉以缓解危机。该模型认为组织及其利益相关者们共同镶嵌在相互交织的社会网络中,他们之间的关系对组织决策至关重要。[26]理论成果的丰硕还体现在概念的创新上,"复合型危机"（compounding crisis）是指在组织尚未来得及应付一个危机时,又出现了另一个危机。应对复合危机需要借助"反攻效应"（pariah effect）,即当处于复合危机中的组织遭到其他组织排斥时,可以要求这些组织协助应对危机,以免由于它们之间的关联性而对所有组织产生负面影响。这就要求组织在复合危机的应对中,必须采取自身职责范围与原始使命之外的更多行动。[27]在理论创新之外也有对以往的危机传播实践的反思,如有研究者批判了风险传播（risk communication）的霸权化倾向。

危机公关策略如道歉、否认、"第三方身份"以及加入利益相关者群体等的应用与效果得到了讨论。以"非组织"视角展开的策略研究发现：受众对危机信息的反应受到危机应对策略、信源和话题分享的影响；从业者最关注的是危机爆发点的探寻与掌控；来自新媒体、公众、员工等利益相关者的压力都消极地影响了公关从业者与其之间的传播关系,但对管理压力却有积极作用。Yan Jin等分别探讨了照片墙、脸书、图像、视听式传播（如新闻发布会、企业影像资料）等具体的传播平台、工具在危机公关中的应用。

在危机频发的今天,许多危机事件一发而不可收,危机公关研究SCCT理论的拓展,公共意义建构模型、以利益相关者为中心的危机应对模型和复合型危机概念的提出,以及危机应对策略、工具的研究,都可以为危机公关实践提供理论与现实指导。

（三）关系管理研究：差异化关系建构

作为当前国际公共关系研究三大取向之一的"关系观",关注的基本问题是公关主体如何与利益相关者建立关系。"关系观"强调"公众性本质"和"对话世界观"[28]：2017年的关系研究（relational research）便是通过对话的世界观,来探求组织与不同公众之间的关系特征,以建立互动参与性关系。

在企业发展过程中,员工、消费者、投资者、媒体和政府会先后成为最重要的利益相关者,价值观沟通、赋权、真实沟通和主动报告都是重要的关系建构战略,社会运动组织在议题生命周期的不同阶段也需要保持不同的关系类型。而"功能筒仓"(functional silos)正是阻碍组织内外传播者共同合作的因素,高级管理人员的双重监督是有效的应对方法。[29]具体到外部公众:企业自身因素和公众的利益认知会影响公众对污名化企业的社会责任传播动机的认知;从信息科学借鉴"数据—信息—智慧"的框架来看,错误信息会对行动主义公众产生影响[30]。商业和投资者的关系研究缺少与公关研究的学科交叉,而组织与志愿者之间的关系可以通过奖励和参与等策略加强[31]。研究组织内部关系的学者认为内部关系管理是企业公关从业者与关键公众建立互利互惠关系的先决条件[32],并从传播从业者的角度研究组织内部的传播与文化,试图拓展内部传播理论。

对于关系建构的影响因素,研究者将"信任"和"不信任"概念与"对称传播"和"公众参与"进行交叉研究,验证了公关与社会互动中信任与不信任的共存[33];而在两极化、政治化和价值驱动的公共信息环境中,信息不足以改变观念,深层动机和价值观的影响力凸显;个人道德导向、企业社会责任信息框架、社交媒体参与以及草根新闻报道等变量都不同程度地影响着不同类型的组织—公众关系。"桥接"(bridging)和"缓冲"(buffering)两种公关策略也得到讨论:"桥接"是一种以关系为中心、行为为基础的问题解决策略,而"缓冲"是以组织为中心、信息为基础的印象管理策略,"桥接"战略更具道德性。[34]

(四) 参与研究:组织—公众互动的路径深化

2008年,全球最大的公关公司爱德曼公关公司总裁 Richard Edelman 宣称:"公众参与是公关的未来。"2017年,《公共关系评论》第4期与第5期都设立了"公共关系参与"研究专栏。

"参与"(engagement)最先出现于社会学、心理学、组织行为和人力资源管理、政治科学以及市场营销/广告等研究领域,直到20世纪90年代,"参与"才第一次作为理论概念出现在公关文献中,但仍然缺乏概念化与操作化[35],以致"参与"经常被等同于互动、承诺、卷入、关系、对话、双向或多向传播等概念。公关学科中的"参与"研究涉及多个议题:社交媒体与网络参与(social media and network engagement)、员工参与(employee engagement)、企业社会责任参与(corporate social responsibility engagement)、公众/利益相关者参与（public/stakeholder engagement）、公民参与和社会资本（citizen engagement and social capital）、对话与参与（dialogue and engagement）、危机参与（engagement in crisis）等。这些主题通常交叉性地出现在同一研究中。

有研究者对公共关系和传播管理领域的"参与"文献进行了梳理，发现过去十年间的绝大部分研究均从"管理/功能视角"（management/functional perspective）和"关系视角"（relational perspective）出发，聚焦于社交媒体和网络参与领域，组织中心特征显著，定量研究方法占据主流，美国学术界依然保持主导性地位，"参与"研究缺乏互动性和参与性视角，限制了公关从根本上挑战传统理论假设和模型[36]。Ganga S. Dhanesh 反对将"参与"等同于"传播互动"（communicative interaction），并对之进行了定义：参与是一种情感、认知和行为状态，该状态中对显著性议题有着共同兴趣的公众和组织，进行着从消极到积极、从控制到合作的互动，这一互动的目的在于使组织与公众之间相互调整、适应并达成目标[37]。

Taylor 和 Kent 则认为，参与意味着可接触性、在场性以及互动的意愿。[38]他们将"参与"概念带入"对话"（dialogue）中，将其作为道德传播的一种路径和方向，促进组织及其公众之间的相互理解。[39]Kent 提出，对话以参与者的一系列不规则联系为基础，这些传播联系在"对话根茎"基础上形成节点，"根茎模型"（the rhizome）赋予对话理论以合法性，在公关从业者、学者、学生等人员的持续性学习、研究与实践中，"对话"能不断吸取养分。这为公关研究、调查、教育、培训、实践的对话转向提供了理论指导。[40]

"公众参与"研究一方面探索组织如何"参与"公众：证实公众参与对"社会商业组织"（social business organization）的重要性；从注意力管理（attention management）的角度提出将"信息寻求理论"（information foraging theory）应用到公关实践中，帮助组织吸引公众[41]；将参与式研究作为应对IS 招募（以家庭和朋友为关系网络）的重要方式。另一方面研究公众如何"参与"组织：验证"五大人格特征"（big 5 personality traits）[42]①、价值认

---

① Big 5 personality traits：agreeableness, intellect, conscientiousness, emotion, and extroversion.

知（perceived values）[43]对利益相关者活动参与的影响，探索积极利益相关者的网络行为与企业声誉之间的关系等。

"员工参与"研究分为两个方向。第一，将员工满意度作为中间变量，研究沟通、反馈、员工参与对组织—员工关系的影响；此外，研究者提出了"工作参与"（job engagement）概念，指员工投入工作的感受。工作参与能够调节员工沟通与组织投入（organization commitment）之间的关系：当员工参与工作时，其组织投入得到加强，离开组织的可能性降低，二者共同强化了"员工—组织关系"（employee-organization relationships）。为了促进参与，组织应该消除内部信息流动的障碍，及时答复员工提出的问题[44]。第二，探索组织内部参与工具使用的影响：对于组织内部社交媒体的使用与员工参与之间的正/负相关关系，不同的研究得出了不同的结论；另有研究者从"风险"（risk）和"关系"（relationships）两个关键点入手探索员工如何以及为何代表组织参与社交媒体活动。

"企业社会责任参与"议题研究 CSR 信息的传播战略和传播内容如何影响组织内、外利益相关者的参与；探索"参与"和"回应"（responsiveness）两种战略对实现企业商业目标、社区目标、员工目标的影响；研究在 Facebook 上使用"话题战略"和"对话战略"的效果；证实企业在 Twitter 上添加 CSR 信息能影响消费者的购买意愿。Ying Hu 等则基于"个人影响力模型"（personal influence model）展开研究，发现"公民参与"在中国应对雾霾危机的计划中发挥了主轴作用。[45]

三 应用研究

2017 年的公关应用研究主要探索公关的职业化发展路径。职业伦理与公关教育研究直面公关职业实践中存在的道德性、公平性、合法性问题，引入多种跨学科理论视角，探求如何促进公关实践更符合伦理道德要求。公关这一新职业最初是新闻人创造出来为广告主服务的，新闻人的写作、沟通、策划技能和战略眼光已经不能满足日益专业化、职业化的公关发展需求。教育研究试图厘清公关与新闻在实践层面的瓜葛，提出添加战略性、管理性教育内容，开设专业化写作、道德培训课程，甚至构建世界通用的"全球性知识体系",为不同区域的公关培训和认证评估提供标准。公关与新闻研究也是公关专业化发展研究必不可少的内容:在传统媒体更具权威性的年代,公关与新闻"亦敌亦友",具有"共生性"。20世纪中期以后,新媒体技术与全球化潮流结合,从根本上改变了人类社会的整体景观,公关与新闻的共生场从报纸、广播、电视转向网络平台与社交移动媒体,二者的"共生性"越来越具有"共建性"内涵。

(一)职业伦理与教育研究:职业化进程

1903年,艾维·李创办第一家宣传顾问事务所,成为向客户收费的第一个职业公共关系人,现代公共关系职业化由此发端。100多年后的今天,学者们继续讨论公关职业的道德性、合法性、公平性、专业性等问题,并试图通过改良公关教育课程解决这些问题[46]。

在公关职业化研究方面,研究者运用社会认同理论(social identity theory)探讨了公关职业道德问题,发现道德监管、大学道德课程开设、职业道德培训、协会道德项目参与都对千禧一代公关从业者的道德实践有重要影响[47];另一项研究则从进化心理学(evolutionary psychology)视角出发,提出在媒介化发展塑造的竞争性环境中,注意力、信任都是稀缺资源,即使组织遵守道德标准,以卓越的方式管理公关,也未必有足够的资源用以满足所有目标。所以,组织会尽最大努力提供最有说服力的论据:即使其中存在对事实的部分曲解,而这种曲解得以应用的原因在于,从业者认为它是对的,或至少自己的使用动机是好的。这便是从业者的"自我欺骗"(self-deception)①,其形成的内外部因素包括:避免认知差异、获得个人利益、遵守内部规定和满足外部期待。自我欺骗能够减少从业者的精神压力,促进组织在社会上取得合法性,但要预防道德层面的操纵。[48]公关行业中的天花板效应、性别收入鸿沟仍然存在,从业者经历与

---

① 自我欺骗可以理解为同时拥有两种心理状态:相信它或不相信它,虽然它是错误的。这种心理状态是偏见性信息处理的结果,使人们"相信欺骗是真实的,或相信他们的动机是无可非议的"。因此,思想能够改变事实真相:"我在撒谎,因为我相信这是真的。"或者将自己的撒谎行为合法化——"我所说的可能不是100%真实,但是我这样做是本着向好的意愿"。

行业发展(收入鸿沟、行业提升等)的交叉研究仍然匮乏。

在公关教育研究中,研究者们分析了六大洲的公关认证计划、教育框架和相关学术文章,提出了初级和高级公关从业者都应该掌握的"全球性知识体系",主要包括战略策划、议题管理、声誉管理、危机关系、信任建构与管理等20种知识技能,并划分了入门级、中级、高级从业者对这20种能力的不同掌握程度[49]。具体到不同国家和地区,研究者发现科威特组织的社交媒体公关实践缺乏战略性、主动性、双向性[50];克罗地亚公关学术领域与行业雇主对公关知识、技能和竞争力认知的差异,则可以通过加强教育机构与劳动市场的合作、调整公关教学中理论与实践的比例等加以改善[51];西班牙公关从业人员的培养偏重学术性,且大多数毕业于新闻专业,这是"新闻代理模式"(press-agent model)一直存在的原因,也使他们的知识、技能不能满足公关行业发展需求,公关教育亟须纳入更多的管理性和战略性内容[52]。针对公关写作与新闻写作的差异,有研究提出了提升公关写作技能的五个步骤:基本写作能力评估、公关专业特色写作知识和技能培养、重复训练与反馈、问题修正、评分和总结指导[53]。

今天,公关教育研究者将目光投向全球,社会认同理论、进化心理学理论等为公关职业道德坚守、职业合法性寻求和公平性问题的解决提供了理论指导框架。从公关从业者20大职业技能的确定,到教育界与业界人才培养与实践的打通,再到公关职业特色课程的设置,都让公关在职业化发展的道路上更进一步。

(二) 公共关系与媒体:共生与共建

早在20世纪六七十年代,美国学者就开始了公关与新闻的关系研究,直至今天,部分研究依然在"二元对立的思维框架"下探索二者"亦敌亦友"的关系:公关人员通过"信息补贴"直接或间接地影响记者的新闻报道,而新闻记者发挥着掌控性作用。冯丙奇在大量国外研究的基础上,将新闻与公关的关系描述为"双重守门人之间复杂的共生关系",认为媒体人员与公关人员"相互需要",双方关系"蕴含着微妙的共生性质"。[54]当下,欧洲著名公关学者 Ana Tkalac Verčič 等人使用"共同导向模型"（coorientation model）①研究二者的矛盾与对立，再次印证了新闻记者与公关从业者之间相互认同的缺乏。[55]

公关与新闻的关系研究多以传统媒体领域及其从业者为研究对象，随着媒介技术与媒体环境的发展，与网络公众进行积极的传播互动、点赞、评论和分享信息等社交媒体特色活动都被纳入这一研究领域。同时，传统媒体与社交媒体如何协同共振以战略性地应对危机也得到了研究者的关注。[56]然而，随着社交媒体公关研究热风过境，学者们开始反思网络公关信息的有效性以及网络公关实践的透明度、正当性和真实性等。公关从业人员也面临新的从业挑战——"职业公共性压力"（occupational publicness pressure），即从业者离开工作场域后，仍要按照专业规范使用个人社交媒体以保持网络活跃度。从业者对公共批评的恐惧、对组织利益高于自我表达的次序认知，都限制了他们在网络上的真实表现。[57]

新的实践领域与学术问题的出现，需要以新的研究方法加以探索。Robert V. Kozinets 于 1997 年提出网络民族志（netnography）研究方法，这是一种专门用于在线研究文化和社区的方法，有学者提出将该方法用于公关网络社区关系研究[58]，Margalit Toledano 则提出用该方法研究公关网络的信任与参与者的参与[59]。

公关与新闻作为相互合作的共建者，共同建构符号真实。无论是传统媒体的新闻报道，还是社交媒体的信息互动；无论是新闻从业者的"把关"，还是社交媒体与公众的直接连线；无论是公关与新闻的共生，还是公关与社交媒体的共建，都需要公关本身去建构自身与他者的认同。从"共同导向模型"来看，这种认同的产生源自公关实践的正当性、真实性、透明性、道德性和有效性的行为活动对自我认知、他者认知的影响，源自从业者良性实践的助力。

---

① 共同导向模型：假设一个人的行为不仅受到自己观念意识的影响，还受到周围人的观念以及他对周围人看法的影响。该模型最初被用来解释为什么不同的人群交往时会改变态度。Newcomb 将该模型广泛应用到人际交往研究中。在公关领域，Broom 解释这一模型本身，Grunig & Hunt 用以解释组织的多个群体之间的关系。目前，共同导向模型被应用于多种情境中不同类型关系的研究，包括国际关系、新闻记者与公关从业者之间的关系等。

四 总结

年度叙事是探讨公共关系从诞生至今所尝试的历史路径、理论路径、实践路径的一个重要观察点。2017年西方公共关系研究呈现出新的特点和趋势，比如，在公关史研究方面，思想与实践的历史画卷得到铺展：名人公关思想史追溯到公关领域的道德、声誉、批判性思想的源头，国际公关史再现了公关在非民主国家的成长与发展，丰富的公关案例与运动史研究则寻找到宗教公关、健康公关、NGO公关等更具现代意义的公关实践的历史性案例。但历史的时间与空间跨度仍然有待拓展。

在公关理论研究中，既有对文化循环模型、情境危机传播理论等传统主流理论的拓展研究，又有新概念的提出论证，如共享经济中的公关、文化监护人、复合型危机、参与等，并运用了经济社会学、进化心理学等跨学科理论视角，产生了丰富的理论创新成果，如媒介化公共外交、公共意义建构模型等。在此基础上，公关理论研究呈现出新的研究趋势：公共外交的关系导向正在兴起，信任概念如人际信任、组织信任、媒体信任、制度信任等随着社交媒体、移动传播融入公关，逐渐成为公关研究的核心概念；关系管理则缺乏公众与组织"联动共创"的探索；"参与"和"非参与""参与失效""参与不当"等概念有待区别，多种类型的参与研究缺乏理论的贯通和提炼，更大范围的全球化参与研究有待展开，更宏观的环境分析和更长久的历时性分析可能让研究者有新的发现。

在应用研究中，公关的职业伦理研究深入探索从业者的心理机制和教育培训体系，新媒体公关带来的职业压力等开始进入研究者的视野。但应用研究仍需要更大力度、更大范围地研究导致职业问题产生的社会、文化、机制等深层因素；公关教育的效果测量研究仍然比较匮乏。社交媒体对公众与组织关系的深层作用机制有待进一步探索，新的研究方法如"时间系列分析法"和"网络民族志方法"的引入也是未来新媒体公关研究的亮点。

总而言之，从历史到现实，从理论到实践，从思想到文化，从策略到渠道，2017年公共关系的历史、理论和应用研究的版图已然突破美国中心主义，多元的思想和丰富的实践跨越了不同的国家和种族；"公众"视角、"关系"视角动摇了"组织中心"视角的主导地位，文化与媒介的影响力日益凸显，这对于中国公关的学术研究具有重要的指导作用。

［该文发表于《新闻与传播评论》2018年第6期，作者为陈先红、秦冬雪，系教育部哲学社会科学研究重大课题攻关项目（17JZD038）、国家社会科学基金一般项目（16BXW046）的研究成果］

参考文献

［1］斯各特·卡特里普：《公共关系史（17-20世纪）》，纪华强、焦妹、陈易佳译，复旦大学出版社，2012。

［2］T. Watson & Keynote Speech, Proceedings of the International History of Public Relations, International History of Public Relations Conference, UK, 2013.

［3］César García, "Ethics and Strategy: A Communication Response to Machiavelli's The Prince in Baltasar Gracián's A Pocket Oracle," *Public Relations Review* 43 (2017): 163-171.

［4］Jordi Xifra, "Recognition, Symbolic Capital and Reputation in the Seventeent Century: Thomas Hobbes and the Origins of Critica Public Relations Historiography," *Public Relations Review* 43 (2017): 579-586.

［5］Natalia Rodríguez-Salcedo & Tom Watson, "The Development of Public Relations in Dictatorships—Southern and Eastern European Perspectives from 1945 to 1990," *Public Relations Review* 43 (2017): 375-381.

［6］Gareth Thompson, "Parallels in Propaganda? A Comparative Historical Analysis of Islamic State and the Nazi Party," *Journal of Public Relations Research* 29 (2017): 51-66.

［7］Natalia Rodríguez-Salcedo & Beatriz Gómez-Baceiredo, "A Herstory of Public Relations: Teresa Dorn, from Scott Cutlip to Burson-Marsteller Europe (1974-1995)," *Journal of Public Relations Research* 29 (2017): 16-37.

［8］Cylor Spaulding & Melanie Formentin, "Building A Religious Brand: Exploring the Foundations of the Church of Scientology through Public Relations," *Journal of Public Relations Research* 29 (2017): 38-50.

［9］William B. Anderson, "Social Movements and Public Relations in the Early Twentieth Century: How One Group Used Public Relations to Curtail Venereal Disease Rates," *Journal of Public Relations Research* 29 (2017): 3-15.

[10] William B. Anderson, "The Great War Against Venereal Disease: How the Government Used PR to Wage An Anti-vice Campaign," *Public Relations Review* 43 (2017): 507-516.

[11] Eyun-Jung Ki & Lan Ye, "An Assessment of Progress in Research on Global Public Relations from 2001 to 2014," *Public Relations Review* 43 (2017): 235-245.

[12] Eyun-Jung Ki & Lan Ye, "An Assessment of Progress in Research on Global Public Relations from 2001 to 2014," *Public Relations Review* 43 (2017): 235-245.

[13] Anne Gregory & Gregor Halff, "Understanding Public Relations in the 'Sharing Economy,'" *Public Relations Review* 43 (2017): 4-13.

[14] Bridget Tombleson & Katharina Wolf, "Rethinking the Circuit of Culture: How Participatory Culture has Transformed Crosscultural Communication," *Public Relations Review* 43 (2017): 14-25.

[15] Diana Martinelli & Elina Erzikov, "Public Relations Leadership Development Cycle: A Cross-cultural Perspective," *Public Relations Review* 43 (2017): 1062-1072.

[16] Tor Bang, "Targeting Crowds: A Study of How the Norwegian Labour Party Adapted Nazi Rhetorical Methodology," *Public Relations Review* 43 (2017): 635-643.

[17] D. R. Benecke, Z. Simpson, S. Le Roux, et al., "Cultural Intermediaries and the Circuit of Culture: The Digital Ambassadors Project in Johannesburg, South Africa," *Public Relations Review* 43 (2017): 26-34.

[18] Erica Ciszek, "Public Relations, Activism and Identity: A Cultural-economic Examination of Contemporary LGBT Activism," *Public Relations Review* 43 (2017): 709-816.

[19] G. J. Golan, "An Integrated Approach to Public Diplomacy," in G. J. Golan, S. U. Yang & D. F. Kinsey, eds., *International Public Relations and Public Diplomacy: Communication and Engagement*. New York, NY: Peter Lang, 2014, pp. 37-50.

[20] Di Wu & Aimei Yang, "China's Public Diplomatic Networks on the Ebola Issue in West Africa: Issues Management in a Network Society," *Public Relations Review* 43 (2017): 345-357.

[21] Melissa D. Dodd & Steve J. Collins, "Public Relations Message Strategies and Public Diplomacy 2.0: An Empirical Analysis Using Central-Eastern European and Western Embassy Twitter Accounts," *Public Relations Review* 43 (2017): 417-425.

[22] Aimei Yang, Rong Wang, and Jian (Jay) Wang, "Green Public Diplomacy and Global Governance: The Evolution of the U.S-China Climate Collaboration Network, 2008-2014," *Public Relations Review* 43 (2017): 1048-1061.

[23] Kirsten Mogensen, "From Public Relations to Corporate Public Diplomacy," *Public Relations Review* 43 (2017): 605-614.

[24] 陈先红:《中国公共关系学》,中国传媒大学出版社,2018,第606页。

[25] Wouter Jong, "Meaning Making by Public Leaders in Times of Crisis: An

Assessment," *Public Relations Review* 43 (2017): 1025-1035.

[26] Aimei Yang & Josh Bentley, "A Balance Theory Approach to Stakeholder Network and Apology Strategy," *Public Relations Review* 43 (2017): 267-277.

[27] Shari R. Veil & Kathryn E. Anthony, "Exploring Public Relations Challenges in Compounding Crises: The Pariah Effect of Toxic Trailers," *Journal of Public Relations Research* 29 (2017): 141-157.

[28] 陈先红:《中国公共关系学》,中国传媒大学出版社,2018,第6页。

[29] Marlene S. Neill & Hua Jiang, "Functional Silos, Integration & Encroachment in Internal Communication," *Public Relations Review* 43 (2017): 850-862.

[30] Zongchao, Cathy Li, and Don Stacks, "When the Relationships Fail: A Microperspective on Consumer Responses to Service Failure," *Journal of Public Relations Research* 29 (2017): 158-175.

[31] Virginia S. Harrison, Anli Xiao, and Holly K. Ott, "Denise Bortree Calling All Volunteers: The Role of Stewardship and Involvement in Volunteer-organization Relationships," *Public Relations Review* 43 (2017): 872-881.

[32] Lea Anna Cardwell, Sean Williams, and Andrew Pyle, "Corporate Public Relations Dynamics: Internal vs. External Stakeholders and the Role of the Practitioner," *Public Relations Review* 43 (2017): 152-162.

[33] Minjeong Kang & Young Eun Park, "Exploring Trust and Distrust as Conceptually and Empirically Distinct Constructs: Association with Symmetrical Communication and Public Engagement across Four Pairings of Trust and Distrust," *Journal of Public Relations Research* 29 (2017): 114-135.

[34] Soojin Kim & Arunima Krishna, "Communication or Action? Strategies Fostering Ethical Organizational Conduct and Relational Outcomes," *Public Relations Review* 43 (2017): 560-567.

[35] M. Kang, "Understanding Public Engagement: Conceptualizing and Measuring its Influence on Supportive Behavioral Intentions," *Journal of Public Relations Research* 26 (2014): 399-416.

[36] A. L. Hutchins & N. T. J. Tindall, *Public Relations and Participatory Culture: Fandom, Social Media and Community Engagement.* New York: Routledge, 2016.

[37] Ganga S. Dhanesh, "Putting Engagement in its PRoper Place: State of the Field, Definition and Model of Engagement in Public Relations," *Public Relations Review* 43 (2017): 925-933.

[38] 陈先红:《中国公共关系学》,中国传媒大学出版社,2018,第173页。

[39] M. Taylor & M. L. Kent, "Dialogic Engagement: Clarifying Foundational Concepts," *Journal of Public Relations Research* 26 (2014): 384-398.

[40] Michael L. Kent, Anne B. Lane, "A Rhizomatous Metaphor for Dialogic Theory," *Public Relations Review* 43 (2017): 568-578.

［41］Chris Galloway, "Blink and They're Gone: PR and the Battle for Attention," *Public Relations Review* 43（2017）: 969-977.

［42］Moonhee Cho & Giselle A. Auger, "Extrovert and Engaged? Exploring the Connection between Personality and Involvement of Stakeholders and the Perceived Relationship Investment of Nonprofit Organizations," *Public Relations Review* 43（2017）: 729-737.

［43］Yi-Ru Regina Chen, "Perceived Values of Branded Mobile Media, Consumer Engagement, Business-consumer Relationship Quality and Purchase Intention: A Study of WeChat in China," *Public Relations Review* 43（2017）: 945-954.

［44］Justin Walden, Eun Hwa Jung, and Y. K. Catherine, "Westerman Employee Communication, Job Engagement, and Organizational Commitment: A Study of Members of the Millennial Generation," *Journal of Public Relations Research* 29（2017）: 73-89.

［45］Ying Hu & Cornelius B. Pratt, "Grounding Civic Engagement in Strategic Communication for China's Public-health Programs: Air-quality Campaigns as a Case Study," *Public Relations Review* 43（2017）: 461-467.

［46］陈先红:《中国公共关系学》，中国传媒大学出版社，2018，第547页。

［47］Marlene S. Neill & Nancy Weaver, "Silent & Unprepared: Most Millennial Practitioners Have not Embraced Role as Ethical Conscience," *Public Relations Review* 43（2017）: 337-344.

［48］Jens Seiffert-Brockmann & Kerstin Thummes, "A Psychological and Sociological Approach to the Challenge of Conflicting Expectations," *Public Relations Review* 43（2017）: 133-144.

［49］Dustin Manley & Jean Valin, "Laying the Foundation for A Global Body of Knowledge in Public Relations and Communications Management," *Public Relations Review* 43（2017）: 56-70.

［50］Manaf Bashir & Abdalaziz Aldaihani, "Public Relations in An Online Environment: Discourse Description of Social Media in Kuwaiti Organizations," *Public Relations Review* 43（2017）: 777-787.

［51］Damir Jugo, Lana Ciboci, and Maro Alavanja, "Trends in Education of Communication Professionals: The Perspective of Educators and Employers in Croatia," *Public Relations Review* 43（2017）: 998-1006.

［52］Kathy Matilla, Joan Cuenca-Fontbona, and Marc Compte-Pujol, "An Analysis of the University Curricula of Spanish 'Dircoms' from A Public Relations Approach," *Public Relations Review* 43（2007）: 624-634.

［53］Anne B. Lane, Kim A. Johnston, "Bridging the Writing Gap between Student and Professional: Analyzing Writing Education in Public Relations and Journalism," *Public Relations Review* 43（2017）: 314-325.

［54］陈先红、刘晓程:《专业主义的同构:生态学视野下新闻与公关的职业关

系分析》,《新闻大学》2013年第2期,第98~104页。

[55] Ana Tkalac Verčič, Danijela Lali c′, and Dunja Vujiči c′, "Journalists and Public Relations Practitioners: Comparing Two Countries," *Public Relations Review* 43 (2017): 527-536.

[56] Sing Bik Cindy Ngai & Jesper Falkheimer, "How IKEA Turned A Crisis into An Opportunity," *Public Relations Review* 43 (2017): 246-248.

[57] Justin A. Walden & Joshua M. Parcha, " 'This Is A Stage': A Study of Public Relations Practitioners' Imagined Online Audiences," *Public Relations Review* 43 (2017): 145-151.

[58] Margalit Toledano, "Emergent Methods: Using Netnography in Public Relations Research," *Public Relations Review* 43 (2017): 597-604.

[59] G. M. Bowler, "Netnography: A Method Specifically Designed to Study Cultures and Communities Online," *The Qualitative Report* 15 (2010): 1270-1275.

公众的公共关系认知

"公关的公关":中国公共关系从业者的职业认知研究

一 公共关系认知的"乱象"

虽然公共关系职业化的发展已有百余年历史,但到底什么是公共关系?知名公关学者和教育家卡特里普在《看不见的权力》一书中指出(Cutlip,1994),公共关系的本质是模糊不清的(opaque nature of the public relations industry)。公共关系常常与广告、营销传播、宣传等相混淆(Newsom,Turck & Kruckeberg,2004;拉铁摩尔等,2006),这种混淆本身反映了人们对公共关系在组织中所扮演角色的一种误解。Ben-Piet Venter(2010)对南非公共关系协会成员的调查显示,公共关系在组织中扮演的角色是不明确的,"公关"的声誉不佳;公共关系行业需要重新检视其在组织中扮演的角色,并重新审视其作为商业机构战略伙伴所发挥的功能。

在普通公众心目中,公共关系一直存在"严重的形象问题"(serious image problem)。卡特里普等(Cutlip, Center & Broom,1985:451)在20世纪80年代写道,公共关系被认为是"一种不光彩的活动",使大众媒体充斥着"零零碎碎的虚假事件和浮夸矫饰的辞藻"。二十多年后,公众仍然认为公共关系是"臭名昭著的"(unsavoury reputation),公关从业者被称为"化妆师"(spin doctors)(Steyn & Puth,2000)。De Bussy & Wolf(2009:380)甚至辛辣地讽刺称,在公众面前,公关从业者甚至"不敢说出自己从事的职业"。在公共关系的公众形象与认知探讨之外,还涌现出大量关于"公共关系"这个称谓本身是否应该被放弃并以其他名词来替代的讨论(Brody,1992;Sparks,1993)。Venter(2010)则认为,改换"公共关系"的名称尚不足以解决问题。

在整体上,公共关系对新闻报道的贡献率为 40%~70%,因此,"在一定意义上,公关从业者使记者的工作变得更加容易,使记者节省了时间和精力,并提供了也许通过其他途径无法得到的信息"。(拉铁摩尔等,2006:209)然而,许多研究显示(Aronoff,1975;Kopenhaver,1985),新闻记者对公共关系从业者的态度是轻蔑傲慢的(contemptuous views),认为公共关系本身拥有一种"狡诈的偏向"(an insidious bias),不能与自己所从事的新闻业相提并论。Wright 对 342 名公关教育者的调查显示,尽管许多社会群体对公共关系抱有职业上的偏见和歧视(professional prejudice and discrimination),但来自新闻记者和新闻教育者的偏见和歧视最为深重。

公共关系在媒体上呈现的图景,往往以负面居多。Spicer(1993)发现纸质媒体往往将公共关系与分散注意力(distraction)、灾难、挑战、大肆宣传(hype)、"狭义公关"、战争、闲谈(schmooze)等联系在一起。在 Spicer 选取的样本中,对于公共关系的描述,有 83% 是负面或贬斥的(negative or pejorative),仅有 17% 是中立或正面的。Spicer 得出结论说,至少从他的样本中,无法看出纸质媒体将公共关系作为一种提供信息和冲突解决方案的有益社会力量。十年之后 Jo(2003)做了类似研究,发现媒体几乎将公共关系等同于"形象—声誉管理"(image-reputation management)和"说服"(persuasion),而倾向于忽视公共关系的其他功能,特别是富有经验的公关从业者常常扮演的管理角色。Jo 还发现媒体对公共关系的描述中,有 41% 是负面的,如"公关噱头"(public relations stunt),仅有 12% 是正面的,如"公关建议"(public relations advice)。Jo 据此认为,公共关系的规范性定义(normative definition)和媒体新闻的表述之间存在明显偏差。White & Park(2010:319-320)通过框架分析和梳理议程设置的研究文献认为,媒体对公共关系的消极描绘将成为"文化持久部分的一种框架模式","媒介框架持续负面模式的使用会影响到受众如何看待公共关系，反过来也影响关于该行业和人们赋予它的社会价值的重要性和信誉的认知"。

公众、记者和媒体对公共关系的负面印象，可能与更为广阔和深远的社会、政治效应产生关联。Miller & Dinan（2007）在著作中将公共关系视为"民主的杀手"（the assault on democracy），将公共关系等同于"厚脸皮的宣传"（unabashed advocacy），包括操纵（manipulation）、撒谎和编造（spin），认为公共关系业是讨厌公开和透明的。因此，现代公共关系威胁并推翻了社会的民主决策，政府的公关运作使自由的民主社会不能回应民众的诉求。在 Miller & Dinan（2007）看来，商业领域的公关从业者则无异于消费者群体集会中的"谍报特工"（espionage agents）。

企业管理层对公共关系的评价亦令人担忧。Donald K. Wright（1997）发现，在非公共关系企业中，各职能部门成员不知道公共关系在他们的组织中发挥什么样的作用；尽管非公关领域的企业执行者认为公共关系或传播职能对组织是很重要的，但他们未被告知组织的公共关系或企业传播者具体做了什么工作。Graeme David Sterne（2008）对新西兰排名前 200 企业的 28 位高级管理人员进行了问卷调查和访谈，发现 CEO 们对公关从业人员的评价非常低，他们倾向于将公共关系视为商业活动的组成部分，除非是出现危机，企业声誉管理最好由自己执行，而不是交由公关顾问。Sterne（2008）指出，没有企业会选择在企业内部沟通中使用"公共关系"一词，管理者们尽量使自己远离公共关系，宣称要进行以诚信为本的透明沟通。研究还发现，高层管理者将公共关系视为服务营销，但对沟通人员有效传达战略信息的能力持怀疑态度。

打破公共关系认知"乱象丛生"局面的唯一例外，是近期美国学者所做的一项电话调查（White & Park，2010）。他们发现，较之于媒体所描述的，在公众眼中，公共关系是更加积极的。受访者将公共关系视为一项提供信息的、有益于社会的重要活动，并不认为它是一种控制损害、具有隐瞒或掩饰某事件企图的非实质性活动。然而，相关研究也发现，人们将公共关系与宣传、媒体关系、组织推进议程的企图联系在一起。

二 公共关系从业者和"准从业者"的职业认知

尽管普通公众和新闻从业者等社会群体对公共关系持有负面和消极评价，但公关从业者和"准从业者"（主修公共关系或相关专业的学生）并不以同样的眼光看待自己。前者是社会认知，体现了公众对某一特定社会群体的认识和评价，可能包含大量主观成分，且容易受到媒体报道的影响；而后者是一种自我认识和评价，属于职业认知的范畴，并进一步成为"职业认同"（career identity）的重要组成部分，甚至是基础性内容。

在"职业社会学"（the sociology of the professions）视野中，职业认知是从业者对自己所从事职业的性质、功能、意义、价值、要求、规范的认识；职业认同中实际包含着从业者的职业认知或意识的发育与成长意涵（MacDonald，1995）。任何社会分工最初产生的都只是工作或行业（occupation），只有经过职业化（professionalization），具备一定的职业意识和品格，工作才变成"职业"（profession）。Holland 强调职业认同是一种相对稳定的状态，是个体认识自我和职业环境后的一种结果（Holland，Johnston & Asama，1993）。在职业同一性的形成过程中，从业者逐渐认识到自己的基本特征和在社会上的位置和角色。Fugate 等（Fugate，Kinicki & Ashforth，2004）认为职业认同通常为不同的职业经历和愿望提供了一种较为连贯清晰的解释。职业领域的同一性，可以看作个体选择用"未来想从事的职业"或"现在正在从事的职业"来回答"我是谁"这个问题。可见，职业认同是个体在与职业环境的互动中对自我的认识过程。

Venter（2004）发现公共关系从业者对他们在组织中所扮演角色的认知是模糊不清的，同时，他们还认为自己缺乏战略、商业管理、营销以及公共关系专业方面的知识和经验。Stacks，Botan & Turk（1999）调查了公共关系的从业者和教育者，以评估公众和他们对公共关系理解的一致性或差异性。研究发现，85%的被访者认为公众不理解何为公共关系，42%的被访者认为大多数新闻记者不理解公共关系。这种认知"鸿沟"的存在一定程度上表明,公众心目中公共关系的规定性是不明确的。

Bowen(2003)对美国两所设有公共关系专业的大型公立大学的学生进行了为期两年的调查,研究他们在接受公共关系课程教育前后的认知差异。调查发现,这些"准公关从业者"对自己所处的专业领域缺乏准确的认知,公共关系专业对学生的知识训练是"松散的"(lax)。学生们并不清楚公共关系的学术理念,以及公共关系职业领域包含的内容;他们对公共关系的误解主要包括四个方面:对公共关系领域的负面感知、管理知识的缺乏、对关系理解的缺乏和研究知识的缺乏。Bowen(2009)还对主修公关专业的学生进行了访谈,发现大多数学生选择公关专业是"偶然的"(by accident),这说明学生们在选择时并不确信公共关系是一个"好的"专业。被访者认为公共关系就是媒体关系,也没有意识到具备调查研究和管理技巧对职业成功的价值。研究还发现,学生们对公共关系存在负面感知,比如他们认为媒体描述的"出售形象"(selling an image)、"编造"(spin)等,就是公共关系的工作内容。

此后,Brown, White & Waymer(2011)沿用 Bowen 的方法,对非洲裔美国学生进行深入访谈,探究他们对公共关系的认知及这些认知对其选择公共关系作为主修专业的影响。调查发现,选择公关专业的动机和以往研究中对其他学生的调查结果没有差异,主要受从事本行业的家人或朋友,以及电视节目的影响;而当被问及他们选择公关专业之前对公共关系的理解时,回答主要有三种:公共关系是迷人的、公共关系主要处理危机和控制损害、公共关系就是活动策划。

这些实证研究的结果显示,公关准从业者对公共关系的基本理解,如职业性质、功能和规范等方面,还存在许多问题,这似乎说明他们对公共关系的认知还远未达到"职业同一性"的境地。那么,那些已在公关行业中拥有不少工作经验的从业者,如何看待自己从事的职业?与普通公众群体和学生不同,公关从业者是一个职业共同体(professional community),拥有职业认同的基础,他们对公共关系的认知具有特别重要的意义。职业认知是认同的基础,不仅强化认同,还能赋予认同以明确的方向感。可以设想,如果公关从业者对所从事职业的内容、本质、功能、价值及社会意义缺乏全面而深入的认识,即使具备职业认同感,那么这种认同也可能是盲目的,或者说基础并不稳固。综观已有的文献,尚未有研究对此给出明确的答案。我们将以中国的公共关系从业者为访谈对象,对公关从业者如何看待公共关系职业给予初步回答。

三 中国的公共关系行业与公关从业者

自改革开放以来,中国公共关系行业得到逐步发展。1984年,广州白云山制药厂率先在国有企业中设立公共关系部门,开展公关业务,曾轰动一时。1987年6月,"中国公共关系协会"成立,标志着公关在中国得到官方认可。1989年,广东电视台播出首部反映公关行业的连续剧《公关小姐》,使公关员的形象风靡大江南北,但"也导致人们错误地把公关等同为时髦打扮和灯红酒绿的繁华生活。直到90年代末公关业开始职业化进程,各行各业利用公关来维护组织形象,人们的这种误解才逐渐消除"。(吴静,2012)中国的公关市场规模不断扩大,2000年营业额为15亿元,2005年达到60亿元,2010年约为210亿元(中国国际公共关系协会,2011)。从这种跳跃式增长的市场规模数值中,可以看到中国公共关系发展的基本轨迹。

在中国,伴随着计划经济体系向市场经济体制的转型,公共关系越来越被视为改善组织形象、宣传产品和营销传播活动的重要手段。近年来的研究显示(Chen, 2009; Liu, Chang & Zhao, 2009),中国的政府机构和社会组织也越来越注意利用公共关系与外部公众进行沟通(尤其是危机情境中),以及管理与目标公众间的关系。这体现出在中国,公共关系的规定性从单纯的技术功能向更具战略性的关系建构、形象声誉管理、社会责任倡导及塑造组织认同变迁(Cai, Lee & Pang, 2009)。正如格鲁尼格的卓越公关理论所强调的(Grunig & Dozier, 2002),公共关系在中国的发展状况表明,它本身作为一种战略管理的手段,被用以构建与公众之间的长期互信关系。

中国公众对公共关系的认识,有可能比西方社会更加负面和消极。2000年,时任国际公共关系协会发展部主任的陈向阳曾写道:"社会公众对公共关系的认识还存在很多误区。例如，认为公共关系只是一种知识而不是技能，或者认为公共关系可以'包治百病'，无所不能，而人们常将'公共关系'与'人际'混为一谈。"这成为当时开展公关业务的最大障碍。张艳（2003）则认为，在中国，公关知识的普及远远落后于公共关系的发展，许多人认为公共关系就是"拉关系、走后门"，也有人认为公共关系不外乎是"凭脸蛋子，耍嘴皮子，使手腕子，塞大票子"；有些人还把"请客送礼，吃吃喝喝"当成公共关系的代名词。"一些企业在招聘公关员时，以女性为必要条件，其标准近乎选美。这些现象在中国经济暂时落后的西部地区尤为普遍。"

在连续两年出版的《中国公关行业调查报告》（2005年、2006年）中，研究人员发现，88.9%的公关从业者认为自己的行业被人误解。在公关公司看来，54%的人认为"社会大众对公关存在普遍的误解和偏见"；一位国际大型公关公司的高级顾问甚至说他的家人都不知道他是做什么的（齐小华等，2006：210）。特殊的历史文化传统使"关系"在中国被赋予了与西方社会不同的含义（Huang，2000）。尽管当前国内公关公司的运作在逐步向正规化迈进，但诸如请客送礼等已成为公关公司日常工作的一部分，外资公关公司也日益采纳这些方法；在公关行业，人才流动频繁；对于是否还留在公关行业中，多数从业者持观望态度（齐小华等，2006：213~215）。这似乎表明，在中国，公关从业者对所从事职业的认知和评价，可能并不乐观。

四 研究问题

本文的主要目的是以中国的公共关系从业者为被访对象，探讨他们对公共关系的认知现状。在职业社会学的视野中，从业者构成了一个职业共同体，他们的职业认知主要关乎职业的性质、功能、价值、规范等层面（Dingwall & Lewis，1983；Mac Donald，1995）。米勒森认为，一个行业在职业化的发展过程中，最重要的主观因素是从业者的自我意识和行业外部对该行业作为一种职业的认同（Millerson，1964）。与此相对应，我们将从业者对公共关系的本质规定性和功能的认知作为自我意识的观察指标，同时将公共关系的社会价值、职业伦理和职业声望作为外部认同的指标。因此，我们着重提出了如下四个问题：

问题1：公关从业者如何认知公共关系的本质？

问题2：公关从业者眼中的公共关系功能有哪些？

问题3：公关从业者对公共关系社会价值的理解如何？

问题4：公关从业者如何看待公共关系的职业伦理和职业声望？

五 研究方法

由于缺乏可获得的公共关系从业者名录，我们根据Katz的建议，采用了滚雪球抽样的方式来获取调查所需的被访者。具体方法是，研究者邀请认识的公共关系从业者填写问卷，他们再邀请认识的同行来填写。以滚雪球的方式使被访者参与调查是一种较为常用的方法。中国公关学者Li曾和她的合作者采用这种抽样方法研究本土公共关系从业者的专业标准与公关角色认知等问题（Li, Cropp, Sims & Jin, 2012；Li, Cropp & Jin, 2010）。

我们的问卷调查时间是2012年5～7月。问卷形式包括网络版和纸质版。网络版问卷被置于"问卷星"网站，这是一家专业性的问卷调查机构。为防止不合格的被访者填写问卷，我们将问卷设置为不对外公开，然后将问卷网络地址通过电子邮件等形式传送给潜在的被访者，要求他们填写。同时，也邀请他们认识的同行来填写。我们采用网络IP地址控制的方式以防止在同一台电脑上重复多次填写。纸质版问卷主要被寄给研究者熟识的公共关系从业者相对集中的地区或机构，由机构负责人分发给潜在的被访者填写后再回收，并寄给研究者。

调查共获得有效问卷357份。同样是以滚雪球方式获得被访者的研究，Li及其同事在对中国公共关系从业者的两次调查中，得到的有效样本量分别为94（Li, Cropp & Jin, 2010）和118（Li, Cropp, Sims & Jin, 2012）。可见，本次调查的滚雪球抽样，至少在样本数量上，执行效果要好得多。

我们根据已有的文献（拉铁摩尔等，2006；陈先红，2006，2009，

2010；White & Park，2010），同时通过访谈多名公关领域的从业者和教育者，对公共关系的本质、功能、社会价值和职业道德与声望等关键性概念进行操作化处理（具体处理方式在下文提及），以此为基础编制了问卷的初稿。然后，以 20 多位公关从业者和公关专业的学生为被访对象，进行了预研究。根据预研究的结果，我们对问卷初稿进行了调整。最后，在全国范围内做大规模调研，从而获得了本文分析所需要的数据。

样本的基本构成如下。男性占 46.2%，女性占 53.8%；71.2% 的被访者的受教育程度为本科，研究生及以上学历者占 12.5%；59.4% 的被访者家人朋友中有人从事媒体、营销、广告或公关类行业。被访者的平均年龄为 28.05 岁，标准差为 3.95。收入水平上，月薪超过 10000 元的被访者占 15.3%，8001~10000 元的占 16.8%，6001~8000 元的占 17.7%，4001~6000 元的占 26.8%，2501~4000 元的占 17.1%，其余 6.2% 的被访者的月薪在 2500 元及以下。

本调查的样本与《中国公关行业调查报告》（2005 年、2006 年）中的中国公共关系从业者的基本面貌，具有很强的可比性。2005 年的报告显示，公关从业者主要以本科学历为主，占 76.9%，绝大部分从业者在 39 岁以下（81.5%），一半以上（57.4%）的从业人员为女性（齐小华等，2006）。2006 年的报告则显示，中国公关从业者的平均年龄为 28.79 岁，本科学历的从业者占绝对主体（齐小华等，2007）。鉴于上述原因，我们没有对数据进行加权处理。

六 研究发现

在调查中，我们首先询问了被访者对公共关系的基本印象。当提及"公共关系"一词时，67.2% 的被访者赞同它是"处理危机事件"或"职业性的传播活动"，分别有 55.1% 和 53.4% 的被访者赞同公共关系和"广告与营销""联络媒体"的密切关系。认为公共关系是"智力咨询服务"的被访者的比例为 44.1%，不足四成的被访者认为公共关系是"办活动"（38.7%）和"搞社会关系"（36.4%）。仅有略超一成的被访者赞同公共关系是"美女攻关"(11.3%)或"吹嘘炒作"(11.0%)。

同时,我们还列出了七种说法,涉及公共关系存在的必要性和性质、公关与新闻及广告的关系,要求被访者指出他们对这些说法的同意程度。如表1所示,超七成的被访者认为公共关系的花费是"非常值得的"。对于公共关系的性质,只有不足1/4的从业者将它等同于"媒体关系",但接近四成的从业者认为公共关系就是宣传。

在公共关系与新闻的关系上,约1/4被访者承认公共关系破坏了新闻报道的客观公正性,但有超过一半(54.7%)的被访者认可它对新闻报道的价值。至于公共关系和广告的关系,只有不足一半的被访者赞同"公共关系就是一种软性广告",但超过七成的人认为"广告的公共关系化趋势日益增加"。与此形成对比的是,《中国公关行业调查报告》(2006)显示,对于"公关和广告补救将走向融合"的说法,只有31%的公关从业者表示认同(齐小华等,2007)。

表1 被访者对公共关系的基本印象

说法	同意	中立
公共关系的花费是非常值得的	72.7%	14.7%
公共关系就是媒体关系	24.5%	31.9%
公共关系就是宣传	39.0%	26.6%
公共关系破坏了新闻报道的客观公正性	24.8%	36.8%
公共关系为新闻报道提供了有用的信息	54.7%	40.0%
公共关系就是一种软性广告	46.7%	27.9%
广告的公共关系化趋势日益增加	73.6%	18.7%

问题1:公关从业者如何认知公共关系的本质?

对于这一问题,我们列举了当前公共关系学界和业界对公关最常见的七种规定性表述,要求被访者在五级量表上表明自己的同意程度。结果如图1所示,被访的绝大多数公关从业者认同("同意"和"非常同意",以下皆同)将公共关系作为"形象/声誉管理"的手段,所占比例达84.3%。其次是将公共关系视为"传播管理"和"关系管理",亦接近八成。"关系生态管理"和"说服公众"皆获得了近七成受访从业者的认同。分别有略超四成的被访公关从业者认为公共关系是"一种科学与艺术""民主的沟通",但却有 1/3 的被访者对最后两种说法表示"中立",这意味着他们并不反对这种说法。

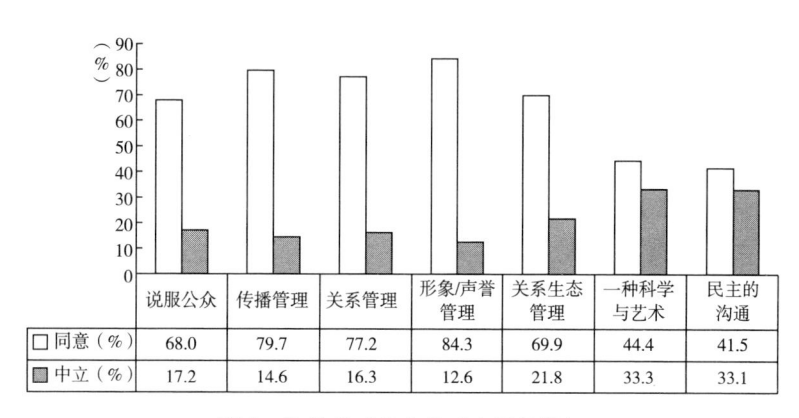

	说服公众	传播管理	关系管理	形象/声誉管理	关系生态管理	一种科学与艺术	民主的沟通
同意（%）	68.0	79.7	77.2	84.3	69.9	44.4	41.5
中立（%）	17.2	14.6	16.3	12.6	21.8	33.3	33.1

图 1 被访者对公共关系本质的认知

问题 2：公关从业者眼中的公共关系功能有哪些？

我们列举了公共关系在操作层面的 6 种描述性功能，包括促使组织进步、促进组织事务的成功、提供有价值的信息、推进组织议程、掩盖与遮蔽负面信息、为减少损害进行控制。这些描述性功能或属性在此前的研究（White & Park，2010）中被认为是值得关注的，我们要求被访者在李克特五级量表上指出自己的同意程度。分析显示，近八成的被访者认同（包括"同意"和"非常同意"）公共关系"促进组织事务的成功"；分别有七成左右的被访者认同公共关系"推进组织议程"和"促使组织进步"。

由于"公关领导者通过对社会负责任的行为使组织保持赢利和持久发展，这些行为同时也符合公众和组织的自身利益"，得到上述结论应该是自然而然的。另外，约六成被访者认为公共关系的实践功能包括"提供有价值的信息"，将近四成的被访者认同"掩盖与遮蔽负面信息"的说法，还有约一半的被访者认为公共关系具有"为减少损害进行控制"的功能（见图 2）。

公共关系学的想象：视域、理论与方法

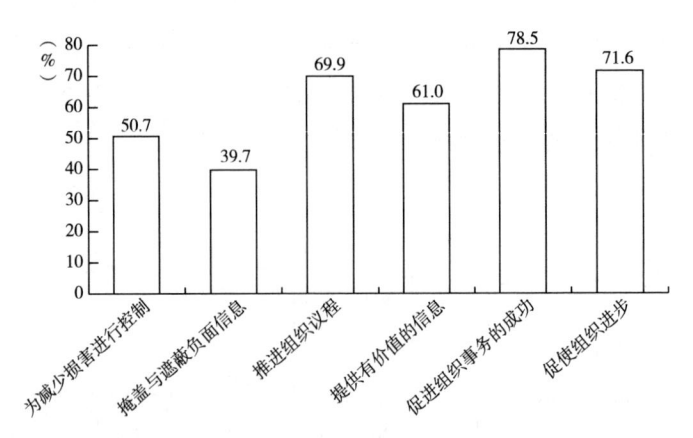

图2　被访者对公共关系描述性功能的认知

功能	百分比(%)
为减少损害进行控制	50.7
掩盖与遮蔽负面信息	39.7
推进组织议程	69.9
提供有价值的信息	61.0
促进组织事务的成功	78.5
促使组织进步	71.6

问题3：公关从业者对公共关系社会价值的理解如何？

公共关系的社会价值是公关实践超越专业领域的功能体现。我们归纳了6种可能体现公共关系社会价值的表述，要求被访者在李克特五级量表上指出自己同意的程度。结果表明，分别有八成左右的公关从业者认同公共关系能"产生友好互动的公众情感体验""建立和维持关系信任""生成和积累社会支持"；对于另外三种社会价值，包括"促进公益性的文化传播""引导和谐舆论""战略层面顶层设计"，都有约七成的被访者表示认同（见图3）。

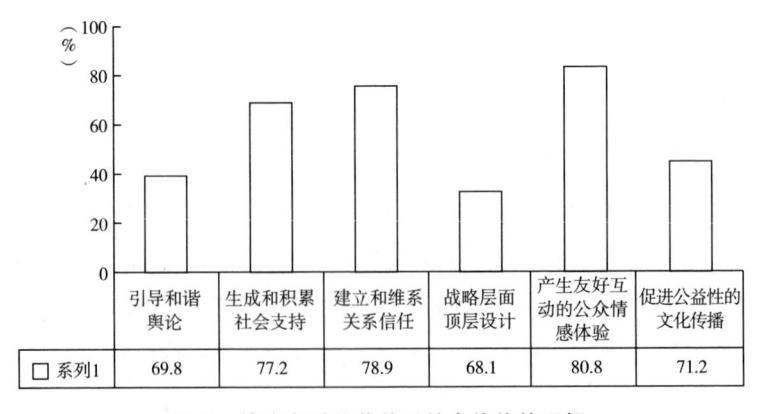

图3　被访者对公共关系社会价值的理解

系列1	百分比(%)
引导和谐舆论	69.8
生成和积累社会支持	77.2
建立和维系关系信任	78.9
战略层面顶层设计	68.1
产生友好互动的公众情感体验	80.8
促进公益性的文化传播	71.2

问题4：公关从业者如何看待公共关系的职业伦理和职业声望？

职业伦理是职业合法性的重要组成部分，是形成职业规范的边界所在。我们采用两种陈述——"公共关系传播是合法的""公共关系传播是讲究职业道德的"来测试。具体的方法是，要求被访者在李克特五级量表上选择自己的同意程度。结果显示，约八成的被访者表示认同（"同意"和"非常同意"），约两成表示中立（见图4）。这说明被访的公共关系从业者认为自己所从事的职业具有很好的职业伦理。

	公共关系传播是合法的	公共关系传播是讲究职业道德的	公共关系传播是趣味高雅的	公共关系传播是真实准确公正的	公共关系职业是受人喜爱和欢迎的	公共关系从业人员是受人尊重的
同意（%）	81.6	76.9	56.1	56.9	51.2	48.4
中立（%）	15.3	20.2	30.0	36.3	41.6	40.2

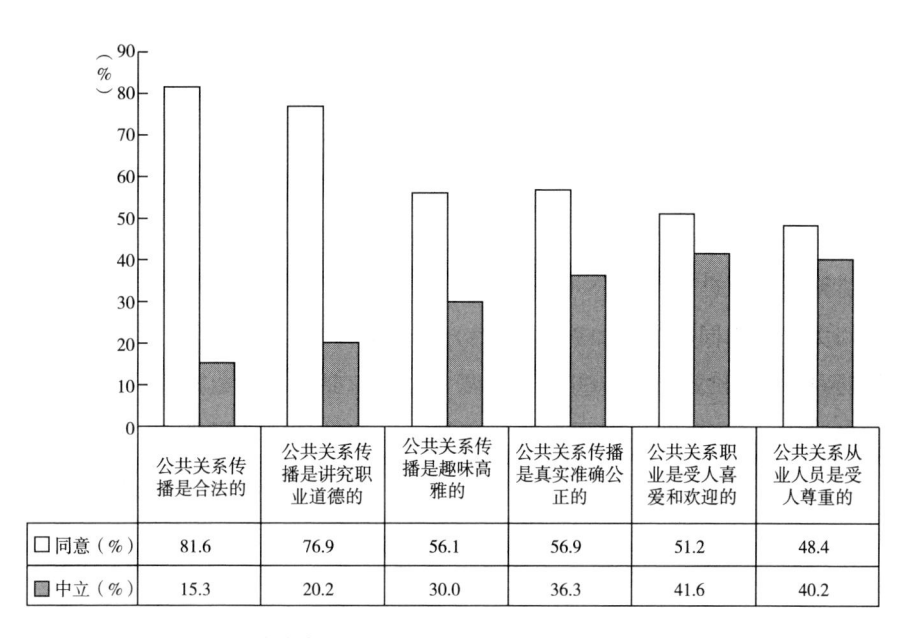

图4 被访者对公共关系职业伦理和职业声望的认知

如下四个项目，包括公共关系传播是趣味高雅的、公共关系传播是真实准确公正的、公共关系职业是受人喜爱和欢迎的、公共关系从业人员是受人尊重的，被用来衡量被访者对公共关系职业声望的评价。尽管职业声望应由行业外部的公众来评价，但根据公关从业者的态度来考察也不失为一种方法，因为从业者的态度必然受公众的影响。分析表明，超过五成半的被访者认为公共关系传播是趣味高雅和真实准确公正的，另有约五成的被访者认为公共关系职业是受人喜爱和欢迎的、公共关系从业人员是受人尊重的。

七 结论与讨论

对任何行业而言,"职业化"(professionalism)从来都是一个不容忽视的话题。职业化关键在于从业者,从业者如何认知和评价自己从事的工作,成为职业认同的重要内容。20世纪20年代的美国,就有杂志宣称公共关系已成为一种"职业",但直到八九十年代,公关职业化的议题才进入公关学界的视野,并延续至今(Grunig, 2000; David, 2004; Gupta, 2007)。批评者认为,公共关系尚未获得"专业地位"(professional status),它仅仅是一个"行当"(trade),是一种需要熟练技术的传播实践活动。格鲁尼格强调说(Grunig, 2000),只有当公众认为公共关系所扮演的角色是对社会有价值的,以及公关从业者的建议被客户接受之时,公共关系才可能获得其职业地位。

Pieczka(2000)认为对许多行业特别是像公共关系这样的行业来说,"职业化"概念的使用,往往与行业地位提高的诉求和对行业形象改善的期盼有关。如同本文的文献综述所揭示的,在普通公众、媒体和企业管理层看来,公共关系所扮演的角色模糊不清,其社会价值极少得到认可,甚至面临着"严重的形象问题"。大量对公共关系"准从业者"的实证调查显示,他们对公共关系的性质、功能和规范等方面的理解还存在大量的分歧。这些都表明,对公共关系从业者的职业认知研究是极有必要的——不仅有助于认识公关职业共同体的职业心态,明确其职业认同的基础和方向感,也有助于公共关系行业地位的提升和公众形象的改善。

职业社会学研究往往关注医生、律师、教师等公认的争议较小的职业,关注的焦点在于一个行业(occupation)中的人们在什么条件下试图使其成为一个职业/专业(profession)并使自己成为职业/专业人群(MacDonald, 1995)。与公共关系具有可比性并具有高度关联性的行业是新闻业。无论过去还是当前,关于新闻职业化或专业化的探讨一直是热门话题,这无疑源于学界业界对新闻业职业认同的深度焦虑。肯定者有之,但否定和质疑的声音一直存在,坚称"新闻工作在诸多方面还称不上一门成熟的职业"（丹尼斯和梅里尔，2004）。戈公振先生曾指出，早期中国新闻业的公众形象极其负面，彼时投身于新闻界的从业者，甚至被视为从事"不名誉之职业"的"无赖文人"，"不仅官场仇视之，即社会亦以搬弄是非轻薄之"。（戈公振，1928）正如今天的公共关系从业者在公众面前"不敢说出自己的职业"，民国时代的新闻从业者向别人介绍自己的身份时，难免"对人嗫嚅不敢出口也"（姚公鹤，1989）。

本文以中国的公关从业者为对象，考察他们对公共关系的职业认知。调查发现，被访者对公共关系本质规定性的理解存在较高的认同度，绝大多数（约八成）从业者认为公共关系应该是形象/声誉管理、传播管理和关系管理。同时，在对公共关系操作层面的描述性功能认知上，公关从业者相对普遍地（七成至八成）认同公共关系对组织的积极作用，包括促进组织事务的成功、促使组织进步和推进组织议程；只有少部分被访者肯定公共关系可能存在的消极功能（掩盖和遮蔽负面信息）。这表明公关从业者作为一个职业共同体，对于公共关系的定义以及存在的价值拥有较为清晰的认识和判断。这种对职业相对一致的认知，正是构建职业认同的基础。

如果说对公共关系的本质规定性和功能的认识需要较多的专业知识，更多地指向行业内部；那么从业者对职业的社会价值、伦理和声望的评价，则更多地指向行业外部。我们的调查显示，绝大多数（约八成）被访者对公共关系的社会价值，包括积极的公众情感体验、建立和维持关系信任、生成和积累社会支持，持明显的认同态度。绝大多数人（八成）同样对公共关系的合法性和职业道德给予了肯定。不过，他们似乎认识到公众对公关行业的既有印象，因此，仅有一半的公关从业者对公共关系的职业声望持乐观态度。尽管如此，实证分析的结果无疑是乐观的——从改善社会公众对公共关系的印象入手，提升公共关系的职业声望，是当前强化公共关系职业地位的现实选择。

拉铁摩尔等（2006）指出，在公共关系百余年的发展史上，"也许最重要的是把公共关系发展成一个定义明确、值得尊重和广为人们接受的专业实践领域所做的种种努力"。我们的研究揭示了在公共关系行业迅速发展的中国，公关从业者对所从事职业的认知状况。在职业认知之外，还有职业兴趣、从业动机、职业忠诚、职业理想等话题，它们相互交织，共同指向一个更为根本的、具有哲学价值的命题，即"我是谁"。对处于职业化进程中的公共关系行业来说，这样的问题显得更具现实意义。

（该文原载于《中国公共关系年度报告（2014）》，华中科技大学出版社，2015，作者为陈先红、张明新，此处有修改）

参考文献

〔美〕丹·拉铁摩尔、奥蒂斯·巴斯金、苏泽特·海曼、伊丽莎白·托特、詹姆斯·范·勒文：《公共关系：职业与实践》，朱启文、冯启华译，北京大学出版社，2006。

〔美〕詹姆斯·格鲁尼格等：《卓越公共关系与传播管理》，卫五名等译，北京大学出版社，2008。

埃弗里特·E.丹尼斯、约翰·C.梅里尔：《媒介论争》，王纬等译，北京广播学院出版社，2004。

陈先红：《公共关系生态论》，华中科技大学出版社，2006。

陈先红：《现代公共关系学》，高等教育出版社，2009。

陈先红：《关系范式下的公关研究》，华中科技大学出版社，2010。

陈向阳：《盘点2000年中国公关业》，《公关世界》2001年第5期。

戈公振：《上海报学史》，商务印书馆，1928。

齐小华、冯丙奇等：《中国公关行业调查报告（2005）》，社会科学文献出版社，2006。

齐小华、冯丙奇、付江等：《中国公关行业调查报告（2006）》，中国传媒大学出版社，2007。

吴静：《中国公共关系30年：发展路径与动力机制》，《湖南大众传媒职业技术学院学报》2012年第3期。

姚公鹤：《上海闲话》，上海古籍出版社，1989。

张艳：《中国公共关系行业的现状、成因与对策探析》，《绵阳师范学院学报》2003年第4期。

中国国际公共关系协会：《中国公共关系业2010年度调查报告》，《国际公关》2011年第2期。

C. Arnoff, "Credibility of Public Relations for Journalists," *Public Relations Review* 1 (1975): 45–56.

S. A. Bowen, "I Thought it Would be More Glamorous: Preconceptions and Misconceptions of Public Relations Among Students in the Principles Course," *Public Relations Review* 29

(2003): 199-214.

S. A. Bowen, "All Glamour, No Substance? How Public Relations Majors and Potential Majors in an Exemplar Program View the Industry and Function," *Public Relations Review* 35 (2009): 402-410.

E. W. Brody, "We Must Act Now to Redeem PR's Reputation," *Public Relations Quarterly* 37 (1992): 44.

K. Brown, C. White & D. Waymer, "African-American Students' Perceptions of Public Relations Education and Practice: Implications for Minority Recruitment," *Public Relations Review* 37 (2011): 522-529.

P. J. Cai, P. T. Lee & A. Pang, "Managing a Nation's Image during Crisis: A Study of the Chinese Government's Image Repair Efforts in the 'Made in China' Controversy," *Public Relations Review* 35 (2009): 213-218.

N. Chen, "Institutionalizing Public Relations: A Case Study of Chinese Government Crisis Communication on the 2008 Sichuan Earthquake," *Public Relations Review* 35 (2009): 187-198.

S. M. Cutlip, A. H. Center & G. M. Broom, *Effective Public Relations*. Englewood Cliffs, NJ: Prentice-Hall, 1985.

P. David, "ExtendingSymmetry: Toward a Convergence of Professionalism, Practice, and Pragmatics in Public Relations," *Journal of Public Relations Research* 16 (2004): 185-211.

S. M. Cutlip, *The Unseen Power: Public Relations: A History*. Hillsdale, NJ: Lawrence Erlbaum, 1994.

N. M. De Bussy & K. Wolf, "The State of Australian Public Relations: Professionalism and Paradox," *Public Relations Review* 35 (2009): 376-381.

W. Dinan, D. Miller, *Thinker, Faker, Spinner, Spy: Corporate PR and the Assault on Democracy*. London: Pluto Press, 2007.

R. Dingwall & P. Lewis, *The Sociology of the Professions: Doctors, Lawyers and Others*. London: Macmillan, 1983.

E. H. Erikson, *Identity: Youth and Crisis*. New York: W. W. Norton & Company, 1994.

M. Fugate, A. J. Kinicki & B. E. Ashforth, "Employability: A Psycho-social Construct, its Dimensions, and Applications," *Journal of Vocational Behavior* 65 (2004): 14-38.

G. D. Sterne, "Business Perceptions of Public Relations in New Zealand," *Journal of Communication Management* 12 (2008): 30-50.

J. E. Grunig, "Collectivism, Collaboration, and Societal Corporatism as Core Professional Values in Public Relations," *Journal of Public Relations Research* 12 (2000): 23-48.

L. A. Grunig, J. E. Grunig & D. M. Dozier, *Excellent Public Relations and Effective Organizations: A Study of Communication Management in Three Countries*. Mahwah, NJ:

Lawrence Erlbaum Associates, 2002.

S. Gupta, "Professionalism in Indian Public Relations and Corporate Communication: An Empirical Analysis," *Public Relations Review* 33 (2007): 306-312.

J. L. Holland, J. A. Johnston & N. F. Asama, "The Vocational Identity Scale: A Diagnostic and Treatment Tool," *Journal of Career Assessment* 1 (1993): 1-12.

S. Jo, "The Portrayal of Public Relations in the News Media," *Mass Communication and Society* 6 (2003): 397-411.

L. L. Kopenhaver, "Aligning Values of Practitioners and Journalists," *Public Relations Review* 11 (1985): 34-42.

X. Liu, Z. Chang & P. Zhao, "Is it Simply a Matter of Managerial Competence? Interpreting Chinese Executives' Perceptions of Crisis Management," *Public Relations Review* 35 (2009): 232-239.

C. Li, F. Cropp, W. Sims & Y. Jin, "Perceived Professional Standards and Roles of Public Relations in China: Through the Lens of Chinese Public Relations Practitioners," *Public Relations Review* (2012).

C. Li, F. Cropp & Y. Jin, "Identifying Key Influencers of Chinese PR Practitioners' Strategic Conflict Management Practice: A Survey on Contingent Variables in Chinese Context," *Public Relations Review* 36 (2010): 249-255.

K. M. Macdonald, *The Sociology of the Professions*. London: Sage, 1995.

G. Millerson, *The Qualifying Association*. London: Routledge & Kegan Paul, 1964.

D. Newsom, J. V. Turck & D. Kruckeberg, *This is PR: The Realities of Public Relations*. Belmont, CA: Thomson Wadworth, 2004.

M. Pieczka, "Objectives and Evaluation in Public Relations Work: What Do They Tell us About Expertise and Professionalism?" *Journal of Public Relations Research* 12 (2000): 211-233.

S. D. Sparks, "Public Relations: Is it Dangerous to Use the Term?" *Public Relations Quarterly* 38 (1993): 27-28.

C. H. Spicer, "Images of Public Relations in the Print Media," *Journal of Public Relations Research* 5 (1993): 47-61.

D. W. Stacks, C. Botan & J. V. Turk, "Perceptions of Public Relations Education," *Public Relations Review* 25 (1999): 9-29.

B. Steyn & G. Puth, *Corporate Communication Strategy*. Sandown: Heinemann, 2000.

B. Venter, "Views of PRISA-members on South African Public Relations: An Exploration," *Public Relations Review* 36 (2010): 281-284.

B. P. Venter, "The Role Perceptions of Public Relations Practitioners in South Africa," master's thesis, Cape Technikon, Cape Town, South Africa, 2004.

C. White & J. Park, "Public Perceptions of Public Relations," *Public Relations Review* 36 (2010): 319-324.

D. K. Wright, "Perceptions of Corporate Communication as Public Relations," *Corporate Communications: An International Journal* 2 (1997): 143-154.

D. K. Wright, "We Have Rights too: Examining the Existence of Professional Prejudice and Discrimination Against Public Relations," *Public Relations Review* 31 (2005): 101-109.

正在形成的"认知共同体":中国大陆与台湾地区公共关系从业者职业认知比较

一 引言

随着社会的快速转型和经济的高速增长,公共关系在我国的发展举世瞩目。2012 年中国公关市场规模达 303 亿元,① 是 2000 年的 20 多倍。卓越公关理论(Excellence Theory)认为政治、文化、经济、媒体等多重因素塑造着一个地区或社会的公关实践。② 在 Ovaitt 看来,公共关系的中国实践成为全球公关业"独一无二的经验"。③ 然而,公共关系在中国的基本面貌如何?中国的公共关系到底是怎样运作的?中国的公关从业者是一个什么样的群体?对诸如此类的问题,迄今鲜有实证性考察,有学者近来呼吁,中西方公关学术界有必要为此描绘"一幅更加广

---

① 《中国公共关系业 2012 年营业规模达 303 亿元》,中国新闻网,http://news.xinhuanet.com/politics/2013-04/18/c_115445203.htm,最后访问日期:2013 年 5 月 1 日。
② D. Vercic, L. A. Grunig & J. E. Grunig, "Global and Specific Principles of Public Relations: Evidence from Slovenia," in H. Culbertson & N. Chen, eds., *International Public Relations: A Comparative Analysis*. NJ: Lawrence Erlbaum Associates, Inc., 1996, pp. 31-66.
③ Ovaitt, "China and Public Relations Research," Institute for Public Relations, http://www.instituteforpr.org/2011/12/china-and-public-relations-research, 2011.

阔的新图景"。①

"职业化"程度能从根本上反映一个社会公关业的面貌。② 在"职业社会学"（sociology of the professions）视野中，职业认知是从业者对所从事职业的性质、功能、意义、价值、规范的理解，构成职业意识成长和职业认同的基础。③ 因此，在上述各问题中，中国的公关从业者如何看待他们所从事的职业应是更为重要的议题。多年来，在普通公众心目中，公共关系一直存在"严重的形象问题"，④ 公关从业者在大众面前甚至"不敢说出自己从事的职业"。⑤ 职业化的前景和关键在于从业者。那么，从业者如何看待自己从事的职业？这种"由内而外"的审视具有特别的意义，⑥ 成为考察公关从业者职业心态和品格的关键所在。

本文主要考察中国大陆和台湾地区公关从业者的职业认知。两岸文化同根同源，中华传统文化强调权威、和谐、秩序和关系，⑦ 尤其强调"关系"这种独特的社会政治资源⑧。人们凭借关系强化双方的社会交往并达成合意的结果，⑨ 这使两地的公关运作与西方经典模式有明显差异。⑩ 然

---

① C. Li, F. Cropp, W. Sims, and Y. Jin, "Perceived Professional Standards and Roles of Public Relations in China: Through the Lens of Chinese Public Relations Practitioners," *Public Relations Review* 38 (2012): 704–710.

② J. E. Grunig, "Collectivism, Collaboration, and Societal Corporatism as Core Professional Values in Public Relations," *Journal of Public Relations Research* 12 (2000): 23–48.

③ K. M. Macdonald, *The Sociology of the Professions*. London: Sage, 1995.

④ B. Steyn & G. Puth, *Corporate Communication Strategy*. Sandown: Heinemann, 2000.

⑤ N. M. De Bussy & K. Wolf, "The State of Australian Public Relations: Professionalism and Paradox," *Public Relations Review* 35 (2009): 376–381.

⑥ A. Zhang, Y. Luo & H. Jiang, "An Inside-out Exploration of Contemporary Chinese Public Relations Education," *Public Relations Review* 37 (2011): 513–521.

⑦ Y. H. Huang, "A Revisit of Symmetrical Communication from an International Perspective: Status, Effect and Future Research Directions," in E. L. Toth ed., *The Future of Excellence in Public Relations and Communication Management: Challenges for the Next Generation*. Mahwah, NJ: Lawrence Erlbaum Associates, 2007, pp. 235–262.

⑧ N. Chen, "From Propaganda to Public Relations Evolutionary Change in the Chinese Government," *Asian Journal of Communication* 12 (2003): 96–121.

⑨ Y. H. Huang, "OPRA: A Cross-cultural, Multiple-item Scale for Measuring Organization-public Relationships," *Journal of Public Relations Research* 13 (2001): 61–90.

⑩ C. Gupta & J. Bartlett, "Guanxi, Astrology and Symmetry: Asian Business and its Impact on Public Relations Practice," *Asia Pacific Public Relations Journal* 8 (2007): 1–18.

而,两岸的公关实践又有不同,至少从政治和经济角度来看是这样的。[①] 在中国大陆,政府和媒体成为公关运作的核心,[②] 无论是跨国公司还是本土公关机构,与各级政府部门建立和维系良好关系是普遍共识。[③] Sriramesh & Li 在上海的研究发现,政府常常是公关活动的唯一目标公众。[④] 而在台湾地区,20 世纪 80 年代的政治改革引发了媒体的商业化,[⑤] 进一步影响到公关业。台湾地区的公关活动是组织与外界交互的窗口,与营销关系密切。[⑥] 这与中国大陆形成鲜明对比。因此,有必要对两岸从业者的公关认知进行比较,揭示可能存在的差异,并做进一步的解释和讨论。

方法论层面的努力亦是推动本文展开研究的一个客观动因。近年来,海内外学界对中国公共关系的学术研究开始升温,但个案考察和定性分析占据了已有研究的主流,量化研究相对匮乏。对大规模的公关从业群体进行调查,不仅能相对客观地揭示中国公关业的面貌,也有助于在方法层面提升中国公关研究的科学化水平。

二 研究逻辑与研究问题

(一) 公共关系职业化与公关从业者的职业认知

在职业社会学家看来,任何社会分工最初产生的只是工作或行业

[①] Y. H. Huang, "A Revisit of Symmetrical Communication from an International Perspective: Status, Effect and Future Research Directions," in E. L. Toth ed., *The Future of Excellence in Public Relations and Communication Management: Challenges for the Next Generation*. Mahwah, NJ: Lawrence Erlbaum Associates, 2007, pp. 235-262.

[②] X. Wu, "Doing PR in China: A 2001 Version-concepts, Practices and Some Misperceptions," *Public Relations Quarterly* 47 (2001): 10-18.

[③] Y. H. Huang, "The Personal Influence Model and Gao Guanxi in Taiwan Chinese Public Relations," *Public Relations Review* (2000): 216-239.

[④] K. Sriramesh & E. Li, "Public Relations Practice and Socio-economic Factors: A Case Study of Different Organizational Types in Shanghai," *Journal of Communication Studies* 3 (2004): 44-77.

[⑤] B. Sha & Y. H. Huang, "Public Relations on Taiwan: Evolving with the Infrastructure," in K. Sriramesh ed., *Public relations in Asia: An Anthology*. Singapore: Thomson Learning, 2004, pp. 161-185.

[⑥] M. Y. Wu & M. Taylor, "Public Relations in Taiwan: Roles, Professionalism and Relationship to Marketing," *Public Relations Review* 29 (2003): 473-484.

(occupation),唯有经过逐步的职业化,具备一定的职业品格后,才称得上"职业"或"专业"(profession)。按照发展程度的高低,不同职业可划分为"完全专业"、"部分专业"和"完全不专业"。达到专业水平意味着该职业社区的从业者在知识、技能、价值、规范方面达成了共识,进而形成一个特定的职业共同体,职业群体被赋予垄断性资格,享有较高的社会声望。[1]

职业化话语贯穿了西方公共关系发展的百余年历史。早在20世纪20年代,美国部分杂志就宣称公关已成为一种"专门职业"。70年代,McKee及其同事发现,那些将公关视为专业性工作的从业者,比将之视为"手艺"(craft)的同行有更多的职业满足感。[2] 十多年后,Olson在加州旧金山的调查发现,公关从业者拥有比新闻工作者更高的职业满意度。[3] 此后,公关职业化的讨论逐步进入学者们的视野。[4] 迄今为止,占据主流的仍是批评者的声音,认为公关业尚未获得专业地位,还是一个"行当",是一种仅需熟练技术的传播活动。Pieczka认为公关"职业化"概念的使用与行业地位提升的诉求和对行业形象改善的期盼有关。[5] 近期在南非的研究显示,公关职业化存在两方面的问题,一是缺少对从业者的有效管理,二是从业者自身缺乏职业化努力。[6] 拉铁摩尔等人因此认为,

---

[1] M. S. Larson, *The Rise of Professionalism: A Sociological Analysis*. Berkeley: University of California Press, 1977.

[2] B. K. McKee, O. B. Nayman & D. L. Lattimore, "How PR People See Themselves," *Public Relations Journal* 31 (1975): 47-52.

[3] L. D. Olson, "Job Satisfaction of Journalists and PR Personnel," *Public Relations Review* 15 (1989): 37-45.

[4] 参见 J. E. Grunig, "Collectivism, Collaboration, and Societal Corporatism as Core Professional Values in Public Relations," *Journal of Public Relations Research* 12 (2000): 23-48; S. Gupta, "Professionalism in Indian Public Relations and Corporate Communication: An Empirical Analysis," *Public Relations Review* 33 (2007): 306-312; P. David, "Extending Symmetry: Toward a Convergence of Professionalism, Practice, and Pragmatics in Public Relations," *Journal of Public Relations Research* 16 (2004): 185-211。

[5] M. Pieczka, "Objectives and Evaluation in Public Relations Work: What do They Tell us About Expertise and Professionalism?" *Journal of Public Relations Research* 12 (2000): 211-233.

[6] I. Niemann-Struwega & C. Meintjes, "The Professionalism Debate in South African Public Relations," *Public Relations Review* 34 (2008): 224-229.

职业化是公共关系发展史上最令人瞩目,也是从业者最为关注的议题。①

近年来,全球各地的研究揭示了公共关系认知"乱象丛生"的问题,反映了公关职业化的尴尬处境。② 与公众如何看待公共关系不同,从业者的职业认知是一种"由内而外"的自我审视,这种审视更多地基于从业者的职业体验。为数不多的实证研究显示,公关从业者的职业认知不容乐观。Venter 发现从业者对公关在组织中所扮演角色的认知模糊不清,自认为缺乏战略、商业管理、营销及公关专业的知识和经验。③ Stacks, Botan & Turk 的调查显示,85%的公关从业者和教育者认为公众不理解何为公关,42%的人认为大多数新闻记者并不理解公关,这种认知"鸿沟"表明公众心目中公共关系的规定性是不明确的。④ 不容乐观的结果还来自对"准从业者"即公关专业学生的调查——他们对自己的专业领域缺乏准确认知,不清楚公关的学术理念及职业领域所涵盖的内容。⑤ 大多数学生选择公关专业是"偶然的",做选择时并不确信公关是一个"好的"专业;他们认为公共关系就是媒体关系,也没有意识到掌握调查研究和管理技巧对职业成功的价值。⑥

(二) 公共关系职业认知的"内核"与"外围"

一个行业在职业化进程中,最重要的主观因素是从业者的自我意识。⑦

---

① 〔美〕丹·拉铁摩尔、奥蒂斯·巴斯金、苏泽特·海曼、伊丽莎白·托特、詹姆斯·范·勒文:《公共关系:职业与实践》,朱启文、冯启华译,北京大学出版社,2006,第42页。
② B. Steyn & G. Puth, *Corporate Communication Strategy*. Sandown: Heinemann, 2000.
③ B. Venter, "The Role Perceptions of Public Relations Practitioners in South Africa," master's thesis, Cape Technikon, Cape Town, South Africa, 2004.
④ D. W. Stacks, C. Botan & J. V. Turk, "Perceptions of Public Relations Education," *Public Relations Review* 25 (1999): 9-29.
⑤ S. A. Bowen, "I Thought it would be More Glamorous: Preconceptions and Misconceptions of Public Relations among Students in the Principles Course," *Public Relations Review* 29 (2003): 199-214.
⑥ K. Brown, C. White & D. Waymer, "African-American Students' Perceptions of Public Relations Education and Practice: Implications for Minority Recruitment," *Public Relations Review* 37 (2011): 522-529.
⑦ G. Millerson, *The Qualifying Association*. London: Routledge & Kegan Paul, 1964.

正在形成的"认知共同体":中国大陆与台湾地区公共关系从业者职业认知比较

从业者对所从事职业的认知关乎职业的特性、功能、规范等层面。① 考察从业者的职业认知,应该且有必要从他们对所从事职业的本质、功能、价值,以及职业规范和社会声誉层面的认知展开,即从该职业"是什么"(What is)、"做什么"(What to do)、"价值为何"(What value)、"该怎么做"(How to do)、"公众怎么看"(How public look at)等方面入手。职业社会学主张职业的核心知识是其根本特质所在,② 关乎职业的"本体"。默顿认为职业主义(professionalism)根植于人类价值的求知和实用两方面,是围绕职业基本特性而建构的系统化知识和专门技能。③

1. 公关职业认知的"内核":本质与功能

公共关系的本质关乎它"是什么"的问题,表明了从业者对公关的本质理解。遗憾的是,公关的本质被认为是模糊不清的,④ 常与广告、营销传播、宣传等相混淆。⑤ 众多理论流派对公关是什么有着不同的规定,包括"管理说""生态学""关系说""沟通说"等。譬如,Grunig & Hunt 将公关定义为组织与其公众的传播管理,认为公关等同于组织传播;⑥ Botan 则将公关看作组织为协调不同群体之间的利益关系而开展的沟通活动。⑦ 作为一种文化实践,公共关系也被特定的社会环境所建构。⑧ 从业者如何认知公关的本质,将会影响他们的公关实践方式。

---

① 参见 K. M. Macdonald, *The Sociology of the Professions*. London: Sage, 1995; R. Dingwall & P. Lewis, *The Sociology of the Professions: Doctors, Lawyers and Others*. London: Macmillan, 1983。
② 参见 B. Barber, "Some Problems in the Sociology of the Profession," *Daedalus* 92 (1963): 669-688; M. D. Bayles, *Professional Ethics*. CA: Wadsworth Publishing Co., 1981。
③ R. K. Merton, *Social Theory and Social Structure*. New York: Free Press, 1968.
④ S. M. Cutlip, *The Unseen Power: Public Relations: A History*. Hillsdale, NJ: Lawrence Erlbaum, 1994.
⑤ D. Newsom, J. V. Turck & D. Kruckeberg, *This is PR: The Realities of Public Relations*. Belmont, CA: Thomson Wadworth, 2004.
⑥ J. E. Grunig & T. Hunt, *Managing Public Relations*. New York: Holt, Rinehart and Winston, 1984.
⑦ C. H. Botan, "International Public Relations: Critique and Reformulation," *Public Relations Review* 18 (1992): 149-159.
⑧ C. Hodges, "'PRP Culture': A Framework for Exploring Public Relations Practitioners as Cultural Intermediaries," *Journal of Communication Management* 10 (2006): 80-93.

公共关系学的想象：视域、理论与方法

公共关系的功能，体现了该职业特有的专业技术对人类社会的重要性。① 一种职业所拥有的功能使其在社会中占据特定位置。多个理论流派对公共关系"是什么"、公关"做什么"给出了不同表述。在 Cutlip, Center & Broom 眼中，公关的功能包括宣传、广告、媒体曝光、公共事务卷入、议题管理、院外游说、投资者关系发展。② 本土公关学者总结了此前的大量研究，认为从公关主体的角度看，公关功能体现在塑造形象、沟通信息、协调关系和咨询决策四个方面。③ 然而，在公关业发展相对滞后的社会中，其功能定位可能是模糊的。譬如，Venter 发现，在南非，公关在组织中的角色尚不明确，公关业需要重新审视其作为商业机构战略伙伴所发挥的功能。④

在价值理性层面，职业主义（professionalism）是指一种职业在人类社会中具有的内在价值，不仅关乎知识和技术，也关乎职业精神、信念、伦理和责任。⑤ 可以预期，从业者对职业本质和功能的理解是职业认知的决定性要素——在职业同一性的形成过程中，从业者逐渐认识到职业的基本特性和在社会中的位置与角色，进而形成了特定的规范性职业群体。⑥ 因此，从业者对公关本质和功能的理解构成了职业认知的"内核"，并逐步影响他们对公关业的价值、伦理、声望等规范性要素的理解。

2. 公关职业认知的"外围"：社会价值、职业伦理与声望

（1）社会价值。公众是否将公共关系视为一种提供信息和冲突解决方案的有益的社会力量，是衡量他们对公关业接受程度的指标。部分西方学者将公关视为"民主的杀手"，将其等同于"厚脸皮宣传"，包括操纵、撒谎和编造等，认为它威胁和推翻了社会的民主决策，政府公关运作也使

---

① M. D. Bayles, *Professional Ethics*. CA: Wadsworth publishing Co., 1981.
② S. M. Cutlip, A. H. Center & G. M. Broom, *Effective Public Relations*. Englewood Cliffs, NJ: Prentice Hall, 1994.
③ 陈先红：《现代公共关系学》，高等教育出版社，2009，第9~10页。
④ B. Venter, "Views of PRISA-members on South African Public Relations: An Exploration," *Public Relations Review* 36（2010）：281-284.
⑤ E. W. Moore, *The Professions: Roles and Rules*. Russell Sage Foundation, 1970.
⑥ E. H. Erikson, *Identity: Youth and Crisis*. New York: WW Norton & Company, 1994.

自由的民主社会不能回应民众的诉求。① 两位美国学者发现，人们倾向于将公关视为提供信息的、有益于社会的实践，而不认为它是一种损害控制、具有隐瞒或掩饰企图的非实质性活动。② 在追求秩序与和谐的中华文化传统中，公关可能会被赋予一种异于西方社会的期待。几位本土学者将公共关系视为民主的沟通，认为在规范层面，公关是社群和组织之间平等的沟通，是社会公共领域的构成要件。③ 在中国语境中，公共关系被要求积极构建社会秩序以维护公共利益，政府公关更被寄予改变执政方式、提升执政效能和改善政府形象的厚望。④

（2）职业伦理。一种发展成熟的职业不仅要求从业者成为"服务于大众的荣誉公仆"，还须以公共利益为诉求建构一套自身的伦理规范。⑤ 学界对公关职业伦理的批评素来不绝于耳。在 Dinan & Miller 眼中，商业领域的公关从业者无异于公司派往活跃消费者群体中的"谍报特工"（espionage agents）。⑥ Barney & Black 更将公关从业者视为"敌对群体"，认为公关说服需要建基于道德层面的讨论，并推动形成现实世界的说服伦理结构。⑦ 公关伦理常与企业社会责任（corporate social responsibility）密切相连。在公关业伦理背后的一个基本原则是，公关活动应同时服务于客户和社会大众的福祉。⑧ Grunig 认为，非对称性的商业公关活动不

---

① W. Dinan & D. Miller, *Thinker, Faker, Spinner, Spy: Corporate PR and the Assault on Democracy*. London: Pluto Press, 2007.

② C. White & J. Park, "Public Perceptions of Public Relations," *Public Relations Review* 36 (2010): 319-324.

③ 参见陈先红《关系范式下的公关研究》，华中科技大学出版社，2010，第 1~3 页；陈先红《媒介近用权及消息来源对政府调控新媒体的影响——以汶川大地震为例》，《武汉理工大学学报》（社会科学版）2010 年第 1 期，第 18~24 页。

④ 参见钱海红《公共关系的时代价值和影响力》，《中国广告》2005 年第 2 期，第 76~78 页；陈欧阳《后危机时代中美新闻传播和公共外交的未来》，《武汉理工大学学报》（社会科学版）2012 年第 1 期，第 38~42 页。

⑤ M. S. Larson, *The Rise of Professionalism: A Sociological Analysis*. Berkeley: University of California Press, 1977.

⑥ W. Dinan & D. Miller, *Thinker, Faker, Spinner, Spy: Corporate PR and the Assault on Democracy*. London: Pluto Press, 2007.

⑦ R. Barney & J. Black, "Foreword," *Journal of Mass Media Ethics* 14 (1999): 67-68.

⑧ S. M. Cutlip, *The Unseen Power: Public Relations: A History*. Hillsdale, NJ: Lawrence Erlbaum, 1994.

能令人信服,以改变公众态度或行为为目标的说服努力不符合公关伦理;相反,致力于构建相互理解的双向对称的公关才是更可取的专业伦理模式。①

(3)职业声望。在马克斯·韦伯眼中,职业声望是社会分层的标准之一。职业声望是指社会公众如何看待特定的职业,包括社会评价和自我评价,后者是从业者对所从事职业在社会系统中位置的判断。② 对于成熟的专业,良好的职业声誉是维持职业社群垄断地位的要素。③ 历史上,公共关系的职业声望颇为不佳。从业者曾被称为"化妆师"(spin doctors),④ De Bussy & Wolf 认为他们羞于在公众面前提及自己的职业。⑤ 许多实证研究也发现,媒体中的公共关系大多是负面的刻板形象,包括损害控制、宣传、掩盖真相的行为、帮助公司设置议程以及不务实的活动。⑥ 这表明公关业存在提升职业声望的迫切要求。

(三)中国大陆与台湾地区的公共关系实践与职业化进展

1984 年,广州白云山制药厂率先设立公关部,轰动一时。1987 年"中国公共关系协会"成立,标志着公关得到官方认可。1989 年,电视连续剧《公关小姐》的播出使公关从业者的形象风靡大江南北,但"也导致人们错误地把公关等同为时髦打扮和灯红酒绿的繁华生活。直到 1990

---

① J. E. Grunig, "Collectivism, Collaboration, and Societal Corporatism as Core Professional Values in Public Relations," *Journal of Public Relations Research* 12 (2000): 23-48.
② 李强:《转型时期冲突性的职业声望评价》,《中国社会科学》2000 年第 4 期,第 100~112 页。
③ M. S. Larson, *The Rise of Professionalism: A Sociological Analysis*. Berkeley: University of California Press, 1977.
④ B. Steyn & G. Puth, *Corporate Communication Strategy*. Sandown: Heinemann, 2000.
⑤ N. M. De Bussy & K. Wolf, "The State of Australian Public Relations: Professionalism and Paradox," *Public Relations Review* 35 (2009): 376-381.
⑥ 参见 J. K. Henderson, "Negative Connotations in the Use of the Term 'Public Relations' in the Print," *Public Relations Review* 24 (1998): 45-54; S. Jo, "The Portrayal of Public Relations in News Media," *Mass Communication and Society* 6 (2003): 397-411; K. L. Keenan, "Coverage of Public Relations on Network Television News: An Exploratory Census of Content," *Public Relations Review* 22 (1996): 215-223; J. Park, "Images of 'Hong Bo' (Public Relations) and PR in Korean Newspapers," *Public Relations Review* 27 (2001) 403-421.

年代末公关业开始职业化进程,各行各业利用公关来维护组织形象,公众的这种误解才逐渐消除"①。随着市场经济体制的建立,公共关系开始从纯粹的技术实践走向关系建构、品牌塑造、社会责任和组织认同的战略。近年来,政府公关逐步受到重视,许多部门开始制度化地采用公关来发布信息和修复形象。格鲁尼格等认为,公共关系在中国发展的状况表明,它本身作为一种战略管理的手段,被用以构建与公众的长期互信关系。②

台湾地区公共关系的起步比中国大陆早30余年。1953年,台湾地区行政主管部门通令各部门指定专人从事宣传,以扩大传播效果。交通部门最早正式确立公关制度,所辖单位成立公关部,开启了台湾地区公共关系的发展进程。20世纪50~70年代,政府公关得到明显发展。1974年台湾地区成立第一家公关公司,即联太公关公司;在1987年精英公关公司成立前,台湾地区只此一家专业公关机构。③ 1987年"解严"和1988年"报禁"解除后,公关业"松绑"并得到快速发展。1990年,财团法人公共关系基金会成立,以提升公关业的社会地位为宗旨,引导大众对公共关系的正确认知。2002年台湾加入WTO,刺激了公关业的对外交流,使其蓬勃发展。④ 在台湾地区,许多公司(尤其是外商)重视社会责任与公共利益,形象塑造的诉求成为公关业得以快速发展的重要动因。

职业化是近20年来中国大陆和台湾地区公关业发展进程中的重要环节。2000年,时任中国国际公关协会发展部主任的陈向阳认为,公众眼中的公共关系"包治百病、无所不能",这种负面的职业形象令公关遭遇了困境。⑤ 专业知识普及亦远远滞后于实践,许多人认为公关是"拉关系、

---

① 吴静:《中国公共关系30年:发展路径与动力机制》,《湖南大众传媒职业技术学院学报》2012年第3期,第74~77页。
② L. A. Grunig, J. E. Grunig & D. M. Dozier, *Excellent Public Relations and Effective Organizations: A Study of Communication Management in Three Countries*. Mahwah, NJ: Lawrence Erlbaum Associates, 2002.
③ 张雷:《大陆与台湾公关业发展之比较》,《公关世界》1996年第4期,第4~6页。
④ 陈培爱、王东熙:《台湾公共关系发展史略》,《现代台湾研究》2010年第2期,第38~42页。
⑤ 陈向阳:《盘点2000年中国公关业》,《公关世界》2001年第5期,第14~15页。

走后门""凭脸蛋子、耍嘴皮子、使手腕子、塞大票子"。① 尽管不少公关公司的运作在逐步向正规化迈进,但诸如请客吃饭、节假日送礼品等已成为公司日常工作之一部分,外资公关公司也日益采纳这些方法。② 但近年来中国大陆的公关从业者开始逐步将公关的功能发挥、职业训练和准备、情景限制、职业准入等视为专业标准。③ 在台湾地区,从20世纪80年代后期开始,公共关系开启了职业化进程。彼时,尽管中国大陆的公关公司在数量上已超过台湾地区,但运作的专业水准与台湾地区相比尚有明显差距。④ 近期的研究显示,台湾地区从业者将公关视为一种能实现个人目标和获得成功的职业,需要从业者拥有与传播相关的高等教育经历作为基础。⑤

(四) 本文的研究问题

鉴于上述研究逻辑,我们以中国大陆和台湾地区的公共关系从业者为被访对象,从公关业的本质、功能、社会价值、职业伦理和声望五个向度考察其职业认知状况,比较两地可能存在的差异。本文还将考察两地从业者对公关本质和功能的理解是否及如何影响他们对公关业社会价值、职业伦理和声望的认知。

三 研究方法

(一) 调查过程与结果

由于两地皆缺乏可获得的公关从业者名录,我们根据 Katz 的建议,

---

① 张艳:《中国公共关系行业的现状、成因与对策探析》,《绵阳师范学院学报》2003年第4期,第15~18页。
② 齐小华、冯丙奇、付江等:《中国公关行业调查报告(2006)》,中国传媒大学出版社,2007,第165~190页。
③ C. Li, F. Cropp, W. Sims & Y. Jin, "Perceived Professional Standards and Roles of Public Relations in China: Through the Lens of Chinese Public Relations Practitioners," *Public Relations Review* 38 (2012): 704-710.
④ 张雷:《大陆与台湾公关业发展之比较》,《公关世界》1996年第4期,第4~6页。
⑤ M. Y. Wu, M. Taylor & M. J. Chen, "Exploring Societal and Cultural Influences on Taiwanese Public Relations," *Public Relations Review* 27 (2001): 317-336.

采用了滚雪球和便利抽样法,① 这是让被访者参与调查的一种常用方法。Li 曾与合作者采用此方法研究中国公关从业者的专业标准感知与公关角色认知问题。②

中国大陆的部分调查于 2012 年 5~7 月实施,问卷形式包括网络版和纸质版。网络版被置于一家知名专业调查网站(http://www.sojump.com/)。为防止不合格的被访者填写问卷,我们将问卷设置为"不对外公开",并将网址传给被访者。同时,分别将纸质版问卷寄给北京、广州、兰州、长沙的 10 家知名公关机构(包括蓝色光标、关键点传媒、东方仁德、新势整合、迪斯公关、方圆公关等),由各机构负责人分发给被访者填写后回收。在线调查部分,共有 125 人完成了有效问卷;线下纸质问卷共发放 300 份,有效回收 232 份(77%)。大陆部分最终获得了 357 份有效问卷。

中国大陆样本的构成如下:被访者平均年龄为 28.05 岁(Sd=3.95);男女分别占 46.2% 和 53.8%;71.2% 的被访者的受教育程度为本科,研究生及以上学历占 12.5%。月薪为 2501~4000 元、4001~6000 元、6001~8000 元、8001~10000 元、10000 元以上的被访者分别占 17.1%、26.8%、17.7%、16.8% 和 15.3%。52.6% 的受访者选修过公关或相关课程,59.4% 的受访者有家人或朋友从事公关或相关工作。此样本与《中国公关行业调查报告》显示的中国大陆公关从业者的基本情况有较大的可比性。该报告显示,中国大陆的公关从业者平均年龄为 28.79 岁,57.4% 为女性,教育程度以本科学历为主(76.9%)。③

---

① H. Katz, "Global Surveys or Multi-national Surveys? On Sampling for Global Surveys," Thoughts for the Globalization and Social Science Data Workshop UCSB, http://www.global.ucsb.edu/orfaleacenter/conferences/ngoconference/Katz for-UCSB-data-workshop.doc, 2006.
② 参见 C. Li, F. Cropp, W. Sims & Y. Jin, "Perceived Professional Standards and Roles of Public Relations in China: Through the Lens of Chinese Public Relations Practitioners," *Public Relations Review* 38 (2012): 704-710; C. Li, F. Cropp & Y. Jin, "Identifying key Influencers of Chinese PR Practitioners'strategic Conflict Management Practice: A Survey on Contingent Variables in Chinese Context," *Public Relations Review* 36 (2010): 249-255。
③ 参见齐小华、冯丙奇、付江等《中国公关行业调查报告(2006)》,中国传媒大学出版社,2007,第 165~190 页;齐小华、冯丙奇等《中国公关行业调查报告(2005)》,社会科学文献出版社,2006,第 197~229 页。

台湾地区部分的调查于 2012 年 8 月实施，采用纸本形式发放，样本选择以台湾地区具有相当规模的公关公司为原则，包括精英公关、先势公关、奥美公关等 8 家机构。问卷共发放 200 份，有效回收 170 份，有效回收率为 85%。被访者平均年龄为 29.88 岁（Sd = 7.38），男女分别占 26.8% 和 73.2%。52.9% 的人拥有本科学历，33.5% 的为研究生及以上学历。月收入在 2.5 万~3 万元、3 万~3.5 万元、3.5 万~4.5 万元、4.5 万~7 万元及超过 7 万元台币的被访者分别占 18.3%、27.4%、22.6%、10.4% 和 9.7%。74.9% 的被访者选修过公关相关课程，71.2% 的被访者有家人或朋友从事公关类工作。

在同类研究中，本调查的样本量（N = 527）相当可观。许多针对大中华区公关业的调查，样本量还未超过 50 人。[1] Niemann-Struwega 等在南非对公关从业者展开研究时，发放了 1213 份问卷，但仅获得 49 份回复（4.04%）。[2] 在近期，同样以滚雪球抽样法展开研究，Li 及同事两次对中国大陆公关从业者进行调查，有效样本量分别是 94 和 118。[3] 可见，本调查在样本数量上非常可观。

（二）概念操作化与测量结果

我们根据已有文献，辅以对两岸 10 多名公关从业者的访谈，就公共关系的本质、功能、社会价值、职业伦理与声望共五个概念进行操作化处理，编制了问卷初稿。在正式调查前，对 20 位潜在被访者做预研究，并根据结果对问卷初稿做出调整和修改。

本质认知。我们列出最常见的 8 种公关定义，包括对公众的说服、传

---

[1] 参见 M. Y. Wu & M. Taylor, "Public Relations in Taiwan: Roles, Professionalism and Relationship to Marketing," *Public Relations Review* 29 (2003): 473 – 484; M. Y. Wu, M. Taylor & M. J. Chen, "Exploring Societal and Cultural Influences on Taiwanese Public Relations," *Public Relations Review* 27 (2001): 317-336。

[2] I. Niemann-Struwega & C. Meintjes, "The Professionalism Debate in South African Public Relations," *Public Relations Review* 34 (2008): 224-229.

[3] 参见 C. Li, F. Cropp, W. Sims & Y. Jin, "Perceived Professional Standards and Roles of Public Relations in China: Through the Lens of Chinese Public Relations Practitioners," *Public Relations Review* 38 (2012): 704 – 710; C. Li, F. Cropp & Y. Jin, "Identifying Key Influencers of Chinese PR Practitioners'strategic Conflict Management Practice: A Survey on Contingent Variables in Chinese Context," *Public Relations Review* 36 (2010): 249-255。

播管理、关系管理、形象/声誉管理、关系生态管理、保持共同社区、构建真善美的科学和艺术、民主的沟通[①]，要求被访者在李克特五级量表上表明对各定义的认同度（数字越大表明认同度越高，下同），以考察两地从业者对公关本质的理解。以主成分分析提取公因子，以方差最大法对因子轴旋转，无论是在中国大陆还是台湾地区的样本中，都析出两个公因子（两样本数据皆适合采用因子分析），且各因子所含项目完全一致（见表1）。第1个因子包括前5个项目，可命名为公关的"传播与关系管理观"，即从业者从根本上将公关视为一种传播和关系管理性质的活动；第2个因子包括后3个项目，可命名为公关的"科学与民主观"，即被访者对公关本质的理解更趋近于一种科学与民主的社会实践。将两因子诸项目加总后取均值，总体上被访者更习惯将公共关系视为传播与关系管理活动（M=4.04），而非科学与民主的社会实践（M=3.35）。

表1 两地公共关系从业者对公关本质理解的因子分析

	中国大陆样本		台湾地区样本	
	因子1	因子2	因子1	因子2
通过表达事实和观点实现对公众的说服	.648	.274	.599	.384
组织和公众之间的传播管理	.851	.193	.786	.087
组织和公众之间的互惠关系管理	.692	.265	.496	.368
采用策略来进行形象/声誉管理	.857	-.044	.812	-.071
组织—公众—环境系统的关系生态管理	.509	.435	.688	.159
积极保持一种共同社区的感觉	.214	.781	.230	.613
说真话做善事塑美形的科学和艺术	.095	.842	.164	.806
社会群体之间的民主的沟通	.201	.828	-.055	.843
因子特征值	3.68	1.41	3.03	1.46
累计方差解释（%）	33.91	63.61	30.47	56.19
测量信度（α）	0.80	0.80	0.74	0.69

---

① 参见〔美〕丹·拉铁摩尔、奥蒂斯·巴斯金、苏泽特·海曼、伊丽莎白·托特、詹姆斯·范·勒文《公共关系：职业与实践》，朱启文、冯启华译，北京大学出版社，2006，第42页；S. M. Cutlip, *The Unseen Power: Public Relations: A History*. Hillsdale, NJ: Lawrence Erlbaum, 1994；陈先红《现代公共关系学》，高等教育出版社，2009，第9~10页；陈先红《关系范式下的公关研究》，华中科技大学出版社，2010，第1~3页；纪华强《公共关系的基本原理和实务》，高等教育出版社，2006，第1~8页。

功能认知。本文列举了商业公关的 7 种描述性功能：促使组织进步、促进组织事务的成功、提供有价值的信息、推进组织议程、掩盖与遮蔽负面信息、为减少损害而进行控制和宣传。这些功能或属性大部分在此前的研究中被认为值得关注。① 受访者被要求在李克特五级量表上表明自己的认同度。在两个样本中，7 个项目涵盖两个公因子（见表 2），各因子的构成项目一致。因子 1 包括前 4 个项目，可命名为"主动公共关系"；因子 2 包括后 3 个项目，可命名为"被动公共关系"。受访者对"主动公关"（M = 3.85）的认同度明显高于"被动公关"（M = 3.30）。

表 2　两地公共关系从业者对公关功能认知的因子分析

	中国大陆样本		台湾地区样本	
	因子 1	因子 2	因子 1	因子 2
有助于推进组织议程	.591	.257	.579	.351
提供有价值的信息	.736	.059	.701	.015
有助于促进组织事务的成功	.831	.067	.782	.120
促使组织进步	.848	-.133	.793	-.204
为减少损害而进行控制	.164	.669	.216	.613
掩盖与遮蔽负面信息	-.108	.827	-.236	.783
宣传	.077	.649	.064	.664
因子特征值	2.40	1.59	2.20	1.58
累计方差解释（%）	33.52	57.02	30.03	54.02
测量信度（α）	0.75	0.56	0.70	0.50

社会价值认知。用 6 个项目来衡量从业者眼中公关的社会价值：促进公益性文化传播、引导和谐舆论、利于战略层面顶层设计、产生友好互动的公众情感体验、建立和维持关系信任、生成和积累社会支持。无论是在中国大陆（解释方差 = 63.92%，α = 0.88）还是台湾地区（解释方差 = 59.90%，α = 0.86）的样本中，6 个项目中仅有一个公因子存在。将量表

---

① C. White & J. Park, "Public Perceptions of Public Relations," *Public Relations Review* 36 (2010): 319-324.

各项目加总后取均值，两地被访者对公关社会价值的认知明显趋向于积极的一面（M = 3.96）。

职业伦理认知。如下 4 个陈述——公关传播是合法的、公关传播是讲究职业道德的、公关传播是趣味高雅的、公关从事真实准确和公正的传播，被用以衡量从业者对公关职业伦理的自我评价。4 个项目中仅一个公因子存在（中国大陆的解释方差 = 63.10%，$\alpha = 0.80$；台湾地区的解释方差 = 59.06%，$\alpha = 0.76$）。将各项目加总平均，显示从业者对公关伦理的评价趋于肯定（M = 3.90）。

职业声望认知。尽管各类公众对公关的评价表现为"乱象丛生"，媒体对公关的呈现也以负面居多，但从业者的自我评价可能从不同侧面揭示了公关业的声誉。我们以两个陈述来衡量从业者对职业声望的评价（大陆 $\alpha = 0.88$；台湾 $\alpha = 0.90$）：公关职业是受人喜爱和欢迎的、公关从业人员是受人尊重的。两地从业者对公关职业声望的评价相对积极（M = 3.50）。

四 研究发现

（一）公共关系本质认知

如图 1 所示，在公共关系 8 种规定性中，中国大陆被访者最认同"形象/声誉管理"，其次是"传播管理"，再次是"互惠关系管理"和"关系生态管理"。这反映了中国大陆的从业者将公共关系视为传播与关系管理活动的观念倾向。具有科学与民主实践观念倾向的三个项目，即"保持社区感"、"科学和艺术"和"民主的沟通"，两地从业者认同度相差不大。两地从业者对八个项目中的"互惠关系管理"（$F = 4.63$, $p = .032$）和"科学和艺术"（$F = 18.67$, $p = .000$）的认知存在显著差异，中国大陆的从业者明显更为认同。中国大陆和台湾地区从业者对公共关系"传播与关系管理观"的认同没有差异（4.03 vs. 4.04），但相比台湾地区从业者，中国大陆同行更习惯将公关视为一种具有科学与民主特质的社会实践（3.23 vs. 3.40；$F = 4.92$, $p = .027$）。

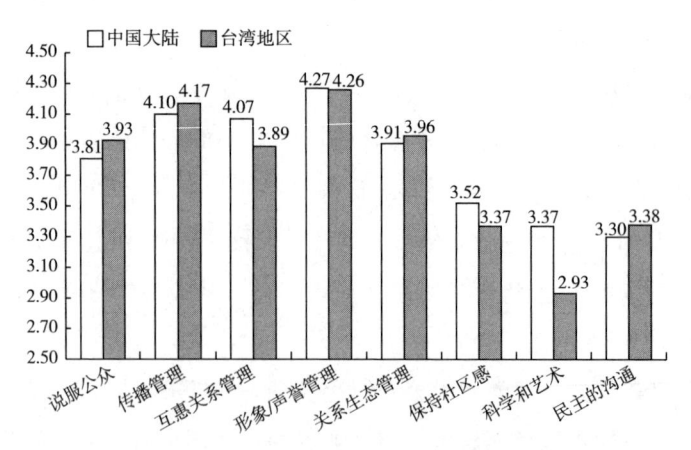

图 1　两地从业者对公共关系本质的认知

说明：纵坐标表示认同度，1＝很不认同，5＝很认同，下文各图相同。

（二）公共关系功能认知

在 7 项功能中，如图 2 所示，被访者更认同主动性功能，包括"促进组织事务成功"、"促使组织进步"、"推进组织议程"和"提供有价值的信息"。他们对各种被动性功能的认知仅略高于量表中间水平：对"为了减少损害而进行控制""掩盖或遮蔽负面信息""就是宣传"的认同度介

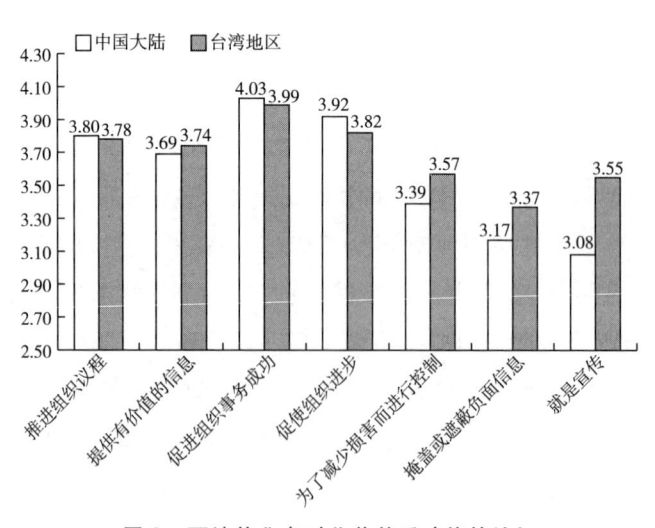

图 2　两地从业者对公共关系功能的认知

于 3.0~3.6。对于四项主动公关功能，两地从业者的认同没有显著差异，但台湾从业者更认同三项被动功能："为了减少损害而进行控制"（F = 3.87，$p = .050$）、"掩盖或遮蔽负面信息"（F = 4.01，$p = .046$）、"就是宣传"（F = 23.15，$p = .000$）。从 7 个项目中抽出公因子"主动公关"和"被动公关"，两地被访者对于前者没有显著差异（3.86 vs. 3.83；F = 0.27，$p = .603$），但后者的差异显著（3.21 vs. 3.50；F = 17.12，$p = .000$），台湾从业者更认可被动公共关系。

（三）公共关系社会价值认知

对于表征公关社会价值的 6 个项目，两地被访者皆持较高认同（见图 3）。最受认同的是"产生友好互动的公众情感体验"、"建立和维持关系信任"。其他 4 个项目被认可的程度也较高。中国大陆从业者更认同"引导和谐舆论"（F = 8.00，$p = .005$）和"促进公益性文化传播"（F = 4.34，$p = .038$）；其他 4 种社会价值指标，两地差别并不显著。合成复合指数后，两地差异处于边缘显著水平（3.99 vs. 3.89；F = 3.14，$p = .077$），也就是说，两地从业者对公共关系社会价值的认知水平相似。

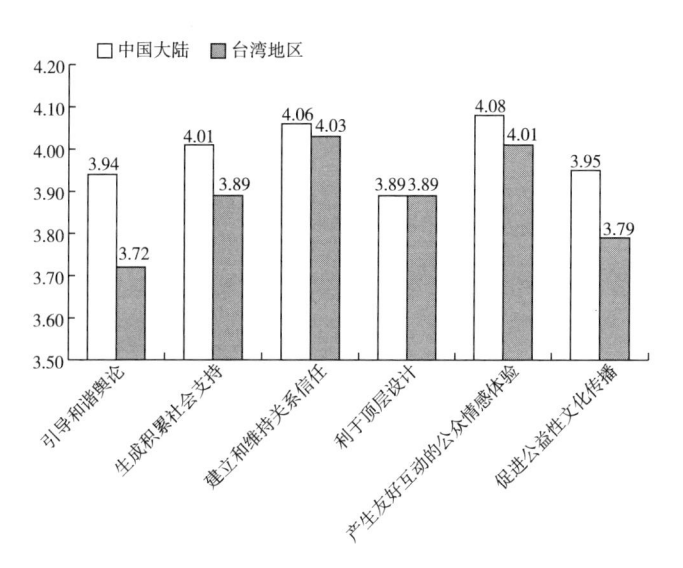

图 3 两地从业者对公共关系社会价值的认知

我们以社会价值、职业伦理、职业声望认知为因变量，以人口学特征和公关本质认知、公关功能认知为自变量，实施多元线性阶层回归（见表3）。在中国大陆样本中，多从传播与关系管理的角度理解公关（β=.220，$p<.01$），更认同主动公关的被访者（β=.298，$p<.001$），认为公关的社会价值更高。如果受访者认同公关的"科学与民主"特质，也倾向于认为公关的社会价值更高，但这种关系仅达到边缘显著水平（β=.118，$p<.1$）。

表3 预测两地从业者对公关社会价值、职业伦理和职业声望认知的多元线性阶层回归

	中国大陆样本			台湾地区样本		
	社会价值	职业伦理	职业声望	社会价值	职业伦理	职业声望
人口学特征						
性别（女=0）	-.022	-.026	-.069	-.144*	-.032	-.057
年龄	-.006	-.036	.064	.227*	.071	.133
受教育程度 本科 vs 本科以下	.034	.117#	.144*	.292*	.129	.275#
受教育程度 研究生 vs 本科以下	.039	.079	.107	.102	-.024	.081
专业教育（无=0）[a]	-.033	-.023	-.009	.033	-.069	.107
职业环境（无=0）[b]	-.052	-.054	.012	.055	-.040	-.017
月收入水平	.100	-.020	-.100	-.235*	-.035	-.150
$\triangle R^2$%	1.9	2.6	2.3	9.1#	2.2	5.6
公关本质认知						
传播与关系管理观	.220**	.128*	-.029	.402***	.331***	-.022
科学与民主观	.118#	.135*	.290***	.012	.034	.236**
$\triangle R^2$%	18.1***	17.7***	13.5***	26.6***	21.4***	10.0***
公关功能认知						
被动公共关系	-.062	-.205***	-.091	-.081	-.152*	-.161#
主动公共关系	.298***	.489***	.324***	.312***	.302***	.246**
$\triangle R^2$%	6.9***	21.8***	8.7***	7.3***	7.7***	5.8**
常数	1.854***	4.142***	1.137*	0.727	1.118*	1.117
Adj. R^2%	23.7***	39.6***	21.2***	38.5***	25.8***	15.2***

注：（1）表格中回归系数为标准化β值；#$p<.1$，*$p<.05$，**$p<.01$，***$p<.001$；
（2）[a] 该变量被操作化为被访者是否在学习期间接受了公共关系及相关课程的学习；
（3）[b] 该变量被操作化为被访者的亲人朋友中是否有人从事公共关系及相关行业。

在台湾地区样本中,亦出现了类似模式。差异主要在以下两点。其一,在中国大陆,相对于"传播与关系管理观"的影响,从业者的主动公关认知对因变量的影响力更强;而在台湾地区,表现为一种相反的模式。其二,"科学与民主观"作为一种看待公共关系的根本立场,对中国大陆从业者公关社会价值的认知存在一定的积极影响;但在台湾地区,这种影响并不存在。两个回归模型都拥有较高的解释力(中国大陆23.7%,台湾地区38.5%)。这证实了前文的推断。

(四) 公关职业伦理认知

被访者对公关传播"讲究职业道德"、"合法"的认同要高于"真实准确公正"和"趣味高雅"。中国大陆从业者对公关传播"合法"($F=4.10$, $p=.043$)、"讲究职业道德"($F=5.52$, $p=.019$)、"真实准确公正"($F=4.24$, $p=.040$)的评价显著高于台湾地区同行(见图4)。将4个项目转换为复合指数,中国大陆从业者对公关职业伦理的评价更高(3.94 vs. 3.80; $F=4.04$, $p=.045$)。

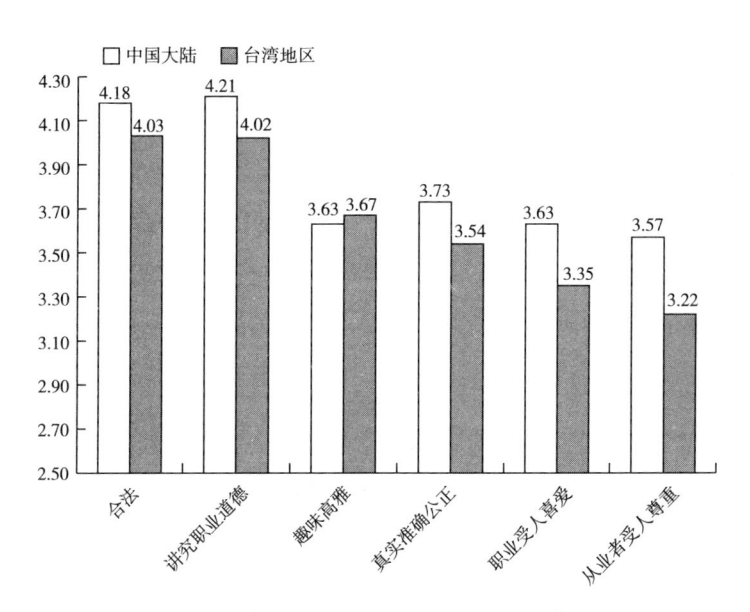

图4 两地从业者对公共关系职业伦理和职业声望的评价

在两地样本中，从业者对公关本质和功能的认知与职业伦理评价的影响模式也相对接近。相似之处在于，对公共关系作为一种传播与关系管理实践的认同度更高（中国大陆 $\beta=.128$, $p<.05$；台湾地区 $\beta=.331$, $p<.001$）、对"被动公关"的认同度更低（中国大陆 $\beta=-.205$, $p<.001$；台湾地区 $\beta=-.152$, $p<.05$），同时对"主动公关"认同度更高（中国大陆 $\beta=.489$, $p<.001$；台湾地区 $\beta=.302$, $p<.001$）的从业者，认为公关的职业伦理更佳。不同之处在于：其一，在中国大陆样本中，越认同公关"科学与民主观"（$\beta=.135$, $p<.05$）的从业者，对职业伦理的评价越高，台湾地区样本则不然；其二，与对公关社会价值的解释模型类似，"传播与关系管理观"和"主动公关"对因变量的作用，在台湾地区样本中，前者的影响力更大，在中国大陆样本中则相反。

（五）公关职业声望认知

两地对公关"职业受人喜爱"和"从业者受人尊敬"的评价都趋于正面。相对于台湾地区同行（见图4），中国大陆从业者对两个指标的评价明显更高（职业声望 $F=4.04$, $p=.045$；从业者声望 $F=15.95$, $p=.000$）。作为结果，将两个项目合并为综合指标后，中国大陆公关的职业声望高于台湾地区（3.60 vs. 3.28；$F=16.04$, $p=.000$）。

我们也以回归分析考察从业者公关本质和功能认知对职业声望评价的影响。在两个样本中，"科学与民主观"和"主动公关"对职业声望评价的影响模式几乎完全相似：越认为公关是科学与民主实践（中国大陆 $\beta=.290$, $p<.001$；台湾地区 $\beta=.236$, $p<.01$）、越认同主动公关（中国大陆 $\beta=.489$, $p<.001$；台湾地区 $\beta=.246$, $p<.01$）的被访者，认为公关的职业声望越好。"传播与关系管理观"对职业声望的评价没有显著影响。

表4显示了两地从业者对公关社会价值、职业伦理和职业声望认知的相关性分析结果。两地呈现出相似的模式。首先，对公关社会价值越肯定的从业者，越认为公关业拥有较高的伦理水准（中国大陆 $r=.483$, $p<.001$；台湾地区 $r=.447$, $p<.001$）和更高的声望（中国大陆 $r=.396$, $p<.001$；台湾地区 $r=.267$, $p<.001$）。其次，被访者认为公关的职业伦理越佳，则公关业的职业声望越高（中国大陆 $r=.669$, $p<.001$；台湾地区 $r=.458$, $p<.001$）。

表4 两地从业者对公关社会价值、职业伦理和职业声望认知的相关性

	中国大陆样本			台湾地区样本		
1. 公关社会价值认知	1			1		
2. 公关职业伦理认知	.483***	1		.447***	1	
3. 公关职业声望认知	.396***	.669***	1	.267***	.458***	1

注：表格中的数据为皮尔逊相关系数；*** $p<.001$。

五 结论与讨论

借助于职业社会学视角，本文考察了中国大陆和台湾地区公关从业者的职业认知。通过分析2012年的两岸问卷调查数据，我们根据被访者对公关的本质、功能、社会价值、职业伦理和职业声望五个维度的理解来表述他们的职业认知现状，比较并揭示不同层次职业认知要素间的关系。

（一）两地公关从业者职业认知的同构同质

我们发现，无论是在中国大陆还是台湾地区，从业者对公共关系本质和功能的理解极为相似。借用托马斯·库恩考察科学哲学的"范式"（paradigm）概念，[1] 两地从业者对公关本质的认知都明显表现为两种范式，即"传播与关系管理观"和"科学与民主观"，且两种范式的构成要素完全一致。

公关本质的两种范式皆有思想渊源。"传播与关系管理"范式下的公关被视为一种具有特殊管理职能的社会活动，主要是对"传播""关系""形象""声誉"等无形资源的软性管理，可见于诸多学者的理论阐述，包括"劝服说""传播沟通说""传播管理说""传播策略说""管理职能说""关系管理说""关系生态说"等。[2] 在这种理解框架中，公关被认为通过传播和关系管理来实现特定目标，为社会组织提供战略与策略层面的功能性支撑。在"科学与民主"范式中，公关被认为是一种具有科学

---

[1] T. S. Kuhn, *The Structure of Scientific Revolution*. Chicago, IL: The University of Chicago Press, 1970.

[2] 陈先红:《现代公共关系学》，高等教育出版社，2009，第9~10页。

精神和民主功能的社会实践,其思想资源包括"社区建构说"①"组织形象说"②"民主沟通说""科学与艺术说"。③ 在这种理解框架中,公关被认为是一种科学的实践,或是社会群体、组织之间的平等沟通,与媒介同为公共领域的一环。公共关系不仅仅强调组织利益,更强调公共利益和社会责任,呼吁通过公关运动打造健康有序的社会环境。④ 两种范式具有统领公关实践原则和从业知识,并将之整合成内部同一的意识形态体系的功能。我们发现,两地从业者都更认可传播与关系管理范式,且认可的水平完全一致。但中国大陆的从业者更认可"科学与民主观",这可能与中国大陆公关运作的政治环境有关,是一个值得进一步考察的现象。⑤

两地从业者对公关功能的认知,包括两个完全一致的因素:主动公关与被动公关。这种区分源于公共关系功能发挥的三种向度:长期性 vs. 临时性、建设性 vs. 破坏性、积极性 vs. 消极性。两地从业者都更认同具有长期性、建设性、积极性的主动型公共关系,同时,他们的主动公关认知水平基本相似。体现公关职业认知的三个"外围"维度,即社会价值、职业伦理和职业声望,相对台湾地区同行,中国大陆从业者认为公关的职业伦理更佳,职业声望也更高,但两地从业者对公关社会价值的认知水平一致。虽然两地对职业伦理和声望的认知存在差异,但从业者认知的方向和程度却相对接近。

上述结论表明,尽管中国大陆和台湾地区公共关系发展的历史轨迹不同,政治、经济和社会环境迥异,但从业者的公关认知状况趋于一致。两地从业者对公关的社会价值、职业伦理和职业声望的认知,很大程度上取决于他们如何看待公关的本质与功能。公共关系"传播与关系管理观"

---

① D. Kruckeberg & K. Starck, *Public Relations and Community: A Reconstructed Theory*. New York: Praeger, 1988.
② 熊源伟:《公共关系学》(第3版),安徽人民出版社,2003,第3~19页。
③ 参见陈先红《关系范式下的公关研究》,华中科技大学出版社,2010,第1~3页; W. Dinan & D. Miller, *Thinker, Faker, Spinner, Spy: Corporate PR and the Assault on Democracy*. London: Pluto Press, 2007.
④ 陈先红:《关系范式下的公关研究》,华中科技大学出版社,2010,第1~3页。
⑤ K. Sriramesh & E. Li, "Public Relations Practice and Socio-economic Factors: A Case Study of Different Organizational Types in Shanghai," *Journal of Communication Studies* 3 (2004): 44-77.

和"主动公关认知"是该职业社会价值和职业伦理的决定性因素,"科学与民主观"和"主动公关认知"则是职业声望的影响变量。

通过研究发现,两地公关从业者的职业认知保持着相当的一致性,这不仅体现在对公共关系职业认知"内核"与"外围"的多个维度,也体现在不同维度间的影响机制层面。

(二) 正在形成的公关职业"认知共同体"

无论在工具理性还是价值理性上,任何职业共同体首先是"认知共同体"——作为共同体的成员,"他们都有着共同的知识、共同的语言、共同的思维、共同的认同……"[①] 在公共关系领域,对知识层面职业共同体的探讨始于二十多年前 VanLeuven 的调查。该调查发现,截至20世纪80年代,尽管在世界各地(尤其在西方)已有300多所大学开设了公关方面的课程或学位项目,公共关系领域却未能形成"公认的学科知识体系"(codified body of knowledge defining the subject matter of discipline)[②]。十多年后,"欧洲公共关系知识体系项目"(The European Public Relations Body of Knowledge Project)进一步表明,即使在20世纪末的欧洲,关于公共关系的知识面貌,人们也知之甚少[③]。

在国际关系研究领域,"认知共同体"(epistemic community)被定义为由公认的具有权威知识的专业人士组成的网络;在这个网络中,所有专业人士共享特定的知识、规范和信念,以形成对决策的影响[④] 认知共同体界定了它的成员网络,并建构了特定的现实[⑤] 本文借用"认知共同体"概念指称特定专业领域从业者对所从事职业认知的同构同质现象。也

---

① 强世功:《法律共同体宣言》,《中外法学》2001 年第 3 期,第 328~339 页。
② J. K. VanLeuven, "Public Relations Body of Knowledge: A Task Force Report," *Public Relations Review* 13 (1987): 11-18.
③ D. Vercic, "The European Public Relations Body of Knowledge," *Journal of Communication Management* 14 (2000): 341-351.
④ P. Haas, "Introduction: Epistemic Communities and International Policy Coordination," *International Organization* 46 (1992): 1-35.
⑤ A. Antoniadis, "Epistemic Communities, Epistemes and the Construction of World Politics," *Global Society* 17 (2003): 21-38.

就是说，如果一种职业达到了高度专业化水平，那么在涵盖职业认知的各个维度，从业者应该而且必定形成一个少有争议的"认知共同体"——根据职业社会学的观点，在一个专业化的职业社区，从业者应共享高度系统化的知识和技能，拥有相近的职业信念和规范。①

我们的研究表明，在当前的中国大陆和台湾地区，公共关系业的认知共同体正在形成。两地从业者对公关的本质、功能和社会价值认知的相似性，为我们的论断提供了经验证据。他们对公关职业伦理和声望认知的方向和程度亦相对接近。此外，两地从业者在公关职业认知"内核"与"外围"要素的影响机制方面也极为相似。这使我们相信，在以中国大陆和台湾地区为代表的大中华区的公共关系业中，从业者已具备了构成职业共同体的基本条件，至少在认知层面如此。这是公关职业化进程的必经阶段，也是职业认同的表征。

职业共同体之所以拥有足够的凝聚力和向心力，很大程度上是因为从业者具有很强的职业荣誉感。我们的数据表明，两地从业者对公关职业声望的认知仅略超中间水平，且与职业认知的其他维度（社会价值和职业伦理认知）有着显著的相关性。职业声望的自我评价往往高于社会评价，② 这就表明社会声誉可能是公关职业化发展中不可忽视的重要因素。如此，在当前的中国大陆和台湾地区，即便在从业者眼中，公共关系也是尚未完成专业化的一种职业。

（三）未来探索方向和研究意义

公共关系职业化的未来在很大程度上取决于从业者的心态和实践。在公关百余年的发展史上，"也许最重要的是把公共关系发展成一个定义明确、值得尊重和广为人们接受的专业实践领域所做的种种努力"③。本文

---

① 参见 B. Barber, "Some Problems in the Sociology of the Profession," *Daedalus* 92（1963）：669-688；M. D. Bayles, *Professional Ethics*. CA：Wadsworth Publishing Co., 1981。

② 李强：《转型时期冲突性的职业声望评价》，《中国社会科学》2000年第4期，第100~112页。

③〔美〕丹·拉铁摩尔、奥蒂斯·巴斯金、苏泽特·海曼、伊丽莎白·托特、詹姆斯·范勒文：《公共关系：职业与实践》，朱启文、冯启华译，北京大学出版社，2006，第42页。

揭示了在公关业迅疾发展的中国大陆和台湾地区两地从业者的职业认知状况，并以"正在形成的认知共同体"概括了研究的主要发现。在职业认知之外，还有职业兴趣、从业动机、职业忠诚、职业理想等议题，它们和职业认知相互交织，共同指向了一个更为根本的、具有哲学价值的命题，即"我是谁"。对处于职业化进程中的公关业而言，这样的问题显得更具现实意义。

（该文发表于《新闻与传播研究》2014年第2期，
作者为张明新、陈先红、赖正能、陈霓）

中国公众公共关系认知现状的调查与分析

通过分析2012年全国性调查数据，本文揭示了我国公众对公共关系认知的基本现状。其一，公众倾向于认为公关是具有一定专业性的传播实践；其二，国家和政府是最主要的公关主体，公关能促使国家/组织事务成功；其三，公关对新闻有积极而非消极影响，一定程度上都以事实为基础，拥有相同的价值观；其四，公关业的职业道德受到认可。公众心目中的公关形象从消极向积极转变的动因主要在于以下三个方面：公关需求与实践的增长提升了其社会"能见度"；从业者的职业化呼吁和社会责任倡导为公关有力地"正名"；公关学术研究与高等教育的迅疾发展产生了有益的影响。

一 研究背景与方法

在人类历史长河中，30年转瞬即逝，但我国的公共关系业30年来却实现了从无到有、从弱到强的跨越。然而，历史表明，公关业在其发展进程中往往会经历一段"晦暗"的岁月——遭遇公众长期的误读和误解，甚至面临着"严重的形象问题"。比如，卡特里普等[①]曾写道，公

[①] Scott M. Cutlip, A. H. Center, and G. M. Broom, *Effective Public Relations*. Englewood Cliffs, NJ: Prentice Hall, 1994.

共关系在1980年代的美国是"一种不光彩的活动",De Bussy 等[1]甚至辛辣地讽刺说,在公众面前,公关从业者甚至"不敢说出自己从事的职业"。

1980年代初,公关传入我国后,虽得到迅疾发展,却遭到明显的排斥和误解,在整顿中曲折发展,亦在低水平上徘徊。方宏进[2]认为1980年代中国公共关系的这种发展轨迹,"可能成为世界公共关系发展史上最波澜壮阔又耐人寻味的一页"。尤为值得一提的是,1989年,电视连续剧《公关小姐》的播出使公共关系老幼皆知,但也使公众将公关等同于时髦打扮和灯红酒绿的繁华生活,将公关小姐或公关先生与社会上的三陪小姐或陪酒郎联系起来,公关人员更多地被简单化为礼仪、接待、陪同人员等[3]。2000年,时任中国国际公关协会发展部主任的陈向阳[4]指出,当时公众眼中的公共关系"包治百病、无所不能",这种负面的职业形象令人尴尬。公关也被误读为"拉关系、走后门""凭脸蛋子、耍嘴皮子、使手腕子、塞大票子"[5]。近年来中国传媒大学几位学者发布的《中国公关行业调查报告》显示,在2005~2006年,88.9%的从业者认为公关业被人误解[6];在公关公司看来,54%的从业者认为"社会大众对公关存在普遍的误解和偏见"[7]。某国际大型公关公司的高级顾问甚至说"他的家人都不知道他是做什么的"[8]。以上文献似乎表明,即使进入了21世纪,我国公众对公共关系的认知也不乐观。事实是否果真如此?由于上述观念性论断可能带有作者的主观色彩,而《中国公关行业调查

---

[1] De Bussy, Nigel, and Katharina Wolf, "The State of Australian Public Relations: Professionalisation and Paradox," *Public Relations Review* 35 (2009): 376-381.

[2] 方宏进:《公共关系在中国十年的发展——历程、问题及前景》,《深圳大学学报》(人文社会科学版)1990年第4期。

[3] 蒋楠:《中国公共关系三十年发展对传媒业的影响分析》,《浙江大学学报》(人文社会科学版)2012年第4期。

[4] 陈向阳:《盘点2000年中国公关业》,《公关世界》2001年第5期。

[5] 张艳:《中国公共关系行业的现状、成因与对策探析》,《绵阳师范学院学报》2003年第4期。

[6] 齐小华、冯丙奇:《中国公关行业调查报告(2005)》,社会科学文献出版社,2006。

[7] 齐小华、冯丙奇、付江等:《中国公关行业调查报告(2006)》,中国传媒大学出版社,2007。

[8] 齐小华、冯丙奇等:《中国公关行业调查报告(2005)》,社会科学文献出版社,2006。

报告》并不针对普通公众,且样本量较小(2006 年时 N=234),我们希望通过大规模的全国性调查,尽可能地描绘公共关系公众认知的真实图景。

一个国家公共关系的面貌往往由当地的政治、文化、经济、媒体等因素所塑造[1]。从 1980 年代初至今,中国的经济、社会、媒体等发生了举世瞩目的变化,在政治和文化领域亦有可圈可点的变化。那么,公众对公共关系的认知是否还如 1980 年代一样的消极和负面?在公共关系的中国实践构成全球公关业"独一无二的经验"背后,本土公众如何看待公共关系这一问题便具有特别的意义。

本文通过分析 2012 年笔者实施的一项全国性问卷调查数据,揭示我国公众公共关系认知的基本现状。该项调查于 2012 年 5~7 月实施,主要针对五类公众:公关从业者(含广告人)、公务人员、商业和企业从业者、媒体工作者和高校教师、大学生。这五类公众覆盖了多种职业类型,相对于普通公众,他们对公共关系了解更多、受教育程度更高,可能对公关的认知更趋向于理性。问卷包括网络版和纸质版两种类型。网络版置于"问卷星"网站,潜在的被访者收到邀请后在线填写;纸质版被寄给研究者熟悉的公关机构,由负责人分发给潜在被访者填写后回收。调查共获得有效问卷 1121 份,其中公关从业者 357 人,本文聚焦于从业者之外的四类群体(从业者的公关认知已另文撰述)。在公关研究中,采用滚雪球和便利抽样的方式是一种常用方法。近年来 Li[2] 及其合作者[3]等曾采用此方法考察本土公关从业者的专业标准与角色认知等问题。

样本(N=764)构成如下。男、女分别占 50.6% 和 49.4%,平均年龄为

---

[1] Hugh M. Culbertso and Ni Chen, *International Public Relation: A Comparative Analysis*. New York: Taylor Francis Group, 1996.
[2] Li Chunxiao, F. Cropp, and J. Yan, "Identifying Key Influencers of Chinese PR Practitioners' strategic Conflict Management Practice: A Survey on Contingent Variables in Chinese Context," *Public Relations Review* 36 (2010): 249–255.
[3] Li Chunxiao, et al., "Perceived Professional Standards and Roles of Public Relations in China: Through the Lens of Chinese Public Relations Practitioners," *Public Relations Review* 38 (2012): 704–710.

29.21岁（Sd=8.28）。受教育程度方面，大专及以下学历占15%，本科学历占63%，研究生及以上学历占22%。在六级量表上①，被访者月收入均值为3.03（Sd=1.56）。在职业方面，公务人员占19.6%，商业和企业从业者占37.3%，媒体工作者和高校教师占14.5%，大学生占28.5%。

二 公共关系的本质：专业化与多样化

公众对"公共关系是什么"的回答，反映了他们对公共关系的根本理解。首先，我们列举出公众心目中9种可能和公共关系比较接近的活动，要求被访者回答"提及公共关系一词，您赞同以下哪个？"图1显示，66.8%的被访者认为公共关系是"处理危机事件"，55.3%的被访者认为是"职业性的传播活动"。这说明在公众看来，公共关系具有较强的专业性。然而，有60.6%的被访者认为公关是"搞社会关系"。

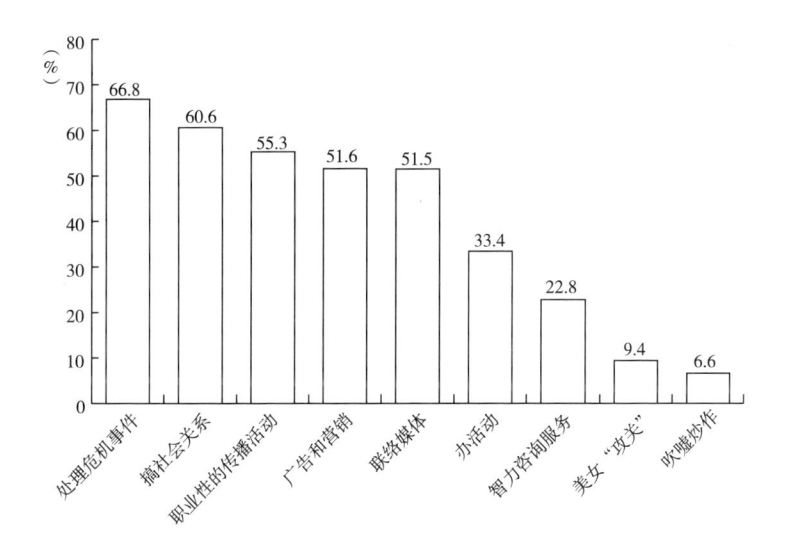

图1 被访者眼中的公共关系

（数据：处理危机事件 66.8；搞社会关系 60.6；职业性的传播活动 55.3；广告和营销 51.6；联络媒体 51.5；办活动 33.4；智力咨询服务 22.8；美女"攻关" 9.4；吹嘘炒作 6.6）

---

① 被访者的月收入赋值方法：1=1000元及以下，2=1001~2500元，3=2501~4000元，4=4001~6000元，5=6001~10000元，6=1万元以上。

公共关系学的想象：视域、理论与方法

中国传统文化强调"关系"这种独特的社会政治资源[1]。和西方社会相比，"关系"在中国被赋予了几乎完全不同的含义[2]。重视关系、运作关系的理念已深刻嵌入了公关业，公关学者将其称为"潜规则"，可概括为规避冲突与追求和谐、人情练达与关系网、权力本位。在公关实践中，对潜规则的拒绝与接纳极为关键[3]。齐小华等[4]在调查中发现，尽管国内公关公司的运作逐步向正规化迈进，但诸如请客送礼等已成为公关公司日常工作的一部分，外资公关公司也日益吸纳这些方法。

51.6%的被访者认为公关是"广告和营销"，这不难理解。在历史上，公关常常与广告、营销传播、宣传等相混淆[5]。51.5%的被访者认为公关是联络媒体，这也在情理之中，因为公关业的发展是与媒体相伴相生的。需要注意的是，只有6.6%的被访者认为公关是"吹嘘炒作"——换句话说，即认为吹嘘炒作不是公共关系。这说明当前公众对公关的认识已不像陈向阳[6]在十多年前所写的，公关能"包治百病，无所不能"。仅9.4%的被访者由公共关系联想到美女"攻关"，这说明当今的公共关系摆脱了对"美女公关"的暧昧联想。而十年前，学者这样描述选拔公关从业者的场景[7]："一些企业在招聘公关员时，以女性为必要条件，其标准近乎选美。"

除对公关的直观印象外，我们还问及他们对公关本质的理解。陈先红[8]认为公关主要包括两大类型："传播型"与"关系型"。前者包括米勒的"说服公众说"、格鲁尼格的"传播管理说"、达福特（Daft）的"形象

---

[1] Ni Chen, "From Propaganda to Public Relations: Evolutionary Change in the Chinese Government," *Asian Journal of Communication* 13 (2003): 96-121.

[2] Huang Yihui, "The Personal Influence Model and Gao Guanxi in Taiwan Chinese Public Relations," *Public Relations Review* 26 (2000): 219-236.

[3] 许莉：《"关系"与"公关"探析——公关传播对潜规则的拒绝与接纳》，《中国报业》2011年第16期，第71~72页。

[4] 齐小华、冯丙奇等：《中国公关行业调查报告（2005）》，社会科学文献出版社，2006。

[5] Doug Newsom, D. Kruckeberg, and V. S. Turk, *This is PR: The Realities of Public Relations*. Wadsworth Publishing, 2008.

[6] 陈向阳：《盘点2000年中国公关业》，《公关世界》2001年第5期。

[7] 张艳：《中国公共关系行业的现状、成因与对策探析》，《绵阳师范学院学报》2003年第4期。

[8] 陈先红：《现代公共关系学》，高等教育出版社，2009。

管理说",后者包括"关系管理说""关系生态说""社区构建说"等。本文选择四种最经典的定义①,要求被访者就"公共关系应该是……"做出选择,结果如图2所示。在量表上,被访者最认同公关的"形象管理说"(M=4.01),其次是"传播管理说"(M=3.96),再次是"关系管理说"(M=3.89),最后为"说服公众说"(M=3.79)。这表明,公众对公共关系的理解呈现多样化的面貌。在四类被访群体中,除了大学生对"形象管理说"和"传播管理说"认同程度稍高之外,各类公众对公关本质规定性的理解并不存在明显差异。

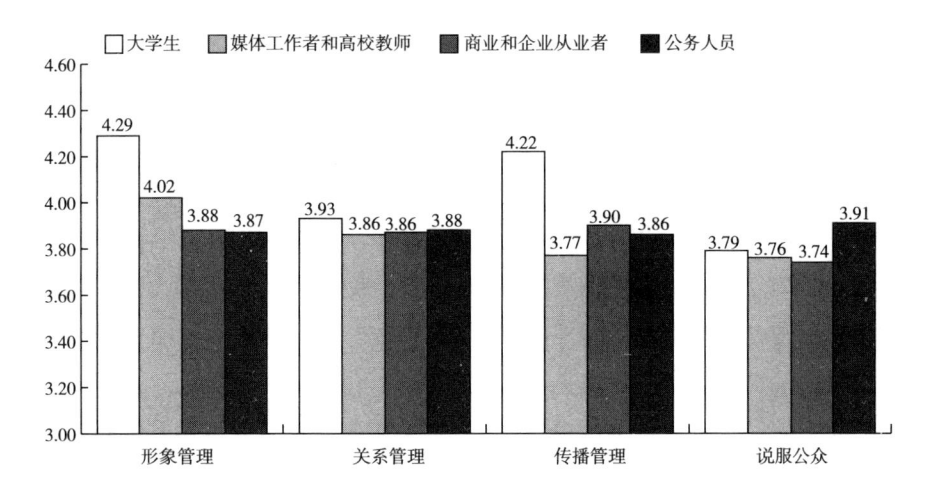

图2 被访者对公共关系基本规定性的理解

说明:3=中立,4=较同意,5=很同意。

三 公共关系实践:多元主体与积极功能

公共关系主体是多样化的。从传播学角度看,公关主体无所不在。小到个人,中到组织,大到国家,都运用公关手段获得公众的支持和认

---

① 定义方法如下:说服公众说——通过表达事实和观点实现对公众的说服;传播管理说——组织和公众之间的传播管理;形象管理说——采用策略来进行的形象或声誉管理;关系管理说——组织和公众之间的关系管理是互惠的。

可，为其创造有利的生存空间。在我国，随着计划经济体制向市场经济体制的转型，公共关系越来越被视为改善组织形象、宣传产品和营销传播的重要手段。陈先红①认为在现代社会，公共关系的主体呈现明显的多元化面貌，包括个人、营利性组织、非营利性组织、政府和国家等。

近年来，政府公共关系在我国受到重视，无论是针对国际公众还是国内公众，国家和政府部门逐步开始制度化地采用公关来发布信息和修复形象②。我国政府利用公共关系与国内外公众在危机情境中进行沟通更是如此，政府公关被用以改善与目标公众间的关系③。Cai 等④认为这体现了我国公共关系的规定性从单纯的技术功能向更具战略性的关系建构、形象声誉管理、社会责任倡导及塑造组织国家认同转变。

在我国公众的心目中，到底哪些社会主体更需要公共关系？政府公关果真如上述研究强调的那样重要吗？本次调查结果显示（见图3），在第一季度最需要公共关系的主体是"国家"（45.5%）；在第二季度最需要公共关系的主体是"政府部门"（54.9%）；在第三季度最需要公共关系的主体，则是"企业机构"（33.4%）。可见在公众看来，国家和政府部门是公共关系最重要的需求主体。

作为公共关系的重要需求主体，国家、政府部门和企业机构使用公共关系做什么？针对四种不同的说法，在五级量表上，被访者最同意"有助于促进组织事务成功"（M=3.99），其次为"提供有价值的信息"（M=3.60），再次为"为减少损害而进行控制"（M=3.50），最后是"负面信息被掩盖与遮蔽"（M=3.36）。图4显示，四类被访者的看法不存在

---

① 陈先红：《现代公共关系学》，高等教育出版社，2009。
② Ni Chen, "Institutionalizing Public Relations: A Case Study of Chinese Government Crisis Communication on the 2008 Sichuan Earthquake," *Public Relations Review* 35 (2009): 187-198.
③ Xi Liu, Zhuo Chang, and Ping Zhao, "Is it Simply a Matter of Managerial Competence? Interpreting Chinese Executives'perceptions of Crisis Management," *Public Relations Review* 35 (2009): 232-239.
④ Cai Peijuan, Lee Pei Ting, and Augustine Pang, "Managing a Nation's Image during Crisis: A Study of the Chinese Government's Image Repair Efforts in the 'Made in China' Controversy," *Public Relations Review* 35 (2009): 213-218.

明显差异。这说明在当前，公众更加认同公共关系的积极功能，而不是消极功能。

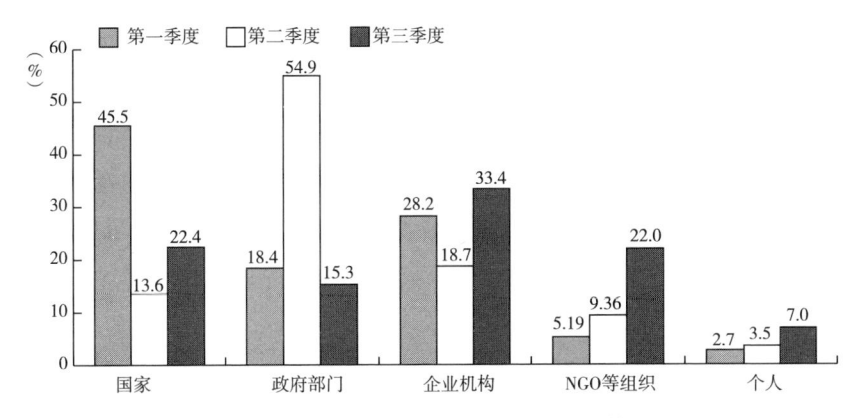

图3 被访者眼中公共关系的需求主体

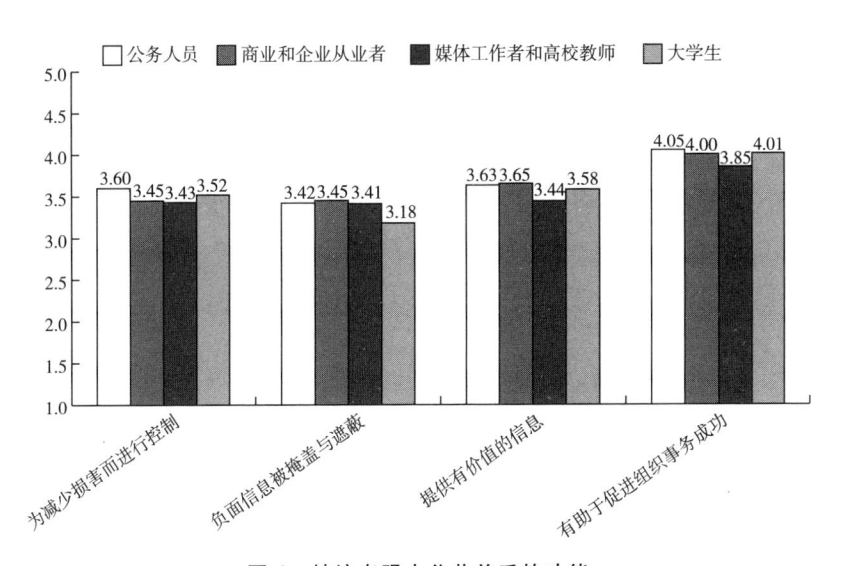

	第一季度	第二季度	第三季度
国家	45.5	13.6	22.4
政府部门	18.4	54.9	15.3
企业机构	28.2	18.7	33.4
NGO等组织	5.19	9.36	22.0
个人	2.7	3.5	7.0

图4 被访者眼中公共关系的功能

	公务人员	商业和企业从业者	媒体工作者和高校教师	大学生
为减少损害而进行控制	3.60	3.45	3.43	3.52
负面信息被掩盖与遮蔽	3.42	3.45	3.41	3.18
提供有价值的信息	3.63	3.65	3.44	3.58
有助于促进组织事务成功	4.05	4.00	3.85	4.01

公众眼中公共关系的上述功能是如何实现的？通过对本土公关活动方式的总结，我们归纳了12种常用的类型，要求被访者指出哪些比较普遍。如图5所示，"新闻发布会"在被访者眼中最为常见（90.0%），其次是"慈善活动"（70.4%）。其他较常见的还包括"冠名赞助""发布新闻

稿""媒体招待""协调政府关系""产品展览"等,被选比例都超过50%。仅有约1/4的被访者认为"网络删帖灌水"是一种公关手段。

"发布新闻稿"和"冠名赞助"等是开展公关活动的"常规"方式;然而在我国,"媒体招待"、"协调政府关系"和"派送礼品"也是公众眼中常用的公关手段。政府部门集中了大量的政治资源,往往是公关活动的重要对象。数年前的一项研究曾发现,在我国,政府往往是许多公关活动的唯一目标公众[①]。很多官方媒体作为党和政府的"喉舌",亦成为公关活动的重要目标。上文揭示,既然被访者认为公关就是"搞社会关系",那么派送礼品被视为一种公关手段自然也在情理之中。

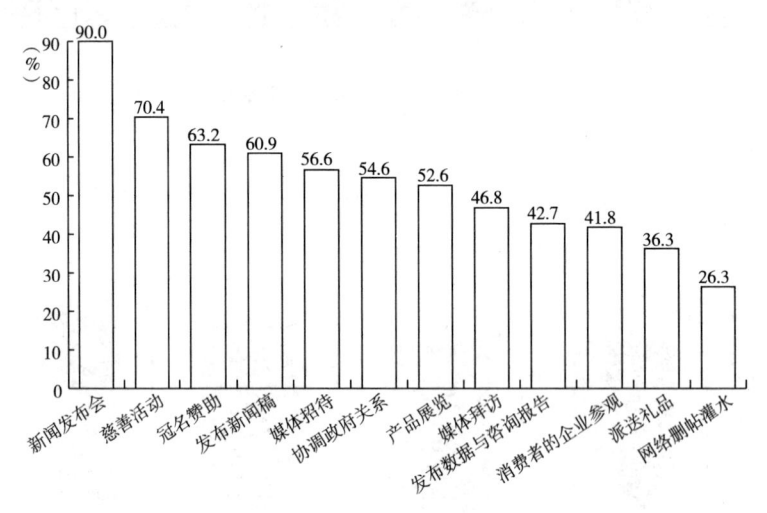

图5 被访者眼中公共关系的常规方式

（数据：新闻发布会 90.0；慈善活动 70.4；冠名赞助 63.2；发布新闻稿 60.9；媒体招待 56.6；协调政府关系 54.6；产品展览 52.6；媒体拜访 46.8；发布数据与咨询报告 42.7；消费者的企业参观 41.8；派送礼品 36.3；网络删帖灌水 26.3）

四 公关与新闻：冲突与合作

公关素来与新闻有不解之缘。历史上,公关和新闻之间一直存在较为模糊的边界。在新闻生产过程中,记者常借助于公关从业者来发现新闻事

---

① Sriramesh, Krishnamurthy, and Enxi Liu, "Public Relations Practices and Socio-economic Factors: A Case Study of Different Organizational Types in Shanghai," *Journal of Communication Studies* 3 (2005): 44-47.

实，公关人员作为消息来源，以"信息补贴"的方式与记者进行合作。其中，记者降低了采集新闻信息所需要付出的时间和经费成本，帮助媒体增加利润，公关人员则借此机会控制媒体内容，干预新闻议程和框架，最终影响公众议程和舆论①。据估计，美国新闻媒体有44%的内容受公关从业者的影响②。

大量研究揭示了记者和公关从业者之间微妙而多样的关系。这首先体现为记者对公关从业者的敌意态度③。从19世纪到1950年代，美国记者对公关的敌意迅速蔓延，根本原因在于后者对编辑部的入侵，以及试图利用或操纵记者④。其次，部分研究也揭示了新闻记者对公关从业者存在较强的依赖性，两者"相互需要"，具有微妙的"共生性质"⑤。Belz等⑥的研究表明，在某种程度上公关从业者和记者相互依赖。Watson & Penning⑦也发现，在某些情况下，公关从业者与记者相互信任和尊重；而在另一些情况下，他们又相互猜疑和指责。再次，许多证据表明在工作常规方面，公共关系和新闻报道存在共同的价值观。Sallot等⑧对南佛罗里达州和纽约的记者与公关从业人员进行了调查，发现两者拥有相似

---

① M. E. Len-Rios, et al., "Health News Agenda Building: Journalists' Perceptions of the Role of Public Relations," *Journalism & Mass Communication Quarterly* 86 (2009): 315-331.
② Lynne M. Sallot and E. A. Johnson, "Investigating Relationships between journalists and Public Relations Practitioners: Working Together to Set, Frame and Build the Public Agenda, 1991-2004," *Public Relations Review* 32 (2006): 151-159.
③ Graeme David Sterne, "Media Perceptions of Public Relations in New Zealand," *Journal of Communication Management* 14 (2010): 4-31.
④ 陈先红:《美国记者与公关人员敌意关系溯源》,《武汉理工大学学报》(社会科学版) 2007年第2期,第240~245页。
⑤ Peter Neijens and E. Smit, "Dutch Public Relations Practitioners and Journalists: Antagonists No More," *Public Relations Review* 32 (2006): 232-240.
⑥ Andrew Belz, A. D. Talbott, and K. Starck, "Using Role Theory to Study Cross Perceptions of Journalists and Public Relations Practitioners," *Public Relations Research Annual* 1.1-4 (1989): 125-139.
⑦ Tom Watson and T. Penning, "First Impressions: US Media Portrayals of Public Relations in the 1920s," *Journal of Communication Management* 12 (2008): 344-358.
⑧ L. M. Sallot, T. M. Steinfatt, and M. B. Salwen, "Journalists and Public Relations Practitioners News Values: Perceptions and Cross-Perceptions," *Journalism & Mass Communication Quarterly* 75 (1998): 366-377.

的价值观。澳大利亚学者 Hanusch① 调查发现，虽然记者们对公关持警惕态度，但他们感谢公关为新闻工作者提供的有效建议，认为公关不会对自己的工作造成不必要的影响。由此，McCombs 指出，越来越多的记者将新闻采集工作交由公关人员实施，尤其是在一些较为复杂的领域，如科学、医药制造等，新闻已不再由那些带有冲劲的记者供给，而改由公关人员、政府公共宣传人员、利益团体的沟通者协助提供。

在我国，公共关系观念被引入后，公关活动被认为对媒体工作有重要作用，记者的新闻敏感被认为是一种公关意识②。然而，部分学者认为公关对新闻存在明显的负面影响，主要表现为新闻的商业化即公关软文的出现，以及大众舆论在某种程度上被操纵，会影响新闻的立场和记者的价值观③。一个常见的现象是，一些媒体为企业或企业家代言，这种情形虽为政府所制止，但依旧比较普遍④。有些新闻学者认为，公关对新闻的入侵干扰了媒体在舆论中的影响力，使媒体由连接传播者与受众的中介变成了广告主的传声筒、代言人，引发了受众对新闻的信任危机⑤。近年来的"达芬奇"造假案和陈永洲事件等，都显示了新闻和公关之间微妙而复杂的关系⑥。

在公众心目中，公关和新闻之间的关系究竟如何？我们的数据显示，在五级量表上，被访者对"公关破坏新闻的客观性"和"两者是'天敌'关系"的同意度分别为 2.80 和 2.51，而对公关"为新闻提供有用信息"和"二者价值观相同"的说法，同意度分别为 3.52 和 3.18。简言之，被访者就公关对新闻有消极影响或两者是"天敌"关系整体上持否定态度；

---

① Hanusch, "Travel Journalists'attitudes Toward Public Relations: Findings from a Representative Survey," *Public Relations Review* 38 (2012): 69-75.
② 俞松年：《难能可贵的职业意识——记者工作与公共关系学（三）》，《新闻记者》1988 年第 7 期。
③ 蒋楠：《中国公共关系三十年发展对传媒业的影响分析》，《浙江大学学报》（人文社会科学版）2012 年第 4 期，第 217~224 页。
④ 董天策：《新闻·公关·广告之互动研究：对"传播交叉领域"的学理审视》，暨南大学出版社，2008。
⑤ 刘红玉：《"新闻广告"与媒体社会责任》，《青年记者》2005 年第 12 期，第 60~61 页。
⑥ 陈先红、刘晓程：《专业主义的同构：生态学视野下新闻与公关的职业关系分析》，《新闻大学》2013 年第 2 期，第 98~104 页。

而就公关对新闻有积极影响或两者是统一关系的观念,整体上持肯定态度。图 6 显示了不同类型的被访者对公关与新闻关系的认知并不存在明显差异。

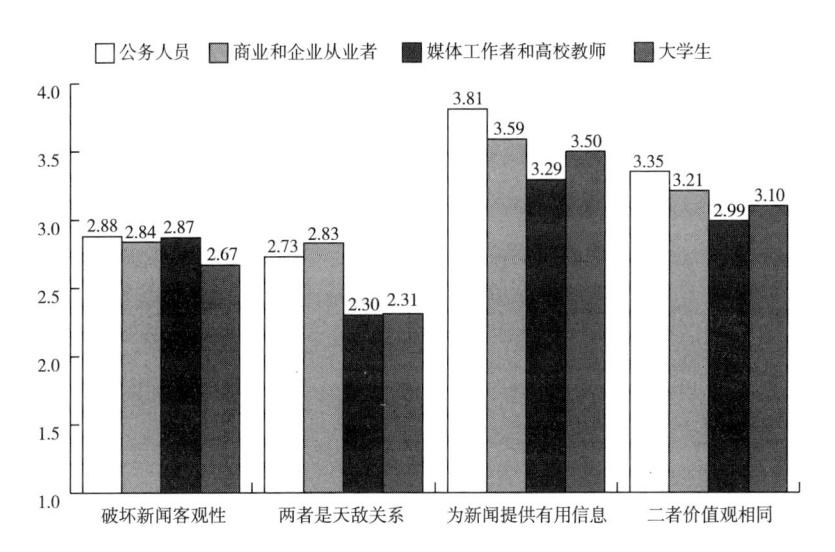

图 6　被访者眼中公共关系与新闻的关系

说明:1=很不同意,2=较不同意,3=中立,4=较同意,5=很同意。

五　公众的公关职业道德认知

职业道德是公众评价一个行业的关键所在。一种成熟的职业不仅需要从业者为公众服务,还需要以公共利益为诉求建构自身的伦理规范[1]。1984 年,瑞恩和马丁森在一项实证研究中指出,"公共关系的伦理决策缺乏一致性和客观标准",由此掀起了企业公关伦理和道德研究的热潮[2]。基于公关业与公众的密切关系,个人行为——即使是私人方面的——会对事业的声誉产生影响,因此在道德方面,公关对从业者的要求比其他

---

[1] Magali Sarfatti Larson, *The Rise of Professionalism: A Sociological Analysis*. Berkeley: University of California Press, 1977.
[2] 张依依:《公共关系理论的发展与变迁》,安徽人民出版社,2007。

行业的从业者更高。为了规范公关人员的行为，国际公关协会全体大会于1968年4月17日在德黑兰通过了《国际公共关系职业道德准则》，即《德黑兰宣言》。

然而，批评家和研究者对公关职业道德的批评不绝于耳。在Dinan和Miller[①]眼中，商业领域的公关从业者无异于公司派往消费者群体中的"谍报特工"。同时，公关的职业伦理常与社会责任相联系，公关活动应同时服务于客户和社会大众[②]。"现代公共关系之父"艾维李认为公关的职业道德首先应该是"公众必须被告知"，强调与公众的双向沟通，将尊重公众、维护公众利益作为最高的从业标准。西方公关学者还指出，公共关系在未来的成功，"很大程度上将取决于公关这个领域如何应对道德自律这个难题"[③]。

在我国，公关的职业道德亦成为广泛关注的议题。公关业界已认识到职业道德是公关业存在和发展的基础，从业者应向公众推销组织的善意和良知[④]。学界则从对话主义的立场出发，认为从业者与公众展开对话是一种德性，要促进真相融通和利益互惠，建立信任和分享意义[⑤]。然而，近年来的公关实践中，许多挑战公共关系职业底线的案例并不鲜见，引发了社会各界的质疑和拷问[⑥]。

公众如何看待公共关系的职业道德？我们的数据显示，被访者对"公关传播讲究职业道德"、"公关从事真实公正的传播"和"公关职业受到喜爱"三个说法，皆表示认可。无论哪个被访群体，都不存在明显差异（见图7）。这表明在当前我国公众的心目中，公共关系是有着一定的职业道德的行业。

[①] William Dinan, David Miller, *Thinker, Faker, Spinner, Spy: Corporate PR and the Assault on Democracy*. London: Pluto Press.
[②] Scott M. Cutlip, A. H. Center, and G. M. Broom, *Effective Public Relations*. Englewood Cliffs, NJ: Prentice Hall, 1994.
[③] 弗雷泽、西泰尔：《公共关系实务》，梁皎洁等译，机械工业出版社，2004。
[④] 张雷：《公共关系实践的道德边界》，《公关世界》2001年第4期，第9~11页。
[⑤] 胡百精：《风险社会、对话主义与重建现代性："非典"以来中国公共关系发展的语境与路径》，《国际新闻界》2013年第5期，第6~15页。
[⑥] 龚莉萍：《三鹿事件：拷问危机公关职业底线》，《国际新闻界》2008年第10期。

图中柱状图数据：

	公务人员	商业和企业从业者	媒体工作者和高校教师	大学生
公关传播讲究职业道德	4.03	4.05	3.97	4.11
公关从事真实公正的传播	3.81	3.72	3.76	3.77
公关职业受到喜爱	3.59	3.51	3.43	3.44

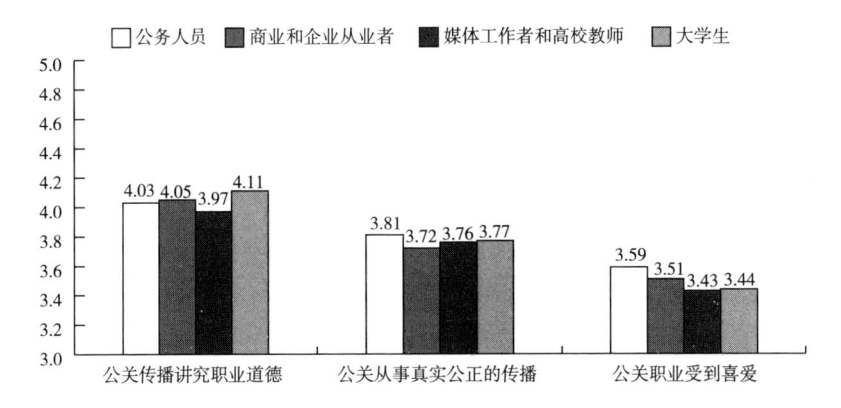

图 7　被访者眼中公共关系的职业道德

说明：3＝中立，4＝较同意，5＝很同意。

六　结论和讨论

通过分析 2012 年的全国性调查数据，本文揭示了公众对公共关系认知的基本现状。公众对公关的理解呈现多样化，但他们倾向于认为公关具有一定的专业性。在公众心目中，国家和政府最需要公关，公关能促使国家组织事务的成功；在此过程中，公关为公众提供有价值的信息——实现这些功能的公关手段，包括新闻发布会、慈善活动、冠名赞助和发布新闻稿等。公众认可公关对新闻的积极而非消极影响，并在一定程度上认可两者和谐共生的关系。同时，公关是有一定职业道德水准的行业。

较之于此前观察者和学者们的论述，本文数据说明，在国家战略实施的宏大背景下，公共关系和新闻业一样，已经成为具有一定专业性和职业道德水准的传播实践，它在组织和社会系统层面发挥着积极的功能。这是一个可喜的发现，说明在公众心目中，公关已摆脱了昔日那种消极的负面形象。从近年来我国公共关系的实践和发展进程中不难追溯到发生此种转变的历史背景与动因。

首先，公共关系需求与实践的增长提升了其社会"能见度"。在全球化浪潮中,企业和商业机构对公关的需求增多,国家和政府部门更逐步将公关视为重要的战略传播手段,且逐步制度化①。从 2003 年应对"非典"、2004 年处理"禽流感"、2008 年奥运会、2009 年新中国成立 60 周年庆典到 2011 年的国家形象宣传,政府在一系列重大事件中表现出对公共关系的迫切需求,并在公关实践中逐步树立了诚信政府、大国政府、责任政府的形象②。

其次,从业者的职业化呼吁和社会责任倡导有利于为公共关系"正名"。对于公关这一新兴行业,公众将其视为一个"行当"(trade)还是具有专业意味的"职业"或"专业"(profession),从根本上反映了公关业的面貌。在公关业迅疾发展的最初十年,其职业化水准乏善可陈。直到 1990 年代后期,公关业的职业化进展才取得明显突破。在行业自律加强的背景下,国家管理机构正式承认公关这一职业,并展开职业标准制定和修订、职业培训和鉴定等工作③。同时,从业者也开始自觉地倡导社会责任④,有意识地向社会和公众展现负责任的企业公民形象。这些都有利于公关业的"形象矫正"。

再次,公关学术研究与高等教育的迅速发展产生了积极影响。自 1980 年代中期开始,公关学术研究渐次展开。迄今,我国的新闻传播学、管理学、公共管理学等学科,已拥有了一批专门从事公关研究的学者,形成了一定的学术和社会影响。高等教育方面,大陆已有近 20 所高校开设了公共关系学全日制本科专业,每年毕业生有 1000 余人⑤。同时,形成了公共关系学从本科到硕士、博士的完整的培养链。学术研究的蓬勃开展

---

① Ni Chen, "Institutionalizing Public Relations: A Case Study of Chinese Government Crisis Communication on the 2008 Sichuan Earthquake," *Public Relations Review* 35 (2009): 187-198.
② 蒋楠:《中国公共关系三十年发展对传媒业的影响分析》,《浙江大学学报》(人文社会科学版) 2012 年第 4 期,第 217~224 页。
③ 李兴国:《中国公共关系回顾与展望》,《公关世界》2000 年第 5 期。
④ 涂光晋、宫贺:《公共危机背景下 NGO 的公共关系与社会责任——以汶川地震与台湾风灾为例》,《国际新闻界》2009 年第 11 期,第 27~32 页。
⑤ 每年全国公关本科毕业生为估计数。另外,每年全国 9 所拥有公关硕士点或方向的高校培养出来的硕士毕业生约 100 人,开设公关博士点的高校培养出来的博士毕业生约为 10 人。

和高等教育的跟进，无疑对公关业的形象改善产生了积极影响。

由此不难看到，在公关观念和实践引入我国的三十年中，公共关系开始从纯粹的技术手段转向聚焦于品牌塑造、关系建构、社会责任和国家认同的战略[1]。也就是说，公共关系在逐步从"术"上升为"道"。在我国，公共关系作为一种战略管理的手段，被用以构建与公众之间的长期互信关系[2]，尤其被寄予了服务于国家利益的厚望。展望中国公共关系的下一个十年，我们期待发现一幅更加令人振奋的公关图景。

（该文发表于《国际新闻界》2014年第2期，作者为张明新、陈先红，获得湖北省重点文科研究基地"媒介技术与传播发展研究中心"重点建设课题暨2013年度华中科技大学自主创新课题"中国文化节日走出去"研究项目的资助）

---

[1] Ai Zhang, Y. Luo, and H. Jiang, "An Inside-out Exploration of Contemporary Chinese Public Relations Education," *Public Relations Review* 37.5 (2011): 513-521.

[2] James E. Grunig, David M. Dozier, *Excellent Public Relations and Effective Organizations: A Study of Communication Management in Three Countries*. Lawrence Erlbaum associates, 2002.

公共关系与战略传播

大数据时代中国公共关系领域的战略转向

——基于扎根理论的探索性分析

一 问题的提出

从根本上说,"战略性"是大数据与公共关系的共有属性。从大数据角度来看,它是作为一种战略决策要素被提出来的。所谓大数据就是对大规模数据的复杂集成,不仅指数据本身,还指处理数据的能力。其内涵主要包括三个方面:第一,数据规模海量化,数据量级从 TB 发展至 PB、ZB,可称海量、巨量乃至超量;第二,数据类型多样化,90%的数据都是网页、图片、视频、图像与位置信息等半结构化和非结构化数据信息;第三,数据处理技术化,主要包括物联网、云计算、数据挖掘与分析技术等。大数据的战略意义不仅在于掌握庞大的数据信息,而且在于通过大数据技术对海量数据进行关联性分析,以实现对数据的深度挖掘和价值提炼。2012 年《纽约时报》首次刊登的《大数据时代》一文指出:大数据时代已经来临,在商业、经济及其他领域中,管理者的决策越来越依靠数据分析,而不是依靠经验和直觉。① 作为一种颠覆性的技术,大数据释放

---

① 〔英〕维克托·迈尔·舍恩伯格:《大数据时代》,盛杨燕、周涛译,浙江人民出版社,2013,第 10 页。

了人的大脑,改变了战略决策的方式。大数据将人类的思维方式从有限的样本思维扩展到无限的总体思维,从二维的因果关系思维提升为多维的相关关系思维,它能够对瞬息万变的数据洪流进行实时、准确、跨界的动态存储、运输、挖掘和处理,可以用"最丰富的数据还原最真实的世界",有效降低了人类信息搜寻和处理的成本,极大拉近了决策者和用户之间的距离,为战略决策插上了翅膀。

从公共关系角度来看,战略和战术这两个概念都深深地嵌在公共关系实践和学术研究中。例如,美国公共关系协会(PRSA)有三本刊物,其中两本被命名为《战略师》(2005年)和《战术》(2005年)。在21世纪20年代,战略传播正日益成为公共关系学教育的一个热词。起初只是作为"niche"使用,主要运用在政府和军事层面的传播项目中,现在则变为一个伞状的概念,包括了目标导向的各种传播活动,涵盖了公共关系、营销和财经传播、健康传播、公共外交和社会运动等。在美国,许多大学把最初具有显著差异的公关与广告项目整合到战略传播课程中;在欧洲,战略传播常常被当作一种符号性管理方法,被运用到各种组织的整合传播领域;在亚太地区,战略传播一词也被运用在职业领域、教育领域和其他学术领域。

本文关注的是:在中国市场上,大数据时代对公共关系发展带来了哪些机遇和挑战?其在职业实践、专业教育和学术研究中的具体表现是什么?中国公共关系领域有没有发生国际公共关系领域的"战略转移"?战略转移意味着什么?本文通过对大中华地区30名业界精英和著名公关学者的访谈,归纳出一般性观点,并提出相对应的理论模型。

二 文献回顾

本文旨在探讨大数据时代公共关系的"战略性"本质。关于公共关系的战略性一直是有争议的。长期以来,一些组织和从业者并不是从战略意义上来理解和开展公共关系实践的,他们认为,公共关系就是一种传播术、一种传播工具和技巧,比如宣传、推广、媒介关系或营销支持手段等。另一些观点则认为,公共关系是组织和公众之间的传播管理,所包含的内容比传播技巧更广泛，比媒介关系、宣传等单一的公共关系项目更广泛，是对组织与其内外部公众之间总体传播行为的规划、实施和评估。在这个意义上，公共关系是一种战略性传播管理。公关经理在决策过程中是作为沟通者而存在的。

2009年，格鲁尼格提出了两种公共关系范式：符号解释范式与行为战略管理范式。在符号解释范式中，公共关系被看作运用符号进行修辞和解释的信息传播活动，解释方法在很大程度上依赖信息传递，传播经常是单向的，仅使用新闻代理人、公共信息、双向不对称模式来协调这些解释。而在行为战略管理范式中，公共关系更多地被看作对话和互动，参与选择或者管理组织的决策和行为，目的在于向公众提供一种管理决策的声音——消除组织和公众之间的隔阂。它为管理者提供源于环境中利益相关者和公众的有价值的信息，这些信息能够帮助组织更好地做出决策，选择能与公众建立和谐关系的行为。

本质上，符号解释范式被认为是一种战术性的缓冲公共关系，它将组织的公共关系视为缓冲功能，这种功能有助于在公众心中树立组织的良好形象，以允许组织从环境中得到缓冲，从而不被公众打扰并展开行动。在缓冲公共关系中，传播是策略性和技巧性的信息传递，是组织的翻译者，将提出和强化解释性概念（声誉、形象、品牌、认同、信任）作为公共关系活动的最终目标。

与此相反，行为战略管理范式被认为是一种战略性的桥接公共关系，它将组织的公共关系视为一种边界扫描者的桥接功能，这种功能弥补了战略管理理论的"环境空白"。在桥接公共关系中，公共关系站在既能够代表组织又能够代表环境的立场上为组织提供决策信息，凭借其"结构洞"位置所传达的信息、影响力、社会信任和身份认同，获得信息优势和控制优势，通过战略传播逐步提升组织—公众—环境关系的质量，为组织带来社会资本。

本文关心的问题是，公共关系究竟应该发挥战略性的桥接功能，还是发挥战术性的缓冲功能？到底哪一种公共关系实践更有效，更能对组织目标做出贡献，也更能适应大数据时代对公共关系的挑战？这是一个颇具争议的论题，不同学科背景的学者持有不同的观点，公关研究者和从业者也持有不同的观点。比如，大多数公共关系学者倾向于倡导公共关系的战略性桥接功能，而一些市场营销学者、广告学者则倾向于强调公共关系的战术性缓冲功能。当市场营销人员负责公共关系业务时，公共关系通常被降至技术层次，而非原本的战略层次。相反，当公共关系从业者成为组织权力联盟的成员时，他们则努力从制度化角度，推动公共关系实践从缓冲功能向桥接功能转化，因为在这种背景下，公共关系是大于和超越沟通的，其更强调为组织提供咨询。

除了公共关系的"战略"与"战术"之争外，还有聚焦在公关战略层面的"卓越"与"权变"之辩。公关学者们都普遍承认公共关系是战略性的，公共关系的价值在于通过监测组织环境、识别战略公众、调节组织目标和这些公众的期望使其达成一致，并与公众建立长期的和谐关系以减少花费、积累支持，帮助组织变得更加有效。公共关系的战略性全面体现在组织、公关部门、公关项目三个层面。只有当公共关系成为战略计划职能一部分的时候，组织才可能在战略层面上对传播职能加以管理。公关经理只有通过参与组织权力联盟的战略管理，才能更好地界定利益相关者，并制订战略性的公共关系计划，与之建立长期的战略性沟通关系。但是，公关学者们对战略传播如何实践有着不同看法。卓越公关理论的提出者格鲁尼格认为，战略性的传播管理是卓越公共关系的首要特征，战略传播只有建立在对称传播基础上才是伦理道德和有效的。但是，有一些学者拒绝把"对称"理念作为规范的战略传播方法，双向对称模式虽然被认为是真实的，但太过死板而没有现实意义，战略传播的复杂性不能被简化为卓越。因此，卡梅伦等人提出了不同于卓越理论的另一种视角即战略传播的权变理论。他认为，公关战略思维模式应该从卓越公关模式转变为实践动态立场，对称传播应该"沿着一个从冲突到合作不太严格的连续体"继续完善，可以把战略传播实践看作一个"调适的连续体"，一端为绝对的辩护，一端为绝对的调适，一系列辩护和调适可以有效地呈现出公关从业者及其所在公司与外部公众环境之间的交互状态。权变理论以反映公关实践的现实意义为出发点，引发了公共关系战略思维范式的变化，采取"调适连续体"的权变思维更接近现实，能够更有效且更实际地解释战略传播和组织行为。

以上文献为本文提供了理论支持和思考路径。大数据时代，公共关系领域正面临着一场无法回避的战略转型，但人产对这场转型的内涵和方向还没有清晰的认知、明确的概念和理论基础。卓越公关理论和权变理论到底哪一种对大数据公关的战略实践更具解释力？本文采用扎根理论（Ground Theory）的质化研究方法探讨这一问题。

三 研究方法与数据收集

（一）研究设计

Glaser 和 Strauss 最早提出扎根理论，他们认为系统的质性分析具有自己的逻辑，能够产生理论，是对实证主义研究方法的一种回应。扎根理论简而言之就是扎根在数据中建构理论。[①] 这种策略与实证研究不同的地方在于不是从已有的理论中演绎可验证性的假设，而是通过资料的搜集与分析、理论的演绎和归纳来建构理论。采用扎根理论进行探索性分析时，一般要通过初始编码、主轴编码和选择性编码三个程序。初始编码要对数据中能够识别的任何力量保持开放。主轴编码的目的是分类、整合和组织大量数据，在开放编码之后以新的方式重新排列它们。在主轴编码的基础上进行选择性编码，在主范畴和对应范畴之间建立逻辑关系，最终构建理论模型。

本文主要考察当前公共关系行业的转型及其内涵。通过设计半结构化访谈，对公共关系行业的高层管理者、行业协会的管理者、专业的研究人员进行深度访谈获取第一手资料，通过对访谈资料的分析提炼基础概念，再将相似的概念归纳为范畴，通过多个核心范畴之间的比较、归纳，最终得到核心范畴以及范畴之间的关系，进而构建本文的理论模型。

（二）访谈对象

当前公共关系行业的转型既发生在业界，也影响了公共关系教育和研

---

① 〔英〕卡麦兹：《建构扎根理论：质性研究实践指南》，边国英译，重庆大学出版社，2013，第 5 页。

究,因此,我们尽可能选择这三个领域的相关人员作为访谈对象。本文选择了业界有影响力的公关从业者、教育者、研究者和行业领导者(他们均具有 10 年左右相关工作经验),就公共关系的行业变化以及教育、研究领域的转变进行访谈。本文主要通过中国公共关系学会微信群和研究者朋友圈,选择了 30 位受访者,具体情况如表 1 所示。

表 1 受访者基本资料

序号	受访者	职业	序号	受访者	职业
F01	吴女士	教授(台湾辅仁大学)	F16	赖先生	副教授(台湾世新大学)
F02	邢先生	总经理(全聚德)	F17	陈女士	教授(清华大学)
F03	邓先生	总裁(互动通控股集团)	F18	王女士	执行总裁(北京氢互动有限公司)
F04	黄女士	教授(香港中文大学)	F19	潘先生	副总裁兼职教授(北京华扬联众)
F05	金女士	总裁(博雅公关中国区)	F20	黄先生	总裁(迪斯传媒)
F06	柳先生	会长(中国公共关系协会)	F21	王先生	总监(迪斯公关)
F07	李先生	公关总监(通用电气中国区)	F22	黄女士	从业者(腾讯 QQ 空间)
F08	米女士	副总裁(空中客车中国公司)	F23	林先生	创始人(北京庄凌控股集团)
F09	游先生	董事长(北京关键点传媒集团董事长、上海贝联科技公司董事长)	F24	吴女士	从业者(腾讯众创空间华中区域负责人)
F10	郑先生	常务副会长(中国国际公关协会)	F25	银女士	总经理(中国公共关系网站)
F11	陈女士	助理教授(香港浸会大学)	F26	黄女士	理事长(台湾国际公关协会)
F12	王先生	副总裁(北京新势整合)	F27	张女士	副教授(台湾世新大学)
F13	陈先生	副总裁(北京蓝色光标)	F28	王先生	副总裁(迪斯公关公司)
F14	罗先生	总裁(北京玺桥文化传媒)	F29	吴先生	教授(浙江大学)
F15	吴先生	董事长(战国策传播集团)	F30	吴女士	总经理兼职教授(台湾)

(三)数据收集过程

我们以半结构化访谈的方式分别对采访对象进行 30~60 分钟的面对

面或者微信访谈。访谈过程采用录音和记笔记的方式记录资料。访谈主要围绕以下问题展开：

1. 大数据时代，您觉得公共关系业务类型、工作内容和方式都发生了哪些变化？

2. 您觉得这些变化给公共关系行业带来的机遇和挑战体现在哪些方面？

3. 您认为这些变化对公共关系研究有怎样的影响？

4. 大数据时代，您觉得公共关系教育会有哪些相应的变化？

访谈围绕这几个问题展开，但不局限于此，对受访者在访谈过程中所提及的一些新的概念和想法，我们会进一步追问，以更全面地考察当前公共关系各领域正在发生的变化。

四 范畴提炼和模型建构

（一）开放性编码

对原始访谈资料的第一轮编码即开放性编码（Open Coding），将给记录中任何可以编码的数据贴上概念化标签，用概念和范畴来反映资料的内容，并通过不断比较打破既有的数据及抽象出的概念，重新进行整合。[①] 通过开放性编码，数据将被分成不同的类别，有助于对问题的进一步观察。在开放性编码阶段，我们对所得到的概念及其范畴进行反复的考察，从资料中抽象出近百个自由节点。初始节点数量繁多，且彼此之间存在交叉和重复，研究问题不集中，涉及公共关系行业多个方面。在资料分析过程中，本文主要考察与大数据时代新媒体公共关系转变的相关语句，剔除那些出现频次很少的概念（频次低于2次），保留了出现频次在3次以上的范畴，表2为得到的初始范畴，由于篇幅所限，本文只节选了3个原始语句及其初始范畴。

---

① 〔英〕卡麦兹：《建构扎根理论：质性研究实践指南》，边国英译，重庆大学出版社，2013，第78页。

表 2　开放性编码的范畴

初始范畴	原始记录
环境识别	F01：公关应该帮 CEO 了解民意，或者是消费者的声音，或者是舆论批判的方向。F15：公关更具调研性。F22：公关环境数据化。F28：大数据分析基于总体思维而不是样本思维，对规律把握更科学。
公众识别	F09：我如果监测到消费者的爱好、行为和阅读习惯，就可以给这个消费者做精准的画像，从而做到精准营销、精准投放。F17：粉丝群维护管理。F18：基于数据挖掘，也能够让企业对利益相关者进行画像，更好地进行传播。
危机识别	F04：当面临突发事件、危机事件时，公关都是第一个上场的。F24：运用"爬虫系统"，即设定一些关键字，自动监测提及率和敏感字以发现潜在的公关危机。F30：要建立品牌商和各类公众长期沟通的平台。
技术角色	F27：技术可以轻而易举刨掉公关或广告的根，业者已经可以迈过"形象"这一步，直面营销对象。F12：公关职业的门槛提升了，要求公关从业者既要有共同体思维，又要懂得新技术趋势，找到二者的结合点，才会有更好的发展。F16：公关人员开始强调大数据的技能与应用。
关系策略	F18：企业与消费者之间的每一次接触都可以数据化，能够追踪每一次交互，更好地进行消费者关系管理。F22：组织机构越发拟人化，和用户的关系就越接近朋友的关系。F30：多频道社群沟通，让网友互相交流。
传播策略	F01：公共关系就是议题管理。F06：公关是光明正大的，是谋求公共利益的最大化，公关是阳谋。F22：用户与组织机构在网上相遇，更像是一场预谋已久的邂逅。
媒体策略	F02：新媒体是公关的强化剂。F25：根据目标受众需要，进行媒体整合运用，活动各阶段都要实施媒体策略。F26：通过像 iBoom 这样的排行榜搜寻工具去观察不同媒体过去一个月或一周的热门议题、线上媒体点阅率排行榜，以确实议题和媒体优选顺序。
内容呈现	F05：公关的核心竞争力是内容，要提炼核心信息、长期提醒、守道德。F07：公关的产品是新闻。F13：做公关，要会讲故事，故事选择要有标准，写故事要有泪点和喜点。F28：公关信息可以是文字、图片、声音、影像，或者是其综合体，视频在新媒体中传播发展非常快。
沟通技巧	F30：双向沟通的第一步在于网络倾听，也就是导入"社群口碑管理"。F22：大数据时代的公关，每一次主动传播都像在"把妹"，即现实生活中怎样对待喜欢的姑娘，互联网上的公关传播就应该怎样做。F26：通过大数据的"活用术"形成数据力。

续表

初始范畴	原始记录
危机处理	F03：企业要好好利用互联网时代快速传播的渠道，等危机出现的时候，要利用这些渠道正面地传播。F08：公共关系，危机处理要建制化，要确立发言人制度。F18：企业公关危机的整个过程可以追溯，能够快速发现和预警，并寻找到源头和关键节点进行公关沟通。
精准营销	F22：大数据分析知道浪费的"50%"在哪里，百度指数、搜索排位、微博微信阅读量及转发量、广告页点击量……公关活动效果更易评估。F24：各种平台产品"千人千面"，每个人打开手机看到的都不相同，精准的推送、位置展示可以促进用户转化率的最大化，朋友圈广告就是最典型的例子。F25：公关与营销真正挂钩了，公关终于能够像广告一样基于数据去精准营销。
细分领域	F02：新媒体使公共关系越来越细化，越来越聚焦，越来越专业。F12：从实践业态来看，只是依靠公关思维，而没有更加细分的技术和专业领域，这样的公关饭不太好吃了。F15：公关的职业细分即将到来。
产品推广	F02：我们主要通过文化营销来带动销售，很少做纯商业的广告宣传。F08：公共关系就是帮助公司更好地销售产品，其他东西全都是手段。F22：业务部维系了几十个VIP用户群，里面的人都是忠实粉丝，经常举办VIP用户线下聚会，用户甚至自发聚会。
共享模式	F05："共创"是公共关系的价值所在，我们和公众、企业共创一个利益地带，共创一种认知价值。F09：以前公关主要在于营销，而今天更接近商业模式和企业发展战略需求。F12：大数据是共享经济模式的前提，找到共享经济模式是一种公关思维。
公众信任	F04：公共关系就是信任管理。F07：公关通过长期的信任影响一个品牌、组织的信誉。F09：公共关系的核心诉求是构建信任。
品牌声誉	F05：美好的形象是公关最大的贡献。F14：公关是塑造美好形象。F07：公关谈的是对社会的影响、对人的影响，能够使你与品牌建立情感式的链接。
战略角色	F01：公关是软管理，要做CEO的咨询顾问。F05：公关人应该具有CEO思维，如此才能提供战略指导。F12：公关是少数聪明人的职业，需要具有战略思维。F13：公关需要回到决策咨询、战略策划上来，上升到智慧的层面。

根据以上开放性编码提供的种子词，本文使用imageQ大数据采集系统对全网数据进行定向采集，通过语义分析的方法对采集到的语料进行分析，计算出种子词和语料中相关词语的关联度和出现频率，最后依据一定的呈现逻辑构建分布模型，按照词频使数据可视化，如图1所示。

图 1　公关战略传播词频可视化模型

（二）主轴编码

第二轮主轴编码（Axial Coding）的目的是寻找和建立类属和亚类属之间的联系。通过分析，本文发现开放性编码中得到的不同概念在范畴层次上基本符合公共关系工作程序的五个步骤，即调查研究—策略制定—传播沟通—贯彻执行—效果评估。经过讨论，我们结合大数据公关实践的特点，重新对五个步骤进行主范畴命名、对应范畴梳理和内涵范畴的界定，形成表3：

表 3　主轴编码

主范畴	对应范畴	内涵范畴的界定
问题识别	环境识别	环境识别主要是对组织的政治经济社会文化技术等环节进行检测和问题识别
	公众识别	公众识别主要是对利益相关者、公众类型性质等进行分类识别
	危机识别	危机识别是对组织及其所在行业潜在的、现实的危机事件前中后期的危机根源、类型、责任、归因等进行识别

续表

主范畴	对应范畴	内涵范畴的界定
策略制定	关系策略	对组织与员工、消费者、经销商、政府、媒体、社区等各类公众的关系维持和培育提出策略
	传播策略	针对组织发展战略目标,整合新闻、公关、广告、促销等多种传播手段,提供公共沟通策略建议
	媒体策略	提出传统媒体与新媒体、自媒体等组合传播策略
互动传播	内容呈现	提出核心概念、传播关键词、话题设计、新闻稿等内容产品
	沟通技巧	使用文字、声音、图片、视频等传播技术,双向、对称、对话传播
	危机处理	拟写危机声明、召开记者招待会、展开负面舆情处理等
执行绩效	精准营销	公关活动配合营销战略,锁定目标市场,完成营销任务
	细分领域	根据人口学特征、地理特征、文化特征、行业特征等细分公关服务专业领域,如财经公关服务、诉讼公关服务、金融公关服务等
	产品推广	公关活动围绕产品销售和推广展开
	技术角色	反映公共关系传播的技术手段和使用者的角色地位
研究评估	共享模式	评估公关对企业发展战略和商业模式的贡献
	公众信任	评估公关对公众信任的贡献
	品牌声誉	评估公关对品牌声誉资产的贡献,如知名度、美誉度、认知度、忠诚度和其他资产
	战略角色	评估公关人员所扮演的战略角色、地位及作用

(三) 选择性编码

主轴编码完成之后,各个范畴之间的关系逐渐显现出来。选择性编码(Selective Coding)将进一步处理范畴和范畴之间的关联。它从主范畴中挖掘核心范畴(Core Category),分析核心范畴与主范畴及其他范畴之间的联系。研究发现,大数据时代中国公共关系行业的突出变化体现为"公关化"和"去公关化"两个极端,并有混态化和泛化的趋势,特别适合运用权变理论来描述各个范畴之间的关系。如前文所述,权变理论认为,在一些问题上,战略沟通可能以调适模式结束,而在其他不可协商的问题上,它可能长期处于辩护模式。战略沟通也许不总是一种"双赢"的局面，也不可能总是另一种情况，而是一个动态的对话和协商的过程。据此，本文提出了"公关战略传播权变模型"，并运用大数据挖掘和分析技术，制作成可视化的"公关战略传播权变词云"，如图2和图3所示：

大数据给公关实践带来的挑战
□ 传统媒体的衰落导致传统公共关系业务急剧萎缩
□ 社会化自媒体的"去中介化"，使公共关系的中间代理角色被削弱
□ 企业的自媒体运营导致业务部绕过公关部门，直接与各类客户沟通对话
□ 在内容、创意、技术三方面的融合模糊了公关和广告的界限，导致公共关系业态呈现混合和泛化的趋势

大数据给公关实践带来的机遇
□ 大数据带来大连接，大连接带来大合作
□ 社会上对"关系"和"社会关系"的认知更加正面
□ 以人为本的沟通从口号变为现实
□ 公共关系的方法论思维、共同体思维契合互联网思维
□ 公共关系的基因已经融入了很多行业

←——————————————————————————→
去公关化（战术化）　　混合业态　　公关化（战略化）

执行绩效	互动传播	问题识别	策略制定	研究评估
精细化营销	内容呈现	环境识别	关系策略	战略角色
分领域	沟通技巧	公众识别	传播策略	公众信任
产品推广	危机处理	危机识别	媒体策略	品牌声誉
技术角色				共享模式

图2　公关战略传播权变模型

图3　公关战略传播权变词云

在此模型中，我们把"去公关化"和"公关化"视为"调适连续体"的两端，"去公关化"意味着更多的战术化转型和技术化应用，"公

关化"则意味着更多的战略化转型和研究性应用。以"问题识别"为出发点，向左更趋向于去公关化，向右更趋向于公关化，居中则体现出混态化。在图2左上方，大数据给公关实践带来的挑战是"去公关化"的具体原因；在图2右上方，大数据给公关实践带来的机遇是"公关化"的驱动力。这个大数据公关实践权变模型打破了传统公关实践的线性流程，描述了以问题识别为出发点的公关化和去公关化的权变过程，能够更准确地描绘出各种公共关系立场，反映现实的公共关系实践图景。

五　数据分析

根据以上访谈，我们发现大数据对中国公关职业领域的冲击主要体现在行业转型与升级、公关理念与思维、趋势监测与研判、危机识别与预防、公众标签与关系管理、数据分析与策略制定、沟通内容多元呈现、沟通方式方法创新、传播效果可测量、公关角色和组织地位变化等十个方面。中国公共关系职业领域正面临着一场"去公关化"和"公关化"的博弈：一些公关公司通过数字化转型实现"去公关化"目的；一些广告、数字营销、文化传媒类公司则通过"战略咨询化转型"实现"公关化"目的。然而更多的公共关系公司呈现混业和泛化的趋势，形成了一种有趣的"围城现象"：公关圈外面的想进来，公关圈内部的想出去。到底该如何解读这种变化呢？战略转向是否与大数据时代的到来直接相关？大数据是否确为战略转向的主因？

前文引用的一些文献表明，战术型的缓冲公共关系和战略型的桥接公共关系是同时存在的，公关管理者和公关技工是并存的。而在大数据时代，强调的是对大规模数据的综合处理能力，一些低层次的工作虽然被计算机代替完成，但是数据不能代替决策，它只是为决策提供了辅助性工具，人才是最终的决策者，只有公关智慧不可替代，但是影响决策的因素甚多，是否采纳公关人员的战略建议，具体还要"看情况"而定。因此，本文根据战略传播的权变理论，提出了大数据时代中国公共关系战略传播的权变模型（见图2）。

中国唯一的上市公关公司——蓝色光标将其公共关系机构更名为蓝色

光标数字营销机构,拉开了去公关化的序幕。台湾企业对于品牌社群和数位沟通日趋重视,许多国际知名品牌开始给企业的原"公共事务经理"或"公关经理"职称添加数位沟通功能或品牌管理功能,彰显了对与消费者互动沟通的重视。再如台湾雀巢原公关经理职称也变更为"数位沟通与公共事务经理",又如台积电作为 B2B 工业品牌,跻身于台湾 20 大国际品牌后,新增"品牌长"职务来掌管公共关系事务。中国传播机构之所以出现"去公关化"的数字化转型,皆源于大数据时代中国公共关系行业发展的挑战,具体表现在以下四个方面:①传统媒体的衰落导致传统公共关系业务急剧萎缩;②社会化自媒体的"去中介化",导致公共关系的中间代理角色被削弱;③企业的自媒体运营导致业务部绕过公关部门,直接与各类客户沟通对话;④在内容、创意、技术三方面的融合模糊了公关和广告的界限,导致公共关系业态呈现混业和泛化趋势。甚至公共关系要消失,要进入"恐龙博物馆"的悲观论调,也不断出现。

与此同时,中国唯一以广告概念股上市的华扬联众数字技术股份有限公司则开启了以公共关系为主导的战略化服务之旅。上市后,华扬联众服务领域和定位从原来的互联网广告营销,转变为以策略、创意、媒介整合和行业发展为核心的战略咨询服务,帮助客户在 E-Marketing 方面取得进展。大数据时代中国传播机构的"公关化"趋势,也源于大数据带来的公关机遇。比如,大数据带来大连接,大连接带来大合作,社会对"关系"和"社会关系"的认知更加正面,"以人为本的沟通"从口号变为现实,公共关系的方法论思维、共同体思维与倡导"互动、连接、网络"精神的互联网思维如出一辙,公关思维如盐入海,公共关系的基因已经融入了很多行业。无论是媒体、代理公司还是企业,都会重新考虑公共关系对市场的价值和意义。

具体来说,大数据时代中国公共关系的发展机遇重点体现在以下几个方面。①在趋势监测与研判方面,更加科学精准。公关环境数据化,大数据分析基于总体思维而不是样本思维,对规律把握更科学,使公关更具调研性。②在危机识别与预防方面,更具前瞻性和预防性。公关人员可以运用"爬虫系统",设定一些关键字,自动监测提及率和敏感字,发现潜在的公关危机，并及时处理。③在公众识别与关系管理方面，组织机构越发拟人化，和用户的关系更接近朋友的关系，开展粉丝群维护。④沟通内容的多元呈现。公关信息可以是文字、图片、声音、影像，或者是其综合体，视频在新媒体传播中发展非常快。用户与组织机构在网上相遇，变得更像是一场预谋已久的邂逅。⑤沟通方式更具互动性。大数据时代公关的每一次主动传播，都像在"把妹"，即现实生活中怎么对待喜欢的姑娘，互联网上的公关传播就相应怎么做，公关更具互动性让数据为品牌代言，更易获得信任和好感，信息沟通也更高效。⑥公关效果容易评估。通过百度指数、搜索排位、微博微信阅读量及转发量、广告页点击量……新媒体传播可以量化，公关活动效果更易评估。⑦公关角色和组织地位。公关是少数聪明人的职业，本来就对从业者的战略思维和策略能力有很高的要求，而大数据时代又进一步提高了公关职业的技术门槛，公关人员必须兼具战略思维能力和技术运用能力。在组织机构中，公关部不是消失了，而是变成全员公关了。除了企业之外，制度化的公共关系在政府和社会组织中也开始被重视。⑧在策略制定方面。大数据让公关超越层面，回归道的本质，大数据带来的新发现与契机，会影响组织机构的战略，公关对营销领域的传统服务被技术取代，但是在满足商业模式和企业发展战略需求方面更具专业性和竞争力。大数据公关可以找到目标受众的需求规律，对接战略性需求，策动共享经济模式。未来的大数据是在计算机和人的共同努力之下发挥作用的，战略与策略的制定不仅需要大数据技术，还需要大数据的"活用术"，因此需要公共关系人员的介入。

六 研究讨论

作为一种颠覆性的创新技术，大数据正深刻地影响和改变着中国公共关系领域的现实生态。大数据技术不仅促使公共关系职业领域出现了"公关化"和"去公关化"的动态趋势，还推动了公共关系教育领域和学术研究领域的战略转向。研究发现，职业领域、教育领域和学术研究领域的"战略转向"几乎同时发生（如图4所示）。

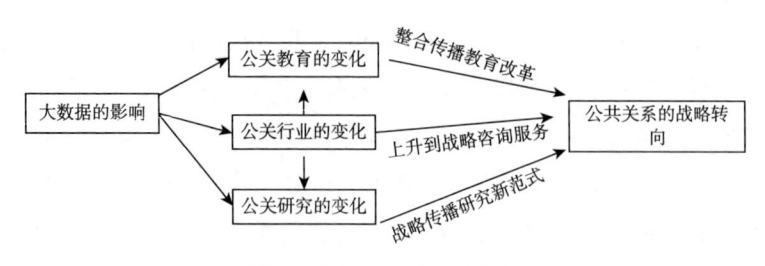

图 4 公共关系的战略转向

首先,大数据时代促使中国公共关系教育领域出现了"被整合"、跨学科的发展趋势。研究表明,国际新闻传播院校的专业设置早已呈现整合和细分两种趋势,从美国十大名校的整合趋向来看,本科只开设1~2种专业,如西北大学设立新闻学和整合营销传播专业,威斯康星大学设立新闻学和战略传播专业。俄亥俄大学曾把新闻传播类专业分为6个方向,包括广告、广播新闻、杂志新闻、新闻写作与编辑、网络新闻、公共关系,2012年将其整合为新闻与信息、战略传播两个专业。这种整合专业设置旨在使学生获得综合性、基础性的专业技能,以应对媒介融合发展的现实需求。其次是细分取向,表现在专业设置具体化、专业设置灵活化及专业学习方式多样化等方面,旨在为学生提供更明确与具体的专业内容,以适应学生的个性化需求。[①]

根据以上访谈和相关文献,中国公共关系教育呈现两大特点:一是跨学科发展,二是被整合趋势。如图5所示。

中国公共关系专业教育起步于1983年,经过30年的发展,公共关系学科发展已经取得显著进步。其标志性事件有二:一是2012年,公共关系本科专业在取消目录内招生十年之后,重新回到教育部本科专业目录,并从新闻传播学科调整到公共管理学科,从而开辟了公共关系学的跨学科发展之路;二是2013年华中科技大学新闻与信息传播学院设置了国内第一个二级学科公共关系学博士点,这标志着中国公共关系教育链的健全和

---

① 吴锋:《美国新闻传播教育的最新进展与改革趋向——基于美国十所顶尖新闻传播学院的调查统计研究》,《现代传播》2014年第36卷第3期,第135~139页。

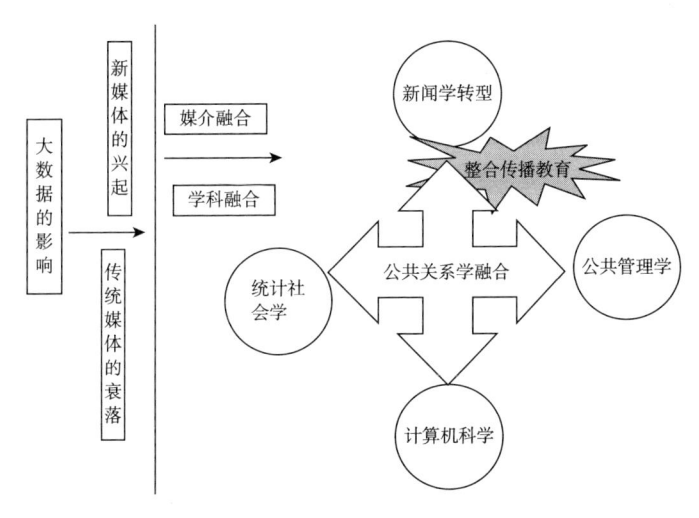

图 5　公关教育的转变趋向

完善。截至 2016 年 3 月，全国设有公共关系学本科专业的高校为 22 所，主要设置在新闻传播学、公共管理学和社会学领域，体现出明显的跨学科特征。

2013 年以来，中国新闻传播教育领域也开始出现"唱衰纸媒"和"转岗公关"的讨论，由于传统媒体纷纷衰落，不少纸媒被迫停刊，越来越多的财经记者、调查记者、时政记者离职转行做公关，或者开办公关公司、文化传播公司，又或转入 BAT 公司和各大企业担任公关部负责人。不仅如此，连预备役的新闻学子们也纷纷表示"心不在此"。有关调查表明，近年来，从事与媒体相关工作的新闻毕业生仅 53.6%，从事公关和营销的新闻学毕业生大量增加。杜骏飞认为新闻传播教育处于危机状态，这是整个新闻传播学界的基本感受。① 大数据时代倒逼新闻传播教育转型，学者们普遍认为，新媒体时代的新闻教育可能不仅是改革的问题，而需要换一种思路来重新建构新闻学。

中国新闻传播教育领域以"大传播"为改革方向，开始向整合策略传播教育转型。比如 2015 年复旦大学新闻学院把原来按照媒介形态划分

---

① 杜骏飞：《新闻传播教育的若干基本问题》，《新闻大学》2009 年第 1 期，第 24~30 页。

的新闻学、传播学、广播电视学、广告学四个专业变为按照传播形态划分的四个专业：新闻传播专业、影视传播专业、公共传播专业和商务传播专业。其中，公共关系被整合为四个专业方向。2016年浙江大学传媒和文化学院也正在紧锣密鼓地筹办整合策略传播专业。笔者所在的华中科技大学新闻与信息传播学院也把战略传播与公共关系作为专业改革的重点和方向。事实表明，大数据时代带来的媒介融合、学科融合，也造成了公共关系的"被重视""被融合"。在大传播改革理念的指导下，有助于"学科共同体"等学术社群的形成，中国公共关系专业课程逐渐出现从边缘走向中心的"迹象"，在整合传播教育改革浪潮中，将发挥不可忽视的重要作用。

同进，大数据时代带来中国公共关系研究领域的"战略传播"新范式。大数据技术使各个学科领域面临着一场研究方法的量化革命。哈佛大学社会学教授加里·金说："大数据是一场革命，庞大的数据资源使各个领域开始了量化进程，无论学术界、商界还是政府，所有领域都将开始这种进程。"大数据技术为我们的生活创造了前所未有的可量化的维度，过去不可计量、难以存储、不易分析和不方便共享的很多东西均被数据化，通过数据采集、数据储存、数据分析和数据管理，大数据为大范围、中时段、长时段的定量分析提供了可能。比如，大数据RFM模型可以根据客户最近一次购买的时间（Recently）、频率（Frequently），以及平均金额（Monetary Value），对用户进行画像或者贴标签，计算出客户价值和创利能力，进而帮助企业制定不同的沟通战略。有学者认为，随着计算社会科学（Computational Social Science）和网络社会科学的兴起，人们将在前所未有的深度和广度上采集和利用数据为社会科学研究服务，形成数据密集型科学研究的"第四范式"。

大数据时代，战略传播作为一个独特的多学科领域，整合了多学科的理论和方法——包括公共关系、市场营销、广告、企业和管理传播、组织传播、政治和健康、社会营销、国际关系、公共外交等。这种多学科应用特点，顺应了大数据时代媒介融合和学科融合的趋势，使战略传播成为一个新兴的、被广泛认可的理论范式，被用于各种类型的组织传播研究之中。在国际上，战略传播和公共关系在很多场合被看作同一个词，战略传播的本质是为了完成组织使命而对传播有目的的运用。这些组织都持有传播的跨学科视角，倾向于把公共关系和其他功能如公共外交等整合在一起，看作一种战略传播的努力。在发展、执行、评估组织传播时，会涉及管理、营销、公共关系、技术、政治传播和信息或社会营销运动六个学科领域。美国战略传播学者 Carl Botan 认为，战略传播的应用领域主要包括公共关系、市场营销、健康传播三大领域，这是战略传播的主要实践领域与核心分支。而诸如军事、管理等战略传播运用较少的领域，以及只有极少数人在从事战略传播工作的企业和政府机构，是战略传播的边缘分支。在中国，关于战略传播的研究语境，也是和大数据技术密不可分的。自 2013 年起，以大数据、社交媒体为核心的研究圈层逐渐成形，一定程度上限定了其他离散话题的讨论语境，原本呈板块分布的研究领域都变成其子话题。研究者们在各自的研究领域，必须对大数据和社交媒体的环境做出回应。[①] 在这种"大数据的微传播"研究语境中，公共事件与危机公关、公共外交、国家形象、文化软实力、风险沟通、环境保护与健康传播等与战略传播和公共关系领域相关的议题成为新闻传播学研究中一个清晰可见的次研究领域。[②] 比如，中国在 2011 年启动国家社科基金重大项目（第一批）"跨文化传播中的中国国家形象建构研究"，这个以提升"文化软实力"为主要诉求的国家形象传播话题在 2013 年掀起了一次研究高潮。这些战略传播议题的研究者主要来自新闻学、传播学、公共关系、广告、政治传播、影视传播、跨文化传播等领域，呈现出一种大规模的跨学科协作研究态势。其中，新闻传播学者成为主力军，公关学术话语权比较弱，公共关系研究领域有被碎片化的趋势。

但是，也有一个特别值得关注的战略传播研究议题，即公共关系的

---

① 陈力丹、廖金英：《2013 年中国新闻传播学研究的十个新鲜话题》，《当代传播》2014 年第 1 期，第 4~8 页。
② 参见陈力丹、廖金英《2013 年中国新闻传播学研究的十个新鲜话题》，《当代传播》2014 年第 1 期，第 4~8 页；陈力丹、熊壮《2014 年中国新闻传播学研究的十个新鲜话题》，《当代传播》2015 年第 1 期，第 10~13 页；陈力丹、费杨生《2015 年中国新闻传播学研究的十个新鲜话题》，《当代传播》2016 年第 1 期，第 4~8 页。

"阳谋"和"阴谋"之辩。持阳谋论者认为,从战略属性看,公共关系的业务是为顶级管理层提供咨询服务。做公关就是做决策,基于科学调研,公共关系从业人员不仅要发现一般问题,还要审时度势,预测趋势,是重要的"环境监测者"、"问题诊断者"和"趋势预测者";他们不仅要提供策划文本和应对策略,还要在战略全局层面做出全面规划和顶层设计,真正实现组织决策与社会变动同步。从策略属性来看,公共关系是基于"追求真善美,传播正能量"的正向传播理念来提供策略建议的,这种策略是"阳光公开"的,而不是"厚脸黑心"的。"阳谋"公共关系是专业化公共关系的具体体现,可以长期有效地提升组织声誉、培养公众信任。① 持阴谋论者则认为,公共关系是有"原罪"的,为雇主服务的根本出发点必然是"拿人钱财,替人消灾"(格鲁尼格所说的不对称传播),公共关系在本质上是不可能做到公开对称、阳光透明的;他们甚至把公关看作"为虎作伥""与虎谋皮",等同于"删帖""诋毁""抹黑""摆平""攻关"。近年来在业界发生的一系列黑公关事件,如达芬奇家具事件、蒙牛黑公关事件、新快报陈永洲事件、芮成钢事件、21世纪网事件等,为公共关系"阴谋论"提供了佐证案例。

总之,在大数据时代媒体融合的大背景下,中国公共关系需要举起战略传播、阳光谋略的大旗,打响"融合与被融合""消灭与被消灭"的保卫战,提高公关学术话语权,在学科共同体中继续提高"音量",发挥公共关系的"阳谋"主导作用。

七 结论

大数据时代,传统公共关系行业的基本面正在动摇,甚至可能发生颠覆,这是一个巨大的挑战,我们必须回答公共关系的"存在理由",这是一个"科斯地板"(Coasean Floor)问题。众所周知,科斯提出了一个著

---

① 参见陈先红、陈霓、赖正能《阳光公关:中国公共关系的未来展望》,《今传媒》2015年第1期,第4~7页;黄懿慧《公关的核心价值是建立信任》,《公关世界》2015年第11期,第35~39页。

名的经济学问题：如果一个公司的扩大越过了某个点，就会导致自身的崩溃。问题就在于：大数据使公共关系变得太大，也许公共关系已经落到了科斯地板之下。也就是说，虽然有一些公关活动可以创造价值，却不值得形成一个机构来从事价值创造，因为"计算代替了思考""云脑代替了人脑"。但是我们也不致太过悲观，因为大数据技术扫除了共享的障碍，建立共享模式还是需要个性化的智慧介入，公共关系的战略性思维和策略恰逢大显身手的好时机。

从前文可以看出，大数据所带来的公共关系的战略转向已然发生，那么，我们要最终回答的问题是公共关系的战略转向究竟意味着什么。罗伯特·西斯认为，新兴的网络社会的复杂性可能会使卓越公共关系理论、公众的情境理论和组织—公众关系二元方法的研究因不能跟上动态复杂的社会关系而过时。[1] 因此有必要对公共关系进行重新思考。从某种意义上说，公共关系的战略转向就是对公共关系的一种全新解读。

公共关系和大数据一样，也需要同时处理三类数据：信息数据、关系数据和环境数据，也即"公共传播数据""公众关系数据""生态环境数据"。围绕这三类数据，公共关系在20世纪逐渐生成了传播范式、关系范式和生态范式等。它们要么以"传播"为中心，要么以"关系"为中心或以"环境"为中心，都是单向度的线性研究和因果关系研究。而席卷全球的大数据浪潮，把这三类数据戏剧性地连接在一起，通过云计算和大数据技术实时地进行数据的收集整理、挖掘分析和有效应用，这既是一个媒介融合、学科融合的过程，也是一个战略决策的过程。就信息数据而言，无论是结构性的、半结构性的还是非结构性的，都可以进行结构化战略分析；就关系数据而言，无论是组织—公众关系、组织—环境关系，还是组织—公众—环境关系，都可以从"软组织"变成"硬数据"，整个生态环境也可以从三维空间转变为多维空间。我们显露的自身信息，无论是通过微信微博还是电子邮件，都极大地增加了社会可见度，使我们更容易找到彼此，也更容易被公众审视。正如克莱·舍基在《未来是湿的》中

---

[1] R. L. Heath, W. T. Coombs, *Today's Public Relations: An Introduction*. Thousand Oaks, CA: Sage, 2006, p.815.

公共关系学的想象：视域、理论与方法

提出的"数据是干的，关系是湿的"[①]，这种"湿关系链"既是人性的，也是个性的，换句话说，既是公共关系性的，也是战略性的。公共关系要成为互联网的"湿件"，它是软件和硬件互动后的产物，是活的、人性化的、湿乎乎的，也是不可或缺的真实存在。

因此，本文认为，大数据时代公共关系的战略转向，不是转向战略性公共关系，而是说公共关系本身就是战略性的，正所谓"公关即战略"。在组织情境下，这就意味着公共关系不仅仅是比喻意义上的战略构成，还是一种战略。从这种角度来看，战略不是一个变量，也不是与公共关系相关的其他变量中的一个，公共关系是战略本身的意义所在。公共关系也不仅是战略的一个容器，还是通过战略存在的，战略就是公共关系的存在意义。

或者退一步说，战略转向不是公共关系的替代，而是强调所有的公共关系都应该是战略性的。就公关理论而言，在公共关系本质上就是战略的情景中，战略转向并不必然同时发生，它可以被看作企图使所有公共关系都被战略化的一种表达。公关即战略的特点就是有目的、有计划地行动。公关即战略应该成为全体员工的一套思想体系和行为方式，应该无处不在。最后借用新势整合传播机构王丰斌访谈时的一个说法：大数据时代，公共关系思维如盐入海，已经融化在所有组织的血液中了。

[该文发表于《国际新闻界》2017 年第 6 期，作者为陈先红、张凌，系 2016 年度国家社科基金项目"讲好中国故事的元叙事传播战略"（16BXW046）阶段性成果、香港中文大学 2016 年 3 月 17~18 日举办的"公共关系与战略沟通：大数据时代的机遇与挑战"大会主题发言论文]

---

① 〔美〕克莱·舍基：《未来是湿的》，胡泳、沈满琳译，中国人民大学出版社，2012，第 8 页。

战略传播的世界观：
一个多案例的实证研究

战略传播的本质是为了完成组织使命而对传播有目的的运用（Hallahan, Holtzhausen, Van Ruler, Verčič & Sriramesh, 2007）。从根本上而言, 战略传播活动能够反映战略决策者的世界观, 因为它牵涉组织对影响战略传播相关要素的一系列基本态度和看法。根据美国战略传播专家 Carl Botan 的观点, 战略传播的世界观主要涉及组织的大战略问题。大战略与组织文化一同发展起来, 并界定了组织世界观的六个维度, 分别是环境观、变革观、公众观、议题观、沟通观、从业者观（Carl Botan, 2006）。因此, 本文欲回答的核心问题如下：战略传播的世界观在六个维度的具体表现是什么？它们如何影响战略传播模式？

世界观无论是被看作一种"先入之见"（a priori propositions, Brown, 1977）, 一种"呈现人类感知的概念框架"（Meehan, 1968）或"综合性的心智系统"（mind-set, Suppe, 1977）, 还是一种"宏观性思想"（macrothought, Kearney, 1984）, 都发挥着某种理论功能。世界观对于研究和开展战略传播活动具有至关重要的影响, 或者说世界观直接影响了战略传播的卓越性和有效性（Grunig, 1989）。从世界观层面去思考和界定战略传播, 可以帮助我们找到战略传播研究的核心问题, 以及哪一类理论有助于战略传播理论的建构。

本文将这一研究课题置于中外品牌危机处理的比较视野中展开。一般而言, 众多企业在品牌危机的应对过程中, 往往将品牌危机看作一个短期事件。危机发生时，他们担心、恐惧、焦虑不安；公众指责时，他们兵来将挡水来土掩，以一种临时保护的态度，期望尽快解决危机；当危机结束后，他们则深呼一口气："终于结束了！"在这些企业眼中，品牌危机只是一个事件，或是一种突发行为。对这些企业来说，品牌危机应对只是单纯的危机事件处理。

但事实上，从公关生态论的视角出发，品牌危机是企业品牌与公众之间的关系危机，品牌危机严格来说是在最差的生态位、最差的时间点上的一种关系状态（陈先红，2006）。这种关系状态并不是短期的，因为任何一个品牌危机事件，都是对企业和品牌的冲击和伤害，都会对企业和品牌的声誉造成长期的影响。每一次品牌危机都是对企业品牌核心价值观的挑战，都是对品牌长期发展规划的警示。

因此，我们的研究基于这样一个假设：尽管危机是暂时性的，但是危机应对却应该是长期的、战略性的。它受到战略目标环境、变革、公众、议题、传播和从业者等要素的影响。我们围绕三个问题来设计这项研究：第一，Carl Botan 提出的战略传播模式在中国的具体表现如何？第二，品牌危机事件中，影响战略传播活动的要素是什么？第三，中外企业在品牌危机应对中的战略传播是否存在差异？本文欲通过对以上三个问题的检视，重点考察战略传播模式及其影响要素在中国情境中的具体表现。

一 研究方法

本文采用多案例研究方法，来分析考察品牌危机事件中的战略传播活动，这种方法遵从可复制的逻辑原则（Yin, 1984），多个案例可被当作一系列实验，每个个案都为检验战略传播影响要素和世界观服务。

二 数据来源

本文将 2005~2014 年作为时间抽样框。之所以从 2005 年开始，是因为 2005 年是我国企业品牌危机事件"井喷"的一年，品牌危机频发。有关部门的权威数据显示，2003年在我国产生影响的品牌危机事件每季度只有几件，2004年变成每月几件，而2005年上半年竟迅速增长到每月超过10件①，2014年企业品牌危机事件依然处于高发期。不仅如此，根据CNKI数据，以"品牌危机"为主题的研究论文，2000年是11篇，2001年是19篇，2002年是30篇，2003年是48篇，2004年是47篇，2005年是126篇，2006年是126篇，2007年是155篇，2008年是140篇，2009年是156篇，2010年是141篇，2011年是127篇，2012年是134篇，2013年是146篇，2014年是107篇。由此可见，从2005年开始，品牌危机研究呈爆发式增长，之后学术界关于品牌危机的研究数量居高不下，这从另一方面说明了2005~2014年抽样框的合理性。

在样本选择上，采用多级抽样的方式。首先，采用类似典型抽样的方式，以中国品牌监测中心、《中国名牌》②杂志社2005~2014年每年1月份发布的年度十大品牌危机榜为基础，同时参考品牌中国产业联盟发展研究中心、关键点传媒公共传播研究所、华中科技大学公共传播研究所、《中国经济周刊》研究部等机构发布的年度十大品牌危机事件，删除并替换榜单中不符合研究要求的样本③，对2005~2014年发生的企业品牌危机事件进行系统盘点，并整理出100个典型抽样样本。其次，按照品牌危机主体是中国本土企业还是跨国企业，对样本进行归纳，分成中国本土企业品牌危机事件、跨国企业品牌危机事件两个样本框。最后，在这两个样本框中分别进行二次抽样，每年度选出一个样本，最终形成20个样本，如表1所示。

---

① 刘怀宇、韩福荣：《品牌危机公关策略分析》，《商场现代化》2005年第22期，第99页。

② 《中国名牌》杂志由新华通讯社主管，是专门从事品牌战略研究的工商经济类月刊。《中国名牌》杂志社与中国品牌监测中心以危机性质、关注程度、波及范围、持续周期、企业应对、资产损失、品牌减值、品牌恢复等为评价标准，按照中国品牌监测中心自主研发的评价模型进行综合评价，结合有关专家意见，最终评出年度十大品牌危机，并于每年1月份在年度首刊中发布。

③ 如2013年的"凤凰门票新政致景区遇冷反对声高"，该危机的主体为政府，而非企业，与本文研究要求不符。参考其他几个机构发布的危机事件，以新闻数据量为依据替换其他案例。

表 1 20 个最终样本

年份	中国本土企业品牌	跨国企业品牌
2014	携程"泄密门"事件	尼康"黑斑门"事件
2013	农夫山泉"标准门"事件	恒天然疑似肉毒杆菌事件
2012	酒鬼酒塑化剂事件	肯德基"速生鸡"事件
2011	达芬奇家具造假事件	沃尔玛虚假宣传销售伪劣事件
2010	美的紫砂煲事件	惠普"蟑螂门"事件
2009	农夫山泉"三重门"事件	丰田"刹车门""爬坡门"及特大召回事件
2008	万科王石"捐款门"事件	家乐福遭网络抵制拒购事件
2007	华为数千员工"请辞门"事件	星巴克故宫遭遇质疑事件
2006	海航涉嫌拒载少女致残事件	香港迪士尼春节拒客事件
2005	光明乳业"回锅奶"事件	肯德基深陷苏丹红事件

三 数据编码

在卡尔的战略传播理论中,战略传播被分为三个层级,分别是大战略、战略和战术[①]。卡尔依据组织对六个关键要素的世界观将大战略划分为四种模式,这六个关键要素分别是对待环境的态度、对待变革的态度、对待公众的态度、对待议题的态度、对待沟通的态度、对待从业者的态度(见表2)。组织的大战略划分为四种模式:固执型大战略、抵御型大战略、协作型大战略和整合型大战略。本文以这六个关键要素为研究对象,构建了战略传播影响要素模型编码表,据此探讨战略传播的影响要素在企业品牌危机事件中的具体表现。

据此,我们制定出企业品牌危机事件的战略传播差异编码表。通过对每个样本中企业与消费者、媒体、政府等公众的话语、行为表现进行定性研究,判断每个样本在品牌危机应对中的战略传播因素类型,并进一步分析企业品牌危机应对的战略传播模式(见表3)。

---

① 关于大战略、战略和战术的区别,Carl Botan 认为,大战略属于政策层面,是一个组织对目标、联盟、道德以及与公众的关系和环境中其他势力所做的决议。战略属于活动层面,涉及资源安排和调配以及组织实施大战略论据的决议。战术属于具体操作层面,是通过战略开展的公关技术方面的活动与获得的成果。

战略传播的世界观：一个多案例的实证研究

表 2　不同的战略传播模式在六个关键要素上的不同表现

	环境	变革	公众	议题	沟通	从业者
固执型大战略	控制 · 抵抗外部干涉 · 让环境适应组织 · 拖延政策	消极 · 是坏的——应该尽力避免 · 意味着花钱 · 意味着领导人的失败	利用 · 公众存在就是为了满足组织的需要 · 不是法律上的"持股者"，不享有超越组织希望的利益	自卫防御 · 认为议题是不正当的外部侵害的结果 · 妨碍管理执行的非法尝试	单向 · 改良的单向 · 组织是正确的 · "教育"公众 · 为了控制局面而隐瞒消息	技术人员 · 只是向公众解释传达组织管理决策的技术人员 · 遵循组织的伦理 · 首要的是忠诚
抵御型大战略	控制 · 避免、抵抗外部的影响和干涉 · 让环境适应组织	消极 · 是坏的/需要花钱的 · 意味着领导人的失败 · 对变化极大极小原则	利用 · 很有力量，但是也很危险 · "无可避免之灾祸"	避免/解决 · 组织外部干涉的结果 · 自然发生 · 尽快甩走议题	改良的单向 · 大多是单向的 · 为了适应环境，有些是双向的 · 媒体在沟通中扮演了关键角色	技术人员 · 向公众解释传达组织管理决策的技术人员 · 遵循组织的伦理 · 只有很少的机会去影响组织的态度
协作型大战略	共享 · 与环境相互依赖 · 塑造有利于组织的议题 · "开明的"管理	消极 · 是自然的，但也是痛苦的 · 为了减少改变的痛苦，要改变管理者的态度	分离/平等 · 建设性力量 · 法律上的股份持有者	解决 · 由公众定义议题 · 组织生命中的一部分 · 能避免尽量避免 · 要从议题中学习	命脉 · 沟通是组织的命脉 · 和生机的根源 · 对话很重要	共同的管理者 · CEO 是最大的战略传播从业者 · 拥有特殊技能的人员 · 战略建议者
整合型大战略	共享 · 组织是环境中的一员 · 对话打动人心的信息持开放态度	积极 · "组织生存发展的必要元素" · 做出改变的技巧在于击败竞争对手	一体 · 拥有法律上的股权 · 利益和议程设置 · 让组织存在成为可能	共建 · 由公众定义议题 · 议题是机会 · 组织生命的核心一部分	· 产生组织 · 组织沟通的产物 · 沟通是所有高管的核心能力	战略团队 · 组织内外部的建议者 · 可以更换管理者 · 组织伦理的领导者

资料来源：参见 C. H. Botan & V. J. Hazelton, *Public Relations Theory*. Hillsdale, NJ: Erlbaum Associates, 2005。

· 267 ·

表3　战略传播影响要素模型编码表

	环境	变革	公众	议题	沟通	从业者
固执型大战略						
抵御型大战略						
协作型大战略						
整合型大战略						

资料来源：参见 C. H. Botan & V. J. Hazelton, *Public Relations Theory*. Hillsdale, NJ: Erlbaum Associates, 2005。

四　数据结果

通过对20个品牌危机事件的详细考察，以及对2005~2014年20个具有代表性的品牌危机案例的系统盘点，本文提出了中外品牌危机应对的战略传播模式，如表4所示。

中国本土企业品牌的战略传播模式有70%是抵御型大战略，30%是固执型大战略。跨国企业品牌的战略传播模式有50%是抵御型大战略，30%是整合型大战略，固执型大战略和协作型大战略各占10%。

中外企业品牌在战略传播模式上有一半甚至大部分是抵御型大战略。但是，跨国企业品牌实施协作型大战略和整合型大战略的比重占总体的40%，而中国本土企业在这两个战略传播模式上"颗粒无收"。在固执型大战略上，中国本土企业占30%，跨国企业仅占10%（见图1）。

表4　中外品牌危机应对的战略传播模式

	固执型大战略	抵御型大战略	协作型大战略	整合型大战略
跨国企业品牌危机事件	沃尔玛虚假宣传销售伪劣事件	尼康"黑斑门"；肯德基"速生鸡"；惠普"蟑螂门"；丰田特大召回；星巴克故宫店遭遇质疑	香港迪士尼春节拒客	恒天然疑似肉毒杆菌；家乐福遭网络抵制；肯德基"苏丹红"
数量（件）	1	5	1	3

续表

	固执型大战略	抵御型大战略	协作型大战略	整合型大战略
中国本土企业品牌危机事件	华为数千员工"请辞门"；海航涉嫌拒载少女致残；光明乳业"回锅奶"	携程"泄密门"；农夫山泉"标准门"；酒鬼酒塑化剂；达芬奇家具造假；美的紫砂煲；农夫山泉"三重门"；万科王石"捐款门"		
数量（件）	3	7	0	0

	固执型大战略	抵御型大战略	协作型大战略	整合型大战略
跨国企业品牌	1	5	1	3
中国本土企业品牌	3	7	0	0

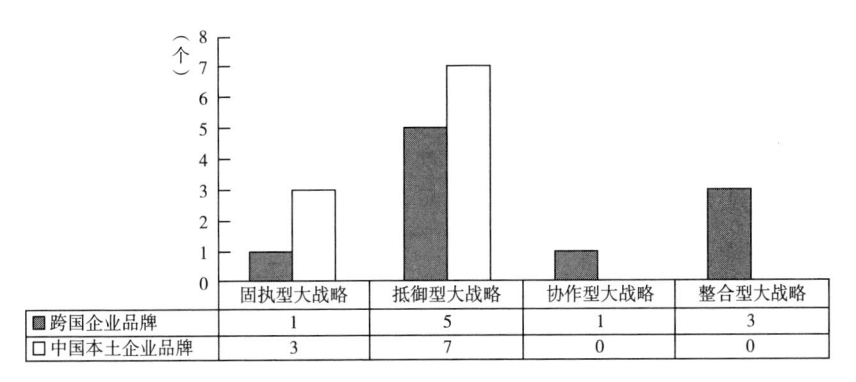

图 1 中外品牌危机应对的战略传播模式对比

五 数据分析

尽管战略传播的世界观都是主观性的，但仍然存在评价世界观的准理性方式。例如，通过一些显而易见的内部和外部准则，以非矛盾性的背景信息或理论进行观察；或者通过某一有用的准则，如某一世界观所具有的解决现实中重要问题的能力等准理性的方式，来对世界观进行比较和分析。

一些研究者认为，战略传播活动受内部因素和外部因素的影响，外部因素包括法律诉讼或政府管制的威胁、外部公众的特征等；内部因素包括公关从业人员以及组织权力中心成员的个性特征等。也有一些研究者提出，影响战略传播世界观的因素可以分为先在因素、情境因素和禁止因素，"先在因素"是组织与公众互动之前就已经存在的因素，主要包括组织规模、组织文化、商业开放度、对权力中心的战略传播、权力中心成员的开明程度和组织关键成员的个性特征。"情境因素"是随着具体环境而不断变化的动态因素，包括情境的紧急程度、外部公众的特征、潜在的或明显的威胁、组织采取不同立场的潜在成本与收益等。"禁止因素"是因为道德、法律和政府等带来的限制，调适在某些时候是根本不可能的，包括组织的道德承诺、多种公众之间的需求冲突、法律限制、政府的管制约束、管理层的压力、司法议题。

然而，另外一些研究认为，战略传播受大战略的影响。Carl 认为，大战略是指组织在政策层面上做出的决策，包括确定组织目标、联盟阵营、伦理道德，以及与公众和环境中其他力量之间的关系。战略则是组织在活动层面做出的决策，包括策略制定、资源配置和实施组织大战略的论据。所以，大战略出现在一个比活动战略更高的层级上。战略传播人员在制定具体活动的战略时，往往受到大战略的限制，突破大战略或者采取与大战略背道而驰的行动，往往达不到预期效果。而战术是指特定的行为和输出层面，战略通过这些特定的行为和输出得以实施和执行，因而，战术是战略传播的执行和技术部分。

本文采用 Carl Botan 提出的大战略世界观，通过对环境、变革、公众、议题、沟通和从业者这六个战略传播影响要素的分析，来探讨中外品牌战略传播的世界观差异。

1. 命题一：企业对环境的态度，直接影响着战略传播的世界观

在企业—公众—环境的关系生态系统中，企业作为其中的一部分，如何思考自身与环境的关系，对企业如何采取行动、如何对待公众和议题、选择怎样的沟通方式、需要怎样的战略传播人员具有重要意义。企业对环境的态度，直接影响了战略传播的世界观。评估的主要依据来自企业对环境的四种态度：（1）抵抗外部环境干涉，自我封闭；（2）从属于环境，避免外部环境影响；（3）与外部环境相互依存；（4）环境中的一员，追求自身与环境目标的统一。根据以上描述，我们对 20 个中外品牌危机案例

进行分析，总结出四种类型的环境观：封闭型、规避型、依存性和共创型。如图 2 所示：

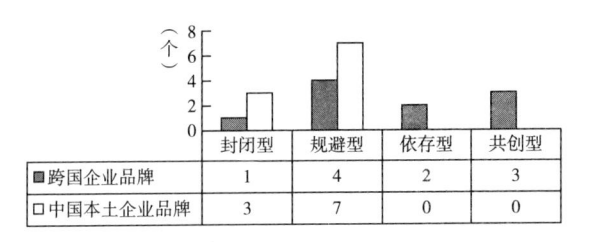

	封闭型	规避型	依存型	共创型
■ 跨国企业品牌	1	4	2	3
□ 中国本土企业品牌	3	7	0	0

图 2　环境观

图 2 概括了中外品牌危机案例中的环境观差异。中外企业品牌在环境要素上的表现差异显著，中国本土企业主要聚焦在"规避型"的环境观上，占总体的 70%，其次为"封闭型"的环境观，占比为 30%。而跨国企业的环境观更加分散，有 40% 是"规避型"的环境观，30% 是"共创型"的环境观，20% 是"依存型"的环境观，只有 10% 是"封闭型"的环境观。

总体来说，大部分的中外企业都持"规避型"的环境观，说明企业清楚自身是整体环境的组成部分，但是它们担心外部环境对企业造成影响，尤其是在危机来临时。企业为了保护资源、降低风险，通常会尽力避免与外部环境力量的接触。

中国企业相对跨国企业来说，除了从环境中获取有利于企业的资源外，在面对环境时往往显得更加封闭和保守，缺少一种开放的心态，总是消极应对环境。相反，跨国企业面对环境大多持开放的姿态，重视企业和环境的共同发展，并愿意对环境做出某种妥协或让步，或是通过与环境中其他力量的持续沟通，最终达成共识。

2. 命题二：企业对变革的态度，直接影响着战略传播的世界观

在开放的环境大系统中，形势是不断变化的，企业要想生存和发展，就必须随着环境的变化主动变革。企业对变革的态度直接影响着战略传播的世界观。主要评估的依据来自变革意愿和变革行为两个维度。首先，对"变革意愿"的描述是：（1）极力避免，变革意味着领导人的

失败；（2）缺乏热情，勉强和不情愿；（3）理解其正当性，同时也是痛苦的；（4）努力追求，组织生产和繁荣的必要之举。其次，对"变革行动"的描述是：（1）极力避免变革付诸实践；（2）勉强和不情愿地执行，采取拖延政策、缩小变革范围；（3）有选择地执行；（4）积极推动。根据以上操作化界定，我们对20个中外品牌危机案例进行分析，总结出四种不同的变革观——回避型、保守型、渐变型和主动型。如图3所示：

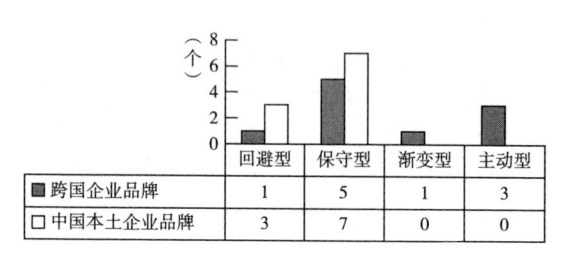

	回避型	保守型	渐变型	主动型
■ 跨国企业品牌	1	5	1	3
□ 中国本土企业品牌	3	7	0	0

图3 变革观

图3概括了中外品牌危机案例中的变革观差异。在变革要素上，中外企业的表现也存在显著差异。中国企业主要聚焦在"保守型"的变革观上，占总体的70%，其次为"回避型"的变革观，占30%。跨国企业的变革观分布较为分散，有50%是"保守型"的变革观，30%是"主动型"的变革观，"回避型"和"渐变型"的变革观分别占10%。

总体来说，绝大部分中外企业都持"保守型"的变革观。在其看来，变革意味着费用的投入，在变革过程中可能还存在很多隐藏的风险。因此，面对变革它们总是显得保守、勉强和不情愿。

中国本土企业相比跨国企业，在应对变革时更加消极，视变革为"没有用""风险大""瞎折腾"。跨国企业面对变革时更加积极，40%的企业明白变革的必要性，为了生存和发展，它们会随着环境的变化而实施部分变革，甚至是在那些持"保守型"变革观的企业看来仿佛"天翻地覆"的变革。

3. 命题三：企业对待公众的态度，直接影响着战略传播的世界观

公众是企业品牌危机应对的关键要素，议题的设置、沟通策略的制定等全都是为了打动公众，修复并维系品牌与公众的关系。我们对公众观的

评估强调，公众是战略传播的核心，企业对待公众的态度直接影响着战略传播的世界观。主要评估依据来自公众利益和公众角色两个维度。首先，我们对"公众利益"维度的描述是：（1）一切服从组织利益；（2）轻视公众利益；（3）尊重公众与组织利益；（4）追求公众利益与组织利益的统一。其次，我们对"公众角色"维度的描述是：（1）公众为满足组织需要而存在，不是法律上的股份持有者；（2）对组织正常运营造成干扰的角色，不是法律上的股份持有者；（3）富有建设性的力量，合法的股份持有者；（4）战略传播环境运行中的一部分，公众与组织共同创造和再创造了彼此，被视为与组织就某一问题的解决持续进行协商的过程。根据以上描述，我们对20个中外品牌危机案例进行分析，总结出四种不同的公众观——公众威胁观、公众灾祸观、公众力量观和公众共创观。如图4所示：

	公众威胁观	公众灾祸观	公众力量观	公众共创观
■ 跨国企业品牌	1	5	1	3
□ 中国本土企业品牌	3	7	0	0

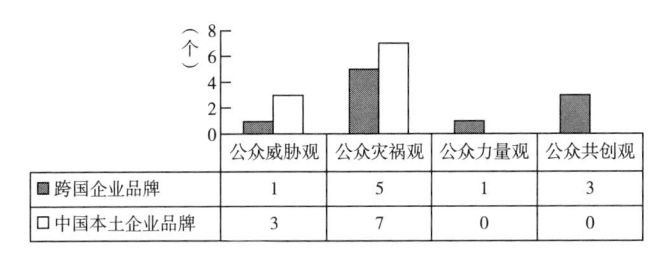

图4 公众观

图4概括了中外品牌危机案例中的公众观差异。中外企业在公众要素上的差异与变革要素类似。中国本土企业主要聚焦在"公众灾祸观"上，占总体的70%，其次为"公众威胁观"，占30%。跨国企业有50%是"公众灾祸观"，有30%是"公众共创观"，"公众威胁观"和"公众力量观"分别占10%。

总体来说，绝大部分的中外企业都持"公众灾祸观"，他们将公众视为"不可避免之灾祸"，认为公众自身蕴藏的消极力量可能会对企业的正常运行造成干扰，因此，他们通常对公众"敬而远之"。

中国本土企业对于公众的认识更加消极、片面和浅薄，他们将公众视为企业的威胁或灾祸。与之相反，近半数的跨国企业将公众视为一种积极的、富有建设力量的群体，甚至有 30% 的企业将公众看作可以坐下来沟通的"盟友"，维护好企业和公众双方的利益，是这些企业重要的行为准则。

4. 命题四：议题是战略传播的中心，企业的议题管理影响着战略传播的世界观

议题是由公众定义的，当公众关注某一个问题时，议题就产生了。按照时间流推进，主要包括预先议题、潜在议题、公共议题、关键议题、休眠议题五个阶段。当品牌危机发生时，企业要通过话题选择、议题设置、舆论引导等，引导公众舆论朝有利于企业的方向发展。我们对议题观的评估强调是战略传播的中心，企业的议题管理影响着战略传播的世界观。评估的主要依据来自议题产生和议题管理两个维度。首先，我们对"议题产生"维度的描述是：（1）议题是不正当的外部侵害的结果，媒体和公众是问题的制造者；（2）议题是组织外部干涉的结果；（3）公众定义议题，公众想告知组织有必要做出某种改变的方式；（4）组织与公众、公众彼此之间持续进行沟通的产物，公众定义议题并扮演核心角色。其次，我们对"议题管理"维度的描述是：（1）潜在阶段不予理会，关键阶段自我防御、逃避责任；（2）潜在阶段着手解决，关键阶段希望快速处理、解决；（3）注重环境扫描和议题研究，能避免尽力避免；（4）将议题视为机会。根据以上描述，我们对 20 个中外品牌危机案例进行分析，研究发现了四种不同的议题观——外部侵害观、外部干涉观、公众定义观和沟通产物观。如图 5 所示：

	外部侵害观	外部干涉观	公众定义观	沟通产物观
■ 跨国企业品牌	1	4	2	3
□ 中国本土企业品牌	6	4	0	0

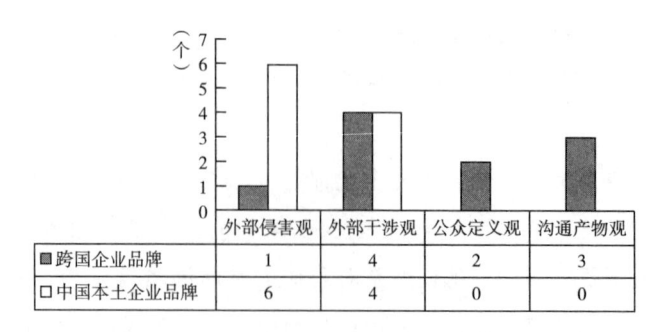

图 5　议题观

图 5 概括了中外品牌危机案例的变革观差异。在议题要素上，中外企业的表现依然有明显差异。中国本土企业主要聚焦在"外部侵害观"上，占总体的 60%，其次为"外部干涉观"，占 40%。跨国企业有 40% 持"外部干涉观"，30% 持"沟通产物观"，20% 持"公众定义观"，最后 10% 持"外部侵害观"。

总体来说，中外企业都有 40% 持"外部干涉观"，但主要差距体现在"外部侵害观"上，半数以上的中国企业都持这种议题观，认为议题的产生是外部环境力量不正当侵害的结果，而跨国企业持有这种议题观的只有 10%，这应该与品牌危机事件的成因有关，农夫山泉的"标准门"和"三重门"都是由企业外的力量引发的，比如《京华时报》、海南省工商部门等。除此之外，中国企业相比跨国企业，缺乏对议题的正确认识，总是将议题与外部影响联系起来，而 50% 的跨国企业清楚地了解公众在议题中的关键作用，这使其在危机事件中总能通过话题选择、舆论引导等议题管理行为，引导社会舆论朝有利于企业的方向发展，从而大大缓解了公众对企业的不满情绪。

5. 命题五：在危机应对中，企业的传播沟通策略直接影响战略传播的世界观

企业品牌的危机管理本质上是企业品牌与公众之间的沟通过程，企业在危机应对中，采用何种沟通策略、沟通技巧直接关系到公众对企业品牌的态度和品牌关系的断裂与否。我们对"沟通观"的评估主要从沟通态度和沟通技巧两个层面来考察。首先，我们对"沟通态度"的描述为：（1）组织是正确的，沟通是为了教育公众、告知"事实"；（2）需要通过沟通，告知公众组织为满足公众要求所做的努力，试图说服公众理解和支持组织；（3）沟通是组织的命脉，与公众的对话技能至关重要，领导者的管理也是一种沟通行为；（4）组织是沟通的产物，没有沟通就不能称之为组织。其次，我们对"沟通技巧"的描述为：（1）单向沟通，为了控制局面隐瞒消息、欺骗公众，尽力避免与公众沟通对话；（2）改良的单向，为适应环境，有些是双向的，但大多是单向的；（3）双向沟通，注重与媒体、公众的对话，注重领导者在沟通中的重要作用；（4）双向沟通，沟通是极其重要的能力，良好的沟通技艺是核心领导者所必须具备

的。根据以上操作化定义，我们对20个中外危机案例进行分析，总结出四种不同的沟通观——教育公众观、说服劝导观、组织命脉观和组织产生观。如图6所示：

	教育公众观	说服劝导观	组织命脉观	组织产生观
■ 跨国企业品牌	1	5	1	3
□ 中国本土企业品牌	5	5	0	0

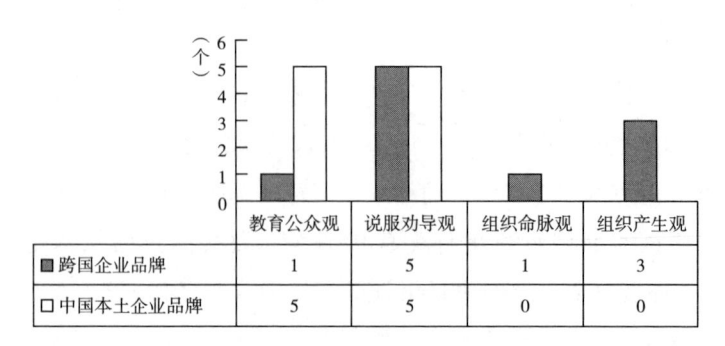

图6 沟通观

图6表明，在沟通要素上，分别有50%的中国本土企业持有"教育公众观"和"说服劝导观"。跨国企业在沟通观上较为分散，50%的跨国企业持"说服劝导观"（如尼康、惠普、丰田、星巴克、肯德基），30%的企业持"组织产生观"（如恒天然、家乐福、肯德基），另外分别有10%的企业持"教育公众观"（如沃尔玛）和"组织命脉观"（如迪士尼）。

总体来说，中外企业在沟通态度和沟通技巧上差异明显。中国企业在沟通中，不是为了寻求双方满意的结果，而是力图"征服"公众，这种"征服"或是通过告知公众"事实"来教育公众，或是通过展现"企业的努力"，来赢得公众的理解和支持。反观跨国企业，它们在危机中努力利用双向沟通的方式与公众对话，这种对话是建立在尊重公众及其利益和话语权的基础上的。不仅如此，沟通对跨国企业来说，并不只是与其他力量对话的技能，更像是一种价值观，它们相信沟通能够产生价值并维系企业。

6. 命题六：战略传播从业者的角色定位，影响着战略传播的世界观

战略传播从业者是在品牌危机中直接与公众进行沟通的关键人员，不同的角色定位和专业化程度会对危机应对结果造成影响。根据公关角色理

论，我们对角色观的评估分为四种人员——操作执行人员、传播技术人员、沟通策略专家和战略咨询专家，其具体职能见表5。

表5 战略传播从业者的角色定位

从业者		
	地位及职责	操作执行人员：大部分是基层的技能人员，领导负责决策、做出伦理判断，其余人员只负责向公众解释、传播领导决策，在伦理判断上服从于组织
		传播技术人员：大部分是基层的技能人员，领导负责决策、做出伦理判断，其余人员只负责向公众解释、传播领导决策，但要掌握必要的沟通技能，在伦理判断上服从组织
		沟通策略专家：CEO和沟通专家，负责改善组织与公众之间的关系，有自己的伦理标准，出色的沟通专家同时是组织高层中的一员
		战略咨询专家：CEO和沟通专家，负责组织与公众、环境之间关系的平衡，是组织领导高层中的一员，对组织战略可以发表建议
	从业者能力	没有接受过专业训练，缺乏基本的危机应对知识
		具备基本的沟通技能
		受过专业化训练，是拥有特殊技能的专业人员
		注重战略传播的系统性、专业性

在战略传播人员类型上，中外企业的差别更加明显。70%的中国本土企业的战略传播人员为"传播技术人员"，另外30%的企业大多是"操作执行人员"。在跨国企业中，40%的企业中的战略传播人员是"传播技术人员"，30%的企业中的战略传播人员是"战略咨询专家"，20%的企业中的战略传播人员是"沟通策略专家"，仅有10%的企业中的战略传播人员是"操作执行人员"。如图7所示：

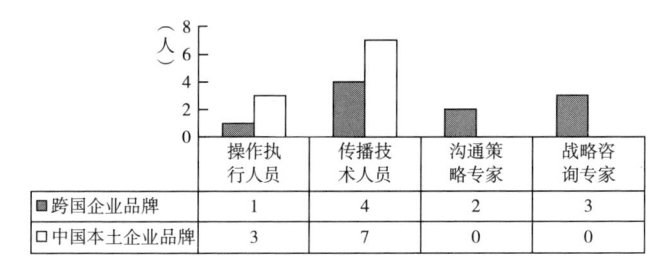

	操作执行人员	传播技术人员	沟通策略专家	战略咨询专家
■跨国企业品牌	1	4	2	3
□中国本土企业品牌	3	7	0	0

图7 战略传播人员类型

事实上，中外企业不同的战略传播人员类型反映了二者明显不同的战略传播人员构成和素质。在中国，战略传播人员基本上是一般的技能人员，其中有部分人甚至根本没有受过专业训练，不具备基本的沟通技能，他们在企业中扮演着类似于"中介"的角色，将领导制定的决策"转达"给公众。而在跨国企业中，同样有部分战略传播人员扮演"中介"的角色，笔者称之为"关系居间者"，他们是企业与公众相互沟通与了解的渠道，同时还负责在企业—公众—环境的关系生态系统中平衡各方利益，维护关系稳定。

结论与讨论

人类学家 Kearney（1984）在其著作《世界观》中指出，特定的世界观会产生特定的行为模式，特定的行为模式也会受到世界观的影响。本文论证的六个关键因素大体上界定和限制了在任何组织中的战略传播实践，并形塑了战略传播从业者的世界观。研究发现，本文最初的研究目标是检验 Carl Botan 提出的战略传播的四种模式——固执性、抵御性、协作型、整合型，并进一步探究品牌危机事件中制定战略传播的六大影响要素，最后发现，中外企业在品牌危机应对中的战略传播水平存在较大差异，根本上源于中外企业不同的战略传播世界观，而影响战略传播的组织立场和要素，则构成了战略传播的世界观面向。最后，研究总结出战略传播世界观要素模型（见表6），并针对这些观点得出了实证研究结论。

表 6　战略传播世界观要素模型

大战略影响要素	环境观	变革观	公众观	议题观	沟通观	角色观
固执型大战略	封闭型	回避型	公众威胁观	外部侵害观	教育公众观	执行角色观
抵御型大战略	规避型	保守型	公众灾祸观	外部干涉观	说服劝导规	技术角色观
协作型大战略	依存型	渐变型	公众力量观	公众定义观	组织命脉观	策略角色观
整合型大战略	共创型	主动型	公众共创观	沟通产物观	组织产生观	战略角色观

战略传播实践是非常复杂微妙的,特别是品牌危机处理中的战略传播,如果静止地、单一地从以上四种模式来理解它,可能会太受限制而过于僵化死板。卓越的战略传播活动,包括处理冲突与危机,"不能也不应该被定性为单一的模式,或甚至是混合的实践模式"(Cameron et al.,2001)。根据权变理论,战略传播可以是一个"调整的连续体",一端是"绝对的辩护",另一端是"绝对的调适",那应该采取何种传播战略来应对危机呢?权变理论专家的回答是"看情况!"辩护意味着站在自己的立场上,而调节意味着让步,后者动态的立场影响了战略传播的策略,这意味着要"不同程度地辩护和调适"(Cancel et al.,1997)。Yarbrough(1998)等人认为"通过一系列的调适,有效的和道德的战略传播是可能实现的"。因此我们今后的研究可能需要在"辩护—调适"的连续体中,根据核心要素和周围要素的影响去探讨和倡导战略传播的价值观和世界观。

(该文发表于《新闻大学》2016年第1期,
作者为陈先红、陈霓、刘丹丹)

参考文献

曹仰锋主编《案例研究方法:理论与范例》,北京大学出版社,2012。

詹姆斯·格鲁尼格等:《卓越公共关系与传播管理》,卫五名等译,北京大学出版社,2008。

寇玉琴:《战略公关:理论、方法与例证》,上海交通大学出版社,2012。

陈先红:《公共关系生态论》,华中科技大学出版社,2006。

张宁、陈先红:《公共关系管理》,武汉大学出版社,2009。

Smith, Berry & Pulford, *Strategic Marketing Communications: New Ways to Build and Integrate Communications*. London: Kogan Page, 1997.

N. Bardhan & C. K. Weaver, *Public Relations in Global Cultural Contexts: Multiparadigmatic Perspectives*. London: Routledge, 2011.

C. H. Botan & V. J. Hazelton, *Public Relations Theory*. Hillsdale, NJ: Erlbaum Associates, 1989.

C. S. Fleischer & R. L. Hoewing, "Strategically Managing Corporate External Relations: New Challenges and Opportunities," *Journal of Strategic Change* 1 (1992): 287-296.

中外品牌危机处理的
战略传播模式比较

在组织—公众—环境关系的不断发展中，危机是一种最差的时间生态位，危机事件会引发公众对组织合法性的质疑和挑战，会亵渎公众对组织的社会信任和社会期待（陈先红，2006）。虽然危机只是一个插曲、一个阶段、一个时间点，但是，其所造成的紧张关系状态并不会随着危机的解除而彻底消失，曾经的信任关系也不会随着危机的平息而自动恢复，因此，危机处理更需要"帮助组织为不确定的未来做准备"，更需要"深思熟虑的行为和有目的性的传播"，而这正是战略传播的核心要义所在。

因此，我们的研究基于这样一种假设：尽管危机是暂时性的，但危机应对却应该是长期的、战略性的，它受到战略目标环境、变革、公众、议题、传播和从业者等诸要素的影响。本文尝试以战略传播的理论视角探讨以下三个问题：在品牌危机应对中，中外企业的战略传播实践有何表现？战略传播模式有何不同？战略传播影响要素有何差异？

一 文献综述

中外品牌危机传播研究大多是对危机传播策略和技巧的关注，对战略性传播和组织情境的考量不够（陈先红、刘晓程，2013），无论是理论研究，还是应用研究，都聚焦在操作执行的策略和技巧层面，缺乏战略传播层面的宏观观照。比如,美国著名的危机研究学者 I. Mitroff 在其著作《危机、防范与对策》一书中,提出了危机沟通的"窗格策略"。他将危机策略分成"告知意愿"与"是否被告知"两个维度,由此提出了四种沟通策略——被迫告知、阻碍信息、先发制人和隐藏信息[①];美国著名公关学者格鲁尼格的"危机情景理论",主要研究危机不同阶段及不同情境的组织—公众管理策略;卡梅伦等人的"冲突管理中的权变理论",研究各种突发性因素如何影响组织对公众的立场;西格等人的"议题管理理论"和"辩解修辞理论",主要从修辞学角度探讨危机传播中的议题管理和辩护策略;库姆斯的"情境危机沟通理论"(SCCT),主要探讨危机情境、危机回应以及情境与危机回应相匹配的策略系统。他将品牌危机沟通策略分为否定回应、减少回应、重建回应、巩固回应四个大类。

当然,也有学者关注到危机传播的战略维度,如战略管理学者 Kathleen Fern-Banks(2007)认为"危机传播的根本作用就是影响公共舆论进程",并提出危机传播的战略管理路径——发现、避免、控制危机、从中恢复、吸取教训。美国学者 philip L. Mirvis 和 Mitehell Lee Marks 提出了"危机管理四维模型",具体包括战略管理维度、政治维度、心理维度及文化维度等[②]。再比如 William Benoit 的形象修复理论,又名"战略分析理论",他认为个人或组织最重要的资产是声誉。声誉或公众形象应该从战略层面加以维护。基于这一认识,Benoit 提出修复组织形象的五大策略:矢口否认、逃避责任、降低攻势、纠正错误、自我约束(寻求宽恕)。在每种策略下还有具体的战术,可分为 14 种战术。但总体来看,为了使企业品牌在危机应对中达到"说得正确、做得正确"的目的,大多数品牌危机传播研究都是策略性的、技术性的、短期性的,或者是战略管理性而非战略传播性的。

本文的目的是探索品牌危机处理中的战略传播(strategic communication)。

---

① 张云飞:《品牌危机情境下的微博网络口碑研究》,硕士学位论文,南开大学,2012,第 18 页。
② 郭惠民:《危机管理的公关之道》,复旦大学出版社,2006,第 23 页。

战略传播的本质是为了完成组织使命而对传播有目的的运用（Hallahan, Holtzhausen, Van Ruler, Verčič & Sriramesh, 2007）。这些组织都持有传播的跨学科视角，倾向于把公共关系和其他功能如公共外交等整合在一起，看作一种战略传播的努力（van Dyke & Verc ic, 2009）。在发展、执行、评估组织的传播时，会涉及管理、营销、公共关系、技术、政治传播和信息或社会营销运动六个学科领域。其中，战略传播最大的应用领域主要包括公共关系、市场营销、健康传播，它们是战略传播的主要实践领域和核心分支。而诸如军事、管理等战略传播运用较少的领域，以及那些只有极少数人在从事战略传播的企业和政府机构，是战略传播的边缘分支（Carl Botan, 2005）。

Carl Botan 在《公共关系的大战略、战略及战术》一文中指出，战略传播包括大战略、战略和战术三个层级，三者既有区别又有重合，常常被人们所混淆。大战略是指组织在政策层面上做出的决策，包括确定组织目标、联盟阵营、伦理道德，以及组织—公众关系和组织—环境关系等最高层级的政策和计划；战略是指组织在活动层面做出的决策，包括策略制定、资源配置和实施组织大战略的论据；战术则是战略传播的执行和技术部分。大战略制约战略，选择哪种战略是由组织的大战略决定的。在这里，Carl Botan 所指的战略主要是战略传播，"只有当战略传播以思考公众开始，并以公众为止的时候，战略传播才能称为战略"。

大战略从组织文化发展而来，并随着组织文化的发展而发展，某种程度上可以说大战略是组织的一种世界观。Carl Botan 依据组织对六个关键因素的世界观将大战略分为四种模式。这六个关键因素分别是组织目标/环境、对待变革的态度、对待公众的态度、对待议题的态度、对待沟通的态度、对待战略传播从业者的态度。其他因素如顶级市场战略、兼并、收购等，可能会存在于一些特定的组织中，但上述六个关键因素大体上界定和限制了任何组织中的战略传播实践，还影响着战略传播从业者的生活质量。依据这六个因素，Carl Botan 将组织的大战略分为四种模式：固执型大战略、抵御型大战略、协作型大战略和整合型大战略。

固执型大战略往往出现在大多数个体组织中，相反，经受过专业训练的组织极少运用这种模式。固执型大战略假定一个组织是可以自治的，组织自治权是其最高资产，那些要求组织改变的呼声被视为外部对组织的合法性管理和干涉。

在固执型大战略中，组织目标是使环境服从于组织的意愿，即"征服"公众和环境。当组织遇到威胁的时候，其本能反应就是"拉起吊桥"，将公众拒之门外；变革被认为是不好的，而且是需要费用的，因而会尽力避免任何变革的出现；公众被认为是危险的，他们既缺乏知识，又没有道德权，因而不应对组织横加干涉；议题被视为阻碍，是媒体和激进的公众对组织发起的外部攻击。这些媒体和激进的公众被看作问题的制造者，所以沟通的任务就是采用单向的沟通方式，告知公众事实，甚至偶尔对公众施以骗术。战略传播从业者多是低级和中级的技能人员，战略传播只是一种基础性工作。

抵御型大战略假定组织从根本上从属于整体的环境，但要避免外部环境对组织的控制。变革被认为是昂贵的，会制造混乱，因而变革应该尽量避免。这样的组织经常是能拖延多久就多久，能把变革缩小到什么程度就缩小到什么程度，这里体现了一个极大极小原理，即公众能够接受的最小范围内的谈判和变化，对组织来说确是能够接受的最大范围的界限；公众被视为不可避免之"灾祸"，就像变革一样。公众还被认为拥有的消极潜力远远多于积极潜力；议题是环境强加于组织的障碍，应该被快速地处理、解决。因此组织需要双向沟通，试图让公众相信组织愿意满足公众的要求；战略传播从业人员只是技术人员，必须掌握必要的沟通技能，从而完成他人制定的决策。

协作型大战略假定组织与所处环境是相互依存的。目标是塑造和引导议题来满足组织的需要，变革被视为生命中自然而然的一部分，变革有时候对组织是好的，一定数量的变革是可以接受的；公众被看作一种富有建设性的力量，组织愿意为了满足公众的要求而做出改变。做好环境扫描工作和充分的议题研究，确保小议题不会发展为大危机；内外部沟通被看作组织生命的根源，是组织的命脉，对话技能是至关重要的；战略传播人员包括CEO以及其他人员都被看作专业人员，作为沟通专家备受尊敬。

整合型大战略假定组织与所处环境是统一的，既不需要环境服从于组织，也不需要组织服从于环境。要建立组织目标与环境之间的稳定关系，最好的办法就是向那些有说服力的信息敞开大门。伦理道德的和共同的信念是整合型大战略的关键。变革完全被看成是积极的，甚至是组织应该努力追求的；公众不是组织外的一部分，也不是组织的威胁。相反，公众和组织都是环境运行的组成部分，公众和组织共同创造和再创造了彼此；议题的发展被看作沟通的产物。换句话说，议题是组织与公众、公众彼此之间不断沟通的结果，组织不能单方面控制沟通。在议题的界定上，公众扮演着核心角色，当至关重要的公众认为这是一个议题的时候，议题才真正变成一项议题。组织是沟通的产物，只有在沟通产生，人们有了共同的目标、专门的劳动力、分工协作后，才算形成了一个组织。战略传播人员扮演着战略建议者的角色，是组织的核心领导者。

本文旨在把以上战略传播模式理论引入品牌危机研究，探讨和检验企业品牌危机事件中的战略传播模式和影响要素。本文的研究问题如下：

Q1：跨国企业在品牌危机应对中的战略传播要素和模式表现如何？

Q2：中国企业在品牌危机应对中的战略传播要素和模式表现如何？

Q3：中外企业在品牌危机应对中的战略传播模式是否存在差异？

本文欲通过对以上三个问题的检视，重点分析中外企业品牌危机应对中的战略传播模式，以期对近年来中外企业品牌危机事件的应对实践差异进行准确呈现，并予以系统分析。

二　研究方法

本文采用多案例研究法，来研究品牌危机事件的战略传播活动，这种方法遵从可复制的逻辑原则，多个案例可被当作一系列实验，每一个案都为检验战略传播模式和影响要素服务。

三　数据来源

本文将2005~2017年作为时间抽样框。2005年是我国企业品牌危机事件"井喷"的一年，上半年每月危机事件超过10件①，是2003年的三四倍。到2014年企业品牌危机事件依然处于高发期。不仅如此，CNKI数据显示，以"品牌危机"为主题的研究论文，2000年是1篇，2001年是4篇，2002年是12篇，2003年是16篇，2004年是29篇，2005年是78篇，2006年是68篇，2007年是88篇，2008年是79篇，2009年是75篇，2010年是70篇，2011年是70篇，2012年是72篇，2013年是73篇，2014年是54篇，2015年是54篇，2016年是50篇，2017年是40篇。由此可以看出，从2005年开始，品牌危机研究呈爆发式增长，之后学术界关于品牌危机的研究数量居高不下，这从另一方面说明了2005～2017年时间抽样框的合理性。

在样本选择上，采用多级抽样的方式。首先，采用类似典型抽样的方式，以中国品牌监测中心、《中国名牌》杂志社在2005～2017年每年1月份发布的年度十大品牌危机榜②为基础，同时参考品牌中国产业联盟发展研究中心、关键点传媒公共传播研究所、华中科技大学公共传播研究所、《中国经济周刊》研究部等机构发布的年度十大品牌危机事件，删除并替换榜单中不符合研究要求的样本③，对2005～2017年的企业品牌危机事件进行系统盘点，总共形成了130个典型样本。其次，按照品牌危机主体是中国本土企业还是跨国企业，对这些样本进行归纳，分成中国本土企业品牌危机事件、跨国企业品牌危机事件两个样本框。最后，在这两个样本框中分别进行二次抽样，每年度选出一个样本，最终形成了26个最终样本，如表1所示。

---

① 刘怀宇、韩福荣：《品牌危机公关策略分析》，《商场现代化》2005年第19期。
② 《中国名牌》杂志由新华通讯社主管，是专门从事品牌战略研究的工商经济类月刊。《中国名牌》杂志社与中国品牌监测中心以危机性质、关注程度、波及范围、持续周期、企业应对、资产损失、品牌减值、品牌恢复等为评价标准，按照中国品牌监测中心自主研发的评价模型进行综合评价，结合有关专家意见，最终评出年度十大品牌危机，并于每年1月份在年度首刊中发布。
③ 如2013年"凤凰门票新政致景区遇冷反对声高"的危机主体为政府，而非企业，与本文研究要求不符，参考其他几个机构发布的危机事件，以百度新闻数据量为依据替换其他案例。

表1 26个最终样本

年份	中国本土企业品牌	跨国企业品牌
2017	红黄蓝幼儿园"虐童"事件	乐天因"萨德"事件遭抵制
2016	百度"魏泽西"事件	三星手机"爆炸门"事件
2015	宝能、万科股权之争	路虎极光"变速箱门"事件
2014	携程"泄密门"事件	尼康"黑斑门"事件
2013	农夫山泉"标准门"事件	恒天然疑似肉毒杆菌事件
2012	酒鬼酒塑化剂事件	肯德基"速生鸡"事件
2011	达芬奇家具造假事件	沃尔玛虚假宣传售伪劣事件
2010	美的紫砂煲事件	惠普"蟑螂门"事件
2009	农夫山泉"三重门"事件	丰田"刹车门""爬坡门"及特大召回事件
2008	万科王石"捐款门"事件	家乐福遭网络抵制拒购事件
2007	华为数千员工"请辞门"事件	星巴克故宫店遭遇质疑事件
2006	海航涉嫌拒载少女致残事件	香港迪士尼春节拒客事件
2005	光明乳业"回锅奶"事件	肯德基深陷苏丹红事件

四 数据编码

如前所述,在卡尔的战略传播理论中,战略传播被分为三个层级,分别是大战略、战略和战术。卡尔依据组织对六个关键要素的世界观将大战略划分为四种模式:固执型大战略、抵御型大战略、协作型大战略和整合型大战略。这六个关键要素分别是组织目标、对待变化的态度、对待公众的态度、对待议题的态度、对待传播的态度、对待战略传播从业者的态度。不同的战略传播模式在六个关键要素上有不同表现,本文即以此为研究维度,构建企业品牌危机事件的战略传播要素编码(见表2)。

表2 战略传播要素编码

要素	指标	特征	样本表现
环境	外部环境	自我封闭,抵抗外部环境干涉	
		从属于环境,避免外部环境影响	

续表

要素	指标	特征	样本表现
环境	外部环境	与外部环境相互依存	
		环境中的一员,追求自身与环境目标的统一	
变革	变革意向	极力避免,变革意味着领导人的失败	
		缺乏热情,勉强和不情愿	
		理解其正当性,同时也是痛苦的	
		努力追求,组织生产和繁荣的必要之举	
	变革行动	极力避免变革付诸实践	
		勉强和不情愿地执行,采取拖延政策、缩小变革范围	
		有选择地执行	
		积极推动	
公众	公众利益	一切服从于组织利益	
		服从于组织利益	
		尊重公众与组织的利益	
		追求公众利益与组织利益的统一	
	公众角色	为满足组织需要而存在,不是法律上的股份持有者	
		对组织正常运营造成干扰,不是法律上的股份持有者	
		富有建设性的力量,合法的股份持有者	
		战略传播环境运行的一部分,公众与组织共同创造和再创造了彼此,被视为就某一问题的解决与组织不断协商的过程	
议题	议题产生	不正当的外部侵害的结果,媒体和公众是问题的制造者	
		组织外部干涉的结果	
		公众定义议题,公众想告知组织有必要做出某种改变的方式	
		组织与公众、公众彼此之间不断沟通的产物,公众定义议题并扮演核心角色	
	议题管理	潜在阶段不予理会,关键阶段自我防御、逃避责任	
		潜在阶段着手解决,关键阶段希望快速处理	
		注重环境扫描和议题研究,能避免尽力避免	
		将议题视为机会	

续表

要素	指标	特征	样本表现
沟通	沟通态度	组织是正确的，沟通是为了教育公众、告知"事实"	
		通过沟通，告知公众组织所做的努力，试图说服公众理解和支持组织	
		沟通是组织的命脉，与公众的对话技能至关重要，领导者的管理也是一种沟通行为	
		组织是沟通的产物，没有沟通就不能称之为组织	
	沟通技巧	单向沟通，为了控制局面隐瞒消息、欺骗公众，尽力避免与公众沟通对话	
		大多是单向的，为适应环境有些是双向的	
		双向沟通，注重媒体、公众的对话，注重领导者在沟通中的重要作用	
		双向沟通，沟通是极其重要的能力，是核心领导者所必须具备的	
战略传播从业者	构成及职责	大部分是基层的技能人员，领导负责制定决策、做出伦理判断，其余人员只负责向公众解释、传播领导决策，在伦理判断上服从组织	
		大部分是基层的技能人员，领导负责制定决策、做出伦理判断，其余人员只负责向公众解释、传播领导决策，但要掌握必要的沟通技能，在伦理判断上服从组织	
		CEO和沟通专家，负责改善组织与公众之间的关系，有自己的伦理标准，出色的沟通专家同时是组织高层中的一员	
		CEO和沟通专家，负责组织与公众、环境之间关系的平衡，是组织领导高层成员，对组织战略可以发表建议	
	从业者能力	没有接受过专业训练，缺乏基本的危机应对知识	
		具备基本的沟通技能	
		受过专业化训练，是拥有特殊技能的专业人员	
		战略传播注重系统性、专业性	

五 数据分析

在抽取的26个典型样本中，并非每个案例在六要素上都是相同的，在13个中国危机案例中，有3个案例在六要素特征上具有差异：农夫山泉"标准门"事件和"三重门"事件中，农夫山泉在环境、变革、公众、战略传播从业者四个要素上都呈现出抵御型战略的特征，在议题和沟通两个要素上却表现为固执型战略特征；酒鬼酒"塑化剂"事件中，酒鬼酒在议题要素上呈现出固执型战略特征，在其他五个要素上表现出抵御型战略特征。

在13个国际案例样本中，有两个案例在六要素的特征表现上存在差异：星巴克故宫店遭受质疑事件中，星巴克在变革、公众、议题、沟通、战略传播从业者五个要素上都呈现出抵御型战略特征，唯独在环境这个要素上表现出协作型战略特征；肯德基"速生鸡"事件中，在环境、变革、公众、沟通四个要素上体现的是抵御型战略特征，在议题和战略传播从业者两个要素上体现的是协作型战略特征。

这种情况下，我们依据卡尔·波特的战略传播理论，即"所有要素都对理解战略和策略在组织中的运用起重要作用，但其中公众和议题是两个最重要的要素，因为二者既是战略传播的核心，也是在任何特定情形下皆可运用的战略和策略的核心"，以公众和议题两个要素的核心特征为最重要的判断依据，结合环境、变革等其他要素特征，做出以下判断：红黄蓝幼儿园在"虐童"事件中的应对为固执型战略模式，农夫山泉在"标准门"和"三重门"事件中的应对为抵御型战略模式，酒鬼酒在"塑化剂"事件中的应对为抵御型战略模式，星巴克在故宫受质疑事件中的应对为抵御型战略模式，肯德基在"速生鸡"事件中的应对为抵御型战略模式，路虎极光在"变速箱"事件中的应对为整合型战略模式。最后总结出26个典型样本的战略传播模式类型（见表3）。

表3 中外企业品牌危机处理的战略传播模式类型

	固执型大战略	抵御型大战略	协作型大战略	整合型大战略
中国本土企业品牌危机事件	华为数千员工"请辞门" 海航涉嫌拒载少女致残 光明乳业"回锅奶" 宝能、万科股权之争 红黄蓝幼儿园"虐童"事件	携程"泄密门" 农夫山泉"标准门" 酒鬼酒塑化剂 达芬奇家具造假 美的紫砂煲 农夫山泉"三重门" 万科王石"捐款门" 百度"魏泽西"事件		

续表

	固执型大战略	抵御型大战略	协作型大战略	整合型大战略
数量	5	8	0	0
跨国企业品牌危机事件	沃尔玛虚假宣传销售伪劣 乐天因"萨德"事件遭抵制	尼康"黑斑门" 肯德基"速生鸡" 惠普"蟑螂门" 丰田特大召回 星巴克故宫店遭遇质疑 三星手机"爆炸门"	香港迪士尼春节拒客	恒天然疑似肉毒杆菌 家乐福遭网络抵制拒购 肯德基"苏丹红" 路虎极光"变速门"
数量	2	6	1	4

接着,我们按照两个维度对危机事件进行二次分类:第一,按照产品(服务)类危机和价值观类危机进行二次分类,中国是10:5,国外是10:3;第二,按照企业负责型和非企业负责型危机事件进行二次分类,统计结果都是8:2,中外皆同,如表4、表5所示:

表4 中国企业品牌危机类型与战略传播模式

	固执型大战略	抵御型大战略	协作型大战略	整合型大战略
产品(服务)类危机事件	光明乳业"回锅奶" 红黄蓝幼儿园"虐童"	携程"泄密门" 农夫山泉"标准门" 酒鬼酒塑化剂 达芬奇家具造假 美的紫砂煲 农夫山泉"水源门" 农夫山泉"砒霜门" 百度"魏泽西"事件		
数量	2	8		
价值观类危机事件	华为"请辞门" 海航拒载少女致残 宝能、万科股权之争	农夫山泉"诈捐门" 万科王石"捐款门"		
数量	3	2		

续表

	固执型大战略	抵御型大战略	协作型大战略	整合型大战略
企业负责型危机事件	光明"回锅奶" 华为"请辞门" 海航拒载少女致残	携程"泄密门" 酒鬼酒塑化剂 达芬奇家具造假 美的紫砂煲 万科王石"捐款门" 红黄蓝幼儿园"虐童" 百度"魏泽西"事件		
数量	3	7	0	0
非企业负责型危机事件		农夫山泉"三重门"; 农夫山泉"标准门" 宝能、万科股权之争		
数量	0	3	0	0

表5 国际企业品牌危机类型与战略传播模式

	固执型大战略	抵御型大战略	协作型大战略	整合型大战略
产品（服务）类危机事件	沃尔玛虚假宣传销售伪劣	尼康"黑斑门" 肯德基"速生鸡" 惠普"蟑螂门" 丰田特大召回 三星手机"爆炸门"事件	香港迪士尼春节拒客	恒天然疑似肉毒杆菌 肯德基"苏丹红" 路虎极光"爆炸门"
数量	1	5	1	3
价值观类危机事件	乐天因"萨德"事件遭抵制	星巴克故宫店遭遇质疑		家乐福遭网络抵制拒购
数量	1	1	0	1
企业负责型危机事件	沃尔玛虚假宣传销售伪劣 乐天因"萨德"事件遭抵制	尼康"黑斑门" 肯德基"速生鸡" 惠普"蟑螂门" 丰田特大召回 三星手机"爆炸门"	香港迪士尼春节拒客	恒天然疑似肉毒杆菌 肯德基"苏丹红" 路虎极光"变速箱"
数量	2	5	1	3
非企业负责型危机事件		星巴克故宫店遭遇质疑		家乐福遭网络抵制拒购
数量	0	1	0	1

六 研究结论

中外企业品牌危机应对中的战略传播模式存在显著区别,中国企业品牌的战略传播模式有61.54%是抵御型大战略,38.46%是固执型大战略。跨国企业品牌的战略传播模式有46.15%是抵御型大战略,30.77%是整合型大战略,固执型大战略和协作型大战略各占15.38%和7.69%。中外企业品牌在战略传播模式上有一半甚至大部分均为抵御型大战略。但是,跨国企业品牌在协作型大战略和整合型大战略上的比重占总体的38.46%,而中国企业在这两个战略传播模式上"颗粒无收"。在固执型大战略上,中国企业有近40%的比例,跨国企业仅有15.38%。

整体来说,中国本土企业的整体战略传播水平较低,主要模式为固执型大战略和抵御型大战略,在协作型大战略和整合型大战略模式上尚属空白。跨国企业整体战略传播水平较高。虽然在抵御型大战略模式上占比最大,但在整合型大战略模式和协作型大战略模式上也占据近40%的比重,由此可见,中外企业处理危机时的战略传播模式差距较大,具体差异表现为以下六个方面。

第一,环境要素的差异。

在企业—公众—环境的关系生态系统中,企业作为其中的一部分,如何思考自身与环境的关系,对企业如何采取行动、如何对待公众和议题、选择怎样的沟通方式、需要怎样的战略传播人员具有重要意义。企业对环境的态度,直接影响着品牌危机的应对策略。具体地说,企业对待环境的态度可以总结为封闭型、规避型、依存性和共创型四种不同的环境观。

中外企业品牌在环境要素上的表现差异显著,中国企业主要聚焦在"规避型"环境观上,占总体的61.54%(如红黄蓝、宝能、携程、农夫山泉、酒鬼酒、美的、万科、达芬奇),其次为"封闭型"环境观(如百度、华为、海航、光明乳业),占38.46%。而跨国企业的环境观更加分散,有46.15%是"规避型"环境观(如三星、尼康、惠普、丰田、肯德基),30.77%是"共创型"环境观(如路虎、恒天然、家乐福、肯德基），7.69%是"依存型"环境观（如星巴克、迪士尼），只有15.38%是"封闭型"环境观（如乐天、沃尔玛）。

总体来说，大部分中外企业持"规避型"环境观，说明这些企业清楚自身是整体环境的组成部分，但是担心外部环境对企业的影响，尤其是在危机来临时，企业为了保护资源、降低风险，通常会尽力避免与外部环境力量的接触。

相比跨国企业，中国企业面对环境时显得更加封闭和保守，缺少一种开放的心态，总是习惯于消极应对。相反，跨国企业大多以一种开放的姿态拥抱环境，重视企业和环境的共同发展，并且为了实现这一目标，可以做出某种妥协或让步，或是通过与环境中其他力量的持续沟通来达成共识。比如路虎极光第一时间承认质量缺陷、承诺解决问题，随后宣布召回所有问题车辆，及时公布补偿措施，中华区总裁出面向客户致歉；星巴克故宫店将自身品牌富有代表性的颜色、图标等全部抹去，以达到与周围环境的和谐统一；家乐福坚决抵制"藏独"，全力支持北京奥运会；恒天然乳业在疑似肉毒杆菌事件中，主动自检、披露信息、召回产品，将自身的发展目标与消费者的食品安全目标、下游客户的发展目标统一起来，对消费者的健康安全负责、对下游客户的商业信誉负责。

第二，变革要素的差异。

在开放的环境系统中，形势总是不断变化的，企业要想生存和发展，就必须随着环境的变化主动变革。根据战略传播理论，企业对变革的态度，直接影响品牌危机的应对策略。根据前期研究，企业对待变革的态度可以总结为回避型、保守型、渐变型和主动型四种变革观。

中外企业的表现也存在显著差异。中国企业主要聚焦在"保守型"变革观上，占总体的61.54%，其次为"回避型"变革观，占38.46%。跨国企业的变革观分布较为分散，有46.15%持"保守型"变革观，30.77%持"主动型"变革观，"渐变型"和"回避型"变革观分别占7.69%和15.38%。

总体来说，绝大部分中外企业持"保守型"变革观。在它们看来，变革意味着耗费巨资，在变革实施过程中还可能存在很多隐藏的风险。因此，对于变革它们总是显得保守、勉强和不情愿。

相比跨国企业，中国企业应对变革更加消极，视变革为"没有用""风险大""瞎折腾"。相对于中国企业的故步自封，跨国企业对待变革更加积极，近40%的企业明白变革的必要性和应当性。为了生存和发展，它们会随着环境的变化实施部分变革，这在持"保守型"变革观的企业看来仿佛是一场"天翻地覆"的革命。

第三，公众要素的差异。

公众是企业品牌危机应对的关键要素，议题的设置、沟通策略的制定等全都是为了打动公众，修复并维系品牌与公众的关系。根据战略传播理论，公众是战略传播的核心。企业对待公众的态度可以总结为公众威胁观、公众灾祸观、公众力量观和公众共创观四种不同的公众观。

中外企业在公众要素上的差异与变革要素类似。中国企业主要聚焦在"公众灾祸观"上，占总体的61.54%，其次为"公众威胁观"，占38.46%。跨国企业有46.15%持"公众灾祸观"，30.77%持"公众共创观"，另外有15.38%和7.69%持"公众威胁观"和"公众力量观"。

总体来说，绝大部分中外企业都持"公众灾祸观"，它们将公众视为"不可避免之灾祸"，认为公众蕴藏的消极力量可能会对企业的正常运行造成干扰。因此，它们通常对公众"敬而远之"。

中国企业对于公众的认识更加消极、片面和浅薄，将公众视为企业的威胁或灾祸。然而有近半数的跨国企业将公众视为一种积极的、富有建设力的群体，甚至约30%的企业将公众看作可以坐下来沟通的"盟友"，维护好企业和公众的利益，是这些企业的重要行为准则。

第四，议题要素的差异。

议题是由公众定义的，当公众关注某一个问题时，议题就产生了。按照时间流，议题主要包括预先议题、潜在议题、公共议题、关键议题、休眠议题。当品牌危机发生时，企业要通过话题选择、议题设置、舆论引导等议题管理，引导公众舆论朝着有利于企业的方向发展。企业对待议题的态度可以总结为外部侵害观、外部干涉观、公众定义观和沟通产物观四种不同的议题观（陈先红、陈霓、刘丹丹，2015）。

在议题要素上，中外企业的表现依然差异明显。中国企业主要聚焦在"外部干涉观"上，占总体的61.54%；其次为"外部侵害观"，占总体的

38.46%。跨国企业有46.15%持"外部干涉观",30.77%持"沟通产物观",7.69%持"公众定义观",15.38%持"外部侵害观"。

总体来说,中外企业各有61.54%和46.15%持"外部干涉观",但主要差距体现在"外部侵害观"上,近40%的中国企业持这种议题观,认为议题的产生是外部环境力量不正当侵害的结果,而跨国企业持这种议题观的只有15.38%,这应该与品牌危机事件的成因有关,农夫山泉的"标准门"和"三重门"都是由企业外的力量引发的,如《京华时报》、海南省工商部门等。除此之外,中国企业相对于跨国企业,缺乏对议题的正确认识,总是将议题与外部影响联系起来,而近40%的跨国企业明白公众在议题中的关键作用,这使跨国企业在危机事件中总是能通过话题选择、舆论引导等议题管理行为,引导社会舆论朝着有利于企业的方向发展,从而大大缓解了公众对企业的不满情绪,甚至使其因此而同情企业。

第五,沟通要素的差异。

企业品牌的危机管理本质上是企业品牌与公众之间的传播沟通过程。根据战略传播理论,企业在危机应对中采用何种沟通策略、沟通技巧直接关系着公众对企业品牌的态度和品牌关系的断裂与否。具体来说,企业对沟通的态度可以总结为教育公众观、说服劝导观、组织命脉观和组织产生观四种不同的沟通观(陈先红、陈霓、刘丹丹,2015)。

在沟通要素上,各有约60%和40%的中国企业持"说服劝导观"和"教育公众观"。跨国企业在沟通观上相对分散,46.15%的跨国企业持"说服劝导观",30.77%的企业持"组织产生观",分别有15.38%和7.69%的企业持"教育公众观"和"组织命脉观"。

总体来说,中外企业在沟通态度和沟通技巧上差异明显。中国企业在沟通中,不是就危机中某一问题寻求双方满意的结果,而是力图"征服"公众,这种"征服"或是通过告知"事实"来教育公众,或是通过展现"企业的努力"来赢得公众的理解和支持。比如红黄蓝幼儿园在问题曝光后,多次否认存在的问题,并用一纸声明再次激起舆论的反弹。反观跨国企业,它们在危机中努力利用双向沟通与公众对话,这种对话是建立在对公众的尊重、对公众利益和话语权的尊重的基础上的。比如路虎极光在被央视曝光变速箱存在质量问题后,第一时间承认质量存在缺陷,与媒体和公众进行高效的沟通，公布解决措施及补偿办法，公司高层第一时间出面致歉等。不仅如此，沟通对跨国企业来说，并不只是与其他力量对话的技能，还是一种价值观，它们相信沟通能够产生价值和维系企业。

第六，战略传播从业者的差异。

战略传播从业者是在品牌危机中直接与公众进行沟通的关键人物，不同的角色定位和专业化程度会对危机应对结果造成影响。具体来说，企业中有四种不同的传播沟通人员，分别是操作执行人员、传播技术人员、沟通策略专家和战略咨询专家（陈先红、陈霓、刘丹丹，2015）。

在战略传播从业者要素中，中外企业的差别更加明显。70%的中国企业的传播人员为"传播技术人员"，另外30%的企业大多是"操作执行人员"。在跨国企业中，40%的企业的战略传播人员是"传播技术人员"，30%的企业的战略传播人员是"战略咨询专家"，20%的企业的战略传播人员是"沟通策略专家"，仅有10%的企业的战略传播人员是"操作执行人员"。

事实上，中外企业不同的战略传播人员类型反映了二者不同的人员构成和素质。在中国，战略传播人员基本上是一般的技能人员，甚至有些人根本没有受过专业训练，不具备基本的沟通技能，他们在企业中扮演着类似于"传声筒"的角色，只是将领导制定的决策"转达"给公众。而在跨国企业中，同样有部分战略传播人员扮演"居间者"的角色，他们是企业与公众相互沟通与了解的媒介，同时还负责在企业—公众—环境的关系生态系统中平衡各方利益，维护关系稳定。

七　讨论与总结

战略传播的特点是多学科应用。作为一个独特的领域，战略传播整合了多学科的理论和方法，包括公共关系、市场营销、广告、企业和管理传播、组织传播、政治和健康、社会营销、国际关系、公共外交和其他细分的传播领域（Hallahan, Holtzhausen, Van Ruler, Vercic & Sriramesh, 2007）。虽然这些学科是独一无二的，但是在全球化社会中，它们为战略传播更广泛的内涵界定提供了不同的视角。本文则是以品牌危机传播为研究对象，来为新兴的战略传播学术领域的研究奠定基础。

我们最初的目标是探究品牌危机传播领域的战略传播模式和影响要素，以进一步检验战略传播模式的适用性和解释力。研究结果发现，中外企业品牌危机处理的战略模式和影响要素差异归根结底体现在品牌价值观差异、危机管理成熟度差异、公众观和议题管理能力差异等方面。

因此，本文提出"危机处理的战略传播观"，品牌危机处理不应该只是单纯的品牌临时保护，而应该是对企业品牌价值观的再反思；品牌危机管理不应该只是短期的事件管理，而应该是对企业长期发展规划的再梳理；品牌危机应对不应该只是对公众的安抚和交代，而应该是对企业与公众、环境关系的调整以达到平衡。因此，中外企业都应该树立品牌危机处理的战略传播观，对品牌的环境、变革、公众、议题、沟通、战略传播人员进行系统决策。尤其对中国企业来说，这可能是一种颠覆性的认知挑战和实践压力。

（该文为2016年在新西兰梅西大学举办的第八届公关与广告国际学术会议上的主题发言文章，陈先红独著）

公共关系与危机处理

理论、框架与议题：
中西方危机传播研究差异分析

中西方危机传播研究的历史相差近20年。在西方，危机传播研究可以追溯至1982年的强生"泰诺"毒胶囊事件。① 30多年来，西方危机传播研究历经了"管理取向"、"修辞取向"和"传播取向"，形成了独特的"西方范式"。② 在我国，2003年的"非典"疫情揭开了危机传播研究的序幕，为学界提供了前所未有的"社会控制性实验"和"社会叙事的典型框架"。③ 对中国危机传播研究来说，"非典"是一个理想的理论回顾时机，借此追寻中国危机传播的研究足迹，包括其走到哪里、将走向何处、与西方危机传播研究的差距等。对这些问题的解答具有重要的研究意义。

迄今为止，国内针对危机传播研究的"元研究"主要分为两类：一是介绍西方的危机传播研究成果，④ 二是对"非典"之后我国的危机传播研究进行回顾。⑤ 这些研究为本文提供了很好的参照。本文以"危机传播

---

① 吴宜蓁：《危机传播：公共关系与语艺观点的理论与实证》，苏州大学出版社，2005，第5~7页。
② 史安斌：《危机传播研究的"西方范式"及其在中国语境下的"本土化"问题》，《国际新闻界》2008年第6期，第22~27页。
③ 胡百精：《"非典"以来我国危机管理研究的总体回顾与评价——兼论危机管理的核心概念、研究路径和学术范式》，《国际新闻界》2008年第6期，第12~16页。
④ 廖为建、李莉：《美国现代危机传播研究及其借鉴意义》，《广州大学学报》（社会科学版）2004年第8期，第18~23页。
⑤ 参见涂光晋、宫贺《实践—观念—制度—规范——"非典"以来我国政府危机管理研究》，《国际新闻界》2008年第6期，第5~11页；刘晓程《媒介化风险社会对危机传播环境的改变》，《武汉理工大学学报》（社会科学版）2012年第1期，第43~46页。

研究"为核心，以西方30多年来的危机传播研究为参照，以"理论—框架—议题"为研究路径，使用定量分析法和比较分析法，考察2003年以来中国大陆四本权威新闻传播学期刊中的危机传播研究文献，对研究传统与理论贡献、研究视角与主要框架、研究重点与关键议题等做定量分析，并与西方危机传播研究进行对照，以此反映当前危机传播研究所取得的成就，以及未来的发展方向。

一 样本来源与基本概况

危机研究是一个多元化的、日益受到关注的研究领域，围绕着危机、危机管理、危机传播、危机公关以及问题管理、声誉管理、风险传播、灾难传播等相关主题产生了大量研究成果。本文以这八个关键词为检索主题，以《国际新闻界》《新闻与传播研究》《新闻大学》《现代传播》四大主流新闻传播期刊2003~2012年的论文为研究对象，在中国期刊全文数据库（CNKI）上共获得有效样本232篇，其中，《国际新闻界》有90篇，《现代传播》有83篇，《新闻大学》有32篇，《新闻与传播研究》有27篇。样本的作者分散，以第一作者计共有195位作者，其中发表论文数量排名前三的作者是上海交通大学的薛可（N=6）、中国人民大学的胡百精（N=4）和暨南大学的董天策（N=4）。作者所在单位机构分布如下：中国传媒大学（N=35），中国人民大学（N=28），复旦大学（N=20），华中科技大学（N=12），上海交通大学（N=9），暨南大学（N=8），武汉大学（N=6），南京大学（N=6），清华大学（N=4），浙江大学（N=4）。十大研究机构共计132篇，占57%。从时间上看，2003年和2008年是代表性年份。2003年"非典"疫情揭开了中国危机传播研究的序幕，2008年汶川大地震则掀起了中国危机传播研究的高潮，当年的研究论文多达63篇（27%），此后的危机传播研究一直保持相对平稳态势，每年都在20篇以上；基金资助成果也日益增多，每年都在10篇以上。

二 理论传统与主要贡献

在西方，不少危机传播研究来自相关学科的交叉研究，如修辞学、心理学和社会学。就理论指向而言，它们大都有明确的实践导向。如卡梅伦等人的"冲突管理中的权变理论"，研究各种突发性因素如何影响组织和公众的立场；格鲁尼格的"危机情景理论"，研究危机不同阶段及不同情境下的组织—公众管理；西格等人的"议题管理理论"和"辩解修辞理论"，主要借用修辞学探讨危机传播管理中的议题管理和辩护策略；班尼特的"形象修复理论"，主要研究组织声誉与公众形象的维护策略；库姆斯的"情境式危机沟通理论"（SCCT），是预测利益相关者如何认识和感知危机传播策略的理论框架，主要探讨危机情境、危机回应策略以及情境与危机回应策略的系统。

在我国，危机传播理论研究还处在相对初级阶段。本文以罗伯特·克里格（Robert Craig）的七大传播理论传统（符号学传统、现象学传统、控制论传统、社会心理学传统、社会文化传统、批判传统和修辞学传统）为检视指标，发现将近80%的论文延续了传播理论的七大传统。其中，控制论传统占41%，研究侧重危机传播控制，尤其是危机传播要素之间的互动关系。批判传统占13%，侧重对危机传播实践的批评和对媒体危机报道的批判。现象学传统占9%，或把危机现象作为研究对象，或基于危机现象展开经验研究。社会心理学传统占7%，主要关注谣言和公众等相关问题。符号学传统（5%）和修辞学传统（3%）主要表现在方法论层面，当然也有研究涉及"微观修辞"问题。

对危机传播理论贡献的判断具有一定的主观性。按威腾（Whetten）"理论四个要素"的观点，理论贡献应具备四个指标之一：（1）提出新的影响因素或者变量之间新的关系；（2）提出新的解释机制；（3）提出某个理论在新的背景下的适用性；（4）对概念进行操作化。本文按照这些指标逐篇分析。结果显示，"具有一定理论贡献"的论文占26%。这些"理论贡献"表现为四种类型：一是提出新的理论发现，并用实证方法进行检验和测量；二是在早期危机传播研究中提出新观点、新理念；三是提出一些新的标签化概念；四是危机情境下传统传播理论的检视或延伸研究，这类论文最多。正是在这个意义上，四本权威期刊的危机传播研究更多地表现为"传播学研究"。

三 研究视角与基本框架

本文从研究属性、研究视角、研究方法三个方面探讨"危机传播研究"的基本框架，并以此考察中西方如何展开危机传播研究。

就研究属性而言，西方危机传播研究主要以应用型（applied research）为主，无论是理论建构还是个案研究都会以实际应用和推广为导向，具有强烈的实用主义色彩；基础型研究（basic research）则以危机传播理论建构为主，围绕管理、公关、传播等视角精耕细作，构建边界比较清晰的危机传播理论体系；内观型研究（introspective research）比较常见，回顾和反思研究成为推动西方危机传播理论创新的重要力量。反观中国，基础型研究占54%，应用型研究占40%，内观型研究占6%。尤其是基础型研究，主要是结合危机事件研究新闻传播理论问题，缺少完全针对"危机传播"这一具体领域的理论建构，因而很难看到自成体系的危机传播理论范式。

就研究视角而言，西方危机传播研究视角有三。一是管理学视角。危机传播研究不过是强调危机应对策略的选择，即组织在危机爆发后"说什么"和"做什么"，而这种策略选择属于危机管理的范畴。[1] 二是公共关系学视角。良好的危机传播始于危机爆发之前，在决策之前与公众沟通，即危机公关是解决问题最有效的方法。三是传播学视角。危机传播是在危机事件发生之前、之中以及之后，介于组织及其公众之间的传播。就这"三个视角"而言，公共关系学视角下的危机传播研究占主导地位。在西方，危机传播原本出自公共关系学，因其日渐形成的领先地位而逐渐从公共关系的分支学科演变为一个独立的研究领域。中国的危机传播研究则体现出独特的"新闻传播学视角"。统计显示，传播学视角研究占半壁江山，为53%；新闻学视角占26%；公共关系学和管理学视角分别占8%

---

[1] W. T. Coombs, "Conceptualizing Crisis Communication," in R. L. Heath & H. D. O'Hair, eds., *Handbook of Crisis and Risk Communication*. New York: Taylor & Francis, 2009, pp. 54-64.

和7%,显然,这两个视角并未受到新闻传播学界的真正重视,学科间"鸿沟"十分明显。

就研究方法而言,西方危机传播研究的方法主要有案例法、文本分析法、内容分析法和实验法等。案例法是最常用的方法,大量研究通过案例来检视特殊的危机情境,分析危机背景及其社会环境,以此评估危机传播管理的实际效果。不过,案例研究的缺陷是不能描述有效的数据收集方法,因此不可能在其基础上进行深入研究或复制研究。[①] 最近几年,西方学者开始转向危机应对感知的实验研究。在中国,79%的采用定性研究,其中57%采用案例法,且多以案例描述分析为主;21%的采用量化研究(如内容分析、文本分析、问卷调查等);运用实验法研究的几乎没有。从关键词分析来看,中国危机传播研究始终没有摆脱"事件"这一核心。从2003年的"非典"开始,研究涉及的危机事件高达36个。也因此,中国危机传播研究形成了特有的"事件+案例分析"的套路,类似案例研究超过半数。

四 研究重点与关键议题

在西方,危机传播研究的主要议题有危机管理效果测量、危机事件评估、危机理论模型、概念化理论、危机角色与功能、危机管理(公关)人员的观念、危机媒体关系应对、危机管理(公关)人员的应对策略、危机和教育等。最近十年,西方危机传播研究开始关注危机利益攸关者,研究重点转向与危机回应有关的危机传播战略,尤其是危机后传播(post-crisis communication),即检验组织在危机发生后说什么和做什么,研究重点包括危机后传播的三大传播策略:解释性信息、调整型信息和声誉构建。

在中国,自"非典"以来的危机传播研究议题可谓既有限又局限。所谓"有限",是说其研究的议题水平有限。一直都围绕最基础的几个议

---

① A. Cutler, "Methodical Failure: The Use of Case Study Method by Public Relations Researchers," *Public Relations Review* 30 (2004): 365-375.

题展开,诸如传播特征/报道规律(N=38)、网络/微博/新媒体(N=35)、传播模式/策略/机制(N=29)、媒介角色/功能(N=27)、媒体应对(N=27)、危机报道业务(N=22)、风险社会/传播/沟通(N=22)、危机传播控制(N=18)、公共关系(N=15)、谣言(N=15)。这些议题几乎在每次危机事件发生后都会引起讨论,但很难看到后续讨论是对之前讨论的发展或质疑。没有理论争议和理论延展的研究显然很难形成自己的理论范式。所谓"局限",是说这些研究主要局限在"媒介"(29%)、"史论"(22%)和"内容"(21%)层面,有关制度、政府、公众和企业层面的研究相对较少。这再度说明危机传播研究的学术局限性,也即缺乏跨学科视野和公众视角。

五 结论与讨论

近年来,中西方危机传播研究呈现一些共同趋势:理论讨论越来越多;研究对象的组织和实体类型越发多元;注重声誉修复研究之外的效果和目标研究;新闻传播学界越发重视;研究方法越发多样等。但在研究的"理论—框架—议题"上,中西方则呈现明显的差异。

"媒介事件性危机观"是中国学者危机传播研究的一个基本假设和出发点。关于危机的定义,一直有"事件观"和"过程观"的争论。危机到底是一个事件,还是一个过程?是一个媒介事件还是一个组织事件抑或社区事件?危机过程的"前—中—后"期如何管理和传播?到底是"摆平媒体"还是应该"响应社区价值"?这些问题反映了对"危机"概念的本质规定性的认识。综上,中国学者的危机传播研究基本以事件为导向,以媒体为中心,以控制为手段,以案例为方法,体现出鲜明的"媒介事件性危机观"以及"控制—维稳"的传播策略倾向,其理论研究基本还停留在热门的"问题域"层面,尚未发展出自己的中层理论。

西方危机传播研究经过 30 余年的发展,已从最初的公共关系学科的研究分支,逐渐演变为一个独立的研究领域,并发展出一些具有广泛解释力的中层理论,如 SCCT 理论、形象修复理论、危机修辞理论、危机权变理论、对称/卓越理论及突发事件理论等。这些理论已被广泛运用到跨语境的本土化研究和应用研究中。同时,西方危机传播研究正面临着范式转移,即从确定的、目标导向的、可控的研究范式,转向不确定的、可调节的以及临场性的危机传播与管理范式。危机传播研究开始摆脱组织中心论和简单的传播模型,将焦点集中在危机责任与组织声誉的建构上,并以更宏观的结构主义视角推断利益相关者的反应;危机传播的研究内容逐渐从危机主体的回应战略和策略转向公众对危机事件的情绪反应。

六 研究不足与未来方向

就本文而言,由于只选择了新闻传播学科的4本核心期刊作为研究对象,无法囊括专著、研究报告、学术会议论文集和其他学术期刊上的论文,因此,其研究结论具有一定的局限性。

但是,就本文观照到的中外危机传播研究整体状况而言,主要有两点不足。第一,危机传播研究内容具有局限性,中外危机传播研究论文大多集中于对危机传播策略和技巧的关注,对战略性传播管理和组织情境的考量不够。第二,传统危机传播研究关于"组织、传播和社会"的基本假设是过时的,这一基本假设包括:(1)组织是理性的,能够运用不同的调控策略、手段和标准,使危机得到有效控制;(2)传播是线性的,仅仅将传播视为信息的传达和散布,而没有考虑不同的解读可能带来的差异;(3)社会是传统的,社会之间的差异仅仅是国家之间的差异。

未来的危机传播研究应建立在新的"组织、传播和社会"的假设的基础上,并遵循新的研究方向:(1)当今社会是后现代的、去中心化和碎片化的,要关注危机前的预防,要将系统理论和网络理论作为危机传播的理论框架,[①]要高度注重危机传播中的情感因素,建立整合性的危机地图模型强化危机传播效果;(2)组织是非理性的,应跳出危机传播的组

---

① M. Taylor & M. L. Kent, "Taxonomy of Mediated Crisis," *Public Relations Review* 33 (2008): 140-146.

织视角，关注利益攸关者的反应；① （3）传播是双向互动的，应高度重视危机传播的复杂性，重视复杂理论在危机传播研究中的应用，还应重视话语重构（discourse of renewal）在危机各个阶段的重要价值。②

(该文发表于《国际新闻界》2013年第5期，

作者为陈先红、刘晓程)

---

① M. L. Kent & M. Taylor, "Beyond 'Excellence' in International Public Relations Research: An Examination of Generic Theory in Bosnian Public Relations," *Public Relations Review* 33 (2007): 10-20.
② 参见 M. W. Seeger & R. R. Ulmer, "A Post-crisis Discourse of Renewal: The Cases of Malden Mills and Cole Hardwoods," *Journal of Applied Communication Research* 30 (2002): 126-142; M. W. Seeger, R. R. Ulmer, J. M. Novak & T. L. Sellnow, "Post-crisis Discourse and Organizational Change, Failure and Renewal," *Journal of Organizational Change Management* 18 (2005): 78-95。

公共危机管理中的
政府声誉指数测量

近年来,全球性气候变暖以及生态环境的不断恶化,使极端恶劣天气频繁出现,风灾、洪涝、地震、海啸等多种灾害并发、频发,如何增强抵御灾害风险的能力,提高社会应急处置能力,是对政府管理驾驭全局能力提出的新考验。与此同时,随着2005年我国人均GDP已超过1700美元,我国已经进入公共危机的频发期,贫富差距拉大、区域不平衡加剧、社会心理失调、失业率增加、群体性事件频发等,如果处置不当,非对抗性矛盾就有可能转变为对抗性矛盾,局部问题就有可能引发全局问题,这些都增加了突发公共事件的概率和风险,对政府社会管理工作也提出了新的要求。温家宝曾在政府工作报告中强调"注重全面履行政府职能,着力加强社会管理和公共服务,建立健全应对突发公共事件管理机制"[①],是全面落实科学发展观,构建和谐社会的重要内容,同时也是促进经济社会又好又快发展的重要内容。由此可见,有效地管理公共危机,维护正常的经济社会发展秩序,保障公众的生命财产安全,是检验一个国家行政能力的重要标志,也是衡量政府声誉的重要尺度。

一 研究问题的提出

政府声誉是公众对于政府履行政策承诺或义务的可能性判断,反映了

---

① 王学东:《国家声誉与国际制度》,《现代国际关系》2003年第7期。

政府在公众心目中的可信度。一般而言，政府有高声誉和低声誉两种类型，前者不惜一切代价，坚定地履行政策承诺，后者则会通过效用比较选择特定时期的政策，不受以往承诺的约束。在一般情况下，无论是高声誉政府还是低声誉政府，都是追求效用最大化的理性主体，只是政策目标偏好不同而已，由于信息不对称，公众很难判断政府的声誉高低，但是，在那些自然灾害性、技术灾害性和社会动荡性公共危机事件中，政府声誉就会受到严峻的挑战和考验。由于"危机是对一个社会系统的基本价值和行为准则架构产生严重威胁，并且在时间压力和不确定性极高的情况下，必须对其做出关键决策的事件"[1]，政府在追求效用最大化的系统决策中，往往有着不同的表现，高声誉政府在公共危机事件中会积极履行承诺和承担责任，而低声誉政府则只会在履行承诺和承担责任中做出投机性选择，政府声誉充分体现政府对公众利益的强调和社会责任的承担，这是公共危机管理的主要内容。鉴于此，本文试图将政府声誉放置在公共危机事件的背景下，运用实证研究方法来探讨政府声誉指数的构成要素和测量指标，以此来评价政府声誉水平的高低。

二 研究背景

"非典"以后，关于公共危机的研究陡然增多，公共管理学、行政管理学、法学、新闻传播学等领域的学者开始高度关注公共危机，2003年由此成为我国公共危机管理研究的起点。时至今日，公共危机的研究重点早已从传染病控制、卫生系统公共危机的宏观管理，转向了关于国家的公共危机管理体制、决策指挥机制、监督机制等公共危机处理的具体步骤研究。在一定意义上，政府是处理公共危机事件的主体，公共危机首先是对政府的信任危机，公众对政府的信任可增强政府对社会的影响力，使政府与公众的沟通更加顺畅，使危机管理更加统一高效。因此，政府声誉管理水平直接影响着公共危机事件的处理，而处理公共危机事件的能力也成为衡量政府声誉管理水平的一个重要指针。在处理公共危机事件中研究政府

---

[1] 邹东升：《危机管理视角下的现代政府形象塑造》，《社会科学战线》2005年第2期。

的声誉管理，具有深刻的社会原因和历史背景。

首先，从社会背景来看，危机四伏的社会和日益透明的传播，迫使政府不得不从被动应对社会舆论到主动维护政府声誉。

根据国际社会发展的规律，当一个国家的人均GDP超过1000美元时，将会出现很多的问题与危机，像贫富差距拉大、失业率增加、各项矛盾激化等，甚至可以导致社会动荡。而我国2005年的人均GDP已超过1700美元，也正是到了公共危机频发的时期。从"9·11"恐怖袭击到俄罗斯人质事件，从"非典"肆虐全球到印度洋海啸席卷沿岸，从"苏丹红"食品危机、日本列车脱轨事故到美国"卡特里娜"飓风灾害，这一切表明世界各国政府都面临着各种公共危机的强烈冲击。

与此同时，由于网络媒体传播透明度的增加，政府更难以隐藏其内部活动和外部要求的差异和矛盾，以前的政府能够使内部行为和文化不同于外部的要求，但是日益增加的透明度却提出了一致性和可信性的问题，这些议题被称为"诚实沟"或"承诺/表现沟"。在处理危机事件中，如果政府只是提出一些空洞的承诺，而没有采取人性化和负责任的行动，就会有失去诚信、失去合法性的危险，其公信力也会受到媒体的批评和攻击，尤其是在"去中心化"的网络传播环境中，由于"把关人"地位的缺失和"议程设置"的草根化，社会舆论是无法有效控制的，其后果可能是：积累了20年的声誉，可能在5分钟之内就消失了。声誉的积累是渐进的，毁损却是跳跃性的。政府只有积极主动地持续开展声誉管理，通过声誉投资、传播管理等手段，减少认知混乱，才能建立和维持与社会公众的信任关系。

其次，从时代背景来看，全球化合作时代对声誉的追逐，使其作为一种无形资本被广泛认同，政府声誉尤其如此。

实践证明，良好的政府声誉是一笔社会资本，在公共危机处理过程中，它会带来很多好处。

第一，良好的政府声誉是原始信任的来源。原始信任是一种源于说话之前的信任，它不同于源于信息的派生信任，而是一种对背景的信任，这两种信任结合起来产生最终信任——发言人传递信息之后的信任。因此，如果政府有良好的声誉，则既可以增强公信力和凝聚力，又可以在发生危机事件时获得信任，从而修复与危机有关的潜在关系损伤，使公共危机可能产生的不良影响最小化。

第二，良好的声誉可以产生光环效应，可以不断地获得公众的积极信任。这些信任就如同政府存储在银行里的积蓄，可以带来源源不断的财富。

第三，良好的声誉可以产生缓冲效应，可以减少危机对声誉损害的可能性。当公众认为与政府有良好的前危机关系时，同样的危机对声誉造成的伤害会降低。声誉使公众放弃了对政府的怀疑，这会减少政府的危机责任。

总之，无论是被动地应对公共危机所带来的社会压力和舆论危机，还是主动地增加政府的社会资本储量，政府声誉都发挥着"防护墙"、"减压阀"、"缓冲剂"和"感应器"的重要作用。

三 相关概念的界定

（一）危机和公共危机

关于"危机"的权威定义，学界倾向于采用美国著名学者罗森塔尔（Rosenthal）的观点。危机是对一个社会系统的基本价值和行为准则架构产生严重威胁，并且在时间压力和不确定性极高的情况下，必须做出关键决策的事件。

"公共危机"通常是指危及全体社会公众生命财产和共同利益的紧急事态，国务院发布的《国家突发公共事件总体应急预案》明确指出，"突发公共事件是指突然发生，造成或者可能造成重大人员伤亡、财产损失、生态环境破坏和严重社会危害，危及公共安全的紧急事件"。公共危机主要分为自然灾害、事故灾难、公共卫生事件和社会安全事件四类，具有突发性、政治性、复杂性、危害性与紧急性等特征。"公共危机管理"也称"突发事件应对机制"或"紧急状态管理"，一般指公共危机的减缓、预警、化解和恢复等全过程的应对安排。"公共危机传播"是公共危机管理的重要组成部分，是指"政府部门针对公共危机事件如何采取大众传播及其手段，对社会加以有效控制的信息传播活动"。因为政府是公共危机管理的责任人，目前的公共危机研究也主要是以政府危机管理为核心、以城市危机为主要研究对象而展开的。所以，从一般意义上说，公共危机管理就是政府危机管理。

面对转型期的社会特征，国内学者在危机决策、危机处理、危机预警等方面进行了广泛研究。有学者指出，公共危机管理不仅需要行政决策、技术、资金、设备等硬条件作为基础，还需要社会结构、非正式制度、信息沟通、民众道德与危机意识、社会心理等软条件作为基础，并称这种基础为危机管理的"非技术支撑体系或是社会支持系统"。所以有学者认为，公共危机管理研究应该从单纯的危机决策与危机处理向全面的危机管理转变，即把各种硬件与软件都作为危机管理的资源，将法律、制度、政策、组织机构、财政、沟通机制、教育培训和政治承诺等诸多方面进行整合，提出对危机管理资源全面整合和全面管理的概念，进而扩大公共危机管理研究的视野。鉴于此，本文首次提出"政府声誉指数"的概念，来凸显公共危机管理的软件基础。

（二）声誉和声誉指数

声誉的概念来自经济学、组织理论学、市场营销学和公共关系学等领域，是指一个组织获得社会公众信任和赞美的程度，以及组织在社会公众中影响效果好坏的程度。换句话说，声誉是关系历史的积淀，是社会舆论和社会定位，来自外部的总体认知和评价，反映了组织在社会上的地位和品牌形象。从经济学角度看，声誉是一种保证契约得以顺利实施的重要机制。声誉作为一种重要的无形资产，已经获得广泛认同，但是如何对声誉的概念和资产性质进行测量，却一直是令人头痛的问题。声誉是一个抽象的词，是不能直接管理的，按照结构有效性、鉴别有效性和满意有效性等原则，声誉管理是不稳定和无效的，从声誉管理的效果来看，其不可能有一个广泛适用的声誉测量标准。只有在面对具体听众或公众时，声誉才是一个有意义的概念，声誉指数概念即由此而生。

声誉指数（The Reputation Quotient）是声誉管理的构成要素，它是由美国学者 Harris 和 Fombrun 为美国企业设计的。在 RQ 量表中，企业声誉被定义为"对公司为利益相关者提供高价值产出的能力进行的综合性评估"，测量声誉的项目共有 20 项。这些项目被划分为 6 部分：（1）情感吸引力（对公司有好感，信任、赞美和尊敬公司）；（2）产品和服务（创新性、高质量以及物超所值);(3)财务业绩(有良好的利润纪录,投资风险低,有强烈的发展期望,有良好的竞争优势);(4)愿景和领导(有优秀的领导层,战略愿景明确,能识别和充分利用市场机会);(5)工作环境(工作氛围良好,有优秀的员工);(6)社会责任(具有环境责任感,善于待人处事)。

美国《财富》杂志也推出了企业声誉指数的测定标准。这个标准提出,声誉指数的构成要素,除了企业产品、领导、经营成果等核心要素外,沟通交流也是非常重要的,与利害关系者间的信息透明度,与公司员工间的信息透明度,以及相关的沟通交流因素,都是测定声誉的重要指标。最近,Harris Interactive 和声誉研究所合作,共同测定出 6 个企业声誉指数,分别是社会责任、感性魅力、产品和服务、工作环境、财务成果、远见和领导。

(三) 政府声誉

如前所述,政府声誉是公众对于政府履行政策承诺或义务的可能性判断,反映了政府在公众心目中的可信度。关于政府声誉问题的研究,主要来自 20 世纪 80 年代的经济学领域,学者们运用博弈理论来研究政府声誉与通货膨胀和货币政策问题,研究国际合作与政策协调中的声誉与可信度问题,研究政府声誉和汇率制度选择问题等。学者们指出,由于契约是不完善的,而且执行起来也需要成本,因而对于信息不对称下的激励问题只能提供一个不完全的解决方案。声誉在提供激励方面起着极其重要的作用,其中,KMRW 模型是声誉研究的重要成果。该模型在政府行为研究中获得了广泛应用,比如,在货币政策研究中使用 KMRW 模型证明了如果公众有关政府偏好的信息是不完全的,出于声誉方面的考虑,政府则可能选择不制造通货膨胀,即使政府的任期是有限的。也有学者研究声誉如何影响公众预期等。

尽管声誉制度研究已经形成了很丰富的成果,但经济学家们主要是把声誉作为一个独立变量来进行分析考察,至于声誉的本质是什么、其构成要素是什么以及如何形成、维持、测量等则很少关注。比如在通货膨胀或者 SARS 这样的公共危机管理中,到底有哪些具体的声誉指数会影响政府处理公共危机时的公信力和凝聚力呢?对此,学者们一直未展开深入研究。而管理学和传播学领域的绝大多数研究都停留在定性的宏大叙述上，缺乏实证方法的科学分析。

四 政府声誉指数假设

本文借鉴了企业声誉指数和政府声誉研究成果，提出了政府声誉指数的7个维度并进行了测量。

在公共危机管理的背景下，政府声誉指数主要包括人本指数、法治指数、传播指数、服务指数、责任指数、威信指数、学习指数等7个维度，这7个维度基本上可以测量出政府处理公共危机的能力和声誉水平。

"人本指数"反映了政府声誉的核心价值观和执政理念，主要测量在危及人民的生命财产安全的公共危机中，政府是否真正做到了尊重和保护人权，是否真正执行了"权为民所用、情为民所系、利为民所谋"的"以人为本"的执政观。"法治指数"可以衡量政府声誉的稳定性和机制保障。它主要测量政府是否应该把公共危机管理纳入法治化的建设轨道，作为实施依法治国方略、全面推进依法行政和建设法治政府的一项重要任务。"传播指数"可以衡量政府声誉的民主化程度，可以测量出政府是否赋予公民对公共危机事务的知情权、参与权和监督权，能否正确运用多种传播手段来控制舆论、遏制和消解危机。"服务指数"可以衡量政府声誉的执行化程度，可以反映政府贯彻公仆型政府、服务型政府理念的具体表现。"责任指数"是衡量政府在重大危机事件中提供公共安全保障的能力。"威信指数"是衡量政府领导人在处理公共危机事件中所体现出来的权威感和远见卓识。"学习指数"是衡量政府在处理充满不确定性和未知性的危机事件中所具有的知识掌控能力。

五 研究方法

本文采用内容分析法和问卷调查法，对"公共危机中的政府声誉指数"进行三个阶段的测量，目的是找到公共危机状态下政府声誉指数的构成维度和影响因子。

第一阶段以中国期刊全文数据库为数据来源，以"公共危机"为主题，在核心期刊的范围内进行时间不限的精确搜索，共检索出有效样本126篇，然后根据样本的标题和摘要，确定含有"公共危机和政府"论述的相关论文94篇。由于目前国内有关政府声誉研究的论文数量太少，本文实际采用穷举的方法来抽样。

第二阶段以94篇样本的摘要、关键词和相关论述为分析对象，将政府声誉的影响因素具体化为若干个测量指标。在此，采取复证方法来保证编码信度的内在一致性，即同时请两个编码员对同样的资料进行编码，然后请专家和两个编码员一起讨论，解决争议和达成共识。编码员A、B按照对相同内容的编码，分别理出所有影响因子，统计之后取出各自影响因子的前三十项进行信度检验，其中24项为政府声誉影响因素。

第三阶段将24个政府声誉影响因素制作成李克特五级量表，1表示"一点也不重要"，2表示"不太重要"，3表示"说不清"，4表示"比较重要"，5表示"非常重要"。在华中科技大学各年级本科生和研究生中进行调查，发放调查问卷300份，回收有效问卷273份，其中男生有128人，占样本总数的46.9%，女生有145人，占样本总数的53.1%；大一年级的33人，大二年级的126人，大三年级的57人，大四年级的37人，研一年级的16人，研二年级的2人，其他年级的2人。采用SPSS软件对24个影响因素进行置信度检验和因子分析，以此检验前文提出的政府声誉指数维度假设，最终确定声誉指数的六个维度，并根据维度要素均值确定政府声誉指数的重要性。

六 研究结果

（一）信度检验

问卷的信度是指问卷资料的可靠性和真实性，也就是说问卷资料能否客观真实地反映问卷对象的情况。Cronbach α 信度系数是目前最常用的信度系数。本问卷的 Cronbach α 系数为 0.879，表明问卷有很高的信度。在信度分析中，"以人为本"与总分的相关性为 0.265，未达到 0.3 的标准，予以删除。删除后，Cronbach's Alpha 值上升到 0.880，因此将剩下的 23 个项目作为影响因素。

（二）样本同质性检验

本文采用 273 个有效学生样本，影响因素为 24 个，在 95% 置信区间内，23 个题项均通过了关于性别的同质性检验。只有"以人为本"不满足关于年级（大一、大二为低年级，大三及以上为高年级）的样本同质性检验，研究表明教育经历越长，越看重"以人为本"。

（三）变量共线性检验

KMO 是取样适当性指标，KMO 值越大，表示变量间共同的因素越多，也越适合进行因子分析。根据 Kaiser 的观点，如果 KMO 的值小于 0.5，就不宜进行因子分析；如果大于 0.7，则比较适合进行因子分析；如果 KMO 的值大于 0.9，则非常适合进行因子分析。本文 23 个变量的 KMO 值为 0.859，卡方值约为 1772，显著度为 0.000，表明原始变量间有共同因素存在，非常适合进行因子分析（见表 1）。

表 1 变量共线性检验

Kaiser-Meyer-Olkin Measure of Sampling Adequacy		0.859
Bartlett's Test of Sphericity	Approx Chi-Square	1772.415
	Df	0.253
	Sig.	0.000

（四）抽取公共因子

采用主成分法抽取公共因子，是为了验证前文提出的政府声誉指数的 7 个维度，并明确每个维度的影响要素，采用方差最大旋转（varimax）后发现，前 6 个因子的累计贡献率为 55.784%，即这 6 个因子可以解释 23 个变量的大约 56%。

表 2 Total Variance Explained

Component	Initial Eigenvalues			Extraction Sums of Squared Loadings			Rotation Sums of Squared Loadings		
	Total	Variance %	Cumulative %	Total	Variance %	Cumulative %	Total	Variance %	Cumulative %
1	6.369	27.691	27.691	6.369	27.691	27.691	2.788	12.123	12.123
2	1.707	7.423	35.113	1.707	7.423	35.113	2.304	10.015	22.139
3	1.362	5.922	41.036	1.362	5.922	41.036	2.281	9.916	32.055
4	1.232	5.356	46.392	1.232	5.356	46.392	2.271	9.874	41.929
5	1.117	4.855	51.247	1.117	4.855	51.247	1.852	8.052	49.981
6	1.044	4.537	55.784	1.044	4.537	55.784	1.335	5.803	55.784
7	0.987	4.292	60.076						
8	0.921	4.004	64.080						
9	0.861	3.743	67.823						
10	0.805	3.499	71.322						
11	0.769	3.344	74.666						
12	0.736	3.202	77.867						

续表

Component	Initial Eigenvalues			Extraction Sums of Squared Loadings			Rotation Sums of Squared Loadings		
	Total	Variance %	Cumulative %	Total	Variance %	Cumulative %	Total	Variance %	Cumulative %
13	0.634	2.756	80.624						
14	0.599	2.606	83.230						
15	0.545	2.369	85.598						
16	0.511	2.223	87.822						
17	0.493	2.144	89.966						
18	0.462	2.010	91.976						
19	0.436	1.895	93.871						
20	0.396	1.723	95.594						
21	0.384	1.668	97.262						
22	0.332	1.444	98.706						
23	0.298	1.294	100.000						

表 3 Rotated Component Matrix（a）

	Component					
	1	2	3	4	5	6
人文精神	0.255	0.077	0.572	0.384	-0.142	-0.039
法治建设	0.088	-0.100	0.375	0.454	0.312	-0.029
依法行政	-0.047	0.006	0.291	0.558	0.485	0.049
公众知情权	0.114	0.135	0.072	0.795	0.048	0.083
信息公开	0.153	0.206	0.024	0.780	0.019	0.155
及时、充分沟通	0.113	0.303	0.186	0.385	-0.015	0.651
危机传播管理	0.282	0.106	0.176	0.113	0.251	0.624
危机管理机制	0.059	0.277	0.656	0.083	0.063	0.167
资源保障	0.114	0.295	0.648	0.102	-0.080	0.003
协调合作	0.271	0.172	0.443	-0.013	0.460	0.131
社会技术系统	0.195	-0.035	0.602	0.010	0.319	0.183
行政指导	0.221	0.257	-0.018	0.020	0.596	0.051
公共政策	0.187	0.265	-0.007	0.156	0.665	0.089
人才储备	0.703	-0.005	0.023	0.246	0.192	0.066
快速反应	0.009	0.583	0.229	0.144	0.280	0.017
危机预警	0.413	0.579	0.128	0.151	0.033	-0.301
权威性信息发布	0.119	0.712	0.039	0.127	0.075	0.102
科学决策	0.136	0.577	0.149	-0.051	0.237	0.264
全球治理与国际合作	0.601	0.186	0.142	0.158	0.306	-0.308
凝聚力和公众支持程度	0.184	0.429	0.263	0.083	0.144	0.160
危机教育	0.686	0.143	0.167	-0.016	0.101	0.223
危机学习	0.690	0.107	0.138	-0.003	0.039	0.225
后期管理	0.579	0.169	0.133	0.087	0.089	0.013

从 23 个变量的方差最大旋转因子负荷矩阵来看，人才储备、危机学习、危机教育、全球治理与国际合作、后期管理在第一个因子上负荷最大，故将因子 1 命名为"学习指数"；权威性信息发布、快速反应、危机预警、科学决策在第二个因子上负荷最大，故将因子 2 命名为"权威指

数"；危机管理机制、资源保障、社会技术系统、人文精神在第三个因子上负荷最大，故将因子 3 命名为"服务指数"；公众知情权、信息公开、依法行政、法治建设在第四个因子上负荷最大，故将因子 4 命名为"法治指数"；公共政策、行政指导、依法行政在第五个因子上负荷最大，故将因子 5 命名为"责任指数"；及时、充分沟通与危机传播管理在第六个因子上负荷最大，故将因子 6 命名为"传播指数"。与前文提出的政府声誉指数的 7 个维度相比，只有"人本指数"维度缺失，其他 6 个维度基本吻合。具体如表 4 所示：

表 4 因子及影响因素

	1 学习指数	2 权威指数	3 服务指数	4 法治指数	5 责任指数	6 传播指数
法制建设				0.454		
依法行政				0.558	0.485	
公众知情权				0.795		
信息公开				0.780		
及时、充分沟通						0.651
危机传播管理						0.624
危机管理机制			0.656			
资源保障			0.648			
人文精神			0.572			
社会技术系统			0.602			
行政指导					0.596	
公共政策					0.665	
协调合作						
快速反应		0.583				
危机预警		0.579				
权威性信息发布		0.712				
科学决策		0.577				
凝聚力和公众支持程度		0.429				

续表

	1	2	3	4	5	6
	学习指数	权威指数	服务指数	法治指数	责任指数	传播指数
全球治理与国际合作	0.601					
人才储备	0.703					
危机教育	0.686					
危机学习	0.690					
后期管理	0.579					

为了进一步分析6个声誉指数的重要性，对保留的23个题项用均值和总量表的相关系数累加来评判其重要性。均值越高，相关性越高，重要性也越高。快速反应、科学决策、凝聚力和公众支持程度的重要性得分分别为5.07、4.98和4.94，对政府声誉影响最大，行政指导的重要性得分为4.40，对政府声誉影响最小。

6大政府声誉指数的重要性排序是权威指数（4.92）、服务指数（4.86）、传播指数（4.84）、法治指数（4.76）、责任指数（4.65）、学习指数（4.63）。如表5所示：

表5 政府声誉指数重要性排序

政府声誉指数	要素	均值	相关系数	重要性得分	指数重要性得分	重要性排序
权威	快速反应	4.61	0.46	5.07	4.92	1
	危机预警	4.41	0.47	4.88		
	权威性信息发布	4.36	0.43	4.79		
	科学决策	4.53	0.45	4.98		
	凝聚力和公众支持程度	4.48	0.46	4.94		
服务	危机管理机制	4.45	0.47	4.92	4.86	2
	资源保障	4.45	0.43	4.88		
	人文精神	4.38	0.45	4.83		
	社会技术系统	4.38	0.45	4.83		

续表

政府声誉指数	要素	均值	相关系数	重要性得分	指数重要性得分	重要性排序
传播	及时、充分沟通	4.44	0.50	4.94	4.84	3
	危机传播管理	4.26	0.48	4.74		
法治	法制建设	4.33	0.39	4.72	4.76	4
	依法行政	4.35	0.46	4.81		
	公众知情权	4.36	0.44	4.80		
	信息公开	4.25	0.46	4.71		
责任	行政指导	4.00	0.40	4.40	4.65	5
	公共政策	4.33	0.48	4.81		
	协调合作	4.21	0.54	4.75		
学习	全球治理与国际合作	4.02	0.50	4.52	4.63	6
	人才储备	4.08	0.49	4.57		
	危机教育	4.14	0.51	4.65		
	危机学习	4.23	0.46	4.69		
	后期管理	4.29	0.44	4.73		

七 结论与局限

著名学者托马斯·谢林在《武器及其影响》中指出，声誉是值得国家和政府重视的为数不多的因素之一。在一般情况下，政府声誉只是一个中性概念，相当于政府的基础生态位，即一个临界点，它只是存在着、成长着、沉默着，并没有形成强大的社会影响力。而在突发性的公共危机状态下，由于危机态势具有不确定性和信息不对称性，良好的政府声誉就成为社会公众预测和解释其未来行为的一个极其重要的因素，所以公共危机状态为考察政府声誉提供了一个非常清晰的透视镜。虽然相关研究也考察了危机状态下的政府形象塑造、政府声誉管理，但是基本上还是处于现象分析和描述层面，并没有开展实证研究。本文通过对现有研究成果的内容分析，对政府声誉指数的构成维度和影响因素进行了测量，基本达到了作者的预期。

尤其值得注意的是,被删除的"以人为本"变量可能是一个特殊的观测值,其均值最高,偏度最大,相关系数最低,分析结果显示,该变量的重要性会因教育程度不同而有所变化。由此判断可能是调查问卷局限于学生样本,导致前文假设的"人本指数"在抽取因子时消解掉了。

本文只是通过探索性因子分析对政府声誉指数的维度和要素进行了初步测量和检验,还需要进一步运用验证性因子分析,对6个政府声誉指标进行检验,更需要在公共危机状态下具体分析某些危机现象,这应该是下一步研究的课题。

(该文发表于《现代广告》2006年第8期,
作者为陈先红、刘灿、邓思思)

危机传播控制模型的建构

当今世界危机事件频发,提醒各社会组织要时时刻刻预防和应对危机。对此,世界著名的政策科学家叶海尔·德罗尔(Yehezkel Dror)在《逆境中的政策制定》一书中认为:危机应对对许多国家具有现实重要性,对所有国家则具有潜在的至关重要性。危机越是普遍或致命,有效的危机应对就越显得关键。

因此,制定社会突发性危机事件预警机制和应急处理措施,构建危机传播控制模型,是现代组织捍卫自身安全的重要屏障,也是维护声誉的主要手段。在此,我们将运用系统论、组织生态学理论,用一种非线性的思维方式对危机公关的传播控制策略进行分析,最终建立一套相关的危机传播控制模型。

按照危机传播控制的时间顺序,我们将危机控制分为三个阶段,分别是前期的危机预警阶段、中期的危机处理阶段和后期的危机调控阶段。其中,危机预警阶段的主要工作是进行危机识别和制订危机应对计划,在危机处理阶段的主要任务是根据计划及时稳妥地处理危机,在后期的危机调控阶段则主要是对危机进行监控,预防危机回流或新危机的出现。与此同时,还要进一步修正计划并制定更加完善的危机应对措施,从而进入危机预警阶段。通过以上分析可以看出,危机控制的三个阶段实际上是一个动态的循环过程,其相互关系见图1:

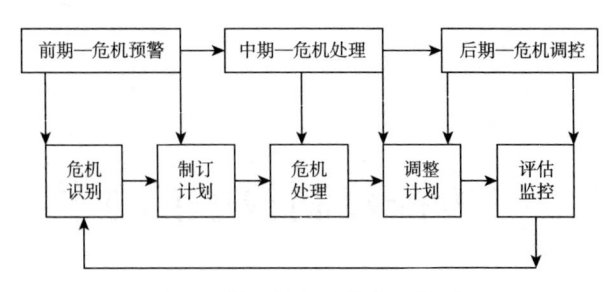

图 1　危机控制阶段关系模型

一　危机预警的传播控制模型

众所周知，危机控制应该是一项经过周密策划，必须持之以恒的工作；它不仅需要在事情发生后及时妥善的处理，还需要在事情发生前做大量的准备工作。因此，预警措施具有十分重要的现实意义。

预警措施主要是对危机迹象进行监测、识别、诊断，对可能出现的危机进行预控。危机迹象监测是指对社会组织的公共关系系统中已经或可能出现的危机迹象进行监视和预测，搜集各种反映危机迹象的信息。公共关系危机迹象识别是指根据监测收集的危机迹象的有关信息，在比较分析的基础上，判断危机的实际存在状态，而危机迹象诊断则是危机预防管理中一个十分重要的工作内容。有效诊断一般从以下两个方面来进行：第一，深入分析危机迹象产生的原因；第二，合理预测危机迹象的发展趋势。

根据预警阶段传播控制的措施并结合巴克利的一般控制论模式，我们建构了危机预警控制模型。如图 2 所示，首先要做的就是成立一个危机监测小组，制订相应的预警计划然后实施预警。在实施过程中根据社会大环境校正预警措施，同时将信息反馈给危机监测小组，危机小组再根据反馈的信息调整预警计划，最后实施新的预警计划。通过上文的分析可以发现，危机预警的传播控制并不是一个静态的过程，而是一个动态的、循环的、上升的、不断完善的过程。

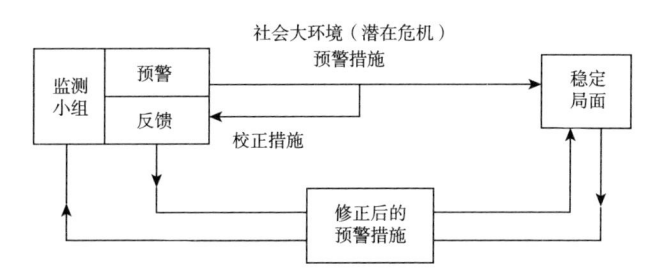

```
                社会大环境（潜在危机）
  ┌──────┬────┐    预警措施      ┌────┐
  │      │预警├─────────────────→│稳定│
  │监测  ├────┤←─────────────────│局面│
  │小组  │反馈│    校正措施      └────┘
  └──────┴────┘
       │  ↑         ┌────────┐
       │  └─────────│修正后的│
       └───────────→│预警措施│
                    └────────┘
```

图 2　危机预警控制模型

公关危机的形成原因表现为影响公共关系系统状态的四类因素，即社会组织因素、相关公众因素、传播媒介因素、社会环境因素。这些因素是一个相互影响相互制约的系统，当其中的某些或某一因素转变为非常性因素并严重影响和制约社会组织公共关系系统的正常状态和正常运营时，社会组织的公关危机便形成了。危机预警措施能对一些可控因素施以控制，使其保持正常状态，因此，预警措施可以大大减少危机形成的概率。同时，危机预警还可以使公关危机在尚未爆发的时候就得以化解和平息。因为危机在产生前会出现一定的征兆，公关预警措施可以对社会组织公共关系系统所显示的危机征兆进行监测，以便最大限度地将危机遏制在萌芽阶段。既然预警措施的作用如此巨大，那么，它会产生哪些效果呢？根据预警成功与否，我们将预警效果分为预警成功即能消除潜在危机的下降型直线模型（A-B）和预警失败即引发危机的上升型直线模型（A-C），如图 3 所示。

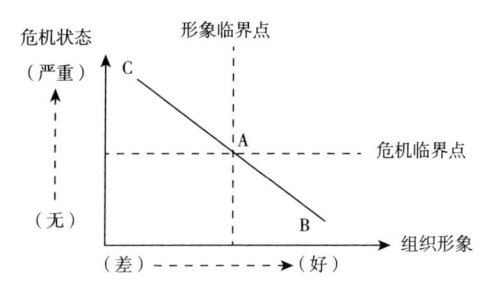

```
  危机状态    形象临界点
  （严重）↑   ｜
         │ C ｜
         │  \｜
         │   \
         │   │\        A
         ├───┼─\──────────── 危机临界点
         │   │  \
         │   │   \
         │   │    \  B
  （无） │   │     \
         └───┼──────\──────→ 组织形象
          （差）   （好）
```

图 3　危机状态控制与组织形象关系模型

当预警成功时，危机临界点 A 就会朝着消除危机的 B 点移动，组织形象也可以得到改善。相反，如果预警失败，危机临界点 A 将会到达危机点 C，组织形象也会变差。

二　危机处理的传播控制模型

任何危机事件都有"已知的未知"和"未知的未知"两种形式。"已知的未知"是指由机构本身的性质所决定而可能出现的问题，如在化工厂或核工厂工作，那么放射性物质的泄漏便是潜在的威胁。航空、航海、铁路等方面的工作都具有潜在的危险。在这些场合以及其他类似场合，人们知道事故可能会发生，但是对于会不会发生、何时发生，还无法预期。"未知的未知"是指无法预见的突发性灾害。这种突发性灾难可能是自然灾难，如洪水或地震；也可能是人为的，如恐怖袭击等。

面对这种具有"未知的未知"属性的危机事件，仅靠平时的危机处理经验来预防是远远不够的。因为前期的预警只能使它的爆发控制在最小范围内而不能让它完全消失，社会危机还是会出现。因此，在危机预警之外，我们需要做更多的危机处理工作。

根据巴克利的一般控制论模式，并结合危机处理的一般程序，我们构建了危机处理和控制动态模型（见图 4）。危机处理同样要遵循一定的科学运作程序。

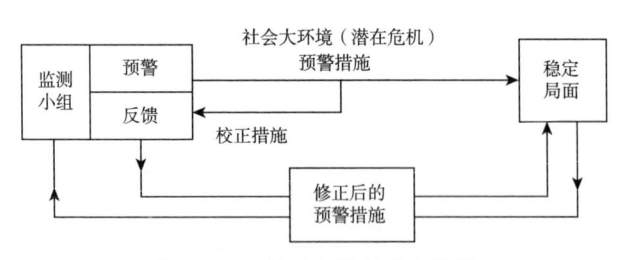

图 4　危机处理和控制动态模型

第一，立即成立临时机构。公关危机爆发后应立即成立由组织领导人、公关人员和部门负责人组成的危机处理临时机构，为公关危机的处理提供强大的组织保证。

第二，迅速隔离危机险境。当出现严重的恶性事件和重大事故时，为了使公众的生命财产不受或少受损失，必须采取有效措施，迅速隔离危机险境。

第三，严格控制危机态势。为了防止危机的恶化和蔓延，相关人员有必要采取有力措施，防止危机范围的扩大。

第四，及时收集相关信息。在危机爆发和延续的过程中，公关人员要对危机状况实施全面观察。在危机事件得到控制后要进行全方位的调查并广泛搜集信息，为危机事件的善后处理提供保障。

第五，查清危机造成的原因。造成危机的原因一般分为内部原因和外部原因，内部原因是指组织内部的过失，外部原因主要指自然环境、社会环境和政策体制的变更等。只有找到危机造成的原因，才能为危机的预防和控制提供借鉴。

第六，与媒体建立更好的互动关系，迅速开放信息传播通道以实现与公众的双向沟通。依据及时性原则、准确性原则、诚实性原则和积极主动原则适时报道危机的状况和趋势。

危机处理的最终目的是消除危机，恢复社会稳定，重塑组织形象和树立组织威信。因此危机处理的最后一项工作就是对危机处理的效果进行测评。

按照达到危机控制效果的时间，我们将危机处理效果分为及时性控制的最佳处理效果和阶段性控制的一般处理效果。前者主要是指对危机事件采取有效的强制性措施使危机直线型消失，并迅速恢复社会稳定。在此，我们将及时性控制效果模型称为"I"模型（见图5），因为从控制效果来看，其组织形象的恢复过程和危机状态的消失过程都是类似于大写字母"I"的直线模式。

然而大多数危机事件不会按照人们的意愿迅速消失，会由于自身的惯性或者客观条件的变化而反复地、周期性地爆发，因此最普遍最常见的控制效果是阶段性控制效果"W"模型（见图6）。

这种模型的特点在于：危机的消失是一个逐层递减和阶段性回升的过程，其危机状态会随着事件的发展和客观环境的变化而变化。因此，这时的危机处理机制就必须采用动态的危机处理控制模型。

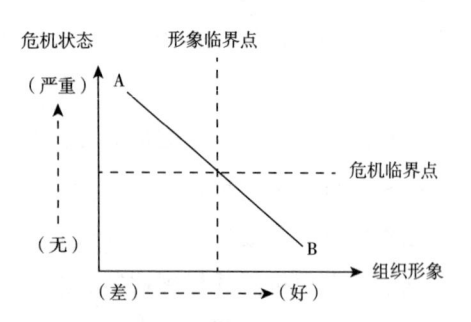

图 5 及时性控制效果"I"模型

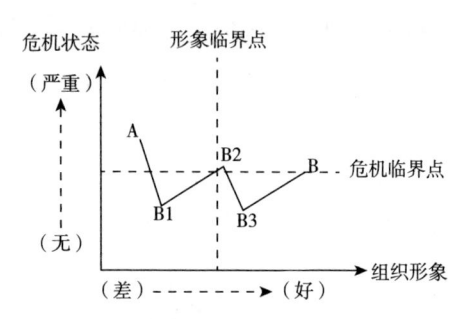

图 6 阶段性控制效果"W"模型

三 危机调控阶段传播控制模型

危机处理阶段并不是危机控制的最后一步。尽管危机已经过去,决策已经做出,解决危机的措施也已经实施,但仍须进行危机的善后处理即危机的后期调控。后期调控工作可以修复危机给组织带来的破坏,也可以利用危机创造机会宣传组织形象,重新恢复组织的信誉。当然,危机调控阶段的另外一项重要任务就是对当前的情况实施监控,预防危机的再次回流和新危机的出现,从而进入新一轮的危机预警阶段。

进行危机调控时按照调控的力度会产生三种效果,即及时调控效果——危机消失并不再回流的 L 型危机;未调控效果——危机消失后迅速回流的 V 型危机;调控不及时效果——危机消失后逐渐回流的 U 型危机。组织最期待的调控效果是危机消失并不再回流的 L 型危机(见图7)。

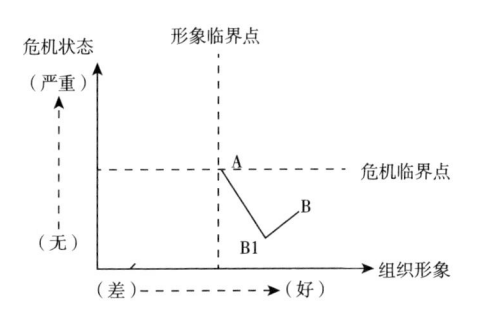

图7 不再回流的"L"型危机

当危机处理结束时,组织形象可能处于形象临界点,而危机状态处于危机临界点,这时组织所处的状态为 A 点。如果组织的后期调控措施及时并且完备,那么组织形象就能得到恢复并有可能在公众心目中变得更好,从而远离危机,到达众望所归的 B 点。由图 7 中可以看到,从 A 点到 B 点的过程如同大写字母"L",因此,我们把这种及时调控所能达到的效果模型称为 L 型危机。

与此相反,如果组织处理危机后未进行调控,那么危机就可能会迅速回流,或者立即爆发新一轮的危机,这时组织形象会严重受损(见图8)。

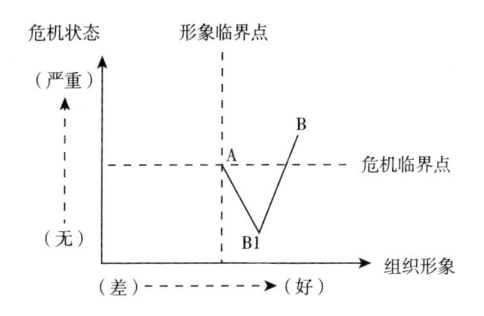

图8 迅速回流的"V"型危机

按照其发展趋势,我们把这种未进行后期调控而产生的危机称为 V 型危机。当危机处于临界状态 A 点时,随着后期调控工作的进行,其组织形象可以得到恢复或被重新树立,同时也能远离危机状态。但是,危机的爆发不是以人们的意愿为转移的,具有"未知性"和"不可控性",因此危机还会产生,到达 B 点,这时社会组织需要开始新一轮的危机处理工作。从危机的发展曲线来看,它类似大写字母"U",所以我们把这类危机称为 U 型危机(见图 9)。

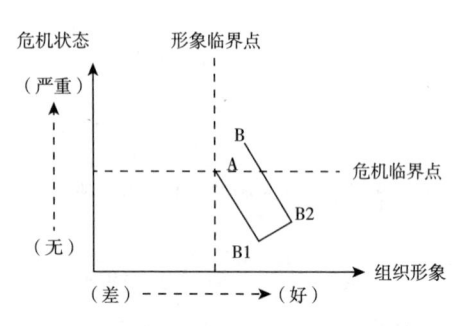

图 9 逐渐回流的"U"型危机

通过以上分析可以发现,危机控制前、中、后期的发展过程是动态循环的,而这种动态转换的结果必定会使组织的危机控制能力不断得到强化,同时有利于组织的振兴。因此,社会组织要认清危机与振兴的这种辩证关系,增强将危机转化为机遇的意识,从而使自身更加强大。

[该文发表于《武汉理工大学学报》(社会科学版)
2004 年第 12 期,作者为陈先红、殷卉]

参考文献

常昌富、李依倩:《大众传播学:影响研究范式》,中国社会科学出版社,2000。
陈先红:《网络时代公关业前景分析》,《当代传播》2001 年第 2 期,第 29~31 页。
卡特里普、森特、布鲁姆:《有效的公共关系》,明安香译,华夏出版社,2001。
谢俊贵:《社会组织公共关系危机处理:意义、程序及方式选择》,《中国软科学》2000 年第 2 期,第 114~118 页。
张玉波:《危机公关中的传播策略》,《企业活力》2001 年第 6 期,第 32~34 页。

食品安全危机公关的十大关键点

我国已经进入食品安全危机的频发期,如何进行危机管理和公关应对,是亟须解决的重要问题。目前,人们主要是在危机回应策略上提出一些建议和对策,以期帮助企业渡过难关。但是,笔者认为,公共关系是术更是道,危机公关不仅仅是策略问题,更是理念问题,不仅仅是方法问题,更是伦理问题,尤其是在食品安全危机事件中,危机公关策略不是万能灵药,也并非一招一式就能够解决所有问题,食品企业必须紧紧围绕以下十个关键点,系统地、长期地、有针对性地开展危机传播管理和关系管理工作。

1. 信息沟通

食品危机发生以后,与利益相关者的信息沟通是食品安全危机应对的第一步,也是危机处理的一项基础性和前提性工作。

首先,信息沟通要迅速、及时、公开。任何延误都可能造成重大损失,并导致事态的进一步恶化。时间管理是衡量危机处理成熟度的一个重要标志。

其次,信息沟通的内容包括"指导性信息"和"调适性信息"两部分,指导性信息主要是告知利益攸关者危机是什么、危机如何发生、如何避免危机对自己造成伤害等,重点是从生理上、财务上表达对利益攸关者的关心;调适性信息主要是表达同情、安慰等态度,重点是从心理上对受害者表示关心。这两部分信息内容主要是从伦理角度表示对利益攸关者的关心,与危机责任无关,处理得好则更显人情味,能够赢在危机处理的起点上。在这个方面，福寿螺事件、麦当劳"3·15"事件体现出涉事企业成熟的信息沟通策略和经验。但是肯德基的苏丹红事件和速生鸡事件，以及味千拉面"骨汤门"事件在这方面的处理却不尽如人意。

2. 危机情境

目前，中国食品安全危机事件，从食品原材料到食品本身，从烹饪操作不当到虚假广告宣传，从沟通单向度到管理双重标准，其危机情境各不相同，因此危机处理策略也不尽相同。一般来说，危机情境包括两个方面，客观层面为危机种类及危机的危害程度，主观层面指公众认知与评价，具体包括危机类型、危机的严重性程度、关系史、危机史、危机前组织声誉、企业能力、危机卷入程度及危机框架等。这些要素都会影响公众对组织的情感态度和行为倾向，组织必须根据自身所处的危机情境，使用不同的策略与利益攸关者进行沟通，积极承担与利益攸关者感知相符的危机责任，才能达到保护组织声誉的目的。

3. 危机原因

一般来说，可以从三个维度探究原因，进行危机责任归因管理，分别是危机源、稳定性和可控性。第一，危机发生源是在内部还是外部？第二，危机是偶然出现的还是频繁出现的？第三，危机是否可控？我们必须对内部发生的、可以预防的食品危机进行提前预防，否则出现问题后，公众会非常愤怒，不予谅解。

4. 危机责任

在分析了危机原因之后，食品企业可从两个维度进一步追究危机责任：一是原因责任追究；二是解决责任追究。原因责任追究是对已发生事件的发源责任进行追究和过失评价；解决责任是对解决事件的结果责任进行追究事态控制评价。

5. 社区价值

危机公关的关键，就是要处理好"企业价值观"和"社区价值观"之间的关系，巧妙而有效地协调二者之间的矛盾冲突。组织的日常运行一般是遵循"组织第一，公众第二"的企业价值观的，因为企业的运行会自觉不自觉地以自身利益最大化为基本原则。公共关系所强调的"公众利益代言人"，也只是要求组织决策者照顾到公众的利益，最好是找到组织利益和公众利益、公共利益的结合点,这是典型的"摆平"价值观。而危机一旦发生,公关人员就要立刻站出来,让组织调整立场,把组织的利益和价值放在后面,把公众的利益和价值放在前面,这样才能迅速地化解危机。也就是说,危机公关要通过强调"公众第一,组织第二"的观点来回应社区的价值观,唯如此才能转危为安,变被动为主动。

6. 回应策略

以麦当劳"3·15"危机为例,它采取的公关策略有如下几点。①撇清策略,"个别事件而不是普遍事件,严肃处理"。②道歉策略,第一时间道歉,表明诚意。③形象修复策略,"深化管理,确保标准"。④沟通策略,欢迎监督,彰显自信,增强消费信任。在现有的食品安全系列危机事件中,最常用的策略排序是"不做评价—最小化—转移责难—道歉—补偿—矫正行为",而比较理想的策略选择排序应该与之相反,以"矫正行为"始,以"不做评价"终。

7. 召回行动

一旦企业卷入食品安全危机,无论事实真相如何、过错在谁,都会促使消费者产生负面情感和抵制意愿。产品伤害危机越严重,消费者负面情感及抵制意愿越强烈,而且,消费者对食品行业产生的抵制意愿高于其他行业。此时,食品餐饮业的当务之急就是及时下架和召回产品,防止企业在公众心目中的地位进一步下跌。只有先稳住消费者的情绪,对事实真相的辩解才会有的放矢,取得成效。

8. 争辩点

争辩点(stasis)是危机事件引发争议的核心点,比如关于事实的争点,关于界定的争点,关于品质的争点,关于司法权的争点,这四个争点一旦确定,传播者就可以发展自己的议题。不同危机阶段的争点可能是不同的,面对这些争点,如何使用辩解策略,掌握争议的主动权,是危机处理的命门所在。一般而言,食品餐饮危机分为"可辩解型"和"不可辩解型"两大类型,在可辩解型危机中,最优策略是辩解策略,而在不可辩解型危机中,最优策略是和解策略,无论哪种策略,都必须寻找和设计有效的争辩点。

9. 报道框架

报道框架具有选择和凸显两个作用，就是把认为需要的部分挑选出来，在报道中予以特别处理，以体现意义解释、归因推论、道德评估、处理方式的建议。主要包括文本内容的呈现方式、关键字、刻板印象用语、消息来源、新闻图式结构等。新闻报道框架扮演着危机舆论把关人和引导者的角色，对危机处理的成败至关重要。一般而言，危机事件新闻报道框架有五个：归因框架、人情框架、冲突框架、道德框架和经济框架。报道框架必须与危机情境相匹配，只有这样才具有新闻价值和化解危机的力量。

10. 生命周期

如同产品有生命周期一样，危机事件的发生发展也具有明显的生命周期特征。从传播学角度看，可以把它分为潜伏期、爆发期、蔓延期和恢复期四个阶段；从管理学角度看，可以把危机事件分为前—中—后期。不同时期的危机传播与管理重心和任务是不一样的，以味千拉面的"骨汤门"事件为例，它实际上是以虚假广告为导火索，以"勾兑门""鉴定门"为爆发点，以"侵权门""添加剂门"为蔓延，以不明晰的身份、恶劣的卫生环境和非法"中央厨房"等问题为催化剂的系列危机事件。由于未采取相应的生命周期管理策略，这场危害性相对较小、回应相对及时的"骨汤门"事件并没有得到相应缓解，反而愈演愈烈，一发不可收拾，最终成为2011年中国影响最大的危机事件之一。因此，食品危机事件必须建立前—中—后危机管理系统，制定不同的危机管理和应对预案。

(该文发表于《餐饮世界》2014年第10期，陈先红独著)

公共关系与新闻

公关如何影响新闻报道：
2001~2010年报纸消息来源卷入度分析

——以《人民日报》《广州日报》等为例

一　引言

在中国公关界，很多公关公司最重要的工作之一就是处理媒体关系，提供新闻稿件给各类媒体，以帮助雇主获取曝光率，提高知名度和美誉度。而在中国新闻界，越来越多的新闻记者将新闻收集工作交给公关人员完成，尤其是在一些较为复杂的领域如科学、医药、教育以及社会福利等，新闻已非由那些带有冲劲的调查记者供给，而改由公关人员、政府公共宣传人员、利益团体的沟通者协助提供，很多媒体的资讯来自公关稿件（press releases）。各种公关主体运用公关策略，以消息提供者的身份影响新闻报道，进而影响媒介真实和社会真实。但令人遗憾的是，对中国新闻媒体与消息来源的互动研究，还没有得到充分的关注，从公关出发的这类研究更少，实证研究尚属空白。鉴于此，本文欲选择2001~2010年中国具有代表性的四份报纸作为研究样本，深入探讨中国公共关系行业对新闻报道的影响程度，以及新闻媒体与消息来源的互动规律和特点，进一步帮助大家理解中国社会的媒介真实和社会真实。

二 文献综述

在过去的数十年里,关于新闻媒体与消息来源的互动研究一直是国际政治传播学者和新闻学者关注的核心议题,相关文献较多。其互动研究经历了几次重要转变,总体说来分为"内部途径模式"和"外部途径模式"两种。

"内部途径模式"是在新闻生产过程中的消息来源研究,研究文献甚多,著名理论主要有"新闻守门人理论""新闻偏向"理论等。这些理论将消息来源仅仅视为新闻生产过程中的资讯提供者,即"一些在新闻引述中提及且可确认的个人、组织或实体(entity)",而不是新闻价值和媒介真实的共同建构者,只有新闻工作者才是保证"客观、中立、真实"等新闻价值的唯一"把关人"。这种范式的消息来源研究代表了一种以记者为中心的解说(journalists-centered theories),或以"媒体为中心"的研究倾向(media-centered orientation),过分强调新闻媒体独自生产新闻的能力,以及新闻为新闻工作者判断的结果,过分夸大了新闻专业主义(professionalism)的理想,简化了新闻工作的复杂性。Berkowitz在《新闻之社会意义》(*Social Meaning of News*)一书中大胆指出,新闻学研究应该抛弃三个错误观念:新闻工作者能客观报道、新闻价值乃自然依附于社会事件以及新闻能反映真实等。

"外部途径模式"是在权力互动与实践框架中研究消息来源。这种模式的消息来源研究从对"媒介的内容分析"转向了对"媒介的接近使用分析",将消息来源视为组织化或非组织化利益团体的代表、社会行动者和传媒接近权的竞争者,强调消息来源场域对新闻媒体的超强影响力。如西蒙·科特(Simon Cottle)运用消息来源场域的二元视野,将消息来源分为支配性利益集团和挑战者利益集团。其中,支配性利益集团包括政府、政党、军方等,挑战者利益集团是在国家和政府组织外围的、资源相对贫乏甚至处于边缘地位的各种利益集团,包括非政府组织、压力集团等。在这种模式中,消息来源研究持有比较开放的观点,承认新闻媒体的影响力必须与其他社会机构共享,而公共关系作为新闻资讯的提供者和其他社会机构的利益代表者,既具有影响新闻报道的意图,又有与新闻工作者共建社会真实的功能。其中,李普曼(Lippmann)的"塑造事实"论,英国文化学者霍尔(Hall)的"首要界定人"理论,美国传播学者甘地(Gandy)的"信息补贴"理论,台湾臧国仁的"共同建构"理论等,对公共关系与新闻报道的互动研究影响甚大。

李普曼认为,事实并不能以原貌呈现,而是需要整理和组织,这些塑造事实的人(who shape the facts)就是组织公关人员,或新闻事件的消息来源,公关人员的宗旨在于协助新闻人员发掘事实,虽然这些事实通常只是对己方组织有利的说明(Lippmann,1922)。霍尔则一针见血地指出,新闻媒体其实无力单独制作新闻,多半通过消息来源的引入才能注意到特殊话题,消息来源是新闻的原始把关人,是社会真实的首要界定者(primary definers)。换言之,新闻工作者不过是"次级界定者",其任务不过是根据消息来源之暗示,将社会现有阶层与权力关系制成符码罢了。Gandy认为,在新闻生产过程中,消息来源会以"信息补贴"(information subsidy)的方式与新闻工作者交换利润,包括减少新闻工作者收集资讯所付出的时间成本、降低科学研究的费用、减少撰写与制作电视节目的支出。消息来源利用这些方式提供资讯,旨在控制新闻内容,或影响新闻框架及新闻的核心意义。台湾学者臧国仁则用框架理论分析指出,新闻媒体与消息来源(公共关系)在新闻生产过程中,"共同建构"符号真实,形成社会意义。总之,这些理论不是狭隘地把公共关系理解为帮助组织实施有效传播的技巧,而是看作探讨媒介与民主的一个理论视角,探究消息来源的一种理论方法(Simon Cottle,2007)。

基于以上研究,为填补以公关视角对中国新闻媒体与消息来源进行互动研究的空白,本文以中国的新闻舞台为背景,选取4份具有代表性的报纸进行内容分析,在解答5个具体问题的基础上,旨在通过消息来源卷入度的分析,揭示中国的公共关系是如何影响新闻报道并共建社会真实的,同时尝试建立一个消息来源影响力模型。具体研究问题如下:

RQ1:中国报纸媒体上的各类新闻消息来源卷入度如何?

RQ2:21世纪第一个十年,中国报纸媒体上的新闻消息来源卷入度是否随时间变化而变化?

RQ3：各类消息来源卷入度是否因报纸类型不同而不同？
RQ4：各类消息来源卷入度是否因议题类型不同而不同？
RQ5：各类消息来源卷入度在一周内是否呈现某种规律？

三 研究设计

（一） 研究概念的界定

1. 消息来源

本文把消息来源视为组织化或非组织化利益团体的代表、社会行动者和传媒接近权的竞争者，即各种公关主体，其为新闻媒体提供了主要信息。虽然目前在中国，这些新闻发言人或者职业传播者并没有以"公共关系"的名义自居（企业单位除外），但他们是事实上的公关人员或组织。

在内容分析过程中，本文采用 Gans 对新闻和消息来源的定义。Gans 认为，新闻是从消息来源传递到受众的信息。在这里，所谓的"消息来源"是指新闻记者观察或访问的行动者，包括出现在报纸上的被引述者，也包括那些只是提供背景信息或新闻故事议题的人。

2. 消息来源卷入度、卷入广度、卷入密度

从麦克卢汉首次使用"卷入"（involvement）一词，到库拉格曼（Herbert E. Krugman）关于广告媒体卷入度的研究，从罗斯契尔（Michael L. Rothschild）关于非营利组织市场营销的卷入度研究，到商品卷入度、广告卷入度和消费行为卷入度的各种主要模型，"卷入度"概念得到不断地拓展。

Sherif 和 Cantril 就曾指出，卷入度存在于任何关乎个体自我态度集结和再现价值观的事物中。本文创造性地引入"卷入度"概念，提出"消息来源卷入度"，用以衡量消息来源（各类公关主体）对新闻报道的影响。

根据 Leight 和 Menon "卷入为个体注意到事件的重要程度与处理的深度"的观点，"消息来源卷入度"即消息来源关注媒体并影响媒体的程度，具体表现为消息来源在新闻报道中出现的程度。消息来源卷入度可分解为"消息来源卷入广度"和"消息来源卷入密度"。

"消息来源卷入广度"用以衡量消息来源的新闻覆盖面,即消息来源出现在百分之多少的新闻中;计算方法为消息来源卷入广度=有消息来源出现的新闻数量/总新闻数量①。假设100篇新闻中,有60篇出现了消息来源,其中50篇出现了政府类消息来源,30篇有群众类消息来源,则消息来源的整体卷入广度为60%,政府类消息来源卷入广度为50%,群众类的卷入广度为30%。

"消息来源卷入密度"用以衡量消息来源在其覆盖的新闻中,发出声音的强弱,即各类消息来源在其覆盖的每篇新闻中出现的次数。计算方法为消息来源卷入密度=各类消息来源的数量/消息来源覆盖的新闻篇数。假设1篇新闻中出现了2个政府类消息来源,3个群众类消息来源,则政府类消息来源的卷入密度为2,群众类的卷入密度为3。

(二) 消息来源影响力模型的提出

各类消息来源因所需或价值的不同会呈现不同的卷入度,对新闻报道也会产生不同的影响(Howard & Sheth, 1969)。本文分别以"消息来源卷入广度"和"消息来源卷入密度"为横坐标和纵坐标,建构了一个消息来源影响力模型(见图1)。

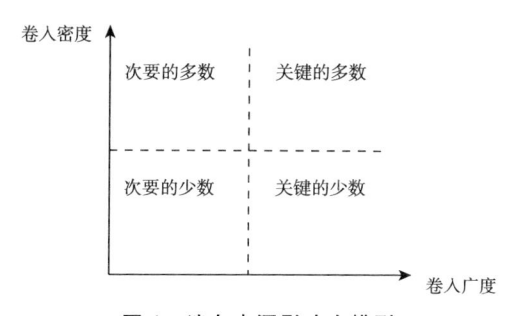

图1 消息来源影响力模型

在此模型中,消息来源影响力分为四种类型:关键的多数、关键的少数、次要的多数和次要的少数。

---

① 一篇新闻可能会出现多类消息来源,所以各类消息来源的卷入广度之和可能大于消息来源整体卷入的广度。

在第一象限，消息来源具有双高特征——卷入广度高、卷入密度高，即消息来源卷入了很多的新闻报道，且发出了强大的声音，本文将这类消息来源称为"关键的多数"，它们在大多数新闻中具有较大的影响力。

在第二象限，消息来源具有低卷入广度、高卷入密度的特征，即消息来源在较少的新闻中卷入，但在其中能发出很强的声音。本文将这类消息来源称为"次要的多数"，其在少数新闻中有较大的影响力。

在第三象限，消息来源具有双低特征——低卷入广度、低卷入密度，即消息来源在较少的新闻中卷入，且在其中只能发出很弱的声音。本文将这类消息来源描述为"次要的少数"，它们出现在少数新闻中，并且只有较小的影响力。

在第四象限，消息来源具有高卷入广度、低卷入密度的特征，即消息来源卷入了很多的新闻，但在其中发出的声音较弱。本文将这类消息来源描述为"关键的少数"，它们在多数新闻中都具有一定的影响力。

各类消息来源的卷入广度和卷入密度会因为时间、议题、媒体等因素的不同而不同，因此消息来源的影响力不是绝对的，而是随着各变量的变化而变化。

（三）抽样及类目建构

本文以"发行量[①]结合报纸定位"为标准，选择了四种不同类型的报纸——《人民日报》《广州日报》《羊城晚报》《楚天都市报》[②]，进行内容分析。考察的时间跨度为 2001~2010 年，以 2 年为间隔，分别抽取 2001 年、2003 年、2005 年、2007 年、2009 年共 5 个年度，每年采用构造

---

① 参见《中国新闻出版统计资料汇编》《2010 年世界日报发行量前 100 名排行榜》（由世界报业与新闻工作者协会 2010 年 8 月 16 日发布于巴黎，前 100 名中有 26 家中国媒体，其中台湾地区有一家）。

② 四份报纸的性质、定位不同，代表了中国不同类型的主流报纸：《人民日报》是中共官方三大传媒之一，是全国性、综合性的机关报代表；《广州日报》是全国发行量最大的市委机关报、党报之一，是全国广告收入最多的报纸，是地方性、综合性的机关报代表；《羊城晚报》是新中国成立后兴办的第一家大型综合性晚报；《楚天都市报》是地方性、综合性都市报的代表。

周（composite week）抽样法构造一周，5年共构造5周①，以四份报纸在这5周的导读版/头版的新闻为分析单位②，最后共得到140个版面，1600篇新闻③。

结合头版/导读版新闻的特点及常规新闻的分类方法，本文将新闻议题划分为5个类型：政治类、经济类、社会类、科技文化类、其他。

本文根据中国的实际情况和研究目的，以消息来源的身份为主要依据，将其划分为以下7大类：

（1）政府官方，主要包括政党机关、官方机构、中央与地方政府部门任职的官员，政府召开的会议、颁发的文件及规定等。

（2）专家学者，包括行业专家、学者及其专著、学术报告等，如以"教授""专家"等为称呼的。

（3）企事业单位，即具有营利性质的企业公司、事业单位。

（4）社会团体，如非政府组织、行业协会等。

（5）群众代表，即以普通公民身份出现的社会个体。

（6）其他媒体，即除本报社之外的媒体。

（7）不详身份来源，即有消息来源但无法辨识消息来源身份的。如"据介绍""据了解""据透露""有消息称""有传闻说""有目击者称""相关人士表示""业内人士表示"等无法辨识其身份的。

本文进行构造周抽样后，由两位研究者进行编码，然后在1600篇新闻中随机选取200篇，进行信度检测（inter-coder reliability），Krippendorf Alpha均值为0.8，达到Wimmer和Dominick所建议的0.75。

四 研究发现

本文运用SPSS17.0进行统计分析，各变量之描述统计如下。1600篇

---

① 构造周抽样时，《广州日报》2003.11.1缺失，替换为11.8；《人民日报》2001.1.7缺失，替换为2.4，4.17缺失，替换为5.1；《羊城晚报》2003.7.24缺失，替换为7.10，2005年缺失，替换为2004年；《楚天都市报》2001年缺失，替换为2000年。

② 包括头版刊登的新闻以及头版导读的新闻。新闻包括消息、通讯、深度报道、言论、读者来信、图片新闻等。部分新闻有链接阅读或扩展阅读的，视为一篇新闻。

③ 本文的样本及最终数据分析资料，可在获得研究者授权之后向其索取。

新闻中，缺失 13 篇（0.8%），有效样本为 1587 篇。媒体分布为：《人民日报》478 篇，《广州日报》392 篇，《楚天都市报》327 篇，《羊城晚报》390 篇。时间分布为：2001 年 271 篇，2003 年 288 篇，2005 年 290 篇，2007 年 416 篇，2009 年 322 篇。星期分布为：星期日 220 篇，星期一 246 篇，星期二 235 篇，星期三 229 篇，星期四 213 篇，星期五 226 篇，星期六 218 篇。议题分布为：社会类新闻 723 篇，有效占比 45.6%；政治类新闻 459 篇，有效占比 28.9%；经济类新闻 366 篇，有效占比 23.1%；科技类新闻 34 篇，有效占比 2.1%；其他类 5 篇，有效占比 0.3%。

RQ1：中国报纸媒体上的各类新闻消息来源卷入度如何？

第一，消息来源卷入广度大，90% 的新闻中有明显的消息来源卷入。1587 篇新闻中，仅有 10% 的新闻没有出现消息来源，即在新闻中没有提及消息的出处，记者站在全知全能的角度发布新闻，呈现的是记者独自扮演"传者"角色的景象。90% 的新闻呈现消息来源卷入现象，即由记者与消息来源一起扮演"传者"角色。

第二，7 类消息来源卷入度情况各异（见图 2）。政府是中国报纸媒体最主要的消息来源，其卷入广度（40%）占绝对优势；而群众代表类消息来源卷入广度较小（19.22%），但卷入密度（2.4）最大；企事业单位类和专家学者类消息来源的卷入广度（16.64%、14.30%）在 7 类消息来源中，分别居第 5、第 6 位，但卷入密度却居第 2、第 3 位（1.98、1.69），同属于低广度高密度的消息来源；社会团体的卷入广度和密度都很低（4.73%、1.41），在媒体上的声音非常微弱。

RQ2：21 世纪第一个十年，中国报纸媒体上的新闻消息来源卷入度是否随时间变化而变化？

第一，7 类消息来源的卷入广度均呈现增长趋势。[①] 2001~2009 年，政府类消息来源的卷入广度增长了 15%，专家学者类卷入广度增长了 72%，企事业单位类增长了 119%，社会团体类增长了 26%，群众类增长了 29%，其他媒体类增长了 37%，身份不详类增长了 29%。

[①] 虽然 2009 年专家学者类、不详类消息来源的卷入广度相对 2007 年有一定回落，但相比 2001 年还是有明显增长的。

公关如何影响新闻报道：2001~2010年报纸消息来源卷入度分析

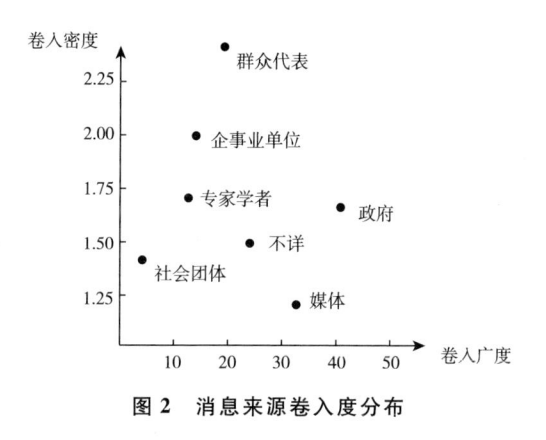

图2 消息来源卷入度分布

第二，7类消息来源的卷入密度均有不同程度的增长，其中，群众类消息来源的卷入密度增幅最大，从2001年的1.78增至2009年的2.64，增长了48%，并在2007年增至2.82，远远高于其他6类消息来源。与此相反，政府官方类消息来源的卷入密度在2007年跌至低谷（1.51，仅略高于2001年的1.49）。由此可以看出，2007年是特别值得关注的一年，它反映了公关媒体话语权的强烈变化以及弱势群体传播权的显著提升。

RQ3：各类消息来源卷入度是否因报纸类型不同而不同？

总体而言，四份报纸中卷入广度最大的消息来源都是政府，但因报纸的性质和定位不同，各类消息来源在新闻报道中的卷入度也有明显差异。

政府官方类消息来源更倾向于卷入《人民日报》，其在《人民日报》中的卷入广度（41.63%）和密度（1.72）均高于其他三份报纸，这与《人民日报》"中共官方三大喉舌传媒之一"的身份密不可分。

企事业单位类消息来源更倾向于卷入《广州日报》的新闻中，其在《广州日报》的卷入广度（24.23%）是其他三份报纸平均值的1.6倍，卷入密度（2.19）也高于其他三份报纸。这与《广州日报》地处中国市场经济改革的前沿阵地不无关系，而《广州日报》隶属的广州日报报业集团也是中国内地第一家报业集团，站在新闻改革的前沿阵地。

群众类消息来源在两份代表性市民报（《楚天都市报》和《羊城晚

报》）中的卷入广度（24.77%、24.10%）明显高于其余两份报纸。

RQ4：各类消息来源卷入度是否因议题类型不同而不同？

研究验证，各类消息来源的卷入度因不同的议题类型而呈现明显差异。

新华社、中新社等国家级媒体和政府官方类消息来源在政治类新闻中的卷入广度（55.12%、42.92%）明显高于在社会类、科技类新闻中的卷入广度。

企事业单位类消息来源在经济类新闻中的卷入广度（27.87%）是政治类新闻的3倍，是社会类、科技类新闻的2倍；卷入密度（2.61）也远远大于其他几类新闻。

群众代表类消息来源在社会类新闻中的卷入广度（31.12%）分别是政治、经济、科技类新闻的6倍、2倍多、3.5倍，卷入密度（2.44）也高于其他几类新闻。

专家学者类消息来源在科技类新闻中的卷入广度高达50%，是其他几类新闻的4倍多。

RQ5：各类消息来源卷入度在一周内是否呈现某种规律？

如图3所示，比较一周内的报纸，政府官方类消息来源的卷入广度在星期四最广，在星期日最小；而企事业单位类消息来源则正好相反，周四最小，周六最广；这两类消息来源的卷入广度呈轴对称趋势，存在明显的"周末效应"。

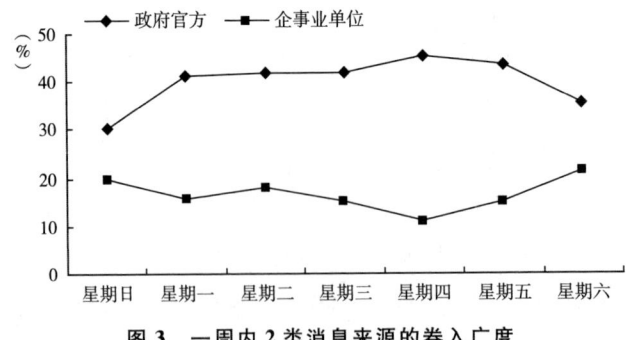

图3 一周内2类消息来源的卷入广度

五 讨论与总结

总体来说，通过消息来源的卷入度分析可以发现，消息来源（公共关系）的"信息补贴"现象比较普遍，中国报纸新闻的消息来源卷入广度高达90%。且在21世纪的第一个十年，7类消息来源均出现在越来越多的新闻报道中，卷入广度和卷入密度均明显增长，中国新闻媒体上的消息来源呈现多元化趋势。

相比较而言，7类消息来源呈现出不同的卷入广度和密度特征，分别以广度25%、密度1.5为界点，则7类消息来源对中国报纸新闻的影响力分属于不同的层次（见图4），这些特征可以在一定程度上揭示各类公关主体对新闻报道的影响。

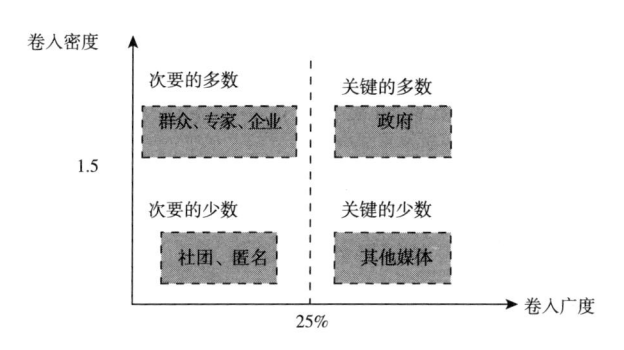

图4 7类消息来源影响力分布

政府仍然是中国报纸新闻最主要的消息来源，卷入广度（40%）和密度（1.67）分别居第一、第二位，关键优势地位很明显，其影响力属于第一象限"关键的多数"；新华社、中新社等国家级媒体是中国报纸新闻卷入广度第二的（33%）消息来源，其影响力属于第四象限"关键的少数"。这两者皆代表官方消息来源，说明中国报纸新闻在很大程度上是新闻记者与官方消息来源互动的产物。

与此同时，群众类消息来源在媒体中的声音越来越大，已经开始从"沉默的大多数"逐渐发展为"次要的多数"，其对新闻报道的影响力属于第二象限。群众类消息来源卷入密度最大（2.4），且增长趋势最快（48%），但群众类消息来源的卷入广度仅约为政府官方类的一半。社会舆情民意日渐受到重视，这是一个非常重要的转变，反映出中国政府的执政方式在不断变化和调整，朝着更加开放包容、民主多元的方向发展。不同的是，那些有权势的消息来源凭借其过往的适用性、生产能力、可靠性、可信赖性、权威性、表达清晰性，轻易获得了媒介接近使用权，而那些无权无势的消息来源虽然卷入密度在增长，但只能在较少的场合发出声音，通常在发生不同寻常的戏剧性事件时，才有可能获得接近媒体的通道，如危机事件、暴力冲突等。

与群众类消息来源类似，专家学者（1.69，14%）和企事业单位（1.98，17%）也呈现出高卷入密度、低卷入广度的特点，均可以在相对较少的场合中发出较强的声音，其影响力同属于第二象限"次要的多数"。不同的是，专家学者通常出现在重大事件中，企业单位则更多地出现在与利益相关的事件中。

匿名（身份不详）消息来源在中国报纸新闻中有一定影响，但卷入广度和密度有限（24%，1.48）；而非政府组织、行业协会等社会团体在媒体上的声音非常微弱，它们对新闻报道的影响力同属第三象限"次要的少数"。

除此之外，RQ3、RQ4、RQ5 的研究表明，各类消息来源的卷入度因媒体、议题和时间的不同而有显著差异，从而会对新闻报道产生不同的影响；这些倾向性有力地揭示出各类公关主体在为新闻提供消息、与新闻媒体互动时，是选择性和策略性的。

六 研究局限与建议

如果说新闻学是研究新闻本质的学问，那么，公共关系学则是讨论消息来源的学问，这两个学科共同关注的研究议题——新闻记者与消息来源的互动与关系，可以激发关于新闻定义、新闻价值、新闻本质的再思考，尤其是随着微传播时代的到来、公民新闻的兴起，传统的新闻传播理论和实践将面临全面的转型和挑战。因此，基于公共关系视角的消息来源研究，是未来新闻社会学研究的重心和方向。

本文创造性地提出"消息来源卷入度"概念，并以"消息来源卷入度"的两个维度"卷入密度"和"卷入广度"为指标建立了"消息来源影响力模型"，以解释和衡量公共关系对新闻报道的影响力，该模型在本文中得到了基本检验，但对广播电视以及新媒体等的普适性还有待进一步研究。

[该文为"第四届公关与广告国际学术论坛"主题发言论文，发表于 *Public Relations Review* 12（2012），作者为陈先红、陈欧阳、陈霓]

参考文献

陈一香：《电视争议性新闻之消息来源及其处理方式与讯息导向之分析》，硕士学位论文，台湾政治大学新闻研究所，1988。

陈先红：《现代公共关系学》，高等教育出版社，2009。

胡晓云、徐芳：《关于卷入度（involvement）问题研究的追踪溯源》，《广告大观理论版》2006年第1期，第22~26页。

刘蕙苓：《报纸消息来源人物之背景与被处理方式之分析》，硕士学位论文，台湾政治大学新闻研究所，1989。

鲁曙明、洪浩俊主编《传播学》，中国人民大学出版社，2007。

臧国仁：《新闻媒体与消息来源——媒介框架与真实建构之论述》，台北：三民书局，1999，第321~323页。

郑瑞城：《从消息来源途径诠释媒体近用权》，《新闻学研究》1991年第45辑，第39~56页。

T. Atwater & Fico, "Source Reliance and Use in Reporting State Government: A Study of Print and Broadcast Practices," *Newspaper Research Journal* 8 (1986): 53-62.

Berkowitz, *Social Meaning of News*: *A Text-reader*. Thousand Oaks, CA: Sage, 1997.

J. G. Blumler & Elections, "The Media, and the Modern Publicity Process," in M. Fergusoned., *Public Communication*: *The New Imperative*. London: Sage, 1990.

J. D. Brown, et al., "Invisible Power: Newspaper News Sources and the Limits of Diversity," *Journalism Quarterly* 64 (1987): 45-54.

G. T. Cameron, et al., "Public Relations and the Production of News: A Critical Review and the Theoretical Framework," in B. R. Burlesoned., *Communication Yearbook* 20. Thousand Oaks, CA: Sage, 1997.

R. M. Entman & A. Rojecki, "Freezing out the Public: Elite and Media Framing of the U. S. Anti-nuclear Movement," *Political Communication* 10 (1993): 155-173.

S. Hall, "Culture, the Media and the 'Ideological Effect'," in J. Curran, M. Gurevitch, and J. Woollacott, eds., *Mass Communication and Society*. London: Edward Arnold, 1979.

S. Hall, et al., "The Social Production of News: Mugging in the Media," in S. Cohen & J. Young, eds., *The Manufacture of News: Deviance, Social Problems, and the Mass Media*. Beverly Hills, CA: Sage, 1981, pp. 335-367.

W. Lippmann, *Public Opinion*. NY: Free Press, 1922.

M. McCombs, "News Influence on Our Pictures of the World," in J. Bryant & D. Zillmann, eds., *Media Effects: Advances in the Theory and Research*. Hillsdale, NJ: Lawrence Erlbaum Associates, 1994.

L. V. Sigal, *Reporters and Officials*. Lexington, MA: D. C. Heath and Co., 1973.

R. R. Smith, "Mythic Elements in TV news," *Journal of Communication* 29 (1979): 75-82.

L. M. Walters, et al., *Bad Tidings*. Hillsdale, NJ: Erlbaum, 1989.

G. Weimann, "Media Events: The Case of International Terrorism," *Journal of Broadcasting and Electronic Media* 31 (1987): 21-39.

B. H. Westly & M. McLean, "A Conceptual Model for Mass Communication Research," *Journalism Quarterly* 34 (1957): 31-38.

D. Whitney, et al., "Geographic and Source Bias in Network TV News, 1982-1984," *Journal of Broadcasting and Electronic Media* 33 (1989): 159-174.

R. D. Wimmer & J. R. Dominick, *Mass Media Research: An Introduction*. Belmont: Wadsworth, 2003.

专业主义的同构：
生态学视野下新闻与公关的
职业关系分析

一 真假新闻与公关的囚徒困境

著名家居品牌"达芬奇"造假案是 2011 年下半年至 2012 年初发生的一起重大公关案例①。除却达芬奇家具本身涉嫌产地造假以及存在产品质量问题外，这一事件还引发了人们对新闻与公关的职业特性以及相互关系的深入探讨。

1. 真新闻与假新闻之争

达芬奇事件的争论焦点之一是中央电视台的《每周质量报告》以及其他报道是否符合新闻专业主义的基本原则。达芬奇家居公司的观点是它们遭到媒体"虚假新闻"的诬陷②。第三方新闻媒体经调查认

---

① 事件经过：2011 年 7 月 10 日，中央电视台曝光著名品牌达芬奇家具造假。此后，达芬奇家居公司展开危机公关，先后发布《致消费者的公开道歉信》《致媒体朋友的沟通信》，并做出应对；2011 年 9 月，达芬奇家居否认造假，发布有关媒体报道不实的声明；2012 年 1 月 2 日，财新网报道达芬奇"造假门"始末，曝光达芬奇家具案背后的新闻采访和公关应对的失范行为。

② 《达芬奇不服上海市工商局行政处罚的公开声明》，达芬奇家居官网，http://www.davinci-china.com/，最后访问日期：2011 年 12 月 23 日。

为,达芬奇家具案存在"蹊跷采访"的媒体失范行为,并呼吁"媒体须自律"①。来自新闻出版总署的官方调查通报认为,央视报道的内容基本属实但不够严谨,央视记者虽未收钱但存在违规采访的问题②。

2. 真公关与假公关之争

达芬奇事件的争论焦点之二是如何评判该事件背后的公关行为,特别是其中赤裸裸的金钱交易,以及被媒体曝光的公关与新闻、公关与企业之间的扭曲关系。有媒体用"公关陷阱"③来形容达芬奇家居公司面临的困境。也有学者用"黑公关"来形容该案的公关行为,认为企业与媒体合谋,绑架舆论,操纵民意④。但也有专家表示,达芬奇家具案并非真正的公关行为,只是借用、滥用"公关"签约骗钱⑤。

由此我们认为,新闻与公关之间的职业关系在当下语境中至少存在如表1所示的几种"博弈"情形,并引发了新闻与公关职业化进程中的"囚徒困境"。最理想的状态是"真新闻"遇上"真公关",两个职业相互满足需要,彼此信任,共同发展;"真新闻"遇上"假公关"抑或相反的话,两个职业之间就缺乏互信,彼此成了对方的"敌人";最严重的是"假新闻"遇上"假公关",尽管两个职业相互利用、狼狈为奸,但彼此缺乏信任,从而陷入了永远的危险中。

这种"囚徒困境"是否符合新闻与公关应有的职业生态?能否从理论与实践两个方面同时化解这种"囚徒困境"?这是本文思考并试图回答的问题。本文采取文献和思辨研究相结合的方法,以生态学范式为宏观指导,探讨专业主义逻辑下新闻与公关的职业关系,以期对新闻与公关的专业化发展有所助益。

---

① 《媒体须自律》,财新网,http://magazine.caixin.com/2012-01-07/100346639.html,最后访问日期:2012年1月9日。
② 《新闻出版总署通报"达芬奇"报道问题调查结果》,新闻出版总署官网,http://www.gapp.gov.cn/cms/html/21/367/201202/732930.html,最后访问日期:2012年2月10日。
③ 《公关陷阱》,财新网,http://magazine.caixin.com/2011-12-31/100344833.html,最后访问日期:2012年1月2日。
④ 参见新浪微博@华中科技大学陈先红,最后访问日期:2012年1月8日。
⑤ 参见新浪微博@董关鹏,最后访问日期:2012年2月12日。

表 1　新闻与公关的"囚徒困境"

		真公关	假公关
		好事要出门，坏事要讲清	传播假象，隐藏危机，欺骗公众
真新闻	报道事实	专业主义的同构	公关专业主义缺失
	传播真相	公关与新闻共建社会真实	公关成为新闻的"绊脚石"
假新闻	报道失实	新闻专业主义缺失	专业主义双向缺失
	传播假象	公关成为新闻的"替罪羊"	公关与新闻狼狈为奸，社会道德底线缺失

二　媒体与消息来源的关系博弈

事实上，有关新闻与公关关系的争论并非新鲜话题。早在20世纪六七十年代，美国学者就开始了新闻与公关关系的研究。在 Everette E. Dennis 和 John C. Merrill 合著的 *Media Debates* 一书中，新闻与公关关系是其论争的重大问题之一：一种观点认为公关操纵了新闻；另一种观点则认为公关提供了必要的新闻服务。这种"喜爱/仇恨（甚至敌对）"的二元对立的思维框架，成为二者关系的基本评价。"公关强影响论"者认为，公关新闻材料对媒体而言有"绝对的重要性"，公关人员通过"信息补贴"直接影响记者的新闻搜集活动。"公关弱影响论"者则认为，公关信息来源不会对新闻报道产生十分明显的影响，只会对新闻记者的感受产生间接影响（Baxter，1981），二者关系中，新闻记者发挥着掌控性作用，公关人员为了获取报道，需要"百般追求"新闻记者。不过也有学者建构性地讨论二者之间的关系。学者 Gans 曾将二者的关系形容为"舞伴"：起初彼此互相寻找，共舞后，又都试图引领对方；然而无论哪一方处于主导地位，双方基本上仍在互利互赖的基础上活动。我国学者冯丙奇在研究了大量国外文献的基础上，将新闻与公关描述为"双重守门人之间复杂的共生关系"，认为媒体人员与公关人员"相互需要"，双方关系"蕴含着微妙的共生性质"。

长期以来，媒体与消息来源的互动研究是新闻与公关关系研究的重要取向。这个领域的研究路径主要分为"内部途径模式"和"外部途径模式"两种。"内部途径模式"是在新闻生产框架中研究新闻与消息来源，将消息来源视为新闻生产过程中的资讯提供者，而不是新闻价值和媒介真实的共同建构者，认为新闻记者是使新闻"客观、中立、真实"的唯一"把关人"。这类研究更多地代表一种"记者中心解说"（journalists-centered theories），或"媒体中心倾向"（media-centered orientation）。这种模式下，代表公关的消息来源不过是新闻专业化操作涉及的一个附属部分而已，公关在二者之间的关系中处于明显的受支配地位。"外部途径模式"是在权力互动与实践框架中研究媒体与消息来源。这种模式将消息来源视为组织化或非组织化利益团体的代表、社会行动者和传媒接近权的竞争者（消息来源场域）。它强调消息来源场域对新闻媒体的超强影响力，认为新闻的影响力必须与其他社会机构共享，而公关作为新闻资讯提供者和其他社会机构的利益代表者，既具有影响新闻公正报道的意图，又具有与新闻共建社会真实的功能（陈先红、陈欧阳，2012）。显然，在这个模式中，公关开始摆脱受新闻支配的地位，成为与之合作的共建者，它们共同建构符号真实，创建社会意义（臧国仁，1999：321~323）。

三 职业社会学认知的专业差异

职业社会学是人们研究新闻与公关关系的又一个重要理论取向。职业社会学探讨的核心问题涉及"职业"、"职业化"以及"职业主义"等。然而，关于什么是"职业"，社会学界并没有一个统一的定义。我国学者刘思达在梳理西方职业社会学有关职业概念的基础上，认为"职业"这一名称从根本上说是一个符号，它的意义在于使一个行业的职业自主性与从业者所享有的声望在社会中获得合法性。显然，这里的职业（或专业，即profession）和我们通常所说的工作（或职业，即occupation）[①] 是不同的。

[①] 后文如果未做特殊说明，一般将"职业"和"专业"混用，均表示英文profession的意义。

专业主义的同构:生态学视野下新闻与公关的职业关系分析

于是,学界从定义"职业"概念转向研究"职业化"(professionalization)。所谓"职业化",可以理解为 occupations are professionalized 的过程。美国社会学家 H. Wilensky 认为,occupation 转变成 profession,须经五个阶段:第一,努力成为专职或全日制(full-time)的职业;第二,建成专业的教育机构;第三,建立专业协会;第四,职业的代表人物具有政治动员力量;第五,专业协会建立自律的行为准则(黄旦,2002)。职业化的目标是实现"职业主义"(professionalism),这是将职业作为一种制度概念的研究,核心在于确定职业特征的一些基本原则。职业社会学家 David Carr 曾总结了构成职业主义的五个标准:(1)提供一种重要的服务;(2)既有理论背景又有实践背景的专门技能(expertise);(3)有特别的伦理维度(dimension),一般都明确写在实践规范中;(4)有组织和内部约束的规则;(5)职业人员要有较大的独立判断权。上述标准成为检验一种行业是不是职业的重要依据,也是我们认识新闻与公关职业特性的重要标准。

首先看新闻。学界对新闻是不是真正意义上的专业一直存有争议[①],但有关新闻专业主义(Journalistic Professionalism)的讨论却一直经久不衰。李金铨认为,新闻专业主义包括两个层面,一是追求报道的客观公正,一是注重职业的伦理道德。郭镇之认为,新闻专业主义的核心理念,一是客观新闻学,一是新闻媒介和新闻工作者的独立地位和独特作用。李良荣认为,新闻专业主义的核心理念体现为新闻自由和客观性原则,前者指向新闻业的"自治"状态,后者指向新闻业特有的一套知识和技能,即如何做到报道的"平衡、公正、不存偏见、准确和中立"。也有学者结合中国大陆的实际思考新闻专业主义,认为新闻专业主义既没有"描述"意义,也难起"规范"作用,真正对媒体和从业者具有"描述"意义或起"规范"作用的是中国传统文化中那些被称为"底色"的东西。学者认为,新闻专业主义在中国大陆出现了三种变异:(1)摆脱行政干预的

[①] 反对者认为,新闻工作是事业、工艺或其他——但不是一种职业。其理由是新闻"没有入行要求,没有分立的知识体系,没有抑制任性成员的内部团体,没有道德准则,也没有营业执照制度"。赞同者认为,新闻工作是一种职业(就跟医学和法律一样)。其理由是"新闻工作通过保持信息自由流通提供公共服务……具备一种职业所具备的客观性、专门知识和组织特征"。

策略；（2）不以承载"社会责任"为己任且没有"主义"；（3）商业化使新闻专业变异。因此，新闻专业主义在中国大陆更多地表现为"一套话语"、"一种意识形态"或"一种社会关系模式"。上述有关新闻专业主义的讨论呈现出一种多义性的诠释，这不仅反映了研究者内部的分歧，一定程度上也增强了质疑此理论解释力的反对者的声音，使双方长期在新闻学"是不是"职业社会学意义上的"专业"以及中国"有没有"新闻专业主义上争执不断。

其次看公关。相比新闻职业研究尤其是新闻专业主义研究的丰富性，有关公关职业问题的讨论要少得多。这和人们对公关本身的认知不无关系。在不少公关学者眼里，公关的本质是模糊不清的，其常与广告、营销传播、宣传等相混淆（Newsom, Turck & Kruckeberg, 2004；拉铁摩尔等，2006），这种混淆本身反映了对公关职业的一种误解。一项来自南非的研究指出，公关人员的专业主义存在两个问题：一是缺少对公关人员的有效管理；二是公关人员自身缺乏专业主义的努力。这个发现基本上揭示出公关作为一种职业定义的两难。一方面公关不仅是一种非常重要的 occupation，而且具备了 profession 的一些基本特征：它不仅是一种普遍的工作，而且已经成为重要的产业；它不仅需要专门的知识，而且已经拥有专门的教育培训机构，并发展成一个重要的学科种类；它也有自己的协会组织，指导本行业的各种实践；它的社会动员和资源整合能力更是不容忽视，尤其在关系社会的今天，这方面的作用越发突出；它同样拥有自己的伦理道德诉求，并逐渐成为从业者自我约束的规范。但另一方面，作为一种商业的、功利的且具有依附性的 occupation，其专业化（professionalization）程度不高：经常受制于政治意识和商业机制的约束，缺乏职业应有的自主性；常常处于一种临危受命的对策性工具状态，缺乏职业应有的稳定性；经常在伦理道德层面上缺乏自我约束和外部监督，并且很容易造成公共性和社会责任的严重缺失。

显然，二者职业认知上的差异，同样说明新闻与公关在职业特性和职业地位上是不同的：新闻的职业特性尽管饱受争议，但在职业化语境中一直被讨论，并且真正付诸了专业主义的实践；公关的职业特性还处于相对两难的境地,加之具体实践中公共性的缺失,而很少提出专业主义的具体要求。这种职业认知的偏见必然造成现实判断上的差异。因此,一旦出现类似达芬奇家具的危机事件,新闻与公关的"职业攻防战"就自然而然地爆发。

四 生态学视野的多元职业关系

生态学是"一门活着的有机物与其外部世界,它们的栖息地、习性、能量和寄生者的关系学科"。20世纪50年代以后,生态学不断与其他学科相交叉,并诞生了个体生态学、群体生态学、人类生态学、文化生态学等分支学科。生态学既是一种世界观,又是一种方法论。作为世界观,它强调:世界是由相互联系的复杂网络组成的有机整体;世界是变化着的有序的整体;人类的价值和意义也包含在自然整体的自组织进化过程中。作为方法论,它不主张孤立地考察单一的事物,而是把它与周围环境中的事物种群一起加以考虑,从整体着眼,了解事物之间的关系,进而对事务做具体分析。近年来,生态学也是研究职业社会学和公共关系学的重要理论范式。

职业社会学的生态性理论认为,"职业"是"在一个社会领域具有一定空间位置的主体",因而它可以成为生态性理论的分析单位。而"所有生态性理论模型又都强调对个体行为的空间约束、主体之间的相互依赖,以及生态系统中的互动行为,一切社会行为都被系统中不同主体之间的相互依赖关系所产生和约束——这些主体并非完全独立地或者有机地演变,而是通过与其他主体之间的冲突与互动而不断发展"。这就是说,生态关系视野中的职业,必然存在职业自身的"空间约束"、不同主体的"相互依赖",以及生态系统中各种行为之间的"互动"。运用到新闻与公关的职业关系中来,就很容易化解过去经常出现的认知偏见——新闻与公关非此即彼、非爱即恨的二元对立。

公关生态学研究则认为,生态学包括浅层(shallow ecology)和深层(deep ecology)两种。浅层生态学范式的公关强调功利伦理观,遵循功利主义,强调策略方法,侧重公众说服和民意操纵;深层生态学范式的公关强调义务伦理观，注重伦理方法、责任义务、关系质量和社会和谐。这就赋予了公关形而下和形而上的双重观照，在术与道的双重视野中进行新的公关定义。公关生态论认为，公关在本质上是一种"关系居间者"，其本质属性是"公共性"，坚持第三方立场的中间道路，通过伦理方法、文化影响和制度改造，追求组织利益、公众利益和公共利益的平衡与统一，最终建立信任和谐的关系生态。这从理论上解决了过去公关定义和职业理念中"公共性"缺失的问题，为职业社会学的公关研究提供了重要的理论注脚。

无疑，生态学视角既让我们确立了公关的本质，强化了公关职业化研究的理论基础，又让我们看到了新闻与公关在职业社会学层面的生态景观，从而对新闻与公关的职业生态关系有了更深的理解。按照生态学的有关理论，生态关系存在竞争、捕食、食草、中性、共生、合作、附生、寄生等八种情形。以此对照，新闻与公关的职业生态关系同样存在如下几种情形：

（1）竞争关系，即两个职业之间相互抑制、互为竞争对手，这在新闻与公关的职业诉求和商业利益上表现明显；

（2）捕食关系，即一种职业逐渐取代另一种职业，如果新闻不能坚守自身的专业操守，就有可能被不良公关所取代，反之亦然；

（3）食草关系，即对其中一种职业有利，对另一种职业有害，例如，如果有关新闻与公关职业问题的讨论总将"公关"作为替罪羊的话，那么这种讨论尽管有利于新闻专业化的发展却不利于公关职业化的成长；

（4）中性关系，即两种职业互不影响，就当下新闻与公关的职业现状来看，这种情形几乎不存在，但在未来是否出现还难以确定；

（5）共生关系，两种职业之间相互需要、共生共融，而且分开之后不能生存，这在新闻之于公关的传播效果以及公关之于新闻的信息补贴意义上表现得十分明显；

（6）合作关系，两种职业彼此有利，分开后同样可以独立存在，这种情形基本代表了当下新闻与公关的关系常态；

（7）附生关系，即其中一种职业依附另一种职业而存在，从国内的公关运作情况来看，大多数活动型的公关公司是附生于媒体的；

（8）寄生关系，即一种职业寄生于另一种职业，站在传统的新闻专业主义的立场来看，公关很多时候扮演着寄生虫的角色，它寄生在新闻体内，利用新闻媒体达到自己的目的。

五 新闻与公关的专业主义同构

综上所述，我们现在回应本文开头由达芬奇家具案引出的新闻与公关的"囚徒困境"问题。

首先，作为一种普通的 occupation，新闻与公关都是真实的客观存在，原本就不该存在所谓的真假之说。因此，上文所谓的博弈关系只有一种是最合理、最健康的存在，即"真新闻与真公关"，其余三种皆为不健康的职业关系。现实生活中，人们之所以对新闻和公关的"真假"一直存有疑虑，是因为人们赋予了二者专业层面的更高要求，即"专业化"和"专业主义"的要求，一旦这个行业及其从业人员有违这些要求，就很容易成为人们诟病的对象。对新闻业而言，这是一个老问题，但对公关业而言却是一个新问题。新闻专业主义的讨论尽管争议不断，但依然成为业内主流话语和主要的社会实践。相比之下，尽管公关业一直努力践行专业化的发展道路，但是公关专业主义的讨论却一直相对匮乏。笔者认为，在公关专业化已然成为现实的情形下，公关专业主义势必成为公关行业健康成长的必备要素。根据公关生态学和职业社会学思想，公关专业主义的核心理念应包括两个方面：一是在价值观层面，公关必须追求公共性，追求真善美的关系生态，这是公关专业主义成立的根本；二是在具体业务操作层面，公关必须坚守自己的职业伦理和行为规范，积极主动地承担社会责任，这是公关专业主义在实践层面的具体要求。

其次，在生态学视野下，新闻与公关表现出一种复杂的职业生态关系。如前所述，生态系统中的竞争、捕食、食草、中性、共生、合作、附生和寄生等八种情形在新闻与公关之间都有体现。但是，作为理想状态，"共生关系"无疑是新闻与公关职业生态关系中最现实、最合理的选择——新闻与公关相互需要、共生共融、共同成长，谁也离不开谁。当前新闻与公关已经具备了这种共生关系的外部条件：（1）媒介化社会深入各个行业，人们利用媒介传播的能力趋向平等，媒介鸿沟在行业之间的竞争中很容易突破，尤其是网络科技的发展，为公共关系管理提供了契机，新闻与公关很容易在同一个平台上共同成长；（2）新闻业的商业属性依然存在，新闻业不仅离不开公关提供的广大商业市场，也离不开公关提供的各种"消息来源"和"信息补贴"；（3）公关业的公共性追求逐渐在业内达成共识，从而使其与新闻业的社会属性趋于一致，公关专业主义与新闻专业主义将结伴而行，共同成长。因此，"职业共生"将是两个职业未来发展的必然趋势，也是两个职业走出囚徒困境的理想选择。

最后，在生态学视野下，我们应该达成这样的共识：新闻与公关都是专业，它们在行业内和彼此间进行着专业化实践，拥有不同的专业主义诉求，但在具体指标上存在一定的相似之处——这种"不同"和"相似"存在于它们相互依赖和彼此沟通的职业生态关系中，并在这个过程中努力实现"专业主义的同构"。这种"专业主义的同构"，是指新闻与公关在专业化发展的过程中，彼此同构各自的职业价值观和基本伦理操守。具体表现是：（1）在专业价值层面，二者坚持以事实为基础，善尽社会责任，追求公共性，以此同构自身的职业追求；（2）在专业伦理层面，新闻人和公关人不仅遵守自身的伦理准则，而且彼此建构共同的伦理规范，进而推动各自专业主义标准的逐渐完善；（3）在专业技能层面，新闻与公关既有合作又有竞争，并在这种竞合关系中优化各自的业务技巧。显然，这种"专业主义的同构"是新闻与公关共生关系中最理想的状态。

[该文发表于《新闻大学》2013年第2期，作者为陈先红、刘晓程，系国家社科基金项目"政府调控新媒体的公共关系策略研究"（08BXW026、10CXW012）的阶段性成果]

公共关系与新媒体

论新媒介即关系

一 研究问题的提出

"新媒介"是一个常用常新的相对概念,在这里主要指基于通信技术和网络技术的新媒介形态,如互联网、手机、博客、播客等。近年来,新媒介研究已经成为国内外学术研究领域的焦点议题。欧美学者对新媒介的研究主要有两种取向:一是从整体上考察新媒介的历史、社会影响、演进规律和政府规制等;二是分别研究各种新媒介的相关议题,主要包括新媒介特质、新媒介使用特征、媒体效果与新传播技术、媒体改进与融合研究等。这些研究的理论视角主要集中在"创新扩散理论"和"技术的社会塑造理论"等方面。

国内的新媒介研究基本追随美国的研究方向,成果颇丰、近年来,论著和译著达百余本,国家社科基金项目有十几项,如《多媒体技术与新闻传播》《电子出版事业发展和宏观管理研究》《新闻传播手段的数字化:现状透析与发展预测》《网络传播新发展及其对策》《网络出版理论和实践的研究》《网络出版对传统出版的挑战及对策研究》《网络传播对传统新闻传播理论与实践的挑战及对策研究》《传播技术发展史研究》《传播技术最新发展及其影响研究》,以及手机媒体和管理研究、互联网管理中的平衡与协调等,相关研究论文仅2006年就有500多篇。近年来,新媒介研究热点集中在博客/播客、手机媒体、数字电视、媒介融合、网络危机处理等方面；并产生了一些新的理论观点，如"信息社会4.0""新媒介需求论""数码沟指标"等。

从历史上看，每一种新媒介技术的出现都激发了人们对传播学研究的乐观想象。从早期的印刷术、无线电、电视、录影机到现在的互联网和移动通信，新媒体给传播学研究带来的种种挑战和颠覆，似乎成为整个传播学领域的标准叙事和焦点议题。面对新媒介技术汇聚的洪流，我们猛然发现，人类早就置身于"媒介社会"中了。无论是认识还是感知这个世界，都必须以"媒体"为中介，甚至可以说人与人之间、人与社会之间的联系已经充分"媒介化"了。人们通过网络建立社群，也通过网络摄取知识并借此形成对世界、他人、自我的观感。媒介已经内化于人，成为人们生活方式的一种延伸。所以，本文提出，新媒体对传播学研究的挑战和颠覆是发生在本体论层次的。也就是说，新媒体对当今人类生活的影响，是从"根本"层次上发挥作用的，是在认知、知觉、认同、关系等与人类存在、真实概念相关的"本体论"层次上发挥作用的。

一方面，新媒体改变了人类认识世界的思维方式，改变了人们对于真实的认知方式，它所创造的虚拟真实并不仅仅是对真实的模拟、再现，虚拟化并不是对立于真实性的，相反，虚拟化是一种现实化过程，它实现了"遍在"（ubiquity）的特性，亦即一种"准在场"（quasi-presence）——透过新媒体，跨越距离樊篱而得以呈现。李维在谈到数字科技的吊诡性时指出，正如医学上的移植手术可以让我们与他人共享身体一样，新媒体技术也可以让人类虚拟地共享全球性的身体，因为新媒体已经植入了来自全球各地的器官。因此，个别的身体开始加入一个极大的、杂交的、社会的以及科技生物的"超身体"之中。也就是说，新媒体技术不仅仅颠覆了物质真实的概念，更创造出一种似真非真的超真实，甚至它所颠覆的是"真实"的根本概念。

另一方面，新媒体改变了人与机械、人与科技的关系状态，改变了人类的生活方式。其实，早在机械文明最兴盛的20世纪六七十年代，科技哲学家布鲁斯·马利许（Bruce Mazlish）就站在第四转折①的立场上开始重新思考"人"与"机械"的互动关系。他认为，人类与机械的互动关系已经不能单纯地放置在主客体的关系中，一方面，人们已经慢慢地将自己所处社会的演进过程与机械工具的发展融合在一起；另一方面，现代社会中人类用同样的科学概念来协助解释他们自己的工作，以致我们已经无法思考没有机械协助的人类文明是怎样的情景。另一位科技哲学家伊德则从存在主义的现象学出发，将科技视为人类存在的延伸，人与科技之间的关系就成为一种"体现"的关系，这种关系延伸并转换了人身体的与知觉的意向性。科技让原本不可见的变得可见（如B超、网络视频聊天），将内在性变得外在化。也就是说，科技似乎让我们显现了，但也让我们消失了。

互联网技术的兴起引起了社会隔离派和技术福音派的激烈辩论，其中一个热门话题就是：互联网是社会联系的技术，还是社会隔离的技术？互联网到底是减少了社会资本，还是增加了社会资本？2000年2月，斯坦福大学的Norman Nie和Lutz Erbing发表了《互联网与社会报告》（*Internet and Society: A Preliminary Report*）。这项报告的一个主要论点就是，互联网的大行其道导致人们陷入了孤独的境地。人们在网上的各种活动是以牺牲与家人、友人和社区的交流为代价的。Norman Nie认为，电子邮件是使人们保持联络的一种方式，但它无法与某人分享一杯咖啡、一桶啤酒或给人一个拥抱。互联网可能是一种终极的隔离技术，使人们进一步减少参加公共社区活动，这要比以前的汽车和电视的影响大得多。而加拿大网络分析专家Barry Wellman认为，现代社会的联系方式已经发生了变化，社会的连接通常建立在"网络个体主义"（networked individualism）之上，即以个体为基础的网络社区之上而不是传统的地理社区之上。他认为，信息

---

① 在1915~1917年，弗洛伊德曾清晰地指出人类文明的三大转折（discontinuity）：哥白尼（Nicolaus Copernicus）的"太阳中心说"在自然科学界导致了典范的转移，是人类思想史上的第一个转折；第二个转折是达尔文（Charles Darwin）的物种起源和生物进化论，其在生物科学领域形成了一种巨大的效应；第三个转折是弗洛伊德（Sigmund Freud）的精神分析学说，其在心理学、生理学和哲学等领域产生了巨大影响。而现在第四个转折就是马利许（Bruce Mazlish）提出的技术与文化形上自觉的互动转变，具体参见Bruce Mazlish, "The Fourth Discontinuity," *Technology and Culture* 8 (1967): 1-15。

与通信技术有助于强化这些纽带,互联网可以使社会资本增加,推动全民参与以及在线社群的形成。

随着以YouTube视频网站和博客传播为基础的互联网2.0时代的到来,原来以"比特"为基本单位的数字信息传播,逐渐向以个人门户为基础衍生出来的将社交圈子、主题社区(比如博客圈、博客群)作为基本单位的关系传播转变,整个社会既不是技术福音派所期望的,也不是社会隔离派所宣称的那种断裂图式,而是进入了一个新的阶段——社会趋于技术化,技术趋于社会化。根据UCLC的互联网报告《数字未来鸟瞰》(*Surveying the Digital Future*),63%的美国人使用电子邮件与朋友和家庭保持联系。"最终,互联网会平静地融入越来越多人的日常社会生活,社会正变得越来越技术性了。"与此同时,社会性软件比如博客、维克等则模糊了计算机在线体验和面对面离线交流的界限,通过双向整合,将互联网整合到我们的日常生活中,也将日常生活整合到互联网中。社会软件通过消除隔离的鸿沟,增加了社会资本。

正如赖许(Scott Lash,2002:156)所言,当代的科技发展已经造就了一种新科技文化,这种文化不同于以传统心物二元论视野来看待的再现文化。再现文化假定主体和客体之间存在一定的距离,即主体(读者、阅听人或观者)与文化(媒体文化)之间是一种相互分离的主客体关系,文化则是对文化实体再现的结果。然而,在新媒介文化中,主体、文化与文化实体却是存在于同一个世界,也就是说两者之间并不存在任何距离,新媒介文化并不是对某个实体的再现,而是新媒介内在于人之中而展现出来的文化。换言之,新媒介文化不是存在于事物之中,而是存在于人与新媒介之间的关系层面。

由此判断,新媒体对人类认知方式和关系方式的改变所带来的是"本体论的转换"(ontological shift),以传播学本体论观之,这种本体论的转换可能发生在信息传播和关系传播之间。但是目前的新媒体研究成果主要是从与传统媒介相对照的角度,关注网络传播给信息传播带来的变化(陈红梅,2004)。例如,主导人们对新媒介社会作用进行想象的,仍然是一些"传导"和"运输"的比喻,如信息高速公路、电子通道等,这些比喻虽然为人们理解新兴的互联网及其社会功能提供了形象的进路,但限制了新媒介研究的视野，使"关系视角"在新媒介研究中被再次边缘化。事实上，新媒介不仅仅提供了互动的通道，更重要的是它设置了互动发生的情境、条件和权力关系，成为社会现实的构成性因素，将新媒介概念化为"赛博空间"、"虚拟现实"和"网络社群"，强调了新媒介所建构的交往环境和交往秩序对社会组织和社会认同的影响，为关系传播视角的研究提供了有益的理论资源。

因此，本文按照"媒介即信息"的逻辑，大胆提出"新媒介即关系"的假设，并采用英国学者布尔丁的"媒介属性三维度"观点，对新媒体的关系属性进行探索性分析。布尔丁认为，判断媒介属性至少要从三个维度出发：一是媒介要求的参与程度，也就是信息接受者在物理状态下的参与水平；二是媒介的效力半径，即媒介的反馈机制能力；三是通过载体被传达的信息密度。本文以此为分析框架，进一步提出"新媒介即关系"的三个分命题：

第一，"关系传播"体现了新媒介的传播归属；

第二，"电子对话"体现了新媒介的传播特征；

第三，"梅特卡夫法则"和"长尾效应"体现了新媒介的传播效果。

本文旨在针对主流新媒体形态如互联网、博客、手机等，提出一个新的研究视角和理论观点，即从元传播（关系传播）的角度，而不是传统的信息传播的角度来看待新媒介系统对人与人之间沟通行为、关系方式的影响，通过思辨性研究和探索，为下一步的实证研究提供分析框架。

二 新媒介的传播归属：关系传播

在当前的"媒介融合"中，媒介演变的总趋势是传播主体的个人化、传播方式的人际化，随着信息高速公路逐步贯通全球，媒介世界最终演变为以人际传媒为主体的全球一体化点网状媒介系统，那么，这种点网状媒介究竟属于哪一种传播形态呢？是人际传播还是网际传播？群际传播还是大众传播？这不是一个简单的 A 或 B 式的判断和选择题，许多学者纷纷提出"小众传播""分众传播""个众传播""虚拟传播""网络人际传播""超人际传播"等概念，为新媒介传播定位。例如，瓦特（Walther，

2002：529—536）提出超人际传播概念。他认为，以电脑为媒介的传播具有超人际传播的特性，电脑中介传播更加友善、亲密与社会化，甚至超过面对面传播。就他的论点而言，这"超越了普通的人际层次"。方兴东博士认为，新媒介是自媒体，是所有人对所有人的全传播。

本文认为，对新媒介传播形态的界定，不能仍然按照传统的线性思维，把它简单地归属于人际传播、小众传播、大众传播或者超人际传播范畴，而应该从最本质的传播类型入手，在"信息传播"和"关系传播"之间，寻找新媒介传播的偏向。

从传播学理论的本体论来看，传播主要有两种类型，一种是二进位的、数值化的，倾向于内容的表达，对信息符号进行编码；另一种是类似的，是通过象征符号（如传播过程中的姿态、情感和背景等）展开的一种外在表象的传播，倾向于关系的表达。凯利（James Carey）在《作为文化的传播》一书中，将这两个传播类型概念化为两种研究视角：传导视角（transmission view）和仪式视角（ritual view）。自从C.香农和W.韦弗的《传播的数学理论》问世以来，主流传播学理论一直是沿着"数值化的线性表达"来研究传播行为的，像拉斯维尔的"5W"传播模式、麦克卢汉的"媒介即信息"等理论都是建立在"传播是一种信息传递"的本体论认识基础上的。长期以来，这种传播作为"信息传导"的主流想象，导致传播学忽视了嵌入传播中的"关系信息"。而事实上，传播的本质是寓于传播关系的建构和传播主体的互动中的，传播是社会关系的整合，是通过被传播的内容来反映或说明一种关系。关系总是按照自身的意志来裁剪传播内容，关系高于内容，影响内容，也决定内容。研究表明，当传播者和接受者之间的关系达到饱和状态时，传播便会产生催眠效果，这个时候的内容信息接近于零。也就是说，内容已经失去意义，只剩下最纯粹的传播关系，一个最典型的例子就是热恋中的双方喋喋不休，有效信息极少，但正是在对"真实的废话"的不断重复中，情侣关系才得以建立和巩固。以手机短信为例，作为一种新媒介，其对社会和日常生活产生的冲击力，并非来自信息交换的内容，而是来自发送媒介如数码技术/发送方式等形式主义要素，这使传播过程更倾向于"强调延续关系"，而不是强化内容或追求一种个性化的传播方式。

真正对"关系信息"展开研究的是巴罗阿多学派,其创始人是英国著名的遗传学家 W. 贝特森。他在 1972 出版的《精神生态学的步骤》中指出,人类精神不在大脑或者身体的其他部位,而是在身体之外,在个体与其他人的关系之中。因此,他用"精神生态学"概念来强调个体与其他人的传播关系的重要性。

关系传播研究抛弃了线性传播模式,并对传播学理论进行了本体论表述。第一,"人们不能不传播",任何行为都是潜在传播,在其他人在场的情况下,你与他们的关系总是在传播之中,即使不想与对方建立关系,你所表现出来的"无传播"关系本身也是一种信息。第二,任何会谈,无论多么简短,都包括两个信息:"内容信息"和"关系信息"。它们分别被称为"传播"和"元传播"。第三,互动总是被加上"标点符号",也就是说,互动总是被传播者转化为一种意义方式。传播永远不是一个简单的链条,任何既定的行为链都可能以不同的方式被"标点"。第四,人们同时使用"数字代码"和"类推/类似代码"进行传播。第五,在互动过程中,信息必须匹配和融合[①]。关系传播理论对传统的传播学有着革命性意义,怀尔德认为,"这是从个体向社会网络(从客体向模式)的焦点转变,就好像把宇宙的中心从地球转向太阳一样,关系传播是行为科学中的哥白尼革命"。

通过对传播本质的再认识,本文认为,新媒介传播应该属于典型的"关系传播"。新媒介提供了关系发展的肥沃土壤。在一个虚拟社区中,人们可以直接进入最感兴趣的地方,去和志同道合者聊天。与传统的结交朋友的方法相比,人们的交友机会增多,比如超女迷们很容易找到自己的同伴,一起分享喜悦,就很容易注意到其他人的态度、方式、经验等。虽然网上的许多关系都已转移到线下,但是在网络频繁互动的过程中,会形成强社区,网络已经代替了半私人化的聚会场所,比如咖啡吧、俱乐部和公园,人际互动的界面已经完全私人化、关系化、社群化。在新媒介传播中,关系是建立在"我—你"之间的互动传播基础上的,传播被当作策

---

① 陈先红:《公共关系学学源的传播学分析》,《湖北大学学报》(哲学社会科学版) 2007 年第 3 期。

略工具来帮助互动的双方建立关系。

根据新媒介传播的质量，我们可以把关系传播分为三种："社会层面"的关系、"文化层面"的关系和"人际层面"的关系。社会层面的关系体现了一种以社会分工信息为主的角色关系，文化层面的关系体现了一种以文化信息为主的价值观关系，人际层面的关系体现了一种情感关系。

就社会层面的角色关系而言，网上关系与其说是一种人际关系，还不如说是一种典型的社会角色关系，因为其主要是建立在社会线索而不是人际线索之上的。与面对面人际传播相比，网络传播者即使通过视频立即识别出视觉的、差异化的人际线索，其人际吸引力也是以"类的"社会属性为前提的，网络传播者在网上并不单纯是非个体化在线，而应该是"类别在线""角色在线"，比如学生在线、教师在线等。网络互动以角色为识别特征，建立在某些显著的社会分类基础上，所以，从本质上讲，这种吸引是一种社会吸引而不是人际吸引。也就是说，一个人仅仅是被群体中的成员所吸引，从根本上讲，这些成员都是同样分量的、可以替代的，QQ聊天即是一个典型的例子。

就文化层面的价值观关系而言，主要包括三个层面：通用的、集体的和个人的。通用层面价值观是最基础的和人类精神共享的，它包括一些基本的表达行为，如表示笑、哭的网络语言等；集体层面价值观是由某些人而不是所有人共享的，对于某一个团体或者类别，他们拥有共同的价值观，如CEO博客圈、学者博客圈、超女博客圈、麦当劳博客圈；个体价值观是最独特的，也是在新媒介文化中表现得最淋漓尽致的，如木子美现象等。文化价值观的三个层面以个体文化、群体文化和社会文化构成了新媒介传播实践的内容。

人际层面的情感关系体现的是个体关系的核心驱动力，个体的情感维度既是所有行动的基础，也是所有行动的结果，处在整个关系传播的中心位置。比如，Email作为一种颇受欢迎的网络传播方式，已经成为人们面对面会见和打电话之前，用来维系关系的常用手段之一。Email信息在三个不同层面上有利于情感的保持和关系的维系：第一，发送信息的简单行动表明，传者是仍然记得对方的；第二，每一次发送的信息都是一种情感的流露，一种开放自我的努力；第三，发送 Email 信息的频率，反映了关系渴望的程度及维持的强弱程度，人们能够通过邮件信息的内容和频度来选择关系维持策略。由于网络的内部结构预设了人与人之间的亲密传播，关系双方可以采用更直接的方法，比如询问个人隐私，让对方自我披露，直接进入情感关系层面，而一旦关系方感觉到彼此足够亲密，他们就会运用各种媒体，甚至通过面对面交流来维持这种关系。与面对面关系发展相比，网络情感关系的发展是简单的、临时性的、延迟的。

由此可见，新媒介作为一个"关系的居间者"①，正以可预见和不可预见的方式对人们的角色关系、文化关系和情感关系等产生深刻而全面的影响。新媒介为更多的人提供了一种建立、维系和发展关系的工具，既提供了结识新朋友的公共空间，也提供了维护老朋友关系的新阵地；既提供了各种社会角色关系对话交流的平台，也提供了不同文化关系之间的冲突与融合机制。所以，从关系传播的角度切入，更能够触及新媒介传播的本质。

尽管新媒介提供了关系发展的沃土，但它不会带来个人关系的大爆炸，因为人的交往能力是有限的，"150 法则"表明"150 是一个统计出来的人际关系网的数目极限"。

三　新媒介的传播特征：电子对话

与文字、影视等媒介相比，以网络为代表的新媒介的独特性正在于其交互性。网络媒介不是拓展了空间的范围，而是废弃了空间的向度，恢复了面对面的人际互动，但又与那些人与人直接的接触性体验不同，网络提供了更多的互动机会，具有创造互动体验的能力，正如布兰达·瑞尔所言，交互媒体不是关于信息的，而是关于体验的。美国学者桑德拉·鲍尔、洛基奇和凯思林·里尔登在《独白、对话和电子对话》一文中，提

---

① 传播哲学家、关系哲学家马丁·布伯认为，从本体论的角度讲，"本体乃关系"，关系先于实体，他提出"人是一种居间者（第三者）"的关系说。据此，笔者提出"关系居间者"的概念，来表示新媒介的本质属性。

出了"电子对话"(telelog)的概念。他们认为，大众传播是独白式的传播形态，人际传播是对话式的传播形态，以信息传播新技术为手段的传播则是电子对话式的传播形态。

在电子对话中，存在"我—它—你"的复合关系，即"人—机—人"的关系。"我—它"关系只是"人—机"之间的经验和利用关系，不是真正的关系。"我"是世界的中心，"我"去感知世界，周围世界仅是感觉对象。我对"它"的经验，表明我只是在世界之外去感知这个世界，而经验本身却在我之中，"我"是经验"它"、利用"它"的主体。"我"作为主体具有对象化的能力，而"它"不过是对象而已。"我—它"关系是一个工具关系的世界，现代信息传播技术把这一点推向了极致，使"人—机"对话转化为"人—人"对话，技术转变为支撑"我—你"关系的中介和平台。

"我—你"关系不是功利的工具关系，而是一种相遇的、对话的关系，这是网络传播区别于传统传播的一个显著特征，"当我们沿着某种电子路径行走，有人践行他的路与我们相遇，我们便可在相遇中开展对话，体察对方的路途"。这样，相遇给交流创造了机会，相遇给"对话"创造了机会，相遇是"对话"的前提。

在电子对话关系中，我向你诉说，你对我做出回应。"电子对话"使你与我既保持各自特点，又彼此联系在一起，具体地说，电子对话的特征表现为合作、平等、接近和冒险四个方面。

从合作面向来看，电子对话中的所有个体都有自己的位置，对话是互为主体的一个前提，寻求对其他人地位的理解，以及人们如何定位，对话是人们相互理解的过程。因此，对话的特征是每一个人都向对方开放自己，接受他认为值得接受的观点。

从平等面向来看，电子对话保持着关系的平等，对话方被看作一个人而不是一个物体，其间不存在谁高谁低的问题，也不存在西方唯我论哲学那种自我构造他者的思想，人们在交流中是完全平等的，这种平等是先在的，而不是在较量中形成的。在电子对话中，对话者可以随意讨论任何可笑或者滑稽的话题，虽然对话者在现实世界中具有不同的身份地位，但是，现实中的权力无法操纵或者控制网络世界中谈话的流动和方向。

从接近面向来看，电子对话倡导语艺交换，这是一种同时在信息、文化和情感三个层面进行的语艺交换。电子对话的接近性具体表现为积极性、开放性和人脉三个方面，积极性对话是努力使双方享受这种关系，开放性是提高想法和感觉的暴露程度，人脉则由两部分组成：共同的朋友以及愿意花时间和朋友在一起，如音乐博客、超女粉丝、环境主义者等。

从冒险面向来看，在电子对话中，冒险有三个特征：攻击弱点；出现不可预测的后果；对一些奇怪事情的认可。对方知道得越多，就越容易被发现弱点、被攻击和嘲笑。

四　新媒介的传播效果：梅特卡夫定律和长尾效应

在 IT 行业中，有一个与摩尔定律相提并论的定律叫作"梅特卡夫定律"（Metcalf's Law），它是由 3COM 公司的创始人、以太网的发明者梅特卡夫提出的，主要内容是：网络经济的扩张与网络节点数的平方成正比，网络的价值等于网络节点数的平方。换句话说，网络价值不在于技术价值，而在于节点与节点之间的关系价值，举例来说，如果这个网络的使用者是 N 个人，那么这个网络的价值就是 N 的平方，如果将 100 台机器联结成一个网络，在网络上每一个人可看到所有内容，那么整个网络的效率就是 1 万，而如果连接 1 万人，那么它的效率就是 1 亿！

梅特卡夫定律是基于每一个新上网的用户都因为别人联网而获得了更多的信息交流机会，它指出了网络具有极强的外部性和正反馈性：联网的用户越多，网络的价值越大，联网的需求也越大。在互联网 1.0 时代，这样的网络效应并没有那么明显，因为人是不带有任何社会信息的孤立的个体，个体的知识和社会关系不能分享给别人，而有了像社会性标签、社会网络服务这样的 Web2.0 技术以后，网络各点之间连接的可能性大大增强。由此可以看出，新媒介的传播效果不是来自信息，也不是来自技术，而是来自携带者的信息、知识、技术的关系网络。

在社会学领域，关系网络已经发展为一种被社会科学广泛认可的"社会资本理论"。该理论认为，关系网络是一种具有生产力性质的资源要素，由关系资源构成的网络是"一种高度信任的、把不同所有者联结起来的合作机制",具有配置资源的能力。关系网络配置资源的能力不再仅限于形成市场契约的个人权利这个节点,而在于节点与节点之间的"关系"本身。信息与通信技术有助于强化这些纽带,使社会资本增加。由于新媒介是一种传播与反馈同时进行的交互性媒介,网上资源不仅可以被无损耗地消费(如唐诗宋词从古到今被消费,但不可能"被消费掉"),还可以边消费边生产,消费的人越多,它所包含的资源总量就越大,这就是著名的"长尾效应"。克里斯·安德森在《长尾理论》中指出:在虚拟的web2.0世界里,一个极大极大的数(长尾中的产品)乘以一个相对较小的数(每一种长尾产品的销量),仍然等于一个极大极大的数,而且,这个极大极大的数只会变得越来越大。比如 Google 的大多数收益并非来自大广告商,而是来自小广告商,即广告中的长尾没有门槛的新参与机制和生产工具的普及,使无组织化的集体生产成为可能。

由此可见,以博客、社会网络服务为代表的新媒介彻底改变了"关系"的性质:关系从过去单纯的代表生产关系的概念——家庭关系、社会关系,转变为一种和资本一样有地位、有价值的生产力要素——社会资本。由于具有了生产性,网络中的关系(长尾)不仅是一种新的沟通方式,也是一种新的生产方式。基于网络中关系的开放性,它所携带的信息、知识、情感、信任等软性要素,构成了具有资源配置性质的关系网络。虽然网络关系群体或社区较现实中的关系强度更弱、异质性更强、范围更广,但这些关系所产生的不断被放大的口碑效应,改写了这个时代的游戏规则:我们正在离开信息时代,走向推荐时代,关系成为联结供给与需求的生产力。可以说,新媒介的传播效果"梅特卡夫定律"以及"长尾效应"正是建立在"关系就是生产力"这一假设的基础上。

五 "新媒介"的传播学意义

在传播学界,"媒介即信息"被公认为"麦克卢汉整个议程中最核心的洞见",也是"最广为人知却最难理解的断语"。麦克卢汉一反先前只注重媒介所传达的信息内容,开宗明义地点出媒介自身的重要性,及其对感观和社会的重大影响,提出"媒体的进步,影响并转变了整个社会"的主张。

麦克卢汉认为，新媒介一旦出现，无论它传递的具体内容如何，这种媒介的形式本身就会给人类社会带来某种信息，并引起某种社会变革。从这个意义上讲，媒介本身就代表着某种时代的信息，媒介就是信息。在麦克卢汉看来，媒介的"内容"就像块鲜嫩多汁的肉，纯粹是强盗用来引开大脑看门狗的东西罢了。传播中最本质的事情不是内容，而是媒介自身，可以改变世界和思想方式的是媒介的形式而不是传播的内容；媒介传递的"内容"没有什么价值，真正有意义的"信息"就是媒介本身的性质所发挥的作用。

与此同时，麦克卢汉把技术决定论的思想运用到对媒体的价值判断上。他认为，媒介是人体的延伸，传统媒体是对人的身体的延伸，新媒介是对人的神经系统的延伸。任何一种新媒介的产生都会使人的感觉器官的平衡状态发生变动，产生心理和社会上的影响，他说："任何一种感觉的延伸，都改变着我们思想和行为的方式，即我们感知世界的方式。"

由此可以看出，麦克卢汉的"媒介即信息"是以媒介本体论和技术决定论为研究视角的。他眼中的媒介是人的生物性延伸，而不是社会性延伸，因为他真正关心的不是信息的内容和形式，而是信息的技术表现可能性和工具性形态特征，"媒介即信息"被称为媒介的"技术铭文"。但是，麦克卢汉的研究兴趣主要是根据媒介技术特点来阐述现代传播媒介的心理学和生态学特征，并没有把兴趣放在传播者之间的关系上，另外其关于新媒介的研究主要是围绕"电视"展开的，没有深入触及网络新媒介的关系本质。

近年来，随着网络的普及和信息技术的不断进步，更多的新媒介传播研究转到另一个新的方向，即"互动""关系""社群"，因此部分研究者提出，新媒介应该在人类互动、交换信息、身份认同、虚拟社区、虚拟真实等主题上进行重点研究。国内一些学者如陈立丹、彭兰等也开始研究人际关系与人际传播。

在本文中，笔者大胆提出"新媒介即关系"的观点，提倡从关系传播的角度看待新媒介系统对人与人之间沟通行为、关系方式的影响。这一观点的提出并不是要一味沿袭麦克卢汉的语言风格，也不是胆大妄为地挑战媒介先知。就笔者的浅识薄见而言，不过是想把多年来研究关系传播理论的经验,运用到新媒介研究中而已。

"新媒介即关系"的传播学意义主要在于,把新媒介研究从传播技术层面提升到传播关系层面;把新媒介传播研究从以技术性的信息传播,导向以对话性的关系传播为主;把以网站为中心的"信息传播学",导向以人为中心的"关系传播学"。瑞士神学哲学家布鲁纳曾断言:"从技术史可以得知,技术的每一进展不只是改变了人与自然的关系,而且改变了人与人的关系。"新媒介的背后其实是一个人际网络,虚拟社群、讨论群组、聊天室、ICQ不仅串联起人们新形式的社会关系,也串联起人类新形态的社会生活。关系传播时代已经来临,正如美国著名传播学者罗杰斯所言:"关系理论将会得到广泛的理解和接受,关系传播学派也将得到应有的重视。"

(该文发表于《现代传播》2006年第3期,陈先红独著)

参考文献

陈红梅:《网络表达及其对社会的影响——近十年来国外网络传播研究述略》,《新闻记者》2004年第9期。

马丁·布伯:《我与你》,陈维纲译,生活·读书·新知三联书店,1988,第51~55页。

Pierre Levy, *Becoming Virtual Reality in the Diigtal Age*. London: Plenum, 1998, pp. 39-41.

Bruce Mazlish, "The Forth Discontinuity," *Technology and Culture* 8 (1967): 1-15.

Scott Lash, *Critique of Information*. London: Sage, 2002, p. 156.

J. B. Walther, M. R. Parks, "Cues Filtered out, Cues Filtered on: Computer-mediated Communication and Relationships," in M. K. Knapp and J. A. Daly, eds., *Handbook of Interpersonal Communication*. Thousand Oaks, CA: Sage, 2002, pp. 529-536.

W. Stephen, Littlejoin, *Theories of Human Communication*. New York: Wadsworth Publishing Company, 2002, pp. 275-279.

Chris Anderson, *The Long Tail*. Beijing: China CITIC Press, 2006.

微传播即公关

自 2011 年 1 月 10 日开通"陈先红红树林"新浪微博以来,我不知不觉间变成了一个地地道道的微博控。在空闲时,甚至学习期间,都情不自禁地沉浸在新浪微博的围观力所建构的"人联网"世界里:新鲜的资讯、智慧的思考、丰富的情感、冲突的社会、激扬的情绪……3 个多月来近万名熟悉或者陌生的朋友的注视,让我深刻领会了"微传播"的生活图景和关系模式,让我和这个世界的联系更加紧密。我在微博上写道:"新闻传播学院的老师,不开微博是不合格的,否则,我们永远只能用昨天的知识教今天的学生去做明天的事情。"

那么,微传播到底意味着什么呢?这可能是每一个参与和关注微博的人最关心的话题。早在 2006 年,我在《论新媒介即关系》一文中就提出了新媒体的关系性本质,如今微传播则给出最有力的证明。我认为,微传播的本质就是"公共关系性","微传播即公关"。这同样是一个大胆的预言,既是对"新媒介即关系"的有力证明和发展完善,也是对"媒介即信息"的划时代挑战,下面主要从认识论、本体论、价值论和方法论四个哲学维度进行阐述。

第一,从认识论来看,"你所关注的人,决定了你看到的世界",正如 Facebook 首席运营官范纳塔所说,"如果把今天的互联网想象成一个镜头,那在镜头之下的,就是你所熟悉和信任的、拥有自己独立想法的个人。透过镜头就能够看到整个世界,就是这个平台所具备的能力和潜在价值"。"在微博上建立一个基于真实身份的在线信息,建立一个公开或半公开的个人档案,和别的用户通过同一个关联进行通信","浏览所有关联并加入系统内其他用户所建立的关联",这样,通过每个人的"六度关系空间",世界上所有的人都能够通过各自的关系网串联起来。在这个镜头之下,你可以清楚地看到:在我—世界之间有你,在你—世界之间有我。世界是关系的集合,人是关系的居间者。有什么样的关系,就有什么样的人生。

第二,从本体论来看,所谓"微传播即公关"并不是简单地指各类主体在微博上开展公关活动,如微公益、微访谈、微营销、微外交、微事件、微报道、微征婚等,这些都是微传播的表象和具体应用。微传播的本质是"公共关系性",即在个人、社区、地域、社会和国际五个层面,全面实现公开化、透明化、网络化。微博所倡导的核心价值观如"透明度、信任、联系、分享",也正是公共关系诞生之初所秉持的理念。在微博世界,人们所有的关系都暴露在公开、透明的公共空间里,使之具有真正意义上的公众性、公开性、公益性和公共舆论性,而这正是公共关系的本质特征。你只有一个身份,因为"今天这个世界的透明度将不再允许一个人拥有双重身份",你要用真实的方式进行交流,通过跨时空接触,公开承认自己是谁并在所有朋友面前表里如一。只有这样,你才能不断扩大自我认同的边界,实现"个体我—社会我—生态我"的提升和超越,主动和整个世界融为一体。

第三,从方法论来看,"微传播"的研究对象主要是关系数据,而不是传统的属性数据,因此其研究方法主要是网络志研究、社会网络分析等,社群图、关系矩阵等分析工具完全颠覆了传统的定量测量方法,并构建了一套全新的概念体系,如强关系与弱关系、桥关系与洞关系、派系和小团体、关系密度、关系强度、点入(出)中心度、点入(出)中心势等。还可以将微传播的公共关系性概念化为"延伸性、互动性、媒介性"等社会网络性测量指标:延伸性反映了微博的关系长度,具体表现为关注和被关注的数量;互动性决定了微博的网络密度,具体体现为互相评论的频度;媒介性决定了微博的网络强度,表现为关系中心性和中介性等。这些都是下一步研究的方向。

第四,从价值论来看,微传播即公关的革命性意义在于,它把互联网从以 Google 为代表的毫无感情色彩的信联网时代，导向了以 Facebook 为代表的极度透明和具有真实身份的人联网时代，这是传播学从信息传播回归关系传播的根本性转变。人、关系、交互、信息、服务等构成的社会网络图谱，正在把人类世界带入集体返祖的关系社群之中，由此可能形成一个"微公关"世界。放眼未来，由于新媒体技术彻底改变了社会关系域，世界可能将变成一个国家，即"公共关系共和国"。

（该文发表于《国际公关》2011年第3期，陈先红独著）

基于社会网理论的博客影响力测量

一 研究问题的提出

目前,博客的"媒体属性",似乎已经被广泛认可,博客既是一个私人化的自媒体,也是一个公共性的自媒体。从新闻传播的角度看,美国网络新闻学创始人丹·吉尔默认为,博客代表着"新闻媒体3.0"。从社会传播的角度看,博客是一个社会化的草根媒体,在克里斯·安德森的著作《长尾理论》中,博客作为一种对抗热门的草根媒体,成为利基文化的杰出代表,它就像传统媒体长长的尾巴一样,不断地向传统媒体发起挑战。[①]"博客正被越来越多的作者用来传播个人观点,博客作为媒体的属性越来越明显。"[②]

研究表明,衡量博客媒体价值的现行标准,很大程度上依赖于博客新闻评论和报道突发事件的社会影响力以及博客页面的信息浏览量,研究者们从博客对传统媒介的冲击、对社会舆论的影响、对人际关系的改变等方面进行了广泛探讨,但是,这些研究多是基于内容视角,虽然也关注博客的阅读点击量、评论、留言和链接等要素,但是对博客媒体的独特属性——互动性和关系性,缺乏定量的分析和考察。

本文认为,博客影响力来自博客链接关系的聚合力,博客的链接状态

[①] 克里斯·安德森:《长尾理论》(第1版),乔江涛译,中信出版社,2006。
[②] 《"博客实名制"先推试点后立方案》,《南方周末》2006年11月2日,A8时政版。

是一种关系状态，链接的存在和消亡、强度、稳定性或者方向（链出或链入），对应着关系的存在/不存在、关系的强度、关系的稳定性和关系的方向。博客传播是一种关系传播，博客之间通过链接、收藏、评论、聚合、搜索等关联手段形成错综复杂的关系，进而形成一个虚拟的网络圈子或者社区，这种圈子或社区所具有的组织力量，赋予博客以影响力，从而决定其媒体价值。博客的影响力来自博客之间关系网络的价值，如果一个博客不参与其他博客的互动评论，不与任何博客发生链接，就成了信息孤岛或关系中的孤立点，这样的博客就不具有影响力。即使处于同一个关系网络中的博客，也有着不同的影响力和媒体价值，如博客意见领袖的观念往往具有更多的点击量和链接数，其影响力和广告价值也比一般博客更大。因此，本文提出，博客影响力来自博客所处的关系网络的价值，其中，网络密度、关系中心性和小团体是测量博客影响力和媒体价值的三个重要指标。据此，本文提出以下三个基本假设：

假设1：博客影响力和媒体价值与关系网络的密度有关。

假设2：博客影响力和媒体价值与它在关系网络中所处的位置有关。

假设3：博客影响力和媒体价值与它所在的关系网络的内聚力有关。

二 研究的理论基础

（一）博客传播的关系特征

博客传播是一种以电子对话为基础的全新的传播方式，它让网络用户脱离了"阅听人"的历史定位，投入互联网内容的创作中来，成为真正意义上的传播参与者。博客传播双方是一种平等的对话关系，其关系属性因关系网络的不同，而分别具有人内关系、人际关系、群体关系以及社会关系的属性。这四种属性在时间和空间上都是共存的，换句话说，进行中的博客传播可以是两个博客之间的人际传播，也可以是博客圈内的群体传播，还可以是影响面更大的大众传播。另外，这四种属性同样存在继起性，一个话题可以通过人内传播—人际传播—群体传播—大众传播的过程不断放大。

在关系的建立阶段,"博客过滤"(blog filtering)起着关键作用。博客作者的首次报道,被称为"草根报道",草根报道往往是良莠不齐的,很多报道并不具备传播价值,"博客过滤"是博客传播中自发的筛选机制,通过其他博客作者的引用、评论、社会性收录等方式与报道者进行直接或间接的交流和互动,建立起博客传播参与者之间的人际关系,博客过滤才算完成,博客传播才算开始。有的博客作者仅仅将博客网站当作日记本,不开放给其他人看,虽然在博客上发表了文章,但没有和他人建立关系,使传播进程仅仅停留在"人内传播"阶段,因而不能算作博客传播。博客过滤机制使博客作者之间形成了一种平等的关系,具有哈贝马斯所说的"主体间性"。在这种情况下,传播不再以信息的内容为导向,转而以传受者之间的关系为导向,有什么样的关系就有什么样的信息,博客过滤就是这样一个选择与剪裁的过程。

在关系的维持阶段,博客作者常常通过"边界管理"来维持关系,获得更多的关注。桑德拉·佩特罗尼奥(Sandra Petronio)提出,关系中的各方不停地进行边界管理,主要是管理公共领域和私人空间的边界。在这里,边界指的是在思想和感情上愿意与对方分享和不愿意分享的界限,或者说是私密性和非私密性事务之间的界限。保持一种封闭的状态可以获得更大的自主权和安全感,而开放的边界会带来更为亲密的关系和更多的共享信息,通过对边界的管理建立起更加宽泛的关系网络,从而在传播效果上产生更大的影响力。

在关系的网络化阶段,博客作者间的人际关系,通过 SNS/RSS/TAG 等形式分别从个人自组织、内容自组织、搜索自组织等渠道结成了一张巨大的关系网,即博客生态圈(blogosphere),博客的价值就在于博客之间关系网络的价值,也就是博客生态圈的价值。

在关系的延展扩散阶段,博客生态圈将许多来自互联网空间以及社会上的个人出版系统集中转化成一个协同发布系统,据此,媒介资源将在博客传播和传统媒体间重新调配,通过传统媒体的转载,使博客影响力大增。总之,博客传播的过程,就是建立关系、维持关系、聚合关系以及扩散关系的过程。

（二）社会网理论

社会网理论视社会结构为人际社会网结构，其中"节点"（node）代表一个人或者一群人组成的小团体，"线段"（line）代表人与人之间的关系，其研究重点是网络中的个人如何透过关系，在沟通过程中相互影响，因为这不但影响个体的行动，也会改变相互之间的关系，从而影响整体结构。

自 20 世纪 90 年代以来，社会网理论在美国社会学和管理学界成为显学，社会学家们不仅发展出一套有效的数学分析方法来测量网络结构，而且发展出一系列中层理论，对许多具体变量进行了有效的解释，如怀特的"机会链"理论（Opportunity Chains），传播理论大师罗杰斯（Rogers）的二级传播理论，斯坦福大学社会学教授格兰诺维特（Mark Granovetter）的"弱连带优势"（The Strength of Weak Ties）[①] 理论和嵌入理论，博特（R. Burt）的"结构洞"（Structural Holes）[②] 理论，以及管理学者魁克哈特（David Krackhardt）的"强连带优势"（The Strength of Strong Ties）理论，林南的"社会资本"（Social Capital）[③] 理论等，这些理论很好地解释了社会关系、关系内涵、关系强度、社会网结构、个人结构位置等因素对信任、情感支持、资源获得、信息传播、人际影响等诸多中介变量的影响。本文的目的在于运用这些社会网的理论和概念，来解释博客影响力（博客媒体的核心价值）是如何通过关系产生的，博客影响力的测量指标是什么以及如何解释。

根据博客传播的关系特点，本文以关系密度、群体中心性、小团体三个指标，来测量和分析博客的影响力和媒体价值。

1. 关系密度（density）

关系密度反映了网络结点相互连接的程度，在用 1 表示关系的存在、0 表示关系的缺失的矩阵中，关系密度的概念可以简化为"实际发生关系

[①] Mark Granovetter, "The Strength of Weak Tie," *American Journal of Sociology* (1973): 78.

[②] Ronald Burt, *Stuctural Holes*. Cambridge: Harvard University Press, 1992.

[③] Lin Nan, "Social Resources and Instrumental Action," in P. Marsden and N. Lin, eds., *Social Structure and Network Analysis*. Sage Publications, 1982.

或联系的数量占理论上可能数量的比例"。拥有 n 个点的无向图中的线数最多为 n（n-1）/2，因此，网络密度的数学计算公式为 2L/n（n-1），L 为网络中实际存在的无向的关系数，关系密度的取值范围是 0~1。实际的关系数量越接近网络中所有可能关系的总量，网络的整体密度就越大，反之则越小。

密度概念可以反映博客作者之间关系分布的均匀程度，如果在博客群体内关系是均匀分布的（density = 1.00），则说明每个博客的权力是平均的，影响力也应该是一样的，即媒体价值是一样的。罗杰斯指出，创新的传播是一种社会过程，任何一种新观念、新技术都是通过一组关系来进行传播的，然而，什么样的网络结构适合传播新观念？什么样的网络结构非但不适合反而有害新观念或新技术的传播呢？博客作者之间的互动越多，关系密度越大，是不是就意味着博客的影响力越大、媒体价值也越大呢？

根据魁克哈特提出的"组织黏性"（Organizational Viscosity）理论，适中的组织密度是比较好的，也就是说有点黏又不太黏的网络内容才适合快速地传播知识。在一个具有病毒式传播影响力的博客群体中，博客群体内关系不是均匀分布的，而是一种部分紧密、部分疏离的关系结构，基于此，本文提出假设1：博客影响力和媒体价值与关系网络的密度有显著相关性，博客作者互动密度太大或者太小都有害于信息和知识的传播，有害于博客影响力的发挥和媒体价值的实现。

2. 群体中心性（centrality）

群体中心性的内涵，恰恰与关系密度相反，它代表的是群体集权的程度，也就是互动集中在少数博客中的状况。它可以反映博客在网络中的位置，也可以反映网络的权力集中程度。如果一个博客群体的中心性很高，那这个群体的互动实际上是很集中的，几个关键人物实际上代表了整个群体的互动；如果一个博客个体的中心性很强，那么，其在这个博客群体中的重要性和显著性就很强，影响力和媒介价值也越大。弱关系理论和结构洞理论很好地解释了这一现象。弱关系理论认为，个体之间存在两种连带关系——强连带关系与弱连带关系，强关系是群体内部连接的纽带，由此获得的信息重复性高，而弱关系是群体之间的纽带，它提供的信息重复性低，是传递信息的有效桥梁，扮演着信息桥的角色。结构洞理论则认为，结构洞是"非冗余联系之间的分割","社会网络中的某个或某些个体和有些个体发生直接联系,但与其他个体不发生直接联系。无直接或关系间断(disconnection)的现象,从网络整体看好像网络结构中出现了洞穴"。结构洞的重要性并非与关系的强弱有关,因为在结构洞存在的时候,处于两者连接状态的第三者拥有两种优势:信息优势和控制优势。为了保持这两种优势,第三者希望结构洞继续存在,不会轻易地让两者联系起来。

根据以上理论,在博客群体中,有两个位置最为重要:中心位置(central positions)和中介位置(go-between positions)。如果一个博客拥有很多非重复的、直接的博客链接[①],该博客就居于"结构洞"的中心位置,如果一个博客处于许多交叉网络的最短路径上,那么这个博客就具有较强的中介性,即居于"桥"的位置。在本文中,我们把处在这两种位置上的博客取名为"洞博客"和"桥博客",它们都扮演着意见领袖的角色。一般而言,"洞博客"拥有正式的权力和非正式的影响力,能够发挥议程设置的功能,而"桥博客"不仅能够及时获得重要的信息、知识、信任,而且具有控制其他两个博客之间交往的能力,相当于把关人,起到连接其他个体的桥梁作用,能够控制信息流动的过程和关系传递的方向。一般来说,多数博客都不只涉及一个领域,它们有可能在两个或者两个以上的博客群落获得意见领袖的地位,多个不同的博客群落便有可能被这样的结构洞联系起来。作为连接结构洞两端的"桥博客",得到的是两个不重叠的网络的联结,不仅有跨越异质团体的信息利益,还有居间协调的控制利益,成为进行"病毒式"传播的有利结构。"桥博客"的资讯利益可以使"病毒"跨越群体进行传播,因而比中心性程度高的博客有更广的传播范围。同时"桥博客"所联结的博客群体都必须努力争取它的认同,于是在控制利益的作用下,桥博客的意见格外具有说服力,也更容易被它所跨越的博客群体接受。在这种情况下,很

---

① 一个网络整体的中心性常用中心势来表示,其计算方式是用各点中心度与中心点中心度势差的和除以最大可能势差和,数学计算公式为 $C_{AD} = \dfrac{\sum_{i=1}^{n}(C_{max}-C_i)}{\max\left[\sum_{i=1}^{n}(C_{max}-C_i)\right]}$。

多博客转而以得到桥博客的关注为传播目的，希望通过它们的引用、收藏、评论来迅速提升自己的影响力，从而影响更多的公众。基于此，本文提出假设2：博客的影响力和媒体价值与它在关系网络中所处的位置有关。

3. 小团体（subgroup 或 cliques）

小团体，顾名思义就是群体中的一些人关系特别紧密，以至于结合成一个次级团体，又称"派系"，派系是以情感或者共同信念为基础的一群人结成交换资源的团体，并排除其他人的利益。派系成员之间具有较强的、直接的、紧密的、经常的或者积极的关系，即一种强连带关系。魁克哈特的"强连带优势理论"认为，强连带是一种情感连带，情感连带可以散播个人的影响力，此影响力的来源是其他员工对某个人的信任，说明了核心人物在情感网络中占有中心位置。也就是说，一个人在情感网络中拥有较高的中心度，代表得到了其他人情感上的支持，透过互动的时间、情感的强度、亲密的程度与互惠性行动的内容所建立的信任与情感连带，占有信任、情感网络中心的地位，显示了在非正式权力、冲突的解决和改变他人的态度上具有影响力。边燕杰的强关系理论认为，在中国社会的文化语境中，是强关系而不是弱关系发挥着桥梁的作用，强关系往往表明这种交换已经在主客双方之间长久地存在，相互欠情、补情的心理，使有能力提供帮助的人尽力在对方的请求下提供帮助。人情关系的交换是违背正式组织原则的，但如果是强关系，主客双方的信任度提高，就能减小信息所带来的风险。

小团体分析主要是分析博客群体网络中的这种强连带关系（派系），分析网络中存在多少派系、每个派系之间是什么关系、派系内部成员之间的强连带关系具有何种特点等，具体地说，它有四个分析角度：第一，关系的互惠性；第二，派系成员之间的接近性或可达性；第三，派系内部成员之间关系的频次；第四，派系内部成员之间的关系相对于内外部成员之间关系的密度。总之，这些关系属性可以帮助我们考察博客群体中小群体的数量以及博客媒体的凝聚力、忠实度。基于此，本文提出假设3：博客影响力和媒体价值与它所在的关系网络的内聚力有关。

三 研究方法

社会网的基本分析方法主要是利用矩阵代数理论以及电子计算机来分析复杂的社会网关系的分布与特征。本文关注的是博客之间关系网络的结构特征,以及博客个体在网络中占据的位置所带来的影响力,所以采用整体网络的分析方法来进行研究。样本的选取分为以下几个步骤。

1. 确定分析单位

本文以博客网站之间的关系为研究对象,而不是博客作者之间的关系。关系的建立、维持以及消亡都是博客的个体行为,体现在网站数据的更新上,所以分析单位是个体博客网站,而个体博客所处的博客群体就是社会网的边界。

2. 确定社会网的边界

不同的博客群体之间可能存在关系,但也有可能是完全独立的而不存在任何联系,博客个体只在特定领域才具有媒体价值,例如博客网总裁方兴东的博客"方兴东观察"在关于"博客"的领域无疑具有媒体价值,但是在影视评论领域可能毫无影响力,自然也就谈不上媒体价值,所以本文的社会网边界是在某一个确定领域具有媒体价值的博客群体。通过观察发现,"Web2.0"领域的博客都比较活跃,它们更倾向于使用博客特有的互动方式进行沟通,因而本文选择"Web2.0"领域的博客群体作为社会网边界。

3. 样本选取

本文随机选择 Souyo 博客搜索引擎进行实验,在 Souyo 的搜索栏中输入关键词"Web2.0",选择博客搜索,最终得到 54 个结果[①]。搜索结果可以显示博客更新的日期,通过观察总体的更新时间,我们以近 50 天内更新的博客网站为有效样本,总共得到 43 个。

4. 样本的链接考察

对 43 个博客网站中任意两个之间是否存在链接进行考察。本文以考

---

① 参见 2007 年 9 月 25 日的数据。

察出站链接为主,规定在链接矩阵中,第 i 行 j 列的数据表示博客 I 到博客 J 的链接情况,如果链接存在则数值为 1,不存在则为 0,最后会得到一个 43×43 的链接矩阵。

5. 样本的社会网图

根据链接矩阵,可以用社会网分析软件 UCINET 对数据进行分析,以帮助我们从整体上了解样本的关系网情况。将数据输入社会网分析软件 UCINET,执行 DRAW 命令,得到的样本社会网如图 1 所示。

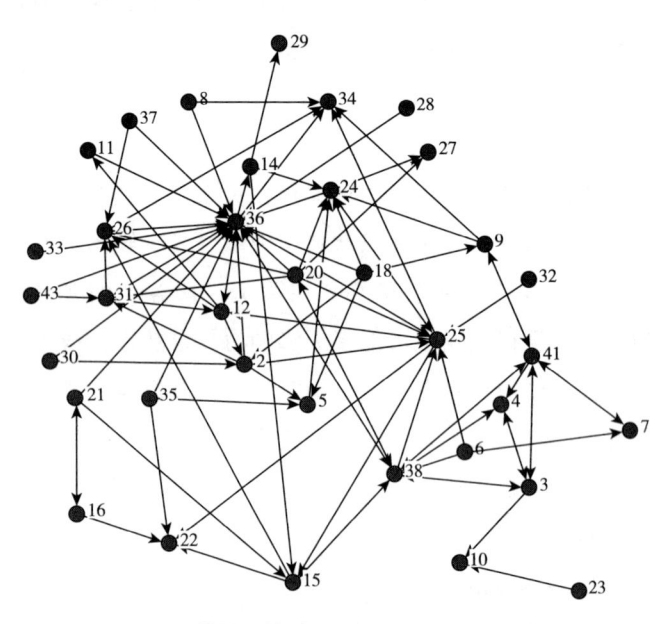

图 1 样本社会网

从图 1 中可以很清晰地看到,大部分博客之间都存在或多或少的关系,但有 7 个博客(序号为 1、13、17、19、39、40、42)被排除在关系网之外。这说明,这些博客虽然和其他博客具有相同的内容主题,但是和群体之间没有建立联系,是孤立的点,是一座信息孤岛,不在群体范围之内,因而不具有任何影响力和媒体价值,在广告投放时可以不予考虑,在此予以剔除,如表 1 所示。

表 1 样本博客

序号	博客名称	网址
1	麦田的读书生活	http://maitian.blog.techweb.com.cn
2	Wappblog.com	http://www.wappblog.com/
3	博客报	http://www.bokeebao.com/
4	言多毕得	http://www.yeeyan.com/
5	凡人弄	http://frnong.com/blog
6	小众软件	http://soft.lzzxt.com/
7	爱苹果爱生活	http://blog.klaith.net/
8	Indigo 的数字镜像	http://indigos.cn/
9	Gseeker	http://www.gseeker.com/
10	老冒的 blog	http://www.uuzone.com/blog/mao/
11	只说	http://blog.donews.com/sayonly/
12	爱互联网	http://i.blogbeta.com/
13	DBA notes	http://www.dbanotes.net/
14	AK47	http://my.donews.com/ak47
15	网络经济经典 & 网络教育研究	http://my.donews.com/jowa
16	Linghucong'S BLOG	http://blog.donews.com/jiji262/
17	思维 of 司维	http://my.donews.com/siwei
18	无聊布棉的 blog	http://www.xucx.com/blog/
19	Blog on 27th Floor	http://blog.cathayan.org/
20	blog 中文翻译	http://chn.blogbeta.com/
21	Herock Post	http://herock.net/
22	未完成-Incomplete	http://in.comengo.net/
23	Flypig：在屋顶唱着你的歌	http://www.flypig.org/
24	Tinyfool 的 Google 观察	http://tinygoogle.blogspot.com
25	哈斯日志	http://blog.loverty.org/
26	飞扬新锐	http://www.flyu.com.cn/
27	老白说真话	http://blog.donews.com/laobai/
28	风言疯语之 IT 罗盘	http://www.dragon4.net/blog
29	BiZwiKi.CN-喧闹 PK 噪音	http://www.bizwiki.cn/teamblog
30	PODCAST PODIUM 播客宝典	http://hopesome.com/

续表

序号	博客名称	网址
31	China Web2.0 Review	http://www.cwrblog.net/
32	对牛乱弹琴 ｜ Playin' with IT	http://blog.donews.com/keso/
33	吊死在 IT 上	http://my.donews.com/linchanx
34	博客士	http://blog.donews.com/ahgua/
35	The sky of Daemon!	http://blog.bsdos.cn/
36	made in crab	http://blog.donews.com/crabhn/

由图 2 可以看出，32 号节点 Keso 是一个相对较强的关系中心，故将它作为第一个个体研究对象。为了方便对比，以 11 号节点 Sayonly 为第二个个体研究对象，分别记为 P（32）和 P（11）。

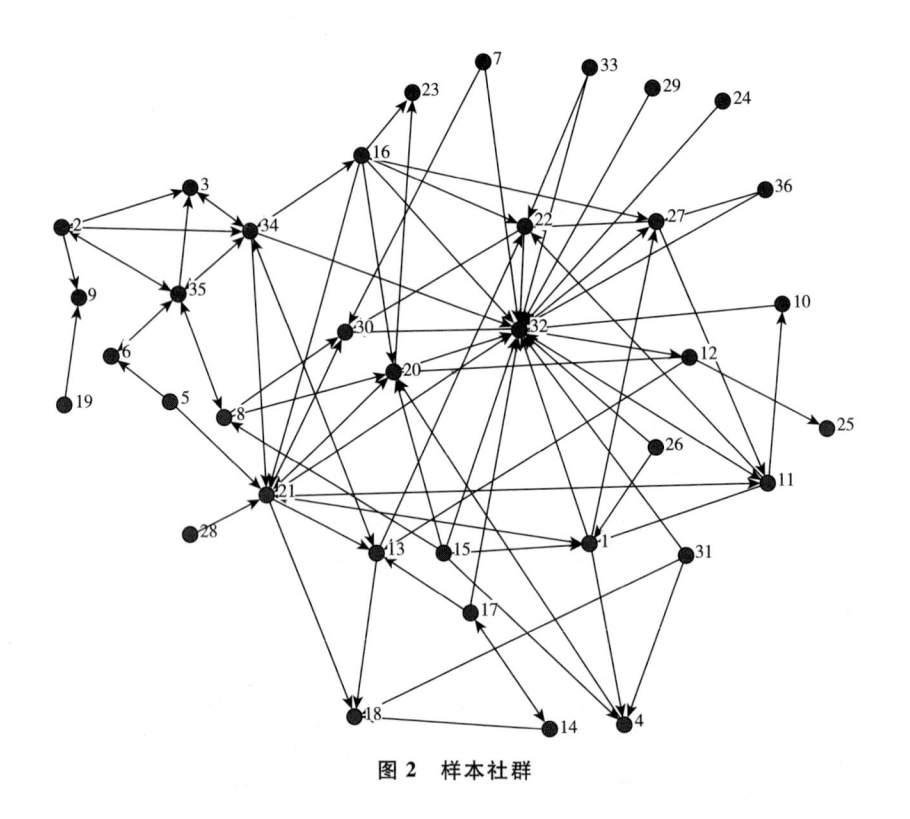

图 2　样本社群

6. 样本关系测量

接下来我们会从群体密度、小团体和个体中心性等几个方面，利用

UCINET 对样本进行测量和计算：群体密度是 0.0739，标准差是 0.2617。

以上关系矩阵包含了许多单向链接的关系，属于弱连带矩阵，通过使用 Symmetrize 命令，可以将关系矩阵转化成强连带，由此得到了两个比较明确的子群体，分别有 8 个节点和 6 个节点，记为 SG（8）和 SG（6）（见图 3）。其中，SG（8）的密度为 0.3095，标准差为 0.4623；SG（6）的密度为 0.5500，标准差为 0.4975。

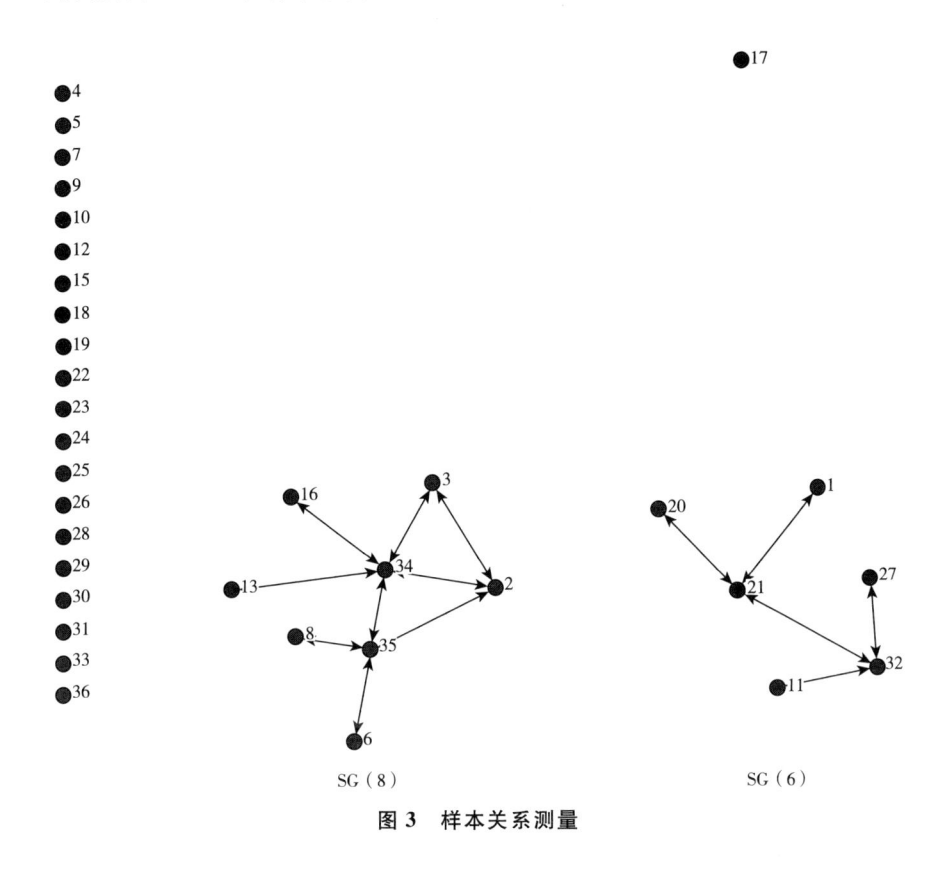

图 3　样本关系测量

四　实验结果分析

（一）小团体分析

通过去掉社群图中的弱连带，顺利找到了两个小团体，从图 3 中可以清楚地看到，小团体 SG（8）是由博客 2（Wappblog.com）、博客 3（博

客报)、博客 6(小众软件)、博客 8(Indigo 的数字镜像)、博客 13(DBA notes)、博客 16(Linghucong'S BLOG)、博客 34(博客士)和博客 35(The sky of Daemon!)组成的,而另一个小团体 SG(6)是由博客 1(麦田的读书生活)、博客 11(只说)、博客 20(blog 中文翻译)、博客 21(Herock Post)、博客 27(老白说真话)和博客 32(对牛乱弹琴 | Playin' with IT)组成的。这说明在 Web2.0 博客群体内是存在次级小团体的,两个小团体之间其实也存在一些联系,如节点 34 和节点 32 之间就是一个弱连带,由于去掉了所有的弱连带,两个小团体之间也似乎变得没有了联系,说明在整个群体中,可能存在不同的意见流派,也就是前文所说的派系。

(二) 中心性分析

博客在 Web2.0 博客群中的位置是不同的,有的位于中心,有的位于边缘,位于中心的博客具有较高的媒体价值,如表 2 所示。

表 2 博客中心性分析

博客名称	点度中心性		中间中心性
	点出中心度	点入中心度	
21(Herock Post)	7	7	200.250
34(博客士)	7	6	233.833
16(Linghucong'S BLOG)	7	1	14.000
15(网络经济经典 & 网络教育研究)	5	0	0.000
32(对牛乱弹琴 | Playin' with IT)	5	18	284.833
35(The sky of Daemon!)	5	4	85.500
1(麦田的读书生活)	4	4	40.333
2(Wappblog.com)	4	3	30.500
11(只说)	4	3	47.083

可见,在整个群体中,无论是关系的收入、关系的接收还是关系的连接,"对牛乱弹琴"、"博客士"和"Herock Post"在群体中占据中心位

置,其中"对牛乱弹琴"位于最中心的位置。

(三) 网络密度分析

在网络密度测量中得到了两个数值,一个是关系密度,另一个是标准变异,表3是群体与小团体SG(8)在关系密度/标准变异数值上的对比。

表3 网络密度分析

	关系密度	标准变异
群体	0.0739	0.2617
小团体SG(8)	0.3095	0.4623

通过对比发现,群体的关系密度比较小,小团体SG(8)的关系密度比较大,后者的关系密度是前者的4倍多。而从标准变异来看,小团体SG(8)的数值不到群体数值的2倍,这说明在群体中关系的分布是不均匀的,存在小部分紧密、大部分疏离的状况。

五 结论与讨论

本文的创新点在于从关系传播角度来透视博客传播,将社会学中的社会网分析法和概念指标引入博客影响力和媒体价值研究并得出以下几项发现。

第一,博客传播是一种典型的关系传播的观点被证实。

陈先红在《论新媒介即关系》一文中提出:"新媒介作为一个'关系的居间者',正以可预见和不可预见的方式对人们的角色关系、文化关系和情感关系等产生深刻而全面的影响,新媒介为更多的人提供了一种形成、发展和维系关系的工具。"[①] 在一个博客群体中,那些没有任何链接关系的博客,虽然可能因为点击率而具有信息传播能力,但不具有媒体价值。

---

① 陈先红:《论新媒介即关系》,《现代传播》2006年第3期,第54页。

第二，博客影响力和媒体价值与群体密度的相关性被证实，过于紧密或者过于疏离的关系网络都不利于博客影响力的汇集，最理想的状况是一种小部分紧密、大部分疏离的多级关系结构。

第三，博客影响力和媒体价值与其在关系网络中的位置有关也被证实，在同一个博客群体内，同样存在类似于意见领袖、追随者、把关人这样的角色，马尔科姆·格拉德威尔在《引爆点》一书中称之为内行、联络员和推销员。[①] 联系紧密的那一小部分节点组成次级小团体，往往是群体中的内行和联络员，拥有社会资本和开拓关系的能力，使自己的中心性和中介性都比较高，从而获得较大的影响力。关系疏离的大部分节点具有推销员的作用，其运用个人影响力影响周围的人，使群体观点为更多的人接受。他们的影响力通过关系网络聚合成为群体的影响力，这一部分节点就是长尾，他们的数量越多，聚合起来的影响力就越大，甚至会超过内行和联络员的影响力。内行和联络员要做的就是通过推荐，把顾客的需求朝长尾的方向引导。

第四，博客影响力和媒体价值与它所在的关系网络的内聚力有关这一假设部分被证实。虽然少数意见领袖的影响力占了整个博客影响力的绝大部分，看上去好像符合传统营销中的 20∶80 法则。但事实上，我们没有办法将那些拥有 80% 影响力的博客从博客网络中剥离出来，博客影响力与其周边的联系息息相关，离开了所在的关系网络，其影响力将不复存在。人们在获取关于某个流行话题的资讯时，往往不是直接找到博客意见领袖的网站，而可能最开始找到一个访问量不怎么大的博客，然后根据这个博客的链接达到意见领袖的博客。博客意见领袖的影响力，其实有很大一部分来自其跟随者的影响力聚合。也就是说，长尾博客无极限生产和传播所带来的影响力聚合，正是博客媒体的根本力量。

总之，不同博客的影响力是不同的，对博客传播来说，为了获得巨大的影响力和媒体价值，必须使关系网络的结构更适合传播，其中"网络密度"、"关系中心性"和"小团体"可以成为衡量博客影响力和媒体价值的主要评价指标。

[①] 马尔科姆·格拉德威尔：《引爆点》，钱清、覃爱冬译，中信出版社，2006。

六 研究局限和建议

在现实中,博客互动表现出来的不只有链接的存在与否,一定会在互动频次上有所区别。如 Web2.0 的博客群体中,大家常常会讨论 keso 有什么新的见解,keso 的名字会被经常提及,指向 keso 的链接自然也会增多,但反过来 keso 不一定会在博客中经常提到其他博客。所以对某个个体来说,其连入和连出的链接数量应该是不一致的,这种图的线(edge)实际上是有权重的,这样的图就是赋值图。有理论认为,赋值高的线对于网络密度的贡献要大于赋值低的线。这种情形也是符合实际情况的,频繁地互动当然会形成更稳固的关系。

对赋值图密度的测量比较复杂,在这个问题上学者们还没有统一的看法,最简单的处理方法就是忽略连线上的赋值,将赋值图简单地看作有向图或无向图,当然这样做会损失大量信息,本文采取简便的方法,而忽略了关系的赋值,只研究关系是否存在这一二进制现象,从而影响研究结果的真实性和科学性,这也是未来研究需要完善的地方。

(该文发表于《现代传播》2009 年第 1 期,作者为陈先红、潘飞,系 2008 年国家社会科学基金规划项目"政府调控新媒体的公共关系策略研究"、湖北省重点文科基地"媒介技术与传播发展研究中心"青年项目阶段性研究成果)

政府微博中的对话传播研究
——以中国 10 个政务机构微博为例

  2011 年被称为"中国政务微博元年",从尝试到普及,微博似乎一夜之间就成为各类政府组织公关传播的新宠。政府开设微博已经成为一种潮流,开设微博的行为本身已成为衡量政府公关建设水平的一个指标。截至 2011 年 11 月,经过新浪网认证的政府机构及官员微博已近 2 万个,其中政府机构微博超过 1 万家,官员个人微博近 9000 个。在为这一潮流大唱赞歌的同时,我们有必要对政府微博传播的有效性进行思考。

  作为一种新的公关传播工具,微博具有信息发布、接触目标公众等功能,有助于公众对组织的认识和理解,有助于组织扫描监测环境,从而对问题和危机做出及时反应。与此同时,微博这一社交媒体与生俱来的强大的对话传播潜能,有助于构建组织—公众的对话式关系。

  本文从对话传播的角度出发,思考如何战略性地使用微博以开展有效的对话传播,进而让政府与公众建立良好的双向对话关系,以 Kent 和 Taylor 的网络对话传播五原则为框架,以中国 10 个政务机构微博为例,探析政府微博的对话传播现状,为政府如何有效地开展微博传播、最大化地发挥微博的对话潜能,提供理论建议和实践指导。

一 相关理论背景及研究问题与假设

(一) 与本文相关的理论背景

对话传播与公共关系。建立和维持组织与公众之间长期互利的关系是公共关系的核心功能,而关系的形成和维护代表着相互适应和持续回应的过程。因此,在关系范式下,对话是公共关系的重要框架。

而对话的本质特征是主体间性,从此出发,马丁·布伯的对话传播思想、巴赫金的对话理论以及哈贝马斯的交往理性,都着重强调了对话的平等性。马丁·布伯认为,个体的"我"不应当把他者视为客体并建立"我—它关系",而应当建构平等的"我—你关系",使人与世界、他人之间构成平等的相遇,这种"我—你关系"即对话[1]。巴赫金认为,"对话"是在不同声音交织的基础上形成的复调,"复调的实质在于:不同声音在这里仍保持各自的独立"[2]。所以,在对话中,每一个对话的参与者都具有独立性和差异性,并能在对话中保留自己的独立性和差异性,个人与个人之间的关系完全是平等的。哈贝马斯强调:"任何交往都不是个人简单地从属于抽象的一般,都不是个人对公开的所有人都可理解的独白原则上默默的屈从——任何对话都是在主体相互承认的基础上展开的。"[3] 以交往理性为基础的对话强调这种主体间的平等。

在对话理论的视域下考察传播,Kent 和 Taylor 提出对话传播是意见和观点的交换;对话传播中不存在主体与客体,且参与双方不一定要达成一致意见,对话不是为了说服,而是一个开放、协商的沟通过程。

对话传播的本质,使其成为一种可以指导组织—公众关系建设的符合伦理的理论框架。对话传播是一种关系互动的类型,格鲁尼格的双向对称模式为对话传播提供了路径,通过这种路径,组织和它的公众可以互动交流。在这种模式下,因为对话的平等性,公众被提升到与组织平等的传播

---

[1] 马丁·布伯:《我与你》,陈维纲译,生活·读书·新知三联书店,1986。
[2] 钱中文:《巴赫金全集》第5卷,白春仁、顾亚铃译,河北教育出版社,1998,第7页。
[3] 哈贝马斯:《认识与兴趣》,郭官义、李黎译,学林出版社,1999,第134页。

地位，可以发出自己的声音，并能保持自身的独特性；双方通过调整、适应，促进理解，形成了一种对称的、平等的、互惠互利的持续关系。

网络对话传播。有学者指出，随着 Web2.0 时代的到来，新媒体传播已经从以技术为导向的、独白式的传统线性传播模式，转向以关系为导向的、对话式的全息传播模式①。在互联网中，"你可以与消费者或其他受众直接对话，并能获得直接的反馈……每个人都可以传播"②。"网络媒体是对话的，它们在用户之间保持一种开放的谈话。"③

因此，网络传播是促进对话的一种优势途径，通过策略性地使用网络，组织有机会与公众建立对话式关系。Kent 和了 Taylor 将对话传播作为指导组织—公众关系建设的理论框架，提出了在网上与公众建立对话关系的五个策略。

第一，保持对话回路。新技术的好处之一就是它们允许公众的反馈进入公共关系策略。因此，反馈回路是组织—公众对话传播的起点。一个完整的对话回路允许公众提问，并需要组织回应公众的关注、解决公众的问题和满足公众的需求。

第二，提供有用的信息。公众关系的维护不能以组织为中心，而是要满足目标公众的兴趣、需求，用户要找到为他们的需求量身定制的信息。同时，为公众提供信息不是为了说服或者辩驳，而是要让公众作为一个知情者参与组织的对话。

第三，积极促进回访。组织需要通过不断地更新信息、改变议题等方式吸引公众对组织网络账户的回访。

第四，保持界面的舒适性，让公众以便捷的方式接触组织，避免使用户产生距离感或恐惧感。

第五，尽量留住访客。通过各种策略，鼓励用户在网络上更长时间地接触组织。

---

① 陈先红：《论新媒介即关系》，《现代传播》2006 年第 3 期，第 54~56 页。
② F. Ovaitt, "Wired Strategist and the Ten Thousand Dimensional Web," *Public Relations Strategist* 4 (1995): 21.
③ C. G. Christians "Social Responsibility: Ethics and New Technologies," in R. L. Johannesen ed., *Ethics in Human Communication*. Prospect Heights, IL: Waveland, 1990, p. 272.

这一分析框架，在西方已被用于研究组织如何通过网站、Facebook、Twitter等促进与公众的对话传播。而在中国，微博的迅速普及无疑为网络媒体促进对话传播的相关研究提供了机会。通过140个字符以内的快速传播，以及关注、转发、评论，微博为组织将公众引入对话传播提供了更多的可能。

（二）研究问题与假设

基于以上文献研究，为了考察中国政府微博传播的对话现状，并为政府—公众的关系建设提供指导，本文提出以下2个研究问题及3个研究假设：

RQ1：在政府微博中，各对话要素的呈现情况如何？

RQ2：哪些类型的微博帖更容易促进公众参与？

H1：对话回路越多的微博帖，其公众参与度越高。

H2：通过链接来"留住访客"的微博帖，比没有链接的微博帖有更高的公众参与度。

H3：越努力"促进回访"的微博，公众的参与度越高。

二 研究设计

（一）变量设计及操作化定义

本文以Kent和Taylor的"网络对话传播原则"为分析框架，依据微博的特质进行适度调整。鉴于微博的进入界面几乎是相同的，故舍弃"界面的舒适性"这一要素，以剩下的四个要素为基础，设计变量如下。

1. 对话回路

即政务机构通过在微博上发布提问帖来促进公众讨论，通过直接回复公众的评论来创造对话，或者通过@指定的人来引发对话。

2. 有用的信息

即用户能在政务机构的微博中找到满足他们需求的信息。本文将微博帖的信息划分为四类，以此进一步检验哪些类型的信息更能引发对话。

（1）机构新闻动态：发布此类信息时，微博主要扮演的是新闻发布平台的角色；这类信息包括政务机构的动态、在职人员的动态、机构的宣传推广活动等。

（2）公共服务信息：发布此类信息时，微博主要充当的是公共服务平台，公众可以通过微博获得政务机构提供的公共服务或者服务信息。

（3）社会热点新闻：转发或者评论其他媒体发布的重要或热点议题，进行二级传播。

（4）生活休闲信息：名人警句、生活与情感感悟、趣闻轶事，以及书评影评等休闲信息。

3. 留住访客

访客在浏览微博时主要阅读出现在主页上的微博帖，从一条微博帖转向另一条微博帖，即意味着访客的注意力从一个微博账号转向了另一个微博账号。以此，访客的注意力在一条微博帖上停留的时间越长，与微博帖相对应的微博账号留住访客的时间就越长。鉴于微博的使用方式，政务机构通过在微博帖中设计视频、图文等链接，促进微博帖的延伸阅读，可以让访客停留更长时间。

4. 产生回访

一般情况下，访客每次阅读的都是出现在主页上的更新帖。每阅读一条新帖，访客就回访了一次对应的发帖微博账号。以此，政务机构可以通过高"更新频率"促进回访。

另外，对话需要双方的参与。微博世界中，公众主要通过"转发""评论""收藏"等方式进行反馈，参与双向传播。微博获得的转发、评论、收藏的数量，可直接反映公众在对话传播中的参与度。

（二）抽样及编码

本文选取人民网舆情监测室 2011 年 12 月公布的"十大政务机构微博"[①]进行内容分析，抽取每个微博账号最新发布的 20 个微博帖作为分析单位，

[①] 参见《2011 年新浪政务微博报告》。人民网舆情监测室根据新浪微博数据，发布全国首份政务微博年度报告，报告中依据微博数、粉丝数、活跃度、传播力和引导力等指标，评出"十大政务机构微博"，具有一定的代表性和示范性。

10个微博账户共计抽取200个微博帖。

10个政务机构微博分别为:平安北京——北京市公安局官方微博;中国国际救援队——中国国际救援队官方微博;外交小灵通——外交部新闻司公共外交办公室;上海地铁shmetro——上海申通地铁集团运营管理部官方微博;成都发布——成都市政府新闻办公室;广州公安——广州市公安局官方微博;打四黑除四害——公安部"打四黑除四害"专项行动办公室官方微博;深圳公安——深圳市公安局官方微博;南京发布——南京市委宣传部官方微博;中国旅游——国家旅游局官方微博。

对每条微博帖进行编码时,有提问帖、对评论进行回复,或@每个用户,则变量"对话回路"的值加1;微博帖中有几个视频或图文等链接,则变量"链接数量"的值为几;微博帖获得的转发、评论、收藏数之和,为"公众参与度"的值;微博的"更新频率"为平均每天发帖的数量。

抽样完成后,由两位编码者进行沟通后各对100个样本进行编码,然后交换,进行编码者间信度检测,Krippendorf Alpha均值为0.85,达到大多数内容分析的要求。本文中的数据采用SPSS17.0软件进行分析,分析方法主要是频数分析、独立样本t检验、一维组间方差分析和双变量相关分析。

三 研究结果

(一)RQ1的研究结果

200条微博帖中,公共服务类信息最多(54.5%),其次是机构新闻动态(27.5%),然后是生活休闲信息(14%)和社会热点新闻(4%)。

64.5%的微博帖中没有对话回路($M = 0.63$,$SD = 1.30$),即没有通过提问、回复评论以及@特定用户的方式来促进对话。23%的微博帖有1个对话回路,6.5%的微博帖有2个对话回路,6%的微博帖有3个以上(含3个)对话回路。

74%的微博帖中出现了视频、图文等形式的链接($M = 0.87$,$SD = $

0.623），作为微博帖内容的扩展，延长了访客在微博帖上的停留时间。其中，62.5%的微博帖中有1个链接，11.5%的微博帖中出现了两个及两个以上链接。

10个政府机构微博账户的平均更新频率为9.42条/天（M=9.42，SD=5.67），最少的一天更新3.58条帖子，最多的一天更新22.90条帖子。200条微博帖均得到了公众的评论或转发，平均每条的公众参与度为45.91（M=45.91，SD=40.02）。

（二）RQ2的研究结果

四类信息有着不同的公众参与度，$F(3, 188) = 12.683$，$p<0.05$。其中，生活休闲类信息的公众参与度最高（M=84.52，SD=56.52），其次是社会热点新闻的转发类信息（M=71.14，SD=26.99），再次是是机构的新闻动态类信息（M=43.22，SD=42.03），最后是公共服务类信息（M=36.50，SD=27.57）。

（三）三个研究假设的验证结果

对话回路和公众参与度之间存在显著正相关关系，$r(190) = 0.287$，$p<0.05$。对话回路越多的微博帖，公众参与度越高，由H1得到验证。虽然公众参与度与微博帖中的链接数量不一定成正比，$r(190) = 0.093$，$p>0.05$，但可以确定的是，有链接的微博帖比没有链接的微博帖具有更高的公众参与度，$t(190) = 2.885$，$p<0.05$。这由H2得到验证。

在"促进回访"方面，更新频率与公众参与度之间没有相关性，$r(8) = 0.244$，$p>0.05$，H3不被支持。

四 结论及讨论

由以上研究可知，平均每天发布10条微博帖的更新频率，使所有微博帖均得到了公众的响应，平均每条微博被公众评论或转发达46次的公众参与度，向我们展示了一个前所未有的政府—公众的互动平台。这是微博这一强大的社交媒体为政府公共关系建设提供的机会。政务机构微博也呈现了一定的对话传播特征，我们可以看到各政府组织传播策略的显著改变。通过高频率地更新、多元化的内容、口语化的表达，微博不仅是政府发布新闻的一种有效途径，而且有助于提供公共服务，拉近与公众的距离。

但微博强大的对话潜能尚未被政府组织充分发掘。大部分微博帖仍然是单向的信息发布，政府—公众之间的对话关系仍处于初级阶段。64.5%的微博帖中没有对话回路，虽然这些帖子也可以获得公众的评论和转发，但公众的反馈行为没有得到回应，往往是政府抛出一个观点或信息后，任由公众围观和评论，呈现的是政府在公众意见面前的沉默不语。主体间性是对话的核心，但政府组织仍然是传播的发起者、控制方。公众在大部分情况下只能通过围观产生一定的影响，他们在评论中提出的问题，较少得到回复；他们提出的意见和建议，也较少得到反馈。这种情况下，貌似有来有往，但真正的对话却无法实现。

同时，微博具有对话的潜能，但只有策略性地使用微博才能激发这种潜能。H1、H2的验证表明，政府确实可以运用一定的传播策略，促进对话传播。通过主动发问以邀请公众参与讨论并积极回复公众的问题和评论，来促进与公众的对话；通过链接丰富的信息内容，让用户更长时间地停留在自己的微博上，都有助于提高公众的参与度。而只有当公众真正参与进来时，政府—公众的对话才有了基础。虽然H3没有得到支持，更新频率高的微博账户不一定能提高其每条微博的公众参与度，但如果在单位时间内发的帖子越多，就会有越多的公众接触点，在相同的时间段内，也能为发起与公众的对话传播提供更多的机会。

而通过策略性地使用微博来展开对话传播，就需要政府选择专业的公关人员作为组织微博的传播者。他们需要有专业知识和传播技巧，知道如何选择话题，如何发起有效对话、回答复杂的问题，如何推进对话；他们还需要有组织边界扫描者的意识，在帮助公众了解组织的同时，也帮助组织了解公众；更重要的是，他们要将组织—公众对话式关系的建设和维护作为工作目的。只有这样，有效的对话才能产生，并持续发展成一种长期的、良好的关系类型。

政府—公众关系的建设应该成为政府微博传播的重要目的，而不仅仅是实现其他目的的工具。而政府—公众之间的关系建设，首先需要以双向对称传播为取向，促进政府—公众的对话传播。这是社会转型时期中国政府公关必须正视且努力推进的重大战略性转变。微博为对话传播提供了技术平台，但正如 Taylor 所说，"技术本身既不能创造一种关系，也不能破坏一种关系；影响组织—公众关系的，是如何运用这种技术"①。对政府公关人员而言，他们已经选择了微博这一有效的工具，但工具只是提供了对话传播可能的空间，还需要他们有效地使用，真正实现与公众的对话。对话传播不可能一蹴而就，这是一项需要花费时间、需要不断强化公共关系意识的动态工程，但它确实已迎来了最佳契机。

[该文发表于《武汉理工大学学报》（社会科学版）2012 年第 6 期，作者为陈先红、陈欧阳，系国家社科基金项目资助课题（08BXW026）、湖北省重点文科基地媒介技术与传播发展研究中心重点课题暨华中科技大学自主创新课题]

---

① M. L. Kent, M. Taylor, "Building Dialogic Relations through the World Wide Web," *Public Relations Review* 3 (1998): 321-334.

媒介近用权及消息来源对政府调控新媒体的影响

——以汶川大地震为例

近年来,新媒体研究已经成为国内外学术研究领域的焦点议题。欧美学者对新媒体的研究主要有两种取向:一是从整体上考察新媒体的历史、社会影响、演进规律和政府规制等;二是分别研究各种新媒体议题,主要包括新媒体特质、新媒体使用特征、媒体效果与新传播技术以及媒体改进与融合研究等。这些研究的理论视角主要集中在"创新扩散理论"和"技术的社会塑造理论"上。也有国内学者认为,英、美等国的网络传播研究大致从三个角度展开:一是从社会学的角度,关注网络上的社会交往行为;二是从政治、法律的角度,关注网络传播对现有社会规范体系的影响和改造;三是从与传统媒介相对照的角度,关注网络传播给信息传播活动带来的变化等。

国内新媒体研究基本追随美国的方向,研究成果颇丰,近年来,论著和译著有百余本,国家社科基金项目有十几项。相关学术论文仅2006年就达500多篇。近两年,新媒体研究热点集中在博客/播客、手机媒体、数字电视、媒介融合、网络危机处理等方面。产生了一些新的理论观点,如"信息社会4.0""新媒体需求论""数码沟指标""新媒介即关系"等。相比较而言,国内新媒体研究集中在传播科技、数字传媒及网络媒体的理论、应用和政策方面;就新媒体管理政策而言,学界更注重政府实施硬性调控策略研究,却忽略了政府通过其他渠道实施的非强制性调控策略研究。虽然学界对新媒体所带来的"公共空间""公共新闻""公民社会"等公共议题有广泛关注,但是理论研究视角大多运用技术范式、社会学范式和传播学范式,缺乏政治学范式和公共关系学范式的运用。事实上,新媒体的出现,彻底挑战了原先高度集中的媒体管控机制,一定程度上改变了政府与一般民众在媒介近用权和消息来源方面的关系状态,呈现出政府近用新媒体能力低下、垄断消息来源的地位瓦解,以及民众近用新媒体权力扩大、消息来源角色增强的二元博弈格局。在这种形势下,政府如何对新媒体进行策略性调控,是衡量政府执政能力的一个重要标准。本文以中国目前两个最大的网络时政论坛——"强国论坛"和"天涯社区"为例进行实证考察,对两大论坛在汶川大地震后开设的"抗震救灾论坛"和"汶川地震"专栏进行量化分析,以揭示新媒体接近使用权和消息来源对政府调控新媒体的影响。

一 媒介近用权与消息来源理论透视

媒介近用权是 20 世纪下半叶美国法学界提出的一项公民权利,美国学者 Jerome A. Barron 于 1967 年在哈佛大学法学院出版的杂志 *Harvard Law Review* 上发表了《进入新闻:一种新的第一修正案权利》一文,第一次提出了"媒体接近使用权"概念。英文 access 一词,实际上包括了"接近"和"使用"两个不尽相同的概念,顾名思义,可称之为媒介接近使用权,又可简称为"媒介近用权"。媒介近用权旨在探讨政府与民众接近使用媒介的权利问题,其核心思想有二:一是指新的言论自由权,即一种法律上可强制执行的权利;二是一般私人可根据该权利,无条件或在一定条件下,要求媒体提供版面(如报纸)或时间(如广播或电视)并允许私人免费或付费使用,借以表达个人意见。

媒介近用权涉及三个主要的权利义务主体:政府(公法人)、媒介及民众(私人)。三者两两相对,既是权利主体也是义务主体,由此衍生出资讯自由、机会平等、消息来源保密等问题。媒介近用权包括三个层次:一是近用媒介载具问题,如兴办媒体的登记许可;二是近用媒介组织问题,如媒介工作者之选用;三是近用媒介内容问题,如媒介错误报道之更正规定。其中，媒介内容是媒介的具体表现和最后产出，因此成为衡量新闻自由的重要指标。在传统媒体时代，这三个方面都完全由政府或执政党掌握，媒介内容充斥着政府、社会精英以及利益集团的符码，而一般民众和弱势群体的符码不是付之阙如，就是受到扭曲。可以说，政府的媒介近用权呈现出过分膨胀的态势，因此人们研究的焦点是如何克服和打破政府及利益集团对各种媒介近用权的垄断，扩大一般民众或弱势团体的意见表达权。而在Web2.0或者Web3.0的新媒体时代，政府的媒介近用权，尤其是新媒介的接近使用权远远落后于草根民众，由此形成了对政府新媒体管理体系的巨大挑战。

在过去的研究中，人们总是从消息来源的角度去检验媒介近用权的实践情形。广义的新闻来源，泛指能作为新闻素材的任何资料，而狭义的消息来源是指消息来源人物。消息来源人物根据角色可以分为当事人、举事人和评论人。不论是何种角色，一旦成为消息来源人物，就拥有了媒介接近使用之权利，在整个新闻事件的发展过程中，消息来源人物是原始的"守门人"，他（她）们常常借着近用媒介的机会，筛选并宣扬对己有利的资讯。因此，从消息来源途径来解释媒介近用权，可以很好地呈现出传播权利和资讯之公平使用的情况，以及由此衍生的社会知识的产出和意识霸权等重要而严肃的问题。国外有关消息来源的理论著述和实证研究均不在少数，其探讨的主要问题有：消息来源人物的背景分配如何；媒介如何处理不同背景之消息来源人物。主要研究结论有以下几种。首先，就一般事件而言，消息来源背景越有利者（如政府官员、专家学者、支配性利益集团等），近用媒介的概率越大；同时，其受到媒介处理的显著性也明显强于背景不利者（如普通农民和工人等一般民众）。其次，就特殊事件（街头运动、党外活动）而言，未涉事第三者（专家学者、一般民众）近用媒介的概率最大，次为处理者，行动者最小；但第三者受到媒介处理的显著性明显低于处理者与行动者，后两者之间则无显著差异。最后，就特殊事件而言，随着时代之转移，有着不同背景的消息来源人物近用媒介之差异逐渐减小；同时，其受到处理的显著性差异亦不再显著。总之，背景不同的机构、团体或阶层，近用媒介的概率和显著性均不相同。西蒙·科特认为，"媒体—消息来源关系"的核心思想有三：一是消息来源场域处于为社会大众知情权服务的关键枢纽地位,而其中的媒体是各种社会组织、机构、意识形态的角力场所;二是媒介—消息来源是一种"竞争性共生关系",二者彼此利用,相互依赖,都拥有某种"社会权力";三是消息来源场域的利益支配集团,如政府、财团拥有的媒介接近使用权大,信任等级高,是消息的常规来源和"主要解释人",能够为新闻媒介提供更多的"信息补贴",能够调控议程的设置。

至于媒介如何探讨有着不同背景的消息来源人物,过去的实证研究基本上是以显著性、支配性或近用层级等变项,来测量不同背景之消息来源是否受到媒介较显著、较具支配性与近用程度较高的处理,这些变项大体上将出现频率、报纸面积、电视时间、版面位置或所处情境等指标作为测试依据。

本文在上述研究及发现的基础上,以汶川大地震为例做个案解析,并分析新媒介近用权和消息来源方面的实践情形及可能作为。

二 媒介近用权与消息来源理论解析:以汶川大地震为例

本文以中国目前两个最大的网络时政论坛——"强国论坛"和"天涯社区"为例进行实证考察,拟对两大论坛在汶川大地震后开设的"抗震救灾论坛"和"汶川地震"专栏进行量化分析,以此验证新媒介接近使用权和消息来源对政府调控新媒体的影响。

(一) 新媒体类型及网络事件选择

"新媒体"是一个常用常新的相对概念,在这里主要指基于通信技术和网络技术的新媒介形态,如互联网、手机、博客、播客、BBS、微博等。根据中国互联网络信息中心2008年1月发布的第21次《中国互联网络发展状况统计报告》显示,前七类网络应用的使用率从高到低排序依次是:网络音乐>即时通信>网络影视>网络新闻>搜索引擎>网络游戏>电子邮件。显然即时通信与网络新闻等与网络时政论坛有着千丝万缕的联系。网络时政论坛是BBS的一个从属概念,即以时事政治等公众议题为主要讨论内容的BBS。目前,中国的网络时政论坛主要有三种形态：其一是官方性网络时政论坛，如人民网的"强国论坛"、新华网的"发展论坛"和"统一论坛"；其二是私有性网络时政论坛，如天涯社区；其三是半官方性网络时政论坛，如千龙网等。网络时政论坛上有着各种与公共利益紧密相关的观点，进而形成网络公共舆论，对现实事件造成影响，使网络舆论成为一种不容忽视的力量。因此，我们主要选择两大网络时政论坛——"强国论坛"和"天涯社区"进行比较分析。

"强国论坛"诞生于1999年，是《人民日报》下设的网络时政论坛，其政治性较强，讨论内容以关系国计民生的公共性话题为主。目前，"强国论坛"平均每天登录的ID总数约有1.4万个/次，每天上帖率在0.7万张左右。在以强国论坛为主体的前提下，还陆续开设了读书、体育、中日关系等15个论坛，形成了以"强国论坛"为龙头的论坛群。值得一提的是，2008年6月20日，时任国家主席胡锦涛通过人民网"强国论坛"同网友们在线交流，这是国家领导人第一次走进网络在线聊天室，和广大网民互动交流。从此，"强国论坛"引起了国内外的广泛关注，包括日本、美国等许多国家和地区的传统媒体都对它做过报道。

"天涯社区"是海南天涯在线网络科技有限公司下属的一个"网络虚拟社区"，又叫"天涯虚拟社区"。1999年3月，天涯虚拟社区诞生，当时开设了"股票论坛""天涯杂谈""电脑技术""情感天地""艺文漫笔"（现改名为"舞文弄墨"），以及"新闻众评""体育聚焦"等栏目。自创立以来其以开放、自由、宽松、丰富的特征受到国内乃至全球华人的推崇，经过多年来的发展，已由最初的3个BBS发展成拥有300多个公共版块、21万个博客的著名的大型人文社区。在之后的发展中，"天涯社区"不断推出"关天茶社""天涯时空"等多个关注社会、民生的版块，对社会问题的思考在众多中文论坛中特别突出，并喊出了"全球华人网上家园"的口号。

2008年5月12日四川汶川8级大地震发生以后，"强国论坛"于5月18日专门开设了"抗震救灾论坛"，而"天涯社区"则于5月14日开设了"汶川地震"专栏。这一公一私两大论坛可以很好地反映政府和一般民众的媒介近用权和消息来源的实践情形。研究样本的选择时间从

2008年5月14日起至2008年5月31日止。

（二）新媒介接近使用权和消息来源分析

在网络时政论坛中，公众的媒介接近使用权主要依靠注册论坛ID进行发帖、跟帖来实现，当然，还包括众多"看帖不回帖"的"潜水者"。网络技术使我们可以方便地观测某个帖子的"人气"（点击率，某个帖子被多少人看过）、发帖的总数与跟帖的总数。通过观察这些指标，我们可以看出网络时政论坛在多大程度上成为"网络公共场所"，为公众享有媒介近用权提供了便利。通过统计，"强国论坛"的"抗震救灾论坛"与"天涯社区"的"汶川地震"专栏自开办以来的发帖总数、跟帖总数和点击量见表1。

表1 "抗震救灾论坛"与"汶川地震"两大论坛发帖、跟帖及点击量统计

论坛名称	发帖总数	跟帖总数	点击量
抗震救灾论坛	1198	996	62112
汶川地震	10013	155904	2521304

注：以上数据截至2008年5月31日14时。

因为两论坛开设的时间有先后差异，比较二者的均值更有说服力，见表2。

表2 "抗震救灾论坛"与"汶川地震"两大论坛日均发帖、跟帖及点击量统计

论坛名称	发帖总数	跟帖总数	点击量
抗震救灾论坛	92	77	4778
汶川地震	556	8661	140072

注：以上数据均为四舍五入后数据。

由以上数据可以看出，在重大灾难性事件发生时，网络时政论坛都吸引了为数众多的网民在这一公共空间发表言论。相比之下，"天涯社区"的"汶川地震"专栏比"强国论坛"吸引的公众人数更多，无论是发帖总数、跟帖总数还是点击量，以及各项指标的日均数据，都明显高于"强国论坛"的"抗震救灾论坛"。

为了进一步分析两个论坛中网民公众的背景信息,如性别、年龄、职业、坛龄(按照ID注册的年限来计算)等,以便深入观察网民在多大程度上涵盖了现实中的舆论公众。本文分别在论坛发帖者、跟帖者中抽取便利样本,并在两个论坛中各抽取50名网民进行调查,抽样时间为2008年5月31日。

统计结果显示,"抗震救灾论坛"网民中,男性有38名,女性有12名,分别占样本总数的76%、24%;50%以上的坛龄超过2年,70%以上的坛龄超过1年,30%左右的ID在该专栏开设之后注册。其年龄及职业构成见图1、图2。

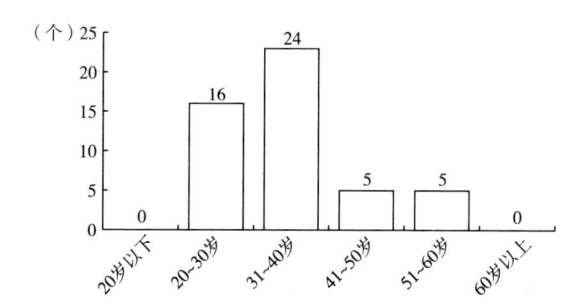

图1 "抗震救灾论坛"网民年龄构成

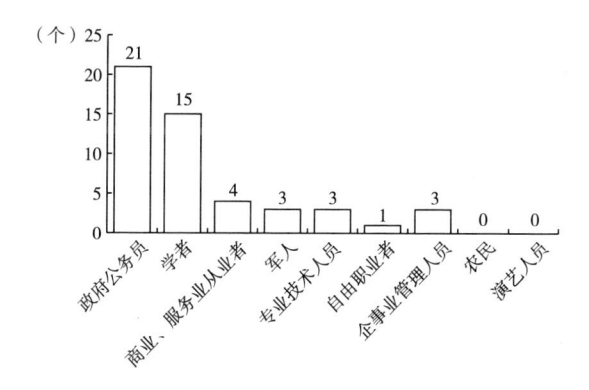

图2 "抗震救灾论坛"网民职业构成

"天涯社区"的"汶川地震"专版中,男性有29人,女性有21人,分别占样本总数的58%和42%;约20%的网民ID注册年限超过2年,

50%的网民 ID 注册时间超过 1 年,其余 ID 的注册时间都在当时 1 个月内或专栏开设之后。其年龄及职业构成见图 3、图 4。

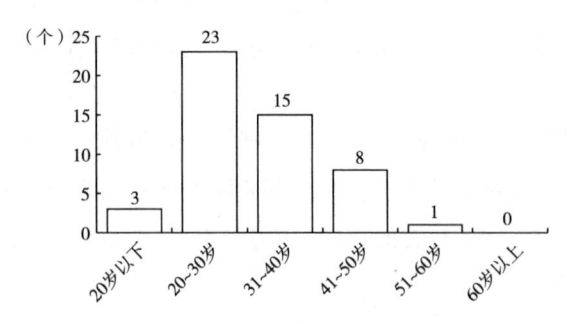

图 3 "汶川地震"网民年龄构成

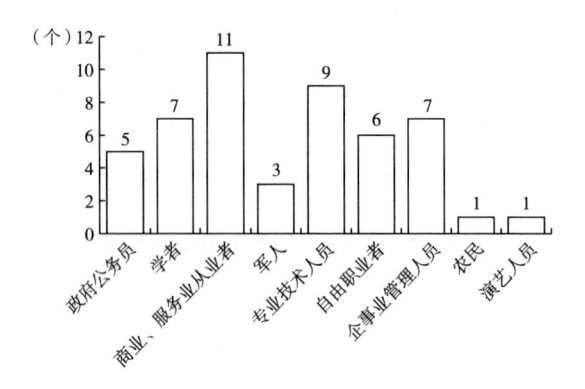

图 4 "汶川地震"网民职业构成

从网民的性别构成来看,"抗震救灾论坛"的男性网民明显多于女性网民,而"汶川地震"论坛的男女比例则相对均衡;从年龄构成来看,"抗震救灾论坛"与"汶川地震"的"20~30 岁"与"31~40 岁"网民的比率刚好出现了对调,后者呈现出年轻化的特点,而前者的主要力量来自"31~40 岁"这一年龄段的人群。从职业构成来看,"抗震救灾论坛"的网民以政府公务员、学者等现实社会中的主流言论阶层居多;相比之下,"汶川地震"的网民职业构成相对均衡,比较真实地反映了现实社会中人群职业构成的特点。

从网络内容来看，本文首先在两个论坛中分别以 5 月 30 日 24 个小时为区间样本，再对两大论坛在此时段内发表的全部帖子进行随机抽样，样本数量各为 50 个。对"抗震救灾论坛""汶川地震"的帖子所涉及的主题按照内容进行分类之后，发现主题和舆论倾向都存在较大差异，因此考虑采用不同的结果呈现方式。

"抗震救灾论坛"因为主题相对集中，观点也相对集中、理性、中立，因此只对其主题进行定类，并计算不同主题在样本中所占的数值，见图 5。

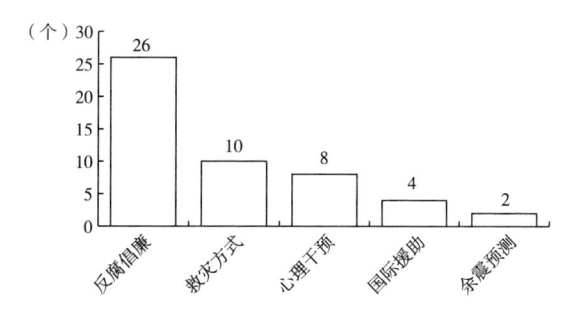

图 5 "抗震救灾论坛"主题定类分析

统计结果显示，样本中有关"反腐倡廉"的帖子占到了一半，具体的主题名称如"中国发誓对救灾腐败严惩不贷，对非救灾腐败呢？""校舍倒塌原因，天灾掩盖不了人祸"等，大多直指当前因救灾款物发放监督缺位而出现的贪污腐败之风，体现了传统主流媒体的附属论坛所应有的社会责任感。其他有关救灾方式、心理干预等主题均是针对当时政府采取的救灾途径和方式发表看法，观点理性、成熟，显然来自对时局比较了解的资深人士。具体的主题名称有"抗震救灾'心理科学性援助'方案总结（原创首发）""关键时刻，切莫草木皆兵自乱阵脚"等。

总体而言，"抗震救灾论坛"的帖子思想性、理论性非常强，跟帖也少见谩骂攻击之辞，体现了国家主流中文论坛的特点。

对"天涯社区"中"汶川地震"的样本进行主题定类分析之后发现，其主题涉及面广，坛民所持观点大多旗帜鲜明。因此，在主题按内容分类之后，还对每一主题发帖者的态度进行了不同立场的划分，见表 3。

表3 "汶川地震"发帖者正反面态度统计

主题名称	正面	反面	主题名称	正面	反面
国际援助	4	2	地震移民	1	2
余震预测	0	2	孤儿认领	1	2
官员行为	2	4	媒体报道	2	5
捐款企业/个人	4	5	志愿者	5	0
感人事迹	6	0	物款监督	0	3
合计	16	13	合计	9	12

当然，上述归纳的十大主题只是大致涵盖了论坛中帖子的内容，还有一些属于较为边缘的主题，限于时间和精力只能采取相对忽略的方式。不难看出，"汶川地震"的50个样本体现出天涯社区"私"的鲜明特性，大多数网民都从自身及普通民众的视角出发看待地震中的人和事，并在特定时间表达了极富感情色彩的意见。"汶川地震"和"天涯社区"几乎所有的板块一样更新速度非常快，每天均有数以百计的帖子出现，且从前文的统计数据可以看出，跟帖量、点击量都非常大。"汶川地震"专栏的海量帖子所产生的强大舆论力量，就如同一阵阵飓风席卷而来，给人以强大的思维冲击力。

（三）网络舆论个案分析

为了进一步考察两个网络论坛对主流媒体及现实社会舆论的影响，本文采用个案研究法，对代表性事件进行了跟踪考察。在汶川大地震发生后，社会各界纷纷向灾区伸出援手，著名企业家、明星等公众人物也都慷慨解囊，向灾区捐款捐物。在举国为灾区募捐时，国内房地产行业中首屈一指的万科集团仅仅捐出了200万元人民币。由于网友对万科的捐款数目提出疑问，万科集团董事长王石于2008年5月15日在个人博客发表了这样一段作为回应的言论：

> 对捐出的款项超过1000万元的企业，我当然表示敬佩。但作为董事长，我认为：万科捐出的200万元是合适的。这不仅是董事会授

权的最大单项捐款数额,即使授权大过这个金额,我仍认为 200 万元是个适当的数额。中国是个灾害频发的国家,赈灾慈善活动是个常态,企业的捐赠活动应该可持续,而不应成为负担。万科对集团内部慈善的募捐活动有条提示:每次募捐,普通员工的捐款以 10 元为限。其意就是不要让慈善成为负担……

此言一出,立即在网上引起轩然大波,从王石博客的网友留言,到"天涯社区""强国论坛"等各大中文论坛,愤怒的网友无不对王石及其身后的万科集团极尽谩骂、讽刺之辞。一时间,网络舆论把连续四年荣膺"中国最受欢迎企业"称号的万科推上了风口浪尖,王石本人也被冠以"王十块""王八加二"等称谓,万科 A 股股价从 40 多元大跳水至 18 元,有网友甚至称"万科的品牌与汶川一起被夷为平地了"。

本文在"抗震救灾论坛"和"汶川地震"专栏将"王石"作为关键词进行搜索,搜索区间为 2008 年 5 月 14 日至 5 月 30 日,搜索结果分别为 12 篇、2489 篇,帖子内容几乎全部持反对态度。从帖子数量的对比中也可以看出,这一涉及具体企业和个人的议题,在"强国论坛"这样的"公立"主流媒体论坛上表现得远不如"天涯社区"等"私立"时政论坛活跃。"天涯社区"发挥网络舆论监督的作用远远超过了"强国论坛"。

在网络媒体铺天盖地的发帖引导下,《南方都市报》、《华夏时报》、台湾《联合报》等各地平面媒体以及东方卫视等电视媒体也发挥舆论监督作用,质疑万科"为富不仁"的行为。面对强大的舆论压力,2008 年 5 月 21 日王石接受凤凰卫视《金石财经》节目采访时首次公开道歉:

就这个回答来讲,显然损伤了网友的赈灾热情。现在随着时间推移来反省这个事情,觉得是在那个时间、那个特殊情况下,那样来回复一个帖子是非常不适当的。所以提到这个事,我当然是感到抱歉的……而且对万科,对我本人,对希望我们在赈灾中扮演更重要的角色,这些方面,对这个帖子很失望,甚至产生很大的愤怒。对这一点我是感到非常非常不安的,既然你问到这个问题,我当然是表示我的歉意。

光有口头道歉显然无法平息网友的怒火,王石的个人博客于5月24日发布了《万科企业股份有限公司关于无偿参与四川地震灾区灾后安置及恢复重建工作的声明》,称万科将投入1亿元用于灾区重建,并参与四川地震灾区的临时安置、灾后恢复与重建工作,为完全无偿的纯公益性质,灾后重建过程中也不承揽任何有回报的重建业务,并且不考虑在遵道镇乃至整个绵竹市开展商品住宅、旅游开发或其他任何商业投资活动。

此举过后,各地平面媒体、电视媒体立刻停止了对王石和万科的负面报道,转而报道万科重建灾区的计划实施情况等。但以"天涯社区"为代表的广大网民却依然不依不饶,仍然不断质疑万科在整个事件中的表现是否有"作秀"之嫌,是否有在四川借机圈地投资之嫌等。总之,在以"天涯社区"为代表的众多网络时政论坛中,关于王石和万科的议论仍在缓慢的议题衰变中继续。本文对2008年5月22日至5月30日在"天涯社区"的"汶川地震"专栏发布的题目中含有"王石"二字的帖子数量进行了统计(见图6):

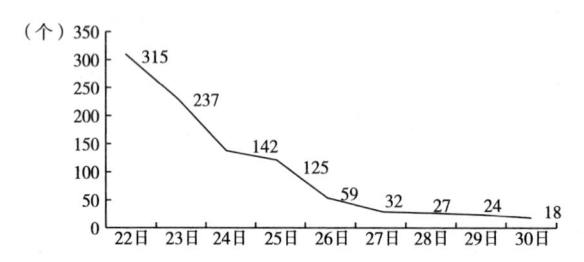

图6 道歉、捐款后,天涯社区"王石"议题衰变过程

纵观王石和万科的"捐款门"事件,不难看出网络媒体一直推动着事件的发展。从王石个人博客上的网友回复,到各大时政论坛上广大网友的批评与质疑,再到王石通过传统媒体和博客发表道歉声明并捐款,以及时政论坛的后续关注……网友在关注事态发展的过程中不断形成网络舆论,引导报纸、电视等传统媒体积极发挥舆论监督作用,迫使当事人不得不做出令广大网民满意的,以及为挽回企业和个人声誉的决策。

三 结论与思考

通过观察汶川大地震发生后"强国论坛""天涯社区"两大中文论坛的反应,并分析整个"捐款门"事件,我们可以看出以下三个显著特点。

第一,以网络时政论坛为代表的新媒介接近使用权发生下移和反转。如前所述,媒介近用权探讨的是政府与民众接近使用媒介的权利问题,在传播学领域,尤其是批判学家非常关注"传播权""话语""消息来源"与社会压制,在话语与权力结合的领域做出最大贡献的当数法国学者福柯。福柯认为,"影响、控制话语运动的最根本的因素是权力。话语和传播权力是不可分的,真正的话语权是通过媒介接近使用权来实现的"。

在传统媒体时代,传播话语和媒介接近使用权经常受到禁止程序的制约,媒介接近使用权只能对部分说话主体开放,说话主体有时也被禁止进入某种话语领域,从而产生不对称的权利关系和对有效性声音虚假的一致意见。在《合法性危机》中,哈贝马斯认为:"国家通过把基本上无法检验的有效性声音强加于社会成员而与后者保持一种不对称的关系。"所以,媒介接近使用权主要掌握在政府和利益集团手中,它们拥有绝对的媒介话语权,而在新媒体环境下,一般民众的传播权不断扩大,政府传播权则呈弱化趋势,新媒体接近使用权出现了"反转"现象。

第二,网络论坛促进网民主动参与和意义建构,进一步推动了新媒体消息来源的变化。早在20世纪70年代,英国文化学者S. Hall就提出"消息来源是社会真实的首要界定者",称新闻媒体无力单独制造新闻,多半通过消息来源的引入才能注意到特殊话题。因此媒介社会学家认为,所谓新闻媒介建构真实的说法须加以修正:真正的社会意义建构应是新闻媒体与消息来源共同合作的结果。

在传统媒体时代,消息来源主要分为三大类。第一类是经常提供线索的"消息来源",这些"消息来源"提供者资讯丰富,与媒体记者往来频繁,是媒体资讯的"衣食父母",可统称为媒体的"第一线消息来源",如各级政府部门,几乎提供了80%的政治信息。第二类则是新闻的诠释者,媒体记者在获得新闻线索后,必须经过消息来源的确认或诠释,才能撰写新闻,比如学者专家、权威人士、大型利益集团等,这些消息来源经常出现在新闻报道中并成为被引述者,它们也最乐意接近媒体。第三类则是新闻活动的主角、相关人或是突发事件的当事人和报料人,如影视和体育明星等。

在新闻生产过程中,媒体和消息来源的合作,远比具体的新闻写作和编辑技术重要得多。Gan 提出了新闻媒体与消息来源之间合作关系的概念。他认为媒体与消息来源的关系,就像舞会中的舞伴,消息来源希望接近新闻记者,新闻记者也希望访问消息来源,但由于新闻记者在人数及时间上的限制,往往是由消息来源采取主动立场,而记者只能主动跟随少部分有时间或合适的"常规消息来源"。这种媒介—消息来源的关系现状在新媒体时代被彻底打破了。Web2.0 时代,"零风险、零门槛、零进入"技术从根本上改变了知识生产和信息提供的不平等地位,改变了媒介接近使用权和信息发布的控制权。新媒体绝不仅仅是人民群众对政府工作进行舆论监督的平台,其既要及时传递党和政府的声音,也要不遗余力地保障广大人民群众的知情权。

第三,网络论坛改变了传统宣传的控制模式,由此带来了政府调控新媒体策略的变化。由于传统媒体的接近使用权和消息来源长期为精英阶层所垄断,民间的声音在现实社会中很难找到充分的发言空间,网络时政论坛的开放互动则为其提供了公共空间,论坛成为社会各阶层发声的广场,中文网络时政论坛的网民舆论,已成为当代中国社会舆论的一个重要组成部分。网络时政论坛正是以其遍在效应,吸引着3亿中国网民对众多的公共性议题发表意见,形成了强大的网络公众舆论场,从而彻底颠覆了政府调控新媒体的传统管理机制。

至于如何从消息来源和媒介近用权之间的复杂关系中寻找政府管控媒体的策略,许多学者分别运用社会学范式、文化研究范式和传播行为主义范式,进行了深入和广泛的研究,而围绕公共关系范式展开的研究则始于西蒙·科特,他在《新闻、公共关系与权力》一书中,将公共关系视为关乎民主政治未来的大问题和研究消息来源的理论方法。他认为，各种利益集团（消息来源）通过公共关系来影响媒介发声，展示自我形象，争取自身利益。他在书中展示了运用公共关系消息来源场域的二元视野——支配性利益集团和挑战者利益集团，并分别从支配性利益集团的消息来源角度和挑战者利益集团的消息来源角度论述公共关系时代媒介与消息来源的策略性关系及其影响。

因此，本文认为，作为"民主的沟通"的公共关系，可以为政府提供新媒体"接近使用权"和"消息来源"的策略性调控理念和对策，从而优化和完善政府的新媒体管理系统。公共关系无疑为政府调控新媒体提供了积极的理念和策略，这也是我们下一步要研究的主要内容。

[该文发表于《武汉理工大学学报》（社会科学版）2010年第1期，陈先红独著]

参考文献

夏比洛：《调控权革命：新兴科技对我们的最大冲击》，刘静怡译，台北：脸谱出版社，2001。

麦克切斯尼：《富媒体穷民主：不确定时代的政治传播》，谢岳译，新华出版社，2004。

冈特利特：《网络研究：数字化时代媒介研究的重新定向》，彭兰等译，新华出版社，2004。

陈红梅：《网络表达及其对社会的影响——近十年来国外网络传播研究述略》，《新闻记者》2004年第9期，第33~25页。

利文森：《软边缘：信息革命历史与未来》，熊澄宇等译，清华大学出版社，2002。

吴有训：《21世纪新闻传播研究》，汕头大学出版社，第203~211页。

陈先红：《论新媒介即关系》，《现代传播》2006年第3期，第54~56页。

西蒙·科特：《新闻、公共关系与权力》，李兆丰、石琳译，复旦大学出版社，2007。

臧国仁：《新闻媒体与消息来源——媒介框架与真实建构之论述》，台北：三民书局，1999。

哈贝马斯：《公共领域的结构转型》，曹卫东等译，学林出版社，1999。

Eliza Tanner Hawkins & Kirk Hawkins, "Bridging Latin America's Digital Divide: Government Policies and Internet Access," *Journalism and Mass Communication Quarterly* 80

(2003): 646-650.

S. Cohen & J. Young, *The Manufacture of News*. LosAngeles: Beverly Hills, Sage, 1981.

H. J. Gans, *Deciding What's News: A Study of CBS Evening News, NBC Nightly News, Newsweek, and Times*. New York: Pantheon Books, 1979.

互联网新技术背景下的舆论传播策略

当今世界正在从信息互联网、移动互联网走向价值互联网的智能时代。大数据、云计算、人工智能、区块链、卫星互联网、5G移动通信等新技术的迅猛发展,促使舆论传播从探索应用的"互联网+"时代进入了全面深度应用的相融时代。大数据和云计算技术给舆论传播的数据收集分析、议题设置、舆论引导、舆情管理等方面带来了机遇和挑战;人工智能技术促进并实现了媒体功能融合,媒体介质正在泛化,内容终端智能化导致万物皆媒;区块链技术的去中心化、高度自治等特征带来的"信息脱媒",彻底颠覆了舆论传播的信息集中式分布,使舆论集权化发展走向共享共生;卫星互联网技术构筑了天地一体网络,为应急通信、灾后辟谣等带来了便利。而移动通信5G技术作为基础设施,为舆论传播提供了快速传播、大量传播、多样化传播等技术支撑。这些飞跃性的创新技术为媒体信源认证、公民新闻审核机制、传播效果统计、可信赖编程社会等方面,带来了前所未有的发展机遇。

但是,互联网最新技术的发展与应用,也使国内外舆论传播面临的形势更加严峻,问题更加突出,具体表现为以下几个方面。其一,后真相时代舆论生态紧张化,诉诸事实往往比不上诉诸情感更能影响舆论走向,表达与控制之间的不确定性增强,风险升级。其二,新媒体赋权带来的舆论话语权扩张,舆论主体趋于去中心化、社群化和低龄化。其三,自媒体时代舆论生成机制多元化,政策舆情与社会舆情交替迸发,新的社会痛点成为舆情"触发器"。其四,受塔西佗陷阱的影响,正能量传播"逆火化",

过度传播正能量会产生"适得其反，事与愿违"的逆火效应。其五，舆论产品泛娱乐化，将导致媒体功能失衡、文化价值消泯和网民文化品位的下降。其六，"主流"、"网络"和"境外"三个舆论场的冲突与融化，可能使主流媒体的议程设置瓦解、消弭乃至失灵。其七，知识精英阶层参与舆论传播的动力不足，导致舆论格局呈沉默螺旋化。其八，宣传思维模式下舆论传播方式窄化与僵化，"互联网+专家"型意见领袖严重匮乏。其九，舆论共同体的单级聚化和群体极化，增加了非理性、情绪化的网络舆论，使舆论危机事件高频化、复杂化。以上这些问题，一部分是互联网技术应用带来的，一部分则是新闻宣传观念的局限性和学科知识解释力不足造成的。因此，舆论管理者亟须转化视角、改变思路，运用更多的跨学科知识+互联网思维，以及更新的互联网技术，寻求综合解决之道。

本文主要从舆论传播观念、舆论生态治理、舆论内容生产、舆论传播平台、舆论受众策略和舆论传播方式等六个方面提出相关建议，以供相关部门参考。

一 建立舆论传播的"大数据观"和"公共关系观"

当前中国舆论传播已经历了两个层面的转变：在理念层面，经历了从舆论监督、舆论引导到舆情治理的转变；在实践层面，经历了从被动应对到主动建构的体制机制变革。但是，在区块链带来的"钱联网"时代和征信社会，中国舆论传播观念还需要与时俱进，创新理念和行动策略。

（一）建立舆论的"大数据观"，要从"新闻舆论观"走向"数据产品观"

互联网技术语境中的"舆论"概念，有着与众不同的内涵。一方面，它既不同于西方文化语境中的"公共民意"概念，也不同于中国传统文化中"众人的议论"概念，更不同于现代中国语境中的"新闻宣传""网络舆情"概念。当下的舆论概念，已经变成"大数据产品"概念和化无形为有形的"公共产品""内容产品"概念。

一般而言，舆论有宣传品、作品和产品三种形态，舆论宣传品指领导讲话、会议文件、政府报告等,具有政治属性;舆论作品多指新闻报道、网络舆情、文学作品等,具有文化属性;舆论产品则指具有市场交易能力的商品,具有市场属性。本文提出的"大数据舆论观",强调打造集宣传品、作品、产品于一体的舆论产品力,这是理念上的巨大提升。相对于传统舆论的"新闻宣传观""舆情民意观"在内涵上的单打独斗、居高临下、谈舆色变,大数据舆论观强调打造智能融合型舆论产品,这是增强主流媒体传播力、引导力、影响力和公信力等四大软实力的基础,是新时代舆论传播努力奋斗的方向。大数据舆论观强调,要把政治学意义上的"民意"转化为市场营销学视角下的"内容产品",这是一种自带流量的网红IP产品,不仅有利于促进舆论数据的生产、消费和流通,有利于促进舆论产品的营销传播和品牌管理,还能够帮助政府走出舆论传播动力不足的困境,进而促进社会参与、激发社会活力。

(二)强化舆论传播的"公共关系观",要从新闻宣传走向公关传播

在中国传统语境中,中国特色舆论传播,都是以上层建筑"舆论监督"为主导的传播模式,以党的喉舌为载体的各级传统媒体和政府部门都是舆论传播的主体,舆论与新闻宣传相关,基本上属于新闻传播学的范畴;而新媒体语境下,舆论与公共民意相关,是公共传播的产物,是以社会大众的"舆论参与"为主导的舆论传播模式,基本上属于公共关系学的范畴,二者具有本质区别。新时代舆论传播的"公共关系观"是一种全新的传播理念和管理哲学,强调舆论传播是政府传播和公众传播的混合物,具有政治性和公共性,其传播实践需要在二者之间制定权变战略。

(三)制定"政治化"和"去政治化"的舆论话语权战略

一方面,制定舆论话语权战略必须做到"讲政治,讲民主,讲对话",只有这样才能够使舆论传播实践真正成为社会支持发动机、社会共识制造商,成为"一种能够动员社会的半政治力量",以及以共建人类命运共同体为利益追求的民主沟通机制。另一方面,在实践中,中国舆论传播要从政治领域转向市场营销领域,借鉴公共关系、广告、营销、战略传播等商业领域广泛运用的思想,开展一场去政治化的话语权争夺战。

二 通过舆论粒子—舆论波—舆论场,建立可视化舆论内容生产体系

根据物理力学的"粒子—波—场"方法论,本文提出了"舆论粒子""舆论波""舆论场"的概念,以此建立可视化的三级舆论产品体系。

在这里,舆论粒子指舆论生成与扩散过程中的自旋粒子,具有自燃性、赋能性,是一种具有穿透力的舆论产品。舆论具有"波粒二象性",有时表现为粒子性,有时表现为波动性。舆论总是呈现上下起伏的波动状态,这种势能被称为"舆论波",舆论波是时间维度的舆论产品,具有生命周期性。"舆论场"指时空维度的舆论产品,具有对象性、语境性。舆论场概念使用最多,常常意指官方和民间两个舆论场。

根据以上三个舆论产品概念,本文提出要建立以共享价值观为核心的舆论粒子产品体系、以舆情生命周期为诉求的舆论波产品体系、以用户需求为导向的舆论场产品体系,这些产品体系都可以通过可视化仿真平台和人工智能技术构建。

(一)建立以共享价值观为核心的舆论粒子产品体系

一般而言,每一种舆论产品都有一个自旋的粒子,具有正负两级,经过足够长的迭代时间,达成一种共识(舆论形成)、两类意见(两极化)以及多种意见。因此舆论粒子具有不确定性,但是其中一个被称为"上帝粒子"的神奇粒子,只有正极,没有负极,具有天然的一致性。在舆论产品体系中,这个神奇的上帝粒子,就是最能入脑入心入行的人类共享价值观,如爱、自由、民主、英雄、命运共同体等,它可以作为舆论的燃烧物质,赋予其他舆论粒子以质量,换句话说,这些舆论粒子是最为重要的灵性粒子,或曰"民意粒子",它能够赢得民心,掌控舆论话语权。

当前,舆论粒子产品开发的首要任务,就是把习近平总书记提出的具有国际号召力的"人类命运共同体"价值观进行粒子化分解,进一步落实为3~5个中国话语关键词,如仁爱合和、家国天下、天人合一、协和

万邦等,并据此制定中国话语关键词使用战略,对影视、游戏、图书等文化产品创作进行规范。

(二) 建立以舆情生命周期为诉求的舆论波产品体系

舆论波是时间维度的舆论产品,或舆情生命周期产品,具体分为潜舆论波、显舆论波、行为舆论波三种形态。舆论波其实是民心波动的再现,具有鲜明的时间性和情绪性特征。根据社会激波理论,公众卷入舆论的行为表现具有"从众""从上""从理""从利"等特征,可运用计算机仿真技术和可视化技术,在不同时间节点获得民众情绪变化和认知波动的数量、规模和强度的大小,模拟公众情绪蔓延和意见转移的场景,以此建立舆论波可视化仿真平台,为不同生命周期的舆情应对和政策制定提供不同形态的舆论产品。比如在潜舆论时期,可以提供预测类产品、预警类产品;在显舆论时期,可以提供应急类产品;在行为舆论时期,可以提供管控类产品、监管类产品等。

(三) 建立以用户需求为导向的舆论场产品体系

舆论场是指在舆论生成与扩散过程中的时空环境,主要包括官方舆论场、民间舆论场、境外舆论场,三个舆论场是舆论话语权竞争的主要场域,具有不可控性。舆论场产品体系的开发要遵循一些基本原则:一是受众导向原则,通过对不同舆论场受众需求的精准画像,来开发不同受众需求的舆论产品;二是内外有别原则,为国内舆论场和国际舆论场提供的舆论产品应该有所差异,不能千篇一律;三是软硬兼施原则,针对不同舆论场的目标受众,提供具有不同效能的舆论产品,如进攻型舆论产品和防守型舆论产品。

三 通过织网—造流—占位策略,建立智能型舆论生态治理体系

建立智能型舆论生态治理体系,首先需要解决两大难题:一是在"伦理意义"上突破舆论传播的现实困境,帮助政府走出塔西佗陷阱,增

强舆论传播的公信力、引导力；二是在"策略价值"上解决舆论传播的操作难题，增强舆论传播的影响力、感召力。其指导思想主要包括两个方面：一是将舆论传播纳入现实与虚拟的复杂关系生态系统中，从社会文化的多重因素出发，建立线上—线下、官方—民间、精英—草根、传统媒体—自媒体等多元对话机制，使舆论治理成为关系管理工程和公共对话工程；二是在实际操作层面，通过实施织网—造流—占位策略，构建舆论大数据资源网、舆论人工智能传播流和舆论区块链生态位，为中国舆论传播提供智能型一体化的舆论生态治理方案。

（一）织网策略：运用大数据技术，建立舆论关系资源网

舆论关系资源网相当于舆论大数据超市，主要包括舆论关系大数据、舆论信息大数据、舆论环境大数据三类资源。比如由合作者、同盟者、竞争者、威胁者四种生态关系构成的舆论主客体关系大数据，与此相关的集体认知、情感态度、文化、价值观等舆论信息大数据，以及当下的政治、经济、文化、科技等生存环境大数据。这些数据可以帮助我们掌握舆论主体、舆论客体的现实状态和关系互动，是舆论生态治理的基础和前提。

（二）造流策略：运用人工智能技术，建立舆论智能传播流

运用人工智能技术，在舆论传播的智能感知、智能推理、智能学习、智能行动等应用领域，积极寻找动机维、目标维、内容维的传播规律，通过挖掘战略性舆论话题 vs 日常性舆论话题、强关系话题 vs 弱关系话题、情感话题 vs 文化话题、文化话题 vs 价值观话题，寻找促使舆论扩散流变的"舆论粒子"，通过智能算法与推荐，引导舆论流向和流量，促使正能量"舆论波"的产生，最终形成跨越时空的"舆论场"。

（三）占位策略：运用区块链技术，建立舆论区块链生态位

舆论区块链作为"区块链+媒体"的应用创新，可以在缺乏信任的匿名化网络世界里，构建一个具有公信力的文化思想传输系统，而这正是我们想在舆论界抢占的理想生态位。建立舆论区块链生态位，主要可以从舆

论信源认证、谣言自净平台建设、知识产权的 IP 化运营、泛内容生产平台、媒体融合区块链、区块链智慧社区建立、舆论公信力评估等方面，打造舆论区块链生态圈，为媒体融合开辟全新路径。

四 通过云平台—云媒体—云服务，建立共享型舆论传播体系

基于云计算技术的舆论传播是一种具有共享性、云端服务性的新型信息传播模式，在云传播模式中，"开放平台"能将"信息孤岛"般的新媒体应用（App）连成一片，变成一个虚拟的"整体"，实现信息的跨网络深度融合、跨平台和跨终端传播，由此形成共享型的大数据舆论场。建立共享型的大数据舆论传播系统，主要包括以下几个方面。

（一）创新新媒体应用模式

新媒体应用模式通常分为四类：网络信息获取应用模式、电子商务应用模式、网络交流互动应用模式、网络娱乐应用模式。目前，我国纸质媒体在新媒体应用上依然主要依靠开通和整合微博、微信公众号等进入网络舆情领域，这只是一种单向的开放式关系。未来，可通过区块链分布式数据存储技术+云平台的创新应用开发，抢占可信赖的价值互联网的新入口、新平台。

（二）建立新媒体应用开放平台

所谓开放平台，实质上就是围绕自己的生态链，通过应用程序接口（API），将自己不擅长的事情交给合作伙伴们去做，通过丰富的应用来吸引用户，最终将用户"黏在"自己的平台上。

当前，国内传统媒体普遍缺乏自己的开放平台和历史数据。在这种情况下，传统媒体发布的信息较难进入整体的云传播网络中来，新旧媒介融合很难实现。未来，通过云平台、区块链、5G 等互联网新技术，建立新媒体应用开放平台、完善新型舆论传播体系，应该是传统媒体转型和推动媒介融合的主要任务。

(三) 打造新型的媒体云服务体系

新型的媒体云服务体系主要包括媒体云服务提供商、媒体终端提供商、媒体内容生产和传播商。在未来的区块链+云传播环境中，可将专业化媒介组织生产的内容统一存放在"媒介云"中，并依据内容的浏览量进行收费。"媒介云"服务商也可获得服务酬金。利用区块链的数字加密技术和强背书功能，有效保护版权和内容资源，从而保障各方权益。

(四) 实施基于云平台的舆论传播战略

实施基于云平台的舆论传播战略，可以通过搭建专业云平台或充分利用公共云平台来实现。如2016年《人民日报》的全媒体平台——"中央厨房"，就是一个中央级纸质媒体搭建的专有云平台，可进行"一体策划、一次采集、多种生成、多元传播、全天滚动、全球覆盖"，实现了新兴媒体与传统媒体、线上与线下、母媒与子媒、国内与国外媒体的四个"联动"。

建设和使用云平台，使其成为舆论引导的"根据地"，形成"为我所用"的国际舆论场、"自然融合"的网络舆论场、"无缝衔接"的线下线上舆论场，最终形成国际与国内、虚拟与现实、线上与线下浑然一体的云端大舆论场，建立互联网时代舆论传播的新格局，实现智慧传播。

五 通过议题设置和关系管理，建立精准型舆论引导体系

建立精准型舆论引导体系，必须围绕"对谁说、说什么、怎么说"三个核心问题展开，提供舆论受众精准化、舆论话题精准化、传播策略精准化的舆论引导解决方案。具体建议如下。

(一) 对舆论受众进行可视化管理

运用数据挖掘、文本挖掘、自然语言处理、可视化分析等技术，实时监测全网舆论公众，根据用户搜索的关键词、标签关键词或其他输入，进行语义分析和情感分析，建立目标用户的结构性数据库、非结构性数据库和半结构性数据库，追踪大众心理动态，判断用户现实需求，

提供用户精准"画像"。

（二）对舆论受众进行关系管理

运用社会网分析法和智能计算，计算出舆论受众在舆论大数据资源库中的关系节点、关系密度、关系强度、关系中心性、点入中心度、点出中心度等，找出"长尾公众、结构洞公众、信息桥公众"，明确舆论受众在关系资源网中的角色和地位，描绘关系地图，选择关系联盟，建立关系档案。

（三）对舆论受众进行议题管理

运用人工智能技术，对目标公众进行议题识别和分析，根据议题卷入度，将目标公众分为四大类：全议题公众、热点议题公众、单一议题公众、漠视议题公众。通过贴标签和细化议题，锁定舆论引导的话题策略。

（四）对舆论受众进行传播管理

将"接触、交流、教育、授权"四种沟通策略与四类议题型公众进行一对一匹配，建立舆论传播策略矩阵，实施精准舆论传播管理。

"接触"就是根据IMC的接触点传播理论，研究设计舆论传播"关键接触点路径"，实施以人为中心的全覆盖传播；"交流"就是根据人类的基本交流方式，研究设计"信息流—文化流—情感流"三重交流战略，以此让社会主义核心价值观入脑入心入行，达到建立信息共同体、文化共同体和情感共同体的全方位传播的效果；"教育"就是根据现代教育的基本规律，研究设计"从娃娃抓起"的全过程教育传播战略，使舆论议题传播贯串一个人生命成长的始终；"授权"就是根据授权理论，研究设计"关系路径和动机路径"的授权战略，在具体操作中既包括对NGO、跨国公司、意见领袖等的授权，也包括向专业公共关系公司购买社会服务。

总之，建立精准舆论引导体系，需要在公共关系理论、议题管理理论、利益攸关者理论的指导下，寻找事实维度和价值维度之间的舆论粒子，制定高度精准的基于事实的巧传播策略。

六 通过跨媒体叙事，建立创新型舆论传播方法体系

所谓跨媒体叙事，是指利用电影电视、漫画小说、游戏以及网络等多媒体平台传播故事并吸引受众积极参与故事情节的接收、改编和传播的叙事策略。跨媒体叙事在遵循主题一致性、媒介多样性、内容互文性、受众互动性的基础上，在统一的故事世界里，发展出多元化的故事情节、多元化的传播载体、多元化的叙事主体、多元化的叙事方式以及多元化的受众参与方式。比如美国的漫威系列作品，在漫威故事世界宇宙观的指导下，由好莱坞和全球影迷们共同创制的电影、动画短片、漫画、游戏、玩具等多模态产品，具有经久不衰的国际影响力和文化吸引力。

跨媒体叙事公式为"元故事+多媒体平台+互文性叙事+互动式参与+沉浸式体验"。建立创新型舆论传播方法体系，就要借鉴世界流行文化的生产和营销方法，在中国特色社会主义思想的指引之下，聚焦国际共享性价值观，营造自由宽松的创作氛围，增强并激发全球华人的文化自信和叙事热情，从而创作出经典作品，提升中国的国际话语权和文化软实力，增强中国舆论的传播力、引导力、影响力和公信力。

七 结语

目前，以大数据、人工智能、区块链等为代表的互联网技术已经从初步探索转向了全面应用，深刻影响着信息传播、舆论生态和政府管理的方式。尤其是区块链的应用为网络舆论传播提供了新机遇和新挑战。Nikki认为，区块链技术是我们逃离后真相时代，回归真实社会的途径。作为一种颠覆性的互联网技术，在未来，区块链技术将彻底改变人类的价值传递方式。因此，舆论管理者一方面要密切关注互联网最新技术，及时抢占舆论传播阵地入口和制高点；另一方面要解放思想，改变思路，更新观念，转换视角，只有跳出"舆论监管"和"新闻管控"的窠臼，善于运用计算传播学、公共关系学等跨学科知识和互联网技术，才能制定出既具前瞻性又有现实性的舆论传播解决方案。

[该文发表于《武汉理工大学学报》（社会科学版）2019年第3期，被《新华文摘》2019年第16期全文转载，作者为陈先红、宋发枝；系国家社科基金项目"讲好中国故事的元叙事传播战略"（16BXW046）、教育部重大课题"讲好中国故事与提升国际话语权与文化软实力研究"（17JZD038）的阶段性成果］

参考文献

谢清果、王昀：《华夏舆论传播的概念、历史、形态及特征探析》，《现代传播》2016年第3期，第32~40页。

陈先红、刘晓程：《核心价值观传播的国家公共关系战略构想》，《现代传播》2015年第6期，第25~31页。

哈贝马斯：《公共领域的结构转型》，曹卫东等译，学林出版社，1999，第163页。

刘怡君、李倩倩、牛文元：《舆论动力学模型综述》，《管理评论》2013年第1期，第167~176页。

张志安、晏齐宏：《网络舆论的概念认知、分析层次与引导策略》，《新闻与传播研究》2016年第5期，第20~29页。

曹劲松、费爱华：《政府形象传播》，江苏人民出版社，2012，第361页。

陈先红：《以生态学范式建构公共关系学理论》，《新闻大学》2009年第12期，第116~125页。

李卫东、文竹：《新媒体应用开放平台的云传播网络模型及结构特征分析》，《新闻与传播研究》2016年第9期，第52~74页。

李卫东、陈文泰：《云传播：建构舆论引导新格局的利器》，《新闻与写作》2016年第5期，第20~24页。

陈先红、潘飞：《基于社会网理论的博客影响力测量》，《现代传播—中国传媒大学学报》2009年第2期，第117~121页。

顾洁：《新闻传播的"跨媒体叙事"：一种前景的分析》，《编辑学刊》2013年第11期，第93~97页。

陈先红：《讲好湖北故事 提升文化软实力》，《湖北政协》2018年第7期，第40~41页。

唐巧盈：《互联网新技术下网络舆论传播的形势变化与对策分析》，《信息安全与通信保密》2018年第4期，第13~19页。

James E. Grunig & Todd Hunt, *Managing Public Relations*. NewYork：Holt, Rinehartand Winston, 1984, p.6.

公共关系与社会责任

公共关系与社会责任

一 公共关系与社会责任的相关性

在公共关系教科书以及专业文献中，大多数公共关系定义都将公共关系作为管理的一部分，例如，1981年，《不列颠百科全书》把公共关系定义为"旨在传达有关个人、公司、政府机构或其他组织信息，并改善公众对其态度的种种政策或行动"。这个定义基本上认为，公共关系是一种管理哲学，在其所有政策与行动上，都以公共利益为前提，逐步使公共关系主体行为走上人性化道路。

而管理学者认为，管理的本质不仅是效率和效果，也是一种"社会责任"。企业是社会和社区的一个器官，管理是一种社会功能，管理者除了扮演"企业价值创造者"和"管理损失阻止者"的角色以外，还有一个重要的附加功能，即处理企业与其他外部环境的关系。按照迈克（Mackey）的说法，每一个组织至少有一种"被动的公共关系"，无论是否对环境进行管理，事实上都与环境存在关系。英国公共关系专家詹夫金斯（Jefkins）也指出，每一个组织都有公共关系，可以称之为无意识的公共关系，它们不仅重要，而且可能比计划的公共关系更加重要。在管理学上，这叫作"企业社会范畴"（Corporate Social Rang，CSR）。

研究表明，从1970年开始，虽然现代企业的业务范围各不相同，但是其面临的社会范畴基本相似，在那时，大多数企业只有2~3级自治机构：商业部、市场部和总经理办公室。有些公司有五个部门：利润中心、营业中心、市场中心、项目小组和办公室。随着政府管理条例的日益增多，企业办公室不得不增加一个协调者的角色与政府各部门以及各类公众进行协调。

据调查，不同的企业办公室的职责是不同的，只有在公众关系方面（包括政府在内），大部分内容是相似的，一些大公司的 CEO 表示他们常常花 30%~40% 的时间和精力来处理和公众的各种关系，经理要花 75% 的时间来处理与公共关系有关的活动，在欧洲开展的其他研究也证明了企业社会范畴的广泛存在。但是，在当时，对企业社会范畴的讨论仅仅是顺带性的，而且学者们对于企业该不该承担社会责任，一直争论不休，主要有两种看法：古典的自由市场经济学认为，企业是股东的资产，而非管理者的资产，企业只需努力赚钱，对股东负责，而不需要承担任何社会责任，利润愈大，表示企业资源愈能被有效运用，对社会的贡献自然也更大；但另一派认为，企业只有对社会负责，才能持续生存和发展，主动履行社会责任能免除政府干预，同时可以创造良好的社会环境，企业本身也将因此获利。

结合公共关系的理论和实践史可以发现，社会责任是公共关系的伦理基础，社会责任导向与现代公共关系的发展几乎是同步的，正是现代公共关系的产生，使卓越企业对社会责任更加敏感，并推动了社会责任理论的形成。也正是在社会责任理论的引导下，公共关系作为"企业良心"的概念才变得越来越清晰，公共关系人员必须促使企业政策和行为朝着对社会需求负责的方向发展。

二 社会责任与现代公共关系的同步发展

从企业社会责任的发展角度来看，公共关系可以分为企业公众责任（CSR1）、环境恶化和议题管理（CSR2）、企业社会公正（CSR3）、企业社会动机（CSR4）四个发展阶段。

1. 企业公众责任阶段

企业公众责任的首次提出是在一个世纪以前，一些小公司合并为大企业之际，铁路公司的管理者不得不说服那些合并者关注"公众利益"。公众责任概念的真正发展是在1900~1930年，这一时期正是现代公共关系的诞生期。公共关系先驱伯纳斯和他的妻子桃瑞丝·弗莱斯曼，通过公共关系咨询活动极大地推动了美国公共关系的发展，促使企业"公众责任"的概念发展起来——企业不仅要对企业主的利益负责，还要对社会的发展负责。道尔曼·伊腾（Dorman B. Eaton）的《公共关系和律师职业的职责》和豪科·斯密斯（Hough Smith）的《公众情感理论和规范》，都提到了公共关系和公众利益，可以说正是现代公共关系的诞生唤起了企业的"公众责任感"。

企业社会责任是弗雷德里克（Frederick）在1994年提出来的，它是启蒙式的、原则性的、模糊的，但所有问题都与一般公众有关。批评家说它是"不值得追求的、无效的、不讨人喜欢的、不可能的"，在当时，它被看作一个矛盾的词语。在1940~1950年，由于政府对经济生活和私人生活的规范、日益增多的贸易权利联盟、人口教育程度的提高所引发的社会运动，以及组织对公众支持的依赖等，现代公共关系得到进一步发展，它所倡导的"公众利益""社会责任"等也开始引起普遍讨论。

2. 环境恶化和议题管理阶段

1970年，CSR的概念继续发展为CSR2。CSR2提出了"环境恶化"问题，这一问题在美国管理学界引起了广泛讨论，同时公共关系理论中的议题管理也对此展开讨论。提出议题管理这一术语的是一个叫霍华德·蔡斯（Howard Chase）的公共关系顾问，其他学者如格鲁尼格、卡特里普和切尼（Cheney）、韦伯特（Vibbert）等也都认为公共关系与议题管理是一回事。

1989年，有500家企业和3000家贸易协会在华盛顿设立政府关系办公室。1991年，有1000~1200家美国公司设立了公共事务部。《企业社会挑战：案例分析》第一章的标题就是《管理社会责任》。

1992年，美国公共关系学会发布了"公共关系官方声明"。声明指出，公共关系的主要目的是解决问题。艾林也提出了冲突管理的公共关系模型。CSR2更加强调公司及社会关系的具体管理，与CSR1有很大不同：CSR1只是质疑公司是否应承担社会责任，而CSR2已经开始研究如何承担社会责任。

从 CSR1 到 CSR2 的过渡是对日益模糊的公共关系概念的澄清,英国公共关系专家詹夫金斯指出,"公共关系是一个经常被误解的表达","公共关系,从字面的确切含义来说,就是组织与各种公众之间的关系",甚至使用这样的文章标题——"公共关系,不,与公众的关系",正如伯纳斯所言:"公共关系确切的含义是,组织、个人等与那些决定其生存的公众之间的关系。"道兹尔(Dozier)和格鲁尼格认为,对公众的识别是公共关系管理者的战略决策。

3. 企业社会公正阶段

1980 年代,弗雷德里克又提出了价值观和伦理概念,认为"企业社会公正"是对双向对称公共关系模式的支持。其在后来的一本书中又指出,CSR3 应该发展为 CSR4,但是他没有就此命名。1990 年,人们开始使用不同的名称来划分公共关系的发展阶段,分别是第一阶段——反动的公共关系,第二阶段——前摄的公共关系,第三阶段——交互的公共关系,第四阶段——战略的公共关系。

4. 企业社会动机阶段

公共关系不仅应该有效且正确地管理组织与其环境的关系,还应该将公司纳入同一个社会有机体当中。就主要社会问题而言,企业必须具有处理社会问题的能力,特别是要知道应该如何去做。

在公共关系领域,也相应出现了新的观点,比如在 1988 年,克鲁克伯格(Kruckberg)和斯达克(Starck)提出,公共关系最好被定义为"一种建立社区感的积极努力"。

他们认为,公共关系应该帮助组织和社区恢复和保持社区感,传播技术的高度发达导致了新的全球社区的出现,公共关系应该为全球社区做贡献。"建立社区感"的观点得到学者的广泛响应,罗伊·利普(Roy Leeper)在《对公共关系元理论的追问》一文中,提出"社群主义是公共关系元理论的内涵"。他认为,把社群主义假设作为公共关系元理论的价值在于,它强调关系质量和承诺、社会认同感、核心价值和信仰的重要性、权利和责任的平衡、市民知情权,以及减少社会混乱等。

与以上发展阶段相比,公共关系有它自己的阶段划分术语。伯纳斯把公共关系顾问分为新闻代理、宣传和咨询三个阶段，随后其他人都接受了公共关系发展三阶段的说法。

1984年，格鲁尼格提出公共关系实践的四个模型：产生在1920~1930年代的新闻代理模型，本质上是宣传模型；形成于20世纪初的公共信息模型，在1920年代很流行，它们传播真实信息，有时也包括虚假信息；紧接着出现了双向不对称模型，它是建立在工程概念基础上的科学说服模型；1960~1970年代，一个新的双向对称模型产生了，它使用了协商和战略冲突的解决方法。

1992年，格鲁尼格用两个连续统一体代替四种模型，第一个连续统一体是技术公共关系统一体，包括从宣传到新闻的许多要素。第二个连续统一体是职业公共关系统一体，包括从双向不对称传播到双向对称传播。

通过以上分析可以发现，新闻代理和公共信息模型属于CSR1，双向不对称模型属于CSR2，双向对称模型属于CSR3，而社区模型属于CSR4。按照经济学家威廉姆森的观点，效率是成功管理的必要条件而不是充分条件，这一点同样适应于公共关系。公共关系是作为暧昧的、不明确的"企业社会责任"概念而出现的，在企业社会责任的影响下，公共关系概念变得日益明确；当从企业社会公正阶段真正发展到企业社会动机阶段时，公共关系就会变得更加注重社会责任。

（该文发表于《经济管理》2005年第15期，作者为陈先红、宋吉武）

参考文献

M. Olasky, *Corporate Public Relations: A New Historical Perspective*. Hillsdale, NJ: Lawrence Erlbaum Associates, 1987.

J. E. Grunig and T. Hunt, *Managing Public Relations*. New York: Holt, Rinehart & Winston.

Scott M. Cutlip, Allen H. Center & Glen M. Broom, *Effective Public Relations*. Englewood Cliffs, NJ: Prentice-Hall, 1994.

D. Kruckberg & Starck, *Public Relations and Communicity: A Reconstructcted Theory*. New York: Praeger, 1988.

中国公共关系伦理的理论流派与实践类型

国际公共关系实践伦理的实证研究始于 1984 年，瑞恩和马丁森在一项研究中指出，"公共关系的伦理决策缺乏一致性和客观标准"①，由此掀起了公共关系伦理研究的热潮。在过去的十多年里，国际上有十多次学术研讨会都围绕着公共关系伦理展开，以至于有人说，"没有任何一个领域像公共关系那样，能够引起对伦理问题的广泛关注"②。

一 公共关系理论建构的伦理转向

公共关系伦理问题不仅是一个实践问题，而且是一个理论问题，更准确地说，是一个元理论的哲学问题，它关乎公共关系从业者的职业操守，更关乎公共关系的世界观和方法论，以及学科本质和理论建构。随着公共关系理论建构从策略方法转向伦理方法，公共关系伦理的哲学基础已经摆脱了早期以劝服和倡导为原则的自由主义思想（工具理性），而开始强调以社会牵涉与参与为原则的"社群主义假说"（和谐理性）。

---

① Kenneth D. Day, "Qingwen Dong, Clark Robins: Public Relations Ethics: An Overview and Discussion of Issues forthe 21st Century," in Robert L. Heath ed., *Handbook of Public Relations*. Sage Publication, 2000.
② Patricia A. Curtin & A. Lois, "Boynton: Ethics in Public Relations: Theory and Practice," in R. L. Heath ed., *Handbook of Public Relations*. Sage Publication, 2000.

社群主义假说从实践理性出发,强调自我的本质有社会构成性,而非先天决定的;个体不但是由社会构成的,还有能力参与认同的构成,因此自我的界限是开放的,并非只有消极的发现而已。社群主义在方法论上强调集体主义而不是个人主义,在价值观上强调公共的善与公共利益而不是个人的自由权利。Bell Daniel 认为社群包括地理的社群、记忆的社群以及心理的社群等;M. Sandel 则提出了工具意义的社群、感情意义的社群和构成意义的社群,并特别强调了构成性的社群。就此而论,包括社会、文化与政治等面向,小至家庭邻里,大至国家社会,只要合乎亚里士多德所说的为了达到人类更高、更大的善,并获得个体的认同,都可以成为社群。社群主义者指出,社群与一般社会团体的不同之处在于成员集体认同,正是由于集体认同之存在,个体才会在乎社群的看法,并受到社群对是非善恶评价的影响,由此衡量自我的行为准则,因此可以说社群给人以各种美德,包括爱国心、道德与勇气等,串联这些美德的主线是公共的善或公共利益。Roy Leeper 认为,社群主义应该成为公共关系元理论的基础,社群主义强调公共的善,公共利益才是最高价值,它可以作为伦理型公共关系的哲学基础。

事实上,社会与社群感对于公共关系的重要性已被很多公共关系学者所提及,如 Mead、Veblen、Park 等。Kruckeberg and Starck 等学者则重新对公共关系的角色进行了定义,认为公共关系不再是当前盛行的宣传、说服与操作,而应是创造社群感的互动、合作与复杂的传播,因此理想的公共关系模式能让人们恢复彼此接触的状态。

当前公共关系的主流论述之中,虽有 Grunig 和 Hunt 提出的双向对等模式,看似符合社群主义宗旨,但是并没有深入说明对等模式的哲学根据,也没有触及当代个人主义的核心意识,因而无法消除社会隐忧,也稍嫌欠缺学术深度与说服力。赖祥蔚指出,亚里士多德在《修辞学》(*Rhetoric*)一书中提出的社群德性概念以及政治学界提出的社群主义,最适合用来作为公共关系学的哲学基础,而这也是当前公共关系学的一个重要缺口。他认为,从社群主义出发,可以提供一套以人为本,且足以替代资本主义的另类视角作为看待人类社会之依据。在企业与社会关系层次上,社群主义可以引导企业思考企业公民责任(corporate citizenship),引导企业在产品制作、营销时,将社区甚至整个人类社会的发展纳入考量范畴;在企业主层次上,社群主义赋予其经营之事业互通有无、助人助己的社会意义;在员工层次上,社群主义能让员工认识到企业处于社会中的意义,有利于强化认同。由此可知,社群主义不仅是建立于哲学基础上的学术主张,而且具有可行性。事实上,社群主义对公共的善的倡导、对公共生活的参与,都是公共关系伦理实践的出发点和归宿。

二 中国公共关系伦理的理论流派

在社群主义的哲学基础上,公共关系的伦理方法可以分为目的论和义务论两种。义务论主要强调行动者自身的对与错,如不要传布错误信息,这可能是公共关系人员所要遵循的义务论原则。目的论则强调行动带来的结果,而不是行动者本身,也就是说,伦理行为就是那些能够为绝大多数人带来最大好处的行为,比如,既要服务于组织利益,又要服务于公众利益,还要服务于公共利益,这应该是公共关系人员遵循的目的论原则。相对于现有的八种国际公共关系伦理,中国大陆的公共关系伦理主要表现为新闻伦理、劝服伦理、社会责任伦理和决策伦理四种理论流派。

1. 公共关系的新闻伦理观

公共关系的新闻伦理观假定,公关从业者与新闻记者的工作性质是相似的,都是信源的提供者,都以"事实"为基础、以"说真话"为原则,具有相似的价值观,并以各自的方式为社会做贡献。它们在舆论上互相控制,在信源上又互相依赖,为了交换资源和达成目标,而必须协商谈判和互相包容。因此,公共关系和新闻应该遵照相似的行业规则,用同样的标准来评价彼此。

这一理论不是从对等的视角出发,而是强调新闻业的行业规则,因而新闻伦理模式会将公共关系置于这样一种情境中:被谴责为与生俱来就缺乏伦理性。新闻记者们认为,公共关系人员常常在尊重事实与满足公众兴趣之间采取折中的态度,这种行为是不符合伦理的。公关从业者是满足公众兴趣的绊脚石,他们常常转而服从组织自身的利益。公共关系从业者则认为,新闻记者常常在新闻价值和经济价值之间摇摆不定,这种行为也是不符合伦理的。新闻记者常常为了工作绩效和经济利益而滥用新闻资源（如目前盛行的"软文"①），从而贬低了事实的新闻价值，破坏了公共关系行业的声誉，但是总体而言，公关从业者往往对新闻行业的公信力持肯定态度，新闻界则常常质疑公关行业的公信力。新闻伦理理论遵循目的论思想，强调公关从业者们应该找到组织与目标公众之间的利益结合点。新闻伦理理论只适用于那些构建媒体关系并遵从"新闻代理模式"的公关从业者。随着公共关系职业的不断发展，公关工作的范围不断拓展，已经远远超出了单纯的新闻工作的范畴，因此，新的公共关系伦理应运而生。

2. 公共关系的劝服伦理观

公共关系的劝服伦理理论发源于古希腊哲学，在当时是一种表达见解或主张的合理途径，这一方法本质上属于目的论范畴，运用了追根溯源、规则本位的指导方针来评价组织目标。从公共关系角度而言，劝服伦理是在媒体社会责任缺失中成长起来的，在"公众被愚弄"的商业时代，公共关系之父艾维·李强调了公众的"知的权利"，公共关系学之父爱德华·伯纳斯则强调了公共关系"倡导"的天职，这样一来，便将公共关系与"新闻工作者功能"鲜明地区别开来。倡导理论的支持者认为，劝服伦理对于真实信息的呈现是可以接受的也是必需的，公关实践者在很大程度上正如客户的辩护人一样，为组织提供倡导服务。比如，公共关系倡导组织定位和品牌个性、文化认同，倡导优惠的产业政策、优良的经营环境、健康的消费理念，倡导组织的道德良心和社会责任感，倡导对公共事务的关注、对公共利益的维护等。

倡导理论强调站在第三方立场上，公共关系从业者必须明确其在社会中扮演的角色：不仅要为客户服务，而且要为社会服务；对社会构成威胁的那些因素，同样会威胁到生产和利润。组织必须考虑其所处的社会、政治和经济环境，识别组织公众的需求，评估所提供的产品和服务，以迎合公众需要，对未来的需求变化做出预测。允许公众做出符合他们自由意志

---

① "软文"是一种有偿新闻的表现形式，又称新闻广告，即由广告主付费以新闻形式出现的广告。

的有根据的决定,允许他们的态度或者行为"自愿改变"。因而,选择的最终责任不在于公关实践者而在于公众。

但是,从批判的角度来看,劝服从来都不被看作一种正确伦理的组成部分,因为真正的结果是组织利益而非公众福利。尽管公关实践会对组织的道德建设起作用,有社会责任感的公关人也会引导公众利益的管理决策,但是雇主经常会将辩护与忠诚等同起来,希望公关从业者将"为组织辩护"看作一项契约性工作。公关实践者并非在倡导一场不为记者们所听闻的热闹活动,而只是为那些付得起钱的人动用专业资源。当歪曲或者欺骗被用于粉饰真正的目的时,劝服就会被视为不符合伦理。公共关系从业者也发现,组织、社会以及他们自身之间的伦理要求会有矛盾之处,由此可能引起公关行业内部冲突,造成公众的误解和不信任。

3. 公共关系的社会责任伦理观

社会责任伦理的提出基于两个不同的理论背景,一个是"进步的个人利益",是目的论的一种狭义形式,好的结果源于好的过程,做一个好企业对于自身的运营是大有裨益的。因而,企业的慈善行为会为企业带来良好的信誉。另一个源自社会契约论,即社会给予企业采取必要与合理行动的权利,并允许获得投资回报,而企业有义务将资源有效地转化成社会所需的产品和服务,供消费者消费并使持股者获利,这是企业的基本责任和义务,虽然经济表现是企业的第一要务,但并不是企业的唯一责任。企业不仅是一个经济实体,也是一个社会实体,作为社会实体,就必须对社会负责,并对社会焦点问题予以关注。社会投资不仅是一种经济责任,也是一种伦理意识。

社会责任伦理基于"利益共享"的基本假设,是一种行为义务论的表现形式,行为义务论主张与公众进行沟通并引导其行为。公众被认为是利益的共享者,他们被作为目标,但又不仅仅是目标。利益共享伦理强调公众的权利和企业对这些公众的责任,强调伦理行为包括对彼此权利的尊重和在不损害伦理原则的基础上坚持对彼此负责。社会责任伦理观认为,应该在事件管理的过程中体现利益共享伦理,在行动中承担企业责任。公司通过监控他们所处的环境、充分考虑公众及其利益,来决定他们尊重利益共享者权利的行为过程。

但事实上，由于利益共享伦理必须融入企业的经营理念和管理哲学中，必须体现在企业的行为改变上，因此在现实操作层面常常会大打折扣，企业责任往往由一种长期的、体现对公众负责的行为转向服务于短期效果、满足自身利益的行为。由于缺乏对企业责任清晰有力的判断，利益共享者间的平等授权可能仍是一种理想，而不是一个有效的标准。公共关系实践的主要目的就是要加强个人之间、企业之间及其共享的环境之间的联系。因此，公共关系实践应该以沟通伦理为基础，并通过对话传播来实现，沟通伦理强调了构建伦理的个人和组织的社区角色，以及在个人、组织和其他社区成员之间的平等授权。

4. 公共关系的决策伦理观

决策伦理是用数学方法来分析社会互动行为的博弈论，属于一种纯粹的目的论伦理。博弈论是通过分析技术的不同层面去观察、分析当局者（player）如何进行策略选择，以应对其他参与者的不同策略。因此，在公共关系领域，博弈论更适合研究在具体的情境中，公共关系从业者是如何根据各类公众的需求来建构策略的。非零和博弈是公共关系实践的本质，它形成了一种强烈的合作动机。事实上，公共关系从业者最重要的功能是将两败俱伤的负和博弈、吃掉一方的零和博弈转化为互利互惠的正和博弈。在非零和博弈中，局中人的合作是关键，因为这种博弈的本质不是谁赢谁输，而是协商出能够最大化地满足所有人需求的一个结果。实际上，局中人可选择放弃，以免自己在最后付出太多。因此，这种合作相对复杂，虽然非零和博弈鼓励合作，但实际上，其总是介于完全合作和完全不合作之间。公共关系专家 Ehling 运用博弈论提出了决策理论模型，这一模型将个体决策置于所有利益相关人的大背景下来考量，运用"投入—产出"效益分析方法，通过给每个参与者分配数值化的价值，来衡量所有可能采取的行动的最终结果。

决策伦理认为，这一模式不仅使公关从业者从他们为之服务的组织出发来做出系统、合理的决定，而且把公众也考虑在内，特别是在一些无法明显地看出情势、做出明确选择的个案中，通过衡量所有利益相关者的具体情况，博弈论使公关从业者更好地理解利益共同体的构成和行为，在着手策划的时候能够更有把握。然而值得关注的是，博弈论与生俱来就有着纯粹的目的论倾向，预先明确所有可能的效果以及利益相关者是一件非常困难的事情，有时候为了达到最好的效果甚至不得不采取一些不符合伦理的行为。另外，尽管真正的博弈论要求把所有的利益相关者考虑在内，但是"成本—收益"分析常常是以狭义的目的论形式进行的，博弈操纵可能使公众的忠诚度和美誉度等无形资产指标无法量化，从而使财政底线模糊不清，尤其是在对危机进行评估时，局限性会更明显。

三 中国公共关系伦理的实践形态

为了发现中国公共关系伦理的实践形态，本文选择 2008 年十大著名品牌——可口可乐、微软、IBM、通用电气、英特尔、诺基亚、丰田、迪士尼、麦当劳、梅赛德斯-奔驰进行跟踪研究，因为这些国际品牌进入中国市场的历史，就是一部生动的公共关系实践史，为我们提供了丰富的公共关系实践案例，通过对这些实践活动的归纳总结，基本上可以发现中国公共关系伦理的实践形态。因此，本文从其官方网站着手，以"新闻中心"和"企业社会责任"的栏目内容为线索，收集到 8 年（2000~2008年）来其在中国大陆开展的社会责任型公关活动，并以活动的个数为单位，对公关类别和活动形式进行内容分析，结果发现，符合公共关系伦理的实践类型主要有以下七类。

1. 伦理型商业实践

主要是指支持公益事业的自主商业实践和投资，比如主动使用具有环保功能的原材料，注重节能降耗，保护消费者的隐私等。十大品牌的伦理型商业实践主要针对以下三种公关对象。第一，面向消费者，在生产过程中使用环保材料，研发环保产品，向消费者公开产品成分，为消费者提供培训或免费服务；如通用电气公司 2006 年在中国大陆启动"绿色创想"计划，研发环保科技产品；诺基亚在 2005~2008 年，与业界伙伴共同发起并开展"绿箱子环保计划"暨废弃手机及配件回收公益行动。第二，面向员工，为员工子女设立奖学金、设立员工感谢日。第三，为毕业生提供实习培训，发布企业社会责任报告。可口可乐、麦当劳、英特尔、丰田等都不约而同地把"承担社会责任"作为公司的核心价值观以及品牌推广的核心任务。

２. 慈善性社会捐助

主要指直接捐助某个慈善机构或投身于某项公益事业，这是一种传统的公共关系活动。十大品牌的慈善性社会捐助活动，主要采取现金捐赠、设立奖学金、产品捐赠、提供技术、提供服务等五种方式。例如，"中国麦当劳叔叔之家慈善基金"（简称"麦基金"）除了直接捐助外，还在770家麦当劳餐厅内设立捐款箱，鼓励消费者直接捐款。

３. 社区性志愿者活动

指企业支持和鼓励自己的员工/零售合作伙伴或特许经营成员，自愿支持或参与当地的社区组织和公益事业。志愿者活动可以由公司来组织，或者员工们自主选择，并通过带薪休假和志愿者数据库匹配计划得到公司的支持。社区志愿者活动主要有：通过企业的沟通媒介宣传道德规范，鼓励员工在社区做志愿者；为特定的公益事业或活动组建志愿者团队；倡导员工为特定的慈善机构服务；向员工担任志愿者的慈善机构提供现金捐助等。如微软每年给员工提供三天"志愿者"假期，以倡导员工向社区提供各种志愿服务。

４. 关联性公益营销

指企业基于产品销售的目的为某公益事业捐款，或者捐献出一定比例的营业收入，即每卖出一件产品就拿出指定数额的捐款，如微软 I'm 公益慈善活动。

５. 公益性宣传支持

指企业通过捐助资金、非现金或其他企业资源等，促进公众对某项公益事业进行了解，既可以成为公益活动的合作伙伴或赞助商，也可以主动发起一场公益事业宣传（如美体小铺公司宣传一项禁止把动物用于化妆品测试的法令，盖中盖制药厂宣传过马路时要遵守交通规则等）。公益性宣传支持活动主要有环境保护、健康宣传、保护文化遗产、赞助文体活动、开展教育培训等，如可口可乐公司与中国中医科学院联合成立了"饮料与健康研究所"，针对艾滋病、禽流感等开展健康知识教育培训和理论研讨，在偏远贫困地区开展"健康之旅"活动，旨在培养青少年健康的生活方式。

6. 政治性沟通合作

指企业与政府官员的会晤、与政府部门的合作以及对公共事务的关注与支持。政治性的沟通合作主要有以下三条途径：第一，公司高层领导访华，拜会政府领导人；第二，邀请国家领导人参观公司；第三，与中国大陆政府机构或 NGO 合作。例如，微软公司董事长和首席执行官、IBM 全球总裁、可口可乐全球总裁常常来华访问，与中国政府进行各种形式的沟通对话和合作交流等。

7. 文化性娱乐活动

主要指企业面向广大受众开展一些具有文化性、娱乐性的休闲活动，如文艺演出、文化节、公益路演等。文化性的娱乐活动主要有以下三种：第一，举办文化节及文艺演出；第二，开设音乐网站，举办文艺比赛；第三，选出亲善大使，开展系列文艺宣传活动。

从实践类型来看，伦理性公关实践主要是以公益性宣传支持和慈善性社会捐助为主，以政治性沟通合作和社区性志愿者活动为辅，兼及伦理型商业实践和文化型娱乐活动，关联性公益营销也日趋增多。从实践策略来看，"关系本土化"是国际著名品牌进入和开拓中国市场的首选公关策略，其往往通过与利益相关者的深度合作，来营造良好的关系生态环境。除了政府关系外，行业协会关系、大学和科研机构关系、社区关系都是公关的主要方向，与其合作较多的组织有中国青少年发展基金会、中国残疾人福利基金会、中国残疾人联合会、中华全国妇女联合会，以及中国科学院等。

[该文发表于《国际新闻界》2019 年第 10 期，陈先红独著；系 2008 年国家社科基金规划项目"政府调控新媒体的公共关系策略研究"（08BXW026）的阶段性成果，同时为华中科技大学 985 三期课题"人文精神与科技发展"之子课题"公共关系与和谐社会"的阶段性研究成果]

中立的多数民意：公共关系在双重话语空间的第三方立场及社会责任

一 研究缘起：社会导向的公关社会责任

如果把公关放在一个多元化的运作背景下考察，相关研究则可以从活动导向、组织导向和社会导向三个层面展开[①]。活动导向主要研究某一项具体的公共关系活动如何开展，比如危机处理、新闻发布会、大型展览会、大型文艺活动等。组织导向的研究可以细分为传播研究和商业研究两种。组织—传播研究的主要问题是：从一般意义上讲，公共关系对组织的贡献是什么（不仅仅是生意上的）？组织—营销研究则把公共关系当作传播政策的一种工具和一般营销混合体（除了产品政策、价格政策和定位政策）的一部分。因此，持这种观点的公共关系在原则上从属于营销。社会导向的观点则把公共关系看作现代信息社会的功能要素，重点考察公共关系在社会层面所扮演的角色和发挥的功能，研究公共关系的哪一种功能是有利于社会的[②]。

鉴于此，选用社会导向的宏观视角，无疑是考察公共关系社会责任功

---

① G. Bentele & G. M. Peter, "Public Relations in the German States," in H. M. Culbertson & N. Chen, eds., *International Public Relations: A Comparative Analysis*. ahwah, NJ: Lawrence Erlbaum, 1996, pp. 349–366.

② 陈先红：《公共关系生态论》，华中科技大学出版社，2006，第275页。

能的一个重要取向。这样的分析角度不同于其他两种导向，它们仅仅把公共关系视为一种促销性的活动传播或者组织传播，因而使公共关系经常遭到"绑架"，沦落为社会组织"操纵民意""破坏民主"的帮凶，进而使公共关系促进自由民主的社会责任被忽视和遗忘。事实上，公共关系根植于自由民主社会中的市场经济，尤其是20世纪60年代以来在加速发展的公民价值观多元化、群体多元化和商业（市场和业务）多元化的背景下，公共关系可以看作这种多元化的"声音"，或者说是这个社会的公共对话者①。就社会导向而言，公共关系处在公民社会的公共生活领域，具体表现为四个社会结点：公民社会的各个团体之间，公民社会和政治之间，政治和市场经济之间，以及政府自身开展的活动之间。所以，理想化的公关责任，应该是"民主沟通基础上的公共意见的呈现、公共行为的表达"②，如红十字会、环境保护协会等非政府组织开展的公关活动。因此，若把公共关系视为一种具有竞争性的社会传播来研究，则可进一步彰显公共关系作为"第三方立场"的公共对话功能和"社会支持发动机"的舆论引导作用，这样可以进一步提高公共关系的学术地位。

本文是在何舟与陈先红所做的"双重话语空间的互动模式"实证基础上的研究，旨在根据双重话语空间互动模式对政府公关的态度变化，考察公共关系所承担的公共对话和舆论引导的社会责任。

二 理论根基：公共关系的第三方立场

公共关系研究范式大体上可以分为传播范式和关系范式两种。如果说格鲁尼格等学者是以传播平等的视角来建构公关研究的框架，那么，科温（Kevin）等则是把公关放在一个自由民主的情境中，从关系平等即权力分布平等的角度来研究公关。无论是传播平等还是关系平等，都再三强调了一个观点，那就是公共关系代表"第三方立场"的居间本质。陈先红也

---

① Kevin Moloney, *Rethinking Public Relations*: *PR Propsgsnda and Democracy*. Routledge Taylor & Francis Group, 2006, p. 73.

② Kevin Moloney, *Rethinking Public Relations*: *PR Propsgsnda and Democracy*. Routledge Taylor & Francis Group, 2006, p. 73.

中立的多数民意:公共关系在双重话语空间的第三方立场及社会责任

认为,公共关系是一种"组织—公众—环境"关系,一种组织与相关公众的沟通对话关系,一种组织与所处环境的研究监测关系。在这种复合性关系中,公共关系是一只脚站在组织里,一只脚站在公众关系和社会环境中,既要对组织负责,又要对公众负责,还要对社会负责。公共关系所扮演的是一个超越甲方乙方的"关系居间者"的角色,它必须成为组织与公众之间相互沟通与了解的渠道,必须在政治、经济、文化和社会等领域平衡彼此的关系,并诠释、整合不同的意见和观点。从组织角度来看,公共关系通过倡导组织担当社会责任,来预测、监督民意。公共关系人员扮演着"组织的良心"和"道德卫士"的角色,相当于组织的"公共事务官"。如果从公众和环境角度来看,公共关系则代表公众和民意,是社会公共领域的代言人[①]。

从理论上讲,公共关系的这种"第三方立场"的居间本质,可以追溯到李普曼、伯纳斯、拉扎斯菲尔德、哈贝马斯的舆论观和传播观以及李金铨的"公关是民主的沟通观"。

20世纪20年代,美国学术界几乎同时出版了两本影响世界的舆论学专著,一本是美国舆论学专家李普曼的《公众舆论》,另一本是被誉为"现代公共关系学之父"的爱德华·伯纳斯的《透视民意》(*Crysallizing Public Relations*,又称《舆论之凝结》),这两本书在"舆论引导"观念上表现出惊人的一致性。李普曼在书中力陈了美国民主、新闻媒体和社会大众的局限性,认为新闻挂一漏万,有很大的选择性,记者靠刻板印象采访报道,读者难以厘清公共事务的来龙去脉,生活在媒体制造的"拟态环境"中而不自知。虽然公众舆论是民主政治的原动力,但并非人人都具有参与公共事务的能力,因为公众并不是亚里士多德笔下的神——匆匆一瞥,便能看破一切。因而,他倡议应该由受过科学训练的特殊阶级,即"博学的专家精英"为公众阐明其意,引导公众舆论。很显然,这些专家精英并不是一般人所认为的"媒体的新闻记者",而是伯纳斯命名的"公共关系顾问"。当时伯纳斯和李普曼同在美国克里尔委员会担任"公共信息官员",因此他们对舆论引导的主体看法基本上一致。伯纳斯认为,公关顾问应该持客观

---

① 陈先红:《公共关系学原理》,武汉大学出版社,2006,第59页。

公共关系学的想象:视域、理论与方法

态度,能够"站在自己所在的团体之外,以公平的旁观者的眼光来观察问题",要够睿智,能找出对客户及大众都有好处的解决方案,还要有足够的技巧,让媒体接受他并加以协助。"公关顾问的能力,必须能够在民意还没有精确成形的时候,先行探测出这个模糊的倾向",这就是公关顾问如此有价值的原因。公关顾问能够影响大众意见的这种能力,也赋予他们一种道德责任,这种道德责任要求他们对客户负责,对整个社会负责,"公关顾问该做的事情,就是将客户的个人利益,与社会群体的公众利益加以混合"①。

其后,拉扎斯菲尔德在《人们的选择》这一经典的传播学著作中,提出了"两级传播"理论,即媒介信息经过"意见领袖"的诠释,再传播给一般公众。这一思想为"精英式"的居间传播提供了理论武器②。

20世纪60年代,德国学者哈贝马斯提出的"公共领域""主体间性""沟通理性"等思想,都是与公共关系的居间传播概念一脉相承的。因为在德国,公共关系的概念主要指"公共工作"和"公共领域",即公共关系是"在公共机构中就公众问题为公众服务"的,它不仅是公众间的关系,还是公众圈之间、公共机构之间的关系。公共关系被认为与新闻舆论一样有服务民主政治的职责,其有助于营造一种自由、新鲜的言论气氛,有助于促进人们对公共生活的广泛关注、对公共话题的深入探讨,也有助于提高和扩大公共领域的水平与规模。哈贝马斯在其《公共领域的结构和转型》一书中,非常明确地承认了公共关系作为公共领域代言人的角色。他认为,公共关系以"公共福利"为由,运用合法化的公共领域范畴来维护私人利益,因此成为"民意的经营者"和"共识制造引擎"。公共关系的效果是资本主义政治力量的化身,因为公共关系所吸引及形成的公众注意力与好感,远超过销售商品本身,它不仅是建立某一商品的信誉,而且树立了公共权威,成为一种动员社会的半政治力量③。总体来看,哈氏对公共关系作为公共领域代言人的解读是具有批判性的。他认为,公共关系技巧越成熟,对民意的操纵就越彻底,但是,如果他所持

---

① 赖瑞·泰伊:《公关之父伯奈斯——影响民意的人》,彭淮栋译,海南出版社,2003,第176页。
② 李金铨:《超越西方霸权》,牛津大学出版社,2004。
③ 张锦华:《传播批判理论》,台湾黎明文化事业股份有限公司,1989。

有的"商业传播的公共关系视角",变换为社会层面的公关视角的话,则恰好可以说明公关可以成为国家和社会之间的调解者,"对国家活动实施民主控制;将政治权力转化为'理性的'权力,使统治遵从'理性'标准和'法律'形式"。这一假设在 2006 年李金铨写给陈先红所作的《公共关系学原理》一书的序言中得到支持,他指出:媒介和"公共关系"是"公共领域"的一环,不仅仅是上情下达、下情上达的沟通,更是平等的沟通,总之就是民主的沟通。在他看来,如果公共关系是"站在权势结构的立场作'软性推销',以取代'硬性宣传'",那么,这样的公共关系精神就是与民主的理想背道而驰的。相反,如果公共关系能够"免于政治压制以及免于商业异化的场域,一方面批评恶质资本主义,一方面抨击专制列宁主义,追求'第三条道路'的理想境界,使人们能够充分沟通,互相争鸣,并使理性更澄明",这就是民主的沟通,就是公共领域的代言人,这一观点也恰好印证了陈先红所说的"公共关系是一门说真话、做善事、塑美形的科学和艺术",真正的公共关系是组织—公众—环境关系的"居间者",是超越甲方乙方的第三方立场。从某种意义上说,公共关系应该是公共领域的代言人。①

综上,李普曼的"精英式协商"舆论观、伯纳斯的"公关顾问"思想、拉扎斯菲尔德的"两级传播"理论,以及哈贝马斯的"公共领域"、李金铨的"公关是民主的沟通"、陈先红的"公关是居间者传播"等思想都为秉承第三方立场的公共关系能承担舆论引导等社会责任,提供了正反两方面的理论支撑。

接下来的问题是,公共关系在中国到底有没有公共领域代言人,或者确切地说是居间者传播的现实语境和可能机会?下面我们尝试通过一个实证研究来回答。

三 实证研究:双重话语空间中的舆论态势分析

"双重话语空间"的概念是何舟博士首次提出的,他在《多重话语空

---

① 陈先红:《公共关系学原理》,武汉大学出版社,2006,第 121 页。

间的表述及传播效应》一文中指出：在新媒体背景下，存在两个明显对立但又交错的双重话语空间：一个是官方的话语空间，主要以官方大众传播媒体、文件和会议为载体；一个是非官方即民间话语空间，主要以互联网、手机短信和各种人际传播渠道为载体。他认为，两个话语空间的交错、互动产生了一些有趣和相对独特的传播现象，对这些现象的研究，既可以反证西方的一些传播理论，又可对其进行挑战和修正。在这个理论概念的指导之下，何舟和陈先红在2008年合作开展了"双重话语空间互动模式的实证研究"①，其以2003~2008年具有重大影响的11个公共危机案例为研究样本，并运用芬克的危机发展四阶段理论（潜伏期—爆发期—发展期—恢复期），梳理出每一个公共危机个案的关键时间节点和发展阶段及传播策略，归纳总结了在公共危机传播情境中，中国官方和民间话语空间存在三个互动模式："封闭控制 vs 揭露"模式、"单向宣教 vs 抵触"互动模式、"双向互动 vs 肯定补充"模式。可以说，这三个双重话语空间的互动模式，修正和发展了格鲁尼格的公关实践四种模型，是具有中国特色的公关实践模式②。在之前研究的基础上，本文旨在回答以下几个具体问题：

1. 在本文研究的11项公共危机案例中，来自两个话语空间的所有信息对政府的态度如何？
2. 不同话语空间中信息的全面性和可靠性与对政府的态度有何关系？
3. 所有信息在不同公共危机发展阶段对政府的态度如何？
4. 在不同类型的公共危机中，所有信息对政府的态度如何？
5. 不同话语空间的信息，对政府态度的分布态势如何？

本文欲通过对以上问题的检视，重点分析双重话语空间的互动对政府态度的影响，以期进一步发现作为第三方立场的公共关系能否成为公共领域的代言人。

---

① 何舟、陈先红：《双重话语空间：公共危机传播中的中国官方与非官方话语空间互动模式研究》，第二届公关与广告国际学术论坛大会主题发言，香港，2008。
② 何舟、陈先红：《双重话语空间：公共危机传播中的中国官方与非官方话语空间互动模式研究》，第二届公关与广告国际学术论坛大会主题发言，香港，2008。

中立的多数民意：公共关系在双重话语空间的第三方立场及社会责任

（一）样本选择与量表设计

本文以前期研究的 11 个公共危机案例为研究对象，将新华网、强国论坛作为官方话语空间的信息来源，将天涯社区作为民间话语空间的信息来源，按照危机事件发生的时间间隔抽取约 300 个信息样本，共计获得 3117 个有效样本，运用内容分析法，探讨双重话语空间的互动效果。

根据 Strauss and Corbin 的危机传播编码类目表[①]，综合运用 Mary E. Vielhaber & John L. Waltman 和 Joanne E. Hale & Ronald E. Dulek 的相关理论，构建出双重话语空间的危机处理差异编码表，以此探讨双重话语空间的互动差异。Mary E. Vielhaber & John L. Waltman 认为，通过以下 4 个方面，可以考察不同话语权的差异，分别是：1. 对待危机做出反应的时间，即反应速度问题；2. 对待危机的态度问题，如肯定、否定、愤怒、抗议等；3. 双方的利益相关者，即各自的目标受众；4. 传播渠道的选择问题，如传统媒体、新媒体等。Joanne E. Hale & Ronald E. Dulek 认为，应对危机传播的挑战包括以下 4 个方面：决策活动阶段（危机观察阶段、对事件的解释、可行性的选择、传播），传播活动的层次（个人、组织、公众），传播内容的元素（数据、解释、决定），传播的问题类型（缺乏必要的沟通内容要素、传播内容的质量、时间因素）。据此，本文梳理了双重话语空间的危机个案处理差异，主要编码如下：阶段（1＝危机潜伏期；2＝危机爆发期；3＝危机蔓延期；4＝危机修复期）；态度（1＝负面；2＝中立；3＝正面）；信息可靠性（1＝很可靠；2＝可靠；3＝不可靠；4＝很不可靠）；信息完整性（1＝很完整；2＝完整；3＝不完整；4＝很不完整）。信息的可靠性和完整性是根据事后整理出的事件"理想版本"来判定的。在"理想版本"中，各个事件在各阶段的主要信息都通过回溯的方式重建，每项需有至少五条独立的信息来支持和核实。

[①] A. L. Strauss & J. Corbin, *Basics of Qualitative Research: Techniques and Procedures for Developing Grounded Theory*. Newbury Park, CA: Sage, 1998.

(二) 研究结果

对于所有的信息与对政府的态度，本文运用 SPSS 统计工具对数据进行卡方分析。研究数据表明，在 11 项危机事件中，都有对政府持负面、中性和正面态度的信息，而且各类信息的数量在统计上有明显差异（$X^2 = 129.96$，df = 2，p<.001）。对政府持正面态度的占 18%，负面态度占 30%，中性态度占 52%。将官方信息和民间信息分开统计可以看出，两个话语空间在三种对政府的态度上有着明显差异（$X^2 = 98.93$，df = 4，p<.001）。在官方话语空间中，75% 的信息是中性和正面的，只有 25% 的信息是负面的。而在民间话语空间中，只有 64% 的信息是中性和正面的，负面信息占 36%。尤其值得注意的是，在民间话语空间中只有 12% 的信息是正面的，而在官方话语空间中 22% 的信息是正面的（见表1）。

表 1 危机事件中对政府的态度（官方信息和民间信息）

		对政府态度			合计
		负面	中性	正面	
所有信息		937（30%）	1631（52%）	549（18%）	3117
		$X^2 = 129.96$，df = 2，p<.001			
来源	官方信息	428（25%）	907（53%）	385（22%）	1720（55%）
	民间信息	509（36%）	724（52%）	164（12%）	1397（45%）
合计		937	1631	549	3117
		$X^2 = 98.93$，df = 4，p<.001			

不同话语空间中信息的全面性和可靠性与对政府态度的关系如表 2 所示，在官方和民间的双重话语空间中，非常可靠和可靠的信息占绝大多数 (78%)，与不可靠和非常不可靠的信息在统计上有明显差异。非常可靠的信息显然能增加对政府持中性和正面态度的比重，降低对政府持负面态度的比重。非常不可靠的信息则增加了对政府持负面态度的比重，降低了对政府持正面态度的比重。通过对从非常可靠信息到非常不可靠信息与对政

府态度的整体模式的考察，我们发现对政府的负面态度随信息的可靠性递减，而对政府的正面态度随信息的可靠性递增。在官方话语空间中，非常可靠和可靠的信息占绝大多数（81.1%），与不可靠和非常不可靠的信息在统计上有明显差异（$X^2 = 145.55$，df = 6，p<.001）。但是，即便是非常可靠的官方信息，仍然有60.2%的信息对政府持中性态度。如果是非常不可靠的官方信息，则有60%的信息对政府持负面态度，33.3%的信息持中性态度。而在民间话语空间，非常可靠和可靠的信息占73.9%，与不可靠和非常不可靠的信息在统计上存在明显差异（$X^2 = 18.14$，df = 6，p<.020）（见表2、表3、表4）。

表2 信息可靠性及全面性与对政府态度的关系（整体）

		对政府的态度			合计
		负面	中性	正面	
信息的可靠性	非常可靠	169 (17.17%)	590 (59.96%)	225 (22.87%)	984 (31.57%)
	可靠	470 (32.57%)	740 (51.28%)	233 (16.15%)	1443 (46.29%)
	不可靠	254 (42.26)%	262 (43.59)%	85 (14.14%)	601 (19.28%)
	非常不可靠	44 (49.44%)	39 (43.82%)	6 (6.74%)	89 (2.86%)
合计		937	1631	549	3117

$X^2 = 146.77$，df = 6，p<.001

		对政府的态度			合计
		负面	中性	正面	
解释的可靠性	非常可靠	134 (15.82%)	536 (63.28%)	177 (20.90%)	847 (27.17%)
	可靠	447 (31.02%)	720 (49.97%)	274 (19.01%)	1441 (46.23%)
	不可靠	309 (42.98%)	319 (44.37%)	91 (12.66%)	719 (23.07%)
	非常不可靠	47 (42.73%)	56 (50.91%)	7 (6.36%)	110 (3.53%)
合计		937	1631	549	3117

$X^2 = 157.79$，df = 6，p<.001

续表

		对政府的态度			合计
		负面	中性	正面	
报道的全面性	非常可靠	113 (17.80%)	368 (57.95%)	154 (24.25%)	635 (20.37%)
	可靠	354 (28.37%)	656 (52.56%)	238 (19.07%)	1248 (40.04%)
	不可靠	435 (40.96%)	502 (47.27%)	125 (11.77%)	1062 (34.07%)
	非常不可靠	35 (20.35%)	105 (61.05%)	32 (18.60%)	172 (5.52%)
合计		937	1631	549	3117

$X^2 = 129.96$, df=6, p<.001

		负面	中性	正面	合计
解释的全面性	非常可靠	106 (20.46%)	277 (53.47%)	135 (26.06%)	518 (16.62%)
	可靠	366 (31.18%)	583 (49.66%)	225 (19.17%)	1174 (37.66%)
	不可靠	378 (35.53%)	537 (50.47%)	149 (14.00%)	1064 (34.14%)
	非常不可靠	87 (24.10%)	234 (64.82%)	40 (11.08%)	361 (11.58%)
合计		937	1631	549	3117

$X^2 = 83.61$, df=6, p<.001

表3　信息可靠性及全面性对政府态度的影响（官方话语）

		对政府的态度			合计
		负面	中性	正面	
事实报道可靠性	非常可靠	75 (11.6%)	389 (60.2%)	182 (10.6%)	646 (37.6%)
	可靠	205 (27.4%)	389 (52.0%)	154 (20.6%)	748 (43.5%)
	不可靠	121 (43.1)%	114 (40.6%)	46 (16.4%)	281 (16.3%)
	非常不可靠	27 (60.0%)	15 (33.3%)	3 (6.7%)	45 (2.6%)

续表

		对政府的态度			合计
		负面	中性	正面	
	合计	428	907	385	1720

$X^2 = 145.55$, df=6, p<.001

		负面	中性	正面	合计
事实解释可靠性	非常可靠	74（13.2%）	346（61.9%）	139（24.9%）	559（32.5%）
	可靠	180（23.3%）	402（52.0%）	191（24.7%）	773（44.9%）
	不可靠	144（42.6%）	143（42.3%）	51（15.1%）	338（19.7%）
	非常不可靠	30（60.0%）	16（32.0%）	4（8.0%）	50（2.9%）
	合计	428	907	385	1720

$X^2 = 134.77$, df=6, p<.001

		负面	中性	正面	合计
事实报道完整性	非常完整	56（13.3%）	236（56.2%）	128（30.5%）	420（24.4%）
	完整	145（21.6%）	356（53.0%）	171（25.4%）	672（39.1%）
	不完整	217（38.9%）	270（48.4%）	71（12.7%）	558（32.4%）
	非常不完整	10（14.3%）	45（64.3%）	15（21.4%）	70（4.1%）
	合计	428	907	385	1720

$X^2 = 115.74$, df=6, p<.001

		负面	中性	正面	合计
事实解释完整性	非常完整	57（17.1%）	171（51.2%）	106（31.7%）	334（19.4%）
	完整	146（23.2%）	321（51.1%）	161（25.6%）	628（36.5%）
	不完整	191（32.6%）	297（50.8%）	97（16.6%）	585（34.0%）
	非常不完整	34（19.8%）	118（68.2%）	21（12.2%）	173（10.1%）
	合计	428	907	385	1720

$X^2 = 67.05$, df=6, p<.001

表 4 信息可靠性及全面性与对政府态度的关系（民间话语）

		对政府的态度			合计
		负面	中性	正面	
事实报道可靠性	非常可靠	94 (27.8%)	201 (59.5%)	43 (12.7%)	338 (24.2%)
	可靠	265 (38.2%)	350 (50.4%)	79 (11.4%)	694 (49.7%)
	不可靠	133 (41.6)%	148 (46.3%)	39 (12.2%)	320 (22.9%)
	非常不可靠	17 (38.6%)	24 (54.5%)	3 (6.8%)	44 (3.2%)
	合计	509	723	164	1396

$X^2 = 18.14$, $df = 6$, $p < .020$

		对政府的态度			合计
		负面	中性	正面	
事实解释可靠性	非常可靠	60 (20.8%)	190 (66.0%)	38 (13.2%)	288 (20.6%)
	可靠	267 (40.0%)	317 (47.5%)	83 (12.4%)	667 (47.8%)
	不可靠	165 (43.3%)	176 (46.2%)	40 (10.5%)	381 (27.3%)
	非常不可靠	17 (28.3%)	40 (66.7%)	3 (5.0%)	60 (4.3%)
	合计	509	723	164	1396

$X^2 = 50.60$, $df = 6$, $p < .001$

		对政府的态度			合计
		负面	中性	正面	
事实报道完整性	非常完整	57 (26.5%)	132 (61.4%)	26 (12.1%)	215 (15.4%)
	完整	209 (36.3%)	300 (52.1%)	67 (11.6%)	576 (41.2%)
	不完整	218 (43.3%)	232 (46.0%)	54 (10.7%)	504 (36.1%)
	非常不完整	25 (24.5%)	60 (58.8%)	17 (16.7%)	102 (7.3%)
	合计	509	723	164	1397

$X^2 = 26.85$, $df = 6$, $p < .001$

中立的多数民意：公共关系在双重话语空间的第三方立场及社会责任

续表

		对政府的态度			合计
		负面	中性	正面	
事实解释完整性	非常完整	49 (26.6%)	106 (57.6%)	29 (15.8%)	184 (13.2%)
	完整	220 (40.4%)	261 (47.9%)	64 (11.7%)	545 (39.0%)
	不完整	187 (39.0%)	240 (50.1%)	52 (10.9%)	479 (34.3%)
	非常不完整	53 (28.0%)	117 (61.9%)	19 (10.1%)	189 (13.5%)
	合计	509	724	164	1397
$X^2=21.82$，df=6，p<.001					

所有信息在危机不同阶段对政府的态度——在四个危机时期的舆论态势——呈现出正面、负面和中性态度的不断变化。在危机潜伏期，对政府的态度大多为中性（59.38%），其次为正面（31.25%），最少为负面（9.38%）。在危机爆发期，中性态度下降至52.71%，正面态度下降至19.37%，而负面态度上升至27.57%。在危机蔓延期，对政府的中性态度回升至58.53%，而正面和负面态度都有所下降，分别为16.55%和24.91%。变化最大且对政府批评最多的是危机修复期。此时，对政府的中性态度下降至43.49%，对政府的正面态度下降至9.96%，对政府的负面态度则急升至46.55%。虽然在危机的每个阶段对政府的态度都有所不同，但中性态度始终占最大比例，除了危机修复期外，在其余阶段都占到50%以上（见图1）。

在不同类型的危机中，两个话语空间的所有信息对政府持负面态度最多的见于维权事件（44.71%）和政府公信力事件（42.39%）。而在自然灾害和反政府事件中，政府受到的批评最少，分别为13.09%和15.70%。值得注意的是，在反政府事件中，对政府持正面态度的信息比例超过了在所有事件中正面信息所占比例，占比为25.95%。而持中立态度信息的比例，在自然灾害中最高，为69.95%，其次是反政府事件（58.26%），再次是企业责任（53.16%）（见图2）。

不同的话语空间的信息在对政府的负面、中性和正面态度上基本呈

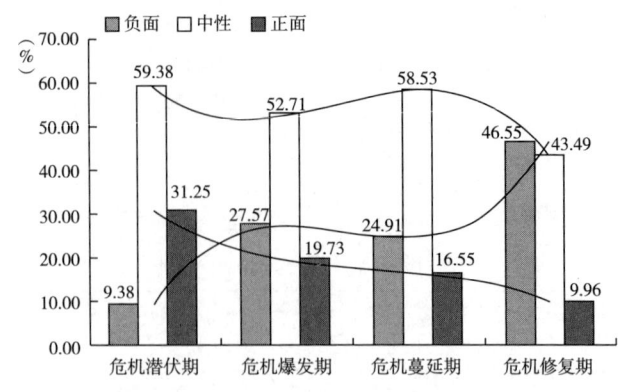

图 1 危机不同阶段信息对政府的态度

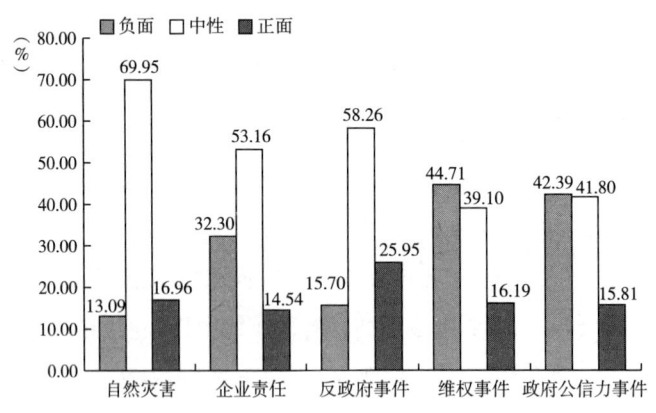

图 2 不同类型危机中信息对政府的态度

缓坡型正态分布，其众数、中位数和均值为 52% 和 53%，略低于标准正态分布的 68%（见图 3）。

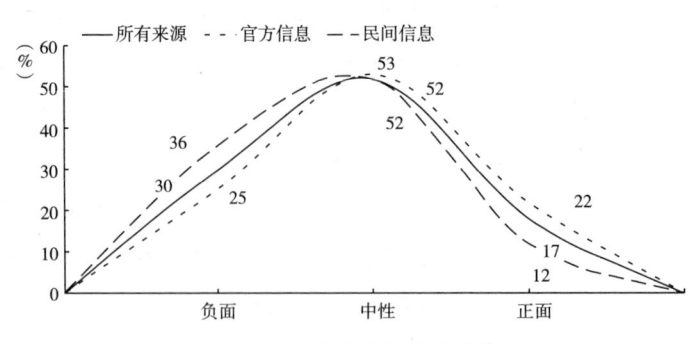

图 3 双重话语空间舆论分布

四 中立的多数：舆论引导与公关责任

根据以上数据，我们发现：第一，在公共危机的传播情境中，确实有"双重话语空间"存在，而且两个话语空间在信息报道的可靠性、信息解释的完整性，以及对政府所持态度上都存在明显差异；第二，在双重话语空间中，舆论态势的分布均表现为"52%效应"，也就是说，所有消息来源对政府的中性态度呈现一致性，高达52%，占大多数，本文称之为"中立的多数"。而在对政府的正面和负面态度上呈现相反性，在对政府的负面态度上，民间（36%）比官方（25%）高出11个百分点；在对政府的正面态度上，民间（12%）比官方（22%）低10个百分点。

在自然灾害、企业责任、反政府事件等类型事件中，其舆论态势仍然表现为正态分布格局，对政府持中性态度的占大多数。而维权事件、政府公信力事件表现稍有差异，其负面态度超过了中性态度和正面态度，成为主要的舆论导向。

根据舆论态势分布，52%意味着"中立的多数"，这是一个有意义的发现。由于我们研究的信息都来自互联网，信息的发布者往往既是"传播者"亦是"受众"，他们既接收"信息"也发布信息和表达意见。在民间话语空间，这种现象尤为显著。因此，本文研究的对象既是"传播者"也是"受众"。在此意义上，我们提出"中立的多数民意"这一概念。这种民意对事件一般采取中立的态度，能比较客观地看待问题和表达态度。

根据前面的研究可以发现，主导舆论的关键对象不是极端的意见，而是起决定作用的"中间民意"（这个结论早已被西方总统竞选时的数据所证明，只不过这个中间数据可能是20%，而不是52%）。在中间民意上，官方话语与民间话语能产生最显著和最大量的重合。而且，最能够影响这些中间民意的，既不是以大众媒体为主导的对政府一贯倾向于正面报道的官方话语空间，也不是以对政府进行批评的私人言论为主导的民间话语空间，而应是站在第三方立场的、相对中立并具有社会协调功能的"共同领域"。官方话语，也就是国家意志的表达，通常以意识形态的形式居于整个社会的主导地位，具有强烈的阶级色彩；它本质上是一种阶级意志和社会意愿的混合表达，体现了国家话语的"霸主地位"。民间话语是公民个体的话语，它表达的是私人性诉求，是私人愿望、情绪和意志的呈现，其运行动力来自一种"私利的激发"，运行效果表现为社会的"民意冲击"，其力量虽然有限，但是确实构成了社会舆论的基础。在现今的中国社会，如何使官方话语与民间话语最大限度地重叠在客观和平衡的维度上，形成一个共同领域，是一个极其重要的课题①。

那么，公共关系能否在这个领域发挥积极作用呢？构建一个达成共识的领域，最重要的是建立社会协调机制，以平衡社会各阶层之间的矛盾张力，这一点似乎已经成为共识，问题在于谁是社会协调机制的主体。这在传统的新闻传播研究视野中，理所当然的是作为党的喉舌的"新闻媒体"。新闻传播学者分别从媒体的社会责任角度、媒体的话语分析角度、媒体的结构—功能角度、媒介与社会文化的角度、议程设置角度等去探讨并建立公共对话和舆论引导之类的协调机制。在这个过程中，似乎看不到公共关系的影子。公共关系的社会责任仅仅狭隘地局限于企业的社会责任研究范畴之中，因为公共关系的缺席，问责制从来不会问到公共关系的头上。

而根据对公共关系第三方立场的理论分析和双重话语空间的互动分析，作为居间者传播的公共关系，作为社会支持发动机的公共关系，应该成为这个共同领域的代言人和促进者。如果说中国的媒体是"党营/国营舆论公司"②的话，那么，服务于全社会的公共关系就是代表不同话语空间中最大限度重叠领域的"社会舆论公司"。

20世纪公共关系作为民主机制之一（公民权的传播）在英美国家发展起来，虽然起初是"基于注意和利益的一种自我呈现"或者是"为代理人的利益所做的竞争性传播"，但是，随着社会的多元化发展，公共关系已经成为表达多元化价值观的一种"声音"和利他主义的社会传播。如果把公关放在多元化主体脉络下考察，会发现其总是朝着两个相互竞争

---

① 张健：《"话语权"及公民社会中的话语表达》，载胡正荣主编《媒介公共服务理论与实践》，中国传媒大学出版社，2009，第37页。

② 何舟：《从喉舌到党营舆论公司：中共党报的演化》，载《中国传媒新论》，香港：太平洋世纪出版社，1998。

的方向演进：为威权所用或为民主所用。比如，世界首富比尔·盖茨曾经说过："假如我只剩下最后一美元，我要把它用在公共关系上。"如果采取欺骗、愚弄的黑公关手段，就会为威权所用。另外，正如世界动物保护协会的鸟类专家所说，"你也有责任用公关售出保护自然的理念"，公共关系可以为民主自由的理念服务。这就类似于胡适的《独立评论》办刊宗旨，即"不依傍任何党派，不迷信任何成见，用负责人的言论来发表我们个人思考的结果，以引起社会上的注意和讨论"①，最终形成"中心舆论势力"，以领导社会，监督政府。如果能够促成舆论领导者和最高当局共同探讨研究治理之策，就充分体现了中心舆论势力的影响，也即我们追求的公关效果。五年来的公共危机案例研究表明，中心舆论力量能够"推动"经济建设，影响政治政策，乃至转移国际舆论，这无疑彰显了"居间传播"的地位和价值。

正如科技发展既是一种进步又是一种威胁一样，当公共关系为民主所用的时候，其社会传播功能必然是有利于全社会的。正是在这样的语境下，探讨公共关系所承担的公共对话和舆论引导之类的社会责任问题，才更具有价值和意义。

[该文发表于《新闻学论集》（第25辑），作者为陈先红、何舟、刘猛，系陈先红主持的2008年国家社科基金规划项目"政府调控新媒体的公共关系策略研究"（08BXW026）的阶段性成果、第三届公关与广告国际学术论坛大会主题发言论文]

---

① 张太原：《强有力的中心舆论——〈独立评论〉的社会影响》，载李金铨主编《文人论证：知识分子与报刊》，广西师范大学出版社，2008，第126~143页。

国际著名品牌的中国公关策略:
一个社会责任的视角

在过去的十多年里,越来越多的国际著名品牌已经意识到"企业社会责任"(Coporate Social Responsibility,CSR)政策和实践的益处。社会责任指标已经成为国际著名商业杂志《财富》和《福布斯》中企业排行榜的重要评价指标,《企业社会责任标准》(SA8000)也成为企业竞争的重要衡量法则。联合国前秘书长安南提出的"全球契约"更是推动跨国企业承担社会责任的重要力量。因此,跨国公司纷纷把承担社会责任作为改善其社会形象、增强国际竞争力、培育核心竞争力的公关战略。

但是,一部分跨国企业弱化其在中国市场上的企业社会责任,甚至采取双重标准。自2005年起,在中国市场上发生了一系列跨国公司弱化企业责任的事件,比如肯德基"苏丹红"事件、"SK-Ⅱ"烧碱风波、哈根达斯"脏厨房"事件、卡夫饼干含转基因成分风波、雀巢奶粉碘含量超标、强生含石蜡油事件等,这说明在中国市场上,跨国公司同样面临着承担企业社会责任的挑战。

本文感兴趣的是,在中国市场上,那些最具品牌价值的国际著名品牌,是如何践行其社会责任承诺的?其所体现的公关策略有何差异?这些公关行动对品牌塑造有何贡献?基于此,本文以公共关系的社会责任观为分析框架,选择2006年度十大著名国际品牌,对其2000~2006年的中国本土公关活动策略进行分析和探讨。

一 公共关系理论中的社会责任思想

企业社会责任 CSR 的概念最早是由英国学者欧利文·谢尔顿（Oliver Sheldon）于 1923 年提出的，他把企业社会责任与企业经营者满足产业内外各种需要的责任联系起来，认为企业社会责任包括道德因素在内。1953 年，被称为"企业社会责任之父"的豪伍德·博文（Howard R. Bowen）认为，企业有义务按照社会目标和价值观的要求，制定政策、做出决定，并采取行动，从而开启了关于企业社会责任的现代研究。1960 年，戴维斯首先提出了企业社会责任概念，他认为社会责任是指商业至少是部分地超越了经济和技术利益，为了某些理由而做出的决定和采取的行动。1961 年，Eells & Walton 指出，企业社会责任是指企业在与社会领域互动时产生的问题以及处理企业与社会关系的道德原则。阿齐·卡罗尔认为，"企业的社会责任不仅包括经济责任和法律责任，还包括道德责任和慈善责任"。由此，我们可以将企业社会责任概括为企业在创造利润、对股东利益负责的同时，还要承担对员工、消费者、环境和社区的社会责任，包括遵纪守法、保证员工生产安全、职业健康、保护劳动者合法权益、遵守商业道德、保护环境、支持慈善事业、参与社会公益、保护弱势群体等。企业社会责任理论的本质在于揭示了企业与社会的关系，即企业嵌入了社会各方面的利益关系之中，嵌入了社会道德伦理规范之中，嵌入了经济、社会与环境发展的关系之中。企业社会责任理论认为，企业与社会不是分离的，而是互利双赢的。企业通过承担社会责任，来增强在社会结构中的嵌入性，这既是企业理性选择的策略，也是适应社会发展的内在要求，最终促进企业与所处的社会环境的良性互动，促进经济与社会的协调发展。总之，企业应该自觉承担社会责任，积极参与社会发展。

由此可以看出，企业社会责任理论与现代公共关系思想几乎是一脉相承的。在公共关系诞生初期，公关专家们就非常明白美德和负责任行动的重要性，公共关系对社会责任的强调，从来就没有停止过。世界上第一个公共关系职业人、现代公共关系之父艾维·李认为，组织需要对民意做出反应，并将组织利益与公众利益相结合。艾维·李使组织相信,好的宣传来自组织良好的表现和工作。同样,现代公共关系学之父爱德华·伯纳斯呼吁"私人企业的公众责任运动",认为组织需要识别所处的社会环境的变化并对此做出反应,这样才能迎合共同需要。卡特里普则把公共关系定义为"建立和维持组织和影响其成败的公众之间的互惠关系的管理功能"。威尔科克斯(Wilcox)认为描述公共关系最好的关键词是"deliberate"——深思熟虑的、有计划的、表现、公众利益、双向传播和管理功能。有效的公共关系是以实际行动和政策为基础的,如果组织对社会利益没有做出反应,其公共关系活动就不可能获得善待和支持。公共关系活动应该是组织和公众双方获益,是组织利益和公众兴趣及利益的结合体。

公共关系的其他定义,比如关系建立者、传播管理者、认同建立者、社区感建立者等,也都包括社会责任概念。

关系建立者认为,组织和公众之间关系的发展是组织行为对公众负责任的结果,为了与公众保持良好的关系,组织必须是负责任的。因此,公共关系是对公众责任的践行。传播管理者认为,在双向对称传播过程中,公共关系实践是协商的、折中的和公开的,双向对称传播比其他公共关系模式更具伦理性。认同建立者认为,需要通过倾听、谈判来获得信任和理解,通过双向传播和特殊活动对关键公众做出积极反应,公共关系不再是单一的功能,必须增强关键公众和组织之间的相互性,既为组织利益服务,也为公众利益服务。社区感建立者认为,随着现代传播工具的发展,公共关系最好被定义为"努力恢复和保持已经失去的社区感的积极努力","公共关系从业者必须明确他们在社会中最主要的角色是什么,这个角色就是他们不仅为客户服务,而且要为更大范围的社会服务,对社会构成威胁的那些危险,同样会威胁到生产和获利。组织必须考虑他们所处的社会、政治和经济环境,来识别组织公众的需求,评估所的产品和服务,以迎合公众的需要,对未来需求可能出现的变化做出预测"。

一项研究表明,公共关系从业者把自己看作组织的"良心"。65%的人认为,对社会的责任比对员工或客户的责任更重要,并且发现在从业者参加的重要政策制定和公共关系的社会责任行为之间,存在重要的积极的关系。当实践是伦理的时候,公共关系对组织乃至世界来说,能够发挥重要的传播功能，有助于促进群体间的理解，最终解决冲突。然而，当公共关系实践不伦理、不负责任的时候，公共关系就会变成操纵和欺骗。

结合社会责任和公共关系的发展史可以看出，社会责任是公共关系的伦理基础，正是现代公共关系的产生，唤醒了企业的社会责任感，使卓越企业对社会责任更加敏感，并推动了社会责任理论的形成。而正是在社会责任理论的引导下，公共关系作为"企业良心"的概念才开始变得越来越清晰。

公共关系的社会责任伦理观基于以下两个不同的理论背景，一个是"进步的个人利益"，是目的论的一种狭义形式，好的结果源于好的过程。因而，企业的慈善行为总会为企业带来良好的信誉。另一个理论背景源自社会契约论，即社会赋予企业采取必要与合理行动的权利，并允许获得投资回报，而企业有义务将资源有效地转化成社会所需的产品和服务，供消费者消费并使持股者获利。虽然经济表现是企业的第一要务，但不是企业的唯一责任。企业不仅是一个经济实体，而且是一个社会实体。作为社会实体，企业必须对社会负责，对社会焦点问题表示关切并贡献力量。社会投资不仅是一种经济责任，也是一种伦理意识。

二 公共关系实践中的社会责任类型

菲利普·科特勒在《企业的社会责任》一书中，将企业的社会活动即公关实践分为以下六种：公益事业宣传、公益事业关联营销、企业的社会营销、企业的慈善活动、社区志愿者活动、对社会负责的商业实践。本文以此为出发点，同时结合中国国情，将2006年度十大国际品牌的本土公共关系策略分为伦理型的商业实践、慈善性的社会捐助、社区性的志愿者活动、关联性的公益营销、公益性的宣传支持、政治性的沟通合作、文化性的娱乐活动七大类。

伦理型的商业实践主要指支持公益事业的自主商业实践和投资，比如主动使用具有环保功能的原材料，注重节能降耗，充分披露信息，保护消费者隐私等。慈善性的社会捐助主要指直接捐助某个慈善机构或参与某项公益事业，是最传统的公共关系活动。社区性的志愿者活动指企业支持和鼓励自己的员工、零售合作伙伴或特许经营成员,志愿花费时间来支持当地的社区组织和公益事业。志愿者活动可以由公司来组织,也可以由员工们自主选择,并通过带薪休假和志愿者数据库匹配计划得到公司的支持。关联性的公益营销指企业承诺基于产品销售的目的为某项特定的公益事业捐款,或者捐献一定比例的营业收入。公益性的宣传支持指企业通过提供资金、非现金捐助或其他的企业资源等,来增进公众对某项社会公益事业的了解,从而成为公益活动的合作伙伴或赞助商,也可以主动发起公益事业宣传(如美体小铺公司宣传一项禁止把动物用于化妆品测试的法令,盖中盖制药厂宣传过马路要遵守交通规则等)。政治性的沟通合作指企业与政府官员的会晤、与政府部门的合作以及对公共事务的关注与支持。文化性的娱乐活动主要指企业面向广大受众开展一些具有文化性、娱乐性的休闲活动,如文艺演出、文化节、公益路演等。

这七大社会责任活动类型成为本文分析国际知名品牌的本土化公关策略的框架。

三 国际著名品牌在中国的社会责任公关活动分析

根据最新统计数据,2006年全球最具价值品牌前十名如下:可口可乐、微软、IBM、通用电气、英特尔、诺基亚、丰田、迪士尼、麦当劳、梅赛德斯-奔驰。本文从这十大品牌的中国大陆官方网站上,以"新闻中心"和"企业社会责任"两个栏目内容为线索,收集到近年(2000～2006年)来其在中国大陆参加的社会责任型公关活动,并以活动的个数为单位,对公关类别和活动形式进行内容分析,结果如下。

在六年间,十大国际品牌在中国大陆参与了51个公益性的宣传支持活动,占总体的34.5%;37个慈善性的社会捐助活动,占总体的25%;19个政治性的沟通合作活动,占总体的12.8%;17个社区性的志愿者活动,占总体的11.5%;13个伦理型的商业实践活动,占总体的8.8%;10个文化性的娱乐活动,占总体的6.8%;1个关联性的公益营销活动,占总体的0.7%(见表1)。

表 1　国际著名品牌承担社会责任的活动类别

公关类别	项目个数	项目所占百分比（%）
伦理型的商业实践	13	8.8
慈善性的社会捐助	37	25
社区性的志愿者活动	17	11.5
关联性的公益营销	1	0.7
公益性的宣传支持	51	34.5
政治性的沟通合作	19	12.8
文化性的娱乐活动	10	6.8
合计	148	100

由此可以看出，十大品牌在中国大陆的公关活动主要是以公益性的宣传支持和慈善性的社会捐助为主，以政治性的沟通合作和社区性的志愿者活动为辅，兼及伦理型的商业实践和文化性的娱乐活动，而关联性的公益营销只有麦当劳一家，其他品牌都没有涉及。

就公益性的宣传支持而言，十大品牌的公关活动主要涉及以下几个方面。第一，环境，包括开展植树活动、设立环保奖项、建立环保网站等；比如，日本丰田汽车公司于 2001 年 4 月，与中国科学院、河北省林业部门联合推出"21 世纪中国首都圈环境绿化示范基地"合作项目，并于 2005 年 7 月，与共青团中央、中华全国青年联合会共同设立"中国青年丰田环境保护奖"；奔驰公司与联合国教科文组织携手在中国启动了"自然之道 奔驰之道"的自然保护项目，对中国濒临消失的自然景观和大熊猫展开保护，同时唤醒社会公众的环保意识，专门设立"自然之道 奔驰之道"的自然保护专项资金，力图使其成为一项全社会参与的公益事业。

第二，健康，对疾病进行预防、对健康知识进行宣传。比如可口可乐公司与中国中医科学院联合成立"饮料与健康研究所"，针对艾滋病、禽流感等开展健康知识教育培训和理论研讨，在偏远贫困地区开展"健康之旅"活动，旨在培养青少年健康的生活方式。

第三，文体，包括赞助各种体育赛事、音乐会等。

第四，教育，包括提供各种培训、建立研究机构、举办学科竞赛。比如，微软（中国）有限公司与教育部联合推出"携手助学"项目，使农村孩子和城里孩子一样接受现代技术带来的知识，和现代技术进行互动。建立一百多家计算机教室，每个教室配有 40~50 台电脑，并提供资金、教材和培训。同时推出"潜力无限"，在城市或者农村设立社区技术学习中心。

第五，交通安全，包括投放报纸公益广告、制作交通安全挂图，举办交通安全公益海报设计大赛、知识竞赛、短信竞赛、绘画大赛等。

第六，文化遗产保护。

就慈善性的社会捐助而言，十大品牌主要采取捐赠现金、设立奖学金、捐赠产品、提供技术、提供服务等五种方式。

就政治性的沟通合作而言，十大品牌主要通过以下三个途径：第一，公司高层领导访华，拜会政府领导人；第二，邀请国家领导人参观公司；第三，与中国政府机构合作。

就社区性的志愿者活动而言，十大品牌主要采取以下几种方式：第一，通过企业的沟通媒介宣传道德规范，鼓励员工在社区做志愿者；第二，为某项特定的公益事业或活动组建志愿者团队；第三，建议员工到特定的慈善机构做志愿者；第四，向员工担任志愿者的慈善机构提供现金捐助。比如，微软公司每年给员工提供三天的"志愿者"假期，以倡导员工参与社区的各种志愿服务。

就伦理型的商业实践而言，十大品牌的实践方式主要有如下几种。第一，面向消费者。在生产过程中，使用环保材料，研发环保产品，向消费者公开产品成分，为消费者提供培训或免费服务；如通用电气公司 2006 年在中国大陆启动"绿色创想"计划，研发环保科技产品。诺基亚在 2005~2008 年，与业界伙伴共同发起"绿箱子环保计划"暨废弃手机及配件回收公益行动。第二，面向员工，为员工子女设立奖学金、举办员工感谢日。第三，发布企业社会责任报告，为毕业生提供实习培训。比如可口可乐公司、英特尔公司等从 2006 年起向社会发布企业社会责任报告。

就文化性的娱乐活动而言，十大品牌主要开展以下三种活动：第一，举办文化节及文艺演出；第二，建立音乐网站，举办文艺比赛；第三，选出亲善大使，推出系列文艺宣传活动。

就关联性的公益营销而言,十大品牌在中国大陆开展的关联性公益营销活动只涉及一种形式,即每卖出一件产品就拿出指定数额的捐款,比如微软 I'm 公益慈善活动。你可以在 Windows Live Messenger 的昵称前加上特殊代码,以表示支持九个慈善组织中的一个,而你的昵称前也会出现一个 I'm 的标志。所有参加活动的慈善组织都将获得最低 10 万美元的捐款,而最高能达到多少,则取决于有多少人愿意在自己的昵称前加上该组织的代码。

以此观之,可口可乐、英特尔、诺基亚、丰田、梅赛德斯-奔驰等公司在中国大陆的公关主要采用公益性的宣传支持形式;微软、通用电气和麦当劳等公司在中国大陆的公关主要采用慈善性的社会捐助形式;IBM 公司在中国大陆的公关主要采用政治性的沟通合作形式;迪士尼公司在中国大陆的公关主要采用文化性的娱乐活动形式。

四 社会责任型公关活动对品牌建设的贡献

《公关第一,广告第二》的作者艾尔·里斯指出:"就公共关系而言,核心就是品牌塑造。"本文高度支持这一观点,国际著名品牌的社会责任型公关活动,在品牌关系建立、品牌文化推广、品牌形象塑造和品牌战略确定等四个方面,发挥了积极的作用。

1. 社会责任型公关活动建立了良好的品牌关系生态

利益相关者理论(Stakeholder Theory)强调,企业经营者应对所有与企业有利害关系的人或股东的其他利害关系人负责。利益相关者理论坚持企业与雇员、供应商、社区、政府、消费者、投资者等存有一定的利害关系,企业在做出决策时应充分考虑各方利益。R. Edward Freeman 率先运用利益相关者理论回答了企业经营活动承担社会责任的对象问题,他认为利益相关者就是任何能够影响企业目标实现的集团和个人。该理论清晰地指明了企业社会责任管理的对象,突破了股东利益至上的传统观念,为企业社会责任的承担提供了新的平台。陈先红认为,从宏观上讲,公共关系是组织—公众—环境系统的关系生态管理,关系生态是公关主体的舆论场。就实践而言,"关系本土化"是国际著名品牌进入和开拓中国市场的首选公关策略，是企业处理与经济、社会、环境的关系以及与利益相关者（包括股东、员工、消费者、商业合作伙伴、政府和社区）关系的方式。数据表明，国际著名品牌往往通过对利益相关者的深度关注，来建立良好的关系生态环境。微软公司董事长和首席执行官、IBM全球总裁、可口可乐全球总裁常常来华访问，与中国政府高层进行各种形式的沟通对话和合作交流。2006年时任国家主席胡锦涛会见了比尔·盖茨。2006年中央、地方的政府官员和中国大陆主要新闻单位参观通用电气塑料集团等，除了政府关系外，行业协会关系、大学和科研机构关系、社区关系等都是公共关系的主要方向。其合作最多的组织有中国青少年发展基金会、中国残疾人福利基金会、中国残疾人联合会、中华全国妇女联合会，以及中国科学院、各高校等。

2. 社会责任型公关活动系统推广品牌文化和价值观

在登录国际著名品牌的中国网站时会发现一个共同的现象，像可口可乐、麦当劳、英特尔、丰田等品牌都不约而同地把"承担社会责任"作为公司的核心价值观和品牌推广的核心任务。例如，在可口可乐中国网站首页，醒目地刊登着可口可乐公司董事长兼CEO聂奕德的寄语："一个企业仅仅在营销时体现责任感已经不够了，今天，我们必须超越期待，迈向卓越，可口可乐公司必须同时成为一个经营有方和一名优秀的企业公民。"120多年来，企业社会责任已经成为可口可乐公司的核心价值观，并已经融入了全球每个业务区域的各项活动中。可口可乐公司有一个这样的承诺："让可口可乐的每个业务单位都成为当地模范企业公民，让可口可乐业务所及的每一个人都能受益。"首页上还设有企业社会责任报告专栏，而通用电气、丰田、麦当劳等品牌的中国网站也都有相关内容，通用电气公司明确提出"期望成为履行企业公民责任方面的领先企业"并确定了符合公司发展战略的领域，包括绿色创想、新兴市场、诚信与治理以及环境、健康和安全等与业务有关的方面。麦当劳则宣布对儿童的关心是麦当劳核心价值观的体现。其在承担企业社会责任方面的一个重要里程碑是2006年中国麦当劳叔叔之家慈善基金的成立。在2006年11月20日世界儿童日，麦当劳（中国）有限公司携手宋庆龄基金会联合成立了"麦基金"。除了直接捐助外，该基金在中国大陆超过770家麦当劳餐厅内设立捐款箱，鼓励公众捐助，消费者可以随时在麦当劳餐厅的捐款箱进行不限数额的捐款。总之，这些国际著名品牌都是价值观推进本土化的典范，其在中国的本土化是在共享企业核心价值观的前提下进行的。

3. 社会责任型公关活动塑造了企业好公民的品牌形象

良好的声誉，是企业在全球化运作中取得成功的决定性因素。跨国公司把声誉力作为赢得顾客信赖、培育顾客忠诚度的最佳手段。《财富》杂志的一项相关性研究表明：（1）为赢得社会尊重和赞誉，企业在基金捐款和处理利益相关者关系等方面的具体支出与声誉排名的关联度较高；（2）企业社会支出为主动式与反应式，前者如慈善捐款等社会责任方面的投资与企业声誉呈高度正相关。由此可以看出，声誉力对当今跨国公司的重要意义，声誉力越大，企业竞争力越强，企业的市场也越大。

国际著名品牌的社会责任行动都表明，要通过善尽社会责任，来塑造世界级企业公民的良好形象。《世界经济论坛》对企业公民的定义是：企业通过它的核心商业活动、社会投资、慈善项目以及参与公共政策而对社会做出的贡献。企业好公民具有三个发展阶段，第一阶段是对环境问题的关注，第二阶段是行业标准和制度的确立，第三阶段是对社会问题的关注。由此观之，大部分国际著名品牌处在不同的社会责任行动阶段，比如丰田汽车公司明确提出，作为中国的企业公民，丰田以"环境保护"、"交通安全"和"人才培养"为中心，积极开展符合中国社会需求的各项社会公益活动。英特尔则明确提出"做植根中国的企业公民"，"企业责任"意味着做正确的事。英特尔尊重人和自然，对所从事的商业活动承担责任。相比之下，可口可乐公司的社会责任行动是最为全面的。迄今，可口可乐公司已经参与了多项涉及教育、体育、环保、救灾、扶贫、就业等领域的全国性和地区性公益项目，捐资总额超过6000万元，成为中国社会公益事业最积极的倡导者和参与者之一。

4. 社会责任型公关活动确定了可持续发展的品牌战略

研究表明，国际著名品牌在谈及企业社会责任时，逐渐用"企业社会责任投资"代替了"企业社会责任行动"，这不仅仅是用语的转变问题，更透露出一种经营观念的转变，比如，英特尔以《责任铸造领袖》为题，发布了2007年度企业责任报告，报告中明确提出，英特尔公司致力于成为一名卓越的企业公民，企业社会责任、技术创新和支持中国IT行业发展是长期战略。从品牌建设角度来看，企业社会责任行动不仅是捐款问题，还是投资问题、可持续发展战略问题。在未来，人们不是根据组织提供的产品和服务来判断其成功与否，而是根据组织的"社会政策"进行判断，同时关键公众将会变得越来越具有影响力。消费者、投资者、员工、环保主义者和一般公众是以注意力获取者和企业持股者的身份出现的，为了更具有社会责任感，企业必须与其他群体如竞争者、非营利团体和政府代理部门一起合作，共同解决社会问题。如果一个企业从建立伊始就能够把对社会和环境的关心整合到经营战略中，则有利于实现前沿创新并形成竞争优势。

［该文发表于《广告大观》（理论版）2009年第5期，陈先红独著，系第十八届世界公共关系大会主题发言论文］

参考文献

陈先红：《公共关系生态论》，华中科技大学出版社，2006。

赖祥蔚：《社群主义：公共关系学的想象》，《新闻学研究》2004年第80期，第127~158页。

臧国仁：《公共关系研究的内涵与展望：十字路口的观察》，《广告学研究》第17期，第1~19页。

陈先红：《公共关系学原理》，武汉大学出版社，2007。

徐大建：《现代企业的社会责任》，《河北大学学报》2006年第3期。

张玉福：《国际品牌本土化策略及其对中国大陆企业的启示》，《山西煤炭管理干部学院学报》2005年第2期。

菲利普·科特勒：《企业的社会责任》，机械工业出版社，2006。

微软公司网站，http://www.microsoft.com/china/。

IBM公司网站，http://www.ibm.com/cn/。

通用电气网站，http://www.ge.com.cn/（8888）。

英特尔网站，http://www.intel.com/cd/corporate/home/apac/zho/324811.htm。

诺基亚网站，http://www.nokia.com.cn/88888。

日本丰田汽车公司网站，http://www.toyota.com.cn/。

迪士尼网站，http://www.disney.com.cn/。

麦当劳网站，http://www.mcdonalds.com.cn/。

梅赛德斯-奔驰网站，http://www.mercedes-benz.com.cn/。

可口可乐公司网站，http://www.coca-cola.com.cn/。

R. Pearson, "A Theory of Public Relations Ethics," Ph. D. diss., Ohio University, 1989.

S. J. Vitell, S. L. Nwachukwu, and J. H. Barnes, "The Effects of Culture on Ethical Decision-Making: An Application of Hofstede's Typology," *Journal of Business Ethics* 12 (1993): 754.

Robert L. Heath, *Handbook of Public Relations*. CA: Sage, Thousand Oaks, 2001.

D. Kruckberg & Starck, *Public Relations and Communicity: A Reconstructucted Theory*. New York: Praeger, 1988.

Roy Leeper, "In Search of a Metatheory for Public Relations: An Argument for Communitarianism," in R. L. Heath, ed., *Handbook of Public Relations*. Sage Publications Inc., p. 93.

公共关系与国家形象

论国家公共关系的多重属性

按照公关生态论①的观点，国家公共关系是在全球范围内管理国际声誉和国际关系，是对传播、关系、形象、声誉等国家无形资源的系统管理，是提升国家软实力的重要战略手段。具体来说，所谓国家公共关系，就是一个国家与国内外民众的关系生态管理，即国家在提升其形象和国际声誉的过程中，运用现代公共传播技术和手段，获得国内外民众和国际社会的理解与支持，最终实现国家认同的一门科学和艺术。究其本质，国家公共关系实践具有政治性、外交性、经济性、文化性、社会性、军事性和科技性等多重属性。其中，政治性是国家公共关系的本质属性。

一 政治性：国家公关是民主政治的体现

国家公关具有政治性，是民主政治的体现，民主政治是国家公共关系实践的根本保证。按照卡尔·施密特的说法，国家性和政治性总是以某种方式同时出现，"国家就显得有点政治性，政治性就显得有点国家性，二

---

① 公关生态论认为，公共关系是组织—公众—环境的关系生态管理，具体说来，就是社会组织运用调查研究和对话传播等手段，构建具有公众性、公开性、公益性和公共舆论性的关系生态，以确保组织利益、公众利益和公共利益的和谐。公共关系的最终目的是"织网、造流和占位"。详见陈先红著《公共关系生态论》，华中科技大学出版社，2006。

者有点兜圈圈的味道，是密不可分的连体儿"①。从公关层面来看，公共关系是民主性的，代表了民主社会的多元化"声音"，是不同利益主体的公开表达机制。公共关系是民主的沟通，其本质是对话。因此，国家公关首先是一种政治，一种民主政治。它强调采取对话协商的手段，而不是宣传灌输的手段，在潜移默化中进行舆论引导并影响民意。本文认为，制定国家公关战略必须做到"讲政治，讲民主，讲对话"，只有这样才能使国家公关实践真正成为社会支持发动机和社会共识制造商，成为"一种能够动员社会的半政治力量"和以国家利益为导向、以人类终极关怀为追求的民主沟通机制。

二 外交性：国家公关是一种公共外交

国家公关具有外交性，公共外交是国家公关的重要组成部分，但并不是国家公关的全部。国家公关是"内求团结，外求发展"的一门科学和艺术，应该包括内部公关和外部公关两大组成部分，公共外交是国家发展对外公共关系的主要渠道和手段。

所谓"公共外交"，主要指国家所从事的一些非传统性外交活动，即教育文化和提供信息的活动。它是以政府为主体，以外国民众为对象，以对外文化传播活动为内容，以出版物、电影、文化交流、电台和电视媒体的公开宣传为手段，以维护国家利益、提升国家形象为目的的一种国际活动②。从公共关系史来看，世界上第一家公共关系职业事务所是第一次世界大战期间公共信息委员会成员乔治·派克和现代公共关系之父艾维·李共同创办的。同时，现代公共关系学的另一位代表人物爱德华·伯纳斯（弗洛伊德的外甥）曾经为20多位美国总统做过咨询，开创了"首脑外交""公共外交"的先河。

开展公共外交的主体包括政府外交部门，但更多的是非政府组织，如民间团体、大学、研究机构、媒体、宗教组织以及国内外有影响的人士。

---

① 卡尔·施密特：《政治的概念》，刘宗坤等译，上海人民出版社，2004。
② 陈先红：《现代公共关系学》，高等教育出版社，2009。

他们可以借助各自领域和国际交往的舞台,面对外国的非政府组织、广大公众,甚至政府机构,从不同角度说明本国的国情和国际政策。

三 经济性:国家公关是一种品牌经济

国家公关具有经济性。从经济层面讲,国家已经不再是纯粹的政治地理上的社会空间,不再是仅仅具有"政治性"的机器、体制或共同体,而是具有消费意义和娱乐性质的公共产品,因此需要运用国家公关手段,把国家当作"产品"来进行品牌塑造和推广。

国家品牌和产品品牌有着本质区别。国家品牌为受众带来的利益诉求点不是功能性而在于情感。国家品牌并非提供有形产品或是服务,而是直接产生经济价值,但是国家品牌形象却能有效地影响消费者的购买决定,产生"产品/服务来源国效应",间接促进该国整体经济的发展。

自20世纪90年代以来,国家品牌概念已经在营销学文献中被广泛讨论。其中,"Anholt国家品牌指数模型"和"国家品牌双八角模型"影响力最大。美国著名的政府政策顾问安霍尔特(Anholt)提出以"出口、旅游、文化、国民素质、移民、政府职能管理、投资环境"七个范畴来衡量世界各国的形象和声誉,比较每个国家的品牌形象是如何随着时间的推移而提升和下降的。韩国三星经济研究所和国家品牌总统委员会(PCNB)则开发出"国家品牌双八角模型(NBDO)",主要包括经济、科学与技术、基础设施、政策、机构、文化遗产、现代文化、公民和名人八个类别。总之,国家越来越被概念化为品牌,国家公关战略就是国家品牌推广战略,通过系统、有计划、有组织地推出以上提及的国家品牌矩阵,加速自主品牌的国际化进程,促进实施品牌兴国、经济兴国战略。

四 文化性:国家公关是一种文化软实力

国家公关具有文化性,如果说政治性是国家公共关系的本质属性,那么文化性则是国家公共关系的核心与灵魂。

从文化层面看,国家公关战略是专门经营文化认同力、文化创造力和文化传播力的文化软实力提升工程。具体地说，国家公关是弘扬民族文化与增强民族凝聚力、社会凝聚力、文化与意识形态吸引力的一场跨文化传播活动，其核心是把国家的核心价值观当作一种文化资源进行挖掘，当作一种"文化资本"进行运作，把国家形象和声誉当作一种国家软实力来进行培养，这样既可以弘扬民族传统文化，增强民族文化的国际影响力，又可以开发文化市场，输出文化产品。

东西方的"国家"文化传统和价值观是大相径庭的，其国家公共关系战略也应该是个性化、差异化的。比如，中国文化中的"国家"是一体化的、不可分割的概念，充分反映了"先有国，后有家""国在前，家在后""家是最小国，国是千万家"等以"family value"为导向的集体主义文化传统和"家国天下"的政治制度基础。而美国文化中的"国家"概念却有四种不同的英语表达 Nation、State、Country、Land，并且有着不同的内涵；美国人的姓名结构也是名字在前、姓氏在后，这些都反映出"个人在前，集体在后"、"自由化的个人"和"联邦式的制度"等美国文化价值取向，为我们理解不同国家的文化价值观提供了一个重要的视角，也为实施差异化的国家公共关系战略提供了思路和出路。

笔者曾经做过一个实验：在给大学生和 EMBA 学员上课时，当问及美国的核心价值观时，大家异口同声地说出"自由、民主"二词，但当问及"中国的核心价值观"时，却说法不一。由此可见，对一个国家核心价值观的认同和传播，才是国家文化软实力的真正体现。如果没有明确的核心价值观，一切所谓的国家公共关系战略都将是徒劳无功的。

本文认为，相较于"自由、民主"的美国核心价值观，我们应该提倡将"仁爱、和合"作为中国的核心价值观，并具体落实到"人人相爱、家家和睦、社会和谐、世界和平"等不同文化层面，有针对性地构建中国国家战略传播体系，通过图书出版、电影电视、卡通动漫、文化交流、节庆活动、教育培训、媒体传播等方式整合传播。在这一点上，韩国的经验特别值得我们借鉴和学习。关于中国核心价值观的讨论和论述，本文不做深入论证，今后会有专文讨论。在这里只是想说明：国家核心价值观的确立，是真正贯彻落实"中国梦"的关键点和支撑点；是实施差异化国家公共关系战略的前提和保证；是提升中国文化软实力的方向和引擎；只有紧紧围绕国家核心价值观，开展"一个声音，多种手段"的国家公关传播，才能有效继承几千年来的历史文化传统，重建国家认同体系，也才能彰显中国国家形象的个性化、差异化，增强中国文化和意识形态领域的吸引力。

五　社会性：国家公关是一种社会资本

从社会层面讲，通过开展国家公关实践，可以增进国家与民众的关系信任和情感，从而提升该国的社会资本。

社会资本最早是由法国社会学者Bourdieu提出的，他认为，社会资本乃是个人或团体所拥有的社会连带加总，而社会资本的取得需要连带的建立和维持，如从事社交活动，寻找、维持共同的嗜好等。社会资本的核心就是社会成员之间的信任程度，通俗地说，就是"关系+信任=社会资本"。美国著名公关学者Maureen Taylor认为，公共关系实践的结果就是创造和生成社会资本，公共关系通过建立信任关系来积累社会资本。日裔美国学者福山认为，尽管一个国家或民族的社会资本积累在很大程度上取决于其文化传统，但通过一些积极的政府政策和国家公关行为，也可以促进社会资本的形成，比如近年来，欧盟实施大规模的交换计划，让许多年轻人到欧盟国家生活，资助建立学术与专业团体，旨在建立连接性的跨国社会资本。根据福山的划分，陌生人之间信任程度低的国家属于"低社会资本国家"，如中国、韩国、法国、意大利；陌生人之间信任程度高的国家则属于"高社会资本国家"，如美国、日本、德国等①。

中国社会"关系"意义上的传统性社会资本并不缺乏，但是现代意义上的"认知型社会资本、结构性社会资本和跨国型社会资本"却亟待建设和提升。就社会性而言，国家公共关系不仅是地区性的，也是全球性的；不仅是官方的，也是民众的；不仅是自上而下的，也是自下而上的。国家公关战略，一方面要针对本国民众，开展国民公关素养教育，通过对话、倡导等，建立各阶层的相互信任关系来保持稳定，促进和谐，累积国内社会资本；另一方面要针对国外民众，开展广泛多元和深入系统的文化

---

① 福山：《信任：社会道德与繁荣的创造》，李宛蓉译，远方出版社，1998。

教育交流活动，以消除"中国制造"所催生的国外失业民众的敌对情绪，以反击"中国威胁论"所导致的认识误区。更重要的是，还可以主动回应来自移动互联网空间的各种言论，建立中国社会与国际社会的内在和谐关系，从而积累和提升中国的跨国社会资本。

六 军事性：国家公关是一场舆论战争

从历史上看，国家公关与战争息息相关，与舆论宣传紧密相连，有四次战争成为国家公关的分水岭和公关活动的主战场：第一次世界大战期间是萌芽期，以美国总统威尔逊成立的公共信息委员会为标志；第二次世界大战期间是成长期，以罗斯福总统成立的"对外信息服务局"（如"美国之音"电台广播）为标志；冷战时期是发展期，标志是1953年艾森豪威尔总统成立"美国新闻署"，负责国际交流项目，筹划"美国之音"广播，东欧剧变后，美国公众外交日渐萎缩，标志性事件是美国新闻署于1999年10月1日被正式撤销；伊拉克战争是"公众外交"的恢复期，标志是"9·11"事件以后，布什政府为了打击恐怖主义，于2002年成立"全球传播办公室"。直到今天，这一体系的核心理论仍然是将世界划分为"自由世界"和"专制世界"两大对立阵营的杜鲁门主义。美国政府在不同的历史时期，使用了多个术语来指称其对内、对外公开或隐蔽的宣传活动，包括"心理战""观念战""信息战"等。

以上实践活动证明了国家公关具有军事性，正如拿破仑的那句名言所说的，"精神和公关是战争的半个战场"。从军事层面讲，国家公关是一场对外的公共关系战争、文化宣传战争和媒体战争，它既可以积极主动地抗衡其他国家的公众外交战略，又可以全方位、立体化、多层次地塑造本国形象，增强民族凝聚力，提升在国际社会的政治地位。

七 科技性：国家公关是一种智能技术

在美国等发达国家，公共关系人员和机构常常以"高智力、高科技、高智囊"著称，扮演着民间智库和思想库的角色。他们的身份在政府要员与研究人员之间不断切换（所谓"旋转门"机制），以精准全面的分析研判、与政界广泛深入的联系以及在社会公众中的影响力，左右着美国政治、经济、社会、军事、外交、科技等方面的重大决策，以致智库被视为继立法、行政和司法之后的"第四部门"，其中最具代表性的智库是兰德公司、美国传统基金会、布鲁金斯学会等。公关智库的职能主要包括：提出思想、教育公众和汇集人才。

因此，从技术层面讲，国家公关是基于思想与谋略的巧传播（Smart Communication），是直接服务于国家战略利益和战略目标的一种"精心运作、高智商的公共传播技术"，比如美国这个国家公关的策源地，早在1945年就全面启动了国家公关战略。多年来其国家公关的战略意图被精心巧妙地包裹，并融入了政治、经济、文化等各个领域，通过各种有计划的战略传播和国家公共关系，最终以"好莱坞大片、麦当劳薯片、微软芯片"三大品牌体系征服世界，成为当今世界第一品牌大国。

正如美国总统奥巴马在《国家战略传播架构》中所说的，实施国家公关战略有三重意义[①]：促进国内的团结，并以此对外扩张的动员要素；对盟国而言，有着强化同盟关系的作用；对非盟国而言，则是削弱其政府、分化其政治和社会制度的利器。国家公关战略，就是一国政府从被动应对国际国内舆论，到主动维护国家声誉的一种进攻型、建设性的战略传播行为；是一种持续影响国家形象的公共传播技术，是一项具有高科技含量的高难度的智力咨询活动。

（该文发表于《对外传播》2014年第3期，陈先红独著）

[①] 吕祥：《美国国家战略传播体系与美国对外宣传》，载黄平主编《美国研究报告（2011）》，社会科学文献出版社，2011。

核心价值观传播的国家
公共关系战略构想

19世纪末20世纪初，公共关系作为"国家形象塑造"的行业在美国诞生。今天，无论总统选举还是政策推广，无论军事动员还是政府外交都离不开公共关系。西方学者通常在国际关系、国际传播、国际公关框架内研究国家形象，并得出了一系列成果，诸如拉斯威尔（Harold Dwight Lasswell）的"宣传说服理论"、斯库勒（Robert D. Schooler）的"产品来源国效应"、博尔丁（Kenneth Boulding）的"国家形象理论"、昆泽克（Michael Kunczik）的"国际公关理论"、格利恩（Edmand Gullion）的"公共外交理论"、约瑟夫·奈（Joseph S. Nye）的"软实力理论"，彼得·范·汉姆（Peter Van Ham）和西蒙·安霍尔特（Simon Anholt）的"国家品牌理论"等。随着全球公共关系时代的到来，塑造和维护国家形象已经成为现代国家公共关系战略的重要内容。

从2008年北京奥运会起，中国全面进入国家公关时代，国家公共关系作为一个崭新的实践和研究领域，引起了业界和学界的广泛关注。此后，从商务部"中国制造"形象片的推出，到中国国家形象宣传片成功登陆美国时代广场，再到国家"大外宣"战略的出台，国家公关在中国对外形象的塑造上成就卓著，效果明显。与此同时，学界出现了一大批相关研究成果。例如，吴友富提出国际公关应重视三大策略，即新闻发言人制度、国际游说和国际事件①；孟建提出用"大公关""强力公关"来建构国家形象，强调"凝聚力""影响力""协调力""参与力"四力并举②；周庆安认为国家公关是一种有着明确的国家利益指向的公关活动，其对象是国际舆论或对象国民众，也包括对象国政府③；李洁等提出应从新闻宣传、广告、新闻业务代理、公共事务、问题管理、院外游说活动、投资者关系、组织发展等方面建构国家公关战略体系④等。总体来看，这些研究以国家对外传播中的形象构建为主，同时注重策略层面的研究和思考。

本文认为，在世界范围内推广国家核心价值观是当前国家公关战略的重中之重。"核心价值观"对一个国家而言具有十分重要的意义——它是一国凝聚共识、形成合力、引领未来的重要支撑，是一国精神层面的核心观念，是一国品牌化发展的内在"基因"与"合法性认同"的重要文化，属于文化软实力最重要的一环，具有对内对外的双重意义⑤。"一种价值观要真正发挥作用，必须融入社会生活，让人们在实践中感知它、领悟它。要利用各种时机和场合，形成有利于培育和弘扬社会主义核心价值观的生活情景和社会氛围，使核心价值观的影响像空气一样无所不在、无时不有。"⑥ 在这个意义上，核心价值观传播就是一个国家的公共关系工程。"核心价值观传播"是我们研究国家公关理论与实践的一个迫切而现实的重大议题。

本文以国家核心价值观传播为主线，结合公共关系的基础理论，尤其是公共关系生态论和大战略思想，对核心价值观传播的国家公共关系战略做出自洽的理论建构，旨在为中国核心价值观传播提供新的思路。

---

① 吴友富：《政府国际公关在塑造中国国家形象中的作用》，《探索与争鸣》2009年第2期。
② 孟建：《大公关视域下的国家形象建构》，《国际公关》2011年第2期。
③ 周庆安：《从国际语境变迁到话语权提升——试论中国国家公关的机遇和挑战》，《新闻与写作》2010年第10期，第15~18页。
④ 李洁、徐文婷：《国家公关战略体系研究》，《新闻界》2012年第8期。
⑤ 陈曙光：《社会主义核心价值观的几个元理论问题》，《学习与实践》2013年第8期，第63~67页。
⑥ 参见《把培育和弘扬社会主义核心价值观作为凝魂聚气强基固本的基础工程》，《人民日报》2014年2月26日，第01版。

一 核心价值观传播的现实问题

党的十八大明确提出"富强、民主、文明、和谐、自由、平等、公正、法治、爱国、敬业、诚信、友善"的24字社会主义核心价值观,并从国家、社会、公民三个方面界定了社会主义核心价值观的基本内核。其中,"富强、民主、文明、和谐是国家层面的价值目标,自由、平等、公正、法治是社会层面的价值取向,爱国、敬业、诚信、友善是公民个人层面的价值准则,这24个字是社会主义核心价值观的基本内容,为培育和践行社会主义核心价值观提供了基本遵循"。① 然而,作为一项系统的国家软实力工程,核心价值观传播在当前依然面临不少现实问题。

1. 核心价值观传播内容的"古今结合"问题

核心价值观是一项"古今结合"的复杂工程,既面临着对传统价值观的传承,又要面对当今多元价值观的挑战。就中国而言,核心价值观是一个既受到传统文化的深度影响、扎根历史,又与时俱进、活在当下的历史与时代相结合的产物。首先,中国历史上提出的"仁爱""和合""大同""民本""爱国"等思想,尤其是以"仁义礼智信"为代表的儒家思想,是中国传统文化的重要组成部分,需要我们在不断扬弃的基础上继承和传播。其次,中国共产党在长期革命斗争和国家建设实践中形成的优秀传统,诸如"爱国主义""为人民服务""艰苦奋斗""理论联系实际""群众路线""批评与自我批评""解放思想与实事求是""共同富裕""三个代表""科学发展观"等价值观念,也需要在新的历史时期传承和发扬。此外,随着现代社会的不断发展和深度转型,以现代思潮为代表的去中心、多元化、非主流等价值观念同样冲击着传统主流价值观。因此,中国核心价值观传播的现实问题之一在于,如何解决传播内容上的

---

① 中共中央办公厅印发《关于培育和践行社会主义核心价值观的意见》,中国政府网,http://cpc.people.com.cn/n/2013/1223/c64387-23924110.html,最后访问日期:2013年12月23日。

"扬弃"难题——是全盘继承还是有所选择,以及如何面对当今多元价值观的现实挑战——是保守捍卫还是开放包容。显然,这里不仅仅要有战略层面的顶层设计,更要有策略层面的实际选择。

2. 核心价值观传播对象的"内外兼顾"问题

核心价值观是一项"内外兼顾"的系统工程,既要面对国内民众价值观的选择,又要迎接其他国家和文化价值观的挑战。对内,核心价值观传播要起到凝聚人心,反映并引领国民观念之功能;对外,核心价值观传播要起到对话交融,倡导并引领世界普遍价值之作用。但现实困境在于,核心价值观有着强烈的"意识形态"功能和色彩,尤其在"内外兼顾"的传播实践中,经常遇到所谓"左右"和"资社"之争下的意识形态挑战,比如长期存在的"普适价值"争论就是一个代表。一般意义上的"普适价值"是可以存在的,应是国际社会不同文化传统和价值观念交融对话的产物,应该既有普遍性又有建设性——绝不是哪一个主义、哪几个名词和哪几种解释所决定的,而是世界各国人民共同传承、共同发展、共同对话的一套建设性的观念话语。然而,在国际意识形态竞争的语境中,"普适价值"成了某种抽象的概念和符号,成了某些阶级甚至某些国家的专有名词。① 因此,在中国不断向世界开放的今天,如何实现"核心价值观"的内外兼修,在全球文化交往与价值冲突的复杂背景中,寻找自身发展的方向与空间是中国实施核心价值观工程的又一难题。

3. 核心价值观传播策略的"顶天立地"问题

核心价值观是一项"顶天立地"的全局工程,既要全面铺开,又要循序渐进地落地执行。这里的"顶天立地"是一种比较形象的说法。首先,核心价值观的传播是一套整体导入工程,需要做出顶层设计。比如,中国社会主义核心价值观的12个主题词,涉及国家、社会、公民三个不同层面,是一种系统性的表述。其传播当然也需要在整体和全局的层面上展开,形成国家、社会、公民的有机体系。但由此形成了一个难题,即

---

① 李希光:《中国软实力建设的五大困境》,载《软实力与政府传播国际研讨会论文集》,清华大学国际传播研究中心,2009,第13~29页。

"捆绑式"的宏大铺排就像各大城市街头的宣传标语一样,只能达到"灌输式"的识记效果(有时连这一点也难以实现),无法真正做到"接地气、入民心",甚至无法在国际社会上找到"整体对话"的对象。因此,社会主义核心价值观传播更需要从具体的关键词入手,围绕某个具体的价值观念进行更有针对性的传播塑造,甚至要在现有表述的基础上,进一步提炼国家核心价值观的真正内涵,在"复杂与简单""共性与个性"中强调"极简式传播"和"个性化表达",使其真正符合国家品牌传播的基本要求。不过,此一思路下的传播实践同样存在落地困难——每一种价值观念都是比较抽象的符号表达(如"民主""自由"等),如何真正做到习近平要求的"落细、落小、落实"并形成真正的传播对话和社会渲染实为另一种现实困难。

二 核心价值观传播的国家公关理念

一般来说,核心价值观传播的最主要目标就是要正确处理好国家与内外民众的关系问题。这在外延层面完全符合国家公共关系的基础定义——一个国家与内外部公众之间的关系。从操作层面看,国家公共关系更多的指国家与国内外民众的关系生态与传播管理,是对"传播、关系、形象、声誉"等无形资源的系统管理,是提升国家软实力的重要"战略手段"。[①]进一步来说,国家公共关系在本质上是一项"制造认同的艺术","是在权力、利益语境下,一国与其利益相关者之间的对话关系"[②]。因此,核心价值观传播离不开国家公关的理念——它是现代公共关系手段和理念在核心价值观传播中的规范化和专业化运用,是塑造国家形象、维护国家声誉、促进国家认同的一门科学和艺术[③]。但是和一般意义上的公关理念不

[①] 陈先红:《论国家公共关系的多重属性》,《对外传播》2014年第3期,第43~45页。
[②] 胡百精:《权力话语、意义输出与国家公共关系的基本问题——从北京奥运会、拉萨"3·14"事件看中国国家公关战略的建构》,《国际新闻界》2008年第5期,第14~18页。
[③] 刘晓程:《理论与实践:国家公共关系基本问题研究》,博士学位论文,华中科技大学,2014。

同，核心价值观传播是一种具有明确利益指向的公共关系活动，必须沿着"政治化和去政治化"的思路，制定国家公关战略。

首先，从理念设定层面看，核心价值观传播的国家公关战略必须"政治化"。

正如核心价值观传播不仅仅是一种传播，更是一种政治，国家公关从来不只是公关，还是一种政治，是一种以国家利益为导向、以人类终极关怀为追求的民主沟通机制。国家公共关系是民主性的，代表了民主社会的多元化"声音"，是不同利益主体在国际社会中的公开表达机制。国家公共关系是民主的沟通，其本质是对话——通过公共话语能够达成社会共识，并以此谋求最大限度的共同利益；通过对话可以改变社会大众对一国形象的感知，并建构集体认同。公关和媒体一样，都是一种"意识形态的国家机器"，强调采取对话协商的手段，而不是宣传灌输的手段，在潜移默化中进行舆论引导并影响民意，具有鲜明的政治色彩。当然，国家公共关系秉持的不是卡尔·施密特（Carl Schmitt）式的"划分敌友"的政治观，也不是马基雅维利（Machiavelli）式的权谋政治术，而是李普曼（Walter Lippmann）、伯纳斯（Edward L. Bernays）式的民主对话政治观，是约瑟夫·奈（Joseph Nye）所提出的集政治智慧、社会智慧和环境智慧于一体的软实力和巧传播。因此，制定核心价值观传播的国家公关战略必须做到"讲政治，讲民主，讲对话"，只有这样才能够使核心价值观传播实践真正成为社会支持的发动机和社会共识的制造商，成为"一种能够动员社会的半政治力量"，成为以国家利益为导向、以人类终极关怀为追求的民主沟通机制。

其次，从策略选择层面看，核心价值观传播的国家公关战略必须"去政治化"。

国家公共关系战略的"去政治化"，就是要从政治领域转为管理领域、传播领域，使核心价值观传播的国家公关成为一种"策略传播"。在传统宣传观念中，核心价值观主要是一种意识形态宣传，因而很容易陷入意识形态争论的窠臼。本文引入国家公关的理念，就是要强调核心价值观传播在公共关系应用中的策略性——它是一种吸纳了传统广告、公关、营销等商业领域思想精华的"策略传播"（Strategic Communication）。美国学者弗里兹·克罗普（Fritz Cropp）提出了策略传播的7个原则[①]：（1）每个行动都要制造一种印象；（2）好公众有很多，需要满足不同公众的需求；（3）特定公众也有很多，需要对公众加以细分；（4）真实和诚实非常必要；（5）进攻比防守更有效；（6）沟通是良好公共关系的关键；（7）规划非常必要。显然，这里的"策略传播"具有公共关系技术层面的"策略"和规划层面的"战略"两种意涵。近年来，一些国家以国家品牌化工程项目为依托，大力开展各种形式的国家品牌活动，创造了不少"策略传播"的经典案例。诸如英国的"酷不列颠"、新西兰的"纯净新西兰"、韩国的"动感韩国"、德国的"思想之地"，以及日本的"酷日本"等战略[②]都堪称国家公关的经典，为我们开展核心价值观传播的公关实践提供了参考。

三 核心价值观传播战略的理论基础

核心价值观传播的国家公共关系不是对公共关系理论与策略的简单嫁接，而是建立在"公关生态论"和"大战略"基础上的一种理论创新。

所谓"公关生态论"，就是强调以关系为中心，把原来处于背景地位的组织—环境关系纳入一个由组织—公众—环境构成的复合关系生态中，从组织的社会文化角色出发，通过对话和研究，构建伦理和谐的关系生态[③]。公关生态论在理论上使公共关系从传统的"工具理性"中解放出来，赋予其"社会性"和"生态性"的特点；在实践操作层面则构建了公共关系资源网、传播流和生态位三大范畴，使其更具生态学的现实意义。具体到本文核心价值观的传播层面，公关生态论不仅在"伦理意义"上解决了核心价值观传播与对话的现实困境，而且在"策略价值"上解决了核心价值观战略的操作难题。具体说来，公关生态论的理论指导包括

[①] 钟新、王岚岚、淡凤：《策略性传播及国际传播前沿问题——美国密苏里新闻学院国际交流中心主任弗里兹·克罗普博士系列讲座综述》，《国际新闻界》2006年第7期，第79~80页。

[②] 许静：《"品牌国家"浅议》，《对外传播》2012年第6期，第41~42页。

[③] 陈先红：《公共关系生态论》，华中科技大学出版社，2006，第173~174页。

两个方面：一是要将核心价值观传播纳入复杂的关系生态系统之中，从社会文化的多重因素出发，建立多元对话机制，使核心价值观成为关系工程和对话工程；二是要在织网、造流、占位的操作层面让核心价值观传播落地，挖掘公共关系资源，理顺公共关系渠道，抢占公共关系高位，为核心价值观传播提供整体性的公共关系导入方案。总之，公关生态论就是要求国家公关在"道"的层面必须坚持"对话范式"下的公关伦理，而在"术"的层面上强调公关策略的多元创新机制。

"大战略"最初是来自军事研究领域的一个概念，后被应用在国家安全领域，意指"在各种情况下，运用国家实力的一门艺术和学问，以便通过威胁、武力、间接压力、外交、计谋及其他可以想到的手段，对敌方实施所需要的各种程度、各种各样的控制，以实现国家安全的利益和目标"[1]。在大战略思想下，一度发展出"心理战""观念战""信息战"等理论。本文提出核心价值观传播的国家公关战略并非对国家安全战略思想的简单照搬，而是强调对大战略思维的创造性继承——更多的是一种大战略思维框架下的战略传播理念。按照美国学者卡尔·伯顿（Carl Botan）的研究，战略传播可以分为大战略（Grand Strategy）、战略（Strategy）和战术（Tactics）三个体系。其中，大战略是政策层面的决策，涉及决策的目标、环境、议题、公众、沟通和专业从业者；战略是传播层面的决策，涉及组织的资源分配和重大活动策划等；战术则是执行层面的决策，涉及公关技巧和要求。[2] 这一理论为核心价值观传播的国家公关战略提供了更为明确且有层次的理论指导——应该是一项基于大战略、战略和战术分层运作的整合传播活动。事实上，这种大战略思维下的国家公关实践并不少见。当前的"国家品牌化"运动[3]就是典型的大战略国家公关。安霍尔特（Anholt）提出的国家品牌"七边形模型"，韩国国家品牌委员会开发的"双八角模型

---

[1] 约翰·柯林斯：《大战略》，中国人民解放军军事科学院译，中国人民解放军战士出版社，1978，第43页。

[2] Carl H. Botan & Vincent Hazleton, *Public Relations Therory*. Lawrence Erlbaum Associates Inc. Publishers, 2006, pp. 223-248.

[3] Ying Fan, "Branding the Nation: What is Being Branded?" *Journal of Vacation Marketing* 12: 5-14.

（NBDO）"都包含有鲜明的大战略思想。因此，按照大战略逻辑，核心价值观传播的国家公关战略就是要积极发挥政策顶层设计的指导作用，真正做到"使经济、政治、文化、社会等方方面面的政策都有利于社会主义核心价值观的培育"，在此基础上真正实现核心价值观的大战略传播。

总之，公关生态论兼顾对话伦理与传播技巧，大战略思维兼顾顶层设计与实际战术。努力实现公共关系工具价值与伦理价值的统一、战略设计与战术落地的统一，正是本文提出核心价值观传播战略的理论出发点。

四 核心价值观传播的金字塔战略构想

核心价值观传播战略是建立在"大战略"理论和公关生态论基础上的中国国家公关战略。基于国家大战略理论的"战略集中原则"和"战略内在连贯原则"，以及"织网、造流、占位"的公关生态论思想，本文提出了"核心价值观传播的金字塔战略模型（见图1）。

一个核心	理念
两个层面	对内/对外
三组空间	官民/内外/异我
四种战略路径	接触/交流/教育/授权
五大资源载体	人民/产品/文化/媒体/旅游
六种形象	责任中国/品牌中国/文化中国/创新中国/美丽中国/诚信中国

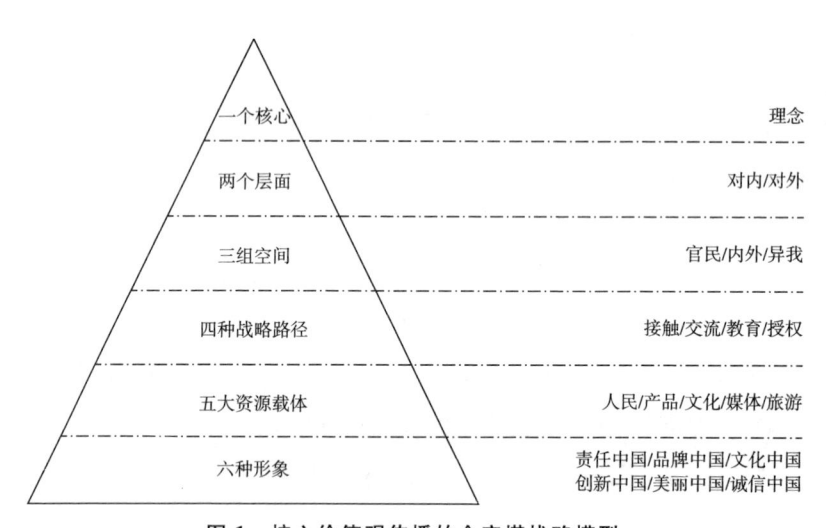

图 1 核心价值观传播的金字塔战略模型

如图1所示，核心价值观传播的金字塔战略是以"国家核心价值观"为主轴，在明确国内外战略传播对象的前提下，建立多重话语空间的和谐对话机制，通过接触、交流、教育、授权四种战略路径，重点建设开发

"人民、产品、文化、媒体、旅游"五大资源载体，进而系统化、有针对性地塑造责任中国、品牌中国、文化中国、创新中国、美丽中国、诚信中国的良好形象。其具体构想如下。

1. 一个核心

在中西价值观比较视域下，尽可能聚焦同时具有国际国内高认同度的国家核心价值观，作为中国国家公关战略目标，并坚定不移地进行战略传播。

就当前而言，这个核心主要指社会主义核心价值观的 24 字表述，但这个表述主要还是制度层面的笼统表述。从公关传播的实践角度看，它还需要进一步聚焦。陈先红教授就曾提出，可以用"仁爱、和合"的核心价值观与西方世界对话。在国内外的公共空间进行表达，通过接触、交流、教育和授权的战略路径，借助人民、产品、文化、媒体、旅游等五大资源载体，向世界呈现"责任、品牌、文化、创新、美丽、诚信"并存的良好中国形象。显然，"核心"的关键就是要找到可以承载国家核心价值观的某种品牌基因——在具体操作中主要表现为价值观描述上的"简化"和"深化"。所谓"简化"，就是要进一步提炼易传播、好记忆的价值观表述，为真正的"深化"工作打下坚实基础；所谓"深化"，就是要进一步发展具有中国特色的核心价值观理论。

具体而言，可以借鉴罗纳德·英格尔哈特（Ronald F. Inglehart）的"世界价值观调查"（WVS）方法和大卫·艾格（David Aaker）的"品牌核心价值"调查方法，在国内外开展"中国国家价值观调查"研究，探讨核心价值观与国家形象的相关性，提炼出具有一定接受度的简单明确的核心价值观，最好浓缩为 2~3 个关键词，然后锁定这几个关键词，围绕"两个面向—三组空间—四个路径—五个载体—六种形象"，进行核心价值观意义输出战略的设计与传播。

2. 两个层面

两个层面主要是明确中国国家公共关系的战略对象选择。国家公共关系是国家与国内外民众的关系生态管理，内求团结、外塑形象是国家公关战略的两个向度。根据利益攸关者理论和关系资源网理论，对国内外战略公关对象和关系网络进行系统梳理，分门别类地展开研究。必须紧紧围绕国内外"普通公众、关注问题的公众、舆论精英和政策精英"四大类战略公众来进行具有针对性、个性化的国内外传播活动设计。

就实践表现而言，当前对内的国家公关实践主要是舆论造势和新闻宣传，是传统运动式宣传理念的一种策略选择。其理论困境在于如何突破宣传控制的认知窠臼，并努力倡导公关伦理对话。对外的国家公关实践则以"公共外交"为主。目前它与"公共关系"在观念与策略上互为补充，已是比较普遍的共识。① 因此，对内引入公关理念优化宣传策略，对外强化公关理念优化外交策略，是公共关系在核心价值观传播中努力的方向。

3. 三组空间

系统全面地比较研究国内外官方、民间、公共这三个话语空间的话语权差异、舆论场差异，针对官方—民间、内部—外部、我方—异己三组话语空间，进一步提出具有针对性的弘扬中国核心价值观的话语权争夺策略、舆论引导策略等。

目前，我国的核心价值观传播主要是在党和政府的工作框架下展开的一种行政化主导的宣传教育活动，和党内历次宣传教育活动一样，主要是在官方话语空间展开的；而在民间话语空间，围绕核心价值观的讨论尚未形成足够的态势，并且出现了一些不同甚至相反的舆情，更遑论核心价值观对外传播效果的差强人意。因此，国家公关战略必须有效解决三组双重话语空间的话题设计、议题管理和议程设置等国家语义修辞和公共沟通的重大问题，使核心价值观传播能够在以国家/政府公权力为主导的自上而下的"公传播""内传播""自传播"之间，在以民间/个人私权利为主导的自下而上的"共传播""外传播""他传播"之间，形成良性有序的互动和长期有效的对话；最终实现中国国家核心价值观的输出，形成具有舆论影响力和国际竞争力的中国话语软实力。

4. 四种战略路径

重点选择"接触、交流、教育、授权"四种战略路径进行深入研究。所谓"接触"，就是根据 IMC 的接触点传播理论，研究设计"关键接触点

---

① 卜正珉：《公众外交——软性国力，理论与策略》，台湾允晨文化实业股份有限公司，2009，第 162 页。

战略",实施以人为中心的全角度传播策略;所谓"交流",就是根据人类基本的交流方式,研究设计"信息流—文化流—情感流"三重交流战略,以使核心价值观传播逐步深入人心,达到广泛建立信息共同体、文化共同体和情感共同体的全方位传播的效果;所谓"教育",就是根据现代教育的基本规律,研究设计"从娃娃抓起"的全过程教育传播战略,将核心价值观传播贯串于一个人生命成长的始终;所谓"授权",就是根据授权理论,研究设计"关系路径和动机路径"的授权战略,在具体操作中既包括对NGO、跨国公司、意见领袖等的授权,也包括从专业公关公司购买社会服务。

5. 五大资源载体

根据"Anholt国家品牌指数模型",这里重点强调"人民""产品""文化""媒体""旅游"五种战略资源。"人民"是国家与社会关系的直接体现,是代表国家形象的最小原子,是国家政治文明、精神文明和文化进步的生动体现,是最有市场和最具活力的国家公关资源。在实践中应依托一批"名人"(包括历史名人和当代名人,他们是国人形象的代表,是核心价值观的集中体现),建设"公民"群体(就是不断培养和塑造中国特色公民意识,建设具有中国特色的公民社团,培养中国国家与民众关系的中坚力量),塑造现代"国民"(就是以"国家认同"为目标打造现代国民,从国民体质、国民素质等入手,完善全体国民的民族性和国民性,使之真正成为代表"当代中国"的原子力量)。"产品"是国家品牌的直接表征,应依托产品品牌有效传达中国国家核心价值观的具体内涵,用"中国故事""中国元素"增强中国文化的吸引力。"文化"是最具中国特色的传播内容资源,是核心价值观的重要载体,也是国家形象"综合展示"的主要力量,应紧紧围绕核心价值观,编订包括电影电视、文学艺术、民俗音乐等在内的"中国核心价值观文化传播战略白皮书",用以指导和规范文化产业有效传播主流价值观;"媒体"(media)是构建现代传播体系、提升国家传播能力的重要资源,直接影响着国家软实力的提升,应在"内外宣一体化"设计下做强做大媒介品牌。"旅游"是承载中国传统文化和价值观念的重要依附资源,是"看得见、摸得着"的核心价值观资源载体,既要重视旅游行为中的核心价值观建构,也要重视基于核心价值观传播的旅游项目开发。总之,核心价值观传播要紧紧围绕"人民""产品""文化""媒体""旅游"五种主要战略资源,有意识、有计划、有针对性地进行传播。

6. 六种形象

根据国家形象在政治、经济、文化、科技、社会、生态等方面的诉求,本文提出了国际政治与国际关系中的"责任中国"定位、经济商贸活动中的"品牌中国"定位、文化交流活动中的"文化中国"定位、科学技术活动中的"创新中国"定位、生态环境保护中的"美丽中国"定位,以及国际社会民间交往中的"诚信中国"定位等六个基本形象定位。

"责任中国"对内强调对民众负责、对发展负责,党和国家领导人必须成为中国发展的掌舵者;对外强调对世界人民负责,真正承担大国应有的社会责任,在国际事务中贡献智慧和力量。

所谓"品牌中国",就是要求中国必须成为一个真正意义上的品牌大国和品牌强国,即通过自主创新,不断得到国际消费者的认同及所负载的华夏文明得到致效传播。[①] 要在理念上从产品品牌的创新上升到对企业品牌、城市品牌的创新发展,最终实现国家形象的"品牌化"发展。

所谓"文化中国",即在文化软实力上做足功夫,包括对国家的文化认同性、培养性、创新性、规模性、扩散性、民生性等方面的综合评价[②]。

所谓"创新中国"的定位,是对中国创新发展的战略考量,决定了中国今后发展的速度和厚度,也决定了中国核心价值观的魅力和潜力。

所谓"美丽中国",是从环保角度做出的国家定位。其在狭义上是环境保护方面的风景之美,但在广义上是"人美、物美、景美"的综合体现。

所谓"诚信中国",是对国家—社会—个人综合形象的全面观照,既是中国人在社会上立身处世的基本道德观念,也是参与国际事务、处理国

[①] 舒咏平、杨敏丽:《自主品牌:华夏文明的致效媒介》,《现代传播》2014年第1期,第99—103页。
[②] 花建:《文化软实力:全球化背景下的强国之道》,上海人民出版社,2013,第1页。

际争端的基本道德准则,所谓"人无信不立""业无信不兴""国无信不强","诚信"是立身、兴业、强国的必然选择,也是中国向世界展示内在品格的重要载体,可以由此建构良性的"信任社会"关系①。

综上,国家公关、公关生态论和大战略思想,为我们研究国家核心价值观传播提供了重要的理论路径和研究视角。在相关理论的观照之下,本文提出了"一个核心、两个层面、三组空间、四种战略路径、五大资源载体、六种形象"的金字塔公共关系战略。虽然这是一个初步的宏观构想,而且有待实践检验,但基于公关理念与理论方法的价值观传播研究是我们必须坚持的一个基本方向,这也恰恰是运用"阳光公关"② 理念和方法来塑造良好国家形象的神圣使命和魅力所在。

[该文发表于《现代传播》2015年第6期,作者为陈先红、刘晓程,系国家社会科学基金重大项目"跨文化传播中的中国国家形象建构研究"(11&ZD024)的阶段性成果]

---

① 胡金柱、乔超:《信任社会——一个社会形态的理想类型》,《武汉理工大学学报》2014年第2期。
② 自2013年始,笔者联合香港城市大学、台湾世新大学等中国高校的公共关系学者提出了"阳光公关"的基本构想,试图对公共关系的基本伦理做出定性。相关成果已引起学界和业界的广泛关注。

运用公众外交塑造"文化中国"国家形象

——以"过春节、吃饺子、庆团圆"为例

早在 20 世纪 80 年代,以哈佛大学杜维明教授为代表的海外知识分子提倡以"文化中国"取代"政治中国"和"经济中国"来建构中国的国际形象。杜维明把文化中国分为三个圈层的象征世界:第一圈包括中国和新加坡的华人社会;第二圈包括北美和东南亚的少数华人社区;第三圈则无关血统,凡在知识上促进了解中国的人士,不管是学者、专家、记者、商人还是实业家,都算是文化中国的成员。他认为,对文化中国国家形象贡献最大的不是第一核心圈,而是来自最松散、最边缘的第三圈[1]。近年来,冯惠玲等学者也主张以"文化中国"替代"经济中国"作为国家形象战略的目标导向[2]。调研显示,在海外意见领袖对中国国家形象的期待中,文化范畴获选率最高(77.8%),以显著优势位居第一。尽管中国"和文化"在北京奥运会开幕式上得到了无与伦比的弘扬和彰显,但是,北京奥运会之后的调查数据显示,中国在国际上的国家形象是"经济大国"和"政治大国",而非人们期望的"文化大国"形象[3],与经济的飞

---

[1] 李金铨:《超越西方霸权》,牛津大学出版社,2004。
[2] 冯惠玲、胡百精:《北京奥运会与文化中国国家形象构建》,《中国人民大学学报》2008 年第 4 期。
[3] 涂光晋、宫贺:《北京奥运与国家形象传播中的议程建构》,《中国广播电视学刊》2008 年第 7 期。

速发展相比，中国文化的发展是滞后的。中国虽是文化大国，但不是文化输出大国，中国文化在国际上的积极影响力的确不尽如人意，还远远没有形成像圣诞节文化、好莱坞文化那样有影响力的"文化品牌"。

党的十七大明确提出塑造文化中国的国家形象是国家重大战略课题。有鉴于此，本文采取个案研究法，以"过春节、吃饺子、庆团圆"这一文化习俗为切入点，探讨如何运用公众外交手段塑造后奥运时代文化中国的国家形象。

一 公众外交在塑造"文化中国" 国家形象中的作用

"公众外交"概念源于1965年，由美国塔夫茨大学法律和外交学院院长爱德蒙·古连提出，主要指美国新闻署所开展的一些非传统性外交活动，即教育文化和提供信息的活动。[①] 它是以政府为主体，以外国民众为对象，以对外文化宣传活动为内容，以出版物、电影、文化交流、电台和电视媒体的公开宣传为手段，以维护国家利益、提升国家形象为目的的一种外交方式；实际上是一种以国家为主体的公共关系活动，是政府的对外公共关系活动。与传统外交相比，公众外交是一种典型的"公关外交""民间外交"。从实践上看，公众外交与战争息息相关，与舆论宣传、公共关系活动紧密相连，有四次战争成为"公众外交"的分水岭和公关活动的主战场：[②] 一战期间是萌芽期，以美国总统威尔逊成立的公共信息委员会为标志；二战期间是成长期，以罗斯福总统成立的"对外信息服务局"（如"美国之音"电台）为标志；冷战时期是发展期，标志是1953年艾森豪威尔总统成立了美国新闻署，开展国际交流项目，筹划"美国之音"广播，东欧剧变后，美国公众外交日渐萎缩，标志性事件是美国新闻署于1999年10月1日被正式撤销；伊拉克战争是"公众外交"的恢

---

① Philip Powlick, "The Attitudinal Bases for Responsiveness to Public Opinion Among American Foreign Policy Officials," *Journal of Conflict Resolution* 35 (1991): 611-641.
② 陈先红：《公共关系学原理》，武汉大学出版社，2007。

复期,标志是"9·11"事件以后,布什政府为了打击恐怖主义,于2002年成立了"全球传播办公室"。

公共外交是西方国家塑造国家形象的重要手段。从国家层面看,公众外交是一国政府从被动应对国际舆论,到主动维护国家声誉的一种进攻型、建设性的公共关系策略。它可被看作一场对外的公共关系战争、文化宣传战争和媒体战争,既可积极主动地抗衡其他国家的公众外交战略,又可以全方位、立体化、多层次地形塑本国形象,增强民族凝聚力,提升在国际上的政治地位。从经济层面讲,公众外交属于国家形象推广策略,有利于系统、有计划、有组织地推出国家品牌矩阵,加速品牌的国际化进程,促进实施品牌兴国、经济兴国的强国战略。从文化层面看,公众外交是弘扬民族文化以及增强民族凝聚力、社会凝聚力、文化与意识形态吸引力的一场跨文化传播活动,其核心是把民族文化当作一种国家竞争力来进行培养,当作一种文化资源进行挖掘,当作一种"社会资本"来进行运作,如此既可以弘扬传统文化,增强民族文化的国际影响力,又可以开拓文化市场,输出文化产品。从社会层面讲,通过公众外交,可以清醒地意识到世界对本国的认识与本国对自身的认识之间存在强烈的反差,意识到"本国的形象问题不仅是地区性的,也是全球性的,不仅是官方的,也是民众的,不仅是自上而下的,也是自下而上的"。比如,就中国而言,通过公众外交,既可以消除"中国制造"引发的国外失业民众的敌对情绪,又可以反击"中国威胁论"所带来的认识误区,还可以主动回应来自赛博空间的不利言论,促进中国社会与国际社会的内在和谐。

目前,在美国,公众外交战略同国土安全战略、军事安全战略一起构成了国家安全战略。就中国而言,"公众外交"是刚出炉的新鲜概念,2004年3月,中国外交部新闻司才开始设立"公众外交处"。中国公众外交研究刚刚起步,具体有以下几个特征。第一,在实践上具有明显的内向维度——争取中国公众对中国外交政策的理解与支持。第二,在研究上具有明显的单向维度——主要集中在国际关系研究领域,尚未从国际传播、公共关系、整合传播、品牌塑造、跨文化交流等角度展开研究。第三,在公众外交的外向维度上,缺乏公共关系意识、策略研究和机构保障。那么，到底如何运用公众外交来为塑造国家形象服务呢？下面通过"中国文化的海外传播"个案来加以说明。

二 个案分析：过春节、吃饺子、庆团圆①

2008年3月，第二届中国大学生公共关系策划大赛以国务院新闻办公室、中宣部、文化部的名义，提出了"中国文化的海外传播"这一选题，其间，中国发生了一系列重大事件，如百年一遇的特大雪灾、西藏"3·14"打砸抢夺事件、汶川"5·12"大地震、2008年北京奥运会等。一系列问题也随之产生：如何慰问汶川孤儿、震灾英雄？如何慰问奥运健儿和感动中国的人们？如何铭记2008年全球华人对伟大祖国的赤子深情？如何使全球华人的凝聚力变得更加强大，为中华民族的和平崛起打牢坚实的文化根基？如何以"和文化"为核心，在全世界塑造文化中国的国家形象？

经过三个多月的调研、思考，本文提出：把"过春节、吃饺子、庆团圆"这一文化习俗，作为后奥运时代文化中国形象塑造的切入点，通过举办"中华团圆饺子年"活动，打造"中国式团圆"的文化仪式，向全世界推广。笔者认为，利用中国的传统节日——春节，号召全球华人，在同一时刻欢聚一堂，大家一起动手包饺子、庆团圆，在全世界范围内过一个中国式的团圆年，具有极为特殊且重大的民族意义和国际意义；同时，既可以告慰死者，又可以勉励生者，既可以创造一种"中国式团圆"的文化仪式，又可以将中华民族"和谐、包容、团结"的文化理念和精神传播到世界的每一个角落。

"中国式团圆"所倡导的核心理念是：小家、大家、国家，全球华人是一家；汉族、藏族、壮族，56个民族是一家；美国人、埃及人、中国人，地球人是一家；白皮肤、黄皮肤、黑皮肤，全人类是一家……其主题

---

① 该个案来自笔者指导的第二届中国大学生公共关系策划大赛银奖作品"举世欢腾，合家团圆——中华团圆饺子年海外传播策划案"。红树林策划团队包括刘猛、刘敏之、郭睿、陈雅琪、何立军、Baidu（尼日尔留学生）、Suadi（阿尔及利亚留学生）、李守珍（韩国留学生）、Shah（巴基斯坦留学生）等。

口号是"举世欢腾,合家团圆",英文口号是"The World Rejoices, Our Family Reunites"。

鉴于此,本文研究的具体问题如下。

第一,"过春节、吃饺子、庆团圆"这一文化习俗是否为世界各地华人所知晓并传承?第二,"过春节、吃饺子、庆团圆"这一文化习俗是否可以成为"文化中国"的物理载体?第三,如何运用公众外交手段,开展"中华团圆饺子年"海内外公关活动,以此弘扬中国的传统文化习俗?

1. 研究方法

本文综合运用了文献研究法、问卷调查法、专家访谈法和头脑风暴法等多种研究方法和思维方法,主要对归国华侨、长期从事跨文化研究的学者、外国留学生、中国本地人进行了深入访谈,并针对"过春节、吃饺子、庆团圆"这一文化习俗设计了一份问卷,用多种语言对来自十几个国家的1000个目标对象进行了问卷调查,回收有效问卷875份。

2. 研究发现

通过对"过春节、吃饺子、庆团圆"文化习俗的海外传承情况进行SWOT分析,发现海外华人的节日意识日渐淡薄。但是,中国春节在世界各国的知名度却与日俱增,很多国家开始把春节设为法定假日。而饺子作为"中国式团圆"的代名词,具有深厚的民众基础。根据调查,国外友人对于饺子的内涵认同率最高的是其包容、团圆的文化象征意义。饺子既能够体现和谐团圆的中国文化,又能够反映"包容天下、世界大同"的世界文化,尤其是饺子被列入北京奥运食谱,为其创造了与日本寿司、韩国泡菜齐名的有利条件。

3. 研究建议

第一,总体建议。倡导全球华人在每年春节之际,共同举办"中华团圆饺子年"庆祝活动,将"过春节、吃饺子、庆团圆"这一习俗改造成一种特别的过年方式,向全球华人和希望了解中国文化的外国人输出"中国式团圆"的概念,打造"中华团圆饺子年"的文化品牌,传播包容和团结协作精神,从而进一步增强海内外中国人的凝聚力,树立文化中国的国际形象。

第二,公众外交策略建议。策略一:以"中国式团圆"为主题的宣传型公共关系。以"中国人的春节如何过"为新闻议题，将"过春节、吃饺子、庆团圆"提上议程。策略二：以"传统节日文化仪式"为诉求的建设型公共关系。邀请海外华人相聚一堂，吃饺子，赏节目，在浓郁的年味中将"中华团圆饺子宴"塑造成全球华人欢度春节的文化仪式，增强中华文化的凝聚力和认同感。策略三：以"饺子外交"为载体的维系型公共关系。通过在中国大使馆、唐人街、孔子学院、迪士尼美食城等开展中华团圆饺子宴、中国饺子庙会等活动，维系和增强与海外华人、国际友人的文化联系。策略四：以"文化输出"为目标的发展型公共关系。通过推出一系列文化产品，以物化的形式传播中国文化，深化和促进海外华人与各国友人对中国文化的了解和热爱，为中国文化海外传播奠定基础。

第三，传播渠道策略建议。总体立足七大传播渠道，即"国际航班、春节晚会、人民大会堂、中国各驻外大使馆、海外唐人街、孔子学院、迪士尼美食城"，实施"送温暖—品文化—树品牌"三步走传播策略。

利用国内外各大网络媒体，从腊月初八开始展开"中国式团圆"大讨论，通过公关议题设置，全方位营造中华团圆饺子宴的氛围。通过春节联欢晚会现场（第一传播渠道）向全球发布"举办中华团圆饺子宴春节文化活动"的重大消息，盛情邀请全球华人一起参与。选择中国人民大会堂（第二传播渠道）和中国各驻外大使馆（第三传播渠道）在同一时间，以同一种方式举办中华团圆饺子宴，激发全球华人对祖国的热爱之情，增强其民族凝聚力和归属感，并以此感染更多的外国人，让他们感受到中华文化的巨大魅力。

利用春节期间出入中国境内的国际航班（第四传播渠道），举办"'品美食，游中国'——中国国际航班欢庆春节活动"，进一步扩大中华团圆饺子年的影响范围。在唐人街（第五传播渠道）和世界各国的迪士尼美食城（第六传播渠道），举办"中国饺子庙会"，展开项目式、规模化、立体化的深度传播，让全球华人以及更多的外国人亲身体会中国传统文化的丰富内涵。

立足世界范围内的孔子学院（第七传播渠道），启动中华饮食文化双百工程、开展中华饮食文化海外教育培训，向海外华人华侨和外国人进行深入持续的文化传播。通过饺子文化、饮食文化的传播逐渐打造中国的食品品牌、文化产品品牌，进而达到塑造国家形象的目的，最终推动中国文化品牌走向国际。

在媒体组合上，建议采取"国内和国外交互、官方和民间协作、线上和线下同步、短期和长期结合"等四种策略，进行整合传播。在媒体选择上，实施以新华社及其海外分社为先导，以各大华侨媒体为依托，以各境外主流媒体为重点，以博客、论坛、视频类网站等新媒体为平台的媒介选择策略。

第四，春节吉祥物建议。本文提出将孙悟空作为春节吉祥物，原因是孙悟空斩妖除魔的形象与中国过"年"（原意是一头怪兽）的文化内涵高度吻合，孙悟空乐观、活泼的性格与中国春节的喜庆气氛高度吻合，孙悟空的神奇本领"72变"与中国传统的"12生肖"年份变化相得益彰。孙悟空在海外被誉为"神猴"（Magic Monkey），具有较高的知名度，深受海外华人华侨以及外国友人——尤其是小朋友的喜爱。孙悟空相当于圣诞节圣诞老人的角色，主要出现在各个庆祝场合，给大家发红包、派礼物、送祝福。关于孙悟空的吉祥物造型设计可以在海内外广泛征集。

三 公众外交对塑造文化中国国家形象的启示

1. 新视野——全球伦理视野

一向注重包容、团圆、和谐的中华文化，自古以来就具有世界主义传统观，它既超越了国家、民族中心主义如"希腊中心论""美国中心论"，又超越了区域中心主义如"东方中心论""西方中心论"，同时也超越了"地球中心论""人类中心论"。可以说，中华民族团圆、包容的文化精神具有"普适伦理"的特征，这正是中华传统文化的精华所在，也是我们参与国际竞争的动力之源。所以，在塑造文化中国的国家形象时，要有一种战略眼光和开放心态，这不仅是面向国内的新文化运动，也是面向国际的新文化运动。它不是关起门来做政治思想工作，而是以本土化视野，把中华民族精神当作一种国家竞争力进行培养，当作一种文化资源进行挖掘，当作一种"社会资本"进行运作。如果这种文化精神打造出"和谐中国""包容中国""团结中国"的国家形象，那么我们的强国梦离实现就不远了。

2. 新思路——受众本位思路

塑造文化中国的国家形象虽是一个新课题，但却是一个旧话题。中国政府每年都会举办各种海外文化年活动，但其影响微乎其微，原因就在于多数情况下它只停留在传统外交和政治宣传层面，并没有运用各种公众外交手段，也没有与现实生活紧密相连。所以，作为一个新课题，我们必须从根本上改变思路，改变过去那种八股式的思维定式和宣传套路，不能局限于传统的外交手段，而应采取与国际接轨的思路，站在非官方的受众立场上，建立公众外交传播体系。国内外的许多事实表明，民间的声音，而不是政府官员的声音，才是宣扬民族文化最有效的信息。

3. 新话语——小我的人性化语言

塑造国家形象的话题常常带有强烈的民族色彩和政治色彩，导致过去的宣传话语有两大特点：大我的语言，神性的语言。其话语体系都是建立在亚里士多德的"人首先是政治动物"、卡西尔的"人的本性是以大写字母写在国家的本性上"这样的理论假设基础之上，这些话语方式是政治时代的产物，在全球化、网络化时代缺乏感染力和号召力，比如"宣传"一词，在西方带有贬义色彩，在国内带有政治色彩，从学术上讲，则带有浓厚的强制性、主观性色彩。对此应该加以改变，比如海外宣传机构部可以改为"公共事物部""对外传播部"等。清华大学教授李希光认为，过去那种沿用了几十年的宣传话语方式和思维叙述习惯已经不合时宜。必须改变旧媒体的宣传话语方式，代之以新的信息传播话语方式，可称之为小我的人性化语言。所谓的小我语言，就是从人的需求动机、自身利益和情感心理出发。老百姓的语言、生活化的语言才是最能够深入人心的语言。

4. 新方式——整合传播方式

现有的海外传播基本上局限于传统媒体的新闻传播，传播方式单一、效果有限，而新的传播方式应该多元化和整合化，使用多种媒体，在不同的时空传达"一种声音"。比如新媒体和传统媒体同时使用，新闻传播、公共关系传播、市场传播、广告传播、文化传播等多种方式共同发力。更多情况下,发动全世界华人自发参与民族文化弘扬活动。

5. 新文化——和谐文化

21世纪文化中国的形象建构不单是学术问题,而且是政治理论问题;不单是政治问题,而且是社会问题;不单是理论问题,而且是实践问题;不单是历史问题,而且是现实问题。所以,文化中国的形象建构至少有四个思维向度:一是中国儒家伦理精神,二是西方人本精神,三是科学精神,四是人文精神。其价值向度应该具有时代性、民族性、开放性与合理性。

(该文发表于《国际新闻界》2008年第11期,陈先红独著)

公关生态论视角下的"一带一路"朋友圈建设

一 "朋友圈"理论研究

"朋友圈"是"圈子"理论的一种具象的概念表达,而"圈子"理论在人际传播、组织传播、国际传播三大传统研究领域有不同的成果表现。"圈子"理论研究始于费孝通的"差序格局"理论,指中国社会的人际关系格局是以个人为中心,向外一圈圈由近及远、由亲而疏的关系网,随着关系远近不同,存在不同的行为标准与交换法则。① 差序格局的构成及划分依据在黄光国(Hwang, 1987)关于"情感—混合—工具性"关系的区分、杨国枢(Yang, 1995)的"家人—熟人—生人"三分研究中得到发展。② 随着新传播技术的出现与快速发展,"圈子"呈现出更为复杂、新颖的"网状"社会关系结构,如微信"朋友圈"既有"差序格局"的人际关系分布特征,又有信息化、网络化平台所构筑的纵横交错的"网状"关系形态。传统的地缘因素被打破,依据人们的兴趣爱好、生活工作需要、亲缘交往关系等不同因素组建的"朋友圈"成为人们进

---

① 帅满:《信任溃败与圈子解散:田园茶叶公司的集体离职事件研究》,《社会》2016年第5期。
② 帅满:《信任溃败与圈子解散:田园茶叶公司的集体离职事件研究》,《社会》2016年第5期。

行人际交往的重要形式。①

在组织层面的圈子研究中，梁钧平发现"圈子"是介于正式组织与非正式组织之间的一种组织现象，并首度提出"圈子文化"概念。② 王维奎等把"圈子"归为非正式组织的一种③。罗家德和王竞的"圈子理论"（Circle Theory）指出，中国文化中的差序格局思维以及情境中心思维，会依据情境将工作场域的人分为圈内人和圈外人，圈内外的人会有不同的互动法则。④ 至此，圈子理论被广泛运用于组织公民行为的实证研究。

而在国际传播层面，由于国际关系的体系庞大且错综复杂，"圈子"理论、概念辐射到众多国际关系理论中，如国际规范理论的社群主义思想传统、周边传播理论、国际政治网络理论、国际共生理论、国际合作理论、区域经济合作理论、次区域经济合作理论等。这些都可以看成各国在战略竞争中的主动行为与被动行为相互交融的结果。⑤ 国际网络与国内网络相互嵌套、叠合，传统意义上的国家秩序与国际秩序的界限开始模糊，一个由无数国际行为体网络组成的"网络状世界"开始形成。"关系主义"被系统地引入国际政治，"联系性"成为准确把握不同位置的行为体间关系的关键概念。⑥

2013年9~10月，中国国家主席习近平在出访中亚和东南亚国家期间，先后提出共建"丝绸之路经济带"和"21世纪海上丝绸之路"（简称"一带一路"），得到国际社会高度关注和有关国家的积极响应。"一带一路"旨在借用古代丝绸之路的历史符号，高举和平发展的旗帜，积极发展与沿线乃至世界各国的经济合作伙伴关系，其根本目标在于实现人

---

① 袁青、周蕊、陈响园：《传播学视阈下"圈子"文化的"价值观"聚合》，《编辑之友》2015年第10期。
② 梁钧平：《企业组织中的"圈子文化"——关于组织文化的一种假说》，《经济科学》1998年第5期，第12~17页。
③ 王维奎：《透视现代行政组织中的圈子现象》，《云南行政学院学报》2003年第5期。
④ 罗家德、王竞：《圈子理论——以社会网的视角分析中国人的组织行为》，《战略管理》2010年第1期。
⑤ 曹胜玉、王青芸：《美国对华战略（1990-2004年）——基于国际冲突与合作网络的量化研究》，《世界经济与政治》2012年第4期。
⑥ 曹德军、陈金丽：《国际政治的关系网络理论：一项新的分析框架》，《欧洲研究》2011年第4期。

类的和谐发展，以建构面向未来的人类命运共同体。[①]

在构建"人类命运共同体"的根本目标指引下，"一带一路"朋友圈的"关系性"特征凸显，参与行为主体间"联系性"的把握需要整合人际交往朋友圈、正式与非正式活动圈、全球伙伴关系网络的不同层面，形成纵横交错的立体式关系网络。借鉴公关生态论以关系为逻辑起点，以和谐理性为基本假设，以组织—公众—环境关系为基本概念，以研究和对话为传播方式，通过"织网""造流""占位"三大战略，营造具有公众性、公开性、公益性和公共舆论性的关系生态，[②] 有助于确保"朋友圈"主体国利益、参与国利益以及世界范围内公共利益的整体协调。

二 "全球治理倡导者"——"一带一路"建设中的中国角色定位

构建人类命运共同体是中国大国外交总目标的顶层设计，这一目标超越了西方国际关系理论的局限，体现了"天下一家"的理念，寄托了"天下为公"的美好愿景，体现了对"美美与共，和而不同"境界的追求。"天下为公"出自《礼记》，表达的本是中国古代先贤的一种社会追求——崇尚合理的公共生存，这种"公"的核心是社会的平等与和睦——公共社会的合理性基础是中国古人国家社会观的核心。[③] 可见，中国古代语境中的"天下"观不仅关乎地域、时空、人群，还涉及天人关系、文明秩序，以及植根于天人互动、文明创造和秩序构造过程中的统治的正当性。[④] 从这个意义来说，"天下"的观念可以解释为政治或者文明的共同体。[⑤] "天下为公"超越了伦理价值和政治秩序的哲学内涵，凸显

---

① 明浩：《"一带一路"与"人类命运共同体"》，《中央民族大学学报》（哲学社会科学版）2015年第6期。
② 陈先红：《公共关系生态论》，华中科技大学出版社，2006，第206、309、224、251页。
③ 赵轶峰：《中华传统文化中的"天下为公"及其现代回响》，《东北师范大学学报》（哲学社会科学版）2011年第5期。
④ 梁治平：《"天下"的观念：从古代到现代》，《清华法学》2016年第5期。
⑤ 郑智航、王嘉禄：《"天下为公"与"共和主义"的暗合与分殊》，《河北法学》2017年第9期。

了积极的世界性意义：否定"私天下"，崇尚世界范围内共有、共治、共享的"公天下"。① "天下为公"的政治哲学强调了"天下"这一最广大的人类空间的重要性，强调了个人和国家对世界的责任，强调了国家命运与世界命运的不可分割。②

源于中华文明的"天下意识"和"天下情怀"的人类命运共同体理念，融入了全人类的共同价值——和平、发展、公平、正义、民主、自由，反映了近代以来人类孜孜以求的共同目标——维护世界和平、实现共同繁荣，引导世界各国形成宽容、联合、合作的价值观，③ 目的在于建立一个"大同世界"。党的十八大报告明确提出"人类命运共同体"的理念："要倡导人类命运共同体意识，在追求本国利益时兼顾他国合理关切，在谋求本国发展中促进各国共同发展。"继而，随着习近平总书记的不断阐释和完善，人类命运共同体理念从国与国的命运共同体，到区域内命运共同体，再到人类命运共同体，涵盖政治、安全、发展、文明、生态、网络空间等多个领域。④

人类命运共同体理念所覆盖的政治、安全、发展、文明、生态、网络空间等皆是全球治理的重要领域。全球治理的理论和实践肇始于20世纪90年代初"冷战"终结之后。全球治理的理念最先由社会民主党国际主席、国际发展委员会主席、联邦德国总理威利·勃兰特（Willy Brandt）在"冷战"即将全面结束之际首先提出并倡导。⑤ 然而，现行全球治理体制已无法有效应对全球性问题的蔓延，而这恰恰为中国参与全球治理变革、推动全球治理朝着更加公正合理的方向发展提供了战略机遇。2015年10月12日，习近平总书记在主持中共中央政治局第二十七次集体学习

---

① 张曙光：《"天下为公"：在理想与现实之间》，《北京师范大学学报》（社会科学版）2016年第2期。
② 陈玉聃、王欣：《天下为公的政治哲学：一种中国式的世界主义理念》，《复旦国际关系评论》2013年第1期。
③ 胡鞍钢、李萍：《习近平构建人类命运共同体思想与中国方案》，《新疆师范大学学报》（哲学社会科学版）2018年第5期。
④ 陈岳、蒲俜：《构建人类命运共同体》（外交卷），中国人民大学出版社，2017，第12页。
⑤ 叶江：《国际体系单元观析论——兼谈全球治理理论与不同单元观之间的关系》，载杨洁勉主编《构建中国国际关系理论体系——纪念1987年"上海国际关系理论讨论会"25周年论文集》，上海人民出版社，2013。

时明确表示，要推动全球治理理念创新发展，发掘中华文化中的处世之道和治理理念与当今时代的共鸣点，继续丰富打造人类命运共同体等主张，弘扬共商共建共享的全球治理理念。①"共商共建共享"成为中国推动全球治理的核心理念②，"一带一路"建设也是对"国际合作以及全球治理新模式"的积极探索。

全球治理的传统模式以区域一体化形式为主，如欧盟、东盟、拉共体等。当前，全球治理从霸权治理向多边共治转型、从规则治理向规则治理与关系治理相结合转型、从外部治理向深度治理转型，这三重转型使治理越来越呈现出非传统色彩。③具有非传统色彩的治理又主要表现为两种类型：非正式治理和网络化治理。非正式治理机制往往由主要大国构建，如西方大国主导的非正式集团——七国集团（G7）、发达国家与新兴经济体平等协商的非正式集团——二十国集团（G20），以及新兴大国内部的合作机制——金砖国家（BRICS）。这三类机制通常采取会议形式，就彼此关切的重要议题定期交流合作，汇聚并达成共识。④与之相比，"一带一路"建设不以传统的区域一体化为目标，不以约束性强的合作机制为依托，而把与参与国发展规划对接作为基础，以双边或多边合作协议为形式，以互联互通为重点，推动各国政府、企业、社会机构、民间团体开展形式多样的互利合作，构建多主体、全方位、跨领域的合作平台。

本质上，"一带一路"建设是国际政治经济合作的新模式，是构建人类命运共同体的道路。它以经济合作为先导，以政治合作为推手，以人文交流为基础，将国内发展战略与国际战略贯通起来，将自身利益与其他国家的利益诉求协调起来，以"穷则独善其身，达则兼济天下"的中国式哲学，努力描绘中国与"一带一路"共建国家乃至世界各国共同圆梦、

---

① 《习近平在中共中央政治局第二十七次集体学习时强调 推动全球治理体制更加公正更加合理 为我国发展和世界和平创造有利条件》，《人民日报》2015年10月14日。
② 王亚军：《"一带一路"倡议的理论创新与典范价值》，《世界经济与政治》2017年第3期。
③ 陈伟光、曾楚宏：《新型大国关系与全球治理结构》，《国际经贸探索》2014年第3期。
④ 刘鸣、李开盛编《中国国际关系与外交理论前沿》，上海社会科学院出版社，2016，第99页。

追求美好愿景的宏伟蓝图。① 中国以"全球治理倡导者"的角色,以"关系居间者"的身份发挥影响力,其本质属性是"公共性",通过伦理方法、文化影响和制度改造,追求组织利益、公众利益和公共利益的平衡与统一,最终建立信任和谐的关系生态。② 以此,中国积极发展全球伙伴关系,不断增加同各国的利益交会点,推进大国协调与合作,构建总体稳定、均衡发展的大国关系框架。③

三 "一带一路"朋友圈建设的公关理念

公共关系领域的"关系管理"理论认为,在组织与利益攸关者拥有共同的利益和目标且双方努力寻求相互理解和共赢时,双方关系能达到最好的状态。④ "一带一路"的建设理念——"和平合作、开放包容、互学互鉴、互利共赢"⑤,及其指导原则——"共商共建共享",都致力于使中国与世界各国能够以相互理解和共赢的方式谋求共同利益。以国际公共产品理论视角看,"一带一路"倡议具有非竞争性和非排他性的公共产品特征,而它的落地与实施需要所有参与者共同构建具有公众性、公开性、公益性和公共舆论性的关系生态网络,扩展这一国际伙伴网络的覆盖面,强化参与主体的关系"黏性",优化"一带一路"生态关系网络结构。

公众性(public)与公益性(public interest)强调"一带一路"朋友圈建设的公众属性和伦理属性。"一带一路"建设是典型的跨境区域合作,不是一国的事情,而是各个参与国共同的事业;不是某个区域的利益独享地带,而是跨国界的利益共享地带,旨在将安全互信、经济互补、资

---

① 陈岳、蒲俜:《构建人类命运共同体(外交卷)》,中国人民大学出版社,2017,第126页。
② 陈先红、刘晓程:《专业主义的同构:生态学视野下新闻与公关的职业关系分析》,《新闻大学》2013年第2期。
③ 左凤荣:《建设人类命运共同体,引领世界走向美好未来——新时代下中国共产党的国际情怀与全球担当》,《学术月刊》2017年第20期。
④ 陈先红主编《中国公共关系学》,中国传媒大学出版社,2017。
⑤ 国家发展改革委、外交部、商务部:《推动共建丝绸之路经济带和21世纪海上丝绸之路的愿景与行动》,人民出版社,2015,第3页。

源共享等优势转化为切实合作和共同发展。因此,"一带一路"朋友圈建设,应以各国利益为出发点,要重视参与国的政府、企业、社会机构、民间团体乃至个人等不同类型的利益相关者,在"民心相通"的基础上,做好政策沟通、设施联通、贸易畅通、资金融通的核心工作。

公开性(publicity)与公共舆论性(public opinion)强调了朋友圈建设的手段属性与内容属性。"一带一路"建设不是中国的"马歇尔计划",更不是中国版的"门罗宣言"。"马歇尔计划"表面上是援助西欧的经济计划,根本目的却是在东西方对抗中争夺霸权地位。"门罗宣言"将拉丁美洲看作美国的势力范围,实质上是美国扩张主义的表现。而中国提出的"一带一路"倡议,弘扬和平合作、开放包容、互学互鉴、互利共赢的丝路精神,以"共商共建共享"为原则,旨在推动世界经济的整体繁荣和共同进步,其根本目标在于构建人类命运共同体。"一带一路"朋友圈建设要综合运用政治、经济、文化、社会多种条件,整合层次丰富、类型多样、渠道多元、内容充实的传播媒介,注重朋友圈网络结点建构的质量和网络联结线条的方向与数量,打造健康、积极、和谐、美好的国际共生生态网。

"公众性"、"公益性"、"公开性"和"公共舆论性"都具有哈贝马斯所说的某种程度上的"公共领域性"。今天,中国提出的"一带一路"倡议将大陆和海洋连接起来,为在信息时代构建人类命运共同体,提供了切实可行的路径。[①]"一带一路"建设,既是世界经济发展的过程,也是东西方文明对话的过程,更是建构人类命运共同体的过程。它是在"公共领域"倡导全人类的共同价值——和平、发展、公平、正义、民主、自由,维护世界和平、实现共同繁荣,在国家之间建立平行结构的伙伴关系,共担风险成本,共享发展机遇,共创和谐的国际关系生态。

四 "一带一路"朋友圈建设的公关策略

中国与共建"一带一路"国家间关系的核心是"互联互通"。共建

[①] 明浩:《"一带一路"与"人类命运共同体"》,《中央民族大学学报》(哲学社会科学版)2015年第6期。

"一带一路"国家间不仅应加强政治互信和经济融合,而且应从文化、社会各个方面加强交流、互鉴、融合,真正实现"互联互通"。[①] 在"一带一路"朋友圈建设过程中,可分别采用"织网""造流""占位"三大策略。

(一)"织网"策略

关系是一种具有生产力性质的资源要素。由关系资源构成的网络是一种基于高度信任把不同参与者联结起来的合作机制,具有配置资源的能力。"一带一路"涉及的国家、地区不仅数量庞大、面积广阔,而且经济、政治、文化等战略地位各异。这就需要中国通过信息与实物,同各参与国不同层次的参与主体之间织造立体而丰满的关系网络。

横向上要贯彻落实"五通"策略。在政策沟通上,充分交流,求同存异,协商制定推进合作的规划和措施;在设施联通上,完善跨境交通基础设施,为各参与国的合作往来提供便捷的交通运输网络;在贸易畅通上,促进贸易投资便利化,积极同各参与国共建自由贸易区,激发合作潜能;在资金融通上,深化金融合作,推进投融资体系和信用体系建设,建设金融共同体;在民心相通上,广泛开展民间交流,如文化交往、媒体合作、人才往来、科技交流、志愿者服务等。此外,还可以借助网络虚拟空间,建立网络空间命运共同体,如在数字经济、人工智能等前沿领域合作,推动大数据、云计算、智慧城市建设,连接成 21 世纪的数字丝绸之路。[②] 通过上述措施,编织一张立体、多元的横向朋友圈式的关系网。

根据嵌入性理论,组织及其经济活动嵌入一定的社会结构之中,并受社会网络关系的制约。[③] 共建"一带一路"国家的经济、政治、军事实力差异明显,社会文化多样,地区安全、能源资源、民族宗教等问题众多。在"一带一路"建设中,需要根据不同的利益相关者主体,制

---

① 李媛、倪志刚:《中国对"一带一路"沿线国家直接投资策略分析》,《沈阳工业大学学报》(社会科学版) 2017 年第 1 期。
② 杨枝煌:《全面打造新时代背景下的人类命运共同体》,《当代经济管理》2018 年第 1 期。
③ Granovetter Mark, "Economic Action and Social Structure: The Problem of Embeddedness," *American Journal of Sociology* 91 (1985): 481-510.

定不同的合作交流方针，有计划地在生态关系网络中进行互惠互利的关系往来。

按照生态关系的性质类型，可以将利益相关者主体分为合作者、联盟者、威胁者和资源限制者。合作者关系网是由"朋友圈"内部成员构成的，各个主体依次联结，形成合作网络；联盟者关系网由"一带一路"朋友圈中不同层次的主体——政府、媒体、社区、民间组织等构成，它们是生态关系网络中的资源联结者；威胁者关系网由竞争者、替代者、压力集团、环境活动分子等构成，具有竞争性、威胁性，需要与之谈判、协商、说服、竞争；资源限制者身份则由参与主体的政治、经济、社会、科技、文化等某个或多个条件缺陷所决定。要辨析"一带一路"朋友圈参与主体的角色类型，有针对性地开展合作与协调工作，充分调动各方资源优势，避免劣势资源干扰，构建丰富多样、对话沟通式的"朋友圈"网络，促进"一带一路"朋友圈生态的和谐繁荣。

（二）"造流"策略

"造流"策略主要是制造"关系传播流"。从性质维度来看，关系传播流就是从强关系到弱关系的传播变化连续体；从目的维度来看，公共关系意义上的关系传播流是从完全无意识、无计划的日常性维持到完全有意识、有计划的战略性维持的传播变化连续体；从内容维度来看，关系传播流是从信息流向文化、从文化流向情感的连续体。[1]

"朋友圈"只有通过信息、情感、文化内容的交流才能使主体之间不断了解，巩固友谊或化解矛盾。在"一带一路"朋友圈建设中，要制造信息流、文化流、情感流，就要将"一带一路"传播与日常性传播相结合，从人际关系路径、媒体关系路径以及组织活动路径出发，与不同层次的参与主体建立强关系或者弱关系。

第一，整合信息传播流就要整合战略层、执行层、参与国界面层、社会环境层信息，在战略沟通的指引下，了解各参与主体的政策法规、经济动态、科技发展、人口环境、社会心态、生活状况等，配合执行信息的落

---

[1] 陈先红：《以生态学范式建构公共关系学理论》，《新闻大学》2009年第4期。

地。信息流的传播模式应该是双向对称的,反馈和对话的存在是双向传播必不可少的环节。第二,在"一带一路"参与主体中进行文化传播,内容包括"各方关系"主体的价值观、信仰和行动规则。文化价值观分为三个层面:通用的文化价值观、集体的文化价值观和个人的文化价值观。这些价值观在关系维持过程中有着丰富的内涵,具体到"一带一路"文化实践中,主要包括各国核心文化、政治文化以及社会文化的传播交流。第三,实施情感流传播策略。在共建"一带一路"国家之间进行正面的情感传递,如赞同、归属、公平、尊重、满意和信任等;及时消解负面情感,如仇恨、敌视、讨厌等。在参与主体之间可采取五种情感关系维持策略:努力使中国与各参与主体保持这种关系;有选择地展示自身的想法和感觉;传达关爱与特定的承诺,建立确定而友好的关系;积攒人脉,广泛交友,有选择地重点培养朋友关系,构建共同的关系网;共同履行义务与承担责任。第四,强关系和弱关系经营策略。实施强关系策略,通过长期合作、交流和沟通,高度关注各国不同层次的参与个体或组织,频繁互动,建立亲密的合作伙伴关系、邻里朋友关系,促进国家之间知识信息的传播,减少风险,降低关系复杂性;实施弱关系策略,即关注不同国别、不同阶层、不同职业的意见领袖和活跃分子的信息传播,及时进行检测和互动,为各层级主体的信息传递、社会资源流动搭建信息桥。

(三)"占位"策略

"占位"策略是指占领关系"生态位"。"生态位"是生态学中的一个重要概念,主要指在自然生态系统中,种群在时间、空间上的位置及其与相关种群之间的功能关系。关系生态位的价值常常体现为社会资本,可以有四种表现形式:体现时间生态位的危机管理、体现空间生态位的议题管理、体现社会生态位的声誉管理以及体现市场生态位的品牌管理。①

从时间生态位来看,"一带一路"朋友圈关系生态发展中遇到的问

---

① 陈先红:《以生态学范式建构公共关系学理论》,《新闻大学》2009年第4期。

题、危机,都会促使参与国在危机的洞察与应对中产生新的认知,从而进一步完善"一带一路"建设的协调、预备机制。

议题管理属于空间生态位范畴,强调了议题的共时性、公共性特征。"一带一路"建设中各国、各区域出现的议题远远超过一个国家或区域的范畴。议题管理可以是组建一个良好的议题,使参与主体树立积极的形象;也可以是改变公众议程,消除潜在隐患。无论哪一种观点,议题管理对关系生态系统的关注都是前摄性和连续性的,即前置性地把控议题的良性发展,不断引导公众的看法。

声誉管理属于社会生态位范畴,体现了关系生态位的舆论特征,这种定位蕴含着这样一个假设:在关系生态的不断发展中,声誉是一段关系历史的积淀,是一种社会舆论和社会定位,它来自外部的总体认知和评价,反映了主体在社会上的身份地位和品牌形象。声誉管理强调对公众利益的维护、对社会责任的承担。中国自古以来的"家国天下"思想乃至今天的"人类命运共同体"追求,都彰显了大国的责任担当,中国是全球治理的倡导者,是构建人类命运共同体的提出者。

市场生态位范畴中蕴含着品牌管理定位。中国的"一带一路"倡议、"人类命运共同体"理念、"和谐""平等""自由"等原则本身就是品牌。而政府合作品牌活动、民间组织品牌传播以及各领域重要人物的交流访问、合作沟通,都是品牌的符号化生成。

五 总结

自古以来,中国文明体系中的"天下为公"思想,为中国以"全球治理倡导者"的角色、以"关系居间者"的身份发挥影响力奠定了文化基础。在全球治理体制亟待完善的当下,"一带一路"建设是建构"人类命运共同体"的重要举措。"一带一路"朋友圈建设立足于人际、组织、国际关系等多层面的朋友圈概念的发展演变。全球伙伴关系建设需要以公关生态论所倡导的公众性、公益性、公共性、公共舆论性为指导,以织网、造流、占位为策略,在横向与纵向的伙伴关系网络建构的基础上,构建信息流、文化流、情感流三大关系流向,为"一带一路"朋友圈建设占据网络生态位,为创新全球治理模式,实现构建人类命运共同体的伟大目标提供学理支撑。

[该文发表于《国际传播》2019年第1期,作者为陈先红、秦冬雪,系教育部哲学社会科学研究重大课题攻关项目"讲好中国故事与提升中国国际话语权和文化软实力研究"(17JZD038)、国家社会科学基金项目"讲好中国故事的'元叙事'传播战略"(16BXW046)的阶段性成果]

春节故事对外传播研究

当前,"讲故事"被视为一种有效的国家战略传播的途径和手段。春节故事作为讲好中国故事的研究样本,具有"元话语"和"开场白"的功能,可以引导公众在文化维度上进行符号复诵和多层叙事,对"讲好中国故事"具有良好的示范性和较高的战略价值。本文围绕春节故事对外传播"说什么、如何说、如何做"这几大问题,沿着"故事样本—话语系统—传播战略"的分析路径,对春节故事的对外传播展开全面、深入的探讨,并试图回答:什么样的春节故事最能彰显"文化中国"的核心价值观?春节故事构建了怎样的话语体系?什么样的春节故事对外传播才是最有效的?

一 春节故事样本体系的梳理

春节无疑是一个值得探寻的"故事宝藏"。依托深厚的历史文化底蕴,作为中华民族最重要的传统节日,春节给我们提供了取之不尽的故事资源。在现实生活中,与春节有关的许多信息和知识,都是以故事的形式储存和提取的,它们构成了春节的故事体系。具体地说,春节故事主要是以节日习俗和传说的形式存在的。参照故事学关于故事的划分方法,本文将春节故事视为一个由"故事类型(主题)—故事母题(习俗)—故事文本(成品故事)"构成的故事层级体系。

故事类型。故事的类型是通过比较故事异同,将类同或近似而又定型化的故事文本归并在一起形成的。按照故事主题及其反映的文化特征的不同，本文把春节的习俗、传说等故事资源划分为四个类型："岁时"类故事、"祭祀"类故事、"团聚"类故事、"喜庆"类故事。每一个类型都囊括了多个春节习俗故事，春节的故事类型经由几千年的发展演变已基本定型。

故事母题。美国故事学家斯蒂·汤普森指出，母题是故事中最小的、能够持续在传统中存在的成分，类型可能只包含一个母题，也可以是一系列母题的集合。母题处于变动状态，随着时代的发展，不断有新的年俗出现，同时也会有一些习俗被逐渐淘汰。根据歌德所界定的母题特征——"人类过去不断重复，今后还会继续重复的精神现象"，本文认为，春节习俗故事构成了春节故事在叙事过程中的"原型意象"或"情境"，因而是春节故事的母题所指。根据对当前春节习俗的整理与归纳，本文把春节的故事资源归纳为52个故事母题，分属于上述四大故事类型（见表1）。

表1 春节故事样本体系的内容构成

故事类型	故事母题（共计52个）
岁时类	忙年迎年、扫尘、赶乱岁、生肖纪年、农历计时、挂历（台历）、守岁、除夕封门、初一开门炮仗、破五
祭祀类	祭祖、祭灶、接玉皇、请财神、庆人日、祭拜天地神佛、祀鼠、春运、春晚、年夜饭、拜年、拜长辈、压岁钱
团聚类	贴春联、贴年画（生肖画、福娃画）、贴福字、剪窗花、贴门
喜庆类	红灯笼、中国结、放烟花、放鞭炮、敲锣鼓、拜年吉祥话、逛庙会、旅游、聚会、看演出、贺岁片、耍社火、舞狮舞龙、傩戏、踩高跷、扭秧歌、闹元宵、猜灯谜、腊八粥、吃饺子、吃年糕、吃汤圆、吃腊味、吃鱼

故事文本。故事文本是基于母题演绎出来的、具有完整结构的成品故事，主要包括由习俗故事派生而来的各种传说，以及描述人们的体验、参与年俗活动情况的节日生活故事。故事文本是一个非常活跃、自由的概念，它本身是对春节习俗践行、演绎的成果。具体而言，神话传说关联的

叙事时间是古代，是长期以来在民间传唱、演绎的反映年俗由来的故事，如门神的传说反映了人们贴门神的年俗由来。节日生活故事关联的叙事时间则是当代，是对年俗故事母题的情节铺展，描述的是现代人践行、体验年俗的生活状态和实践活动，这些活动随着口头传诵、新闻报道、文献资料、影视素材、展览展示等叙事传播渠道，被加工成可反复传播的完整的故事。

二 春节故事话语系统的建构

对春节故事样本体系的梳理，回答了春节故事对外传播"说什么"的问题，然而，故事样本仅仅提供了传播的表达对象，它还需要借由某种表达方式（即"如何说"）来呈现。这种表达方式即是话语的生成过程。

春节故事在现实世界中所呈现出来的究竟是一种什么样的话语形式呢？春节故事对外传播的根本目的是挖掘、传播其中的文化内涵和文化价值，谋求更大范围和更深层次上的文化认同与接受。由此，春节故事的话语生成过程便是春节文化的呈现过程。

学界对文化系统的结构和层次划分版本不一，但大都包含了物态符号文化、礼仪行为文化、价值观念文化等几个方面。春节的文化系统有其自身的结构和表现形式。本文按由外及里的顺序，将春节文化系统划分为三个层次、五个要素：外层——春节文化符号、春节文化产品；中间层——春节文化仪式；内层——春节文化理念、春节文化信仰。这些要素构成了一个不可分割的春节文化有机整体，共同推动着春节文化的生成与发展，也为建构春节故事的话语系统提供了文化维度。

（一）春节文化符号子系统

春节文化符号是表现春节文化特色的象征符号体系，具有直观性、形象性、物质性的总体特征。很多流传至今的春节习俗都是在两汉时期成形的，此后，春节文化由最初因不同民族、不同地域而形成的普遍差异性，逐渐走向同一，而这种同一性集中体现在春节的视觉符号、器物符号等显性文化符号当中。这使春节保存下来相当多的显性文化符号。

春节的文化符号可以概括为四个部分：艺术符号——春联、窗花、福字、红灯笼、年画、挂历、中国结、鞭炮、烟花、门神等十种视（听）符号；生肖符号——十二生肖；娱乐符号——舞龙狮、元宵花灯、高跷、腰鼓、锣鼓、花鼓等在年俗娱乐活动中使用的器具符号；饮食符号——饺子、年糕、腊味等。显然，这些文化符号仅仅是春节文化符号中显性的、静态的那一部分，每一个静态的符号背后都对应着一种动态的节日习俗。按照前文对春节故事样本体系的划分，绝大多数的春节符号归属于喜庆故事类型。

（二）春节文化产品子系统

春节文化产品居于春节文化系统的物态文化层，兼具物质功能和非物质功能，即基本的使用价值与文化价值、精神价值等附加价值。一般说来，凡是包含中国传统的年文化元素的相关产品，都属于年文化产品的范畴。

按不同的划分标准，年文化产品可以分为不同的类别。按时代属性来分，一方面包括世世代代遗留下来的传统文化产品，如年画、春联、门神、挂历、传统服装等，它们是生产、消费领域的商业意义上的年文化艺术符号；另一方面包括现代社会为满足过年需求而生产的一系列产品，如年文化工艺品、各类春节礼品、贺年影视产品、春节美食产品等。在产品类别层面上，春节文化产品又可以分为生产性产品和服务性产品两大类，前者如用来陶冶教化、欣赏收藏以及娱乐消遣的文化产品，后者如文艺演出、文博展览以及旅游休闲等。

（三）春节文化仪式子系统

本文所界定的春节文化仪式，一般都应具有三个基本特征：一是传承性，即经历了长期的沉淀、传承，已内化为春节故事的固定程序；二是参与性，即人们参与、体验年味的一种形式和过程；三是神圣性，即人们通过参与春节仪式能联想或体悟到某种深层意义。春节的诸种事项活动及所蕴含的意义，是通过仪式来实现的，因而所有的传统年俗活动都是春节的文化仪式。春节的52个习俗故事中除了少数几个由现代社会衍生的习俗以外，绝大多数都具有文化仪式的功能和特点。

传统年俗活动作为春节文化仪式的集合，可按表现形式分为两大类别。一类是欢庆类仪式。包括家庭活动和集体活动，前者是以家庭内部成员为参与主体的欢庆仪式，如年夜饭、贴春联等；后者则是超出家庭/家族范围的公共性的欢庆仪式，如耍社火、逛庙会等。另一类是庄重类仪式。主要指祭祀类习俗活动，包括祭祖仪式、祭灶仪式、请财神仪式等。

（四）春节文化理念子系统

春节文化理念是春节文化系统中的内隐符号即"所指"信息，也是整个文化系统中最重要的部分，因为它直接决定了春节文化信仰的构成。在漫长的发展历程中，随着不同地区文化的交流与融合，春节的文化内涵逐渐丰富。本文基于文献阅读和个人经验，筛选出春节文化理念的28个检索关键词，经合并后变成17个备选项：岁时类——天人合一、积极/进取、包容/融合；祭祀类——感恩/崇拜、祈福、传承、敬畏；团聚类——和谐、亲情/尊老/爱幼、友情、团圆、家国、和睦/仁爱/友善、诚信；喜庆类——欢乐/享乐、喜庆、祥和/安宁、热爱/乐观。

笔者以超星学术资源发现系统为源数据库（截至2017年2月26日），以不同的主题字段进行专业检索，统计各备选关键词检索后的返回结果（出现的频次），以频次的多寡为依据，选取前8个关键词来概括春节故事的文化理念，具体为：积极、包容（岁时类）；传承、感恩（祭祀类）；和谐、团圆（团聚类）；欢乐、祥和（喜庆类）。

（五）春节文化信仰子系统

文化信仰是一个哲学概念，集中反映了某一群体的世界观、人生观、价值观。具体而言，春节的文化信仰来自人们对春节文化理念的认同和遵循，表现为集体认同的一系列精神品质、思想信念和行为准则，包含了宝贵的可供人类共享的精神财富。

从春节习俗故事的角度，可将春节的文化信仰系统概括为：①自然和合的世界观，如历法纪年等岁时类故事反映了人与自然的和谐；②积极进取的人生观，如除旧迎新的习俗故事展现了拥抱未来的积极姿态，祭祀祈福的故事表达了年胜一年的良好愿景，喜庆类故事体现了热爱生活的美好追求；③和谐、友爱、感恩的价值观，如团聚类故事体现了自然家庭以及民族大家庭的和谐，拜年祝福/春节吉祥的故事传递着友爱与温暖，祭祀类故事体现了人类普遍的感恩精神。

三 春节故事对外传播的举措

传播战略对应的是在总体和战略层面上"如何做"（传播实践），即如何基于"国家"的宏大视角，围绕春节故事话语系统实施春节故事的对外传播？如何运用这些话语资源进行春节文化的全球叙事以促进"文化中国"的形象塑造？

（一）春节吉祥物与"中国年"战略

春节吉祥物形象符号战略。2016年初，相关机构发布了春节吉祥物"年娃""春妮"，但未引起较大的社会反响，难以形成像"圣诞老人"那样的效应。本文建议将"十二生肖"作为春节的吉祥物并确立下来。理由如下：首先，十二生肖已经具备相当的国际知名度，有着良好的传播基础，事实上也在部分地发挥着春节吉祥物的功能；其次，十二生肖文化是春节文化的精华部分，有着非常丰富的故事资源和文化意义；再次，动物形象的吉祥物更具亲和力，几乎不存在跨文化交流的障碍；最后，十二种动物的集合形象非常罕见，比常见的单个动物形象更能形成视觉冲击。当然，这一方案的创意设计要能反映吉祥物形象的变（生肖年的轮替）与不变（十二生肖的整体性）。

"中国年"概念推广战略。一方面，推进春节名称的统一。"Spring Festival"的译法并没有准确传递出"新年"的文化内涵，中国外文局对外传播研究中心开展的调查显示，有42%的国外受访者完全不知道或者不确定Spring Festival是什么。近年来，由于非常清晰地传递出第二层次的引申义，Chinese New Year的说法越来越常见。鉴于此，建议将春节的英文名称统一翻译为"Chinese New Year"（中国年），彻底摒弃其他译法。另一方面，设计和推广春节故事对外传播的主题词。首先是主题口号——One World, One Family, 中文译为"全世界，一家亲"。前两个单词表达了中国年的全球性抱负，与当前构建人类命运共同体的倡议一脉相承；后两个单词充分凸显了中国年的"家文化"特色，体现了世界和平、人类和谐共处的美好愿景。其次是中文关键词：拜年、过年好、恭喜发财等。搭乘当前国际"汉语热"的便车，利用各种对外传播渠道和载体，传播这些比较常见的春节问候语，能产生良好的复诵效果。

（二）中国年系列产品开发战略

春节文化产品是春节文化输出的载体。大力开发中国年系列产品，既能扭转当前文化输出的不利局面，也能带来巨大的经济效益。可以借鉴圣诞节和情人节等洋节日的做法，开发多种代表春节文化的产品，形成独具特色、自成体系的春节文化产业链。

一是传统文化产品序列。进一步挖掘春节服饰、中国结、春联等特色商品的文化内涵，赋予其兼具传统与现代特征的价值。要重视发挥十二生肖作为春节吉祥物的作用，借鉴迪士尼对米老鼠、唐老鸭的商业开发策略，把十二生肖文化产品打造成最具特色的春节文化创意产品。

二是现代文化产品序列。一方面，做足春节美食文章，打造最具特色的春节美食文化名片。其中，饺子可以成为春节食品创意开发的典范。另一方面，要把春节文化的"道"转化为"器"，推出更多优秀的文化媒介产品——贺岁片和以春节为题材或背景的电影、专题片、纪录片、电视剧、书籍、网游、音乐、舞台剧等。

三是综艺娱乐产品序列。融入传统文化元素的娱乐化方式是赋予春节文化以深层内涵的绝佳载体。例如，在海外举办春节庙会，或者与迪士尼等游乐场所合作举办春节嘉年华等。

（三）春节仪式整合战略

仪式建构信仰、强化秩序的功能，是通过人的参与来发挥的。作为一种典型的民俗文化，春节文化只存活在民间。在此情况下，春节仪式整合即如何让更多的人来参与，并能在参与过程中获得情感上的正向体验。

首先是形态上的仪式整合。系统梳理、筛选春节期间最具代表性和参与性的仪式活动版本,按发生的时间顺序串联起来,建构完整的春节文化对外传播仪式链。这是一个类似于春节仪式对外传播的标准化体系,可在全球范围内推广实施。标准化并不是要抹杀春节仪式的多元化存在,而是要在规范仪式模板的基础上最大限度地还"仪式"于仪式,吸引更多的人参与、体验春节仪式,感悟春节文化。

其次是内容上的仪式整合。在特殊的仪式时空里,神圣典礼和世俗礼仪是春节仪式的一体两面。春节文化仪式的内容整合包括两个方面。一是强化庄重类仪式的神圣性内涵。重拾传统祭祀仪式中那些美好的、神圣的文化基因,还原那些具有神圣含义的传统祭祀仪式环节与程序,把各类祭祀仪式打造成现代人接受传统文化熏陶和塑造文化认同的重要平台。二是重塑欢庆类仪式的复合性特征,即娱乐性要与神圣性相结合。赋予家庭类欢庆仪式一定的神圣性不失为有效的对外传播途径。例如,把具有"辞旧"和"团圆"意义的年夜饭和压岁钱仪式,打造成中外共享的节日仪式。而集体欢庆类仪式应更多地展现春节的娱乐性一面,将春节塑造成全球共享的集体狂欢。

(四)春节文化外交战略

约瑟夫·奈认为软实力由文化的吸引力、意识形态的说服力和国际制度的感召力构成。中国综合国力和国际影响力的不断增强,为春节文化"走出去"提供了契机。春节越来越能展现其在文化外交上的软实力:外国领导人通过各种公开渠道,向全球华人表达新春祝福;来自中国的社会组织、企业团体也会利用中国新年的契机开展传播交流活动。

作为百节之首,春节凝聚了中华民族的集体记忆,承载了民族的集体信仰,显现出鲜明的文化异质性;春节蕴含着和谐、积极、感恩、祈福、亲情、欢喜的文化理念和价值,这些都是具有普遍意义的人类价值观,具备友好交流的特质。

文化异质性和交流友好性既是检验春节文化是否具备软实力的标准,也是开展春节文化外交的实践准则。一方面,推动春节故事的对外传播,提升当代中国的文化软实力,需要遵循"民族的才是世界的"原则,挖掘、统合春节文化资源，把最能代表民族文化精华的春节元素展现出来；另一方面，提炼春节文化所蕴含的人类共享价值观，并采取科学有效的传播策略，谋求更大范围的认可和接受。

（五）春节文化信仰传播战略

日益加快的全球化进程为文化的共融与发展提供了契机，也给春节文化信仰的全球传播带来了更大的挑战。圣诞节的全球传播就是一个鲜明例证。表面上看，圣诞节在东方传播得非常成功，事实上其原本的文化内核已经异化或消失，只剩下流于表面的形式。同样，在对外传播中，春节往往被装扮成纯粹娱乐性的嘉年华，而其内在的价值观与文化信仰并没有得到很好的传播。

文化认同是文化信仰的外在表现。由于在社会生活中积累的解读符号的经验性心理不同，在对外传播过程中，对春节文化信仰体系的解码结果也会产生差异，这就需要有针对性地优先传递那些具有共享价值的信仰。

首先是将和谐的家庭观作为对外传播的重点。家文化在东方世界有着深厚的文化根基，是东方文化体系的代表。对历来崇尚个人主义的西方社会来说，团圆、和谐的家国观念是一种比较稀奇却又渐被认可的文化观念。其次是自然和合的世界观，蕴含了天人合一、道法自然的理念，对当代人类社会所追求的生态环保理念有着深远的借鉴意义。最后是积极进取的人生观。通过传播辞旧迎新的年俗故事，展现热爱生活、自强不息、拥抱未来的精神面貌，有助于改变华人在世人眼中只会埋头苦干、欠缺生活情趣的刻板印象。

［该文发表于《对外传播》2018年第2期，作者为胡建斌、陈先红，系陈先红主持的2016年度国家社科基金项目"讲好中国故事的元叙事传播战略"（16BXW046）的阶段性成果］

中国春节故事对外传播的
USP 理念与策略分析

近年来,学界围绕"中国故事""中国话语""中国形象"等议题取得了大批研究成果,但"中国故事很精彩,中国话语很贫乏"的现实局面没有得到根本改观。如何创造性地发掘、凝聚真正的"中国故事",使国际社会"愿意听""听得懂""乐分享",以真正提高中国的国际话语权,增强国际传播能力,塑造国家形象,已成为重要的传播实践命题。

陈先红在《"讲好中国故事":五维"元叙事"传播战略》[①] 一文中提出,春节已经变成一个国际化节日,可以成为讲好中国故事的五个元故事之一,而建立属于中国春节故事的 USP(Unique Selling Proposition)理论模型成为便捷且必须使用的推广方法。

由此,必须厘清以下几个问题:为什么春节故事是"讲好中国故事元叙事"的理想样本?中国春节故事对外传播的核心内涵和价值是什么?USP 理论模型的核心要素是什么?如何建构春节故事对外传播的 USP 理念?只有这样,才能真正将历时性、多样化的春节故事资源转化为共时性、可对话的中国话语,并以此建构中国话语体系,形成独具特色、面向国际社会的春节故事对外传播 USP 理念(独特的诉求点)与策略。

---

① 陈先红:《"讲好中国故事":五维"元叙事"传播战略》,《中国青年报》2016 年 7 月 18 日。

一 春节故事是中国话语故事"元叙事"的理想样本

"文化中国"是接受度最高的中国国际形象,它可以穿越时空、有效整合多样化的故事资源,有助于"中国故事"的"元叙事"传播。从文化理念、文化仪式、文化符号、文化产品、文化信仰等多方面来看,春节故事都是中国话语故事元叙事的理想样本。

首先,春节源于夏朝,初兴于秦汉,传承于魏晋南北朝,兴盛于唐宋,衰微于元明清,传承于当代,延续数千年,具有贯通古今的文化异质性。

其次,随着经济和文化的全球化、中国国际地位的提升、海外华人数量的增长和我国海外文化的推广,春节已成为世界范围内认可度最高的传统节日,具有融通中外的交流友好性。

最后,无论从个人、家庭还是国家层面来看,春节都具有代表性。就个人层面而言,春节文化仪式是培养人们伦理道德观念的重要途径,可以立体描绘处于不同文化环境中的人对春节文化仪式的理解和实践;就家庭层面而言,可以有效阐述春节凝聚人心的作用;就国家层面而言,可以通过文化叙事学向世界展现中华文化的独特魅力,是中国话语的具象体现。在个人维度上,欢度春节是人们迎春纳福、趋吉避凶、除旧布新的集中体现,蕴含着"更新、新生"的生命话语;在家庭维度上,春节是家庭成员领悟亲情、凝聚情感的重要节点,蕴含着"孝亲传代、家庭至上"的家庭话语;在国家维度上,春节是国家庄严仪式、传统文化的代表,蕴含着"天人合一,和谐自然"的国家话语。春节故事是各地春节文化仪式的精华,这些故事中时间、地点、人物、场景的综合,能发挥"元话语"作用,具有"开场白"功能,有助于引导国内外民众进行春节故事的二度叙事、三度叙事,可以展示世界视野内具有代表性的中国形象[①]。

---

① 马福贞:《节日与教化——古代岁时俗信性质和社会化教育功能研究》,博士学位论文,河南大学,2009。

二 春节故事符合对外传播的 USP 理念

USP 理论于 20 世纪 50 年代由美国广告界大师罗瑟·瑞夫斯[①]提出，即"独特的销售主张"。USP 理论的核心内涵涉及三个方面：一是一则广告必须向消费者传达一个消费主张；二是这一主张必须是独一无二的；三是这一主张必须对消费者具有强大的吸引力和感染力，能够感动并引导消费者购买相应的产品。USP 理论发展至今，已经从单纯强调产品的有效以吸引消费者购买，转变为突破广告和品牌领域的营销策略定位。春节故事完全符合建构 USP 理论模型的核心要素要求。

从"一个主张"的要素来看，春节故事对外传播的根本目的是将其作为文化品牌，展示该文化品牌中的故事内容，并转化为春节话语，以此在国际文化交流平台上解决我国国家形象传播中的叙事和实践难题，更好地提升春节文化的国际话语权，塑造"文化中国"国家形象，这也是春节故事对外传播的核心主张。

从"主张的独特性"要素来看，春节故事不仅是中国文化的重要体现，也是中国人精神价值的集中展现，在中国节日史上具有独特的地位。春节故事的形成背景、中心内容及影响，是建立中国话语体系的首要素材和其他国家不能模仿的独特内容。通过确立 USP 理念找准春节故事在个人、家庭以及国家三个维度的特点和吸引力，为建立独特的中国话语体系提供关键词指南，在实际操作中为春节故事转化为中国话语提供实践规范。

从"主张的强大吸引力"要素来看，USP 理论的根本作用在于其价值功能，当受众发现 USP 理论模型中的品牌可以在不同维度为其提供实用价值时，这一品牌便会被人们接受。国家话语权是硬实力与软实力的统一。随着国际形象内涵的丰富，讲好中国故事业已成为树立中国国家形象、提升中国软实力的有效手段之一。春节故事的对外传播是中国文化产品向外推广的重要组成部分，其作为中国传统节日中知晓度最高的节日之

---

① 罗瑟·瑞夫斯：《实效的广告》，张冰梅译，内蒙古人民出版社，1999。

一，可以获得极强的文化吸引力、影响力和感召力，对其充分挖掘不仅可以加强对外宣传与国家形象建设，还可以加强中国文化的国际竞争力，扩大中国话语权的影响范围，提升中国故事的影响力。

三 春节故事对外传播的 USP 理念及策略

基于 USP 理论的基本要义，笔者提出春节故事对外传播的 USP 理念是以塑造良好的国家形象为主线，以国家战略定位和传播策略实施为基准，以春节故事为元叙事样本，以文化叙事学的视角构建元叙事和二度叙事相互促进、有机融合的春节故事多重话语空间，进而塑造以历史悠久、天人合一、孝老爱亲、团结友善、和谐至上为主要内容的"文化中国"的良好国家形象。简单概括为"一个主张、两个层面、两类样本、七条渠道"，具体构想如下。

1. 围绕一个主张——塑造"文化中国"国家形象

根据国家形象在政治、经济、文化、科技、社会、生态等方面的诉求，笔者曾经从责任中国、品牌中国、文化中国、创新中国、美丽中国、诚信中国等方面对国家形象做了定位。我们虽然力求在对外传播的过程中，能全方位地涵盖和体现国家形象的以上定位，实现整体对话，但在实践中却是难以企及的。相反，具有针对性的主张则更可能精准地满足诉求。基于前文所述的春节故事内容资源的文化异质性和友好交流性，以及对国家文化认同性等方面的独特影响力，将塑造"文化中国"国家形象作为春节故事对外传播的核心主张是比较准确和恰当的。具体来讲，就是要聚焦春节故事"天人合一，和谐自然""孝亲传代、家庭至上""更新、新生"等精神价值，在跨文化传播过程中，将融入民族文化基因的春节故事从初级的民风民俗，升级为代表国家形象的中国话语，以建成完整的、可以对外宣传的、外国人容易接受的中国文化价值体系。

2. 把握两个层面——战略定位的"政治化"和策略实施的"去政治化"

国家形象的对外传播根本上取决于传播战略的制定和策略的实施，即通俗意义上的"想法"和"做法"。在春节故事对外传播中，必须正确把握"政治化"和"去政治化"的关系,即国家战略定位的"政治化"和策略实施的"去政治化"。春节故事对外传播是一种政治,是国家宏观叙事,是将文化制度化的体现,是以树立国家形象为目的、具有明确利益指向的国家层面的公共关系,是国际政治传播的文化和软实力的竞争,因此在战略定位上必须以国家利益为导向,突出"政治化"。同时,在策略实施上要"去政治化",把春节作为中国人的文化品牌和营销手段,通过讲述春节故事,增进国际社会和国际民众对中国文化的理解,在"润物细无声"的对话协商中引导和影响民意。从"去政治化"到"政治化",实质上反映的是从讲好具体故事的表达针对性上升到国家规划和顶层设计的整体性梯级诉求。在实践中,这一诉求是通过讲述春节故事—倾听春节故事—共度农历春节—共享中华文化—共建和谐世界—传播国家形象的梯级过程来实现的。可以这样认为,春节故事的对外传播,始于春节元故事的讲述(元叙事),发展于春节故事的再度叙事,深化于国际民众对春节文化的认识和理解,厚植于共享中华文化的体验和感悟,升华于对中国国家形象的感知和集体认同。

3. 立足两类样本——元叙事和再度叙事样本

所谓"元叙事",是指"具有合法化功能的叙事"和"对一般性事物的总体叙事",是一种具有优先权的话语。元故事题材是元叙事样本的根源所在,寻找春节故事元叙事样本,实质上是回归"中国文化原点"的过程。以传统故事为主要呈现方式的春节元故事题材众多,但这不意味着所有故事都适合作为"元叙事"样本,在选择时必须科学地取舍。它应符合四个方面的要求:必须是真实存在、未经加工的传统故事,这是其合法性和话语优先权的基础;能够反映中国文化特质;能够正面传播国家形象;能够为国际社会和国际民众所普遍认同。综观我国的春节故事和习俗,扫房子、除夕守岁以及贴春联、福字、窗花、年画等反映的是辞旧迎新之际人与自然时序的和谐;祭祀祖先能促进人们与历史对话,增强人们的历史责任感与传承文化的使命意识;吃团圆饭、包饺子等习俗以家人团聚为核心,反映的是对家庭价值的坚守;拜年、说吉祥话等折射的是对未来生活的期待和美好祝愿;逛庙会、舞龙、舞狮、闹元宵等活动可以增进社区成员的相互理解与沟通,促进社区团结与文化认同。以上这些与民众心灵紧密契合的春节故事，具有很高的文化元素显示度，是各地春节文化仪式的浓缩，也是易于与世界人民沟通的艺术语言。这些均是讲好春节故事的元叙事样本，有助于引导国内外民众在历史悠久、家庭至上、和平和谐、天人合一等基调上进行春节故事的二度叙事，可以形塑世界视野中具有代表性的中国形象。

二度叙事是"叙述者暂时性地将话语权转让给其他人物的一种叙事策略"。在二度叙事时，叙述者不再处于叙述的显性位置，而是在故事背后隐性地控制叙述文本。建立在"元叙事样本"基础上的二度、多度叙事，可以有效弥补"元故事"直白的叙事方式在对话协商中的不足，充分发挥其在数据、情节、细节支撑等方面的优势，以便更忠实、准确地表达战略叙事的价值取向。再度叙事的主要方式是链接故事。在这方面，BBC纪录片《中国春节：全球最大的盛会》值得借鉴。它十分重视"元叙事样本"的运用，分别以"年"的来历、打树花、贴春联、吃团圆饭、燃爆竹等元故事为"开场白"；同时通过对修建冰雪"长城"的匠人、售卖年货的小贩、在新年祈福的艺人、回乡过春节的摩托车大军等生命个体的描述，将春节故事中欢乐、和谐、共享、祈福、纳祥的情感密码和东方价值鲜活地呈现出来。纪录片中讲述的大部分故事，几乎都体现了从元叙事到再度叙事的有效运用。如对回家团聚—乘火车—中国高铁—运输业飞速发展的讲述，对吃团圆饭—喝酒—中国名酒—酿酒工艺—食品产业发展的讲述，等等。这些故事的每一次转换，都是一次成功的二度叙事。而以春节故事为主要内容的话语权的不断升级，就是在这些二度叙事和再度叙事中完成的。

4. 拓展七条渠道

结合陈先红提出的核心价值观金字塔战略构想，本文列出了春节故事对外传播应该拓展的七条渠道，即接触、教育、授权、交流、产品、大众媒介和人际传播。

所谓接触，就是根据IMC的接触点传播理论，研究制定"关键接触战略"，实施以人为中心的全角度传播。

所谓教育，就是遵循现代教育的基本规律和理念，通过实施教育战略和人才战略，把包括春节文化在内的中国传统文化融入学校教育全过程，深耕传统文化沃土,提升国民的传统文化素养,培育春节文化传承人,以及具有国际视野、叙事技能和沟通能力、熟悉国际文化传播游戏规则的文化传播人才,同时通过创建孔子学校等方式,在留学生和国际友人中培养了解中国传统文化的青年,为讲好春节故事、传播中华文化提供人才支撑。

所谓授权,就是根据授权理论,制定"关系路径和动机路径"的授权策略,在具体操作中对NGO、跨国公司、意见领袖等授权并向专业公共关系公司购买社会服务。

交流是达成国际共识的重要渠道,可以最大限度地促进国际民众的相逢相知、互信互敬,达成信息、文化和情感上的共识。在春节故事对外传播中,国家文化部门、驻外使馆等政府组织是主体,应主动站在国家传播战略的高度组织或协调推进交流活动,发挥其在信息传播过程中不可替代的作用,诸如举办新春招待会、协调外国领导人互致春节祝福等。同时应充分发挥驻外企业、华人社团、华人华侨及国际友人在机构、民间组织、文化交流中的重要作用,形成全方位的对外文化交流新格局。交流最鲜明的特征是双向性、共享性,因此必须建立在平等的基础之上。这就要求我们在对外传播中注重换位思考,交流互鉴,依托共同感兴趣的话题,讲述富有吸引力的故事,构建符合所在国特色和价值观的文化话语体系。

产品是国家品牌的直接表征。在经济全球化背景下,以春节文化产品为依托实施文化传播,把丰富的春节文化资源转化成优秀的文化产品,可以有效传达中国国家形象的具体内涵,增强春节故事的文化吸引力。如包含有春节元素的工业产品、可视读物、表演、电子虚拟产品,以及生肖吉祥物、生肖邮票、中国结、春联、剪纸、年画等"年味商品",为外国游客设计的春节饮食文化等旅游产品,维也纳中国新春音乐会等艺术产品,都是围绕春节故事的文化内核和目标市场的本土化表达所打造的优秀的春节文化产品。

大众媒介和人际传播。"媒介是我们通向社会中心的入口",大众媒介不仅是拟态环境的主要营造者,而且在形成、维护和改变社会的刻板成见方面也具有强大的影响力。大众媒介的平民化特征使文化传播的关口前移,环节减少,更容易做到"润物细无声"。在新媒体时代讲好春节故事，使其产生"跨地理区域、虚拟区域的信息流动、文化活动、精神交往以及权力实施的传播效果"，在一定程度上取决于先进的现代传播手段。首先，要充分借助视觉传播渠道，增强电影、电视、戏剧等视觉文化符号传播系统在影像表意方面的通用性，发挥其在传达信息、吸引阅读、帮助理解、加强记忆和形成媒体风格上的重要作用，将春节故事转化为生动可感的传播形象。其次，要充分发挥网络传播渠道在文化传递中的独特优势，进行跨越时空的春节文化传播。最后，要积极拓展人际传播渠道，高度重视经商、旅游、留学、移民等人际传播方式对春节文化"走出去"的意义，充分发挥学术交流、智库传播、华侨传播和旅游传播等在春节故事对外传播中的重要作用。

（该文发表于《传媒》2018年第15期，作者为陈先红、江薇薇，系国家社会科学基金项目"讲好中国故事的'元叙事'战略研究"的阶段性成果）

讲好湖北故事　提升文化软实力

在中国特色社会主义新时代，讲好中国故事被写进党的十九大报告，具有极其重要的战略意义。湖北省是文化大省、教育大省，拥有讲好中国故事的题材和人才队伍。围绕"建成支点，走在前列"的总体战略目标，应该如何打造贯彻落实习近平新时代中国特色社会主义思想的新亮点？如何寻找新时代湖北文化建设的新支点？如何设置新时代湖北对外传播的新重点？如何在讲好中国故事的热潮中，率先突破、开拓创新，讲好、讲活、讲深、讲透湖北故事？这些都是亟须解决的重大战略问题。

一　"讲好湖北故事"的战略定位

讲好湖北故事是提升国际话语权和文化软实力的连接体和居间者，具有整合湖北软实力和硬实力的"巧实力"特征，一方面，讲好湖北故事可以为提升湖北的国际话语权提供接地气的话语内容；另一方面，可以为湖北文化软实力提供共享性的国际价值观。讲好湖北故事不仅是提高湖北省国际传播能力的"传播术"，还是提升其国际话语权和文化软实力的"巧战略"。

讲好新时代的湖北故事，是贯彻落实"建成支点，走在前列"的湖北总目标的"巧支点战略"。作为人人都可参与的简单有效的公共传播实践，讲好新时代湖北故事，可以不断强化湖北的硬实力，持续提升其软实力。实施讲好新时代湖北故事的巧战略，可以全面、真实、立体地塑造湖北形象，增强文化自信，提升国际影响力。

二 "讲好湖北故事"的战略构想

作为提升湖北文化软实力的巧支点战略，讲好湖北故事是一项政治性、战略性和长期性工作，建议以"屈原""太极""编钟""长江""花木兰"等具有国际影响力的湖北特色文化为战略支点，聚焦"文化理念""文化品牌""文化传播""文化旅游"四大关键词，讲好湖北特色文化强省的故事。具体地说，即通过讲好共享价值观的故事，进一步增强湖北文化的吸引力，提升湖北文化的软实力；通过讲好文化品牌的故事，进一步提升湖北文化事业和文化产业的竞争力，增强湖北文化的硬实力，全面实现湖北特色文化的创造性转化和创新性发展；通过讲好文化+旅游+传播的故事，进一步增强湖北文化的传播力，全面提升湖北文化的国际竞争力和影响力。

一是讲好湖北共享价值观的故事，传承湖北文化精神，增强湖北文化吸引力。基于党的十九大精神和习近平总书记视察湖北讲话精神，以荆楚文化故事为重点，聚焦最能够体现湖北文化精神的五种文化资源，围绕爱国诗人屈原、保家卫国的花木兰、养生休闲的武当太极、礼乐齐鸣的随州编钟、长江东湖的水之七德等，提炼出"礼乐湖北，上善若水"的湖北文化理念和"爱国、爱家、爱生活"的湖北精神，围绕中华民族伟大复兴的中国梦，对外输出具有荆楚文化特色的文化价值观和生活方式。

二是讲好湖北特色文化品牌的故事，增强湖北文化事业和文化产业的竞争力。建设以"武当太极文化、屈原端午文化、长江文化、礼乐文化、木兰文化"为核心的具有国际影响力的特色文化品牌体系。坚持高起点、高水平，加强统筹协调和顶层设计，从国际、国内、省级层面重点培育具有标识度的文化品牌，打造太极养生国际生活基地、屈原端午节庆活动平台、中华礼乐文明生活小镇、长江文明生态保护景观廊道、木兰文化影视制作中心。聚焦公共文化设施、公共文化服务、传统文化保护、特色文化活动和支柱性文化产业投资等，进行品牌化运营，积极实施湖北特色文化名人奖励计划、文化产品推广计划、文化企业扶持计划和文化产业振兴计划等，构建具有市场竞争力和国际影响力的湖北特色文化价值链和品牌矩阵。

三是讲好湖北特色文化传播的故事，增强湖北文化媒体的融合力。遵循主题一致性、媒介多样性、内容互文性、受众互动性的跨媒体叙事原则，围绕特色文化项目进行跨媒体整合；遵循跨媒体传播的基本公式——"元故事+多媒体平台+互文性叙事+互动式参与+沉浸式体验"，建立湖北故事创意传播方法体系。如屈原系列故事可以"爱国主义+诗歌人生"为主题，由 n 部电影、n+1 部动画短片、n+2 套漫画、n+3 个游戏以及 n+n 本图书、n+n+1 种玩具等多模态产品组成，它是由制片方和全球影迷们共同创作完成的，具有经久不衰的国际影响力。

要广泛进行社会总动员，建立讲好湖北故事的全民参与机制，发动国内外各界人士，在一个有着共同价值观的故事世界里，创造出多元化的故事情节、多元化的传播载体、多元化的叙事主体、多元化的叙事方式和多元化的受众参与方式；要利用图书出版、文学艺术、电影电视、漫画小说、游戏以及网络等多媒体平台传播故事并吸引受众积极参与故事情节的改编和再创造。要善于借鉴世界流行文化的生产和营销方式，营造自由宽松的创作环境，激发全球华人的创作热情，共同创作经典文化作品。

三 "讲好湖北故事"的六大战略任务

讲好湖北特色文化故事，需要广泛凝聚力量，邀请国内外专家领衔，积极组织社会公众参与。要与"十三五"文化事业发展规划、文化产业发展规划、旅游发展规划相衔接，尽快制定系列规划。

1. 开展新时代湖北精神大讨论

相比"勇立潮头"的浙江精神，"敢为人先"的武汉精神，湖北精神则有"团结拼搏、求是创新、抢前争先、实干快上""尚智尚新，追求卓越"等表述。在新的历史起点，开展新时代湖北精神大讨论对于讲好湖北故事、建设文化强省，具有重要意义和深远影响。新时代湖北精神要具有政治高度、文化高度和传播高度，如以屈原为代表的念祖忠君的爱国精神是楚文化的精髓，在当今被赋予了新的时代价值和现实意义。

2. 制定"屈原文化旅游发展战略规划"

主要围绕屈原及其文学作品《离骚》《九歌》《九章》《天问》，各地端午节庆、韩国端午祭等，制定跨媒介、跨区域、跨国别的文化交流与旅游发展战略规划。

3. 制定"太极文化旅游发展战略规划"

全面整合国内外太极文化资源，拟定非物质文化遗产名录，制定全球性太极文化遗产保护和文化产业发展规划。通过申请国际太极日（春分日），设立太极文化部，建设太极养生城市，重新开发太极操等，把武当太极文化打造为与印度瑜伽比肩的全球性生活方式。

4. 制定"中华礼乐文化旅游发展战略规划"

从"随州编钟乐舞、全球华人寻根祭祖节"出发，深入挖掘中华礼乐文化的内涵，筹划礼乐文化教育、礼乐文化城市、礼乐文化特色小镇和街区、礼乐文化建筑景观、酒店餐饮等产业板块，打造世界级的文化产业品牌。

5. 制定"湖北水文化旅游发展战略规划"

围绕三江三湖三水库，以及各地的温泉、湿地、池塘、洼地等，全面考察湖北省水资源；围绕防洪水、排涝水、治污水、保供水等制定"四水共治"发展战略规划；围绕生态水、哲学水、文化水、水利水、景观水等，制定水文化创意产业发展规划。

6. 制定"木兰文化旅游发展战略规划"

针对美国华裔小说《女勇士》、电影《花木兰》等传递的"女权主义""个人英雄主义"等西方价值观，尽快推出并制定"忠孝两全、家国天下、保家卫国、妇女独立"等弘扬中国传统文化观念的木兰文化产品和旅游发展规划。

四 "讲好湖北故事"的三大战略保障

讲好湖北故事，涉及领域广泛、部门众多，必须统筹联动，保证高效有序推进。

1. 组织机构保障

要围绕文化事业、文化产业、文化旅游、全媒体平台的融合发展，进行体制机制改革，在湖北省委宣传部的领导下，有效整合省文化和旅游厅、省旅游协会、相关研究机构等力量，以旅游产业链为引擎，以品牌管理和运营为旗帜，以文化创意产业链的"创造性人才培养—文化产品IP化—产业链配套—品牌营销服务"四大核心要素为抓手，引领改革方向。除了成立文化旅游管理部门，还可以成立半官方性质的"文化旅游品牌促进会"，以协同文化旅游部门开展工作。

2. 文化政策保障

聚焦标志性的文化故事资源，推出专项文化扶持政策：第一，打造文化地标，创新湖北特色文化形象放大政策；第二，培育文化品牌，创新湖北特色文化品牌发展政策；第三，保护文化遗产，创新公共文化艺术资助扶持政策；第四，扶植媒体融合，创新湖北全媒体平台建设政策；第五，建构文化身份，创新湖北特色文化节庆活动政策；第六，发挥文化名人效应，创新湖北特色文化人才培养政策。

3. 重大项目库保障

依照以上规划构建"讲好湖北故事重大文化战略项目库"和"湖北特色文化重大产业示范项目库"，分解任务，分步实施，争取上升为国家战略。

（该文发表于《湖北政协》2018年第7期，入选湖北省《智库成果要报》，陈先红独著）

新媒体统战公共关系理念和策略

2015年5月，习近平同志在中央统战工作会议上首次提出新媒体中的代表性人士是巩固发展最广泛的爱国统一战线的重要团结人群。积极引导新媒体代表人士做正能量的凝聚者、传播者，做谣言的过滤器、狙击手，努力营造风清气正的社会氛围，是新时期统战工作的重要内容。做好这项工作，要学习和引进现代公共关系理念和方法，以创新统战思维方式和工作方法。

一 倡导统战公共关系的新理念

现代公共关系学作为一门新兴的应用社会科学，历经百年的理性思考与实践，终于发展为一门经世致用的"显学"。公共关系是协商民主的一个规范模型，公共关系采取的策略和方法是用来培养社群感的公共传播技术，公共关系促进了互动合作，积累了社会资本。

统战工作则是地地道道的中国产物。1939年，毛泽东同志第一次提出统一战线是党的"三大法宝"之一。2015年5月，习近平同志在中央统战工作会议上提出，人心向背、力量对比是决定党和人民事业成败的关键，是最大的政治[①]。统战工作的核心理念就是凝聚人心、汇聚力量。由此观之，公共关系和统战工作，一中一西，背景各异，但核心理念却是一

---

① 《十八大以来重要文献选编》（中），中央文献出版社，2016，第556页。

致的。特别是在新媒体兴起的背景下,要做好统战工作,就必须坚守正确的公共关系理念,用对公共关系策略和方法。

1. 倡导公众性理念

新形势下统战工作的对象主要是新的社会阶层,包括留学人员、社会专业人士、新媒体从业人员和非公有制经济人士等。统战工作的公众性要求统战工作人员要树立公众意识,把联络公众感情视为新媒体统战工作的基础性任务,把影响公众态度和舆论视为新媒体统战工作的经常性任务,把新媒体代表人士发挥正能量视为新媒体统战工作追求的目标。

2. 倡导公开性理念

公开性理念体现在以下几个方面:宣传要以事实为基础;传播手段必须是公开透明、双向对称的,打破传统意义上的命令式、服从式、单向的行政传播模式,提倡平等的、轻松的、和谐的"双向对称模式";加强统战信息公开的反馈机制建设,拓展公民表意渠道,积极进行回应。如建立多渠道的统战内外的信息联系,进行民意测验,广泛开展联谊活动。

3. 倡导公共舆论性理念

公共舆论性理念体现在传播正能量和消除负能量两个方面:借助微信、微博、QQ空间的传播力及影响力进行积极有效的舆论引导,将民众的注意力、情绪、责任意识汇集到某一个点上,形成群体性力量;针对民众提问、质疑、投诉、上访,以及具有攻击破坏性的言论和行动,实时回应,引导舆论走向。

4. 倡导公益性理念

公益性理念强调以公众利益为出发点,全心全意为人民服务。从某种意义上讲,统战组织的本职工作就是最大限度地为社会大众服务。公益性理念包括:设置公益性话题,组织公益活动,培育公益性微博,关注公共福祉,管理公共空间。

总之,新媒体背景下的统战工作体现了一种全新的执政理念和管理哲学,是一种全面的战略管理和与时俱进的策略管理。它通过"舆情检测、实时对话、关系管理"等手段,来凝聚人心、汇聚力量,进而实现建立统一战线的目标。

二 新媒体背景下统战公共关系的基本策略

统一战线要积极开辟新媒体战场,以统战工作为目标,运用微信、微博、官方网站等各种传播载体,积极主动地与新媒体代表人士进行广泛的沟通和交流,建立相互理解、信任、合作的关系。具体地说,就是运用"织网""造流""占位"等策略。

1. "织网"策略:建立统战新媒体关系资源网络

第一,建立合作者微信微博群,这是由统战组织的微信微博、公务员个人的微信微博、传统媒体的微信微博、公众类意见领袖的微信微博和草根阶层的微信微博构成的协作关系,从底层到上层依次连接,形成合作网。第二,建立联盟者微信微博群,这是由媒体、社区、消费倡导者等组成的,是统战组织机构的协作者。第三,抑制威胁者微信微博群,比如"持不同政见者"、各种敌对势力以及破坏社会稳定的特殊个体等,对他们要区分情况,采取可行的办法,防止破坏正常健康的网络舆论环境。第四,经营资源性微信微博群,比如对当前国内外与政治、经济、社会和科技环境相关的微博内容进行关注、评论和转载。

新媒体技术的发展使全球变成了关系网,网络价值高于技术价值,关系价值高于节点价值,也就是说,统战组织与各类公众、环境所构成的关系资源网,比公众、环境本身更重要、更有价值。

2. "造流"策略:加强对统战新媒体代表人士的传播管理

第一,统战信息流传播一般包括四个方面。一是战略层信息,如党和国家的战略使命、宗旨、目标和政策等,这会形成一定的组织愿景,并将指导国家运转和媒体运营;二是执行层信息,如各级统战部门的信息;三是社会公民界面信息,包括公民需求、社会心态、生活状况等;四是社会环境信息,包括人口、非生产力、生活水平、生活习惯、审美观念以及政策与法规、经济动态、科技发展与进步等。信息流的传播模式应该是双向且对称的,反馈和对话的存在是区分双向传播与单向传播的关键,要努力使双方拥有平等的传播权利,不宜随意封锁、删除、禁止等。

第二,各党派阶层文化流传播,包括各党派、各社会阶层人士的价值观、信仰和行动规则。文化价值观分为三个层面——通用的、集体的和个人的,在关系维持过程中有着丰富的内涵,具体表现为社会主义核心文化、各党派文化、社会文化、个体文化等。

第三,统战情感流传播,即通过互动对话,进行正面情绪的传递和负面情绪的消解。情感关系维持策略一般有五个特点:(1)积极性,即努力使双方享受这种关系;(2)开放性,即想法和感觉的暴露程度;(3)确定性,体现关爱和承诺;(4)人脉,即拥有共同的朋友;(5)有共同的任务、共同的担当。

3. "占位"策略:加强新媒体代表人士的培养

新媒体代表人士是网络大V,拥有众多粉丝,是所在行业的精英,应该更好地发挥他们的积极作用,防止人才外流或者被境外敌对势力所利用。

在"织网、造流、占位"的关系生态管理中,加强新媒体代表人士的培养和管理,充分发挥其作用,传播正能量,消除负能量,构建和谐的舆论生态环境。

总之,新媒体统战工作,就是通过对话管理和传播,构建具有公众性、公开性、公益性和公共舆论性的关系生态,以促进社会和谐与稳定发展。通过实施"织网""造流""占位"策略,建立统战工作生态圈,绘就最大"同心圆"。

(该文发表于《中国统一战线》2016年第12期,陈先红独著)

公共关系案例

三鹿毒奶粉事件的危机公关理念

众所周知，在三鹿毒奶粉事件不断恶化、升级的过程中，公共关系承受了太多的公众责骂和社会期待。到底应该如何看待三鹿毒奶粉事件？如何正确开展危机公关？这是关于公共关系学的真命题，值得深思。

公共关系不是万能药，没有回天之术，如果企业都像三鹿那样挑战基本的道德底线，为了谋取利益，不惜损害大众的生命健康，那就是企业内部公关部门没有真正发挥"企业良心""组织道德卫士"的作用所致。

首先，公共关系的真问题不仅仅是"策略问题"，更应该是"伦理问题"。公共关系伦理问题是一个元理论的哲学问题，不仅关乎公共关系从业者的职业操守，也关乎公共关系的世界观和方法论，以及学科本质和理论建构。对公共关系理论建设影响最大的学者皮尔森认为，公共关系理论建构有两种方法——策略方法和伦理方法。策略方法强调功利型伦理观，侧重对公众的说服、民意的操纵；伦理方法强调义务型伦理观，强调对责任和义务的承担，注重关系的质量、社会整体的和谐。这两种方法会使公共关系朝两个不同的方向发展，并影响公共关系理论的自我解释力和未来命运。

笔者认为，无论运用哪种方法建构公共关系理论和指导公共关系实践，社会责任都是公共关系的伦理基础。公共关系的很多定义，都包含着社会责任概念，可以说，正是现代公共关系的产生，培养了企业的社会责任感，使企业对社会责任更加敏感，并推动了社会责任理论的形成，也正是在社会责任理论的引导下，公共关系是"企业良心"的概念才开始变得越来越清晰。

其次，危机公关的真问题不仅仅是方法问题，更是理念问题，即积极承担社会责任是危机公关的世界观和方法论。一般而言，企业承担的社会责任包括经济责任、法律责任、道德责任和慈善责任。也就是说，一个企业在创造利润、对股东利益负责的同时，还要对员工、消费者、环境和社区负责，包括遵纪守法、保证员工生产安全、职业健康、保护劳动者合法权益、遵守商业道德、保护环境、支持慈善事业、参与公益活动、保护弱势群体等，良好的公共关系是对利益相关方负责任的结果。研究表明，当公关实践是负责任的伦理行为时，公共关系对组织来说，能够发挥举足轻重的传播和管理作用，有助于增进群体间的理解，最终解决冲突。然而，当公关实践不符合伦理、不负责任的时候，公共关系就会变成操纵和欺骗。

真正的危机公关之道，应该是在企业经营决策之际、日常管理之时，把承担社会责任的公关理念融入企业文化之中，以防微杜渐，防患未然；而当危机发生之际，应当积极承担社会责任，如及时召回产品、安抚赔偿消费者、道歉等，采取补救措施以扭转危局。若以此观之，三鹿企业倒闭是必然结果，因为它既缺乏社会责任感，又缺乏现代公共关系意识，既违背了公共关系的伦理观，也违背了危机公关应对的理念和方法。

也许有人会问有没有让三鹿不死的公关妙方，笔者以为应该是有的，比如，在毒奶粉事件早期，可以采取"置之死地而后生"的策略，积极主动地承担所有的危机责任，哪怕是变卖车间厂房乃至生产线，也要召回全部产品，赔偿消费者，以保护"三鹿"品牌。在危机面前，公共关系首先要保护"消费者"，其次要保护"品牌"，二者是相辅相成的，只有保护了消费者，才能保护品牌，只要品牌不倒，企业就不会倒。

（该文摘自《国际公关》2009年第3期，原文为《社会责任：公共关系的伦理基础》，陈先红独著）

郭美美事件：微博江湖"真""假"困局

"郭美美baby：红十字会商业总经理……"一切危机，皆起源于这个微博身份，皆归因于社会的信用缺失。从"微博身份"和"信用"两个关键词入手，或许可以找到这场危机的解救之道，并借此修复中国红十字会对大众善心的伤害。

一 微博中多重身份的迷失

当郭美美在微博上虚构"红十字会商业总经理"这个身份的时候，可能没有想到自己的一次"作恶"居然产生了"蝴蝶效应"，不仅给中国红十字会带来了"灾难性"的信誉危机，而且严重损害了中国人的善良和爱心。

身份理论认为，人生就是一个大舞台，每一个人都是同时扮演多种角色的演员：父母眼里的儿女，儿女眼里的父母，工作中的领导，生活中的朋友，购物时的消费者……由于身份的隐私性，我们的隐私和话语权得到了保护，但同时，人性中的"恶"也会不时地跑出来，以致说一些谎话、做一些坏事，而且抱着神不知鬼不觉的侥幸心理，世界也因此变得混沌不清、真假难辨……

也许，喜欢虚构事实的"郭美美们"不在少数，他们并不知道，"你要用真实的方式交流"是微传播时代最核心的价值主张，也是微传播最迷人和最激动人心的地方。虽然微博保护隐私，但扎克伯格发明社交网络的初衷就是"通过要求人们对其行为负责以及使用真实身份,从而建构一个更安全、更值得信赖的互联网模式"。微博所倡导的"透明度、信任、联系、分享"等核心价值观,已经从根本上改变了互联网的生态环境,它把人们从以 Google 为代表的毫无感情色彩的"信联网"时代,带入了以 Facebook、Twitter、Weibo 为代表的透明度很高和具有真实身份的"人联网"时代。在这个真实、透明的微世界里,我们可以清楚地看到:有什么样的关系,就有什么样的人生。

如果说微博倡导的这种"极端透明度"可能会侵犯个人隐私,令很多人"望微博而止步"的话,那么对于像红十字会这样的公益慈善机构和公共服务部门,却要大力倡导透明公开,因为慈善是没有隐私可言的。因此,在郭美美炫富事件中,中国红十字会的危机公关别无他途,唯一的良策就是"提高透明度——好事要出门,坏事要讲清"。一方面以国际红十字会为背书,向网民解释筹集善款的具体模式,消除误解,增进了解;另一方面对慈善运作的不规范行为进行曝光并主动认错,化解敌意,重树形象,进一步提出公开透明的监督举措。总之,越早实施"透明慈善战略",越有利于化解信任危机。

二 微博是打破全体权力平衡的有效工具

从网络实名认证到网络人肉搜索,从网络水军灌水到网络大字报飘飞,从中国红十字会的公信力危机到大众善心的"伤不起",这一连串问题,都质疑和拷问着中国社会的"信任度"和"透明度"。

一方面,"缺乏诚信"已经成为中国人面临的最大危机。不容否认的是,当今中国社会的确普遍存在"整体信任度"和"具体信任度"的缺失;存在"人际信任"和"制度信任"的缺失;存在"可信度阶层"和"全社会信仰"的缺失。由于信任机制的缺失,社会日益陷入"所有人对所有人的战争"的霍布斯丛林中,人和人之间、人和组织之间、人和政府之间的关系越来越复杂。

另一方面,互联网技术带来的"极端透明度",成为一股不可遏制的发展潮流和趋势,彻底颠覆了当今社会"全景式监狱"的金字塔控制模式。它所带来的"共景式监狱"的集体围观图景,对社会管理控制方式提出了前所未有的挑战:自古以来,社会控制的主动权都掌握在掌权者手里,"民可使由之,不可使知之",一个社会究竟拥有怎样的开放度和透明度是合适的?这是由掌权者决定的。而近年来,微博成为天然的民主推进工具,成为打破全球权力平衡的一个有效工具。微博赋予每一个体以权利,使其能够更加有效地交流,不再受到压制。

因此,在"社会透明度"日益增强和"社会信任度"日益匮乏的双重挑战之下,如果不能通过提高透明度来增强信任度,不能在二者之间建立有效的作用机制,不能改变社会管理运作方式的话,那么在微博上形成的"余众的反抗"力量,一定会产生极大的破坏力,在未来的岁月里,甚至会导致权力消解和社会动荡。

三 让微博成为信用档案

微博正在变成"地球村"里的城市广场,每一个网民都在主动传播自己感兴趣的信息。那么,政府应该如何管理这种以个性化为中心的自媒体呢?建立微博自组织监视系统,让微博成为个人、组织、社区、社会乃至国家的信用档案,也许是顺应潮流和行之有效的社会管理方法。

在今天,正是基于"从朋友找到朋友"的互联网技术,人们发明了"微博"这个传播平台和工具,重新建立了人与人之间的亲密关系,让网络不再虚拟。这种由人、关系、交互、信息、服务等构成的社会网络技术,彻底改变了人们的"社会关系域",把人类世界带入了集体返祖的关系社群和氏族部落之中。这种社会网络技术,使微博信用档案的普及和实施成为可能。

微博的信用体系建设,主要通过实名制身份认证、信用档案评价、虚拟信用货币推荐等三种途径展开。第一,通过自愿的实名制身份认证,实现传播渠道的软调控和自调控。对于那些公益慈善机构和公共服务机构,则必须要求其开通实名制微博,以接受全社会的监督和信用认证。

第二,通过建立微博信用档案评价机制,对消息来源进行把关和筛选。让信用成为微博自组织的管理手段,让微博成为社会管理创新的有力工具。据悉，国外许多机构在招聘用工之际，都会通过查看其实名微博内容，来判断其性格、爱好、人际关系以及信用状况，以此决定是否聘用。

第三，通过"微博虚拟信用货币"的推荐使用，让信用成为微博自增值的通用货币。"信用货币"这种新的购物机制是基于真实身份识别的，实际上是对人性中"真善美"的价值化表达，是对社会交往中"诚信"品质的有效褒奖。它告诉人们，只有善良，才能够得到别人的信任，只有"不作恶"，才能够有良好的信用记录。在过去，我们从未指望商业公司能够保有善良，而现在这种情况正在发生变化，微博正成为一种良性动力。

[该文发表于《人民论坛》2011年第21期，陈先红独著，系国家社科基金项目"政府调控新媒体的公共关系策略研究"（08BXW026）阶段性成果]

如何转危为机？

——星巴克的危机公关智慧

一 案例背景

2013年10月20日，央视《新闻直通车》栏目播出《星巴克咖啡全球市场调查》，该节目时长约20分钟，比较了北京、芝加哥、伦敦、孟买四地一杯354ml星巴克拿铁咖啡的价格，中国北京的价格为27元，英国伦敦的价格为24.25元，美国芝加哥的价格为19.98元，印度孟买的价格为14.96元。得出的结论是：同样的咖啡，星巴克在北京的售价是最高的，在全球的销售利润中，在中国获利是最高的，达到了32%。而中国当年的人均收入（5740美元）与美国的人均收入（50120美元）相去甚远，咖啡价格却高出了很多，因此，人们质疑星巴克在中国谋取暴利。这个事件一出来，星巴克立刻采取了三个行动。

第一，星巴克官方网站的公开声明，正面回应了其全球定价策略，一方面借机强调一贯秉承的价值理念："自1999年进入中国市场以来，我们始终致力于在营利和社会良知之间取得平衡。星巴克专注于向顾客提供全方位的体验，并带来卓越的价值。在中国，星巴克不断投入产品研发创新；同时提升门店的设计，使每一家星巴克门店都成为独一无二的'第三空间'；并投入大量资源，如成立'星巴克中国大学'来培训星级咖啡师，保持与顾客之间的情感连接，满足当地需求的不断变化，这是星巴克提供给顾客的价值所在。"另一方面进一步回答了其全球定价策略，指出"与其他国家和地区相比，星巴克在中国市场的运营成本和市场动因是完全不同的。因此，对比星巴克在中美市场的价格差异并不是基于同一维度的比较。星巴克在全球各个国家的定价策略都是长期的，并且是根据不同产品和不同市场的具体情况，以及各种运营成本的动态变化而综合考虑、评估和制定的"。此外，还对星巴克的消费者、合作伙伴、当地社区、内部员工等公关对象表达了感谢。

第二，星巴克微博的公开表态。星巴克在微博上有两个回应，一个是以"消费者可自主选择"来引导舆论。其微博称"个人认为央视更应该关心关乎民生的实际社会问题。如果生活必需品的价格国家可以为老百姓控制调控，如果医疗费用国家可以严格管理把控，如果贪污受贿能越来越少，如果空气质量越来越好，如果食品安全不再让我们担心，如果……如果没有如果，央视太闲的时候再来聊聊苹果和星巴克！"另一个微博回应是用"草泥马"图片（一杯星巴克咖啡，还有一把美工刀和一支笔）来表达对央视的愤怒和嘲讽，如图1所示。

图1　星巴克在微博上的回应

第三，在星巴克门店及时推出"抬头行动"，以"抬起头，世界更加有看头"为主题口号，提倡面对面的真情交流。星巴克网站上有一篇新闻稿，具体阐释了"抬头行动"的公关内涵。一个叫作"团子想去腐"的网友说："我喜欢老电影中主人公之间那种深情凝望，喜欢他们动情地握手与亲吻，喜欢略有点肉麻的耳语情话。大家放下手机，多用眼睛和语言交流哦。"网友"贝勒cookies"说："你花半个下午的时间和我确定见面地点，忍受总是有点拥堵的晚高峰，穿过四分之一的北京城，终于坐在我对面，然后低头和你的iPhone吃了一顿晚饭，你觉得值得吗？"网友"街角的美人鱼"说："不要忙于手机上那些虚拟的交流了，我们需要的是真实。""浮躁的心，让大家都不知道如何面对面地对话，重新学习吧！真诚的微笑和眼睛。"

星巴克的一系列回应，引发了各类媒体广泛深入的讨论。许多主流媒体直接把矛头转向了对央视的批判，批评最多的就是央视的不专业，定价策略是有市场规律的，需要考虑不同市场的消费情境和成本，比如在国外喝咖啡是一种快餐式消费，买一杯星巴克喝十分钟或者拿着就走了；而在中国，星巴克是第三空间，一杯27元的咖啡可让你在那坐一个下午，跟朋友聊天。餐饮业追求的是翻台率，翻台率上不来，价格自然更高。同时，批评央视辜负了民意的期待，甚至有舆论认为这是中国政府有意打击国外品牌，故意把简单问题复杂化、普通问题政治化，使危机性质更加严重，以致后来商务部也发表相关声明。在这种背景下，星巴克不仅没有降价，反而顶着骂名逆势上扬，股价飙升。

二 案例讨论

1. 你觉得央视的批评是对的吗？星巴克咖啡贵吗？
2. 你如何看待"舆论暴力和咖啡暴利"这个讨论话题？
3. 星巴克的三个危机应对行动，反映了何种公共关系理念？
4. 央视应该如何做出回应，重塑公信力？

三 案例点评

星巴克暴利门事件，是新闻史上很典型的"小骂大帮忙"事件。当时一些专栏作家、舆论领袖对此纷纷展开讨论，"这是一个不需要危机公关的危机公关"。但是，笔者认为，暴利门事件反映了星巴克危机公关的大智慧，可把它概括为"响应社区价值"。

这个社区价值是什么呢？社区是指危机事件中卷入的人群，比如星巴克事件中卷入的人群是谁。如果是所有的中国消费者，那么，它冲击的就是中国消费者的社区价值观，也即人们觉得星巴克的咖啡值不值、贵不贵的问题。事实表明，中国消费者并不觉得27元的星巴克咖啡很贵，所以这就涉及价值体系的问题。危机公关的关键，就是要处理好"企业价值观"和"社区价值观"之间的关系，巧妙而有效地协调二者之间的矛盾冲突。

比如，组织的日常运行都遵循"组织第一，公众第二"的企业价值观，因为企业组织的运行自觉不自觉地都以自身利益最大化为基本原则。日常公共关系所强调的"公众利益代言人"，也只是要求组织决策者照顾到公众的利益，不损害公众的利益，最好能够寻找到组织利益和公众利益、公共利益的结合点，这是典型的摆平价值观。

而一旦危机发生，公关人员就要立刻站出来，让组织调整立场，把组织的利益和价值放在后面，把公众的利益和价值放在前面，这样才能迅速地化解危机。也就是说，危机公关要通过强调"公众第一，组织第二"来响应社区的价值观，如此才能转危为机，变被动为主动。

事实上，日常公共关系强调的是"摆平"问题，危机公共关系强调的是"立场"问题，这是两种不完全相同的价值取向。危机公关强调的不是企业价值观，而是社区价值观。企业危机处理技巧不是一种平衡策略，而是深入社区的价值体系，社区价值是个人信念的保护系统，响应社区价值，不仅能够获得社区居民的谅解、好感和支持，还能进一步发挥舆论的引导作用。

在暴利门事件中，星巴克的"响应社区价值"策略运用得非常成功，它不仅呼应了中国民众的价值观，而且呼应了自身品牌文化的价值观。首先，消费者更关心的问题可能是品质、价值、安全，而不是价格。所以，星巴克微博中所称的"更应该关心民生大事"实际上是响应了当今社会中国民众的价值观，是一种非常巧妙的舆论引导策略，使所有媒体争论的焦点从"央视的'贱'和星巴克的'贵'"，变成了"舆论暴力和咖啡暴利"的争论，甚至很多舆论开始探讨市场经济不能让政府来干预，政府干预价格还留在计划经济时代。这个讨论不断升级，越来越深入，致使央视和政府越来越被动，而星巴克的品牌形象和市场地位也得以维持和保护。

其次，星巴克一再强调"追求良知和顾客享受之间的平衡"，宣扬"第三空间"的品牌主张，并巧妙地将企业文化、价值观、品牌理想落实到行动上，恰逢其时地推出了"抬头行动"，针对当下的"低头族"现象，倡导大家面对面、用心交流，让真情在你我之间流动。这是一种公共沟通的智慧，是一种社会责任行动的智慧，消费者因此被打动。从这里可以看出，星巴克的主动就在于它牢牢地把握了品牌的核心价值观，采取响应社区价值的危机公关策略来弘扬自身的价值观和品牌使命。

总之，如何看待和响应社区价值，关系着危机公关的成败。响应社区价值观，归根结底是为了恢复品牌和消费者之间的信任关系，免受危机事件的负面干扰和影响，重建对品牌期待的忠诚。"塔西佗陷阱"告诉我们，恢复信任是一件非常困难的事情，当品牌不受欢迎的时候，无论说真话还是说假话，无论做好事还是做坏事，都会被认为是说假话、做坏事。任何一个危机事件，如果处理不当，都会从事件危机变为舆论危机、声誉危机，最后成为信任危机。所以当危机来临的时候，我们要保护的不是销量、市场份额，而是消费者的信心、信任，以及品牌的受欢迎程度和忠诚度。公众第一，组织第二，响应社区价值应该是保持品牌喜好度和获得消费者信任的危机公关黄金法则。

[该文摘自陈先红《现代公共关系学》（第 2 版），
高等教育出版社，2017]

刘强东事件启示:把"引导舆论"当成危机公关是本末倒置

"现在的道歉、声明越来越不管用了,公共关系是不是失效了?"

京东集团创始人、董事局主席刘强东在美国涉嫌性侵案曝光后,京东集团股价遭受重挫,刘强东本人"底层逆袭、夫妻恩爱"的人设也随之坍塌。在刘强东事件中,京东公关部的努力是"有目共睹"的,公共关系的重要作用是不言而喻的,我们到底应该如何分析和应对这类危机事件呢?

《中外管理》杂志特邀请国内著名公关专家、华中科技大学新闻与信息传播学院教授及博士生导师、中国新闻史学会公共关系分会会长陈先红,为大家解读企业的头号人物涉案会给关联企业带来怎样的风险,企业头号人物的品牌形象和企业品牌形象之间有着怎样的关系,以及何为正确的"危机公关"。

——《中外管理》2018年第10期

企业头号人物涉案,多重风险并存

《中外管理》:从企业品牌视角来看,作为企业的头号人物,CEO或创始人涉案会给关联企业带来怎样的风险?

陈先红:在公众眼里,有什么样的企业领导人,就有什么样的企业文化。企业领导人对内是企业品牌的灵魂人物,对外则是企业品牌形象的代言人，其人格特质、价值观和领导风格直接决定着企业文化、品牌个性乃至企业的前途命运。因此，企业头号人物的舆情事件，尤其是涉案事件会给他所在的企业带来多重风险，比如财务风险、企业品牌风险、个人声誉风险、关系风险、政治风险乃至倒闭风险。

财务风险主要包括股价下跌、市场萎缩、销售停滞、项目停摆等。据报道，受刘强东性侵风波影响，2018年9月4日，即该事件发生后美国股市的第一个交易日，京东股价下跌约6%。9月5日，京东股价收盘下跌超过10%。仅仅两个交易日，市值就蒸发了72亿美元。

企业品牌风险主要包括品牌缩水、企业文化受到质疑、品牌核心价值观受到挑战等。

个人声誉风险主要包括人格特质、价值观和道德伦理等方面的风险。个人声誉风险有着"近因效应"，即"看人只看后半截"。中国有句古话为"声妓晚景从良，一世烟花无碍，贞妇白头失守，半生清苦俱非"，说的就是这个意思。

关系风险主要包括家庭关系风险，如夫妻关系破裂；和利益攸关者的关系信任风险，如投资者撤资、股东抛售股票、项目合作者退出等。

政治风险则包括政治前途的毁灭性打击、政治待遇改变等，如取消其全国人大代表或者政协委员资格等。

倒闭风险是指对现代企业制度不健全、一言堂型的、家长制型的企业而言，一旦企业领袖长期坐牢，企业就会危在旦夕。

把"引导舆论"当成危机公关，是误解也是风险

《中外管理》：重塑企业家形象属于企业危机公关的范畴，但如何避免很多来救火的危机公关演化成火上浇油的新危机？

陈先红：目前，企业和社会大众都有一个误解，认为危机处理、危机公关主要是通过引导舆论来重塑形象，其实这是片面的，也是危险的，很有可能因为语意修辞不当而引发更严重的第二轮危机。

一般而言，危机公关有两个维度——行动维度和传播维度，真正专业的危机公共关系策略，是以社会责任参与和基于事实的巧传播来进行舆论

引导和形象修复。在这个过程中，做得好比说得好更重要，社会责任行动力比议题设置和舆论引导力更重要。用负责任的行动说话，而不仅仅是用声明或致歉说话，才是标本兼治的危机公关策略，因为危机公关不仅是传播哲学，还是行动哲学。

无论刘强东是否真正涉案，都需要高度重视企业家形象的修复和保护。笔者认为，此案件对京东公关部是一场大考验，要在"国内民意法庭"和"国际诉讼法庭"两个战场，同时开展"民意公关"和"诉讼公关"，二者缺一不可，因为危机公关常常与诉讼联系在一起，并遵循不同的信息处理策略和行动逻辑。

国内民意公关要解决的问题是"应该怎样做"，要求企业公关部迅速发声，第一时间告知事实真相，用更丰富、正面、多元的企业信息分散人们的注意力、转移话题；或者提供刘强东极具家庭责任感和道德自律的生活故事；同时采取无犯罪感的自由行动和富有社会责任感的自律行动，来维护和修复企业家形象。

国际诉讼公关要解决的是"必须做什么"，其遵循的原则是"不要说""慢慢说"，说得越少越好，最好什么也不说。根据明尼苏达州的法律，性侵犯罪（criminal sexual conduct）实际上分为五级，最高一级为使用武力威胁对方发生性关系，最低级别可能只是语言不恰当、轻度肢体接触等。所以，公关专家的可能建议是相关责任人亲自站出来发微博澄清，展开国内民意公关行动，而法律专家可能建议其保持沉默，并积极在"事实和法律"之间寻找诉说的机会，但无论是"国内民意公关"还是"国际诉讼公关"，如果仅仅把"引导舆论"当成唯一的危机公关，则是片面的、有风险的，也是本末倒置的。

大众公关素养可能是"灭火器"
也可能是"助燃剂"

《中外管理》：刘强东事件发酵的过程中，危机公关相当程度的失效有目共睹，您认为这里面有什么值得重视的问题？

陈先红：其实，关于刘强东事件，社会大众（包括媒体人、企业家们）的公关素养是非常重要的。

公关素养是指什么呢？指人们在处理与其相关的公共事务时进行对话的知识和能力，即要求公众能对公关信息的真假、好坏、优劣进行判断，对国际舆论、网络舆论具有免疫力、辨别力、批判力和参与力，不能人云亦云，把公众人物的舆情事件作为全民狂欢的娱乐话题进行消遣，所有的危机事件都要放在一个具体的语境下去分析、判断、处理和应对。

关于刘强东事件的来龙去脉、舆论走向，要放在更大的国际语境（如贸易战、钱色讹诈）、国内语境（如竞争对手诋毁）、商业语境（如做空股市、不正当竞争）、网络语境（如娱乐至死）、人性语境（如性需求与性放纵）中去看待。只有这样，才能透过现象看清舆情事件的本质；社会公众、信息传播方、企业家们，才能免受该案件给企业带来的误判和伤害。

公关素养是潜移默化地形成的。所以我们要冷静，不要将企业家涉案事件发展成媒体误导、网民消遣的全民狂欢事件，那将是非常可悲的，建议媒体报道要慎重，用词要严谨准确。

性丑闻事件长期以来都是对涉案个人最常用、最有效的"大规模杀伤性武器"，直接损害涉案人的人格形象、价值观、声誉，这时候更需要"耳聪目明""独立思考"的社会大众去充当"灭火器"，千万不要成为"隔岸观火，把火光当烟花，视若过节"的吃瓜群众，也千万不要在这时候落井下石、推波助澜，以至于不知不觉地充当了恶意舆论的"助燃剂"。

"撇清策略"和"修复策略"是关键

《中外管理》：那么，企业家在面临个人品牌形象危机时，如何兼顾关联企业的品牌形象？

陈先红：企业家的形象和企业形象是密切相关的。当企业家面临个人品牌形象危机时，首先要实行"撇清策略"，其次是"修复策略"。比如，国美前掌门人黄光裕入狱后便发声明，称其入狱不会影响国美的正常运营，所有的责任过失都由他一人承担。这就是个人对企业的撇清行为，对避免或减少企业的运营风险是很重要的。再比如，在汶川地震发生后，王石陷入"捐款门"事件,主要原因就是公关策略失当——没有采取撇清策略,王石始终以万科品牌代言人身份进行危机应对,结果使万科蒙受巨大损失。

采用撇清策略的前提是,个人涉案与企业经营无关,与产品质量无关。此时,采取撇清策略是最有效地保护个人和企业品牌的一种方法。

第二步是"修复策略"。总体思路是要做好"三个管理":形象管理、关系管理和媒体管理。即处理好个人形象与企业形象、产品形象之间的关系;处理好组织与环境之间的宏观关系以及组织与不同利益相关者之间的微观关系;管理好传统媒体与新媒体之间的议题设置、舆论引导、和谐共振,以及舆论领袖、消息来源和传播平台。

在企业领袖形象修复的过程中,要处理好个性化和去个性化的关系、私人性和公众性的关系,以及信息、文化、情感三个维度之间的关系。

(该文原载《中外管理》2018 年第 10 期,陈先红独著)

图书在版编目(CIP)数据

公共关系学的想象：视域、理论与方法／陈先红著.--北京：社会科学文献出版社，2021.9
（喻园新闻传播学者论丛）
ISBN 978-7-5201-8755-8

Ⅰ.①公… Ⅱ.①陈… Ⅲ.①公共关系学-研究 Ⅳ.①C912.31

中国版本图书馆 CIP 数据核字（2021）第 152207 号

喻园新闻传播学者论丛
公共关系学的想象：视域、理论与方法

著　　者 /	陈先红
出 版 人 /	王利民
责任编辑 /	周　琼
文稿编辑 /	韩宜儒
责任印制 /	王京美

出　　版 / 社会科学文献出版社・政法传媒分社（010）59367156
　　　　　 地址：北京市北三环中路甲 29 号院华龙大厦　邮编：100029
　　　　　 网址：www.ssap.com.cn

发　　行 / 市场营销中心（010）59367081　59367083

印　　装 / 三河市东方印刷有限公司

规　　格 / 开　本：787mm×1092mm　1/16
　　　　　 印　张：36.5　字　数：562 千字

版　　次 / 2021 年 9 月第 1 版　2021 年 9 月第 1 次印刷

书　　号 / ISBN 978-7-5201-8755-8

定　　价 / 188.00 元

本书如有印装质量问题，请与读者服务中心（010-59367028）联系

版权所有 翻印必究